suhrkamp taschenbuch
wissenschaft 2370

In Reaktion auf die totalitären Verbrechen und den Zweiten Weltkrieg greift bald nach 1945 eine weltpolitisch revolutionäre Vision um sich: Die Vereinten Nationen verpflichten sich auf universelle Menschenrechte, die allen Menschen weltweit ein mindestens menschenwürdiges Leben ermöglichen sollen. Diese völkerrechtliche Idee entspringt dem Gedankenexperiment einer demokratischen Neugründung politischer Machtverhältnisse, die nicht in Willküherrschaft oder unmenschliche Diskriminierung umschlagen dürfen. Lange war dieses revolutionäre Projekt auf dem Siegeszug, es gerät jedoch neuerdings wieder unter autoritären Druck, und selbst in der wissenschaftlichen Debatte werden immer häufiger relativistische oder gar höhnische Abgesänge laut. Um an dieses historisch fragile, aber ungebrochen dringliche Erbe zu erinnern, legt Arnd Pollmann eine umfassende philosophische Deutung und Begründung des Zusammenhangs von Menschenrechten und Menschenwürde vor.

Arnd Pollmann ist Professor für Ethik und Sozialphilosophie an der Alice Salomon Hochschule Berlin.

Arnd Pollmann

Menschenrechte und Menschenwürde

Zur philosophischen Bedeutung eines revolutionären Projekts

Suhrkamp

Erste Auflage 2022
suhrkamp taschenbuch wissenschaft 2370

Umschlag nach Entwürfen von
Willy Fleckhaus und Rolf Staudt
Druck und Bindung: C. H. Beck, Nördlingen
Dieses Buch wurde klimaneutral produziert:
climatepartner.com/14438-2110-1001.
Printed in Germany
ISBN 978-3-518-29970-8

www.suhrkamp.de

Für Hanne, Alexandra und Sarafina
(in order of appearance)

und in Erinnerung an
Georg Lohmann

Inhalt

Einleitung

Das Erbe der Gewalt und der historisch gewachsene Zusammenhang von Menschenrechten und Menschenwürde

Noch zu Beginn dieses neuen Jahrtausends sind sich zahllose Kommentatorinnen und Kommentatoren der politischen Weltlage auf geradezu euphorische Weise einig gewesen: Das »Zeitalter der Menschenrechte« sei angebrochen.[1] Mit der Öffnung des »Eisernen Vorhangs« und dem Fall der Berliner Mauer im Jahr 1989 schien der vorläufige Höhepunkt einer historischen und politischen Erfolgsgeschichte erreicht, die mit den bürgerlichen Revolutionen des 18. Jahrhunderts in Nordamerika und Frankreich begonnen und dann spätestens mit Gründung der Vereinten Nationen im Jahr 1945 auch international an Fahrt aufgenommen hatte. Der Siegeszug »universeller« Rechte auf ein menschenwürdiges Leben wirkte nunmehr unaufhaltsam. Keine Regierung dieser Welt würde sich zukünftig noch ausdrücklich gegen die Würde und die Rechte »des« Menschen positionieren können, ohne sich damit zugleich selbst aus dem Kreis der international ernst zu nehmenden Akteure zu verabschieden. Endlich sollte sich die einst schon von Immanuel Kant gehegte Hoffnung bewahrheiten, »daß die Rechtsverletzung an einem Platz der Erde an allen gefühlt wird«, sodass »die Idee eines Weltbürgerrechts keine phantastische und überspannte Vorstellungsart« mehr sei, sondern »notwendige Ergänzung des ungeschriebenen Codex« des Staats- und Völkerrechts »zum öffentlichen Menschenrechte überhaupt«.[2] Oder zeitgemäßer formuliert: Der politisch revolutionäre Anspruch der auf die Würde des Menschen gründenden Menschenrechte, weltweite Barrikaden gegen die Gefahren staatlicher Willkürgewalt zu errichten, wirkte nicht länger illusorisch. Im Zuge einer verheißungsvollen Fusion philo-

1 Vorbild für viele feierliche Elogen: Norberto Bobbio, *Das Zeitalter der Menschenrechte. Ist Toleranz durchsetzbar?*, Berlin 1998.

2 Immanuel Kant, *Zum ewigen Frieden* [1795], Akademie-Ausgabe, Bd. VIII, Berlin 1900ff., S. 360.

sophischer Utopien, politischer Gründungsakte und völkerrechtlicher Überwachungsmechanismen sah man die Menschenrechte zur »schlechthin grundlegenden und weltweit gültigen politischen Idee«[3] avancieren.

Doch in nur wenigen Jahren ist diese Euphorie fast vollständig verflogen. Heute ist nicht nur die ernüchternde Feststellung zu machen, dass sich der Prozess einer wahrhaft globalen Verwirklichung der Menschenrechte länger als erhofft »hinzieht«. Vielmehr sind die Menschenrechte längst auch wieder realpolitisch unter massiven Druck geraten. Politische Verunsicherungen in der Folge des 11. September 2001, die Misserfolge militärischer Interventionen im Namen der Terrorismusbekämpfung und des *nation building*, die desaströse Lage in Syrien oder Afghanistan, die überwiegend gescheiterten Revolutionen des »arabischen Frühlings«, dramatische Krisen der kapitalistischen Weltwirtschaft, die sich stetig verschärfende Klimakrise, politische Polarisierungen in der Folge der sogenannten Flüchtlingskrise von 2015, das Wiedererstarken autoritärer Kräfte selbst in manchen »Mutterländern« der Demokratie, bedrohliche Tendenzen einer protektionistischen Renationalisierung und nicht zuletzt auch teilweise heftig umstrittene Freiheitsbeschränkungen im globalen Kampf gegen die Corona-Pandemie: Ereignisse und Entwicklungen wie diese haben in vergleichsweise rasantem Tempo dazu geführt, dass mit der zuvor beinahe konkurrenzlos anmutenden Idee demokratisch legitimierter Rechtsstaatlichkeit – parlamentarisch organisiert und international eingebunden – zugleich auch das mit dieser modernen Ordnungsvorstellung eng verknüpfte Anliegen egalitärer Grund- und Menschenrechte in Misskredit geraten ist. Und selbst die für die Menschenrechte so zentrale und lange Zeit feierlich als ihr »oberster Wert« fungierende Idee der Menschenwürde ist derzeit immer häufiger dem Verdacht ausgesetzt, lediglich ein Ausdruck politischer Irrationalität und »Heuchelei« zu sein.[4]

Dieser weltpolitische »Backlash« im Hinblick auf das nach 1945 begonnene Projekt einer globalen Verwirklichung von Menschenrechten und Menschenwürde wirkt nicht selten verstörend, ekla-

3 So heißt es noch in dem vom Autor selbst zusammen mit Christoph Menke verfassten Buch *Philosophie der Menschenrechte zur Einführung*, Hamburg 2007, S. 9.

4 Zu diesem Befund siehe Hans Joas, »Ist die Menschenwürde noch unser oberster Wert?«, in: *Die Zeit* 25 (2013) (Beilage »Zeit: Philosophie«), S. 10 f.

tant und auch bedrohlich.[5] Und es ist befremdlich, dass dieser Backlash inzwischen auch große Teile des akademischen Fachdiskurses ergriffen, ja regelrecht desillusioniert hat.[6] Ob aus völkerrechtlicher oder politikwissenschaftlicher Sicht, ob aus historischer, kulturwissenschaftlicher oder postkolonialer Perspektive, ob aus den Reihen der *Gender Studies*, der *Diversity Studies* oder der *Black Studies*: Immer häufiger weicht heute das – ursprünglich fraglos berechtigte – Anliegen einer kritischen Selbstreflexion menschenrechtlicher Theoriebildung dem polemischen, hämischen oder gar verächtlichen Abgesang. Wahlweise werden die Menschenrechte dann als eine sich in ihrer »Endphase« befindliche »Kirche« verspottet, als idealistische »letzte Utopie« belächelt, der Komplizenschaft mit dem »Neoliberalismus« bezichtigt, als patriarchale Rhetorik zur »Essentialisierung« weiblicher Untertänigkeit gebrandmarkt, als scheinheilige imperiale »Ideologie« zur Festschreibung kolonialen Unrechts dekonstruiert oder aber auf ihren realpolitischen »Missbrauch« im Rahmen geopolitischer Interventionen reduziert.[7]

Aus dieser durchaus beunruhigenden Entwicklung ist einmal mehr zu lernen, was bei genauerem Hinsehen auch schon vorher zu erkennen gewesen wäre: Der politisch revolutionär anmutende Zusammenhang von Menschenrechten und Menschenwürde ist keineswegs das Ergebnis eines historisch linearen, unumkehrbaren und damit gesicherten »Lernprozesses«.[8] Die politischen Leitideen

5 Leslie Vinjamuri, »Human Rights Backlash«, in: Jack L. Snyder/Leslie Vinjamuri/Stephen Hopgood (Hg.), *Human Rights Futures*, Cambridge 2017, S. 114-134.

6 Dazu der Literaturüberblick von Benjamin Möckel, »Endtimes of Human Rights? Neue Forschungen zur Geschichte der Menschenrechte«, in: *Neue Politische Literatur* 65 (2020), S. 473-501.

7 Siehe exemplarisch: Stephen Hopgood, *The Endtimes of Human Rights*, Ithaca 2013; Samuel Moyn, *The Last Utopia. Human Rights in History*, Cambridge 2010; ders., *Not Enough. Human Rights in an Unequal World*, Cambridge 2018, Kap. 7; Gayatri Chakravorty Spivak, »Feminism and Human Rights« (Interview), in: Nermeen Shaikh (Hg.), *The Present as History. Critical Perspectives on Global Power*, New York 2007, S. 172-201; Makau Mutua, *Human Rights. A Political and Cultural Critique*, Philadelphia 2008. Dazu insgesamt kritisch: Kathryn Sikkink, *Evidence for Hope. Making Human Rights Work in the 21st Century*, Princeton 2017, bes. Kap. 2.

8 Dazu Arnd Pollmann, »Lernen aus historischem Unrecht? Zur menschenrechtlichen Bedeutung der Erfahrung von Krieg, Gewalt und Entwürdigung«, in: Thomas Gutmann u. a. (Hg.), *Genesis und Geltung. Historische Erfahrung und Normenbegründung in Moral und Recht*, Tübingen 2018, S. 43-66.

der Menschenrechte und der Menschenwürde sind der Welt nicht einfach fraglos vorgegeben. Vielmehr müssen sie stets aufs Neue gegen staatliche Willkürherrschaft, autoritäre Abwehr und bisweilen eben auch gegen akademisch-intellektuelle Nekrologe verteidigt und hochgehalten werden – nur dann kommt diesen Ideen auch weiterhin politische Realität zu. Die betreffenden Widerstände mögen zeitweise schwächer wirken, mal wieder stärker oder hartnäckig werden und gelegentlich sogar überhandnehmen. Der historische und politische Kampf um diese Ideen unterliegt schwankenden Konjunkturen und kann damit stets auch als eine Art »Gegenwiderstand« gedeutet werden: als ein *Widerstand gegen den Widerstand* autoritärer Politik und reaktionärer Denkweisen. Es geht dabei um ein periodisches Aufbäumen gegenüber politischen Anfeindungen und repressiver Willkür, und zwar in der Gestalt von öffentlicher Kritik, politischem Protest, sozialen Bewegungen, handfester Rebellion oder sogar offener Gewalt. Und genau dieser Gegenwiderstand hätte sich besonders auch dann zu zeigen – sowohl politisch als auch intellektuell und innerakademisch –, wenn sich das vielzitierte Rad der Geschichte in menschenrechtlicher Hinsicht wieder einmal zurückzudrehen droht.

Dabei wäre die folgende kritische Einsicht von enormer Bedeutung: Die vormals allzu feierlich und gewiss vorgetragene Rede von einem »Siegeszug« der Menschenrechte ist bereits deshalb problematisch, weil damit eine historisch eher bestürzende Einsicht in den Hintergrund zu rücken droht. Die revolutionären Ideen, politischen Deklarationen und internationalen Konventionen, die sich dem Zusammenhang von Menschenrechten und Menschenwürde widmen, »verdanken« sich zumeist sehr konkreten Erfahrungen eklatanten Unrechts, massiver Gewalt, politischer Willkür, staatlichem Terror oder auch verheerenden Kriegen. Exemplarisch schlägt sich dies in dem bis heute weltpolitisch symbolträchtigsten aller menschenrechtlichen Dokumente nieder: in der *Allgemeinen Erklärung der Menschenrechte* von 1948. Gleich zu Beginn, in ihrer Präambel, erinnert diese Erklärung daran, dass »die Nichtanerkennung und Verachtung der Menschenrechte zu Akten der Barbarei geführt haben, die das Gewissen der Menschheit mit Empörung erfüllen«. Kaum vorstellbar, dass sich die kurz zuvor noch kriegerisch »geteilte« und erst drei Jahre zuvor im Rahmen der Vereinten Nationen »geeinte« Menschheit zu einem völkerrechtlich konzertierten Menschenrechtsschutz entschlossen hätte, wenn nicht von den globalen Katastrophen der beiden Weltkriege, der atomaren Vernichtung und den totalitären Barbareien die weltweit vernehmbare Botschaft ausgegangen wäre, dass sich unmenschliches Unheil dieser Art »nie mehr« wiederholen dürfe.[9]

Es ist Ausdruck eines völkerrechtlich revolutionären, aber keineswegs unwiderruflichen Fortschritts, dass die Vereinten Nationen unmittelbar nach dem Zweiten Weltkrieg damit begonnen haben, einen Katalog von Menschenrechtsvereinbarungen anzulegen, der neben der ursprünglichen *Allgemeinen Erklärung* von 1948 derzeit noch mindestens 18 weitere wichtige Übereinkommen und flankierende Zusatzprotokolle umfasst.[10] In welches dieser Dokumente man auch immer hineinsieht: Fast immer ist dort wie selbstverständlich und oftmals gleich zu Beginn von einer dem Menschen als Menschen »innewohnenden Würde« die Rede, aus deren Anerkennung sich dann unmittelbar auch die entsprechenden Menschenrechte zu ergeben scheinen. Oder wie es bereits – für viele der späteren Übereinkommen wegweisend – in Artikel 1 jener *Allgemeinen Erklärung* heißt: »Alle Menschen sind frei und gleich an Würde und Rechten geboren.« Demnach scheint – zumindest im Rahmen des menschenrechtlich einschlägigen Völkerrechts nach 1945 – vollends unstrittig zu sein, dass die beiden Ideen der Menschenrechte und der Menschenwürde »zwei Seiten derselben Medaille« sind: Wer sich auf die Menschenrechte beruft, wird dies immer auch im Namen der Menschenwürde tun. Und wer die Menschenwürde propagiert, muss zugleich notwendig staatliche Pflichten zur Gewährleistung konkreter Menschenrechte proklamieren.[11]

Doch so geläufig diese begrifflich enge Verknüpfung von Menschenrechten und Menschenwürde aus *heutiger* Sicht wirken mag – zumal diese Verknüpfung im deutschen Kontext ja auch aus Artikel 1 des ebenfalls kurz nach dem Zweiten Weltkrieg entstandenen *Grundgesetzes* bekannt ist[12] –, fast immer wird der ideengeschicht-

9 Zu einer ausführlichen Diskussion der damaligen Entwicklung: Jan Eckel, *Die Ambivalenz des Guten. Menschenrechte in der internationalen Politik seit den 1940ern*, Göttingen 2015, Kap. 1 u. 2.

10 Zum aktuellen Stand: ⟨www.ohchr.org/EN/ProfessionalInterest/Pages/CoreInstruments.aspx⟩, letzter Zugriff 1. 11. 2021.

11 Zum Folgenden: Menke/Pollmann, *Philosophie der Menschenrechte*, Kap. 6.

12 Artikel 1 Absatz 1 des *Grundgesetzes* besagt: »Die Würde des Menschen ist unan-

liche und rechtshistorische Umstand übersehen, dass ebendieser begriffliche Zusammenhang *vor* 1945 kaum einmal hergestellt worden ist und damit als vergleichsweise »neu« zu gelten hat. Selbstredend besitzen beide Begriffe – Menschenwürde und Menschenrechte – jeweils schon eine gewisse philosophische Tradition; sie sind auch vor 1945 bereits philosophisch gängig. Aber neu ist ihre systematische Verknüpfung im Rahmen eines wechselseitigen Rechtfertigungszusammenhangs. Wenn zuvor und damit vor dem Zweiten Weltkrieg und den totalitären Verbrechen von einer »Würde des Menschen« die Rede war, so hatten sich daraus gelegentlich zwar *moralische* Pflichten gegenüber all jenen Menschen ergeben, die im Besitz dieser Würde waren. Doch positiv gesatzte »Rechte«, zumal *aller* Menschen, folgten daraus keineswegs.[13] Und schon gar nicht: subjektiv einklagbare Ansprüche gegenüber den jeweils im Nationalstaat Herrschenden sowie gegenüber der internationalen Staatenwelt. Auf der anderen Seite ist festzustellen: Wenn vor 1945 explizit auf den Begriff »Menschenrechte« rekurriert wurde, etwa in den revolutionären Verfassungsentwürfen des 18. Jahrhunderts, die heute als die ersten »echten« Menschenrechtserklärungen gelten, so gründete man diese Rechte zwar auf ein typisch menschliches Interesse an »Freiheit« und »Gleichheit«.[14] Doch einen expliziten Bezug auf die Menschenwürde sucht man in diesen historischen Dokumenten ebenso vergeblich wie etwaige Hinweise auf spezifisch völkerrechtliche und damit nicht länger bloß nationale Garantien menschenwürdigen Lebens.[15]

Es ist ebendiese These von einem revolutionär neuen Begriffszusammenhang, die für das vorliegende Buch aus ideengeschichtlicher Perspektive[16] leitend sein soll und an die es angesichts der

tastbar. Sie zu achten und zu schützen ist Verpflichtung aller staatlichen Gewalt.« Und Absatz 2 fügt hinzu: »Das Deutsche Volk bekennt sich darum zu unverletzlichen und unveräußerlichen Menschenrechten als Grundlage jeder menschlichen Gemeinschaft, des Friedens und der Gerechtigkeit in der Welt.«

13 So etwa bei Immanuel Kant (*Grundlegung zur Metaphysik der Sitten* [1785], Akademie-Ausgabe, Bd. IV, Berlin 1900 ff., bes. 434-436), der heute oft zu Unrecht als Kronzeuge eines *menschenrechtlichen* Würdeverständnisses gilt.

14 Häufig im Rückgriff auf John Locke, *Zweite Abhandlung über die Regierung* [1690] [hg. und kommentiert von Ludwig Siep], Frankfurt a.M 2007.

15 Um eine rühmliche, aber wenig bekannte Ausnahme zu nennen: Ernst Troeltsch, *Ethik und Geschichtsphilosophie* [1924], Weinheim 1995, Kap. 1.

16 Diese Einleitung dient der ideengeschichtlichen Vorbereitung von Analysen im

aktuellen Rückschläge innerhalb der Menschenrechtsentwicklung auf philosophisch grundlegende Weise zu erinnern gilt: Der historisch gewaltsam gewachsene Zusammenhang von Menschenrechten und Menschenwürde ist ein wertvolles und zerbrechliches Erbe, das es zu beschützen gilt. Erst nach dem Zweiten Weltkrieg und den totalitären Barbareien werden beide Ideen so »amalgamiert«, dass sich erstmals auch am Horizont des Völkerrechts ein kombiniertes *Rechtsideal* von visionärer und revolutionärer Kraft abzeichnet: Die Menschenrechte sollen allen Menschen weltweit ein mindestens menschenwürdiges Leben ermöglichen. Und wie in der vorliegenden Einleitung zu diesem Buch zunächst noch etwas genauer gezeigt werden soll, ergibt sich aus der historischen und ideengeschichtlichen Quellenlage die Einsicht, dass erst mit dieser – bis dato gerade nicht vertrauten – Verknüpfung beider Begriffe jene »stille Revolution des Völkerrechts«[17] hat einsetzen können, die sich seit dem Zweiten Weltkrieg vollzieht.

Um das Jahr 1945 herum war der Begriff der Menschenwürde in weltanschaulicher Hinsicht kaum »belastet« oder einseitig vereinnahmt,[18] und auch deshalb konnte das neue, nunmehr unmittelbar auf der Würde des Menschen fußende Verständnis von Menschenrechten nicht nur im deutschen *Grundgesetz*, sondern auch international auf rasch wachsende Akzeptanz stoßen.[19] Erst mit der Berufung auf diese allen Menschen gleichermaßen zustehende Würde ergab sich ein einigender Bezugspunkt für die nunmehr auch globale und mithin völkerrechtlich koordinierte Etablierung verbindlicher Menschenrechtsstandards mit universellem Anspruch. Fortan sollte *jede* Ausübung staatlicher Herrschaft – über alle nationalen, kulturellen oder auch religiösen Grenzen hinweg – an die Einhaltung von internationalen Mindestnormen gebunden und damit zugleich auch unter Beobachtung durch die Staatengemein-

Hauptteil des Buches, die dann weitgehend systematisch (und kaum noch historisch) verfahren werden.

17 Eckart Klein, *Menschenrechte. Stille Revolution des Völkerrechts und Auswirkungen auf die innerstaatliche Rechtsanwendung*, Baden-Baden 1996.

18 Anders als etwa die Begriffe »Freiheit« und »Gleichheit«. Der Freiheitsbegriff wurde schon damals mit dem westlichen Liberalismus identifiziert und die Gleichheitsidee mit dem Sozialismus.

19 Dazu ausführlich: Wolfgang Vögele, *Menschenwürde zwischen Recht und Theologie. Begründungen von Menschenrechten in der Perspektive öffentlicher Theologie*, Gütersloh 2000.

schaft gestellt werden. Wenn es folglich dann doch so etwas wie eine vorläufige »Lerngeschichte« des totalitären 20. Jahrhunderts gibt, die alle lokalen und partikularen Wertehorizonte übersteigt, so ist dies die seither weltweit zu vernehmende Botschaft einer dezidiert völkerrechtlichen Schutzwürdigkeit des Zusammenhangs von Menschenrechten und Menschenwürde.

Doch wie schon gesagt: »Neu« sind nicht etwa die beiden Begriffe als solche, neu ist lediglich deren konzeptionelle Verknüpfung im Sinne der historisch allererst gewachsenen Rechtsauffassung, dass es sich dabei um zwei Seiten derselben Medaille handeln *soll.* Für ein genaueres Verständnis dieser keineswegs alternativlosen Verbindung wird es vorab notwendig sein, sich zunächst noch einmal der Vorgeschichte beider Grundbegriffe zu vergewissern, für die das Jahr 1945 dann jeweils eine entscheidende Zäsur darstellt. So erst wird man rechtsphilosophisch angemessen einschätzen können, was genau damals mit diesen beiden Begriffskonzepten geschehen ist. Wir beginnen mit der Vorgeschichte der Menschenrechte (Abschnitt 1). Diese reicht zwar historisch nicht ganz so weit zurück wie die Vorgeschichte der Menschenwürde (Abschnitt 2), doch sie besitzt für das, was in diesem Buch gezeigt werden soll, konzeptionelle Priorität. Anschließend wird zu ermessen sein, wie eklatant der zivilisatorische »Bruch« ausgefallen ist, für den heute emblematisch das Jahr 1945 steht (Abschnitt 3). Am Ende dieser historischen und ideengeschichtlichen Einleitung wird mit Blick auf den weiteren Verlauf der Untersuchung zu klären sein, was genau in systematischer Hinsicht aus diesem gewaltsam amalgamierten Zusammenhang von Menschenrechten und Menschenwürde zu »lernen« ist (Abschnitt 4).

1. Zur philosophischen Vorgeschichte der heutigen Menschenrechte

Hält man Ausschau nach frühen historischen oder ideengeschichtlichen Wurzeln des modernen Menschenrechtsdenkens, so dürfte zunächst gar nicht recht klar sein, wo und wonach man suchen muss.[20] Schon die antike Stoa oder das Frühchristentum, aber etwa

20 Für erste Orientierung sorgt (freilich weitgehend aus europäischer Sicht): Gerhard Oestreich, *Geschichte der Menschenrechte und Grundfreiheiten im Umriß*, Berlin 1978.

auch der klassische Konfuzianismus kennen die Idee einer grundlegenden *Gleichheit* aller Menschen, die jenseits tradierter sittlicher Dogmen und faktischer sozialer Hierarchien zu postulieren wäre. Aber reicht diese Idee der Gleichheit bereits aus, um von frühen »Wurzeln« des modernen Menschenrechtsdenkens sprechen zu können? Zugleich nämlich befremdet aus heutiger Sicht die Tatsache, dass die betreffenden Gleichheitsvorstellungen oft wie selbstverständlich mit der gesellschaftlichen Institution der Sklaverei, mit der Bevorzugung von Gläubigen gegenüber Ungläubigen oder Männern gegenüber Frauen und auch mit der abwertenden Kennzeichnung ganzer Völker als »Barbaren« für vereinbar gehalten wurden.[21] Eine andere ideengeschichtliche Wurzel könnte die in Ansätzen bereits auf der Inschrift des altpersischen »Kyros-Zylinders« oder aber bei Platon, Aristoteles und Marcus Tullius Cicero, in der *Magna Charta* von 1215 oder auch in der Philosophie der spanischen Spätscholastik[22] angedeutete Überzeugung sein, dass es im Dienste menschlicher Vernunft zu einer *Einschränkung politischer Willkürherrschaft* kommen müsse. Doch selbst dort, wo dieses Anliegen bereits damals auf »angeborene« oder »natürliche« Rechte jener Menschen zurückgeführt werden sollte, die jeweils der politischen Herrschaft unterworfen waren, ist es zugleich stets selbstverständlich gewesen, diese Rechte am Ende eben doch für suspendierbar zu halten, falls sich die Herrschenden dadurch ihrerseits in ihren elementaren Rechten verletzt sahen. Verträgt sich dieser politische Herrschaftsvorbehalt mit der heutigen Idee von Menschenrechten?

Erst ab dem 17. Jahrhundert und in der Folge der seinerzeit vornehmlich in Europa einsetzenden Kritik an absolutistischer Willkürherrschaft, kirchlichem Dogmatismus und auch mit Blick auf den gnadenlosen Völkermord an den Ureinwohnern Amerikas[23]

21 Zu einer erhellenden Analyse *menschenrechtlicher Gleichheit*, die das Resultat institutioneller Lernprozesse in Bezug auf fortschreitende »Nichtdiskriminierung« ist: Thomas Gutmann, »Normenbegründung als Lernprozess? Zur Tradition der Grund- und Menschenrechte«, in: Ludwig Siep u. a. (Hg.), *Von der religiösen zur säkularen Begründung staatlicher Normen*, Tübingen 2012, S. 295-313.

22 Zu diesen noch wenig gewürdigten Vordenkern der Menschenrechte: Frank Grunert/Kurt Seelmann (Hg.), *Die Ordnung der Praxis. Neue Studien zur Spanischen Spätscholastik*, Berlin/New York 2011.

23 Zeitgeschichtlich bahnbrechend waren hier die Erfahrungsberichte des Bischofs Bartolomé de Las Casas (*Kurzgefasster Bericht von der Verwüstung der Westindi-*

werden die beiden zuletzt angedeuteten Grundmotive menschenrechtlichen Denkens – die Gleichheit aller Menschen *und* deren unbedingte Schutzbedürftigkeit gegenüber den Herrschenden – jeweils etwas konsequenter gefasst. Nun erst werden beide Motive zu der inhaltlich komplexeren Auffassung verschränkt, dass schlicht jeder Mensch, und zwar bloß deshalb, weil er Mensch ist, exakt die gleichen und zudem unverlierbaren Rechte auf Schutz vor politischer Willkürherrschaft besitzt. Und es werden vor allem die sogenannten Naturrechtstheoretiker jener Zeit sein – allen voran Hugo Grotius, Christian Wolff und John Locke –, die erstmals systematisch die Frage diskutieren, ob und inwieweit die Legitimität staatlicher Rechtsordnungen davon abhängig gemacht werden muss, ob diese Rechtsordnungen natürliche oder angeborene Rechte der Beherrschten, und zwar selbst noch gegenüber den Herrschenden, vorsehen.[24]

Oft direkt im Anschluss an diese naturrechtliche Tradition spricht der philosophische Mainstream in der heutigen Menschenrechtsdebatte gern von »vorstaatlichen« oder »überpositiven« und in diesem Sinn natürlichen Rechten gegenüber dem Staat und dessen Institutionen. Diese Ansprüche seien jedem einzelnen Menschen, und zwar von vornherein gleichermaßen,[25] als »fundamental«, »unverlierbar« und »unveräußerlich« zuzuschreiben; im Rahmen nationalstaatlicher Verfassungen ebenso wie auf Ebene des Völkerrechts.[26] Als Subjekt der Menschenrechte hat demnach jeder Mensch weltweit zu zählen, und zwar allein deshalb, weil er wie jeder andere Mensch auch ein Mitglied der menschlichen Gemeinschaft ist – und damit jeweils unabhängig von seiner sozialen, kulturellen oder geografischen Herkunft, von Alter, Geschlecht, sexueller Präferenz, Hautfarbe oder sonstigen individuellen Besonderheiten, von politischer Gesinnung, religiösen Überzeugungen oder Gruppenzugehörigkeiten. Als derart »universell« interpretierte

schen Länder [1552], Frankfurt/M./Leipzig 2006), der die spanischen Eroberungen vor Ort miterlebt hat.

24 Mit weiteren Hinweisen: Oestreich, *Geschichte der Menschenrechte*, Kap. VII-XI.

25 Dazu der Überblick bei Heiner Bielefeldt, »Universalität und Gleichheit«, in: Arnd Pollmann/Georg Lohmann (Hg.), *Menschenrechte. Ein interdisziplinäres Handbuch*, Stuttgart 2012, S. 159-164.

26 Jan Siekmann, »Fundamentalität, Unveräußerlichkeit, Unteilbarkeit«, in: Pollmann/Lohmann (Hg.), *Menschenrechte*, S. 165-170.

Ansprüche übernehmen die Menschenrechte global – und damit über alle nationalen und kulturellen Grenzen hinweg – die Funktion legitimatorischer Mindeststandards politischer Herrschaft, durch die fortan jede Form von öffentlicher Gewaltausübung nicht nur in moralische, sondern auch in verfassungsrechtlich einklagbare und zudem völkerrechtlich zu überwachende Schranken verwiesen werden soll. *Inhaltlich* verfolgen die Menschenrechte dabei das sie einigende Ziel, möglichst allen Menschen weltweit ein Leben in Menschenwürde zu ermöglichen, und zwar durch positiv-rechtliche Festschreibung der dafür individuell unentbehrlichen Schutz-, Teilhabe- und Hilfsansprüche.[27]

Freilich hat die Philosophie der Menschenrechte viele dieser heute geradezu unstrittig anmutenden Begriffsimplikationen zu unterschiedlichen Zeiten recht verschieden gedeutet und teilweise sogar gänzlich unberücksichtigt gelassen. Und im Detail ist sich die fachwissenschaftliche Diskussion auch heute noch in fast allen entscheidenden Punkten uneinig, wenn es um die Frage geht, wie genau das normative Ansinnen der Menschenrechte sowie die sich daraus ergebenden verfassungs- und völkerrechtlichen Konsequenzen zu verstehen sind. Im historischen Rückblick stechen auf Anhieb drei zentrale Aspekte als besonders klärungsbedürftig heraus:

- Obwohl es bereits auf terminologischer Ebene widersprüchlich erscheint, hat man die universellen Menschenrechte lange Zeit keineswegs *allen* Mitgliedern der menschlichen Spezies zuerkennen wollen, sondern meist nur jenen, die jeweils ganz besondere Eigenschaften und Qualitäten aufzuweisen hatten;
- selbst dort, wo die Menschenrechte bereits explizit als verfassungsrechtliche Schutz-, Teilhabe- und Hilfsansprüche angesichts der Gefahr staatlicher Willkürherrschaft verstanden wurden, war diese Aufgabenzuweisung vor 1945 doch nur sehr selten mit dem Hinweis verknüpft, dass dazu *nationale* Rechtsgarantien auf Dauer nicht ausreichen werden;
- und auch die heute geradezu selbstverständlich anmutende Überzeugung, dass es sich bei den Menschenrechten um Schutz-, Teilhabe- und Hilfsansprüche handelt, die sämtlich dazu da sind,

27 Vgl. Klein, *Menschenrechte*, S. 10-12.

allen Menschen weltweit ein *Leben in Würde* zu ermöglichen, war lange Zeit nicht im Gespräch.

Betrachten wir diese drei konzeptionellen Unklarheiten zunächst anhand von unterschiedlichen Etappen der menschenrechtlichen Begriffsentwicklung. Folgt man einer philosophischen »Standardgeschichte«[28] der Menschenrechte, lässt sich ein Wandel des Begriffs in drei Phasen diagnostizieren: Die erste dieser Phasen betrifft die bereits erwähnten Naturrechtsdenker und Vertragstheoretiker der Frühen Neuzeit. Spätestens ab Mitte des 17. Jahrhunderts lassen sich deren Werke als kritische Reaktionen auf historische Verwerfungen und politische Unrechtserfahrungen verstehen, die durch frühkoloniale Unmenschlichkeit, religiöse Bürgerkriege und den europäischen Absolutismus verursacht worden sind. Diese ideengeschichtliche Konstellation kann paradigmatisch anhand einer Gegenüberstellung von Thomas Hobbes und John Locke illustriert werden: Hobbes, der vielen heute als Vertreter eines aufgeklärten Absolutismus gilt, reagiert mit seinem Werk *Leviathan* vor allem auf das Chaos der englischen Bürgerkriege, und zwar mit der Forderung nach einem möglichst starken, mit ungeteilter Macht ausgestatteten Staatsapparat, dessen Legitimität durch einen einmaligen, einseitigen, unwiderruflichen Unterwerfungsvertrag seitens der sich jeweils um Frieden und Sicherheit sorgenden Untertanen gestiftet wird.[29] Ganz anders bei Locke, dem zufolge die gemeinsam per Vertrag neu gegründete Staatsordnung gerade *keine* Legitimität besitzen kann, falls das Volk, das die Macht des Staatsapparates allererst konstituiert, unmittelbar im Anschluss an diesen politischen Gründungsakt auch schon wieder jegliche Kontrolle über seine Herrscherinnen und Herrscher verliert.[30]

Im Gegensatz zum Hobbes'schen *Leviathan* muss die politisch

28 Dazu Menke/Pollmann, *Philosophie der Menschenrechte*, S. 12-16. Gemeint ist eine Erzählung, die heute (noch immer) sehr geläufig ist. Selbstredend bieten sich inzwischen auch alternative Erzählungen oder sogar kritische Gegengeschichten an. Diese heben zum Beispiel sehr viel stärker auch auf das Erbe nicht-westlicher Philosophien ab, auf postkoloniale Kritik oder politische Befreiungsbewegungen in den Ländern des »globalen Südens«. Doch an dieser Stelle geht es mir nicht um eine adäquate Geschichtsschreibung, sondern um *konzeptionelle Unklarheiten* einer weit verbreiteten und dominanten Sichtweise.

29 Thomas Hobbes, *Leviathan* [1651], Frankfurt/M. 1984, Teil II.

30 Locke, *Zweite Abhandlung*, bes. § 87.

jeweils neu zu konstituierende Herrschaftsordnung laut Locke nicht nur ein System institutioneller Gewaltenteilung sowie die Möglichkeit einer Abwahl der Regierenden und sogar ein verbrieftes Widerstandsrecht vorsehen, sondern vor allem auch die konstitutionelle Festschreibung »angeborener« Rechte auf Leben, Freiheit und Eigentum. Diese elementaren Rechte, die der Mensch nach Locke bereits im »Naturzustand« besessen haben soll, können niemals – auch nicht per Vertrag – entäußert werden. Sie werden durch den Staatsvertrag lediglich transformiert, um sie dann anschließend auch gegenüber den Repräsentantinnen und Repräsentanten des vorab neu etablierten Staatsgebildes geltend machen zu können. Daraus ergibt sich schon bei Locke eine bis heute für die Menschenrechtstheorie paradigmatische Grundauffassung: Der Mensch *hat* diese Rechte ganz einfach, und zwar aufgrund einer »natürlichen« oder »höheren«, zumindest aber »vorstaatlichen« Ordnung – und deshalb losgelöst von der Frage, ob der jeweils konkrete Staat, in dem der betreffende Mensch lebt, diese Rechte dann auch tatsächlich in konstitutionell verbriefter oder sogar in institutionell einklagbarer Form garantieren will.

Trotz dieser zweifellos bahnbrechenden Einsichten darf diese »Geburtsstunde« der Menschenrechte dennoch nicht so verstanden werden, als hätten die Naturrechtsdenker jener Zeit damit bereits sämtliche Aspekte des heutigen Menschenrechtsverständnisses zusammengetragen. Denn bei genauerem Hinsehen fällt auf, dass man die gemeinten vorstaatlichen Rechte zwar *als* Mensch und damit bloß deshalb, weil man Mensch ist, besitzen soll. Doch paradoxerweise bedeutet das in dieser ersten ideengeschichtlichen Phase nicht schon notwendig, dass die gemeinten Rechte entsprechend auch allen *anderen* Menschen zuerkannt werden müssen. Gemeint ist der folgende Widerspruch: Der jeweils gemeinte Mensch durfte sich zwar als Engländer und wenig später dann auch als Nordamerikaner oder Franzose vor dem Gesetz gleichberechtigt fühlen, nur weil er wie jeder andere Engländer, Amerikaner oder Franzose gleichermaßen ein Mensch war. Dennoch kamen die in Frage stehenden Rechte seinerzeit bloß weißen, männlichen, freien, besitzenden und Steuern zahlenden Vollbürgern zu. Zwischen *diesen* Menschen jeweils vor Ort mag kein relevanter Unterschied mehr bestanden haben, weil sie bereits gleichermaßen als Vollbürger zählten, doch ergab sich daraus keineswegs die Überzeugung, dass auch jene Menschen, die nicht weiß, frei, männlich oder besitzend sind, oder dass auch sämtliche Nicht-Engländer, Nicht-Amerikaner oder Nicht-Franzosen qua Menschsein als gleichberechtigt anzusehen waren. Vielmehr diente der seinerzeit bloß vermeintlich universelle, tatsächlich aber noch weitgehend rhetorische Bezug auf »den« Menschen im Singular dazu, für Gleichheit *innerhalb* der eigenen weißen, männlichen, freien und besitzenden Bürgerschaft und damit auch innerhalb der jeweils nationalen Grenzen einer relativ fest umrissenen Herrschaftssphäre zu sorgen.[31]

Allenfalls im spätscholastischen Naturrecht der Schule von Salamanca, deren Vertreter auf die kolonialen Eroberungen Spaniens reflektierten, oder auch in den Werken von Christian Wolff[32] und Hugo Grotius[33] finden sich bereits erste Hinweise auf eine sich aus der »gemeinsamen Menschennatur« ergebende und damit die jeweiligen nationalen Grenzen transzendierende Pflicht zum Schutz des Naturrechts *beliebiger* anderer Menschen. Allerdings führt auch von hier aus noch ein rechtshistorisch weiter Weg bis hin zu jener völkerrechtlichen Realität nach 1945, deren menschenrechtliche Einhegung sich der erfahrungsbedingten Einsicht verdanken wird, dass nationale Garantien grundlegender Rechte *ohne* überstaatliche Zusatzversicherungen unzuverlässig bleiben. Dieses Defizit der ersten Etappe der Menschenrechtsentwicklung verschärft sich eher noch in ihrer zweiten Phase, und zwar paradoxerweise dadurch, dass es dabei zugleich auch zu einem wichtigen Fortschritt kommt.[34] Auf jener ersten Entwicklungsstufe waren die Menschenrechte zunächst nur eine philosophische »Idee« ganz ohne praktische Realität; eine konzeptionelle *Forderung* des Naturrechts, die bis auf Weiteres ihrer politischen und mithin positiv-rechtlichen Realisierung harrte. Der als vorstaatlich »gedachte« Naturzustand,

31 Bei Locke (*Zweite Abhandlung*, § 191) findet sich der Hinweis, dass man selbst als Staatsbürger die betreffenden Ansprüche augenblicklich verliert, wenn man sich durch verweigerte Unterwerfung oder auch Migration dem Einflussbereich der eigenen nationalen Herrschaftssphäre entzieht.

32 Christian Wolff, *Grundsätze des Natur- und Völckerrechts*, Halle 1754, 1. Teil, 3. Hauptstück, ⟨www.deutschestextarchiv.de/book/show/wolff_voelckerrecht_1754⟩, letzter Zugriff 1. 11. 2021.

33 Hugo Grotius, *Drei Bücher über das Recht des Krieges und Friedens* [1625], Berlin 1869, Buch 2, Kap. 2 u. 25.

34 Vgl. Bobbio, *Das Zeitalter der Menschenrechte*, S. 19 f.

in dem diese Rechte begründet sein sollten, war nicht schon mit dem empirischen Rechtszustand einer kodifizierten Verfassung identisch, die diesen Rechten dann auch faktisch zur Geltung verholfen hätte. Diese zuvor bloß als Möglichkeit imaginierte Kodifizierung der Menschenrechte ergibt sich empirisch erst in der zweiten Phase ihrer historischen Entwicklung.

Erst mit den bürgerlichen Revolutionen des späten 18. Jahrhunderts werden die zuvor lediglich postulierten Menschenrechte auch faktisch zu geltendem Verfassungsrecht. In der *Virginia Bill of Rights* von 1776 und der *Französischen Erklärung der Menschen- und Bürgerrechte* von 1789 werden die Menschenrechte explizit zu »Bürgerrechten« und damit erstmals in eine rechtlich zu positivierende Form gegossen. In den an diese Menschenrechtserklärungen jeweils anknüpfenden Verfassungen sollen sie fortan als konstitutionelle Vorbehalte des demokratisch geeinten Staatsvolkes gegenüber den Repräsentantinnen und Repräsentanten der Herrschaft fungieren, deren Macht bloß geliehen ist, aber stets in Willkürherrschaft umzuschlagen droht.[35] Man übersieht in der historischen Rückschau leicht, *wie* revolutionär dieser Grundgedanke gewesen ist, der nicht einfach bloß »neu« war, sondern sich ausdrücklich einer systematischen Reflexion auf den politischen Umsturz der Revolution verdankte. Kaum jemand hat das seinerzeit deutlicher gesehen als Johann Benjamin Erhard, dessen 1795 publizierte Schrift *Über das Recht des Volkes zu einer Revolution* zu Unrecht in ideengeschichtliche Vergessenheit geraten ist. Diese Schrift beginnt mit der folgenden, für die nachfolgende Untersuchung wegweisenden Behauptung: »Das Recht des Volks zu einer Revolution scheint auf dem Einfluss zu beruhen, den das Volk auf die Staatsverfassung haben soll [...]. Dieser Einfluss müßte aus den Rechten des Menschen überhaupt und aus dem Recht, welches dem Volk besonders zukommt, bestimmt werden.«[36]

Mit dieser Behauptung ist zunächst ein kollektives »Recht auf Revolution« gesetzt, dass sich unmittelbar aus dem Besitz individueller Menschenrechte *ergeben* soll. Im weiteren Verlauf seiner Ab-

35 Dazu die historisch einschlägigen Texte in: Christoph Menke/Francesca Raimondi (Hg.), *Die Revolution der Menschenrechte. Grundlegende Texte zu einem neuen Begriff des Politischen*, Berlin 2011, Abschnitt I.

36 Johann Benjamin Erhard, *Über das Recht des Volks zu einer Revolution* [1795], München 1970, S. 9.

handlung macht Erhard jedoch deutlich, dass auch das umgekehrte Begründungsverhältnis vorliegt: Auch die individuellen Menschenrechte ergeben sich aus einem kollektiven Recht des Volkes auf eine dezidiert demokratische Revolution. Behauptet wird hier folglich eine Art »Gleichursprünglichkeit«[37] beider Ideen: Das Recht auf Revolution und die Menschenrechte setzen sich jeweils konzeptionell oder denknotwendig voraus. Diese gedankliche Gleichursprünglichkeit tritt allerdings erst dann ein wenig deutlicher vor Augen, wenn man, so wie Erhard, drei grundlegend verschiedene Dimensionen nationalen Verfassungsrechts auseinanderhält:

- Jede nationale Verfassung, so Erhard, beruht zunächst auf einigen besonders fundamentalen Konstitutionsprinzipien; etwa auf dem Prinzip der Monarchie oder dem der Demokratie, dem Prinzip der Alleinherrschaft oder dem der Gewaltenteilung, auf den Ideen des Gewaltmonopols, der Freiheit, der Gleichheit, der Menschenwürde usw. Dies ist laut Erhard die erste und somit fundamentale Ebene des Staatsrechts;
- davon zu unterscheiden ist der geschriebene Verfassungstext als solcher, der auf jenen Prinzipien aufruht und diese zu einem komplexen politischen System entfaltet. Seinerzeit etwa im revolutionären Rahmen der französischen, nordamerikanischen oder auch der haitianischen[38] Verfassung und in deren jeweils besonderem Wortlaut;
- von dieser zweiten Ebene der Staatsverfassung sind die einzelnen Verfassungsorgane, die jeweils vorgesehene Administration und die Gruppe all jener Funktionsträgerinnen und -träger zu unterscheiden, die direkt im Namen der besagten Verfassung agieren und die damit einhergehende Verantwortung mal gewissenhafter, und zwar auf Grundlage der betreffenden Verfassungstexte, mal eher willkürlich ausüben.[39]

37 Ich übernehme hier ein Schlagwort von Jürgen Habermas zur Charakterisierung des Verhältnisses von Menschenrechten und Demokratie in: ders., »Zur Legitimation durch Menschenrechte«, in: Hauke Brunkhorst/Peter Niesen (Hg.), *Das Recht der Republik*, Frankfurt/M. 1999, S. 386-403.

38 Zu dieser bedeutenden, aber in der heutigen Menschenrechtsdiskussion noch immer marginalisierten Revolution siehe Jeanette Ehrmann, »Konstitution der Rassismuskritik. Haiti und die Revolution der Menschenrechte«, in: *Zeitschrift für Menschenrechte* 9 (2015), S. 26-40.

39 Erhard, *Über das Recht des Volks zu einer Revolution*, S. 42.

Diese systematische Dreiteilung ist wichtig, will man verstehen, wann es laut Erhard zu einer politischen *Revolution* kommt, und zwar nicht schon dann, wenn einschneidende Veränderungen lediglich auf der zweiten oder dritten Ebene der verfassungsrechtlichen Ordnung erwirkt werden; wenn folglich entweder nur einzelne Bestimmungen im Verfassungstext geändert oder aber einzelne politische Funktionsträgerinnen und -träger ausgetauscht werden sollen. Zu einer politischen Revolution kommt es vielmehr erst dann, wenn der Kampf der ersten Ebene gilt und damit auf eine Umwälzung der konstitutionellen Grundprinzipien der Verfassung abzielt.[40] Historisch anschauliche Beispiele sind etwa Versuche, die Monarchie abzuschaffen, die Demokratie einzuführen, ein System der Gewaltenteilung zu erzwingen oder den Parlamentarismus zu bekämpfen.

Derartige Revolutionen können gewaltsam vonstattengehen, sie setzen aber nicht schon notwendig Gewalt voraus. *Wenn* der betreffende Umsturz in Form eines gewalttätigen Aufstands erreicht wird, spricht Erhard von einer »Insurrektion«.[41] Doch es kann sehr wohl passieren, dass eine Staatsführung diese Insurrektion vorausahnt und die angemahnten Änderungen zentraler Konstitutionsprinzipien auf diesen Druck hin präventiv selbst durchführt, um der gewaltsamen Insurrektion zuvorzukommen. In diesen Fällen findet dann zwar keine Gewalt, aber dennoch eine Revolution statt.[42] Der entscheidende Punkt von Erhards Überlegungen ist jedoch ein anderer: Nicht schon jede Revolution ist *legitim*, und die Frage, ob sie das ist, entscheidet sich weitgehend unabhängig von der Gewaltfrage. Eine Revolution ist laut Erhard dann und nur dann legitim, wenn die revolutionären Kräfte direkt im Namen der Menschenrechte agieren.[43] Das bedeutet zugleich: Etwaige autoritäre, absolutistische, royalistische, faschistische oder auch religiös motivierte Aufstände mögen zwar ebenfalls in eine Revolution münden, falls es ihnen gelingen sollte, die zentralen Konstitutionsprinzipien der jeweiligen Verfassung anzutasten. Doch sie bleiben so lange illegitim oder, wie Erhard sagt, »ungerecht«, wie es nicht

40 Ebd., S. 42-44.

41 Ebd., S. 44.

42 Womit sich der Sinn der heute gängigen Redeweise von einer »friedlichen Revolution« erschließt.

43 Ebd., S. 52.

ausdrücklich deren erklärtes Ziel ist, zur Realisierung individueller Menschenrechte beizutragen.

Schließt man sich dieser Lesart an, so sind die Menschenrechte als *revolutionäre Ansprüche auf eine politisch legitime Umwälzung konstitutioneller Prinzipien der Verfassung* zu verstehen. Damit aber werden die Menschenrechte in dieser zweiten Phase ihrer historischen Entwicklung zugleich auch selbst zu unhintergehbaren Konstitutionsprinzipien einer jeden legitimen Herrschaft und folglich zum Gegenstand einer stetig fortschreitenden, wenn auch nicht notwendig gewaltsamen Revolution – einer »permanenten« Revolution also, die allenfalls dann beendet wäre (im Konjunktiv), wenn die Menschenrechte in *jede* nationalstaatliche Verfassung dieser Welt eingewandert wären, und zwar in konstitutioneller Gestalt positiv-rechtlicher Vorbehalte gegenüber den jeweils vor Ort Herrschenden. Das revolutionäre »Volk«, so Erhard, das im Namen der Menschenrechte diese verfassungsrechtlichen Vorbehalte gegenüber den Herrschenden geltend macht, macht damit zugleich auch jenen oben bereits zitierten »Einfluss« geltend, »den das Volk auf die Staatsverfassung haben soll«. Eine legitime Revolution *ist* die politisch tatkräftige Erklärung von Menschenrechten, die das Volk sich jeweils selbst geben muss, um sich vor Willkürherrschaft zu schützen. Auch wenn diese Schlussfolgerung auf den ersten Blick ein wenig paradox klingen mag: Die Menschenrechte sind zugleich Voraussetzung *und* Resultat einer legitimen politischen Revolution.[44]

Allerdings tritt in dieser zweiten Phase ihrer Geschichte erneut, ja in verschärfter Form auch das oben bereits erwähnte Problem einer bloß nationalen Absicherung der Menschenrechte zu Tage: Die Idee, dass alle Menschen die gleichen Rechte haben, impliziert das Ansinnen einer positiv-rechtlichen Festschreibung dieser Ansprüche in Form verfassungsrechtlicher Garantien. Spätestens dann aber, wenn diese Rechte zu einklagbaren »Bürgerrechten« werden, büßen sie ihren universellen Charakter als Rechte »des« Menschen ein. Zwar werden seinerzeit sowohl in Nordamerika als auch in

44 Dieser Gedanke variiert die in Fußnote 37 angedeutete Gleichursprünglichkeit von Menschenrechten und Demokratie und wird ausführlicher in § 6 behandelt werden. Dazu auch Albrecht Wellmer, »Menschenrechte und Demokratie«, in: Stefan Gosepath/Georg Lohmann (Hg.), *Philosophie der Menschenrechte*, Frankfurt/M. 1998, S. 265-291.

Frankreich – zumindest auf rhetorischer Ebene – Rechte »aller« Menschen proklamiert. Doch in der konkreten Gestalt von konstitutionell garantierten Bürgerrechten gelten diese Menschenrechte am Ende nicht einmal mehr für all jene Menschen, die auf dem Hoheitsgebiet beziehungsweise im Geltungsbereich der jeweiligen Verfassung leben.[45] Als vollwertige Subjekte von Bürgerrechten zählen seinerzeit eben nur männliche, weiße, erwachsene und besitzende Staatsbürger – was schon die Schriftstellerin und Revolutionärin Olympe de Gouges im Jahr 1791 zu einer provokativen *Erklärung der Rechte der Frau und Bürgerin* motiviert hat.[46] Neben der fraglos großen Gruppe exkludierter Frauen waren aber seinerzeit auch Kinder, die Landbevölkerung, Einwandererinnen und Einwanderer, versklavte Menschen, das sogenannte Gesinde, »Tagelöhner«, das dann im 19. Jahrhundert anwachsende Industrieproletariat oder auch Menschen mit schweren Behinderungen im bürgerrechtlich folgenreichen Sinn unterprivilegiert oder gar vollends rechtlos. Folglich musste sich jeweils im Innern dieser Rechtsgemeinschaften zunächst noch ein langwieriger und bis heute noch immer nicht abgeschlossener Kampf um politische Inklusion und rechtliche Nichtdiskriminierung ergeben, damit die im Namen dieser marginalisierten Gruppen erfolgende Artikulation entsprechender Unrechtserfahrungen sukzessive zum Bewusstsein einer wahrhaft universellen Rechtsgleichheit hat beitragen können.[47]

Diese für das *heutige* Menschenrechtsdenken unentbehrliche Idee einer nicht länger exklusiven Rechtsgemeinschaft, die es zudem auf überstaatliche und völkerrechtliche Zusammenhänge auszudehnen gilt, gerät in der historischen Konstellation der zweiten Phase allenfalls ansatzweise in den Blick.[48] Dies mag nicht zuletzt daran liegen, dass diese zweite Etappe noch ein weiteres Defizit der ersten Phase erbt. Gemeint ist das Fehlen eines die Menschheit

45 Zu den rechtssystematischen Unterschieden: Arnd Pollmann, »Menschenrechte, Grundrechte, Bürgerrechte«, in: ders./Lohmann (Hg.), *Menschenrechte*, S. 129-136. Dazu mehr in § 7.

46 Olympe de Gouges, *Die Rechte der Frau* [1791], Bern 1999. Zu den völkerrechtlichen Schutz-, Teilhabe- und Hilfsansprüchen von Frauen aus heutiger Sicht: Nivedita Prasad, *Mit Recht gegen Gewalt. Die UN-Menschenrechte und ihre Bedeutung für die Soziale Arbeit*, Opladen 2011.

47 Gutmann, »Normenbegründung als Lernprozess?«. Mehr dazu in § 3.

48 Eine wichtige Ausnahme ist die erstmals prominent von Kant formulierte Idee eines »Weltbürgerrechts« in: ders., *Zum ewigen Frieden*, bes. S. 349 u. 357-360.

als Menschheit emphatisch »einenden« und damit jede nationalstaatliche Grenze transzendierenden Wertebezugs, der heute durch die Idee der Menschenwürde gegeben ist. Wie schon angedeutet, gründeten sich die einschlägigen Menschenrechtserklärungen jener Zeit meist auf ein typisch menschliches Interesse an »Freiheit« und »Gleichheit«, doch fehlte diesen normativen Akzentsetzungen offenbar noch jene universelle Strahlkraft, die dann ab 1945 von dem in rechtlicher Hinsicht bis dahin weitgehend ungebräuchlichen Begriff der Menschenwürde ausgehen wird. An diesen beiden Defiziten ändert sich zunächst auch in der dritten Etappe der Menschenrechtsentwicklung wenig. Diese dritte Phase setzt unmittelbar nach den Revolutionen des 18. Jahrhunderts ein und hält dann bis zum Ende des Zweiten Weltkrieges an. Einerseits entwickelt sich in dieser Zeit zwar ein Bewusstsein für die sich inhaltlich ausdehnende Bandbreite konkreter Einzelrechte, deren Reichweite sich im Zuge der Industrialisierung und der sozialistischen Arbeiterbewegung zunehmend auch auf die soziale und wirtschaftliche Lebenssituation der Menschen erstreckt.[49] Andererseits kommt es in dieser dritten Phase aber auch zu markanten Rückschritten.

Direkt im Ausgang jenes revolutionären 18. Jahrhunderts treten die Menschenrechte zunächst wieder auffallend in den politischen Hintergrund. Angesichts von nationalistischer Reaktion und Restauration wird ihre tendenziell universelle, Grenzen sprengende Rhetorik auf das »Normalmaß« von Bürgerrechten vor Ort zurechtgestutzt, und zwar deutlicher noch als zuvor: Im restaurierten Frankreich, etwa im Rahmen der *Charte constitutionelle* von 1814, ist bald nur noch von »Staatsrechten der Franzosen« die Rede. Die *Paulskirchenverfassung* von 1848 nennt »Rechte der Deutschen« und die *Preußische Verfassung* von 1848/1850 spricht gar ausschließlich von »Rechten der Preußen«.[50] Zudem führen einschneidende Entwicklungen und politische Umwälzungen auf internationaler Ebene zu weiteren markanten Brüchen in der noch jungen Geschichte der Menschenrechte:[51] Der europäische Kolonialismus befördert

49 Michael Krennerich, *Soziale Menschenrechte. Zwischen Recht und Politik*, Schwalbach/Taunus 2013, bes. Kap. 1.

50 Siehe die Dokumente in: Fritz Hartung/Gerhard Commichau/Ralf Murphy (Hg.), *Die Entwicklung der Menschen- und Bürgerrechte von 1776 bis zur Gegenwart*, Göttingen/Zürich 1985.

51 Dazu und für das Folgende: Stefan-Ludwig Hoffmann, »Das ›lange‹ 19. Jahrhun-

die zivilisatorische Ausbeutung und Ausgrenzung ganzer Völker als »unterentwickelt«, »primitiv« und okkupierbar. Fortschritte im europäischen Völker- und Kriegsrecht sind erkauft durch eine Herabstufung »unzivilisierter« und entsprechend dann auch nicht als »souverän« aufgefasster Staaten und Völker, die zur »Verhandlungsmasse« zwischenstaatlicher Streitigkeiten oder auch zu bloßen Objekten einer vermeintlich zivilisatorischen Missionierung durch europäische Großmächte werden. Spannungen und Kriege innerhalb Europas führen massenhaft zu Umsiedlungen, Vertreibungen und auch zu ersten systematisch betriebenen Genoziden; wie etwa im Fall der Volksgruppe der Herero oder der Armenier. Spätestens der Erste Weltkrieg dann wirft massenhaft das Problem von Flucht und Staatenlosigkeit auf, dessen auch der sich 1920 konstituierende Völkerbund nicht Herr werden wird.[52]

Mit dem europäischen Totalitarismus erweist sich dann die zwischenzeitliche Zersetzung revolutionärer Menschenrechtsansprüche als besonders desaströs: In der Sowjetunion tritt mit den stalinistischen »Säuberungen« und dem »Großen Terror« eine monströse und millionenfach tödliche Moral des »Neuen Menschen« an die Stelle der kommunistischen Parole »Die Internationale erkämpft das Menschenrecht!«. Insbesondere aber der deutsche Nationalsozialismus und der industriell betriebene Massenmord am europäischen Judentum, an Sinti und Roma sowie an Menschen mit Erbkrankheiten und Behinderungen lassen das universalistische Anliegen der Menschenrechte erst einmal vollends in Vergessenheit geraten. Die bestialische Gewaltherrschaft der Nazis führte ersichtlich nicht nur zu einer massenhaften Verletzung einzelner Menschenrechte, wie schon Hannah Arendt[53] kurz nach dem Zweiten Weltkrieg feststellen wird, sondern auch zu einer vollständigen *Entrechtung* der Opfer, und zwar auf dem Wege roher »Entmenschlichung«. Trotz der historisch bereits greifbaren Idee universeller Menschenrechte wurden unzählige Menschen als »unwert« in die Konzentrations-

dert und der Erste Weltkrieg«, in: Pollmann/Lohmann (Hg.), *Menschenrechte*, S. 106-110.

52 Martyn Housden, *The League of Nations and the Organisation of Peace*, London 2011.

53 Hannah Arendt, *Elemente und Ursprünge totaler Herrschaft* [1951], München 2005, Kap. 9. Bewegender als jede philosophische Abhandlung: Primo Levi, *Ist das ein Mensch?*, München 1995.

lager deportiert und mit bürokratischer sowie industrieller Akribie »vergast«. Das Nazi-Regime hatte diesen Menschen folglich *jeden* Wert und damit dann auch jede Würde abgesprochen. Und das einstmals so revolutionär und vielversprechend klingende Postulat der Menschenrechte hatte sich dabei als politisch vollends wirkungslos erwiesen.

Dies führt schon Arendt in ihrer Kritik am Menschenrechtsdenken jener Zeit zu der provokanten Frage, was genau die Menschenrechte all den unzähligen Opfern der Vernichtungslager sowie den zahllosen Flüchtlingen und Staatenlosen genützt haben mögen, besaßen diese doch nicht einmal das viel grundlegendere »Recht, Rechte zu haben«.[54] Wer nicht ohnehin schon ein vollwertiges Mitglied in einer durch nationales Verfassungsrecht integrierten Rechtsgemeinschaft ist, dem nützen bloß »gedachte« Menschenrechte wenig. Wenn dann auch noch die internationale Staatengemeinschaft versagt und den vor politischer Gewaltherrschaft flüchtenden Menschen kein Asyl zu gewähren bereit ist, erweist sich deren Schicksal als doppelt besiegelt.[55] Entsprechend wird erst nach 1945 und in der rechtshistorischen Folge jener totalitären Entmenschlichung und Entrechtung gelten, was für die Menschenrechte während der ersten drei Etappen ihrer Vorgeschichte so noch nicht galt: Die Menschenrechte müssen nicht nur zu verfassungsrechtlich einklagbaren, sondern zudem auch zu völkerrechtlich überwachten Rechten werden, wenn tatsächlich weltweit allen Menschen – und nicht nur manchen – ein Leben in Würde möglich werden soll.

2. Zur philosophischen Vorgeschichte der heutigen Menschenwürde

Auch mit Blick auf die historische Entwicklung des Menschenwürdebegriffs ist zunächst eine recht weit verbreitete »Standardgeschichte«[56] verfügbar. Trägerin oder Träger von Menschenwürde, so

54 Arendt, *Elemente und Ursprünge totaler Herrschaft*, S. 614.

55 Ebd., S. 576-578 u. 583-585.

56 Siehe Fußnote 28. Auch hier sind selbstredend alternative oder gar konträre Narrative möglich, die sich aus anderen historischen, philosophischen, religiösen oder kulturellen Quellen speisen. Dazu der Überblick: Marcus Düwell u. a.

heißt es gewöhnlich, sei schlicht jeder Mensch, und zwar ebenfalls allein aufgrund seines Menschseins beziehungsweise deshalb, weil er – wie jeder andere Mensch auch – ein Mitglied der menschlichen Spezies ist.[57] An diese Grundthese anknüpfend dient der Begriff der Menschenwürde vor allem dazu, auf eine für »den« Menschen typische und normativ entscheidende Wesensbestimmung aufmerksam zu machen; auf eine »angeborene«, »inhärente« oder »universelle« Werteigenschaft alles humanen Lebens, die einen Anspruch jedes einzelnen Exemplars der menschlichen Gattung auf gleiche Achtung ebendieser Wesensbestimmung generiert. Weil der Mensch einen »absoluten Wert« habe, so die Standardthese, verdiene er unterschiedslos den gleichen moralischen und auch rechtlichen Respekt, und zwar nicht nur seitens seiner konkreten Mitmenschen, sondern auch seitens des Staates und dessen Institutionen. Weil aber die Erfahrung lehrt, dass viele Menschen ihr empirisches Dasein unter »menschenunwürdigen« Bedingungen fristen und dass es folglich lebensweltliche Gefährdungslagen gibt, die zu einer Verletzung menschlicher Würde führen können, muss sich der geforderte Respekt vor der Würde entsprechend auch in institutionell garantierten Schutz-, Teilhabe- und Hilfsangeboten niederschlagen. Der Anspruch auf gleiche Achtung der Menschenwürde zielt heute nicht mehr nur auf einen direkt zwischenmenschlichen oder moralischen Respekt, sondern stets auch auf *öffentliche* Anerkennung, und zwar im Rahmen einzelstaatlicher Verfassungen ebenso wie auf der Ebene des Völkerrechts.[58]

Wirft man einen Blick zurück auf die wichtigsten ideengeschichtlichen Quellen dieses rechtsphilosophischen Würdebegriffs, so ist auf Anhieb nicht nur bemerkenswert, dass dieser Würdebegriff wiederholt einen tiefgreifenden Bedeutungswandel erfahren hat.[59] Auch im Fall der Menschenwürde gilt, ähnlich wie schon im Fall der Menschenrechte, dass mindestens drei zentrale Aspekte des heute gängigen Würdeverständnisses zu früheren Zeiten grundlegend anders interpretiert oder sogar ignoriert wurden:

(Hg.), *The Cambridge Handbook of Human Dignity. Interdisciplinary Perspectives*, Cambridge 2014.

57 Vgl. Peter Schaber, *Menschenwürde*, Stuttgart 2012, bes. Kap. 5.

58 Vgl. Paul Tiedemann, *Menschenwürde als Rechtsbegriff*, Berlin 2012, bes. Kap. 1.

59 Dazu die Textsammlung: Franz-Josef Wetz (Hg.), *Texte zur Menschenwürde*, Stuttgart 2011.

- Lange Zeit war es auch mit Blick auf die Menschenwürde keineswegs selbstverständlich, von vornherein *allen* Menschen Würde zuzusprechen, weil das dafür jeweils entscheidende menschliche Wesensmerkmal, ob Sprache, Vernunft, Autonomie, Moral oder Verantwortung, manchen Menschen eben doch fehlen kann;
- auch die für die rechtliche Dimension der Würde maßgebliche Überzeugung, dass mit jedem menschenwürdigen Leben eine ganz besondere soziale Versehrbarkeit und Fragilität des Menschen, etwa im Hinblick auf interpersonale oder institutionelle Anfeindungen, einhergeht, findet sich in früheren Betrachtungen des Würdebegriffs selten;
- darüber hinaus ergibt sich aus der bereits im vorigen Abschnitt erwähnten Feststellung, dass die Menschenrechte lange Zeit ohne den Menschenwürdebegriff ausgekommen sind, unmittelbar die spiegelbildliche Einsicht, dass auch die Geschichte der Menschenwürde bis etwa 1945 weitgehend ohne jeden Bezug auf die Menschenrechte erzählt worden ist.

Betrachten wir auch diese drei historisch umstrittenen Aspekte der Menschenwürde anhand wichtiger Etappen ihrer Begriffsgeschichte. Folgt man der philosophischen Standarderzählung, lässt sich auch hier ein Begriffswandel in drei Phasen nachzeichnen.[60] In der römischen Antike diente das Würde-Prädikat (lat. *dignitas*) vornehmlich dazu, besonders herausragende Persönlichkeiten des öffentlichen Lebens zu markieren und zu ehren, denen man eine besondere Verantwortung und wichtige Ämter übertragen hatte oder die sich in Bezug auf das Gemeinwesen größere Verdienste erworben hatten. Diese römisch-antike Würde kam zuvorderst anerkannten »Würdenträgern« zu: Staatsmännern, Volkstribunen,

60 Dazu Kurt Bayertz, »Die Idee der Menschenwürde: Probleme und Paradoxien«, in: *Archiv für Rechts- und Sozialphilosophie* 81 (1995), S. 465-481. Ich selbst habe diese Erzählung erstmals aufgegriffen in: Arnd Pollmann, »Menschenwürde«, in: Gerhard Göhler/Mattias Iser/Ina Kerner (Hg.), *Politische Theorie. 22 umkämpfte Begriffe zur Einführung*, Wiesbaden 2004, S. 262-279. Um ein Missverständnis zu vermeiden: Es handelt sich um eine beliebte *Vorgeschichte* jenes menschenrechtlichen Würdebegriffs, der erst nach dem Zweiten Weltkrieg zur Anwendung kommt. Das bedeutet: Diese Vorgeschichte ist ein Bestandteil jener umfassenderen Gesamtgeschichte der Menschenwürde, die den zivilisatorischen »Bruch« des Jahres 1945 ernst zu nehmen, aber zudem auch alternative Narrative einzubinden hätte.

Feldherren, Aristokraten oder Geistlichen, die aufgrund ihrer Ämter oder Aufgaben ein privilegiertes Ansehen genossen, das nicht nur ihre gesellschaftliche Ehre, sondern zugleich auch ihre besondere *Dignität* begründete; eine Dignität, die folglich nicht schon als »angeboren« oder »natürlich« zu betrachten war, sondern qua Amt übertragen und aufgrund von Verdienst oder Leistung erworben wurde.

Man stößt auf diese scheinbar veraltete Verwendung des Würdebegriffs gelegentlich auch heute noch, wenn etwa von einer »Würde des Gerichts«, von einer geistlichen Person als »Hochwürden«, von einer »Würde des Amtes« oder einer Person »in Amt und Würden« gesprochen wird.[61] Aus diesem ursprünglich antiken Würdeverständnis ergibt sich stets eine gewisse Exzellenz der betreffenden Personen – im damaligen Vergleich etwa zu nicht-freien oder nicht-männlichen Bewohnerinnen und Bewohnern Roms oder der sogenannten Plebs –, sodass von einem Würdebegriff, der tatsächlich sämtliche Menschen oder auch nur alle Bewohnerinnen und Bewohner der Stadt inkludiert hätte, überhaupt gar keine Rede sein kann. Aus heutiger Sicht ist somit augenfällig: Im alten Rom besaßen keineswegs *alle* Menschen und schon gar nicht alle Menschen *gleichermaßen* Würde.[62] Ja, die weitaus meisten Menschen – vor allem eben Unfreie, Plebejer, Frauen sowie auch Kinder – spielten seinerzeit keinerlei gesellschaftlich relevante Rolle. Eine universelle Menschenwürde kennt die römische Antike folglich nicht. Stattdessen kann deren spätere Universalisierung geradezu als eine dezidiert anti-aristokratische oder besser: als eine *universalaristokratische* Reaktion auf vormals exkludierende Würdeansprüche gedeutet werden, und zwar im Sinne einer »Adelung« der Menschheit als ganzer.[63]

Was aber die Antike sehr wohl schon kennt, ist die Idee einer besonderen Anfälligkeit jener auf Verdienst oder Leistung beruhenden Würde. Allerdings resultiert diese Versehrbarkeit hier weniger – so wie heute – aus direkt zwischenmenschlichen oder auch aus

61 Vgl. Viktor Pöschl, *Der Begriff der Würde im antiken Rom und später*, Heidelberg 1990.

62 Marcus Tullius Cicero ist die einzige mir bekannte Ausnahme, bei dem sich diese Entwicklung bereits andeutet. Siehe ders., *De officiis/Vom pflichtgemäßen Handeln* [44 v. Chr.], Stuttgart 2007, I 30, S. 105-107.

63 Vgl. Jeremy Waldron, *Dignity, Rank, and Rights*, Oxford 2012.

institutionellen Gefährdungen. Relevant ist vielmehr der Umstand, dass die Würdenträger *selbst* ihrem Amt und ihrem Ansehen, ihrer Achtungswürdigkeit und damit ihrer Würde schaden konnten, falls sie in der Öffentlichkeit ein ungebührliches, »unwürdiges« Fehlverhalten an den Tag legten oder »unschicklich« daran scheiterten, ihre bisweilen widrigen Lebensumstände souverän zu ertragen.[64] Eng verknüpft mit dieser wesentlich auf Eigenleistung beruhenden Würde der Antike ist zugleich die retrospektive Einsicht, dass sich daraus auch keine interpersonalen Rechtsansprüche und schon gar keine Menschenrechte gegenüber der öffentlichen Ordnung ableiten lassen. Vielmehr ergeben sich aus dieser antiken Würde allein *Selbstpflichten* der betreffenden Würdenträger. Das bedeutet: Mit der besonderen Dignität einer herausgehobenen Persönlichkeit des öffentlichen Lebens war seinerzeit die öffentlich sichtbar zu erfüllende (Selbst-)Verpflichtung gegeben, ein tugendhaftes Leben zu führen, mit dem man sich der jeweils eigenen privilegierten Stellung als *würdig* erwies.

Spätestens im mittelalterlichen Christentum jedoch wird diese exklusive Verwendung des Würdebegriffs verallgemeinert, »universalisiert« und damit auf die besondere Rolle »des« Menschen im Singular übertragen, die diesem nach Auffassung des Christentums als »Krone der Schöpfung« und »Ebenbild Gottes« im göttlichen Gesamtplan zukommt.[65] Von nun an sollte die Würde tatsächlich jedem Menschen qua Menschsein bereits innewohnen, und zwar von Beginn an gleichermaßen und unbedingt, da jedes Mitglied der Menschenfamilie durch seine »aufrechte Gestalt«, sein göttliches Antlitz und seine »Geistnatur«, wie es bei Thomas von Aquin[66] heißt, über alle anderen Lebewesen erhaben sei. Erst jetzt kann von einer Würde *des* Menschen gesprochen werden, die diesem gerade

64 Cicero, *De officiis*, I 10, S. 31. Noch Baruch de Spinoza (*Politischer Traktat* [1677], Hamburg 1994) hielt es für undenkbar, »daß die Inhaber der Regierungsgewalt, mehrere oder einer, trunken oder nackt mit Huren durch die Straße laufen, daß sie sich als Clown aufführen, daß sie die selbst erlassenen Gesetze offen verletzen oder mißachten und dann noch ihre Würde bewahren« (S. 57 f.).

65 Vgl. *Gen.* 1,26 f. u. *Psalm* 8,6. Ähnliche Überlegungen finden sich laut einschlägigen Expertinnen und Experten auch im Judentum, im Islam, im Hinduismus, Buddhismus und Konfuzianismus. Dazu Düwell u. a. (Hg.), *The Cambridge Handbook of Human Dignity*, Kap. 12-18.

66 Thomas von Aquin, *Summe der Theologie* [1265-1273], Heidelberg u. a. 1981, Frage 93, Artikel 4 [zitiert nach: Wetz (Hg.), *Texte zur Menschenwürde*, S. 67 f.].

nicht aufgrund seiner Leistungen oder sozialen Verantwortlichkeiten zukommt, sondern allein wegen seiner Zugehörigkeit zu jener nunmehr insgesamt aus der Schöpfung herausgehobenen und gegenüber der übrigen Tierwelt privilegierten Spezies Mensch.

Allerdings fehlt auch diesem christlichen Würdeverständnis noch weitgehend das Gespür für eine interpersonale und mithin institutionelle Versehrbarkeit der Menschenwürde. Diese wird vielmehr als eine göttliche »Mitgift« verstanden, die man als Mensch – im Unterschied zu der antiken und auf Leistung beruhenden Würde – gerade *nicht* durch Menschenhand einbüßen kann, und zwar weder durch fremde noch durch eigene.[67] Der Mensch mag sich allenfalls dieser göttlichen Mitgift als unwürdig erweisen, indem er ein Leben voller Sünde, Ungehorsam und ohne Gottesfurcht lebt. Die Menschenwürde selbst aber ist jedem einzelnen Menschen als ein »absoluter Wert« unverlierbar eingeschrieben; das Individuum kann lediglich daran scheitern, dieser Wertbestimmung gerecht zu werden und entsprechend auch ein Leben *in* Würde zu führen. Mit dem göttlichen Schöpfungsauftrag mag deshalb zwar eine konkrete Pflicht verknüpft sein, das eigene Leben nach Maßgabe christlicher Gebote zu führen, nicht aber entsprechend auch ein moralisches oder gar juridisch zu kodifizierendes *Recht*, von niemand anderem daran gehindert zu werden. Für ein solches Recht müssten die Menschen direkt wechselseitig zur Achtung ihrer Würde verpflichtet sein. Die sich aus der christlichen Würde ergebende Pflicht zur Würdigkeit ist aber zunächst nur eine Pflicht gegenüber Gott, dessen Mitgift demütig zu empfangen und zu hegen ist; so wie christliche Moralgebote ja auch sonst – nicht nur mit besonderem Blick auf die Menschenwürde – weitgehend ohne die Idee direkt interpersonaler oder gar staatlich garantierter Rechte auskommen.[68]

In der Folge der italienischen Renaissance, insbesondere durch Pico della Mirandola,[69] und spätestens mit der philosophischen

67 Die Unterscheidung »Mitgift-« vs. »Leistungstheorien« der Würde geht zurück auf: Hasso Hofmann, »Die versprochene Menschenwürde«, in: *Archiv des öffentlichen Rechts* 118 (1993), S. 353-377.

68 Auch den Zehn Geboten korrespondieren keine subjektiven Rechtsansprüche. Dazu systematisch: Joel Feinberg, *Rights, Justice, and the Bounds of Liberty*, Princeton 1980, Kap. 6 u. 7.

69 Pico della Mirandola, *Über die Würde des Menschen* [1486], Stuttgart 1997.

Aufklärung, und zwar vor allem bei Immanuel Kant,[70] wird die durch das mittelalterliche Christentum bereits auf die gesamte Menschheit ausgedehnte Würde ihrer religiösen Prämissen entkleidet und damit auf ein »säkulares« Begründungsfundament gestellt. Von nun an kommt dem Menschen nicht mehr deshalb Würde zu, weil er das Ebenbild Gottes ist, sondern weil er sich aufgrund seiner Vernunft auch selbst als ein anbetungswürdiges, gottgleiches Wesen erweist. Diese Vernunft ist es dann auch, die in Fragen der Würde zur letztlich entscheidenden ethisch-moralischen Instanz wird: Der Mensch kann und soll sich von sittlicher Fremdbestimmung befreien. Er benötigt nicht länger eine »höhere« Macht oder Autorität, die ihm vorschreibt, wie zu leben sei. Der vielzitierte »Ausgang des Menschen aus seiner selbstverschuldeten Unmündigkeit«, der nach Kant das Hauptmerkmal der Aufklärung ist, setzt auf vernünftige Selbstgesetzgebung und schließt damit eben auch die »faule« und »feige« Unterwerfung unter religiöse Dogmen aus.[71] Oder wie Kant an anderer Stelle sagt: »*Autonomie* ist also der Grund der Würde der menschlichen und jeder vernünftigen Natur.«[72] Das Vernunftsubjekt der Aufklärung ist folglich ein quasi-göttlicher Akteur sittlich autonomer Selbstschöpfung, und aus ebendiesem Vermögen ergibt sich dann auch dessen Würde, die es, ähnlich wie schon in der Antike, vor allem gegen eigenes unwürdiges Fehlverhalten zu verteidigen gilt.[73]

An eine solche Würde, die auf moralischer Autonomie beruht, muss der Mensch nicht länger »glauben«, weil diese Würde eben keine göttliche Mitgift ist, sondern sich in vernünftiger Selbstbestimmung *herstellt*. Zugleich aber deutet sich an dieser Stelle gegenüber dem christlichen Würdebegriff auch ein historischer Rückschritt an. Hatte der christliche Würdebegriff sehr deutlich einen Universalitätsanspruch erhoben, so ist mit Blick auf den nunmehr

70 Kant, *Grundlegung*, bes. S. 434-436.

71 Immanuel Kant, *Beantwortung der Frage: Was ist Aufklärung?* [1784], Akademie-Ausgabe, Bd. VIII, Berlin 1900 ff., S. 35.

72 Ders., *Grundlegung*, S. 436.

73 Dazu die berühmte Textstelle bei Kant (*Die Metaphysik der Sitten* [1797], Akademie-Ausgabe, Bd. VI, Berlin 1900 ff.): »Das Bücken und Schmiegen vor einem Menschen scheint in jedem Fall eines Menschen unwürdig zu sein. [...] Wer sich aber zum Wurm macht, kann nachher nicht klagen, daß er mit Füßen getreten wird« (S. 437). Mehr dazu in § 13.

aufgeklärten Würdebegriff mehr als fraglich, ob dieser tatsächlich *alle* Menschen inkludieren will. Zumindest Pico und Kant hatten in ihren Überlegungen zur Würde bloß jene Menschen vor Augen, die auch tatsächlich einer vernünftigen Natur teilhaftig sind. Damit waren seinerzeit gerade nicht alle Mitglieder der menschlichen Spezies gemeint. So sprach man lange Zeit vielen Menschen, etwa »Wilden«,[74] Sklavinnen und Sklaven, Frauen, Kindern oder geistig schwerbehinderten Menschen, ebendiese Teilhabe an einer vernünftigen Natur bedingt oder gar vollständig ab. Dadurch war auch die damit verknüpfte Würde letztlich eben doch nur einigen Menschen, und zwar eben »vernünftigen« Personen, vorbehalten. Und so als wirke dies aus heutiger Sicht nicht schon irritierend genug, kamen damals für den Besitz der Würde keineswegs *nur* Mitglieder der menschlichen Spezies in Frage. Selbst bei Kant findet sich die Auffassung, dass etwa auch Engel, ja, sogar Außerirdische »auf irgend einem anderen Planeten vernünftige Wesen«[75] sein können.

Daher wäre es mit Blick auf diese dritte Etappe der Begriffsgeschichte bereits auf terminologischer Ebene irreführend, von »Menschenwürde« zu sprechen. Selbst für Kant gilt: Wie immer bahnbrechend seine Philosophie für die moderne Moraltheorie der universellen und gleichen Achtung gewesen sein mag, so lässt sich doch die heute recht geläufige Überzeugung, dass die grund- und menschenrechtliche Verwendung des Würdebegriffs im Wesentlichen auf Kant zurückgehe, weder an dessen Texten noch anhand der jeweiligen Entstehungsgeschichte einschlägiger Rechtsdokumente belegen.[76] Hinzu kommt auch in dieser dritten Phase der Wortgeschichte, dass sich aus dem Würdebegriff der Aufklärung zwar moralische Pflichten, aber keine Rechte im engeren Sinn[77]

74 Hinrich Fink-Eitel, *Die Philosophie und die Wilden. Über die Bedeutung des Fremden für die europäische Geistesgeschichte*, Hamburg 1994.

75 Immanuel Kant, *Anthropologie in pragmatischer Absicht* [1798], Akademie-Ausgabe, Berlin 1900 ff., Bd. VII, S. 332.

76 Zu einer kritisch-konstruktiven Lesart: Thomas Gutmann, »Würde und Autonomie. Überlegungen zur Kantischen Tradition«, in: *Jahrbuch für Wissenschaft und Ethik* 15 (2010), S. 3-34. Ähnliches gilt für Kants Verhältnis zu den Menschenrechten: Stefan Gosepath, »Das Problem der Menschenrechte bei Kant«, in: Reza Mosayebi (Hg.), *Kant und Menschenrechte*, Berlin 2018, S. 195-216.

77 Anderer Auffassung mit Blick auf Kant ist Heike Barantzke, »Menschenwürde zwischen Pflicht und Recht«, in: *Zeitschrift für Menschenrechte* 4 (2010), S. 10-24.

und schon gar keine spezifisch menschenrechtlichen und damit institutionell zu achtenden Grundansprüche gegenüber den Herrschenden ergeben. Allenfalls im Werk Samuel von Pufendorfs wird bereits eine dezidiert moralische Verknüpfung von Würde, Pflichten und Rechten vorgedacht, und zwar in der laut Pufendorf zentralen moralischen Regel: »Dass jeder jeden anderen Menschen als jemanden, der ihm von Natur aus gleich ist und in gleicher Weise Mensch ist, ansieht und behandelt [...]. Und was jemand als sein Recht gegenüber anderen hinstellt, muss er in besonderem Maße auch selbst anwenden.«[78] Doch wird auch diese moralische Regel in politischer sowie positiv-rechtlicher Hinsicht bis auf Weiteres folgenlos bleiben. Das bedeutet: Auch die philosophische Aufklärung bringt uns noch immer nicht jenen Menschenwürdebegriff, auf den das Menschenrechtsdenken nach 1945 rekurrieren wird.

3. Die welthistorische Zäsur

Auf den ersten Blick mögen beide Vorgeschichten – die der Menschenrechte und jene der Menschenwürde – den teleologischen Eindruck eines zielgerichteten Lernprozesses nahelegen.[79] So als sei es nach 1945 geradezu zwingend zu jener rechtshistorischen Entwicklung gekommen, um die es im Folgenden gehen soll. Doch bereits die in diesen beiden Vorgeschichten jeweils angedeuteten Diskontinuitäten und Brüche sollten skeptisch stimmen: Von einer »gradlinigen« Begriffsgeschichte der Menschenwürde, die von der Antike »notwendig« über das Christentum zur Aufklärung und dann anschließend bis zum Jahr 1945 und in die Nachkriegszeit führt, lässt sich ebenso wenig sprechen wie von einer kontinuierlichen Entwicklung des Menschenrechtsdenkens vom Natur- und Vertragsrecht der Frühen Neuzeit über die bürgerlichen Revolutionen des 18. Jahrhunderts und das restaurative 19. Jahrhundert bis hin zu den völkerrechtlichen Reaktionen auf die beiden Weltkriege und den europäischen Faschismus. Stattdessen resultiert diese Entwicklung aus einem historischen und überdies globalen »Kampf

78 Samuel von Pufendorf, *Über die Pflicht des Menschen und Bürgers nach dem Gesetz der Natur* [1673], Frankfurt/M. 1994, S. 78.

79 Im Folgenden rekurriere ich auf Passagen aus: Pollmann, »Lernen aus historischem Unrecht?«.

ums Recht«,[80] und eine entsprechende Gegenwehr gegen diskriminierendes Unrecht kann ausbleiben, wenn die jeweils marginalisierten oder entrechteten Menschen auf diesen Kampf verzichten oder aber nicht eigens dazu in der Lage sind, selbständig und tatkräftig für ihre Rechte einzustehen. Daher haftet jeder Rechtsentwicklung stets auch etwas historisch und politisch Kontingentes an.[81]

Insbesondere mit Blick auf die beiden Weltkriege, die Atombombenabwürfe auf Hiroshima und Nagasaki und den zivilisatorischen »Gattungsbruch«,[82] den der nationalsozialistisch betriebene Massenmord an Jüdinnen und Juden, Sinti und Roma sowie erbkranken und behinderten Menschen mit sich brachte, ist zu vermuten, dass sich der historisch und gewaltsam *gewachsene* Zusammenhang von Menschenrechten und Menschenwürde einer weder zwingenden noch vorhersehbaren Zäsur verdankt.[83] Die monströse Gewalt des 20. Jahrhunderts mag für die spätere Entwicklung der Menschenrechte in einem empirischen Sinn ursächlich gewesen sein. Sie hätte aber, welthistorisch betrachtet, ebenso ausbleiben können wie die daraus resultierenden Lernprozesse des Verfassungs- und Völkerrechts, falls die beiden Weltkriege und die totalitären Verbrechen hätten verhindert werden können. Überhaupt ist aus heutiger Sicht fraglich, wie man nach 1945 und angesichts dessen, was geschehen war, noch nahtlos an eine doppelte Ideengeschichte der Menschenrechte und der Menschenwürde hätte anknüpfen können, die von den Gräueltaten des 20. Jahrhunderts noch nichts wissen konnte. Wie etwa sollten die Überlebenden des nationalsozialistischen Völkermords noch ungebrochen davon ausgehen können, dass tatsächlich allen Menschen – nicht nur den Opfern,

80 Rudolph von Jhering, *Der Kampf ums Recht* [1872], Frankfurt/M. 2003. Dazu mehr in §5.

81 »Kontingent« bedeutet, dass diese Rechtsfortschritte keineswegs unumkehrbar sind; was derzeit auch der zu Beginn bereits erwähnte »Backlash« in der heutigen Menschenrechtsdebatte befürchten lässt.

82 Hier folge ich Rolf Zimmermann, *Philosophie nach Auschwitz. Eine Neubestimmung von Moral in Politik und Gesellschaft*, Reinbek 2005.

83 Diese Diskontinuität spiegelt sich nicht zuletzt auch in der weltanschaulichen, kulturellen und religiösen Diversität jener Personen (aus den USA, Frankreich, China, Kanada, dem Libanon, der Sowjetunion, Chile, Brasilien, Indien, Pakistan etc.), die seinerzeit mit dem Entwurf der *Allgemeinen Erklärung der Menschenrechte* betraut waren. Dazu Johannes Morsink, *The Universal Declaration of Human Rights. Origins, Drafting and Intent*, Philadelphia 1999.

sondern auch deren Henkern und Folterern – bereits deshalb die gleiche Würde zukomme, weil sie als Menschen allesamt zu Moral und Vernunft fähig seien? Die quasi-göttliche Selbstüberhöhung des Menschen durch Renaissance und Aufklärung war durch die totalitären Vernichtungserfahrungen des 20. Jahrhunderts geradezu in ihr Gegenteil verkehrt worden: Die menschliche Vernunft musste ersichtlich defekt sein, wenn der Mensch zu derartigen Gräueltaten fähig war. Und wie konnte man andererseits noch länger der Auffassung sein, dass die Menschenrechte bereits »angeboren« sind, wenn diese unverlierbaren Rechte der historisch beispiellosen Gewalt nicht das Geringste hatten entgegensetzen können? Wie sollte man weiterhin davon überzeugt sein können, dass der Staat an diese »natürlichen« Rechte gebunden sei, wo sich der Staat doch als der schlimmste Feind dieser Rechte erwiesen hatte?

Vor allem aber irritiert aus heutiger Sicht, warum es überhaupt erst *nach* 1945 zu jener engen Verknüpfung von Menschenrechten und Menschenwürde kommen konnte, die das historische Geschehen retrospektiv als entsprechend inhuman und abscheulich erscheinen lässt. Wie ist es zu erklären, dass dieser begriffliche Zusammenhang nicht schon vorher »entdeckt« worden war? Hatten die Naturrechtler Pufendorf und Locke oder auch schon Pico und später dann Kant diesen Zusammenhang ganz einfach übersehen? Oder anders gefragt: Wie konnte die philosophische Würdediskussion fast 2000 Jahre ganz ohne den Bezug auf Menschenrechte auskommen, während die Debatte über Menschenrechte immerhin gut 300 Jahre lang ganz ohne den Bezug auf die Menschenwürde geführt worden war? Es muss die Erfahrung einer unvergleichbar monströsen Katastrophe gewesen sein, von der nicht zuletzt eben auch die Geschichte dieser beiden Begriffskonzepte bis in ihre Grundfesten erschüttert worden ist. Der weltweit wahrgenommene Schrecken der beiden Weltkriege und der totalitären Verbrechen ist offenbar mehr als nur ein Schock über massenhafte Verletzungen *einzelner* grundlegender Rechtsansprüche gewesen; und zwar ein Erschrecken über maßlose »Verbrechen gegen die Menschlichkeit«,[84] die insofern *tiefer* als herkömmliche Rechtsverletzungen ansetzen, als sie auf Seiten der Opfer bereits die rechtlich Relevanz des Menschseins (»Untermenschen«) oder gar das Menschsein als

84 Diesen Hinweis verdanke ich Georg Lohmann.

solches (»Ungeziefer«) negieren – und damit eben zugleich auch jenen universellen Achtungsanspruch, der dem Menschen als Menschen zukommen soll und der heute für *beide* Begriffe konstitutiv zu sein scheint.

Um aber diese zivilisatorische Erschütterung noch ein wenig genauer verstehen zu können, muss zunächst noch einmal daran erinnert werden, dass die historischen Menschenrechtserklärungen *vor* 1945 einen ganz anderen normativen Bezugspunkt geltend gemacht haben: Dort stand fast immer das politische Grundanliegen »gleicher Freiheit« im Mittelpunkt des anvisierten Menschenrechtsschutzes.[85] Das bedeutet: Die Menschenwürde mag auch schon vor dem Zweiten Weltkrieg ein ethisches oder auch moralisches Problem gewesen sein, doch ein spezifisch menschenrechtliches Problem war sie bis dahin nicht. Damit liegt die philosophisch klärungsbedürftige, aber nur selten einmal ausdrücklich behandelte Frage auf dem Tisch, was genau sich um das Jahr 1945 herum in grundbegrifflicher und mithin rechtssystematischer Hinsicht verändert hat. Eine für die weitere Untersuchung äußerst aufschlussreiche Erklärung dieses Begriffswandels findet sich bei dem Schriftsteller und Philosophen Hermann Broch. In einer Reihe wichtiger, aber in der heutigen Menschenrechtsdebatte wenig bekannter Essays, die sämtlich um den Zweiten Weltkrieg herum entstanden sind, äußert Broch den folgenden Verdacht: Die grundbegriffliche Verschiebung oder Neuausrichtung des Menschenrechtsdiskurses *in Richtung* der Menschenwürde sei das Resultat einer kritischen Neuinterpretation »älterer« Unrechtserfahrungen der Sklaverei, die vor dem Hintergrund des totalitären Terrors sehr plötzlich in neuem Licht erscheinen.[86]

Auch vorher schon sind historische Unrechtserfahrungen der Sklaverei sowie die Kritik an deren inhumanen Rechtfertigungen[87] für den Entstehungs- und Entwicklungsprozess der Menschenrech-

85 Dazu etwa auch Étienne Balibar, *Gleichfreiheit*, Berlin 2012.

86 Hermann Broch, *Menschenrecht und Demokratie*, Frankfurt/M. 1978. Zum Folgenden ausführlicher: Arnd Pollmann, »Heimkehr aus der Sklaverei. Der Schriftsteller Hermann Broch als vergessener Vordenker des völkerrechtlichen Zusammenhangs von Menschenrechten und Menschenwürde«, in: Marten Breuer u. a. (Hg.), *Der Staat im Recht*, Berlin 2013, S. 1235-1252.

87 Hans Joas, »Zur Rechtfertigung der Sklaverei«, in: *Aus Politik und Zeitgeschichte* 65 (2015), S. 3-6.

te maßgeblich gewesen. Doch mit der Deportation unzähliger Menschen in die nationalsozialistischen Arbeits- und Vernichtungslager ist laut Broch die freiheitsberaubende Unterjochung des Menschen in eine neue Dimension der Barbarei vorgedrungen. Eine zivilisatorische Grenze der Moral sei überschritten worden, und zwar in Richtung einer totalitären »Voll-Versklavung«.[88] Diese totalitäre Unterjochung des Menschen lasse sich aufgrund ihrer Grausamkeit nicht länger bloß als eine neue Form der »Unfreiheit« interpretieren. Vielmehr verschmelzen laut Broch in diesem historisch reinterpretierten Bild der Sklaverei ältere und somit bereits bekannte Freiheitsmotive mit vergleichsweise »neuen« menschenrechtlichen Würdeansprüchen, und zwar zu dem komplexeren Verbrechensbild einer totalen Entmenschlichung. Der normative Kerngedanke dieser dezidiert würdetheoretischen Neuinterpretation der Sklaverei besagt, dass ein derart vollständig versklavter Mensch, der unentwegt damit rechnen muss, wie ein Stück Vieh abtransportiert und der Vernichtung preisgegeben zu werden, unfrei *und* entwürdigt zugleich ist.[89] Die Internierten der Konzentrationslager durchleiden das eigene Schicksal nicht bloß als eine fundamentale Freiheitsberaubung, sondern auch als eine beständige Todesdrohung – und damit als eine fundamental inhumane Form von Ohnmacht, Kontrollverlust, Erniedrigung und Demütigung.[90]

Somit hat allererst die historische massenhafte Erfahrung totalitärer Versklavung retrospektiv deutlich werden lassen, dass ebendiese beiden Aspekte der Sklaverei – Unfreiheit und Entwürdigung – nicht nur begrifflich auseinandergehalten werden können, sondern auch verschiedene *Steigerungsformen* der Sklaverei ergeben. Im Lichte bereits verfügbarer menschenrechtlicher Argumente gegen das freiheitsberaubende Unrecht der Sklaverei stellt die totalitäre Unmenschlichkeit damit keine vollends neue historische Erfahrung dar, wohl aber eine Erfahrung von veränderter Quantität und Qualität. Ihre Verwerflichkeit beruht auf der zusätzlichen, nunmehr die Würde betreffenden Einsicht, dass der Mensch

88 Broch, *Menschenrecht und Demokratie*, S. 187 f.

89 Ebd., S. 132 f.

90 So auch die zentrale Idee zur Bestimmung des Begriffs »Entwürdigung« bei einem wichtigen anderen Zeitzeugen und Überlebenden des Konzentrationslagers: Jean Améry, *Jenseits von Schuld und Sühne. Bewältigungsversuche eines Überwältigten*, Stuttgart 1977, bes. S. 48 f.

»niemals nur als Mittel« behandelt werden dürfe.[91] Das totalitäre Vernichtungslager wird zum monströsen Kulminationspunkt einer sich bis in die Moderne fortsetzenden und zugleich eben auch verschärfenden Totalversklavung, die umso inhumaner erscheint, je stärker es dabei zu einer völligen Entmenschlichung und Entwürdigung der Opfer kommt. Auf diesem entsetzlichen Weg *addieren* sich zu ebenjenen menschenrechtlichen Grundansprüchen, die auch vorher schon zur Verteidigung der menschlichen Freiheit angeführt werden konnten, solche Forderungen, die »tiefer« ansetzen: Sie sollen verhindern, dass der Mensch nicht nur seiner Freiheit, sondern zudem auch seiner Würde beraubt wird – etwa dadurch, dass man ihn als »Untermenschen« oder gar wie »Ungeziefer« behandelt und »ausmerzt«.[92]

Mit diesem barbarischen Unrecht wird die zutiefst erschütterte Nachkriegswelt, die unmittelbar nach Ende des Krieges im Rahmen der Vereinten Nationen schon wieder näher zusammenrückt, an den fundamentalen Wert der Menschenwürde und deren ebenso fundamentale Verletzbarkeit erinnert. Deutlich wird dabei zugleich, dass die emphatisch vorgetragene Gewissheit, der Mensch besitze eine angeborene Würde, offenbar nicht schon deren faktische Anerkennung oder gar deren effektiven Schutz durch nationale sowie völkerrechtliche Garantien nach sich zieht. Im Gegenteil: Die Würde des Menschen ist ein fragiles Gut, das durch nationales und internationales Recht in Obhut genommen werden muss, gerade weil man als Mensch der jeweils eigenen Würde auch beraubt werden kann. Nach Art einer höchst schreckenerregenden Initialzündung lässt die monströse Gewalt des 20. Jahrhunderts zwei vormals getrennt geführte Diskurse so aufeinander zulaufen, dass sich mit dem fortan ineinander verschränkten Menschenwürde- und Menschenrechtsdenken ein fundamentaler Wertewandel Bahn bricht, der sich auf erschütternde Weise der Großkatastrophe selbst verdankt: Die Realisierung menschenwürdigen Lebens, und

91 Diese vielzitierte Formulierung Kants, die heute oft zur Erläuterung des Würdebegriff herangezogen wird (zum Beispiel in einschlägigen Kommentierungen von Artikel 1 des *Grundgesetzes*), macht in direkt menschenrechtlicher Hinsicht vor allem dann Sinn – was allerdings meist übersehen wird –, wenn man sie als historische Absage an jede Form von Sklaverei versteht.

92 Ähnlich bei Avishai Margalit, *Politik der Würde. Über Achtung und Verachtung*, Berlin 1995.

zwar weltweit und für alle Menschen gleichermaßen, ist von rechtlichen Garantien subjektiver Schutz-, Teilhabe- und Hilfsansprüche abhängig, die nicht nur auf jeweils nationaler, sondern auch auf völkerrechtlicher Ebene festgeschrieben werden müssen. Erst nach 1945, so die sich daraus ergebende These, sind Menschenrechte und Menschenwürde zwei Seiten derselben Medaille.[93]

4. Lernen aus den Katastrophen des 20. Jahrhunderts?

Wie zuletzt gezeigt wurde, ist die weltpolitische und rechtshistorische Entwicklung nach 1945 von einer schmerzhaften Lernerfahrung verursacht, die gerade nicht als bloße Fortsetzung früherer oder gar linearer Lernprozesse verstanden werden kann.[94] Erst im Zuge der unvorhergesehenen Großkatastrophe fließen die vormals weitgehend getrennt voneinander verlaufenden Debatten über Menschenrechte und Menschenwürde so zusammen, dass von nun an der Schutz der Menschenwürde als ein universelles, subjektives Völkerrechtsgut in den Blick gerät. Erst nach dem Zweiten Weltkrieg wird die Menschenwürde zu einem genuinen »Rechtsbegriff«, und zugleich erhalten die Menschenrechte mit dieser Würde einen sie fortan inhaltlich einigenden Bezugspunkt. Diese doppelt revolutionäre Neuerung besagt zugleich: Der jeweils einzelne Mensch wird in den Rang eines Völkerrechtssubjekts *sui generis* gehoben, um möglichst allen Menschen weltweit ein mindestens menschenwürdiges Leben zu ermöglichen.[95] Diese post-totalitäre Rechtsentwicklung hat es mit einem eruptiv und gewaltsam gewachsenen Zusammenhang von Würde und Rechten zu tun, der sich nicht nur in den einschlägigen UN-Menschenrechtsabkommen der Folgezeit, sondern etwa auch im deutschen *Grundgesetz* niederschlägt. Die

93 Zur gegenteiligen These von einem »immer schon« vorhandenen Zusammenhang: Jürgen Habermas, »Das Konzept der Menschenwürde und die realistische Utopie der Menschenrechte«, in: *Deutsche Zeitschrift für Philosophie* 58 (2010), S. 343-357.

94 Auch in diesem Abschnitt beziehe ich mich auf: Pollmann, »Lernen aus historischem Unrecht?«. Vgl. Ludwig Siep, »Arten normativer Erfahrung und ihre Bedeutung für die Normbegründung«, in: Thomas Gutmann u. a. (Hg.), *Genesis und Geltung. Historische Erfahrung und Normenbegründung in Moral und Recht*, Tübingen 2018, S. 243-263.

95 Klein, *Menschenrechte*, S. 26.

These von einer historischen Zäsur will deshalb keinen völligen Neuanfang oder gar eine begriffliche *creatio ex nihilo* suggerieren. Nicht die *Ideen* der Menschenrechte und der Menschenwürde sind neu, sondern deren systematische Verknüpfung. Zwar wird das nunmehr kombinierte Verständnis von Menschenrechten und Menschenwürde inhaltlich stets auch an ältere Aspekte ihrer Ideengeschichte anschließen können. Doch indem diese älteren Diskurse nunmehr vor einem historisch veränderten Erfahrungshorizont interpretiert werden, verwandeln auch sie sich grundlegend; ein geschichtlich transformiertes und mithin kombiniertes Normenverständnis entsteht, das zuvor so noch gar nicht abzusehen war.

Der gemeinte Wandel vollzieht sich folglich dadurch, dass Erfahrungen von Gewalt und Unmenschlichkeit zu inhaltlichen Neuinterpretationen der jeweils bereits zuvor vorhandenen Begriffskonzepte führen. Aus methodischer Sicht ist damit eine recht allgemeine moral- und rechtspädagogische These berührt, die *ex negativo* ansetzt und aus destruktiven Verletzungserfahrungen konstruktive Schlüsse ziehen will: Erst wenn dem Menschen wichtige moralische oder auch rechtliche Grundgüter genommen werden, erfährt er am eigenen Leibe, was genau ihm plötzlich fehlt.[96] Am Beispiel der Verknüpfung von Menschenwürde und Menschenrechten zeigt sich deshalb exemplarisch, was auch für viele andere, weniger »dramatische« Normsetzungen gilt: Antworten auf die Frage, welche inhaltlichen Normen es sind, von denen sich eine Moral- oder Rechtsgemeinschaft leiten lassen will, sind immer auch davon abhängig, welche prägenden Erfahrungen diese Gemeinschaften kollektiv sammeln. Demnach haftet derart kollektiven Normsetzungen stets ein Moment historischer Kontingenz an: Abweichende Erfahrungen können zu sehr unterschiedlichen Normprioritäten führen, und neue Erfahrungen können alte Normsetzungen in den Hintergrund treten lassen.[97]

Dies führt zunächst zu einer recht allgemein gehaltenen Einsicht

96 Diese These habe ich in konkreten moralphilosophischen Hinsichten ausbuchstabiert in: Arnd Pollmann, *Unmoral. Ein philosophisches Handbuch. Von Ausbeutung bis Zwang*, München 2010.

97 Mehr dazu in § 5. Siehe auch Hans Joas, *Die Sakralität der Person*, Berlin 2011. Mit Blick auf den Zusammenhang von Menschenwürde und Menschenrechten neigt der Autor freilich dazu, deren ideengeschichtliche Unabhängigkeit zu unterschätzen.

in Bezug auf die historische und ideengeschichtliche Verschmelzung der Menschenrechtsdebatte mit dem Menschenwürdediskurs: Ein historisch aktualisiertes oder »richtig« verstandenes Konzept der Menschenwürde muss auf den Menschenrechten aufbauen. Und zugleich gilt umgekehrt: Eine »richtig« verstandene, zeitgemäße Theorie der Menschenrechte muss in der Menschenwürde verankert werden. Diese Behauptung eines historisch gewachsenen Zusammenhangs beider Begriffskonzepte kombiniert unterschiedliche Teilaspekte jener Ideen, von denen die folgenden bislang als besonders bedeutsam herausgestellt wurden: die »Universalität« und »Gleichheit«, die mit beiden Begriffen assoziiert werden, aber auch die »Versehrbarkeit« und »Fragilität« des Menschen, die in beiden Begriffen anklingen, sowie die sich daraus sowohl auf nationaler als auch auf völkerrechtlicher Ebene ergebenden Schutz-, Teilhabe- und Hilfsansprüche. Damit ist ein dezidiert post-totalitäres Verständnis beider Ideen skizziert, das den veränderten historischen Umständen nach 1945 Rechnung trägt. Wer heute noch immer an ältere Konzepte von Menschenrechten und Menschenwürde anknüpfen will – was selbstredend möglich ist –, verfährt dabei notwendig so, als habe es den durch die historische Zäsur bewirkten Begriffswandel nicht gegeben. Doch betrachten wir diese beiden tiefgreifend transformierten Begriffskonzepte und die mit ihnen verknüpften Lernfortschritte abschließend noch etwas genauer – und beginnen wir mit der Menschenwürde.[98]

Der skizzierte historische Neuanfang lässt erkennen, dass die Menschenwürde fortan nicht einfach nur zu *einer* rechtlichen Norm neben anderen wird, sondern sogleich den Rang der »höchsten« oder gar einer »absoluten« Fundamentalnorm zugewiesen bekommt. Die Menschenwürde wird von nun an als »unantastbar« und damit auch als rechtlich abwägungsresistent behandelt.[99] Die Gründer der Vereinten Nationen ebenso wie die deutschen Ver-

98 Hier soll keineswegs einer unzulässigen Projektion deutscher Rechtsverhältnisse auf internationale Zusammenhänge das Wort geredet werden. Es geht um einen rechtshistorischen »Neustart«, der sich 1948 *zunächst* auf der Ebene der Vereinten Nationen sowie dann *auch* in der deutschen Verfassung ereignet – und der Vorbild für weitere Rechtsentwicklungen war und weiterhin ist.

99 Dazu die Beiträge in: Rolf Gröschner/Oliver W. Lembcke (Hg.), *Das Dogma der Unantastbarkeit. Eine Auseinandersetzung mit dem Absolutheitsanspruch der Würde*, Tübingen 2009.

fassungsmütter und -väter haben eine als unwiderruflich zu verstehende Grundsatzentscheidung getroffen, als sie die Würde des Menschen derart prominent platzierten. Was auch immer einzelne Regierungen ihren Bürgerinnen und Bürgern zukünftig noch würden antun dürfen, eines jedenfalls sollte ihnen für immer strikt verboten sein: die Würde des Menschen zu missachten. Allerdings ergibt sich aus dem empirischen Umstand, dass es sich um eine rechtliche und mithin politische Setzung handelt, zugleich auch die Einsicht, dass seinerzeit auch andere Normsetzungen möglich gewesen wären. Es mag nach 1945 eine kluge und historisch dringliche Entscheidung gewesen sein, die Menschenwürde in den Fokus der Grund- und Menschenrechte zu rücken, aber man hätte diese Entscheidung faktisch auch anders treffen können, indem man etwa weiterhin auf die »klassischen« Bezugspunkte der Freiheit und Gleichheit gesetzt hätte. Aber die Schrecken der beiden Weltkriege, die Verbrechen der Nationalsozialisten und die industriell betriebene Massenvernichtung wurden fortan so interpretiert, dass die mit ihnen verknüpften Verbrechen nicht einfach als »herkömmliche« Erfahrungen von Unfreiheit und Ungleichheit gelten konnten. Was fundamental in Frage gestellt worden war, war nichts Geringeres als das basale Minimum einer humanen Existenz – frei von Knechtschaft, Erniedrigung, Verachtung, Demütigung, Entmenschlichung oder gar roher Vernichtung.

Daraus ergibt sich mit Blick auf den konkreten Bedeutungsgehalt des Würdebegriffs eine notwendige, wenn auch philosophisch und rechtlich umstrittene Konsequenz: Nach 1945 kann die Würde des Menschen nicht länger als eine – bereits im Prinzip – unverlierbare und unveräußerliche »Mitgift« interpretiert werden, so als sei ihr Besitz »angeboren« und damit dem Menschen unwiderruflich qua Menschsein eingeschrieben. Die historische Evidenz fundamentaler Verletzungen oder gar der völligen Vernichtung der Menschenwürde muss vielmehr dazu führen, den Würdebegriff fortan so zu verstehen, dass er für ein humanes Leben steht, das es erst noch zu verwirklichen, zu bewahren, zu verteidigen und auch zu schützen gilt.[100] Jeder Mensch, so darf man unterstellen, will ein

100 Rückblickend ist dieses Würdeverständnis keineswegs *gänzlich* neu. Es bahnt sich bereits im späten 19. Jahrhundert an, und zwar im Rahmen der sozialistischen und katholischen Arbeiterbewegung und deren Forderungen nach einem durch »soziale« Rechte zu ermöglichenden »menschenwürdigen Dasein«, wie es etwa in

Leben »in« Würde führen. Und jeder Mensch wird in den jeweils empirisch gegebenen Verhältnissen, in denen er sein Leben zu führen versucht, oft nur bedingt als ein gleichwertiger Mensch geachtet oder aber »erniedrigt«, »geknechtet«, »herabgewürdigt« und damit von einem menschenwürdigen Leben abgehalten. Es ist dieser Umstand einer zutiefst verletzungsanfälligen, zerbrechlichen und damit sehr wohl »antastbaren« Menschenwürde, der ihren staatlichen und auch überstaatlichen Schutz notwendig werden lässt. Daher liegt es nahe, den menschenrechtlichen Würdebegriff so zu verstehen, dass er für ein gefährdetes »Potenzial«[101] steht; für ein spezifisch humanes Potenzial, das offenkundig nicht schon jeder Mensch in gleichem Maße auch *realisieren* kann oder darf; für eine existenzielle Möglichkeit zu einem Leben frei von Missachtung, Demütigung und Erniedrigung, das auf rechtlichen Schutz, auf Möglichkeiten der politischen, sozialen, wirtschaftlichen oder auch kulturellen Teilhabe und damit auf insgesamt günstige und nicht selten dann auch aktiv unterstützende Lebensumstände angewiesen ist.

Es sind ebendiese fundamentalen Ansprüche auf Schutz, Teilhabe und Hilfe, die man als Mensch mit Blick auf das jeweils eigene Leben in Würde hat, für die heute die Idee unverlierbarer Menschenrechte steht. Die Menschenrechte wollen *im Einzelnen* konkretisieren, welche rechtlich festzuschreibenden Garantien für die Verwirklichung der Menschenwürde notwendig wären.[102] Oder anders: Es geht ihnen – sowohl national als auch auf internationaler Ebene – um die Gewährleistung typisch menschlicher Fundamentalinteressen, deren Realisierung zu einem menschenwürdigen Leben notwendig wäre. In dieser Hinsicht haben die seit 1945 global widerhallenden Unrechts- und Gewalterfahrungen zu einem tiefgreifend veränderten Verständnis des *Inhalts* der Menschenrechte geführt: Ihnen geht es seither darum, allen Menschen weltweit ein mindestens menschenwürdiges Leben zu ermöglichen. Zugleich kommt es damit zu einer »Entgrenzung« des politischen und rechtlichen Anwendungskontextes der Menschenrechtsidee: Zwar hatte

Artikel 151 der *Weimarer Reichsverfassung* von 1919 heißt. Dazu Jacques Maritain, *Die Menschenrechte und das natürliche Gesetz* [1941], Bonn 1951, S. 79-95.

101 Pollmann, »Menschenwürde«, bes. S. 19. Eine ähnliche Position vertritt Franz Josef Wetz, *Illusion Menschenwürde. Aufstieg und Fall eines Grundwerts*, Stuttgart 2005. Dazu ausführlicher § 13.

102 Siehe § 14.

man, wie oben bereits gezeigt, auch schon im 18. Jahrhundert ausdrücklich von »Menschenrechten« gesprochen, doch blieb deren Besitz – bei aller revolutionären und humanistischen Emphase – am Ende eben doch auf den vergleichsweise überschaubaren Personenkreis vollwertiger Staatsbürger derselben Nation beschränkt. Erst mit dem Jahr 1945 und dem *weltweit* vernommenen Schrecken wird deutlich, dass es sich beim Menschenrechtsschutz um eine »universelle« Aufgabe handelt, die nationale Grenzen überschreiten muss: »Jeder hat Anspruch auf alle in dieser Erklärung verkündeten Rechte und Freiheiten« heißt es dazu in Artikel 2 der *Allgemeinen Erklärung der Menschenrechte*, und zwar »ohne irgendeinen Unterschied, etwa nach Rasse, Hautfarbe, Geschlecht, Sprache, Religion, politischer oder sonstiger Anschauung, nationaler oder sozialer Herkunft, Vermögen, Geburt oder sonstigem Stand«.

Damit sind in Bezug auf die Menschenrechte gleich zwei wichtige Lernfortschritte erzielt: Zum einen ist die Aufmerksamkeit dafür geweckt, dass die Menschenrechte fortan allen Menschen weltweit auf die gleiche Weise zukommen müssen. Zum anderen dürfen die Menschenrechte von Seiten der Staaten nicht länger nur als national begrenzte Verpflichtungen verstanden werden. Selbst demokratische Rechtsstaaten erweisen sich bisweilen als »Schurken«.[103] Daher sind von nun an auch internationale Garantien erforderlich, soll wahrhaft allen Menschen weltweit ein mindestens menschenwürdiges Leben ermöglicht werden. Auch wenn heute kaum bestritten werden kann, dass von einer derart globalen Durchsetzung der Menschenrechte bislang keine Rede sein kann und dass in dieser Entwicklung bisweilen auch empfindliche Rückschläge zu verzeichnen sind, so hat doch die global wahrgenommene Bestürzung über Krieg und Totalitarismus erstmals die politische Aussicht auf ein »universalisierungsfähiges« Verständnis der Menschenrechte eröffnet; auf ein globales Rechtsverständnis *in the making*, das auf vernünftigen, allgemein zustimmungsfähigen Auffassungen davon beruht, was der Staat und die in seinem Namen Herrschenden »dem« Menschen und dessen Würde nicht länger werden antun dürfen.[104] Selbstredend können Staaten auch heute noch darauf

103 Noam Chomsky, *War Against People. Menschenrechte und Schurkenstaaten*, Hamburg 2001.

104 Dazu mehr in §5. Die hier implizierte These, dass sich die Menschenrechte *primär* an die politisch Herrschenden richten und nicht schon, wie die Moral,

verzichten, diesen egalitären Normsetzungen zu folgen. Sie mögen ihre Rechtssysteme stattdessen auf nationale »Sonderwege«, völkische Blut-und-Boden-Ideologien, heilige Schriften, biologistisch verstandene Geschlechterdifferenzen, ständische Ungleichheiten oder protektionistische Wirtschaftsinteressen gründen wollen. Genau dann aber »stehen« die betreffenden Staaten und Rechtssysteme entweder noch nicht oder nicht länger auf dem Boden universell und egalitär verstandener Menschenrechte.

Daraus resultiert eine »neue« wechselseitige Abhängigkeit von Menschenrechten und Menschenwürde: Jedes Rechtssystem, das ausdrücklich die Entscheidung trifft, Menschenrechte zu garantieren, wird diese Rechte insofern als »unverlierbar« deklarieren müssen, als man sie zwar faktisch verlieren kann, indem sie einem staatlicherseits aberkannt werden. Aber falls man sie verlieren würde, wäre man dadurch eben zugleich auch der Gefahr ausgesetzt, die eigene Menschenwürde zu verlieren. Umgekehrt gilt: Jedes Rechtssystem, dass ausdrücklich die Entscheidung trifft, die Menschenwürde zu schützen, wird diese Würde insofern für »unantastbar« erklären müssen, als man sie zwar faktisch antasten kann. Aber der Staat kann sie nicht antasten, ohne dadurch zugleich auch auf gravierende Weise einzelne Menschenrechte zu verletzen. Aus dieser doppelten Überzeugung ergibt sich zugleich auch ein wichtiger Einblick in den rechtsarchitektonischen »Sinn« jener Rechtsregime, die sich nach 1945 ergeben haben: Die Mütter und Väter des deutschen *Grundgesetzes*, aber auch die Gründerinnen und Gründer der Vereinten Nationen haben aus dem weltweiten Erschrecken vor kriegerischer und totalitärer Gewalt die Konsequenz gezogen, dass die betreffenden Rechtssysteme *als Ganze* von Verletzungen der Menschenrechte und der Menschenwürde unterminiert werden. Ein Rechtssystem, das auf dem schmerzvollen Andenken an das beruht, was sich möglichst niemals wiederholen darf, wird insgesamt Schaden nehmen, wenn das Geschehene sich eben doch wiederholt – und sei es auch nur ansatzweise.[105] Deshalb muss der Schutz

an jeden einzelnen Menschen gleichermaßen, wird vor allem in den §§ 1, 6 u. 8 erläutert.

105 Ein drastisches Beispiel aus der jüngeren Vergangenheit ist etwa die Diskreditierung des US-amerikanischen Rechtsstaates durch die regierungsamtliche Duldung menschenverachtender CIA-Verhör- und Foltermethoden im Kampf gegen den Terrorismus.

der Menschenwürde durch die Menschenrechte ein *absolutes* Gebot sein und bleiben. Ein Staat, der diesem Gebot zuwiderhandelt, hat eine wichtige historische Lektion versäumt: Die post-totalitäre Lehre, für die das Jahr 1945 steht, ist nicht zuletzt ein Rechtszusammenhang, und zwar das historisch eruptiv verschmolzene Amalgam aus Würde und Rechten.

Die insgesamt 15 Paragrafen des vorliegenden Buches sollen die historischen und ideengeschichtlichen Thesen aus dieser Einleitung Schritt für Schritt plausibel erscheinen lassen, in dem sie deren *systematische* Voraussetzungen und Konsequenzen freilegen. Nicht zuletzt ist mit diesem Vorgehen die rechtsphilosophische Hoffnung verbunden, dass sich so am Ende auch die in der gegenwärtigen Menschenrechtsdebatte oft mahnend beschworene Differenz zwischen »Genesis und Geltung«[106] aufweichen lässt. Gemeint ist die idealistisch anmutende Überzeugung, dass sich die universelle Überzeugungskraft der sich auf die Menschenwürde berufenden Menschenrechte völlig unabhängig von deren historischen Erfahrungskontexten erweisen und so möglichst auch »relativistischen« Kritikerinnen und Kritikern gegenüber nachweisen lasse. Diese Hoffnung auf eine philosophische »Letztbegründung« wird sich als unberechtigt und auch als unproduktiv erweisen. Die nun folgenden Analysen verstehen sich stattdessen als Aufdeckung systematisch alternativloser Implikationen einer historisch und politisch revolutionären Idee, die *empirisch* keineswegs alternativlos ist.[107] Der Zusammenhang von Menschenrechten und Menschenwürde, so wurde in dieser Einleitung gezeigt, ist das Resultat einer Geschichte massiver Unrechtserfahrungen. Und aus genau dieser Einsicht ergibt sich für die weitere Untersuchung ein philosophisch eher bescheidener Anspruch: Nur dann, *wenn* man bereits auf dem Standpunkt des historisch gewachsenen Zusammenhangs von Menschenrechten und Menschenwürde steht, mag man die in diesem Buch vorgelegte Theorie plausibel finden.

Die Paragrafen des ersten Hauptabschnitts zielen auf elementare

106 Dazu kritisch die Beiträge in: Gutmann u. a. (Hg.), *Genesis und Geltung*.

107 Ludwig Siep unterscheidet eine philosophische »Irreversibilität« der Menschenrechte im Sinne des Fehlens guter »Gründe gegen sie« von einer empirischen Unumkehrbarkeit, die bislang nicht gegeben ist. Siehe ders., *Technisierung der Natur – Historisierung der Moral*, Paderborn 2020, S. 36.

Begriffsbestimmungen: Was genau meint der Terminus »Menschenrechte«? Handelt es sich dabei um ein moralisches, um ein juridisches oder aber um ein genuin politisches Konzept? Welche Rolle spielt die Idee der »Gleichheit« im modernen Menschenrechtsdenken? Wo beginnen und wo enden die Grenzen des Adressatenkreises jener, die als vollwertige Rechtssubjekte zu gelten haben? Und welche normativen Teilansprüche ergeben sich insgesamt aus der Behauptung, dass die Menschenrechte »universelle« Geltung fordern? Der zweite Hauptabschnitt ist mit politischen *Funktionsbestimmungen* befasst: Wozu »brauchen« wir die Menschenrechte? Welche herrschaftskritische Rolle kommt ihnen im Rahmen der Legitimierung, aber auch der Infragestellung politischer Herrschaft zu? An wen konkret sind die korrespondierenden Pflichten adressiert? Und wie ist das politische Zusammenspiel aus nationalen und internationalen Schutzregimen zu konzipieren? Die Paragrafen des dritten Hauptabschnitts schließlich zielen auf konkrete *Inhaltsbestimmungen*: Welche Menschenrechte im Einzelnen gibt es? Wie lässt sich eine konkrete Liste dieser Rechte generieren? Welche genauere Rolle spielt dabei die Idee des menschenwürdigen Lebens? Was überhaupt ist mit dieser Idee in derart inhaltlichen Zusammenhängen gemeint? Sind die dem Schutz der Würde dienenden Einzelrechte allesamt gleichgewichtig? Und wo liegen die Grenzen einer legitimen Abwägung, falls diese einzelnen Menschenrechte miteinander kollidieren?

Bei der Lektüre dieses Buches mag zunächst irritieren, dass die Untersuchung auf den in dieser Einleitung historisch rekonstruierten Zusammenhang von Menschenrechten und Menschenwürde ausführlicher erst wieder im dritten Hauptabschnitt zurückkommen wird. Tatsächlich wird die konzeptionell zentrale These des Buches lauten: Die Philosophie der Menschenrechte benötigt den Begriff der Menschenwürde nicht schon auf der Ebene elementarer Begriffsbestimmungen (Hauptabschnitt 1) und auch nicht auf der Ebene politischer Funktionsbestimmungen (Hauptabschnitt 2). Damit wird sich die heute sehr verbreitete These, dass die Menschenwürde das begründungstheoretische »Fundament« der Menschenrechte sei, im Laufe dieses Buches als missverständlich, ja als falsch erweisen. Nicht zuletzt wird die Untersuchung damit dem Umstand gerecht, dass es auch schon vor 1945 ernst zu nehmende Konzepte der Menschenrechte gegeben hat, die ganz ohne den

Bezug auf die Menschenwürde ausgekommen sind. Die zentrale Differenz zu früheren Menschenrechtsansätzen ist eine andere: Erst nach dem Zweiten Weltkrieg wird die Menschenwürde zur *inhaltlichen* Hinsicht der Menschenrechte (Hauptabschnitt 3). Wir benötigen ein genaueres Verständnis der Menschenwürde, damit deutlich werden kann, um was genau es den jeweils einzelnen Menschenrechten *heute* geht, nämlich um die Realisierung eines mindestens menschenwürdigen Lebens für alle Menschen weltweit. Deshalb wird die Menschenwürde nicht länger als das apriori bereits vorgegebene Begründungsfundament der Menschenrechte zu verstehen sein, sondern als deren inhaltliches »Worumwillen«.[108]

108 Am Ende dieser Einleitung und zu Beginn der nun folgenden Abhandlung möchte ich mich von ganzem Herzen bedanken. Zunächst bei Johann S. Ach, James Ingram und Christoph Menke, deren Kritik und Provokationen, aber auch Anerkennung und Ermutigungen mir in unterschiedlichsten Phasen und frustrierenden Sackgassen der langjährigen Arbeit an diesem Buch immer wieder ungemein weitergeholfen haben. Ich kenne und bewundere ihre Bescheidenheit und fürchte, dass sie kaum erahnen, wie viel ich unseren gemeinsamen Gesprächen verdanke. In ganz besonderem Maße gilt dies für Georg Lohmann, der einst »mein Chef« war, sich aber nie wie einer verhielt und so schon bald zu einem engen Freund und Vertrauten wurde. Fast jede These dieses Buches habe ich irgendwann einmal mit ihm diskutiert. Meist war er anderer Meinung. Ich erhielt die niederschmetternde Nachricht von seinem unerwarteten Tod, als ich gerade letzte Korrekturen in das Manuskript einarbeitete. Es schmerzt mich ungeheuerlich, dass ich ihm dieses Buch nicht mehr werde überreichen können – weil darin so viel von unserer gemeinsamen Zeit aufgehoben ist. Die Philosophie der Menschenrechte hat ihm viel zu verdanken. Mir wird der Freund unendlich fehlen.

I.
Begriffsbestimmungen

Vom Anspruch auf rechtliche Gleichbehandlung zur politischen Bewegung

§ 1 Der Begriff der Menschenrechte

Die Menschenrechte sind als vorstaatlich begründete und subjektiv qua Menschsein gegebene Ansprüche gegenüber der öffentlichen Gewaltordnung zu verstehen, die auf gleiche Achtung jedes Menschen durch konstitutionell garantierte Grundrechte pochen. Als zunächst »gedachte« Vorbehalte gegenüber der Gefahr politischer Willkür regeln die Menschenrechte das Verhältnis zwischen denen, die politische Gewalt ausüben, und jenen, die dieser Gewalt unterworfen sind. Effektiv verwirklicht sind sie erst dann, wenn sie als verfassungsrechtlich einklagbare und völkerrechtlich überwachte Garantien politisch erkämpft und juristisch durchgesetzt sind. Der Begriff der Menschenrechte weist somit eine überpositive, eine juridische und eine politische Dimension auf.

Seit jeher ist umstritten, woher die Menschenrechte ihre politisch revolutionäre Geltungskraft beziehen. Auf geradezu irritierende Weise soll es sich dabei um Rechte handeln, die – philosophisch gesehen – auch dann gelten, wenn sie – realpolitisch oder juristisch betrachtet – gerade *nicht* gelten. Damit oszilliert der Menschenrechtsbegriff zwischen den Kräftefeldern der Moral, der Politik und des positiven Rechts, und auch in der akademischen Debatte ist anhaltend umstritten, in welchen Zuständigkeitsbereich die Menschenrechte fallen.[1] Zwar wird bis heute nur selten in Zweifel gezogen, dass die mit diesen Rechten gemeinten Ansprüche unterschiedslos allen Menschen aufgrund ihres bloßen Menschseins zukommen und dass jede Theorie der Menschenrechte zwischen der philosophischen Idee dieser Rechte und der Frage ihrer historischen und politischen Realisierung, d.h. Kodifizierung und Durchsetzung, unterscheiden muss. Aber was der Begriff der Menschenrechte genau bedeutet, um was für einen »Typus« von Rechten es sich handelt und wo die normative Quelle ihrer Geltung verortet werden muss, ist Gegenstand eines fortdauernden Streits: Geht es um *moralische* Rechte, deren Geltung jeder Form von öffentlicher

1 Wichtige Vorüberlegungen zu diesem ersten Paragrafen entnehme ich: Arnd Pollmann, »Drei Dimensionen des Begriffs der Menschenrechte: Recht, Moral und Politik«, in: ders./Georg Lohmann (Hg.), *Menschenrechte. Ein interdisziplinäres Handbuch*, Stuttgart 2012, S. 358-363.

Gewaltausübung vorausgehen muss, um die Macht der Herrschenden normativ binden zu können? Handelt es sich um ein strikt *juridisches* Begriffskonzept, das erst dann bindende Geltungskraft entfalten kann, wenn die Menschenrechte kodifiziert in Gesetzesform vorliegen? Oder sind die Menschenrechte als *politische* Forderungen zu verstehen, die es allererst öffentlich zu proklamieren und dann schrittweise gegen Widerstände zu erkämpfen gilt?

Im Rahmen dieser weit verzweigten Diskussionen dienen bis heute oft die revolutionären Menschenrechtserklärungen des späten 18. Jahrhunderts als historische Vorbilder. Erstmals im Zuge der Amerikanischen und auch der Französischen Revolution wurde in kollektiven Akten einer öffentlichen Proklamation dieser Rechte die zuvor bloß »gedachte« Annahme statuiert, dass jeder Mensch die betreffenden Rechte bereits in einem als *vorpolitisch* aufzufassenden Naturzustand besessen haben soll: Der Mensch »hat« diese Rechte ganz einfach, und zwar unabhängig davon, ob ihm der jeweilige Staat, in dem er lebt, diese Rechte dann auch faktisch in Form gesetzlich kodifizierter Rechte zuerkennt. Und entsprechend gehen die revolutionären Erklärungen der Menschenrechte des 18. Jahrhunderts[2] – und in der Folgezeit dann auch viele weitere historisch bedeutsame Proklamationen – bereits auf rhetorischer Ebene mit der feierlich vorgetragenen Überzeugung einher, dass es sich um »angeborene«, »natürliche«, »ewige« oder auch »heilige« Rechte handelt, die »über« dem Staat und der Verfassung stehen und somit »überpositive« Autorität beanspruchen dürfen.[3]

Doch wie immer geläufig, ja, selbstverständlich diese traditionell als »naturrechtlich« etikettierte Überzeugung aus heutiger

2 Auch die *Haitianische Revolution*, die 1791 mit dem Sklavenaufstand in der französischen Kolonie Saint-Domingue einsetzt, gerät heute zunehmend als eine menschenrechtliche Revolution in den Fokus. Sie ermöglicht ein Gegennarrativ zu europäisch zentrierten Menschenrechtserzählungen, da in dieser Revolution eine dezidiert anti-rassistische Gleichheit von schwarzer Bevölkerung und weißen Besatzern eingeklagt wird. Dazu Jeanette Ehrmann, »Konstitution der Rassismuskritik. Haiti und die Revolution der Menschenrechte«, in: *Zeitschrift für Menschenrechte* 9 (2015), S. 26-40. Gleichwohl fehlt hier eine eigens verkündete Menschenrechtserklärung, und auch in den *Haitianischen Verfassungen* von 1801/1805 erfolgt kein expliziter Bezug auf »Menschenrechte«.

3 Dazu die historische Textsammlung: Fritz Hartung/Gerhard Commichau/Ralf Murphy (Hg.), *Die Entwicklung der Menschen- und Bürgerrechte von 1776 bis zur Gegenwart*, Göttingen/Zürich 1985.

Sicht anmuten mag: Die Idee angeborener Rechte, die – moralisch gesehen – auch dann gelten, wenn sie – politisch oder juridisch betrachtet – gerade nicht gelten, ist schon bald nach deren ersten öffentlichen Proklamationen heftiger philosophischer Kritik ausgesetzt gewesen. Unmittelbar in Reaktion auf die *Französische Erklärung der Menschen- und Bürgerrechte* von 1789 hat beispielweise Jeremy Bentham in einer noch heute vielzitierten Polemik spöttisch angemerkt, derartige Rechte ohne jede juridische Durchsetzungskraft seien schlicht »Unsinn auf Stelzen«.[4] Und sein Zeitgenosse, der Philosoph und Politiker Edmund Burke, konstatierte ähnlich hämisch, er selbst wolle sich keinesfalls auf bloß imaginierte, »metaphysische« Rechte des Menschen verlassen, die keinerlei Chance auf verbindliche Positivierung besäßen. Er setze stattdessen viel lieber auf die bewährten »Rechte der Engländer«.[5] Diese frühe und heute oft als »rechtspositivistisch« eingestufte Kritik an den Menschenrechten ist seither vielfach variiert und imitiert worden,[6] und sie hat Mitte des 20. Jahrhunderts noch einmal einen besonders prominenten Zuspruch erhalten.

Es war Hannah Arendt, die aus den Erfahrungen der beiden Weltkriege und der totalitären Katastrophe noch einmal eindringlich die philosophische Lehre zog, dass ein rein moralphilosophisches oder überpositiv gedachtes Konzept der Menschenrechte unbrauchbar und politisch sogar fatal sei.[7] Nicht nur in Bezug auf die unzähligen Opfer von Krieg und Gewaltherrschaft, so Arendt, sondern vor allem auch mit Blick auf die unzähligen Geflüchteten und Staatenlosen jener Zeit habe sich das »alte«, naturrechtliche Menschenrechtsdenken genau in dem historischen Moment, als es seine revolutionäre Wirkmacht hätte entfalten müssen, als politisch und rechtlich wirkungslos erwiesen. Die Kritik von Bentham und

4 Jeremy Bentham, »Anarchical Fallacies« [1796], in: ders: *Rights, Representation, and Reform*, Oxford 2002, S. 317-375.

5 Edmund Burke, *Reflections on the Revolution in France* [1790], Selected Works, Bd. 2, Indianapolis 1999, S. 120.

6 Dazu die Beiträge in: Pollmann/Lohmann (Hg.), *Menschenrechte*, Abschnitt 1.3. Für eine neuere Variante: Alasdair Macintyre, *Verlust der Tugend. Zur moralischen Krise der Gegenwart*, Frankfurt/M. 1997. Dort heißt es: »[D]ie Wahrheit ist einfach: es gibt keine solchen Rechte, und der Glaube daran entspricht dem Glauben an Hexen und Einhörner« (S. 98).

7 Für das Folgende: Hannah Arendt, *Elemente und Ursprünge totaler Herrschaft* [1951], München 2005, Kap. 9.

Burke habe somit auf historisch unheilvolle Weise Recht behalten: Bloß propagierte Rechte ohne legale Realität seien politisch wertlos. Zugleich aber grenzt sich Arendt mit dieser Kritik von einem *strikt* juridischen Begriffskonzept ab, mit dem behauptet würde, die Menschenrechte könnten nur dann, wenn sie positiv-rechtlich kodifiziert sind, echte *Rechte* des Menschen sein. Dieser Rechtspositivismus, so Arendt, kann am Ende bereits auf konzeptioneller Ebene immer nur jene Menschen als vollwertige Rechtsträgerinnen und -träger inkludieren, die ohnehin schon Mitglieder der Rechtsgemeinschaft sind. Genau das aber ist laut Arendt das Grundproblem: Diejenigen, die diese Rechte am dringlichsten benötigen, zum Beispiel eben Geflüchtete oder Staatenlose, »haben« diese Rechte am allerwenigsten.[8]

Im Lichte der Nachkriegszeit wirkt Arendts Kritik an den Menschenrechten denkbar fundamental und radikal. Dennoch wird das neuere Menschenrechtsdenken durch ihre provokanten Thesen weniger geschwächt als vielmehr entscheidend vorangebracht. Bereits Arendt selbst lässt sich durch ihre Diagnose einer politischen Nutzlosigkeit anachronistischer Naturrechtsvorstellungen gerade nicht zu einem völligen Abgesang auf die Menschenrechte verleiten. Vielmehr geht es ihr am Ende um die konstruktive Einsicht, dass die Menschenrechte fortan als ein dezidiert *politisches* Projekt verstanden werden müssen, dessen vordringlichstes Anliegen laut Arendt das folgende wäre: Im Zuge öffentlicher Auseinandersetzungen und des solidarischen Kampfes müssen die Mitglieder jener besonders gefährdeten Gruppen der Geflüchteten und Staatenlosen zuallererst mit einem für die Menschenrechte insgesamt grundlegenden »Recht, Rechte zu haben«[9] ausgestatten werden. Arendt hat hier eine Art Fundamentalmenschenrecht vor Augen, das Priorität besitzen soll und allererst die politische Inklusion und egalitäre Aufnahme sämtlicher Menschen weltweit in schützende Rechtsverhältnisse sicherstellen würde. Jeder Mensch wird nur dann in den Besitz konkreter weiterer Rechte gelangen können, so die These, wenn er bereits Mitglied einer bestimmten Rechtsgemeinschaft ist, die ihm diese weiteren Rechte verspricht.

8 Dazu auch Franziska Martinsen, *Grenzen der Menschenrechte. Staatsbürgerschaft, Zugehörigkeit, Partizipation*, Bielefeld 2019.

9 Arendt, *Elemente und Ursprünge totaler Herrschaft*, S. 614. Dazu James Ingram, »What Is a ›Right to Have Rights‹?«, in: *American Political Science Review* 102 (2008), S. 401-416.

Erst mit dieser dezidiert politischen Menschenrechtsauffassung haben wir die drei wichtigsten Alternativen mit Blick auf die terminologisch zentrale Frage beisammen, in welche Zuständigkeit die Menschenrechte fallen: Handelt es sich um ein Begriffskonzept des positiven Rechts? Geht es um bloß »gedachte« Rechte einer dem positiven Recht übergeordneten »ewigen« Moral? Oder geht es primär um ein politisches und mithin historisch umkämpftes Projekt? Die grundbegrifflichen Spannungen, die sich aus diesem konzeptionellen Nebeneinander dreier Alternativen ergeben, finden ihren Widerhall im zeitgenössischen Streit zwischen strikt juridischen Ansätzen, die von »Rechten« nur in kodifizierter Form sprechen wollen (Abschnitt 1), moralphilosophischen Begriffsdeutungen, die wichtige Intuitionen des älteren Naturrechts zu verteidigen versuchen (Abschnitt 2), und explizit politisch ausgerichteten Interpretationen, die sich an der öffentlichen Funktion der Menschenrechte als »revolutionäre« Grundprinzipien politischer Transformationsprozesse interessiert zeigen (Abschnitt 3). Am Ende dieses Paragrafen wird deren Gegenüberstellung zu der konzeptionellen Einsicht führen, dass die besagten drei Alternativen jeweils *eine* wichtige Dimension der Menschenrechte rekonstruieren, diese zugleich aber auch überbetonen, sodass sie durch eine insgesamt dreidimensionale Begriffsbestimmung zu ersetzen wären (Abschnitt 4).

1. Juridische Begriffskonzepte

Man muss durchaus kein fundamentaler Gegner der Menschenrechtsidee oder auch nur eine Anhängerin des Rechtspositivismus sein, die jedes nicht-kodifizierte Recht als bloße Spekulation oder idealistische Metaphysik abtut,[10] um dennoch daran festzuhalten, dass von »Rechten« in einem starken Sinn nur dann die Rede sein kann, *wenn* die gemeinten Ansprüche positiv-rechtlich fixiert sind.[11] Selbst wenn man die zunächst bloß »gedachten« Menschen-

10 Dazu Hans Kelsen, »Die philosophischen Grundlagen der Naturrechtslehre und des Rechtspositivismus«, in: Hans R. Klecatsky/René Marcic/Herbert Schambeck (Hg.), *Die Wiener rechtstheoretische Schule*, Wien 1968, Bd. 1, S. 231-287.

11 Georg Lohmann, »Menschenrechte zwischen Moral und Recht«, in: Stefan Gosepath/Georg Lohmann (Hg.), *Philosophie der Menschenrechte*, Frankfurt/M. 1998, S. 62-95.

rechte bereits als (moralische) »Rechte« bezeichnen will, wird man doch zugestehen müssen, dass diese Rechte so lange ohne jede juridische Durchschlagskraft bleiben werden, bis sie nicht in Form von kodifiziertem Recht effektiv geschützt und gesetzlich einklagbar gemacht worden sind. Erst dann nämlich können die betreffenden Rechtssubjekte erwarten, dass etwaige Verstöße gegen ihre Rechte auch tatsächlich von öffentlichen Gewalten geahndet und sanktioniert werden. Allerdings ergibt sich aus heutiger Sicht auf das nationale Verfassungsrecht und vor allem auch auf das Völkerrecht nach 1945 ein konzeptionell bedeutsamer Unterschied zu den politischen Menschenrechtserklärungen des 18. Jahrhunderts. Denn inzwischen gehören die Menschenrechte vielerorts zur geltenden Rechtslage.[12] Ab Mitte des 20. Jahrhunderts kommt es nicht nur innerhalb nationalstaatlicher Verfassungen, etwa im deutschen *Grundgesetz*, sondern auch auf internationaler, völkerrechtlicher Ebene, etwa im Rahmen der Vereinten Nationen, des Europarats, der Organisation Amerikanischer Staaten oder der Afrikanischen Union, zu ersten »echten«, rechtsverbindlichen Kodifizierungen der Menschenrechte.[13]

Daher liegt es mit Blick auf die heutige Rechtslage sehr wohl nahe, den mitunter abstrakten »Idealismus« vieler älterer, aber auch neuerer Menschenrechtskonzepte zu kritisieren, die sich ungebrochen auf jene frühere Tradition neuzeitlichen Naturrechts berufen wollen und sich damit zu Recht den Vorwurf eines gewissen ahistorischen Realitätsmangels einhandeln.[14] Anders gesagt: Die philosophisch abstrakte Idee bloß »gedachter« Menschenrechte ist durch die geschichtliche Entwicklung längst von jenen hohen, wackeligen »Stelzen« geholt worden, über die einst Bentham spottete. Daher ist es nunmehr auch im Rahmen der philosophischen Theoriebildung angezeigt, den epochalen Fortschritt zu würdigen, den die rechtlichen Positivierungsschübe nach 1945 für die Menschenrechte mit sich gebracht haben. Erst durch die Transformation des älteren Verfassungs- und Völkerrechts *durch* die Menschenrechte sowie –

12 Eine Rechtslage, die auch Arendt in ihrer kurz nach dem Zweiten Weltkrieg formulierten Kritik noch nicht angemessen berücksichtigt hat oder berücksichtigen konnte.

13 Christian Tomuschat, *Human Rights. Between Idealism and Realism*, Oxford 2008.

14 Charles Beitz, *The Idea of Human Rights*, Oxford 2009, Kap. 3.

umgekehrt – erst durch die Transformation der Menschenrechte durch das neuere Verfassungs- und Völkerrecht wird deutlich, dass diese Rechte im starken Sinn allererst dann garantiert sind, wenn sie nicht nur verfassungsrechtlich, sondern auch völkerrechtlich verbindlich gemacht worden sind.[15]

Darüber hinaus ist mit dem juristischen Insistieren auf der *besonderen* Geltungskraft des positiven Rechts fast immer auch der wichtige Hinweis verknüpft, dass die Grund- und Menschenrechte, wie es in einer berühmten Formulierung Georg Jellineks heißt, »subjektive öffentliche Rechte«[16] sind. Die Rede von *subjektiven* Rechten besagt, dass es sich dabei um individuelle Ermächtigungsansprüche handelt, auf die das betreffende Rechtssubjekt als Einzelnes pochen darf. Die Befolgung der korrespondierenden Pflichten ist direkt den Subjekten selbst geschuldet. Diese Pflichten resultieren damit nicht erst mittelbar aus etwaigen Verpflichtungen der Individuen gegenüber der Gemeinschaft oder dem Kollektiv. Auch wird durch subjektive Rechte der jeweils individuelle Wille *als solcher* geschützt und damit unabhängig davon, ob der Inhalt dieses Willens »sittlich« konform ist.[17] Subjektive Rechte schützen und begünstigen die betreffenden Subjekte unmittelbar, und sie sollen die betreffenden Rechtsträgerinnen und -träger so auch dazu ermächtigen, ihre Interessen anderen Personen oder Institutionen gegenüber geltend zu machen. Oder wie Jellinek resümiert: »Das subjektive Recht ist daher die von der Rechtsordnung anerkannte und geschützte auf ein Gut oder Interesse gerichtete menschliche Willenskraft.«[18] Allerdings kann von einer effektiven Ermächtigung des jeweiligen Subjekts durch individuelle Rechte erst dann gesprochen werden, wenn die Durchsetzung dieser gleichen subjektiven Ansprüche nicht bloß eine Frage wohlmeinender Appelle oder Absichtserklärungen ist. Es muss sich vielmehr, wie schon Max Weber gezeigt hat, um die »faktisch garantierte Chance« handeln, »für be-

15 Eckart Klein, *Menschenrechte. Stille Revolution des Völkerrechts und Auswirkungen auf die innerstaatliche Rechtsanwendung*, Baden-Baden 1996.

16 Georg Jellinek, *System der subjektiven öffentlichen Rechte* [1905], Tübingen 2011.

17 Dazu kritisch: Christoph Menke, *Kritik der Rechte*, Berlin 2015, Abschnitt III.

18 Jellinek, *System der subjektiven öffentlichen Rechte*, S. 44. Im traditionellen Streit zwischen der »Interessentheorie« und der »Willenstheorie« des Rechts stimmt Jellinek für einen Kompromiss. Dazu auch Hans Kelsen, »Subjektives Recht: Berechtigung und Ermächtigung«, in: Markus Stepanians, *Individuelle Rechte*, Paderborn 2007, S. 96-112.

stimmte (ideelle oder materielle) Interessen die Hilfe eines dafür bereitstehenden ›Zwangsapparates‹ zu erlangen«.[19] Das bedeutet: Subjektive Rechte müssen *einklagbar* sein. Bereits dies ist eine spezifisch moderne Rechtsauffassung, die auf dem Prinzip der formalen Rechtsgleichheit aller Bürgerinnen und Bürger beruht und die sich historisch zunächst noch gegen die Vorherrschaft traditioneller Privilegien, hierarchischer Rechtsstrukturen, gutsherrschaftlich »patrimonialen« Rechtsdenkens und ständischer Rechtspflege hat durchsetzen müssen.[20]

Hinzu kommt, wie schon mit Jellinek angedeutet, dass die Menschenrechte nicht nur subjektive, sondern zugleich auch *öffentliche* Rechte sind. Mit dem Terminus des »öffentlichen Rechts« ist in juristischen Zusammenhängen meist das besondere Rechtsgebiet gemeint, »welches die staatliche Organisation und die Beziehungen des Staats zu seinen Mitgliedern regelt«.[21] Die Zuordnung der Menschenrechte zu ebendiesem Rechtgebiet besagt, erstens, dass die betreffenden Rechte ein offiziell kodifizierter, allgemein einsehbarer und zudem mit staatlicher Sanktionsgewalt versehener Bestandteil der gesetzlich vollzogenen Selbstorganisation politischer Gewaltordnungen sind. Gemeint ist damit, zweitens, dass diese Rechte keine »Privatangelegenheit« einzelner Individuen sind, die jeweils *miteinander* in Streit geraten mögen. Für derart private Konflikte ist ein ganz anderer Teilbereich des Rechts, nämlich das sogenannte Zivilrecht, zuständig.[22] Und aus dieser Bestimmung wiederum folgt, drittens, dass auch die Adressatinnen und Adressaten der diesen Rechten korrespondierenden Pflichten keine Privatsubjekte sind, sondern öffentliche Funktionsträgerinnen und -träger, die direkt im Namen des betreffenden Rechtssystems agieren. Mit anderen Worten: Menschenrechtliche Pflichten sind an die jeweilige Rechtsordnung *selbst* adressiert und damit an deren Organe, Institutionen, Repräsentantinnen und Repräsentanten.

19 Max Weber, *Wirtschaft und Gesellschaft. Grundriss der verstehenden Soziologie* [1922], Tübingen 1980, Kap. 2.1, § 1, S. 184.

20 Ebd., Kap. 2.7, § 6, S. 484-487.

21 Jellinek, *System der subjektiven öffentlichen Rechte*, S. 9.

22 Das Strafrecht hat hier eine aufschlussreiche Brückenfunktion: Es reagiert zwar meist auf direkt zwischenmenschliche Vergehen, aber es bestraft nicht die Verletzung individueller Rechte der Opfer, sondern ahndet Verstöße gegen elementare Rechtsgüter und das Strafrecht als solches.

Daraus ergibt sich eine konzeptionell entscheidende Abweichung von der im folgenden Abschnitt ausführlicher behandelten Mainstreamauffassung der Moralphilosophie, nach der die Menschenrechte auf gleiche wechselseitige Ansprüche aller Menschen *allen anderen Menschen gegenüber* zielen. Nach dem juridischen Menschenrechtsverständnis geht es hier gerade nicht um reziproke Rechtsbeziehungen zwischen individuellen Moralsubjekten. Vielmehr liegt der besondere Sinn öffentlich-rechtlich kodifizierter Menschenrechte darin begründet, dass es sich um asymmetrisch zu verstehende Ansprüche gegenüber den öffentlicher Gewalten handelt; um Ansprüche, die den Subjekten einseitig und vorbehaltlos und damit ohne jeden Rückanspruch auf Seiten jener Gewalten gewährt werden müssen.[23] Somit gilt nach Jellinek für die Grund- und Menschenrechte als Bestandteil öffentlichen Rechts, »dass Rechtsschutz Gewährender und – direkt oder indirekt – Verpflichteter ein und dieselbe Person: der Staat ist«.[24]

Verknüpft man diese Überlegungen zur öffentlichen Funktion der Menschenrechte mit der zuvor diskutierten Beschreibung ihres dezidiert subjektiven Charakters, so werden die Menschenrechte als *individuelle Rechtsansprüche gegenüber der öffentlichen Gewaltordnung* verständlich, die jedem einzelnen Menschen bloß deshalb zukommen sollen, weil er dieser öffentlichen Rechtsordnung als Subjekt »unterworfen« (lat. *subiectus*) ist. Die Pointe dieser Menschenrechtsauffassung besteht darin, dass die derart durch öffentliches Recht subjektiv begünstigten oder ermächtigten Bürgerinnen und Bürger die betreffenden Ansprüche selbst noch gegenüber jener politischen Ordnung geltend machen dürfen, die ihnen diese und alle weiteren Rechte allererst gewährt. Diese von Beginn an »offizielle« Adressierung menschenrechtlicher Pflichten hat gegenüber alternativen Begriffsdeutungen den markanten Vorteil, dass die Menschenrechte dabei als ein ganz eigener Typus von Rechten in den Blick kommen; und zwar als individuelle Ansprüche, die das Verhältnis der politischen Gewalten zu all jenen regulieren sollen,

23 Auf die naheliegende Frage, ob den Menschenrechten auch individuelle »Menschenpflichten« korrespondieren, kommen wir in § 8 zurück. Sie wird dort abschlägig beantwortet werden.

24 Jellinek, *System der subjektiven öffentlichen Rechte*, S. 67. Man kann dieses Begriffsverständnis deshalb auch »etatistisch« nennen.

die diesen Gewalten unterworfen sind.[25] Zugleich aber hat dieses strikt juridische Begriffsverständnis auch einen markanten konzeptionellen Nachteil: Es bleibt dabei weitgehend im Dunkeln, woher die betreffenden Rechtsansprüche ursprünglich stammen. Wenn man nämlich die Menschenrechte von vornherein als »gesatzte« – und nur als gesatzte – Rechte verstehen will, so ist fraglich, wie man jene »ursprünglichen« Ansprüche nennen und deuten soll, die bereits *vor* dieser Positivierung auch schon vorhanden sein müssen und auf ihre Kodifizierung »warten«. Woher nimmt die Theorie diese vermeintlich vorstaatlich verankerten Ansprüche, die ja keineswegs überall auf dieser Welt bereits zur nationalen Verfassungswirklichkeit gehören?

2. Moralphilosophische Begriffskonzepte

Strikt juridische Deutungen des Menschenrechtsbegriffs weisen fast immer den Nachteil auf, ein elementar wichtiges empirisches Faktum zu verfehlen: Man appelliert an die Menschenrechte häufig auch in solchen politischen Kontexten, in denen die Opfer von Menschenrechtsverletzungen bislang *keine* per Verfassung garantierten Grundrechte besitzen. Vielmehr werden empirisch gegebene Rechtssysteme besonders dann als menschenrechtlich bedenklich eingestuft, wenn sie bislang ganz oder auch nur teilweise auf entsprechende konstitutionelle Garantien verzichten; zum Beispiel in Bezug auf Meinungs- und Religionsfreiheit, politische Mitbestimmung, soziale Sicherheit, Bildung oder auch Gesundheit. Folglich muss ein begrifflicher Unterschied gemacht werden zwischen jenen ursprünglichen Menschenrechten, auf die man pocht, wenn man ein faktisch bereits etabliertes Rechtssystem wegen deren Fehlen kritisiert, und jenen verfassungsmäßig garantierten »Grundrechten«, zu denen die Menschenrechte im Zuge rechtlicher Positivierungen werden können – aber nicht schon notwendig werden müssen.[26] Deshalb spricht vieles für die Annahme, dass der Menschenrechtsbegriff eben doch auf »vorpositive« oder »überstaatliche« Rechtsansprüche zielt, aus denen sich erst im zweiten Schritt die Notwendigkeit ihrer juridischen Fixierung ergibt. Die entscheidende These

25 Siehe dazu vor allem § 6.
26 Dazu ausführlich § 7.

würde dann lauten: Weil alle Menschen diese Rechte bereits qua Menschsein – und nicht erst aufgrund ihrer Zugehörigkeit zu einer bestimmten Rechtsgemeinschaft – besitzen, müssen die Menschenrechte *zusätzlich* in Form von juridisch kodifizierten Grundrechten öffentlich garantiert und einklagbar gemacht werden.

Aus philosophischer Sicht könnte man diesem Unterschied terminologisch dadurch Rechnung tragen, dass man jene ursprünglichen Menschenrechte, im Gegensatz zu den verfassungsrechtlich fixierten Grundrechten, als vorpositive »moralische« Rechte deutet.[27] Wichtig ist dabei zunächst, dass der Terminus »Moral« in dieser fachphilosophischen Verwendung – anders als zumeist im alltäglichen Sprachgebrauch – gerade nicht auf faktisch etablierte Regeln, Sitten und Gebräuche partikularer Wertegemeinschaften abzielt, sondern von vornherein auf »universell« konzipierte Verhaltensnormen einer im Prinzip »grenzenlos« imaginierten Menschheit. Anders gesagt: Bei dieser Begriffsverwendung geht es bei der Moral um das, was *Menschen* einander nicht antun dürfen; um Normen und Regeln also, zu deren Beachtung und Einhaltung *alle* Menschen weltweit, und zwar von vornherein *allen anderen* gegenüber, verpflichtet sind.[28] Erst auf Grundlage dieser überaus allgemeinen Bestimmung von Moral werden die Menschenrechte entsprechend als eine besondere Teilmenge von moralischen Rechten konzipiert, und zwar als eine Klasse besonders fundamentaler Ansprüche des Menschen auf Schutz und Realisierung typisch menschlicher Grundbedürfnisse und Interessen.[29] Diese Spezifizierung trägt nicht zuletzt dem Umstand Rechnung, dass die Moral dem Menschen durchaus auch andere, vermeintlich weniger wichtige Pflichten abverlangt, etwa die Pflicht, nicht zu lügen oder andere ausreden zu lassen. Von diesen Pflichten behauptet in der Regel niemand, man müsse auch ihre Einhaltung per Verfassung garantieren oder gar völkerrechtlich überwachen.

27 Alan Gewirth, *Human Rights*, Chicago 1982; Ernst Tugendhat, *Vorlesungen über Ethik*, Frankfurt/M. 1993, Kap. 17; James Griffin, *On Human Rights*, Oxford 2009.

28 Ob zukünftig auch andere Tiere – zumindest manche – als gleichberechtigt zu betrachten sind, wird bereits eingehend diskutiert. Mehr dazu in § 3.

29 Dazu exemplarisch: Henry Shue, *Basic Rights* [2nd Edition], Princeton 1996, S. 18-20; Bernd Ladwig, »Menschenrechte, Institutionen und moralische Arbeitsteilung«, in: *Politische Vierteljahresschrift* 55 (2014), S. 472-492.

Dieses dezidiert moralphilosophische Begriffskonzept hat gegenüber strikt juridischen Ansätzen den Vorteil, mit der Idee einer universellen Moral der gleichen wechselseitigen Achtung aller Menschen eine normative »Quelle« verorten zu können, aus der sich dann – auch – die Geltungskraft rechtlicher positivierter Menschenrechte speisen soll. Die These lautet: Weil alle einzelnen Menschen zur Achtung der Menschenrechte verpflichtet sind, sind Staaten und deren Funktionsträgerinnen und -träger es mittelbar oder nachgeordnet auch. Doch trotz dieses konzeptionellen Vorteils sind die meisten dieser moralphilosophisch begründeten Menschenrechtskonzeptionen zugleich auch durch einen erheblichen Mangel gekennzeichnet: Sie verfahren »idealistisch« und auch historisch meist ignorant in dem Sinn, dass sie die revolutionären Errungenschaften, die der politische *Kampf* um Menschenrechte mit sich bringt, bereits auf konzeptioneller Ebene ausblenden. Sie setzten stattdessen auf eine Art Letztbegründung, und zwar im Rückgriff auf vermeintlich natürliche, angeborene oder notwendig in die menschliche Vernunft eingeschriebene Prinzipien einer universellen Moral der Menschheit; einer Moral, die dann seitens der Philosophie der Menschenrechte lediglich »entdeckt« zu werden braucht.

Wenn sich diese Rechte aber tatsächlich aus einer moralischen Vergewisserung dessen ergeben würden, wozu Menschen *als* Menschen verpflichtet sind: wie ließe sich dann der historisch augenfällige Umstand erklären, dass die Menschenrechte erst vergleichsweise spät und zunächst offenbar auch nur in manchen Rechtskulturen »erfunden« worden sind?[30] Darüber sorgt bereits ein flüchtiger Blick in einschlägige UN-Vereinbarungen sehr rasch für weitere Skepsis. Darin finden sich beispielsweise Rechte auf ein faires Gerichtsverfahren, auf Wahrung des Brief- oder Fernmeldegeheimnisses, auf aktive Wahlbeteiligung oder auch auf Gewerkschaftsgründung. Soll damit etwa behauptet sein, der Mensch besitze auch diese Rechte bereits in einem moralischen, natürlichen und damit vorpolitischen Sinn? Pointierter gefragt: Hat es etwa auch schon im »Naturzustand« faire und unfaire Gerichtsverfahren, einen organisierten Postverkehr, politische Wahlen und sogar Gewerkschaften gegeben?[31]

30 Siehe *Einleitung*, Abschnitt 1.

31 Für einen ähnlichen Befund: Alan Buchanan, *The Heart of Human Rights*, Oxford 2013, bes. Kap. 2.

3. Politische Begriffskonzepte

Gegenüber moralphilosophischen Begriffsdeutungen, aber zugleich auch in Opposition zu strikt juridischen Interpretationen plädieren politische Menschenrechtskonzepte für eine stärkere Berücksichtigung der Rolle und Funktion, die dem Menschenrechtsbegriff als »Platzhalter« für die öffentliche Thematisierung von Unrecht, Unterdrückung, Diskriminierung, Ausgrenzung oder auch Entwürdigung zukommen.[32] Mit der Etikettierung dieser Konzepte als »politisch« ist demnach weder eine inhaltliche Konzentration auf jene Teilmenge von Menschenrechten gemeint, die man häufig auch als »politische Partizipationsrechte« bezeichnet,[33] noch soll damit behauptet werden, dass die Existenz und Geltung der Menschenrechte vollends von – letztlich arbiträren – Akten politischer Willensbildung abhängig wären. Auch teilen die hier gemeinten Ansätze keineswegs notwendig die Überzeugung, dass man die inhaltliche Ausgestaltung und rechtliche Konkretisierung der Menschenrechte sämtlich den empirischen und mitunter kaum berechenbaren Macht- und Mehrheitsverhältnissen vor Ort überlassen sollte. Primär geht es diesen Ansätzen darum, auf den genuin politischen »Sinn« der Institutionalisierung von Menschenrechten und damit auch auf ihren sinnstiftenden Ort *innerhalb* der politischen Praxis hinzuweisen: Die Menschenrechte sollen die Herrschenden sowie alle öffentlichen Funktionsträgerinnen und -träger, die für die Aufrechterhaltung der jeweils in Frage stehenden Gewaltordnung verantwortlich sind, in ihrer Entscheidungsmacht einschränken, damit deren Macht nicht unkontrolliert in autoritäre Willkürherrschaft umschlägt. Erst durch entsprechende Schutz-, Teilhabe- und Hilfsgarantien, und zwar in Form von konstitutionell garantierten Grundrechten zum einen sowie in der Gestalt völkerrechtlich überwachter Menschenrechte zum anderen,

32 Dazu Regina Kreide, »Menschenrechte als Platzhalter. Eine politische Menschenrechtskonzeption zwischen Moral und Recht«, in: *Zeitschrift für Menschenrechte* 7 (2013), S. 80-100. Mitgemeint sind u. a. folgende Ansätze: John Rawls, *Das Recht der Völker*, Berlin u. a. 2002; Christoph Menke/Arnd Pollmann, *Philosophie der Menschenrechte zur Einführung*, Hamburg 2007; Charles Beitz, *The Idea of Human Rights*, Oxford 2009.

33 Vgl. §14.

werden öffentliche Gewaltordnungen insgesamt mit Legitimation versorgt.[34]

Wichtige ideengeschichtliche Vorüberlegungen zu dieser dezidiert politischen Begriffsdeutung finden sich bereits bei Karl Marx und in dessen berühmter Polemik gegen das »bürgerliche« Menschenrechtsdenken seiner Zeit.[35] Entgegen einer weit verbreiteten Fehldeutung hat Marx die von ihm kritisierte Menschenrechtsidee nicht schon als solche verwerfen wollen, sondern zunächst nur deren historisch konkrete Ausgestaltung im Zuge der *Französischen Erklärung der Menschen- und Bürgerrechte* von 1789. Marx kritisiert an dieser Erklärung vor allem, dass darin zwar die elementare Klasse individueller Freiheitsrechte jedem Menschen als »Menschen« (*homme*) zuerkannt werde, nicht aber die ebenso bedeutsame Klasse politischer Teilhaberechte, die dem »Staatsbürger« (*citoyen*) vorbehalten sei. Damit komme es nicht nur zu einer quasi-schizoiden Aufspaltung der Persönlichkeit all jener Individuen, die bereits beides sind: Menschen *und* vollwertige Staatsbürger. Wichtiger noch ist für Marx ein exkludierender Effekt dieser Erklärung, der sich als direkt konträr zu ihrem ursprünglich inklusiven Anspruch erweist: Mit dem Umstand, dass politische Teilhaberechte für *citoyens* reserviert sind, schlägt der revolutionäre Souveränitätsakt einer *gemeinsamen* Erklärung dieser Rechte am Ende doch wieder in einen politischen Ausschluss von Nicht-Bürgern um, da ja die beiden Mengen der *hommes* und der vollwertigen *citoyens* keineswegs deckungsgleich sind. So werde der »natürliche Mensch« im Gegensatz zum Staatsbürger als durch und durch »unpolitisch« imaginiert, sodass er sich – unter kapitalistischen Vorzeichen und seiner politischen Partizipationsrechte bereits auf der Ebene des Deklarationstextes beraubt – dann bloß noch um seine individuellen Privatangelegenheiten zu kümmern brauche.[36] Oder anders: Von dem politisch revolutionären Akt einer kollektiven Selbstkonstitution des politischen Staatsvolkes durch Selbstzuerkennung grundlegender Menschenrechte sind damit all jene Menschen von vornherein

34 Jürgen Habermas, »Zur Legitimation durch Menschenrechte«, in: Hauke Brunkhorst/Peter Niesen (Hg.), *Das Recht der Republik*, Frankfurt/M. 1999, S. 386-403; Regina Kreide, *Globale Politik und Menschenrechte. Macht und Ohnmacht eines politischen Instruments*, Frankfurt/M. 2008.

35 Karl Marx, *Zur Judenfrage* [1844], Marx-Engels-Werke, Bd. 1, Berlin 1977.

36 Ebd., S. 369.

ausgeschlossen, die »bloß« Menschen und nicht zugleich auch vollwertige Bürger – und heute selbstredend auch: Bürgerinnen – sind.

Es ist dieser kritische Kern der Marx'schen Polemik, der sich heute vor allem in solchen Debattenbeiträgen wiederfindet, die an die Rolle der Menschenrechte im Rahmen eines ursprünglich revolutionären Aktes der gemeinsamen Selbstkonstitution des Staatsvolkes erinnern wollen.[37] Im Rahmen dieses souveränen Aktes bekommen die Menschenrechte die Funktion verfassungsrechtlicher Schranken zugewiesen, die sich der demokratische Souverän *selbst* auferlegt beziehungsweise auferlegen würde, wenn man ihm diesen ursprünglichen Konstitutionsakt tatsächlich überließe. Die Menschenrechte ergeben sich so aus dem – selten historisch realen, aber dennoch imaginär als legitimatorisches Leitbild wirksamen – Akt einer demokratischen (Nach-)Gründung politischer Machtverhältnisse, und zwar als konstitutionelle *Vorbehalte* gegenüber den öffentlichen Gewalten, deren Macht nur »geliehen« ist und stets in illegitime Willkürherrschaft umzuschlagen droht.[38] Zwar mutet diese kontrafaktische Idee einer konstitutionellen (Nach-)Gründung politischer Gewaltverhältnisse aus heutiger Sicht wie eine lebensfremde Utopie an, doch folgt das im Konjunktiv II formulierte Gedankenexperiment rückblickend dem historisch sehr wohl realen Vorbild jener revolutionären Menschenrechtserklärungen des späten 18. Jahrhunderts: Sowohl die französische als auch die nordamerikanische Erklärung der Menschenrechte werden am »Vorabend« eines unmittelbar bevorstehenden Verfassungsgebungsprozesses formuliert und verabschiedet. Das bedeutet: Diese Erklärungen gehen der späteren Verfassung demonstrativ *voran* und können deshalb retrospektiv als Erinnerung an einen Verfassungsauftrag verstanden werden, der dem Begriff der Menschenrechte bereits innewohnen muss. Gemeint ist der Auftrag, die betreffenden Menschenrechte dann auch faktisch zu konstitutionell garantierten Grundrechten werden zu lassen.

37 Dazu die kommentierte Textsammlung: Christoph Menke/Francesca Raimondi (Hg.), *Die Revolution der Menschenrechte. Grundlegende Texte zu einem neuen Begriff des Politischen*, Berlin 2011.

38 Vgl. Jürgen Habermas, »Naturrecht und Revolution«, in: ders., *Theorie und Praxis. Sozialphilosophische Studien*, Frankfurt/M. 1971, S. 89-127; Ingeborg Maus, *Über Volkssouveränität. Elemente einer Demokratietheorie*, Berlin 2011, bes. Kap. 5. Auf diesen zentralen Gedanken kommen wir ausführlich in § 6 zurück.

Die in diesen historischen Deklarationen proklamierten Menschenrechte sind somit selbst als Verfassungsaufträge zu verstehen. So heißt es etwa in Artikel 2 der *Französischen Menschenrechtserklärung*: »Der Zweck jeder politischen Vereinigung ist die Erhaltung der natürlichen und unantastbaren Menschenrechte.« Und Artikel 16 ergänzt: »Eine Gesellschaft, in der die Gewährleistung der Rechte nicht gesichert [...] ist, hat keine Verfassung.« Im politisch-revolutionären Überschwang wird hier also behauptet: Der Prozess der Verfassungsgebung habe *nur* den Zweck, Menschenrechte zu gewähren, und eine politische Vereinigung, die den Schutz der Menschenrechte nicht gewährt, habe entsprechend *keine* Verfassung. Dies mag man empirisch sehr wohl anzweifeln, doch will das revolutionäre Pathos hier weniger auf eine strikte Unmöglichkeit hinaus als vielmehr auf Bedingungen der Legitimität politischer Ordnungen: Der wesentliche Zweck jeder – legitimen – politischen Vereinigung ist die Erhaltung unantastbarer Menschenrechte. Und eine Gesellschaft, in der die Gewährleistung dieser Rechte nicht gesichert ist, hat keine – legitime – Verfassung.[39]

Der konzeptionelle Vorteil dieser politischen Begriffsauslegung gegenüber der zuvor diskutierten moralphilosophischen Deutung besteht darin, dass hier die mit den Menschenrechten verknüpften Pflichten politisch verantwortlich und auch annähernd eindeutig adressiert werden können. Aus Sicht einer strikt moralischen Perspektive würde folgen, dass die Verhinderung oder auch Ahndung einer konkreten Verletzung der Menschenrechte in einem beliebigen Land X, etwa ein Akt regierungsamtlicher Folter, direkt und gleichermaßen in den Verantwortungsbereich *aller* einzelnen Menschen weltweit und damit sämtlicher Menschen in den Ländern X, Y, Z usw. fiele. Aus Sicht einer politischen Konzeption jedoch ergibt sich eine abweichende Adressierung dieser Verantwortung: Zur Verhinderung und Ahndung der betreffenden Menschenrechtsverletzung sind primär die öffentlichen Funktionsträgerinnen und -träger des Landes X verpflichtet. Und nur dann, wenn diese nicht willens sind oder aber bei der Erfüllung ihrer Pflichten versagen, haben stellvertretend auch die öffentlichen Funktionsträgerinnen und -träger aller anderen Länder sowie die völkerrechtlich integrierte Staatengemeinschaft Verantwortung zu übernehmen.[40]

39 Vgl. Étienne Balibar, *Gleichfreiheit*, Berlin 2012, bes. Kap. 1.
40 Beitz, *The Idea of Human Rights*, Kap. 17.

An die Stelle einer sich politisch folgenlos im Unklaren verlierenden Adressierung aller moralischen Einzelsubjekte tritt somit die *primäre* Adressierung der politisch Verantwortlichen vor Ort.[41] Diesen wichtigen Theorieaspekt teilen politische Ansätze mit den zu Beginn diskutierten juridischen Deutungen. Es gibt aber auch hier eine wichtige Differenz: Mit Verweis auf politisch elementare Legitimationsanforderungen, mit denen sich heute jede Praxis staatlicher Gewaltausübung konfrontiert sieht, nehmen politische Menschenrechtskonzeptionen sehr wohl auf eine normative Dimension der Menschenrechte Bezug, die Akten ihrer rechtlichen Positivierung vorgelagert ist.[42] Die Menschenrechte, so wird hier behauptet, sind als Vorbehalte des demokratisch gedachten Souveräns beziehungsweise des geeinten Staatsvolkes im Rahmen der imaginären Konstituierung und Überantwortung politischer Gewalt zu verstehen; als Vorbehalte, die in dem Sinn »vorstaatlich« zu denken sind, dass sie den politischen Gewalten bereits im Akt ihrer imaginären Konstituierung als legitimationssichernde Grenzen in die (zukünftige) Verfassung hineingeschrieben werden.[43] Zugleich wird aber durch diese dezidiert politische Funktionsbestimmung vermieden, die vorstaatliche Geltungsdimension der Menschenrechte als moralisch und damit gänzlich »vorpolitisch«[44] zu markieren. Die Quelle ihrer Geltung wird vielmehr ausdrücklich und von vornherein *in* die Sphäre des Politischen hineinverlegt, und zwar in den Akt einer kollektiv souveränen Neugründung rechtsstaatlich eingehegter Gewaltverhältnisse.[45]

Gleichwohl scheinen auch diese politischen Konzeptionen der Menschenrechte, und zwar vor allem gegenüber moralphiloso-

41 Die moralischen Einzelsubjekte wären dann allenfalls noch *mittelbar* verantwortlich, sofern sie sich dagegen wehren könnten, sich auch weiterhin von ebenjenen öffentlichen Funktionsträgerinnen und -trägern regieren zu lassen, die bei der Erfüllung ihrer menschenrechtlichen Pflichten versagen.

42 Ähnlich die geläufige, aber doch oft unterbestimmte Differenz zwischen »legitim« und »legal«.

43 Beim »Trägerkreis« der Menschenrechte geht es nicht nur um den Besitz dieser Rechte, sondern auch darum, dass diese Rechte ihrerseits durch den gemeinsamen Konstitutionsakt »getragen« werden. Vgl. die Rede von einem »Trägerkreis« gemeinnütziger Organisationen.

44 »Vorpolitisch« ist nicht zu verwechseln mit »vorstaatlich«, weil Politik auch (noch) ohne Staat gedacht werden kann.

45 Maus, *Über Volkssouveränität*, bes. Kap. V.

phischen Deutungen, einen empfindlichen Nachteil aufzuweisen: Sie erteilen der noch immer recht geläufigen Sehnsucht des traditionellen Naturrechts, die Menschenrechte am Ende eben doch in möglichst »absoluten« und zeitlos gültigen Prinzipien verankern zu wollen, eine desillusionierende Absage.[46] Die Grundthese dieser politisch ausgerichteten Menschenrechtskonzeptionen besagt ja gerade, dass der kollektiv gestiftete Rechtszustand, aus dessen Legitimitätsanforderungen sich die Menschenrechte funktional als Schutzvorkehrungen ergeben, gerade kein »natürlicher« Zustand staatlicher Gesetzlosigkeit ist. Damit wandert bereits auf konzeptioneller Ebene eine gewisse Kontingenz in das politische Menschenrechtsdenken ein, die den universellen Geltungsanspruch dieser Rechte zugleich auch schon zu unterminieren droht. Allerdings wird sich genau dieser vermeintliche Nachteil politischer Menschenrechtskonzeptionen im weiteren Verlauf der Untersuchung noch als ein erheblicher Vorteil erweisen.

4. Das dreidimensionale Begriffskonzept

Auf den ersten Blick scheint es sich um einen begrifflichen Grundsatzstreit zwischen drei sich unversöhnlich gegenüberstehenden Alternativen zu handeln. Doch die Hartnäckigkeit, mit der dieser Streit geführt wird, mag zugleich auch ein Indiz dafür sein, dass alle drei Alternativen jeweils wichtige Bestandteile einer insgesamt komplexeren Begriffsbestimmung beitragen. Es käme folglich darauf an, den besagten Disput nicht einfach fortzusetzen, sondern ihn zu überwinden, indem man jeweils die konzeptionellen Vorzüge der drei Alternativen isoliert und zu synthetisieren versucht.[47] Am Ende dieses ersten Paragrafen kann eine solche begriffliche Synthese lediglich zur Andeutung kommen, und zwar im Sinne eines konzeptionellen und programmatischen Vorgriffs auf die weitere Untersuchung, die dann schrittweise wird nachweisen müssen, dass dieser programmatische Vorgriff gerechtfertigt war und tragfähig ist. Dabei wird im Rückgriff auf die bisherigen Überlegungen

46 Vgl. Menke/Pollmann, *Philosophie der Menschenrechte*, Kap. 2 u. 3.

47 Ähnlich bei Georg Lohmann, »Zur moralischen, juridischen und politischen Dimension der Menschenrechte«, in: Hans-Jörg Sandkühler (Hg.), *Recht und Moral*, Hamburg 2010, S. 135-150.

die methodisch entscheidende These lauten: Schon der Begriff der Menschenrechte muss zugleich in den Sphären einer vorpositiven Normativität, auf der Ebene des positiven Rechts und auch im Bereich empirischer Politik verankert werden:

- Die Menschenrechte gehen insofern mit einem vorstaatlich fungierenden Geltungsanspruch einher, als sie in der Gestalt zunächst bloß »gedachter« Rechte und legitimitätsstiftender Vorbehalte gegenüber den politischen Gewalten dem konkreten Akt ihrer rechtlichen Kodifizierung vorausgehen. So erst wird verständlich, warum die Menschenrechte auch dort (oder gerade dort) angerufen werden, wo sie den Betroffenen bislang (noch) nicht in Form von positiv gesatztem Recht garantiert sind;
- die Menschenrechte haben aber zugleich auch eine genuin juridische Dimension, da sie bereits auf Ebene ihres Begriffs den normativen Anspruch in sich tragen, zu subjektiv garantierten und öffentlich einklagbaren Grundrechten zu werden. Eine rein vorstaatliche Deutung der Menschenrechte, die deren rechtliche Positivierung als eine fakultative »Kann«-Bestimmung verstünde, wäre somit tatsächlich »Unsinn auf Stelzen«. Denn so könnten die Menschenrechte kaum jene revolutionäre Kraft entfalten, die ihnen heute auch faktisch im globalen Kampf um die fortschreitende Transformation bisheriger Unrechtsstaaten zukommt;
- damit ist die Begriffsanalyse aber zugleich auch bei dem inhärent politischen Charakter der Menschenrechte angelangt. Denn allererst im Rahmen politischer Kämpfe gegen konkrete Menschenrechtsverletzungen können aus »gedachten« Ansprüchen sehr konkrete, rechtsverbindliche Vorgaben werden. Sie übernehmen dabei die Funktion von legitimationssichernden Vorbehalten, die jeder konkreten öffentlichen Gewaltausübung von vornherein Grenzen setzen. Der politische Kampf um Menschenrechte kann deshalb als eine »nachholende Revolution«[48] verstanden werden, mit der – mitunter eben verspätet und oft nur schleppend – nunmehr auch auf positiv-rechtlicher Ebene nachvollzogen und implementiert wird, was im moder-

48 So Jürgen Habermas mit Blick auf die deutsch-deutsche Revolution des Jahres 1989, in: ders., *Die nachholende Revolution*, Frankfurt/M. 1990.

nen Rechtsstaatsdenken von vornherein als Legitimitätsbedingung politischer Herrschaft angelegt war.

Diese dreidimensionalen Vorüberlegungen lassen sich abschließend in Form einer die weitere Untersuchung anleitenden Begriffsbestimmung synthetisieren: Die Menschenrechte sollen das Verhältnis zwischen denen, die politische Gewalt ausüben, und jenen, die dieser Gewalt unterworfen sind, regulieren. Sie sind als subjektive und qua Menschsein vorgegebene Ansprüche gegenüber der öffentlichen Ordnung auf gleiche Achtung durch verfassungsrechtlich garantierte Grundrechte zu verstehen. Als zunächst nur »gedachte« Vorbehalte gegenüber den Herrschenden setzen sie deren Macht legitimationsstiftende Grenzen. Faktisch verwirklicht sind oder wären die Menschenrechte aber erst dann, wenn sie in Gestalt verfassungsrechtlich garantierter und zudem völkerrechtlich überwachter Garantien einklagbar und politisch durchgesetzt wären. Demnach weisen die Menschenrechte bereits auf begrifflicher Ebene eine überpositive, eine positiv-rechtliche und eine politische Dimension auf.

Allerdings ist an dieser Stelle sogleich auch schon ein naheliegendes Missverständnis zu vermeiden: Die hier vorgeschlagene Interpretation erhebt keineswegs den Anspruch, einen gemeinsamen Bedeutungskern sämtlicher nur erdenklicher Verwendungen des Menschenrechtsbegriffs oder gar einen »ökumenischen« Minimalkonsens innerhalb der Menschenrechtsdebatte abzubilden. Mit dieser dreidimensionalen Deutung geht nicht einmal der Anspruch einher, die derzeit dominierende Begriffsauffassung abzubilden. Eher ist das Gegenteil der Fall: Bei diesem Vorschlag geht es auch insofern um eine philosophische Begriffs*bestimmung*, als mit dieser dreidimensionalen Deutung ausdrücklich eine Kurskorrektur innerhalb der gegenwärtigen Menschenrechtsdebatte angestrebt wird. Der Begriff der Menschenrechte *sollte*, wie hier vorgeschlagen, verstanden werden, damit er dem besonderen Stellenwert dieses ganz eigenen Typs von Rechten – im Spannungsfeld von Moral, Recht und Politik – gerecht zu werden vermag. Vor allem aber ergeben sich aus diesem Vorschlag sehr deutliche Absagen an jede reduktionistische Bemühung, den Menschenrechtsbegriff für jeweils nur eine der drei miteinander konkurrierenden Sphären zu reservieren. Dieses Bemühen ist derzeit vor allem für einige prominente moralphilosophische Ansätze typisch, die »orthodox« und idealistisch insofern agieren, als sie sowohl die positiv-rechtliche Dimension der Menschenrechte als auch deren politische Sphäre zu sekundären Erfüllungsgehilfen der Umsetzung philosophisch freistehender Letztbegründungen degradieren und damit deren jeweilige Eigenlogik erst gar nicht adäquat zur Kenntnis nehmen.[49]

Damit ist aber nicht zuletzt auch die wichtige, in der bisherigen Debatte ebenfalls noch zu wenig beachtete Einsicht verknüpft, dass der Streit um die vorpositive, juridische und politische Dimension der Menschenrechte nicht nur ein Streit um unterschiedliche Begriffe ist. Vielmehr muss die Aufgabe der terminologischen Begriffsklärung von der empirischen Beschreibung einer jeweils bereichsspezifischen oder interdisziplinären Arbeitsteilung[50] unterschieden werden, die uns in diesem Buch ebenfalls noch an vielen Stellen genauer beschäftigen wird: Das positive Recht hat sich darum zu kümmern, dass der den Menschenrechten bereits begriffliche inhärente Anspruch auf Kodifizierung sowohl nationalstaatlich als auch völkerrechtlich realisiert wird. Der hier als vorstaatlich und traditionell als moralisch oder naturrechtlich verstandene Anspruch auf überpositive Geltung versorgt die öffentliche Kritik an Menschenrechtsverletzungen mit argumentativen Ressourcen. Die Sphäre der Politik schließlich ist und bleibt der Schauplatz jenes revolutionären Kampfes, in dem spätestens seit dem 18. Jahrhundert für die rechtliche Implementierung und Durchsetzung der Menschenrechte gestritten wird. Nur im Rahmen politischer Auseinandersetzungen werden vormals bloß »gedachte« Rechte schrittweise *konkretisiert* und so dann auch zu Rechten, deren Besitz sich sämtliche Trägerinnen und Träger dieser Rechte als das Ergebnis eines revolutionären Akts der gemeinsamen politischen Selbstzuschreibung imaginären können.

Allerdings lässt sich auf der Grundlage dieser zunächst abstrakt markierten Arbeitsteilung noch sehr unzureichend erklären, woraus die Menschenrechte ihre buchstäblich revolutionäre Kraft schöpfen. Denn in der Sphäre der Politik wird ja weniger um Begriffe

49 Gewirth, *Human Rights*; Griffin, *On Human Rights*; John Tasioulas, »On the Nature of Human Rights«, in: Gerhard Ernst/Jan-Christoph Heilinger (Hg.), *The Philosophy of Human Rights. Contemporary Controversies*, Berlin 2012, S. 17-59.

50 Vgl. Lohmann, »Zur moralischen, juridischen und politischen Dimension der Menschenrechte«.

als vielmehr um konkrete Inhalte und Interessen, die mit diesen Begriffen assoziiert sein mögen, gestritten. Zwar weckt häufig bereits die bloße Nennung des noch immer ein wenig »schillernden« Begriffs der Menschenrechte politische Sehnsüchte und normative Erwartungen, sodass man die politische Wirkung einer emphatischen Menschenrechtsrhetorik genauso wenig unterschätzen sollte wie die Gefahr ihrer schleichenden Inflationierung oder auch ihres politischen Missbrauchs.[51] Und doch sind die inhaltlich konkreten Erwartungen, die in historische Kämpfe um Menschenrechte einfließen, mit dem begrifflichen Aufweis einer jeweils vorstaatlichen, juridischen und politischen Dimension dieser Rechte nicht schon offengelegt. Daher muss es im folgenden Paragrafen zunächst einmal darum gehen, die zentralen normativen Grundforderungen zu identifizieren, deren Verknüpfung sich die politisch revolutionäre Kraft des Menschenrechtsdiskurses ursprünglich verdankt. Und diese revolutionären Grundforderungen werden mit der vermeintlich selbstverständlichen, aus philosophischer Sicht aber keineswegs unproblematischen Annahme verknüpft sein, dass jeder Mensch diese Rechte bereits deshalb besitzen soll, und zwar von vornherein vollumfänglich und gleichermaßen, weil er ein Mensch wie jeder andere ist.

51 Noch immer lesenswert: Michael Ignatieff, *Die Politik der Menschenrechte*, Hamburg 2002.

§ 2 Das Postulat generischer Gleichheit

Die revolutionäre Anziehungskraft der Menschenrechte basiert auf zwei normativen Grundvoraussetzungen: Die »Prämisse generischer Mitgliedschaft« besagt, dass von vornherein jeder Mensch, bloß weil er Mensch ist, zum Rechtsträgerkreis dazugehört. Mit dem »Axiom der Gleichheit« ist zudem vorausgesetzt, dass diese Zugehörigkeit für alle Menschen strikt gleich gelten muss und keine Abstufungen zulässt. Diese beiden Prämissen ergeben zusammen das »Postulat generischer Gleichheit«, das den Charakter einer konzeptionellen Setzung hat: Es ist unhintergehbar mit Blick auf die Menschenrechte, nicht aber grundsätzlich zwingend. Behauptet wird lediglich, dass man nicht zugleich für die Menschenrechte und gegen dieses Postulat sein kann.

Selbst wenn bereits philosophische Einigkeit mit Blick auf das im vorangehenden Paragrafen diskutierte Problem bestünde, was genau der *Begriff* der Menschenrechte meint, so wäre mit dieser terminologischen Übereinkunft doch noch wenig mit Blick auf die normative Frage gewonnen, wie eine überzeugende *Begründung* der mit den Menschenrechten verknüpften Ansprüche auszusehen hätte. Das begriffliche Problem einer Klärung, *was* man hat, wenn man die Menschenrechte hat, ist von der normativen Fragestellung zu unterscheiden, *warum* man diese Rechte hat und wie sich der allgemeine Besitz dieser Rechte gegen Skepsis und Kritik verteidigen lässt. Allerdings verliert man angesichts der inzwischen zahllosen Versuche, das Anliegen der Menschenrechte philosophisch begründen zu wollen,[52] auch schnell den Überblick, was genau hier eigentlich begründet werden soll: Geht es um die konkreten Menschenrechte im Einzelnen oder lediglich um den für die Menschenrechte insgesamt zentralen Anspruch auf Universalität? Geht es um das bereits im letzten Paragrafen als grundlegend aufgefasste »Recht, Rechte zu haben« oder um den heute besonders bedeutsamen Begriff der Menschenwürde? Soll die Notwendigkeit einer Transformation der Menschenrechte in verfassungsrechtlich verbriefte

52 Dazu die Beiträge in: Pollmann/Lohmann (Hg.), *Menschenrechte*, Abschnitt II.2; Rowan Cruft/S. Matthew Liao/Massimo Renzo (Hg.), *Philosophical Foundations of Human Rights*, Oxford 2015.

Grundrechte begründet werden oder aber das internationale Anliegen eines auf Ebene des Völkerrechts und der Vereinten Nationen etablierten Schutzregimes? Tatsächlich ergibt sich bei genauerem Hinsehen eine Vielzahl menschenrechtlicher Begründungsprobleme, sodass die konzeptionelle Ausgangsfrage eher lauten muss: Was bedarf *zuallererst* einer philosophischen Rechtfertigung, wenn es um eine normative Grundlegung der Menschenrechte geht?

Dieses prioritäre Begründungsproblem scheint bisweilen derart evident zu sein, dass es vorschnell übersehen zu werden droht. Es rückt jedoch immer dann ins Zentrum der Aufmerksamkeit, wenn man sich genauer jener bereits im Terminus »Menschenrechte« enthaltenen Verknüpfung der Wortbestandteile »Menschen-« und »-rechte« zuwendet. Diese terminologische Verknüpfung evoziert bereits eine dezidiert normative Relation, ja eine überaus anspruchsvolle Erwartung, die auf den ersten Blick zwar selbstverständlich anmuten mag, tatsächlich aber sehr begründungsbedürftig ist: Nicht nur ist mit dem Terminus der Menschenrechte bereits begrifflich impliziert, dass es eine sehr spezifische Klasse von Rechten geben soll, die nicht bloß für manche oder besondere Menschen reserviert ist, sondern von vornherein für *alle*. Ferner soll es sich dabei um Rechte handeln, die ihren Trägerinnen und Trägern bereits und nur deshalb zukommen, weil diese gleichermaßen Exemplare der Spezies *Homo sapiens sapiens* sind. Kurz: Man hat die Menschenrechte als Mensch bereits deshalb, weil man ein Mensch wie jeder andere ist.

Dem philosophisch geschulten Auge wird diese enge Verknüpfung von Spezieszugehörigkeit und normativer Anspruchsberechtigung bereits deshalb begründungsbedürftig erscheinen, weil sie einer skeptischen Überzeugung widerspricht, die spätestens seit David Hume in der philosophischen Fachwelt breite Akzeptanz genießt. Gemeint ist die Überzeugung, dass sogenannte Sein-Sollens-Fehlschlüsse zu vermeiden sind.[53] Es sei argumentationslogisch unzulässig, so die Behauptung, aus der rein deskriptiven Feststellung empirischer Tatsachen oder Ist-Zustände unmittelbar auf präskriptive oder wertende Aussagen über wünschenswerte Soll-Zustände zu schließen – oder gar handlungsleitende Normen daraus abzuleiten. Aus dem bloßen Umstand, dass etwa *ist*, wie es ist, folgt

53 David Hume, *Traktat über die menschliche Natur* [1739], Hamburg 1989, Buch III, Teil I, Kap. I.

keineswegs zwingend, dass es *gut* ist, so wie es ist, und deshalb dürfe die ontologische Sphäre des »Seins« auch nicht mit der davon unabhängigen Sphäre normativen »Sollens« kurzgeschlossen werden. Auf den Begriff der Menschenrechte übertragen: Die Behauptung, dass es Rechte gebe, die man schon deshalb haben *soll*, weil man ein Mensch *ist*, kommt einem solchen Fehlschluss gleich, denn aus dem bloßen Faktum des Menschseins folgt – normativ betrachtet – rein gar nichts. Ebendas scheint dann auch das gesuchte prioritäre Begründungsproblem der Menschenrechte zu sein: Wie soll anders begründet werden, dass tatsächlich alle Menschen, bloß weil sie Menschen sind, dieselben grundlegenden Rechte haben?

Weil aber der Begriff der Menschenrechte bereits auf terminologischer Ebene einen Bezug zur biologischen Spezies herstellt, liegt es traditionell dennoch nahe, den prioritären Grund für die Zuerkennung von Menschenrechten in der »Natur« des Menschen zu verorten und in diesem Sinn dann auch von »natürlichen Rechten« zu sprechen. Tatsächlich ist für die Menschenrechtsrhetorik seit jeher die Berufung auf eine dem Menschen von Natur aus »angeborene Gleichheit«[54] typisch – und damit eine philosophisch strittige Suggestion, die eine wichtige rhetorische Funktion übernimmt: Die Suggestion einer angeborenen Gleichheit sämtlicher Menschen soll von vornherein für eine möglichst zeitlose und kulturübergreifende Geltung der Menschenrechte sorgen, indem sie den gesuchten Begründungszusammenhang bereits auf ontologischer Ebene, und zwar eben durch Hinweis auf vermeintlich unleugbare natürliche Tatsachen, sicherstellt.[55] Menschenrechtliche Begründungsansätze dieser Art können in einem doppelten Sinn als »naturalistisch« bezeichnet werden: Sie behaupten zum einen, dass die Menschenrechte grundlegenden natürlichen oder artspezifischen Eigenschaften, Interessen und Gefährdungslagen »des« Menschen gerecht werden wollen. Und sie gehen zum anderen davon aus, dass damit auch die gemeinten Rechte selbst in dem Sinne als natürlich aufgefasst werden können, dass sie *in* die menschliche Natur eingeschrieben und

54 Dazu exemplarisch Artikel 1 Satz 1 der *Allgemeinen Erklärung der Menschenrechte* von 1948: »Alle Menschen sind frei und gleich an Würde und Rechten geboren«.

55 Nehmen wir eine beliebige ältere Wörterbuchdefinition: »Menschenrechte, die ›ewigen‹, unveräußerlichen Rechte der Menschen auf Grund ihrer über der Tierwelt stehenden Natur«, in: Georgi Schischkoff (Hg.), *Philosophisches Wörterbuch*, Stuttgart 1991, S. 474.

uns Menschen damit auf buchstäblich natürliche oder angeborene Weise vorgeschrieben sind.[56]

In dieser Debatte kann noch einmal unterschieden werden zwischen solchen Konzeptionen der Menschenrechte, die mit naturalistischen Behauptungen direkt auf Ebene einer biologisch vorgefundenen »ersten« Natur des Menschen operieren (Abschnitt 1), und jenen, die stattdessen auf eine historisch und kulturell transformierte »zweite« Natur des Menschen Bezug nehmen (Abschnitt 2).[57] Obwohl sich im Zuge der kritischen Diskussion dieser Ansätze zeigen wird, dass beide Begründungsvorhaben misslingen, weil sich die Menschenrechte gerade *nicht* aus der Natur des Menschen ableiten lassen, basieren beide Spielarten des menschenrechtlichen Naturalismus dennoch auf zwei zentralen Grundannahmen, die für das heutige Menschenrechtsdenken tatsächlich unabdingbar sind: Die »Prämisse generischer Mitgliedschaft« gründet den Besitz der Menschenrechte von vornherein sowie ausschließlich auf das Faktum bloßen Menschseins (Abschnitt 3).[58] Das »Axiom der Gleichheit« hingegen versteht diese generische Mitgliedschaft stets schon in einem strikt egalitären Sinn (Abschnitt 4).

1. Begründungen aus der »ersten« Natur des Menschen

Ganz gleich, in welcher Sprache man es formuliert, ob man von »Menschenrechten«, »human rights«, »droits de l'homme«, »derechos humanos«, »diritti umani«, »insan hakları«, »права человека«

56 Im vorliegenden Paragrafen übernehme ich einzelne Passagen aus: Arnd Pollmann, »Für einen neuen Universalismus«, in: *Zeitschrift für Politik* 56 (2009), S. 35-50; ders., »Human Rights Beyond Naturalism«, in: Marion Albers/Thomas Hoffmann/Jörn Reinhardt (Hg.), *Human Rights and Human Nature*, Dordrecht u. a. 2014, S. 121-136.

57 Der in diesen beiden Abschnitten präsentierte Überblick dient systematischen Zwecken und weniger zur Sortierung einzelner Autorinnen und Autoren. Oft liegt in deren Ansätzen ein eher undeutliches Gemisch aus einzelnen der im Folgenden skizzierten Argumentationsstrategien vor.

58 Um bereits an dieser Stelle dem erst in § 3 ausführlicher behandelten Vorwurf des »Speziesismus« zu begegnen, der eine unzulässige Diskriminierung nicht-menschlichen Lebens wittert: Die zentrale These wird zunächst nur sein, dass nicht länger von »Menschenrechten« die Rede sein kann, wenn man auch (manche) andere Tiere für gleichermaßen anspruchsberechtigt hält.

usw. sprechen will: Solange dabei ein fremdsprachliches Äquivalent zum Ausdruck »Mensch« bzw. »menschlich« Verwendung findet, setzt man dabei notwendig auf fundamentale Gemeinsamkeiten *aller* Menschen beziehungsweise auf allgemein geteilte Charakteristika »des« Menschen im Singular. Erst die Voraussetzung derart geteilter Charakteristika rechtfertigt die Rede von Menschenrechten, und das Argument lautet dann regelmäßig wie folgt: Weil der Mensch von Natur aus und damit auf angeborene Weise den für die Menschenrechte entscheidenden Faktor X aufweist, kommen ihm auf ebenso natürliche oder angeborene Weise ebenfalls entsprechende Menschenrechte zu. Fraglich ist dann jeweils im Einzelfall nur, um welche allgemeinen Dispositionen und Eigenschaften es sich handeln soll, die hier mit Blick auf den erwähnten Faktor X in Frage kommen. Geht es um natürliche »Bedürfnisse« oder »Interessen«, um artspezifische »Fähigkeiten«, um angeborene »Werteigenschaften«, anthropologische »Wesensbestimmungen« oder auch um typisch menschliche »Versehrbarkeiten« und »Gefährdungslagen«?

Bei der Beantwortung dieser Frage bieten sich drei gängige Argumentationsmuster an, die auf jeweils spezifische Weise an der natürlichen Grundausstattung des Menschen oder gar unmittelbar an dessen biologischem »Substrat« ansetzen. Als besonders traditionsreich, aber wenig zeitgemäß erweisen sich *metaphysische und theologische* Begründungen der Menschenrechte. Diese Ansätze knüpfen meist ungebrochen an die Ideengeschichte des Naturrechts an, indem sie den Besitz der als angeboren[59] deklarierten Menschenrechte aus einer entweder kosmologischen, (über-)natürlich vorgegebenen oder auch göttlich gewollten Seinsordnung ableiten und damit aus einer privilegierten Sonderstellung des Menschen, die ihm im Rahmen der jeweils unterstellten Seinsordnung – gewissermaßen »von oben« oder durch fremde Autorität verbürgt – zuerkannt worden sein soll.[60] Auf diese Weise ergibt sich bereits auf onto-

59 Das Adjektiv »angeboren« ist mit Blick auf diese Ansätze so geläufig wie irreführend, weil sie den Menschenrechtsschutz meist auch auf *vorgeburtliches* Leben ausdehnen.

60 Jacques Maritain, *Die Menschenrechte und das natürliche Gesetz* [1941], Bonn 1951; Päpstliche Kommission Justitia et Pax, *Die Kirche und die Menschenrechte*, München 1976; Robert Spaemann, »Über den Begriff der Menschenwürde«, in: Ernst-Wolfgang Böckenförde/Robert Spaemann (Hg.), *Menschenrechte und Menschenwürde. Historische Voraussetzungen – säkulare Gestalt – christliches Verständnis*, Stuttgart 1987, S. 295-313.

logischer Ebene ein herausgehobener oder sogar »absoluter« Wert des Menschen, der keine wie auch immer geartete »Verrechnung« erlaubt und damit direkt auch dessen natürliche Rechte begründet. Menschenrechtliche Gleichheit bedeutet hier also: Jeder Mensch hat Menschenrechte, weil die dem Menschen vorgegebene Seinsordnung *alle* Menschen gleichermaßen privilegiert.

Diese Begründungsversuche haben den erkennbaren Vorteil, dass sich daraus eine durch »höhere« Autorität und Seinslogik verbriefte Geltungskraft jener natürlichen Rechte ergäbe, die sich dem willkürlichen Zugriff des Menschen zu entziehen und diesem damit unwiderruflich vorgegeben zu sein scheint. Zugleich haben diese Ansätze aber auch den empfindlichen Nachteil, dass sich die gemeinte Prämisse eines absoluten Werts aller Menschen damit ebenfalls dem menschlichen Zugriff entzieht – und damit zugleich auch jeder Art von kritischer Überprüfung. Woher nehmen diese Ansätze ihr vermeintliches Wissen, dass der Mensch diesen herausgehobenen Stellenwert besitzt? Der Nachteil metaphysischer und theologischer Begründungsansätze besteht folglich darin, dass sie allein von denjenigen akzeptiert werden können, die ebenfalls von vornherein an die betreffende metaphysische Seinslogik oder an das jeweils vorausgesetzte religiöse Deutungssystem »glauben«. Und wer das nicht tut oder wer sich anderen Deutungssystemen oder Weltbildern verpflichtet fühlt, wird dann entsprechend auch die Menschenrechte nicht als verbindlich betrachten und einsehen können.

Um derart problematische und von vornherein gegen Kritik immunisierte Glaubenssätze zu vermeiden, setzen *anthropologische und materialistische* Begründungen auf vermeintlich verlässlicher zu verifizierende Fakten. Entsprechend suchen diese Ansätze nach natürlichen »Interessen« des Menschen, universellen »Bedürfnissen«, kulturübergreifend sich ähnelnden Lebensbedingungen oder auch nach typischen Standardbedrohungen der *conditio humana*, von denen angenommen wird, dass sie aufgrund ihrer vitalen und biologischen Dringlichkeit empirisch allgemein nachweisbar sind.[61] Gemäß dieser Auffassung sind alle Menschen insofern menschenrechtlich gleich, als sie allesamt von Natur aus ganz bestimmte

61 John Finnis, *Natural Law and Natural Rights*, Oxford 1980; Shue, *Basic Rights*; Johann Galtung, *Menschenrechte – anders gesehen*, Frankfurt/M. 1994.

Eigenschaften sowie fundamentale Versehrbarkeiten teilen, aus denen sich dann folgerichtig ebenso natürliche Rechte auf Schutz und Hilfe ableiten lassen sollen. Die Begründung dafür, dass jeder Mensch bereits qua Menschsein die gleichen fundamentalen Rechte besitzt, ergäbe sich somit rein deskriptiv aus objektiven Feststellungen einer speziestypischen Anfälligkeit menschlicher »Mängelwesen«;[62] einer typisch menschlichen Versehrbarkeit also, die mit der Lebensweise des *Homo sapiens sapiens* und »unserer« natürlichen Grundausstattung – anthropologisch und materialistisch notwendig – einhergeht.

Abgesehen davon, dass sich diese Begründungen damit in ganz besonderem Maße dem weiter oben bereits erwähnten Vorwurf aussetzen, von einem Sein der menschlichen Natur allzu rasch auf ein entsprechendes Sollen der konkreten Menschenrechte kurzzuschließen: Bereits ein flüchtiger Blick in geltende UN-Menschenrechtsverträge weckt ernsthaft Zweifel, ob und inwiefern es sich bei den dort festgeschriebenen Rechten buchstäblich um »natürliche« oder »angeborene« Rechte handeln kann. Man denke hier an die bereits in § 1 erwähnten Einzelrechte auf ein faires Gerichtsverfahren, auf die Wahrung des Post- und Fernmeldegeheimnisses, auf Gewerkschaftsgründung oder auch an Rechte auf Bildung, soziale Sicherheit, Arbeit oder Gesundheitsversorgung. Zwar lässt sich nicht in Abrede stellen, dass auch diese Rechte fundamental dringliche Interessen von Menschen widerspiegeln. Dennoch dürften bereits diese wenigen Rechtsansprüche stutzig machen: Ist irgendeine plausible Verwendung des Adjektivs »natürlich« denkbar, die es erlauben würde, auch hier noch von Rechten zu sprechen, die die Menschen, und zwar alle, »von Natur aus« haben?[63]

Diese empirischen Unwägbarkeiten lassen sich bedingt umgehen, wenn man stattdessen auf *vernunftrechtliche und transzendentalphilosophische* Argumente baut. In Anlehnung an Immanuel Kant reflektieren menschenrechtliche Begründungsansätze dieser Art auf die »Bedingungen der Möglichkeit«, ein typisch menschliches

62 Der Ausdruck geht zurück auf Arnold Gehlen, *Der Mensch*, Gesamtausgabe, Bd. 3, Klostermann 1993, S. 16 f. u. 31-33.

63 Man könnte daraus auch den umgekehrten Schluss ziehen, dass diese Rechte deshalb keine *Menschenrechte* sein können. Gegen diesen Umkehrschluss spricht jedoch der empirische Umstand, dass diese Rechte heute – auch auf Ebene des Völkerrechts – weitgehend anerkannt sind.

Leben zu führen.[64] Zwar gehen die entsprechenden Fundierungsversuche meist nicht schon davon aus, dass die Menschenrechte als solche angeboren sind, aber sie suchen nach einem gemeinsamen und mithin wertvollen Gattungsmerkmal, das zugleich auch den Status einer unbedingten und gleichen menschenrechtlichen Achtungswürdigkeit begründen soll. Die Rolle dieses für die Menschenrechte entscheidenden Gattungsmerkmals übernimmt dann, je nach Ansatz, entweder die menschliche »Vernunft«, das Vermögen »rationaler Handlungsfähigkeit«, das Prinzip verantwortlicher »Autonomie« und immer häufiger auch die »Menschenwürde«. Und das begründungstheoretische Argument lautet stets ähnlich: Weil der Mensch als Mensch zu einer Spezies gehört, deren Mitglieder sich *typischerweise* durch den Besitz ebenjenes besonders wertvollen Gattungsmerkmals auszeichnen, kommen dem Menschen als Menschen entsprechend unmittelbar auch die daraus abzuleitenden Menschenrechte zu.[65]

Auffällig ist, dass die meisten dieser Ansätze dazu tendieren, das jeweils als »Fundament« der Menschenrechte ausgezeichnete Gattungsmerkmal von vornherein als ein *moralisches* Vermögen zu begreifen, das die Berücksichtigung anderer Menschen bereits auf konzeptioneller Ebene einschließt. So nämlich ergäbe sich mit der Vernunft, der rationalen Handlungsfähigkeit, der Autonomie oder eben auch der Menschenwürde direkt auch eine interpersonale Bindungskraft jener Rechte, die sich aus der damit begründeten Achtungswürdigkeit ableiten lassen. Die moralphilosophische Hoffnung besagt dann jeweils, dass ein Mensch, der vernünftig, rational, autonom oder aber mit Menschenwürde ausgestattet ist, *notwendig* auch das Recht jedes anderen Menschen anerkennen muss, mit Blick auf eben dieses wertvolle Gattungsmerkmal allgemein respektiert zu werden. Allerdings weisen die gemeinten Ansätze damit auch ein entscheidendes Manko auf: Sie sind in ihren normativen Voraussetzungen, die Begründung von Rechten *aller* Menschen betreffend, von vornherein zu anspruchsvoll. Denn bei genauerem

64 Zu einer historisch frühen menschenrechtlichen Begründung in direkter Anknüpfung an Kant siehe Johann Benjamin Erhard, *Über das Recht des Volks zu einer Revolution* [1795], München 1970.

65 Dazu exemplarisch Gewirth, *Human Rights*; Heiner Bielefeldt, *Philosophie der Menschenrechte. Grundlagen eines weltweiten Freiheitsethos*, Darmstadt 1998; Griffin, *On Human Rights*.

Hinsehen rekurrieren diese Begründungen gerade nicht auf das bloße Menschsein als solches, sondern stets schon auf normativ und kognitiv höherstufige Bedingungen menschlichen »Personseins«.[66] Damit tendieren die betreffenden Ansätze bereits auf konzeptioneller Ebene zu einer menschenrechtlich äußerst problematischen Exklusion: Macht die Theorie von Beginn an ein anspruchsvolles menschliches Vermögen zur Voraussetzung menschenrechtlicher Achtungswürdigkeit, wird sie zugleich auch zugestehen müssen, dass das betreffende Vermögen keineswegs allen Menschen eigen ist. Dann aber würden zumindest manche Menschen, etwa Neugeborene, Menschen mit schweren geistigen Einschränkungen oder auch demenzkranke alte Menschen, von vornherein aus dem Trägerkreis der Menschenrechte herausfallen, eben weil sie – entweder noch nicht, nicht vollständig oder auch nicht mehr – Personen mit dem betreffenden Vermögen sind.[67]

2. Begründungen aus der »zweiten« Natur des Menschen

Angesichts der im letzten Abschnitt skizzierten Bedenken gegenüber einem Naturalismus »erster Ordnung« mag man stattdessen zu Begründungsstrategien eines Naturalismus »zweiter Ordnung« greifen.[68] Der entscheidende Rechtfertigungsgrund für menschenrechtliche Gleichbehandlung wird dann nicht länger in der biologisch vorgefundenen *ersten* Natur des Menschen gesucht, sondern in der historischen und kulturellen Praxis verortet, mit der Menschen ihre biologische erste Natur habituell überformen und bedingt auch transformieren. Auf diese Weise entsteht eine *zweite* Natur des Menschen, die trotz ihrer historischen und kulturellen Kontingenz gleichwohl den Namen »Natur« verdienen soll, weil die mit ihr einhergehende »Gewohnheit«, wie es bereits bei Aristoteles heißt, ähnlich »schwer zu ändern« ist wie ebenjene biolo-

66 Werner Heun, »Gattungszugehörigkeit oder Personsein als Anknüpfungspunkt der Menschenrechte?«, in: Eckart Klein/Christoph Menke (Hg.), *Menschenrechte und Bioethik*, Berlin 2004, S. 24-41.

67 Dazu ausführlicher die Diskussion in § 3.

68 In Anknüpfung an John McDowell, »Two Sorts of Naturalism«, in: Rosalind Hursthouse/Gavin Lawrence/Warren Quinn (Hg.), *Virtues and Reasons*, Oxford 1996, S. 149-179.

gische Grundausstattung des Menschen, für die der Naturbegriff üblicherweise steht.[69] Der Begriff der zweiten Natur fungiert so als ein konzeptioneller Platzhalter für allgemeine Eigenschaften oder Charakteristika der menschlichen Lebensform, die sich zwar nicht selbst schon aus der genetischen oder biologischen Grundausstattung des Menschen ergeben, die aber aufgrund ihrer allgemeinen Relevanz oder ubiquitären Verbreitung gleichwohl als »typisch menschlich« aufgefasst werden können.

Innerhalb der Menschenrechtsdebatte begegnet man diesem Naturalismus zweiter Ordnung vor allem in Gestalt *tugendethischer und perfektionistischer* Ansätze.[70] Diese interpretieren die besagte zweite Natur des Menschen meist direkt aristotelisch und damit teleologisch im Sinne einer artspezifischen Wesensbestimmung oder aber als einen gattungsethischen Auftrag, den es allererst zu verwirklichen gilt. In diesem sowohl individuellen als auch gattungsethischen Projekt der perspektivischen Entfaltung menschlicher Wesensbestimmungen, tugendspezifischer Anlagen oder praktischer Befähigungen übernehmen die Menschenrechte so die Funktion notwendiger Realisierungsbedingungen: Die Garantie von Menschenrechten dient dazu, die moralisch-rechtlichen Rahmenbedingungen dafür zu schaffen, dass ein individuell tugendhaftes Leben aller Menschen möglichst umfassend gelingen kann. Menschenrechtliche Gleichheit bedeutet hier also: Es ist das allen individuellen Mitgliedern der Gattung gemeinsame Vermögen, jene typisch menschlichen Wesensbestimmungen zu realisieren und möglichst auch zu optimieren, die den egalitären Status, Träger von Menschenrechten zu sein, begründet. Weil jeder einzelne Mensch dieses Ideal gleichermaßen und qua Teilnahme an der gemeinsamen Lebensform »Mensch« verfolgen können soll, muss er zugleich auch fundamentalen Schutz durch kollektiv verbindliche Menschenrechte genießen.[71]

69 Aristoteles, *Nikomachische Ethik* [o. J.], Reinbek 2006, 1152a 29-33, S. 241. Allerdings will Aristoteles hier letztlich doch einen Unterschied beider Naturen betonen: Die zweite Natur der »Gewohnheit« sei »leichter« zu ändern.

70 Ein wichtiger tugendethischer Bezugspunkt ist: Philippa Foot, *Natural Goodness*, Oxford 2001. Beispiele perfektionistischer Ansätze: Gregory Vlastos, »Justice and Equality«, in: Richard Brandt (Hg.), *Social Justice*, Englewood Cliffs 1962, S. 31-72; Martha Nussbaum, *Die Grenzen der Gerechtigkeit*, Frankfurt/M. 2010.

71 Vgl. dazu etwa Thomas Hoffmann, »Human Rights, Human Dignity, and the

Abgesehen davon, dass es auch diesen Ansätzen stets nur mit argumentativen Winkelzügen gelingt, am Ende auch jene Mitglieder der Spezies in den Trägerkreis der Menschenrechte zu inkludieren, die das erforderliche Optimierungsvermögen nicht oder nur unzureichend besitzen:[72] Konzeptionell unklar ist dabei sehr häufig, ob und wie sich die zumeist recht substanziellen Zielbestimmungen »des« guten Lebens, die sich aus den jeweiligen Ansätzen ergeben, damit vereinbaren lassen sollen, dass die Menschenrechte, wie es häufig heißt, »Raum für ethischen Pluralismus« lassen müssen. Indem auch diese Ansätze auf Fähigkeiten wie Rationalität, Autonomie und Selbstverwirklichung rekurrieren, sehen sie sich regelmäßig dem Vorwurf ausgesetzt, der Verweis auf eine vermeintliche Natur des Menschen diene hier lediglich dazu, eine inhaltlich bestimmte, vornehmlich »westliche« und damit keineswegs alternativlose Zielvorstellung vom guten Leben in die Theorie der Menschenrechte einzuschmuggeln, die gegenüber kulturellen Abweichungen und Eigenarten ignorant sei, indem sie sich als *das* universelle Menschenbild der Menschenrechte ausgebe.[73]

Diese anti-paternalistische Skepsis mag einer der wesentlichen Gründe dafür sein, dass *evolutionstheoretische und geschichtsphilosophische* Begründungsansätze noch weitaus stärker auf den Nachweis empirisch verifizierbarer Fakten drängen. Die betreffenden Ansätze sind zugleich aber auch der Auffassung, auf eine inhaltlich anspruchsvolle Theorie des individuell guten Lebens verzichten zu können. Stattdessen sollen sich die Menschenrechte aus der einerseits konfliktreichen, andererseits aber auch kooperativen »sozialen Natur« des Menschen ergeben, und zwar historisch notwendig.[74] Die zentrale These lautet meist: Während die konfliktreiche, »unsoziale« Seite der menschlichen Natur stets neue Kooperationsprobleme und entsprechend dann auch rechtlichen Regelungsbedarf

Human Life Form«, in: Albers/Hoffmann/Reinhardt, *Human Rights and Human Nature*, S. 43-56.

72 Meist lautet das Argument: Jeder Mensch hat Menschenrechte, weil er Mitglied einer Spezies ist, deren Mitgliedern »typischerweise« ein Vermögen tugendhafter Selbstoptimierung zukommt.

73 Dazu ausführlicher § 4.

74 Norberto Bobbio, *Das Zeitalter der Menschenrechte. Ist Toleranz durchsetzbar?*, Berlin 1998; John O'Manique, *The Origins of Justice*, Philadelphia 2002; Francis Fukuyama, *Origins of Political Order*, New York 2011.

erzeugt, sorgt die kooperative Natur des Menschen stattdessen für die jeweils individuelle Bereitschaft, sich auf entsprechende Regelungen einzulassen. Die Menschenrechte können so als das Resultat eines historischen, evolutionären und zudem institutionellen Lernprozesses verstanden werden, der auf moralisch und rechtlich zunehmend anspruchsvolle Weise soziale Konflikte zu befrieden sucht. Zwar ist die Institutionalisierung der Menschenrechte nicht schon selbst als ein »natürlicher« Vorgang zu verstehen. Aber die Menschenrechte bleiben dennoch konzeptionell an die Natur des Menschen zurückgebunden, indem sie als institutionelle Schutzvorkehrungen historische Rückfälle in den kriegerischen »Naturzustand« verhindern sollen.

Menschenrechtliche Gleichheit bedeutet nach diesen evolutionstheoretischen und geschichtsphilosophischen Ansätzen: Die Zuerkennung von Menschenrechten liegt im gleichen Interesse aller Menschen in ihrer gemeinsamen Rolle als Beteiligte an einem nicht allein konfliktreichen, sondern auch kooperativen menschlichen Miteinander. Die Menschenrechte treten damit in den Dienst einer sozialevolutionären »Minimalteleologie«,[75] die der Geschichte der Menschheit – ungeachtet aller Rückschläge – signifikante Rechtsfortschritte und damit zugleich auch einen gewissen historischen Sinn abtrotzt. Allerdings lässt sich diese teleologische Deutung der Menschenrechtsentwicklung nur schwer mit der zentralen These aus der Einleitung zu diesem Buch vereinbaren, dass die Genese der heutigen Menschenrechtsidee viel eher als eine Geschichte folgenreicher »Brüche« denn als eine gerichtete Fortschrittsgeschichte zu erzählen ist. Diese historischen Brüche, so war dort bereits gezeigt worden, haben sich keineswegs notwendig ereignet. Sie hätten historisch auch ausbleiben können. Und deshalb lassen sich diese Zäsuren und Diskontinuitäten dann auch keineswegs einer evolutionär oder geschichtsphilosophisch verstandenen »Logik« der Entwicklung zuschlagen.[76]

Deshalb sehen *kontraktualistische und diskursethische* Begrün-

75 Karl-Otto Apel, »Zurück zur Normalität?«, in: ders., *Diskurs und Verantwortung*, Frankfurt/M. 1990, S. 370-474.

76 Es soll hier nicht bezweifelt werden, dass sich die Menschenrechte Lernprozessen verdanken. Nur die teleologische Annahme eines *gerichteten* Lernprozesses ist heute nicht mehr plausibel zu machen. Mehr dazu in § 5.

dungsansätze von allzu teleologischen Grundannahmen ab.[77] Sie verzichten aber zugleich auch auf substanzielle Vorgaben des guten Lebens, wie sie für tugendethische und perfektionistische Ansätze typisch sind. Die entscheidende Begründungslast trägt dann nicht länger die unter Paternalismus-Verdacht stehende Unterstellung ethischer Wesensbestimmungen »des« Menschen im Singular. Vielmehr tritt an deren begründungstheoretische Stelle die Konstruktion eines fiktiven Tauschvertrags oder aber eines imaginären Diskurses, in dem sich die Betroffenen jeweils selbst sowie wechselseitig zur Gewährleistung ganz bestimmter menschenrechtlicher Grundansprüche verpflichten. Folglich sollen sich die Menschenrechte im Rahmen dieser Begründungsansätze aus einem hypothetischen »Minimalkonsens« fundamental gleichberechtigter Tausch- und Diskurspartnerinnen und -partner ergeben, die gemeinsam, als Gleiche sowie in Stellvertretung jener, die nicht selbst schon mündige Tausch- und Diskurspartnerinnen und -partner sind, darüber beraten *würden*, auf welche typisch menschlichen Rechtsansprüche sie sich auf der Grundlage ihres gemeinsamen Menschseins einigen *könnten*. Dieser doppelte Konjunktiv macht deutlich, dass der Bezug auf die »zweite Natur« des Menschen in diesen Ansätzen eine originelle Fassung erhält: Die Menschenrechte sind als Ansprüche auf gleiche Berücksichtigung als Mensch zu verstehen, die sich die Teilnehmerinnen und Teilnehmer jener Verständigungspraxis gemeinsam zur verbindlichen Gewohnheit – im Sinne von Aristoteles – machen *wollen*.[78]

Gleichwohl haben aber auch diese – nach dem Vorbild ökonomischer Tauschverträge oder diskursiver Einigungsprozesse modellierten – Konstruktionen einen wichtigen Nachteil: Die fiktiven Tausch- und Diskurspartnerinnen und -partner mögen sich nur dann zur Anerkennung der Rechte ihres jeweiligen Gegenübers verpflichtet sehen, wenn auch dieser im Gegenzug ihre gleichen Rechte anerkennt. Damit aber würde der Besitz von Menschenrechten von einer *wechselseitigen* Einsicht und Zustimmung abhängig ge-

77 Otfried Höffe, *Vernunft und Recht*, Frankfurt/M. 1998; Jürgen Habermas, *Faktizität und Geltung*, Frankfurt/M. 1992.

78 Daher spricht Rainer Forst von einem »Konstruktivismus«, in: ders., »Das grundlegende Recht auf Rechtfertigung. Zu einer konstruktivistischen Konzeption von Menschenrechten«, in: Hauke Brunkhorst/Wolfgang Köhler/Matthias Lutz-Bachmann (Hg.), *Recht auf Menschenrechte. Menschenrechte, Demokratie und internationale Politik*, Frankfurt/M. 1999, S. 66-105.

macht. Abgesehen davon, dass nicht schon auf konzeptioneller Ebene vorausgesetzt werden kann, dass die Beteiligten diese Transferleistung notwendig vornehmen werden: Wird der Besitz von Menschenrechten von einer wechselseitigen Vereinbarung abhängig gemacht, so wird fraglich, ob die Menschenrechte noch länger, wie es traditionell heißt, als »unverlierbar« und »unveräußerlich« verstanden werden können. Die Idee von grundlegenden Rechten, die im Rahmen einer Verhandlung allererst *zuerkannt* werden und von wechselseitiger Bestätigung abhängig bleiben, scheint mit der Vorstellung von apriori oder qua Menschsein vorgegebenen Rechten konzeptionell unverträglich zu sein.[79]

3. Die Prämisse generischer Mitgliedschaft

So verschieden und verschieden problematisch die in den letzten beiden Abschnitten skizzierten Begründungsansätze auch sein mögen: Sie fußen allesamt auf zwei zentralen Grundvoraussetzungen, von denen im Folgenden zu zeigen sein wird, dass sie für den modernen Menschenrechtsdiskurs tatsächlich unentbehrlich sind. Allerdings wird sich dabei herausstellen, dass sich diese beiden konzeptionell notwendigen Prämissen gerade nicht aus der »Natur« des Menschen ableiten lassen; und zwar weder aus seiner ersten noch aus der zweiten. Vielmehr wird die eher ungewöhnliche These lauten, dass die Theorie der Menschenrechte vollends davon absehen kann, die betreffenden Vorannahmen noch weiter *begründen* zu wollen. Es wird sich zeigen, dass es sich um normative Setzungen handelt, die für den Diskurs über Menschenrechte zwar beide unentbehrlich, nicht aber schon per se als zwingend oder alternativlos zu betrachten sind. Nur *wenn* man bereits auf dem Standpunkt der Menschenrechte steht, muss man diesen beiden Setzungen bereits zugestimmt haben – wenn nicht, dann nicht.

79 Mein eigener Vorschlag zur Begründung der Menschenrechte in § 6 wird eine gewisse Nähe zu kontraktualistischen und diskursethischen Ansätzen aufweisen. Allerdings geht es dabei gerade nicht um eine Begründung der zentralen Idee der Gleichheit, sondern um eine Bestimmung der politischen *Funktion* der Menschenrechte. Die Idee der Gleichheit lässt sich, wie ich in diesem Paragrafen darlegen werde, *nicht* weiter begründen – auch nicht kontraktualistisch oder diskursethisch.

Dabei ist die erste dieser beiden Grundvoraussetzungen, die von allen der eben skizzierten Ansätze geteilt werden, bereits offenkundig. Sie betrifft die gemeinsame Überzeugung, dass man die Menschenrechte bereits deshalb besitzt, weil man ein Mensch ist. Der jeweils individuelle Mensch wird durch die Anerkennung von Menschenrechten nicht etwa in seiner spezifischen Besonderheit bestätigt, sondern in seiner *allgemeinen* Eigenschaft, ein Exemplar der Gattung Mensch zu sein. Das bedeutet: Trotz aller individuellen Eigenarten, durch die sich ein Mensch von anderen Menschen unterscheiden mag, etwa durch sein Alter, das biologische oder soziale Geschlecht, durch seine soziale, religiöse, kulturelle oder sonstige Herkunft, besitzt doch jeder Mensch, und zwar allein aufgrund seiner Zugehörigkeit zur gemeinsamen Gattung, exakt denselben grundlegenden Anspruch auf menschenrechtlichen Respekt. Blickt man von hier aus noch einmal auf die verschiedenen naturalistischen Begründungsansätze zurück, so wird deutlich, dass all diese Ansätze genau das, was sie vorgeben begründen zu wollen – und zwar eben die Auffassung, dass alle Menschen Menschenrechte haben –, im Rahmen ihrer Begründungen stets schon *voraussetzen*.[80] Denn sämtliche Ansätze verfahren nach dem folgenden Argumentationsmuster:

- Der Besitz von Menschenrechten basiert auf Faktor X;[81]
- dieser Faktor X ist allen Menschen eigen;
- daraus folgt: alle Menschen besitzen entsprechend *auch* Menschenrechte.

Allerdings wird dabei regelmäßig übersehen, dass die zuletzt genannte Konklusion bereits im Terminus »Menschenrechte« und damit in der ersten Prämisse enthalten ist. Auch wenn diese erste Prämisse den Besitz der Menschenrechte zunächst noch auf Faktor X zurückführen will: Das Zusatzkriterium X ist im Grunde völlig überflüssig, weil bereits im Wortlaut der ersten Prämisse der Schluss, dass alle Menschen Menschenrechte haben, terminolo-

80 Zu diesem »Zirkel«: Menke/Pollmann, *Philosophie der Menschenrechte*, S. 63-65.

81 Gemeint ist, je nach Ansatz, die natürliche Sonderstellung, der Aufweis typisch menschlicher Interessen, ein wertvolles Gattungsmerkmal, eine substanzielle Wesensbestimmung usw.

gisch impliziert und das Argument damit insgesamt zirkulär ist. Weniger formal ausgedrückt: Die Theorie *meint* mit dem Begriff der Menschenrechte gar nichts anderes als Rechte aller Menschen, sodass es kaum verwunderlich ist, dass die betreffenden Begründungsversuche am Ende allesamt zu dem Ergebnis kommen, dass jeder Mensch entsprechend dann auch Menschenrechte besitzt. Daher könnte man aus diesen Überlegungen die Konsequenz ziehen, dass sich die Theorie der Menschenrechte um eine andere, dezidiert nicht-zirkuläre Begründung menschenrechtlicher Gleichheit zu bemühen habe. Wie aber sollte eine solche nicht-zirkuläre Begründung aussehen?

Es müsste sich um eine Begründung handeln, die den Begriff der Menschenrechte verwendet, ohne damit zugleich vorauszusetzen, dass es sich um Rechte des Menschen handelt. Eine solche Begründung erscheint weder möglich noch sinnvoll, weil das, was hier begründet werden soll, bereits auf begrifflicher Ebene *gesetzt* ist – und damit zugleich auch der zu Beginn bereits erwähnte Schluss vom bloßen Sein der Spezieszugehörigkeit auf das Sollen fundamentaler Rechtsansprüche. Man mag diesen Schluss aus den oben genannten Gründen für philosophisch problematisch halten. Aber man wird den Terminus »Menschenrechte« überhaupt gar nicht in affirmativer Hinsicht verwenden können, ohne diesen Schluss bereits *gezogen* zu haben. Anders gesagt: Man kann nicht gleichzeitig die Menschenrechte bejahen und doch in Frage stellen wollen, dass man diese Rechte bereits deshalb hat, weil man ein Mensch ist. Man kann zwar sehr wohl anzweifeln, dass alle Menschen im Besitz von Menschenrechten sind. Auch kann man die Auffassung vertreten, dass es eine Vielzahl von Rechten gibt, die nicht *allen* Menschen zukommen. Und es mag darüber hinaus auch solche fundamentalen Rechte geben, die wir sowohl allen Menschen als auch – zumindest manchen – nicht-menschlichen Lebewesen zuerkennen müssen. Nur wird man in all diesen Fällen nicht länger von »Menschenrechten« im engeren Sinn sprechen können.[82]

Wer in affirmativer Absicht den Begriff der Menschenrechte

82 Auch hier zeigt sich der in § 1 erläuterte Unterschied zwischen den Menschenrechten und der Moral (die auch nicht-menschliche Lebewesen einschließt). Die beiden Folgeprobleme, warum *nur* Menschen (und nicht auch andere Tiere) und warum ausnahmslos *alle* Menschen (und nicht bloß Personen) Menschenrechte haben, werden ausführlicher im nächsten Paragrafen behandelt.

verwendet, setzt damit begriffsnotwendig eine »generische«[83] Ausgangsprämisse: Die Trägerinnen und Träger dieser Rechte sind sämtlich *und* sämtliche Mitglieder der menschlichen Gemeinschaft. Die betreffenden Rechtssubjekte sind insofern *sämtlich* Mitglieder der menschlichen Gemeinschaft, als niemand Trägerin oder Träger von Menschenrechten sein kann, ohne zugleich auch ein Mensch zu sein. Und es handelt sich um *sämtliche* Mitglieder der menschlichen Gemeinschaft, da niemand zugleich ein Mensch und doch ganz ohne diese Ansprüche sein kann. Auch wenn diese Voraussetzung anspruchsvoll und weiter erklärungsbedürftig sein mag: Die Lösung des aufgezeigten Begründungsproblems kann folglich nicht darin bestehen, weiterhin nach einer nicht-zirkulären Begründung Ausschau zu halten. Stattdessen sollte man sich bereits auf konzeptioneller Ebene dazu entschließen, den vorliegenden Zirkel als semantische Implikation zu akzeptieren und das Merkmal, Mensch zu sein, als notwendige, zugleich aber auch schon hinreichende Bedingung menschenrechtlicher Teilhabe zu verstehen. Es handelt sich um eine normative Setzung im starken Sinn: Wer inhaltlich erläutern und systematisch ausdeuten will, was Menschenrechte sind, muss immer schon voraussetzen – wenn auch zunächst nicht mehr als nur dies[84] –, dass es sich um Rechte aller Menschen handelt.

Problematisch wird diese gemeinsame Vorannahme im Grunde erst dann, wenn sie, wie im Fall der oben referierten naturalistischen Ansätze, *zusätzlich* mit einem inhaltlichen und vermeintlich »natürlichen« Faktor X (Vernunft, Rationalität, Autonomie, Würde etc.) in Verbindung gebracht werden soll, dessen Universalität dann jeweils strittig anmutet. Dagegen ist die Setzung bloßer Spezieszugehörigkeit als Kriterium rechtlicher Teilhabe in konzeptioneller Hinsicht weit weniger anspruchsvoll, weil sie eben ganz ohne ein inhaltlich umstrittenes Zusatzkriterium nach Art von X auskommt. Man kann dieser konzeptionellen Setzung zwar den Vorwurf ma-

83 »Generische« Aussagen sind generalisierende Aussagen über typische Eigenschaften von Exemplaren einer Gattung (lat. *genus*), die diese insofern »exemplifizieren«, als es sich um Merkmale handelt, die Exemplare der betreffenden Gattung *in der Regel*, aber nicht notwendig immer oder vollständig manifestieren. Diese Einsicht verdanke ich Diskussionen mit Thomas Hoffmann. Siehe ders., *Das Gute*, Berlin 2014, S. 102-109.

84 Das bedeutet selbstredend nicht, dass damit auch schon alle anderen Begründungsprobleme, die zu Beginn dieses Paragrafen ebenfalls erwähnt wurden, ad acta gelegt werden könnten.

chen, einen letztlich *biologischen* Begriff natürlicher Spezieszugehörigkeit in Anspruch zu nehmen, über den ja ebenfalls kaum Einigkeit besteht.[85] Daher sollte man es dann auch möglichst vermeiden, das Faktum der Spezieszugehörigkeit *rein* biologisch, etwa im Sinne genetischer Abstammung, zu verstehen, da zum Menschsein zweifellos mehr gehört als nur eine gewisse biologische Grundausstattung.[86] Dennoch kann die Theorie der Menschenrechte auch diese zusätzlichen Bestimmungen des Menschseins konzeptionell einklammern. Im Gegensatz zu der überaus strittigen Frage, ob es am Ende *eine* entscheidende Hinsicht des Menschseins gibt, die den Besitz von Menschenrechten rechtfertigt, ist die Überprüfung, ob überhaupt ein jeweils konkretes Lebewesen zur Gemeinschaft der Menschen gehört, auch im Alltag fast immer problemlos zu bewerkstelligen.[87]

Mit dem Verweis auf die Zugehörigkeit zur menschlichen Gemeinschaft verbleibt nun zwar ein naturalistischer »Rest« an konzeptionellen Voraussetzungen. Doch es bedarf dazu weder einer präzisen Beschreibung der ersten Natur des Menschen noch einer inhaltlichen Ausdeutung seiner zweiten. Daher erscheint es in menschenrechtlicher Hinsicht ratsam, besser gleich ganz auf die problematische Rede von einer »Natur« des Menschen zu verzichten. Wie später noch deutlicher werden wird, hat man die Menschenrechte zwar qua Spezieszugehörigkeit, aber gerade nicht schon »von Natur aus«. Stellt man die Frage nach dem *politischen Sinn* der Menschenrechte und wendet man sich damit dem Problem zu, welchen Zweck die Menschenrechte erfüllen, so wird sich herausstellen, dass sich dieser Sinn gerade nicht im Rückgriff auf die menschliche Natur erhellen lässt, sondern allein mit Blick auf vergleichsweise »unnatürliche«, weil von vornherein eben politische Lebensumstände.[88] Und noch ein wichtiger weiterer Grund spricht dafür, auf den Naturbegriff zu verzichten: Der Naturbegriff suggeriert eine

85 Jody Hey, *Genes, Categories, and Species*, Oxford 2001.

86 Dazu der klärende Überblick bei Neil Roughley, »Was heißt ›menschliche Natur‹?«, in: Kurt Bayertz (Hg.), *Die menschliche Natur. Welchen und wieviel Wert hat sie?*, Paderborn 2004, S. 133-156.

87 Strittig ist meist nur, etwa mit Blick auf Embryonen, wie konsequent man diese begriffliche Implikation versteht und ob tatsächlich alle Menschen auch als vollberechtigte Trägerinnen und Träger der Menschenrechte gelten. Siehe § 3.

88 Dazu vor allem § 6.

zeitlose Unveränderlichkeit des Menschen, die sowohl durch das Faktum evolutionären Wandels als auch durch den Umstand, dass sich der Mensch künstlich *selbst* modifiziert, nachdrücklich in Frage gestellt wird.[89] Die Rede von »natürlichen Rechten« ist also von Beginn an und nicht zuletzt auch deshalb irreführend, weil damit die Möglichkeit historisch »neuer« Rechte, die auf historisch neue Herausforderungen des Menschseins reagieren, von vornherein ausgeschlossen wäre.[90]

4. Das Axiom der Gleichheit

Nahezu jede einschlägige Menschenrechtserklärung beginnt mit einem Bekenntnis wie dem folgenden: »Alle Menschen sind frei und gleich an Würde und Rechten geboren.«[91] Mit Formulierungen wie dieser werden bereits auf rhetorischer Ebene nicht bloß alle Menschen inkludiert, sondern von vornherein alle *gleichermaßen*. Das ist ein wichtiger Unterschied, der auf den ersten Blick oft übersehen wird: Auch wenn man bereits der Auffassung sein mag, dass ausnahmslos alle Menschen in den Trägerkreis der Menschenrechte hineingehören, so muss dies nicht schon notwendig mit der anspruchsvolleren Überzeugung einhergehen, dass alle Menschen insofern auch als gleichwertig anzusehen sind, als sie allesamt exakt *dieselben Rechte* haben. So ist zum Beispiel in einigen stark religiös und traditionell geprägten Rechtskulturen auch heute noch die Auffassung weit verbreitet, dass Männer, Frauen und Kinder, selbst wenn sie allesamt im Besitz von Menschenrechten sein mögen, dennoch nicht strikt die gleichen Rechte haben; etwa deshalb, weil der göttliche Schöpfungsplan mit Blick auf männliche Exemplare der Spezies mutmaßlich *mehr* Rechte als für Frauen oder Kinder vorsieht. Das würde bedeuten: Männer, Frauen und Kinder haben Menschenrechte, aber Männer haben *mehr* Menschenrechte als Frauen und Kinder.[92]

89 Kurt Bayertz, »Die menschliche Natur und ihr moralischer Status«, in: ders. (Hg.), *Die menschliche Natur*, S. 9-31, bes. 17-19.

90 Dazu mehr in § 14. Selbst bei der inhaltlichen Bestimmung der *einzelnen* Menschenrechte wird der Rekurs auf die menschliche Natur unnötig sein.

91 Artikel 1 Satz 1 der *Allgemeinen Erklärung der Menschenrechte* von 1948.

92 Erinnert sei an George Orwells *Farm der Tiere*: »Alle Tiere sind gleich, aber manche sind gleicher.«

Ein bis heute vieldiskutiertes Beispiel für diesen »Relativismus« in Bezug auf die Egalität der Menschenrechte ist Artikel 6 der *Kairoer Erklärung der Menschenrechte im Islam* aus dem Jahre 1990.[93] Dort heißt es zunächst: »Die Frau ist dem Mann an Würde gleich, sie hat Rechte und auch Pflichten.« Doch trotz der im ersten Halbsatz behaupteten Gleichheit an Würde handelt es sich dabei gerade nicht um exakt dieselben Rechte und Pflichten. Dies wird spätestens in Artikel 24 derselben Erklärung deutlich: »Alle Rechte und Freiheiten, die in dieser Erklärung genannt wurden, unterstehen der islamischen Scharia.« Und in der Scharia wiederum wird ausdrücklich postuliert: »Die Männer stehen über den Frauen, weil Gott sie vor diesen ausgezeichnet hat.«[94] Derart relativistische Interpretationen der Menschenrechte verstoßen zwar nicht schon gegen die oben genannte erste Prämisse generischer Mitgliedschaft, wohl aber gegen die zweite Grundannahme, dass alle Menschen – menschenrechtlich gesehen – strikt als Gleiche zu betrachten sind. Zumindest in der politischen und rechtlichen Wirklichkeit des internationalen Menschenrechtsschutzes folgt aus der bloßen Inklusion in den Kreis der Rechtssubjekte nicht schon notwendig eine völlige Gleichberechtigung aller Beteiligten. Eine zeitgemäße Theorie der Menschenrechte muss daher zusätzlich zur Prämisse generischer Mitgliedschaft noch eine zweite, dezidiert egalitäre Zusatzprämisse in Anspruch nehmen: Subjekte von Menschenrechten sind nicht nur sämtliche Mitglieder der menschlichen Gemeinschaft, sie sind es allesamt auf exakt die gleiche Weise.

Allerdings ist der Begriff »Gleichheit« notorisch strittig und auch vieldeutig,[95] sodass vorab zu klären wäre, was genau damit in *menschenrechtlicher* Hinsicht gemeint sein soll. Ein erster Streitpunkt betrifft den Umstand, dass man Gleichheit nicht mit logischer, numerischer, ontologischer oder auch qualitativer »Identität«

93 Dazu auch Arnd Pollmann, »Der menschenrechtliche Universalismus und seine relativistischen Gegner«, in: ders./Lohmann (Hg.), *Menschenrechte*, S. 331-338, hier S. 335.

94 Sure 4,34. Zur islamischen Menschenrechtsdebatte: Mahmoud Bassiouni, *Menschenrechte zwischen Universalität und islamischer Legitimität*, Berlin 2014; Heiner Bielefeldt, »›Westliche‹ versus ›islamische‹ Menschenrechte?«, in: Ute Gerhard/Mechthild Jansen/Mechthild Rumpf (Hg.), *Facetten islamischer Welt*, Bielefeld 2015, S. 123-142.

95 Vgl. Stefan Gosepath, *Gleiche Gerechtigkeit*, Frankfurt/M. 2004, Kap. II.

verwechseln sollte. Sobald zwei konkrete Entitäten, zum Beispiel zwei Gegenstände oder aber zwei Rechtssubjekte, nicht bloß gleich, sondern identisch wären, gäbe es keine Unterschiede zwischen ihnen, sodass man sie nicht länger »vergleichen« und entsprechend von ihrer »Gleichheit« sprechen könnte. Ebendas wird durch den auch alltagssprachlich geläufigen Unterschied von »das Gleiche« und »dasselbe« zum Ausdruck gebracht: Gleichheit setzt immer ein gewisses Maß an Verschiedenheit voraus, und die gesuchte Gleichheit ergibt sich jeweils nur in besonderen Hinsichten und im Rekurs auf ein passendes Vergleichskriterium (*tertium comparationis*).[96] Im Fall der Menschenrechte ist dieser egalisierende Gesichtspunkt ersichtlich die im letzten Abschnitt diskutierte generische Mitgliedschaft, die man zwar egalisierend denken *kann*, nämlich als eine prinzipielle Gleichwertigkeit aller Mitglieder der Spezies, aber eben nicht schon notwendig so denken *muss*. Gleichwohl spielt im menschenrechtlichen Zusammenhang auch die Kategorie der Identität eine wichtige Rolle – was zu neuen sprachlichen Verwirrungen führt. Zum einen ergibt sich die trotz aller individuellen Unterschiede bestehende Gleichheit sämtlicher Menschen aus einer Zugehörigkeit zur identischen Spezies. Zum anderen führt die unterstellte Gleichwertigkeit aller Menschen nicht nur zur prinzipiellen Forderung nach einer politischen und rechtlichen Gleichbehandlung,[97] sondern auch zur Anerkennung identischer Menschenrechte. Kurz: Menschen haben strikt *dieselben* Menschenrechte, weil sie als prinzipiell *gleichwertig* aufzufassen sind, denn sie sind als Menschen *gleich*, da sie *derselben* Spezies angehören.

Diese Bestimmungen menschenrechtlicher Gleichbehandlung leiten unmittelbar zu einer zweiten wichtigen Binnendifferenzierung im Begriff der Gleichheit über: Die empirische oder deskriptive Frage, ob und inwiefern Menschen gleich *sind*, ist von der normativen oder präskriptiven Frage zu unterscheiden, ob und

96 Oder wie Gustav Radbruch (*Rechtsphilosophie* [1932], Gesamtausgabe, Bd. 2, Heidelberg 1993) sagt: »Gleichheit ist ja nicht eine Gegebenheit, die Dinge und Menschen sind so ungleich ›wie ein Ei dem anderen‹. Gleichheit ist immer nur Abstraktion von gegebener Ungleichheit unter einem bestimmten Gesichtspunkte« (S. 259).

97 Dazu Ronald Dworkins berühmte Unterscheidung zwischen einem »Recht auf gleiche Behandlung« und dem prioritären »Recht, als ein Gleicher behandelt zu werden«, in: ders., *Bürgerrechte ernstgenommen*, Frankfurt/M. 1984, S. 370.

inwiefern sie gleich sein *sollen*.[98] Im ersten Fall wäre die gesuchte Gleichheit beziehungsweise Ungleichheit eine faktische Begebenheit aufgrund von entweder natürlichen oder aber lebensweltlichen Umständen. Im zweiten Fall geht es um eine politische Forderung, die darauf drängt, empirisch vorhandene Ungleichheiten zu beseitigen. Obwohl man diese beiden Aspekte trennen muss, kommt es in Menschenrechtsfragen auch hier zu einer aufschlussreichen Verknüpfung: Die normative Forderung, dass alle Menschen menschenrechtlich gleich behandelt werden *sollen*, beruht ja ausdrücklich und auch ausschließlich auf dem Umstand, dass sie in ihrer Eigenschaft als Menschen bereits alle gleich *sind*. Zugleich aber macht das menschenrechtliche Konzept einer normativ verstandenen Gleichheit auf empirische Ungleichheiten spezifisch rechtlicher[99] Art aufmerksam, die schon deshalb zu beseitigen sind, weil alle Menschen qua Menschsein als gleichwertig betrachtet werden sollen.

Die in menschenrechtlicher Hinsicht aber entscheidende Frage lautet: *Warum* sind alle Menschen als gleichwertige Wesen zu achten, denen allesamt dieselben grundlegenden Rechte zukommen? Gibt es dafür eine zwingende philosophische Begründung, die selbst jene Kritikerinnen und Kritiker überzeugen würde, die bisher noch nicht von dieser prinzipiellen Gleichwertigkeit aller Menschen überzeugt sind? Da diese menschenrechtliche Gleichheitsforderung, wie schon angedeutet, als ein Postulat[100] zu verstehen ist, sollte hier zunächst noch einmal daran erinnert werden, dass prinzipiell auch ganz andere Postulate möglich wären. Man könnte, wie schon angedeutet, die oben genannte erste Prämisse generischer Mitgliedschaft akzeptieren und doch zugleich graduelle Abstufungen in der Wertigkeit verschiedener Menschen (Frauen,

98 Bernard Williams, »Der Gleichheitsgedanke«, in: ders., *Probleme des Selbst. Philosophische Aufsätze 1956-1972*, Stuttgart 1978, S. 366-397.

99 Im Unterschied zum distributiven »Egalitarismus«, der die Gleichheitsforderung auch auf Güter ohne elementar *menschenrechtliche* Relevanz ausweitet. Vgl. Gosepath, *Gleiche Gerechtigkeit*, bes. 308-310.

100 Vgl. Immanuel Kants Bestimmung eines praktischen Postulats: »ein a priori gegebener, keiner Erklärung seiner Möglichkeit (mithin auch keines Beweises) fähiger praktischer Imperativ«, in: ders., *Verkündigung des nahen Abschlusses eines Tractats zum ewigen Frieden in der Philosophie* [1796], Akademie-Ausgabe, Bd. VIII, Berlin 1900 ff., S. 418.

Männer, Kinder, Unfreie, Ungläubige, Geflüchtete usw.) vornehmen wollen. Schon die historischen Menschenrechtserklärungen des späten 18. Jahrhunderts deklarieren gleiche Rechte »des« Menschen im Singular, gehen aber dennoch wie selbstverständlich davon aus, dass mit den betreffenden Deklarationen am Ende eben doch nur weiße, freie, männliche, steuerzahlende Bürger gemeint sind.[101] Man sah sich zwar als Engländer, Nordamerikaner oder Franzose vor dem Gesetz gleichberechtigt, nur weil man wie jeder andere Engländer, Nordamerikaner oder Franzose gleichermaßen ein Mensch war. Daraus ergab sich jedoch keineswegs, dass auch jene, die nicht weiß, frei, männlich oder besitzend waren, oder dass gar beliebige Nicht-Engländer, Nicht-Nordamerikaner oder Nicht-Franzosen bereits qua Menschsein als gleichberechtigt anzusehen waren.

Somit ist festzustellen, dass sich der Gleichheitsgedanke auch *innerhalb* des Menschenrechtsdiskurses erst noch gegen traditionelle und historisch beharrliche Formen faktischer Ungleichbehandlung durchsetzen musste, und zwar im Zuge politischer Kämpfe um eine progressive »Nichtdiskriminierung«, die somit nicht bloß als Inklusion von immer mehr Menschen in den Trägerkreis der Menschenrechte zu verstehen ist, sondern auch als deren sukzessive *Gleichstellung*.[102] Menschenrechtliche Gleichheit scheint somit das zu sein, was historisch »übrig« bleibt, wenn alles »Ständische und Stehende verdampft«[103] und dadurch traditionelle Praktiken der Ungleichbehandlung zunehmend an Legitimität einbüßen. Vieles spricht dafür, dass sich die wachsende Akzeptanz der rechtlichen Gleichheitsidee weit weniger der Überzeugungskraft theoretischer Begründungsfiguren verdankt als vielmehr praktischen Unrechtserfahrungen, »mitfühlenden« Reaktionen darauf und korrespondierenden Lernprozessen, die keineswegs eine zwingende, lineare

101 Vgl. *Einleitung*, S. 21 f.

102 Thomas Gutmann, »Claiming Respect. Historische Erfahrung und das Einfordern von Rechten«, in: ders. u. a. (Hg.), *Genesis und Geltung. Historische Erfahrung und Normenbegründung in Moral und Recht*, Tübingen 2018, S. 285-304.

103 Karl Marx/Friedrich Engels, *Manifest der Kommunistischen Partei* [1847], Marx-Engels-Werke, Bd. 4, Berlin 1974, S. 465. In Friedrich Schillers *Kabale und Liebe* [1784] heißt es: »(W)enn die Schranken des Unterschieds einstürzen – wenn von uns abspringen all die verhaßten Hülsen des Standes – Menschen nur Menschen sind« (1. Akt, 3. Szene).

Logik besitzen und die bei Weitem noch nicht von allen Menschen oder Rechtsgemeinschaften durchlaufen wurden. Ob man selbst von dieser menschenrechtlichen Idee gleicher Achtung überzeugt ist, hängt immer auch davon ab, ob man bereits in eine entsprechend mitfühlende »Haltung« oder »Praxis« der wechselseitig gleichen Achtung eingeübt ist. Buchstäblich zwingende Gründe für eine Übernahme dieser egalitären Grundhaltung wird die Theorie deshalb vergeblich suchen.[104]

Manche Individuen, Gemeinschaften oder auch Rechtssysteme argumentieren bereits von diesem Standpunkt gleicher menschenrechtlicher Achtung aus, etwa aufgrund von persönlichen oder auch kollektiven Erfahrungen diskriminierenden Unrechts – andere nicht.[105] Zwar wird man nicht zugleich eine zeitgemäße Auffassung von egalitären Menschenrechten vertreten und die Gleichwertigkeit aller Menschen bestreiten können. Aber man kann sehr wohl die Gleichwertigkeit aller Menschen bestreiten – nur steht man dann eben noch nicht beziehungsweise nicht länger auf dem Standpunkt einer zeitgemäßen Theorie der Menschenrechte. Somit geht ein strikt egalitäres Verständnis von Menschenrechten mit einer zweiten zirkulären Setzung einher: Um zu verstehen, was menschenrechtliche Gleichheit bedeutet, und zwar die prinzipielle Gleichberechtigung aller Menschen qua Menschsein, muss man bereits selbst auf diesem Standpunkt der Gleichheit stehen und sich wechselseitig als Gleiche verstehen wollen. Da aber diese Prämisse keine *begriffliche* Implikation der Menschenrechte ist, sondern ein normatives Postulat, besitzt sie die Gestalt eines konzeptionellen Axioms.[106] Als ein »Axiom« bezeichnet man in wissenschaftlichen Theorien einen Grundsatz, den man beweislos voraussetzt; der folglich nicht weiter begründet oder deduktiv abgeleitet werden

104 Im Anschluss an Richard Rorty: Menke/Pollmann, *Philosophie der Menschenrechte*, S. 62-64. Siehe auch Lynn Hunt, *Inventing Human Rights. A History*, New York/London 2007.

105 Der egalitäre Standpunkt ist dem jeweils einzelnen Menschen in gewisser Weise biografisch »unverfügbar«, und etwaige Gegnerinnen und Gegner der Gleichheitsidee werden sich kaum durch philosophische Begründungsversuche dazu bringen lassen, in das andere Lager zu wechseln.

106 Von einem »voluntativen Egalitarismus« mit »historischem Index« spricht Rolf Zimmermann, »Radikales moralisches Anderssein als historische Erfahrung und begründungstheoretische Herausforderung«, in: Gutmann u. a. (Hg.), *Genesis und Geltung*, S. 155-172.

kann.[107] Für jede zeitgemäße Theorie der Menschenrechte spielt daher die Gleichheit die paradox anmutende Rolle eines »grundlosen Grundes«: Ein plausibles Verständnis von Menschenrechten ist nicht ohne dieses Axiom denkbar, aber das Axiom selbst lässt sich nicht weiter letztbegründen.[108]

Wenn es folglich überhaupt so etwas wie eine »Begründung« dieser Gleichheit geben kann, so ergibt sich diese allenfalls *ex negativo* aus dem Scheitern jeder Rechtfertigung von Ungleichheit. Dabei aber handelt es sich, wie oben angedeutet, weniger um eine normative Begründung als vielmehr um ein historisches »Lernen« aus Kämpfen gegen grundlegende und grundlose Formen der Diskriminierung. Praktiken einer massiven politischen und rechtlichen Ungleichbehandlung lassen sich immer seltener allgemein rechtfertigen.[109] Demokratietheoretisch gesprochen: Der Gedanke, eine willkürliche Ungleichbehandlung sei gerechtfertigt, wird sich überhaupt nur so lange im öffentlichen Diskurs halten können, wie diejenigen, zu deren Ungunsten diese Ungleichbehandlung ausfällt, keine »Stimme« in diesem Diskurs haben. Geht man hingegen von einer *modernen* Idee politischer Legitimität und somit davon aus, dass prinzipiell alle Menschen, die von einer politischen Praxis betroffen sind, dieser Praxis auch zustimmen können müssten, so ist nicht länger anzunehmen, dass die Betroffenen *selbst* einer prinzipiellen Ungleichbehandlung zu ihren eigenen Ungunsten zustimmen würden.[110]

Was so am Ende argumentativ und zunehmend auch historisch »übrig« bliebe, ist die Forderung menschenrechtlicher Gleichbe-

107 Dieses Axiom der Gleichheit sollte nicht mit der im Zusammenhang distributiver Gerechtigkeit diskutierten »Präsumtion der Gleichheit« verwechselt werden, denn dabei geht es um die These, dass knappe wirtschaftliche Güter *prima facie* gleich zu verteilen sind, solange keine guten Gründe für Ungleichverteilung sprechen. Siehe Gosepath, *Gleiche Gerechtigkeit*, S. 200-211. Mit Blick auf die »Verteilung« von Menschenrechten gilt das Axiom der Gleichheit jedoch strikt.

108 Menke/Pollmann, *Philosophie der Menschenrechte*, S. 87. Ganz ähnlich schon bei Joel Feinberg, *Social Philosophy*, Englewood Cliffs 1973, S. 88-94.

109 Vgl. Gutmann, »Claiming Respect«. Dazu mehr in § 5.

110 Es wird hier nicht bestritten, dass Menschen *faktisch* in ihre eigene Diskriminierung einwilligen können (und dies beizeiten ja auch tun). Bestritten wird lediglich, dass sie dies informiert und freiwillig tun. Einwilligung in die eigene Diskriminierung beruht stets auf Unwissen oder Zwang.

handlung qua Menschsein, gegen die *nichts* spricht.[111] Der für die Menschenrechte grundlegende Anspruch, unterschiedslos als gleich geachtet zu werden, ergibt sich so aus dem historisch gewachsenen Umstand, dass es, *wenn* man erst einmal auf dem Standpunkt der Gleichheit steht, nicht länger gute Gründe dafür gibt, manchen Menschen diese Ansprüche vorzuenthalten. Wer alle Menschen als gleichwertig betrachtet, hat gute, wenn auch keine zwingenden Gründe, ihnen allen auch entsprechend gleiche Rechte zuzugestehen. Man sollte daher auch diesen zweiten Zirkel als konzeptionell notwendig verstehen: Alle Menschen haben den gleichen Anspruch auf Menschenrechte dann und nur dann, wenn man sie von vornherein als gleichberechtigte Mitglieder dieser Rechtsgemeinschaft anerkennen will. Auf den Versuch einer zwingenden Letztbegründung dieser Gleichheitsidee kann verzichtet werden, weil das menschenrechtliche Grundanliegen, die Gleichwertigkeit aller Menschen zum normativen Ausgangspunkt nationaler und auch internationaler Rechtssysteme zu machen, einer *Entscheidung* gleichkommt; einer Entscheidung, aus der die Anerkennung gleicher Menschenrechte axiomatisch folgt, die aber, historisch betrachtet, durchaus auch anders hätte ausfallen können.

Die im dritten Abschnitt rekonstruierte »Prämisse generischer Mitgliedschaft« lässt sich abschließend mit dem in diesem Abschnitt erläuterten »Axiom der Gleichheit« zum »Postulat generischer Gleichheit« synthetisieren: Man hat die Menschenrechte, und zwar alle gleichermaßen, bloß weil man ein Mensch ist. Diese doppelte Setzung, so sollte hier gezeigt werden, ist mit Blick auf die Menschenrechte konzeptionell unhintergehbar, nicht aber grundsätzlich zwingend. Behauptet werden soll lediglich, dass man nicht zugleich für die Menschenrechte und gegen dieses Postulat sein kann. Einer weiteren Begründung dieses Postulats bedarf es jedoch nicht. Zwar mag sich die Theorie der Menschenrechte mit diesem Letztbegründungsverzicht[112] den Vorwurf philosophischer »Beliebigkeit« einhandeln, doch hat dieser Verzicht auch einen un-

111 Ich modifiziere hier einen moraltheoretischen Vorschlag von Ernst Tugendhat, »Wie sollen wir Moral verstehen?«, in: ders., *Aufsätze 1992-2000*, Frankfurt/M. 2001, S. 163-184. Ähnlich die Idee der »Irreversibilität« bei Siep, *Technisierung der Natur – Historisierung der Moral*, Kap. 3 u. 4.

112 An die Stelle einer Begründung menschenrechtlicher Gleichheit wird in § 6 die rechtfertigende Erläuterung des *politischen Sinns* der Menschenrechte treten.

leugbaren Vorteil: Die Menschenrechte sind so nicht länger durch eine vermeintlich höhere Autorität verbürgt, an die man letztlich »glauben« muss (Gott, Kosmos, Natur, Vernunft etc.). Die Idee gleicher Menschenrechte ergibt sich vielmehr umgekehrt aus der – im positiven Sinn – desillusionierenden Einsicht, dass es in Menschenrechtsfragen gerade *keine* höhere Autorität als die des Menschen gibt.

§ 3 Der Kreis der Rechtssubjekte

Das Postulat generischer Gleichheit besagt, dass die Menschenrechte allen Menschen gleichermaßen, zugleich aber auch nur Menschen zukommen. Seit jeher ist umstritten, wie inklusiv diese Voraussetzung zu verstehen ist. Manche Skeptikerinnen und Skeptiker behaupten, dass keineswegs alle Menschen, sondern nur »Personen« zum Kreis vollwertiger Rechtssubjekte zählen. Andere fordern, dass keineswegs nur Menschen, sondern auch – zumindest manche – andere Tiere einzubeziehen sind. Beide Auffassungen sind bedingt unvereinbar mit der menschenrechtlichen Grundidee subjektiver öffentlicher Rechte, die ein spezifisch menschliches Miteinander unter Bedingungen politischer Herrschaft ermöglichen sollen.

Die Frage, wer zum Kreis jener gehört, die menschenrechtlich anspruchsberechtigt sind, ist zugleich auch die Frage, wer alles *nicht* dazugehört. Das im letzten Paragrafen diskutierte Postulat generischer Gleichheit gibt hier nur scheinbar eine eindeutige Antwort: Zwar wurde behauptet, erstens, die Semantik der Menschenrechte impliziere bereits begrifflich, dass als Trägerinnen und Träger von Menschenrechten von vornherein alle Mitglieder der menschlichen Gemeinschaft in Frage kommen und, zweitens, dass diese Anspruchsberechtigung strikt egalitär zu verstehen ist. Doch bei genauerem Hinsehen sind beide dieser konzeptionellen Voraussetzungen umstrittener, als man es auf den ersten Blick vermuten würde.[113] Immer häufiger wird heute gar die direkt gegenteilig wirkende Auffassung vertreten, die bloße Zugehörigkeit zu menschlichen Spezies sei auch in Bezug auf die Menschenrechte normativ irrelevant. Diese denkbar grundlegende Skepsis tritt heute in zwei annähernd konträren Varianten auf: Auf der einen Seite wird für eine *kontraktive* Begrenzung des menschenrechtlichen Trägerkreises plädiert. Demzufolge sollen eben doch nicht von vornherein alle Menschen zum Kreis vollberechtigter Rechtssubjekte dazugehören, vielmehr sei die gleichberechtigte Teilhabe auf jene Menschen zu beschränken, die zugleich auch verantwortliche »Personen« sind.

113 Nicht so sehr rhetorisch, wohl aber faktisch.

Im anderen Lager versammeln sich jene, die an einer dezidiert *expansiven* Verschiebung der Speziesgrenzen interessiert sind. Hier wird in Frage gestellt, ob und warum bloß Menschen anspruchsberechtigt sein sollen und nicht auch andere Tiere. Verschränkt man diese beiden skeptischen Rückfragen, so ergibt sich eine doppelte Problemstellung: Warum *nur* Menschen und warum *alle*?

Trotz offenkundiger Differenzen kommen beide Versuche einer Grenzverschiebung zunächst in der Überzeugung überein, dass bei der genaueren Festlegung, wer als Trägerin oder Träger von Menschenrechten zu gelten habe, das Kriterium »bloßen« Menschseins keineswegs die entscheidende Rolle spielen darf. Vielmehr wird in beiden Fällen ausdrücklich davor gewarnt, die Semantik des Begriffs »Menschenrechte« allzu wörtlich zu verstehen.[114] Die Befürworterinnen und Befürworter der kontraktiven Grenzverschiebung sind zwar zumeist sehr wohl von einer normativen Vorzugswürdigkeit des Menschen gegenüber anderen Tieren überzeugt.[115] Aber sie erachten das Kriterium bloßer Spezieszugehörigkeit nicht schon für *hinreichend*, um den Status gleicher Anspruchsberechtigung zu rechtfertigen. Vielmehr sei dazu eine besonders qualifizierte Form des Menschseins notwendig, für die gemeinhin der Begriff »Person« steht und die sich von nicht-personalem Leben dadurch unterscheidet, dass den betreffenden Menschen Vernunft, Rationalität, Autonomie, Verantwortung oder gar die Fähigkeit, Autor oder Autorin moralischer Normen zu sein, zukomme oder aber abgehe.[116] In der expansiven Variante geht die Kritik hingegen meist mit dem dezidiert tierethischen Vorwurf einher, die Theorie der Menschenrechte reproduziere einen nicht zu rechtfertigenden »Speziesismus«, indem sie den Status egalitärer Anspruchsberechtigung exklusiv dem Menschen vorbehalte und damit andere, ebenfalls hochentwickelte Tiere bereits auf konzeptioneller Ebene exkludiere. Meist wird dieser tierethische Einwand in rhetorischer Analogie zum Diskurs über

114 John Harris, »Taking the ›human‹ out of human rights«, in: *Cambridge Quarterly of Healthcare Ethics* 20 (2011), S. 9-20. Vgl. Paola Cavalieri, *The Animal Question*, Oxford 2001. Dort heißt es schlicht: »human rights are not *human*« (S. 139).

115 Wir werden später auf Ansätze zurückkommen, die zwischen beiden Deutungen mit der These zu vermitteln scheinen, dass auch manche anderen Tiere Personen sind.

116 So etwa bei Griffin, *On Human Rights*.

»Rassismus« formuliert: Wer die Speziesgrenze für menschenrechtlich entscheidend hält, erachtet das Menschsein bereits *im Prinzip* für normativ überlegen und leistet damit unmittelbar der Instrumentalisierung oder gar der grausamen Behandlung von anderen Tieren Vorschub.[117]

Man könnte es sich an dieser Stelle philosophisch leicht machen und strikt darauf bestehen, dass die Semantik des Menschenrechtsbegriffs eben doch *wörtlich* verstanden werden müsse, und zwar als eine generische Aussage über alle Mitglieder der menschlichen Spezies – und nur über diese. Damit wäre bereits auf terminologischer Ebene ausgeschlossen, dass der Kreis der Rechtssubjekte jemals kleiner oder aber größer sein kann als der Kreis jener Lebewesen, die zur menschlichen Gemeinschaft gehören. Denn sonst wäre man gezwungen, terminologisch »umzustellen« und entweder von *Personenrechten* im Besonderen oder aber von *Tierrechten* im Allgemeinen zu sprechen. Gleichwohl ist anzunehmen, dass durch semantische Manöver dieser Art weder die Anhängerinnen und Anhänger kontraktiver und damit personalistischer Grenzziehungen noch die Parteigängerinnen und Parteigänger expansiver, tierrechtlicher Bemühungen von ihrem Kurs abzubringen sein werden. Daher wird im Folgenden der Versuch unternommen, die wichtigsten Argumente für eine konstruktive Gegenkritik zusammenzutragen: Die Grenzen des menschenrechtlichen Trägerkreises dürfen *weder zu eng noch zu weit* gezogen werden.

Im ersten Schritt wird es um die Zurückweisung personalistischer Grenzverschiebungen gehen (Abschnitt 1). Mit Blick auf sogenannte Grenzfälle menschlichen Lebens – gemeint sind Embryonen, Neugeborene, geistig schwerbehinderte Menschen, Demenzkranke oder Sterbende –, denen der Status des Personseins bisweilen aberkannt wird, lässt sich zeigen, dass kontraktive Grenzziehungen zumeist mit einem Denkfehler einhergehen: Sie schließen zu Unrecht von der im individuellen Einzelfall nicht gegebenen Möglichkeit einer empirischen Beanspruchung konkreter Rechte vorschnell darauf, dass diese Rechte auf Seiten der Betroffenen entsprechend auch nicht vorhanden sein können (Abschnitt 2). Anschließend wird mit Blick auf das zweite skeptische Lager zu

117 Zum Beispiel im Rahmen der Forschung oder der Produktion von Nahrungsmitteln. Dazu Peter Singer, *Animal Liberation. Die Befreiung der Tiere*, Rowohlt 1996, S. 34 f.

überprüfen sein, ob die Beschränkung der Menschenrechte auf die humane Spezies tatsächlich zugunsten einer Gleichberechtigung *qua Tiersein* aufgegeben werden muss (Abschnitt 3). Aus dem abschlägigen Befund wird sich am Ende die auf den ersten Blick ein wenig irritierende Behauptung ergeben, dass die Menschenrechte auf einen ganz eigenen Typus »artgerechter Tierhaltung« hinauslaufen (Abschnitt 4).

1. Menschenrechte oder Personenrechte?

In der jüngeren Vergangenheit ist vor allem in bioethischen Diskussionen über den rechtlichen Status von Embryonen, pluripotenten Stammzellen, geistig schwerbehinderten Menschen, Demenzkranken oder Sterbenden wiederholt die überaus grundlegende Frage aufgeworfen worden, ob und warum tatsächlich allen Mitgliedern der menschlichen Gemeinschaft von vornherein dieselben grundlegenden Rechte zuzuerkennen sind. Könnte es in den genannten »Grenzfällen« menschlichen Lebens mitunter nicht doch gerechtfertigt sein, normativ-rechtliche *Abstufungen* in der Zuerkennung grund- und menschenrechtlicher Ansprüche vorzunehmen; um etwa wissenschaftliche Forschung an befruchteten Eizellen, um Schwangerschaftsabbrüche, privatrechtliche Entmündigungen oder Verbote von Sterbehilfe zu legitimieren?[118] Ohne diese weitverzweigten Diskussionen hier nachzeichnen zu können: Es geht dabei stets um die eben auch für die Menschenrechte grundlegende Frage, was überhaupt »menschliches« Leben ist, wann es beginnt und wann es endet und ob der betreffende Zeitpunkt identisch ist mit dem Erwerb oder aber dem Verlust des Status, gleichermaßen Trägerin oder Träger von Grund- und Menschenrechten zu sein.

Man könnte meinen, mit dem in § 2 dargelegten Postulat generischer Gleichheit sei diese Frage bereits beantwortet: Ein Lebewesen hat gleiche Menschenrechte, sobald und solange es Mitglied der menschlichen Gemeinschaft ist. Aber, wie schon angedeutet, der Fall ist komplizierter, als es auf den ersten Blick erscheinen mag. Erinnert sei hier zunächst noch einmal an den historisch bedeutsamen Umstand, dass die moderne Menschenrechtsrhetorik

118 Für eine erste Problemorientierung siehe Thomas Schramme, »Bioethik«, in: Pollmann/Lohmann (Hg.), *Menschenrechte*, S. 448-453.

von Anfang an uneindeutig in Bezug auf den Umfang des Kreises jener, die gleichermaßen anspruchsberechtigt sein sollen, gewesen ist.[119] So sprechen die revolutionären Menschenrechtserklärungen des 18. Jahrhunderts zwar allen weißen, männlichen und freien Amerikanern und Franzosen grundlegende Rechte zu, bloß weil sie *Menschen* sind. Damit war aber nicht schon folgerichtig auch ein entsprechender Status von nicht-weißen, nicht-männlichen, unfreien, nicht-amerikanischen oder nicht-französischen Menschen konstatiert. Das bedeutet: Man kann innerhalb einer bestimmten Teilmenge von Menschen *deren* Gleichheit aufgrund ihrer bloßen Spezieszugehörigkeit behaupten, zum Beispiel die Gleichheit von Adeligen und Bürgern, und doch zugleich diese Gruppen gegenüber anderen Gruppierungen, zum Beispiel versklavten Menschen, Tagelöhnern, Frauen, Bäuerinnen und Bauern, Kindern oder Migrantinnen und Migranten, insgesamt privilegieren.

Gerade so verhält es sich auch heute, und zwar überall dort, wo innerhalb des Menschenrechtsdiskurses an einer normativ folgenreichen Differenz von Menschen und Personen festgehalten werden soll.[120] Man unterscheidet dann gemeinhin zwischen der Gesamtheit aller Mitglieder der menschlichen Spezies einerseits und einer bestimmten, wenn auch großen Teilmenge dieser Menschheitsfamilie, deren Mitglieder sich durch ein besonderes Merkmal auszeichnen; durch einen qualifizierenden Faktor X, den gerade nicht schon von vornherein und gleichermaßen alle menschlichen Lebewesen aufweisen. Je nach Ansatz kann mit diesem für das Personsein konstitutiven Faktor X die Vernunft oder das Selbstbewusstsein des Menschen gemeint sein, seine Rationalität oder Autonomie, seine moralische oder rechtliche Zurechnungsfähigkeit, sein Überlebensinteresse oder auch seine Leidensfähigkeit. Dieser Faktor X soll jeweils dafür verantwortlich sein, dass ein Mensch nicht *nur* ein Mensch, sondern eben *auch* eine Person ist – und dann entsprechend auch ein vollends gleichberechtigtes Rechtssubjekt. Wer die betreffenden Merkmale oder Eigenschaften nicht aufweist, kann folglich zwar ein Mensch, aber keine Person im engeren Sinn sein. Oder anders: Man kann ein Mensch sein, selbst wenn man nicht zugleich auch eine Person ist. Und die menschenrechtliche These

119 Siehe *Einleitung*, S. 26 f.

120 Dazu der Überblick bei Heun, »Gattungszugehörigkeit oder Personsein als Anknüpfungspunkt der Menschenrechte?«.

lautet dann entsprechend: Personen sind menschenrechtlich gleich zu behandeln, weil sie *menschliche* Personen sind, zugleich aber hat die Gemeinschaft ihnen gegenüber *mehr* Pflichten als nicht-personalem menschlichen Leben gegenüber.[121]

Im fundamentalkritischen Fall wird bestritten, dass es sich bei diesem oder jenem Grenzfall menschlichen Lebens überhaupt um einen vollwertigen Menschen handelt; man denke hier an Debatten um Schwangerschaftsabbrüche, In-vitro-Fertilisation oder pränatale Diagnostik, in denen nicht wenige Befürworterinnen und Befürworter der besagten Praktiken sehr grundsätzlich in Frage stellen, ob beispielsweise mit Blick auf einen 14 Tage alten Embryo bereits von einem »Menschen« gesprochen werden kann.[122] So stellt sich das Problem des Personseins der betreffenden Lebensform erst gar nicht, und zwar ebenso wenig wie die Frage nach einer aus dem Menschsein resultierenden Anspruchsberechtigung. Im zweiten Fall wird lediglich das Personsein, nicht aber das Menschsein bestritten. Dabei lassen sich drei Grundtypen nicht-personalen menschlichen Leben unterscheiden: Menschen, die *noch nicht* Personen sind (Embryonen, Neugeborene oder Kleinkinder), Menschen, die *nicht vollends* als Personen gelten (geistig schwerbehinderte Menschen oder solche, die im Koma liegen), und schließlich Menschen, die *nicht mehr* Personen sind (Demenzkranke oder Tote).[123] Aus diesen Grenzziehungen wiederum lassen sich noch einmal zwei alternative Schlüsse mit Blick auf etwaige Menschenrechte jener Nicht-Personen ziehen: Entweder verlieren diese Menschen mit dem in Frage stehenden Personsein ihre Menschenrechte *ganz*, sodass die Gruppe der Personen im Kreis der menschenrechtlich Anspruchsberechtigten »unter sich« bliebe. Oder aber es wird lediglich davon ausgegangen, dass die Menschenrechte von nicht-personalen menschlichen Lebensformen *graduell abgestuft* werden können. In diesen Fällen wird zwar anerkannt, dass alle Menschen (zumindest einige) Men-

121 Zum Status der Rechtsperson aus historischer und systematischer Sicht: Eckart Klein/Christoph Menke (Hg.), *Der Mensch als Person und Rechtsperson*, Berlin 2011.

122 Manche Kritikerinnen und Kritiker halten den Begriff »Mensch« in den betreffenden Fällen für gar nicht anwendbar, andere wollen zwischen Menschen im genetischen oder biologischen Sinn und Menschen im »anspruchsvollen« oder »vollwertigen« Sinn unterscheiden.

123 Dazu ausführlich: Ronald Dworkin, *Die Grenzen des Lebens*, Reinbek 1994.

schenrechte haben, aber vollwertige Personen sollen *mehr* Menschenrechte als andere Menschen besitzen – und im Konfliktfall soll deren Rechten dann auch ein entsprechender Vorrang gebühren.[124]

Aus menschenrechtlicher Sicht sind all diese Formen personalistischer Grenzziehungen wenig überzeugend: Will man den menschenrechtlichen Adressatenkreis von vornherein auf Personen beschränken und Nicht-Personen exkludieren, wäre mehr als fraglich, warum noch länger von »Menschenrechten« die Rede sein sollte. Vielmehr hätte man dann bereits auf terminologischer Ebene auf »Personenrechte« umzustellen. In Fällen einer lediglich graduellen Limitierung menschenrechtlicher Ansprüche ergibt sich ein abweichendes Problem: Hier steht die in menschenrechtlichen Kontexten meist wie selbstverständlich bejahte Überzeugung in Frage, dass die Menschenrechte »allgemein« und »egalitär« gelten sowie insgesamt »unteilbar« sind.[125] Wer die Menschenrechte zumindest mancher Menschen limitiert und bereits auf prinzipieller Ebene gegenüber den Rechten anderer für nachrangig hält, ist offenkundig nicht gewillt, das für den Menschenrechtsdiskurs zentrale »Axiom der Gleichheit« gelten zu lassen.[126] Noch offenkundiger ist der Widerspruch im fundamentalkritischen Fall der vollständigen Aberkennung des Menschseins: Hier wird bereits die »Prämisse generischer Mitgliedschaft«[127] durchgestrichen, die besagt, dass man die Menschenrechte deshalb besitzt, weil man zur menschlichen Spezies gehört; was fraglos in einem gewissen Widerspruch zu dem biologischen oder genetischen Umstand steht, dass es sich auch bei den hier in Frage stehenden Grenzfällen schon um »frühe« menschliche Lebensformen handelt.

Viel häufiger jedoch als diese fundamentalkritische Auffassung ist die zuvor genannte Strategie zu verzeichnen, das »Axiom der Gleichheit« anzuzweifeln. Nach dieser Auffassung mögen zwar alle Menschen und damit auch Nicht-Personen (zumindest einige) Menschenrechte haben, nicht aber alle Menschen strikt die gleichen. Damit wird der *vollumfängliche* Besitz von Menschenrechten

124 Etwa dann, wenn von einem vermeintlichen »Recht auf Schwangerschaftsabbruch« gesprochen wird, welches das vermeintliche »Recht auf Leben« des Embryos – zumindest unter bestimmten Umständen – übertrumpfen soll.

125 Zu diesen und weiteren Geltungsaspekten der Menschenrechte siehe § 4

126 § 2, Abschnitt 4.

127 § 2, Abschnitt 3.

davon abhängig gemacht, ob es sich bei der betreffenden Lebensform nicht bloß um einen Menschen, sondern zudem auch um eine Person handelt. Häufig liegt dieser problematischen Überzeugung die moral- und rechtsphilosophisch irreführende Annahme zugrunde, dass eine Theorie grundlegender Rechte eine gewisse Äquivalenz zu wahren habe, nämlich zwischen den Trägerinnen und Trägern der in Frage stehenden Rechte einerseits sowie den Adressatinnen und Adressaten der diesen Rechten korrespondierenden Pflichten andererseits.[128] Die zentrale These lautet dann gewöhnlich: Nur wer als Person selbst Pflichten übernehmen und verantworten kann, hat entsprechend dann auch vollumfänglich korrespondierende Rechte. Oder umgekehrt: In den vollen Genuss von Rechten können und sollen nur diejenigen gelangen, die selbst auch Verantwortung für die wechselseitige Zuerkennung und Gewährung dieser Rechte zu tragen vermögen. Embryonen und Kleinkinder, geistig schwerbehinderte, demenzkranke oder bewusstlos »vegetierende« Menschen gehören hier noch nicht, nicht vollends oder auch nicht mehr dazu und sind aus diesem Grund dann auch allenfalls in abgestufter Form als Subjekte menschenrechtlicher Grundansprüche zu behandeln. Wie im nächsten Abschnitt noch genauer gezeigt werden soll, würde dies in letzter Konsequenz zu der dezidiert anti-egalitären und dem Postulat generischer Gleichheit widersprechenden Überzeugung führen, dass es auch in menschenrechtlicher Hinsicht Menschen »zweiter Klasse« gäbe.

2. Rechte ohne Kompetenzen?

Die zuletzt kritisierte Annahme personalistisch graduierbarer Menschenrechte geht recht häufig mit einer weiteren irritierenden Behauptung einher. Diese besagt, dass die betreffenden Nicht-Personen bereits deshalb nicht als vollumfänglich gleichberechtigte Trägerinnen und Träger von Menschenrechten in Frage kommen, weil sie viele dieser Rechte gar nicht selbst *wahrnehmen* können. Denkt man hier etwa an Menschenrechte auf Meinungs- und Gewissensfreiheit, an das aktive und passive Wahlrecht, das Recht auf

128 Exemplarisch bei Gewirth, *Human Rights*; Carl Wellmann, *The Moral Dimensions of Human Rights*, New York 2011.

freie Berufswahl oder auch das Recht auf Gewerkschaftsgründung, so handelt es sich dabei um Rechte, die anscheinend *nur* von Personen wahrgenommen werden können. Entsprechend mag man im Umkehrschluss zu der Täuschung verleitet werden, dass Menschen, die keine Personen sind, diese Rechte schon deshalb nicht haben, weil sie mit diesen Rechten selbst gar nichts anzufangen wissen oder weil ihnen die für die aktive Wahrnehmung dieser Rechte notwendigen Kompetenzen fehlen.

Bei der Zurückweisung dieses konzeptionellen Trugschlusses ist erneut der Bezug auf etwaig korrespondierende Pflichten hilfreich, wenn auch auf einem methodischen Umweg: In moralphilosophischen Handlungstheorien wird gemeinhin vorausgesetzt, dass die verantwortliche Zuweisung von Pflichten nicht zuletzt davon abhängig gemacht werden muss, ob die betreffenden Akteurinnen und Akteure diesen Pflichten dann auch tatsächlich nachkommen können.[129] Diese Voraussetzung ist wichtig, da das betreffende »Können« individuell blockiert oder erst gar nicht vorhanden sein mag, wie folgende Beispiele bloß vermeintlicher Pflichtversäumnisse illustrieren: Wird beispielweise ein Mensch an einen Baum gefesselt oder eingesperrt, wird er sich entsprechend nicht an sein Versprechen halten können, sich zu einem zuvor fest vereinbarten Termin an einem bestimmten Ort einzufinden. Ein bedürftig schreiender Säugling kann schwerlich die kommunikative Konvention beachten, sein Gegenüber geduldig ausreden zu lassen. Ein verstorbener Mensch kann nicht länger die Pflicht erfüllen, aktiv für die eigene Familie zu sorgen. Auch gibt es so etwas wie *scheinbare* Pflichten, die man aufgrund ihres Inhalts schon deshalb nicht als »Pflichten« bezeichnen sollte, weil man ihnen bereits *im Prinzip* nicht nachkommen kann: So kann es beispielsweise keine Pflicht geben, wie ein Vogel zu fliegen oder ein vollends »perfekter« Mensch zu werden. Auch kann niemand dazu verpflichtet werden, alle Sprachen dieser Welt zu sprechen oder das Telefonbuch von Tokio auswendig zu lernen, weil dem Menschen dazu schlicht die nötigen Befähigungen fehlen. Kurz: Wer etwas tun *soll*, muss dazu prinzipiell in der Lage sein.

Die moralphilosophische Handlungstheorie spricht hier vom

129 Dazu Michael Kühler, *Sollen ohne Können? Über Sinn und Geltung nicht erfüllbarer Sollensansprüche*, Münster 2013.

Grundsatz »Sollen impliziert Können«.[130] Es macht schlicht keinen Sinn, konkrete Pflichten auch an solche Menschen zu adressieren, die diese Pflichten – aus welchen Gründen auch immer – gar nicht zu erfüllen vermögen. Allerdings folgt aus dieser handlungstheoretischen Zurückweisung von Pflichten, die »Unmögliches« betreffen, keineswegs auch eine Aberkennung etwaiger korrespondierender moralischer Ansprüche. Wenn etwa eine Person an einer klinisch diagnostizierten Kleptomanie oder auch an einem pathologischen Zwang zur Lüge leidet, mag diese Person nur bedingt für ihr eigenes Tun verantwortlich und daher auch nicht zur Achtung fremden Eigentums oder auch des Lügenverbots verpflichtet sein. Trotzdem darf man sie nicht ihrerseits bestehlen oder belügen. Wichtiger aber noch ist das Folgende: Man könnte versucht sein, unmittelbar in Analogie zum Grundsatz »Sollen impliziert Können« nicht nur die Zuerkennung von Pflichten, sondern auch den Besitz von Rechten entsprechend von Bedingungen subjektiven »Könnens« abhängig zu machen. Man wäre dann folglich der Auffassung, dass der Mensch ein jeweils bestimmtes Recht nur dann hat, wenn er das betreffende Recht auch faktisch auszuüben beziehungsweise aktuell zu beanspruchen vermag. Was ist von dieser Auffassung zu halten?

Dazu ein Beispiel: Ein neugeborenes Baby mag zwar ein Recht auf Leben oder auch auf körperliche Unversehrtheit haben, aber es scheint überflüssig oder gar sinnlos zu sein, ihm gleichermaßen auch schon das Wahlrecht, ein Recht auf Meinungsfreiheit, auf Gewerkschaftsgründung oder den Schutz geistigen Eigentums zuzuerkennen. Die These würde dann etwa wie folgt lauten: Neugeborene haben diese Rechte deshalb (noch) nicht, weil sie diese Rechte (noch) nicht ausüben können. Entsprechend haben auch Menschen, die im Koma liegen, diese Rechte (momentan) nicht, weil sie diese Rechte (momentan) nicht ausüben können. Und Ähnliches würde dann auch für demenzkranke Menschen gelten, die diese Rechte nicht (mehr) haben, weil sie diese Rechte nicht (mehr) ausüben können. Aus diesen Überlegungen ergäbe sich tatsächlich ein alternatives handlungstheoretisches Grundprinzip, das in diesem Fall nicht die Pflichten, sondern etwaige korrespondierende Ansprüche beträfe: »Dürfen impliziert Können«.[131] Nur wer ein Recht wahrnehmen kann, hätte dieses Recht dann auch. Doch

130 Im Englischen: »*ought implies can*«.

131 Im Englischen würde es entsprechend heißen: »*may implies can*«.

wie im Folgenden zu zeigen sein wird, gilt dieser zweite Grundsatz im Gegensatz zum obigen ersten Grundsatz *nicht*. Denn die Frage, ob ein Mensch ein bestimmtes Recht besitzt, ist von der Frage, ob es der betreffenden Person auch faktisch möglich ist, dieses Recht wahrzunehmen und zu beanspruchen, relativ unabhängig.

Fragen wir uns zunächst, und zwar mit Blick auf die Menschenrechte, was es für Konsequenzen hätte, *wenn* auch dieser zweite Grundsatz gelten würde. Konkrete Beispiele, in denen es zu einer illegitimen Aberkennung grundlegender Rechte käme, müssen dabei von solchen Fällen unterschieden werden, in denen die betreffende Person das jeweils in Frage stehende Recht zwar ausüben *könnte*, es aber lediglich nicht ausüben *will*: Eine Person, die politisch desinteressiert ist und den Wahlsonntag im Schwimmbad verbringt, könnte sehr wohl zur Wahl gehen – aber sie will es nicht. Eine andere Person könnte ihre Privat- und Intimsphäre besser schützen, aber sie »surft« gern sorglos und allzu offenherzig in den sozialen Netzwerken herum. Eine dritte Person ist schwer erkrankt, sie hätte ein Recht auf eine angemessene Gesundheitsversorgung, aber sie weigert sich, ärztliche Hilfe zu suchen. Mit Blick auf diese Beispiele dürften zwei Dinge unstrittig sein: Die betreffenden Personen »verwirken« oder »veräußern« ihre Rechte nicht schon dadurch, dass sie diese faktisch nicht beanspruchen. Und zweitens: Die öffentliche Rechtsordnung hat weder die Pflicht noch das Recht, diese Menschen paternalistisch zur faktischen Beanspruchung ihrer Rechte zu drängen oder gar zu zwingen. Vielmehr scheint in dem für die Menschenrechte grundlegenden »Recht, Rechte zu haben« zugleich auch das Recht impliziert zu sein, auf die faktische Ausübung einzelner dieser Rechte – zumindest gelegentlich – zu verzichten.[132]

Hier aber soll es um Fälle gehen, in denen die Betroffenen ihre Menschenrechte aktuell nicht beanspruchen *können*: Ein neugeborenes Baby kann schlicht noch nicht zur Wahlurne schreiten. Eine Patientin, die im Koma liegt, ist aktuell nicht in der Lage dazu, ihr Recht auf Meinungsfreiheit auszuüben. Asylbewerberinnen und -bewerber, denen das dazu nötige Geld oder auch elementare Sprachkenntnisse fehlen, können schwerlich etwaige Rechte auf gesellschaftliche oder kulturelle Teilhabe beanspruchen. Darf man den Betroffenen die gemeinten Rechte deshalb absprechen? Genau dies

132 Vgl. Christoph Menke, »Subjektive Rechte: Zur Form der Differenz«, in: *Menschenrechtsmagazin* 13 (2008), S. 197-204.

geschieht bereits auf konzeptioneller Ebene, wenn man den Besitz grundlegender Rechte von der faktischen Möglichkeit ihrer Wahrnehmung abhängig macht. Und dies wiederum führt regelmäßig auch empirisch zu menschenrechtlich fragwürdigen Praktiken: Die Stimmen von Kleinkindern fallen bei Wahlen, in denen es immer auch um deren Zukunft geht, bislang schlicht nicht ins Gewicht.[133] Menschen, die im Koma liegen oder schwer an Demenz erkrankt sind, werden gelegentlich als »Objekte« medizinischer Bevormundung – ohne eigene Meinung, ohne eigenen Willen – behandelt und übergangen.[134] Asylbewerberinnen und -bewerber haben lange Zeit auch hierzulande derart wenig sozialstaatliche Unterstützung erfahren, dass ihnen eine gleichberechtigte Teilhabe am sozialen und kulturellen Leben kaum möglich war.[135]

Es sind menschenrechtlich problematische Zustände wie diese, denen die strikt egalitäre Forderung entgegenwirkt, dass *alle* Menschen – so auch jene – gleichermaßen zu berücksichtigen und daher keinesfalls mit weniger Rechten auszustatten sind. Diese Forderung mag politisch naiv und unrealistisch anmuten und deshalb anti-egalitäre Ablehnung hervorrufen. Doch diese Skepsis ist menschenrechtlich unbegründet, und zwar nicht zuletzt deshalb, weil fehlende Fähigkeiten, die betreffenden Rechte selbst auszuüben, dadurch kompensiert werden können, dass andere Personen diese Rechtsansprüche *in Stellvertretung* wahrnehmen. Das bedeutet: Eltern könnten und sollten für ihre Kinder »mitwählen« dürfen. Den mutmaßlichen Willen einer Patientin im Koma oder einer demenzkranken Person kann eine gesetzliche Stellvertreterin advokatorisch zu ergründen und zu bestimmen versuchen. Und geflüchteten Menschen kann durch finanzielle Unterstützung oder auch von Seiten staatlich bestellter Dolmetscherinnen und Dolmetscher die Teilhabe am gesellschaftlichen und kulturellen Leben erleichtert werden. All dies wären sinnvolle Versuche, die Menschenrechte

133 So hat faktisch eine sechsköpfige Großfamilie, deren Kinder nicht älter als 18 Jahre alt sind, exakt das gleiche Stimmgewicht wie ein kinderloses Ehepaar.

134 Man dürfte sie im Grunde beliebig instrumentalisieren, der Lächerlichkeit preisgeben oder sogar missbrauchen, wenn sie keine entsprechenden Rechte hätten.

135 Bis das Bundesverfassungsgericht diese Ungleichbehandlung in einem wichtigen Urteil (BVerfGE 132, 134-179) zum Asylbewerberleistungsgesetz vom 18. Juli 2012 für verfassungswidrig erklärte.

auch jener besonders gefährdeten Menschen zu respektieren und zu realisieren, die ihre Rechte nicht schon selbst beanspruchen oder gar einklagen können.[136]

3. Menschenrechte oder Tierrechte?

Mit den Überlegungen der ersten beiden Abschnitte ist erläutert, warum die Menschenrechte für *alle* Menschen gelten und es deshalb unzulässig ist, den Kreis der Rechtssubjekte speziesintern auf die Teilmenge menschlicher Personen zu beschränken. Nun jedoch soll es um die derzeit ebenso umkämpfte *äußere* Speziesgrenze gehen und damit um Versuche, den Trägerkreis der Menschenrechte auch auf – zumindest manche – anderen Tiere auszudehnen.[137] Nicht nur innerhalb der Tierrechtsbewegung, sondern längst auch in der moralischen Alltagswelt findet die Überzeugung, dass keineswegs bloß das Tier »Mensch«, sondern auch andere Tiere fundamentale, ja unverlierbare Rechte haben, immer mehr Zustimmung.[138] In Frage steht hier weit mehr als nur die ohnehin schon weit verbreitete Auffassung, dass sich der Mensch aus Gründen des Mitgefühls oder der »Humanität« dazu veranlasst sehen sollte, auch anderen Tieren keine unnötigen Schmerzen, Leiden oder sonstige Schäden zuzufügen. Diese »schwächere« tierethische Auffassung kann durchaus damit vereinbar sein, dass beispielsweise im Rahmen der Nutztierhaltung oder auch medizinischer Tierversuche am Ende dann doch

136 Die Frage, auf welchem Wege die betreffenden Ansprüche vertreten oder repräsentiert werden können und welche Gefahren dabei drohen, entzieht sich der philosophischen Analyse. Hier geht es zunächst nur um die für die Bestimmung des Adressatenkreises grundlegende Einsicht, dass die Frage, ob ein Mensch ein konkretes Menschenrecht auf X hat, weitgehend unabhängig davon beantwortet werden kann, ob dieser Mensch auch selbst und aktuell zu X in der Lage ist.

137 Die noch wenig fortgeschrittene Diskussion der Frage, ob sogar KI-Roboter (eines Tages) zum Trägerkreis der Menschenrechte gehören (werden), lasse ich außen vor, da sich das Problem der expansiven Grenzverschiebung dadurch nicht grundsätzlich ändert. Zur ersten Orientierung: Susanne Beck (Hg.), *Jenseits von Mensch und Maschine. Ethische und rechtliche Fragen zum Umgang mit Robotern, Künstlicher Intelligenz und Cyborgs*, Baden-Baden 2012.

138 Johann S. Ach, »Menschenrechte und Tierrechte«, in: Pollmann/Lohmann (Hg.), *Menschenrechte*, S. 453-459; Bernd Ladwig, *Politische Philosophie der Tierrechte*, Berlin 2020.

menschliche Interessen und Rechte vorgehen. An genau dieser Stelle jedoch geht die Behauptung, dass auch andere Tiere »gleiche Rechte« haben, deutlich weiter: Sie besagt, dass es ein nicht zu rechtfertigendes *Unrecht* wäre, die betreffenden Tiere nicht als gleichermaßen anspruchsberechtigte Lebewesen zu betrachten; als Subjekte von Bedürfnissen, Interessen und Rechten, die auf Seiten des Menschen zu weitreichenden moralischen und sogar justiziablen Pflichten führen.

Eine Verletzung gleichrangiger Tierrechte müsste folglich mit der gleichen Strenge wie eine Rechtsverletzung in der Menschenwelt geahndet werden. Die entsprechend einheitliche Gewährleistung gleicher Rechte von Menschen *und* anderen Tieren wäre mit Blick auf die korrespondierenden Pflichten nicht etwa als fakultativ, sondern als strikt verbindlich zu betrachten.[139] Das bedeutet: Auf die verlässliche Erfüllung entsprechender Pflichten gegenüber anderen Tieren müsste seitens der Rechtsgemeinschaft *bestanden* werden. Angesichts der schwierigen Frage, welche Tiere dabei zu berücksichtigen wären, wird man zunächst vielleicht an Tierarten denken, die dem Menschen biologisch oder aber habituell besonders nahestehen: an Primaten etwa oder an die gemeinsame Klasse der Säugetiere (ca. 5000 Arten). Tierrechtlerinnen und Tierrechtler tendieren freilich dazu, sämtliche »empfindungsfähigen« Wirbeltiere in ihre ethischen und rechtlichen Betrachtungen mit einzubeziehen – und damit auch alle Vögel, Reptilien, Amphibien oder Fische.[140] Damit würde sich die Menge der ethisch und rechtlich zu berücksichtigenden Lebewesen ungemein erhöhen (auf ca. 58 000 Arten). Gleichwohl geht man in der Zoologie davon aus, dass der Anteil dieser empfindungsfähigen Wirbeltiere – je nach Schätzung – nur etwa 2-5 % der gesamten Fauna beträgt, sodass selbst aus Sicht vieler Tierrechtlerinnen und -rechtler der weitaus größte Teil der Tierwelt – darunter Insekten, Spinnen, Würmer, Krebse, Quallen oder Schwämme – allenfalls eine untergeordnete moralische und rechtliche Rolle spielt.[141]

139 Siehe die tierrechtliche Pionierarbeit: Tom Regan, *The Case for Animal Rights* [2nd. ed.], Berkeley/Los Angeles 2004.

140 Gary L. Francione, *Animals as Persons*, New York 2009, bes. Kap. 1 u. 3.

141 Sieht ein Ansatz – zu denken ist hier etwa an die Ethik Albert Schweitzers – Pflichten des Menschen selbst noch gegenüber Nicht-Wirbeltieren vor, so werden diese Pflichten meist nicht aus *Rechten* dieser Tiere, sondern aus asymmetrischen »Selbstverpflichtungen« des Menschen abgeleitet.

Folglich mutet das nicht selten mit rhetorischer Emphase vorgetragene Motto »Auch Tiere haben Rechte!« auf Anhieb ein wenig pauschal an,[142] solange man nicht annimmt, dass alle Tiere in einem *starken* Sinne als anspruchsberechtigt zu verstehen sind. Genauer müsste es deshalb lauten: »Zumindest manche anderen Tiere haben auch Rechte!« Bei genauerem Hinsehen jedoch ist auch diese präzisere Formulierung noch immer viel zu allgemein gehalten. Denn die Behauptung, dass zumindest manche anderen Tiere *auch* Rechte haben, besagt weder, dass sämtliche Wirbeltiere moralisch oder rechtlich *gleich* behandelt werden müssen, noch, dass all diese Tiere auch in *menschenrechtlicher* Hinsicht als Gleiche zu achten sind. Im Folgenden soll es lediglich um die Plausibilität dieser doppelten und aus rechtlicher Sicht anspruchsvolleren Forderung gehen. Die konzeptionell prioritäre Frage, warum wir Tieren überhaupt Rücksicht schulden und welchen Tieren gegenüber, darf an dieser Stelle vernachlässigt werden.[143] Die normativ anspruchsvollere Forderung besagt, erstens, dass wir tatsächlich allen Wirbeltieren strikt dieselben grundlegenden Rechtsansprüche zuzuerkennen haben.[144] Damit ist, zweitens, behauptet, dass sämtliche Wirbeltiere nicht nur dieselben *moralischen* Rechte haben, sondern zugleich auch »subjektive öffentliche« Menschenrechte, so wie sie in § 1 aufgrund der ihnen eigentümlichen Pflichtrelationen ausdrücklich von moralischen Rechten unterschieden wurden. Und daraus wiederum würde sich, drittens, die Überzeugung ergeben, dass »uns« Menschen nicht einmal im Konfliktfall ein speziesbedingter Vorrang gegenüber anderen Tieren eingeräumt werden dürfte, falls auf beiden Seiten identische Rechte kollidieren sollten.[145]

142 Abgesehen davon, dass die Ungleichgewichtung von Wirbeltieren und Nicht-Wirbeltieren auf einen erweiterten Speziesismus zugunsten von Wirbeltieren hinausläuft, von dem philosophisch zunächst unklar ist, inwiefern er sich von der anthropozentrischen Variante des Speziesismus unterscheidet.

143 Dazu die Textsammlung: Ursula Wolf (Hg.), *Texte zur Tierethik*, Stuttgart 2008.

144 Es sei denn, man ließe bei der Zuteilung dieser Rechte eben doch Abstufungen innerhalb der Wirbeltierwelt zu; was aber dem in § 2 erläuterten »Axiom der Gleichheit« widerspräche.

145 Gedacht ist hier etwa an medizinische oder pharmakologische Tierversuche, die menschliches Leben retten können. Der Fall menschlicher »Selbstverteidigung« gegen ein Raubtier oder eine Tierseuche ist hingegen ein Ausnahmefall, der vernachlässigt werden kann, weil die Rechtfertigung von Notwehr auch im direkt zwischenmenschlichen Bereich kaum problematisch ist.

Das tierrechtliche Ansinnen, nicht nur dem Menschen, sondern auch manchen anderen Tieren gleiche Menschenrechte zuzusprechen, dürfte vor allem darauf zurückzuführen sein, dass sich Menschen und viele andere Wirbeltierarten in einigen fundamentalen Bedürfnisdimensionen ähneln oder sogar gleichen. So heißt es gewöhnlich, alle Wirbeltiere – und eben nicht nur Menschen – hätten ein grundlegendes Interesse daran, nicht getötet oder gequält zu werden, weder unter Hunger zu leiden noch unter ähnlich gravierenden materiellen Mängeln, nicht willkürlich instrumentalisiert oder in ihrer Bewegungsfreiheit eingeschränkt zu werden.[146] In Verbindung mit der fast ebenso geläufigen, wenn auch hier schon als problematisch zurückgewiesenen Überzeugung, dass die Menschenrechte in dem empirischen Umstand begründet sind, dass sie »natürliche« Interessen schützen, ergäbe sich so die über die eigene Speziesgrenze hinausweisende Überzeugung, dass eine etwaige natürliche Interessengleichheit entsprechend auch in menschenrechtlicher Hinsicht zu einer strikten Gleichbehandlung aller gleichermaßen Betroffenen führen müsse. Anders gesagt: Sofern es existenziell dringliche Interessen gibt, die für *alle* der genannten Lebewesen die gleiche basale Bedeutung besitzen, sollten wir all diesen Lebewesen entsprechend auch gleiche grundlegende Rechte zuerkennen – und somit eben auch das, was in der Menschenwelt als »Menschenrechte« bezeichnet wird.

Allerdings ist diese tierrechtliche Auffassung mit einer ganzen Reihe konzeptioneller Probleme behaftet. Zunächst ist zu bedenken, dass die erwähnte Gleichsetzung existenzieller Interessenlagen von Menschen und anderen Wirbeltieren mit Blick auf einige wenige, besonders grundlegende »Abwehrrechte«, wie etwa das Recht auf Leben, körperliche Unversehrtheit oder elementare Freizügigkeit, plausibel erscheinen mag. In Bezug auf Kollisionen zwischen *diesen* Rechtsansprüchen wird man vielleicht sogar für eine strikte Gleichbehandlung von Menschen und hochentwickelten anderen Tieren plädieren dürfen.[147] Doch ein Blick in geltende UN-Menschenrechtsvereinbarungen lässt rasch erkennen, dass die darin

146 Vgl. Dieter Birnbacher, »Haben Tiere Rechte?«, in: Johann S. Ach/Martina Stephany (Hg.), *Die Frage nach dem Tier*, Münster 2009, S. 47-64.

147 Ob dem so ist, kann offenbleiben. Es geht hier nicht um die basale Frage, ob (andere) Tiere überhaupt unverlierbare Rechte haben, sondern darum, ob sie *gleiche Menschenrechte* haben.

festgeschriebenen Einzelrechte teilweise weit über derart basale Abwehrrechte hinausgehen. Sie erstrecken sich ersichtlich auch auf solche menschlichen Interessenlagen, die weder »natürlich« noch bei anderen Tierarten außer beim Menschen anzutreffen sind. Daher wirkt es wenig plausibel, von vornherein auch allen übrigen Wirbeltieren exakt die gleichen subjektiven Rechte, etwa auf Religions- und Gewissensfreiheit, freie Berufswahl, bezahlten Urlaub, auf politisches Asyl, die Unverletzlichkeit der Wohnung oder das Fernmeldegeheimnis, zuzuerkennen. Anders als im oben bereits diskutierten Fall fehlender Befähigungen *einzelner* Exemplare der menschlichen Gattung liegt das mit Blick auf nicht-menschliche Tiere primär daran, dass die genannten, typisch menschlichen Rechte für andere Gattungen *insgesamt* keine lebenspraktische Relevanz aufweisen.[148]

Damit sieht sich die Theorie der Menschenrechte mit Blick auf andere Tiere vor eine erste grundlegende Entscheidung gestellt, falls sie am Postulat generischer Gleichheit festhalten will: Entweder sie reduziert die Menge der Menschenrechte inhaltlich auf genau jene besonders grundlegenden Interessen, die Menschen mit anderen Tieren teilen. Dies würde dann allerdings zu einer geradezu drastischen Reduzierung völkerrechtlich bereits anerkannter Einzelrechte führen, da die eben beispielhaft genannten Rechte auf Religionsfreiheit, freie Berufswahl, politisches Asyl etc. entsprechend dann auch keine grundlegenden Rechte des Menschen mehr wären.[149] Oder aber man akzeptiert bereits auf Ebene der Theorie, dass die einzelnen Menschenrechte inhaltlich eben doch typisch *menschliche* Interessen schützen und daher ausdrücklich als »generische« Ansprüche verstanden werden sollten. Man muss zwar nicht schon leugnen, dass auch andere Tiere (andere) grundlegende Rechte besitzen. Nur wird es sich bei diesen Rechten dann nicht länger um Menschenrechte, sondern um jeweils *artspezifische Tierrechte* handeln, die entsprechend dann auch einer anderen theoretischen Grundlegung bedürften.[150]

Ein wichtiger zweiter Punkt kommt hinzu: Die Menschenrechte

148 Man kann vielleicht auch hier jeweils ähnliche Interessen identifizieren, kommt dann aber entsprechend auch nur zu ähnlichen Rechten.

149 Diese reduktionistische Strategie verfolgen Sue Donaldson und Will Kymlicka in: dies., *Zoopolis. Eine politische Theorie der Tierrechte*, Berlin 2013, Kap. 2.

150 Dazu mehr in Abschnitt 4.

dienen nicht bloß der »Abwehr« elementarer Gefahren an Leib, Leben und individueller Freiheit. Demzufolge korrespondieren ihnen auf Seiten der öffentlichen Ordnung nicht bloß elementare Unterlassungspflichten, sondern zudem auch grundlegende Schutzpflichten sowie basale Hilfspflichten.[151] Die Idee menschenrechtlicher *Schutzpflichten* besagt, dass staatliche Institutionen und Funktionsträgerinnen und -träger nicht nur selbst keine aktiven Verletzungen der Menschenrechte begehen dürfen, sondern bestmöglich auch dafür Sorge tragen sollen, dass es zwischen einzelnen Privatsubjekten nicht zu gravierenden Schädigungen kommt. Menschenrechtliche *Hilfspflichten* hingegen fordern die öffentliche Rechtsordnung dazu auf, einzelne Menschen aktiv zu unterstützen, wenn diese unfreiwillig in Not geraten oder nicht aus eigener Kraft dazu in der Lage sind, ihre Menschenrechte effektiv wahrzunehmen. Man kann sich sehr leicht vorstellen, was es bedeuten würde, wenn man auch diese beiden Konzepte menschenrechtlicher Schutz- und Hilfspflichten uneingeschränkt auf sämtliche Wirbeltiere überträgt. Es ergäbe sich so nicht nur eine Schutz- und Interventionspflicht aller Einzelstaaten und mithin auch der Staatengemeinschaft, selbst noch in der »Wildnis« dafür Sorge zu tragen, dass sich auch Tiere wechselseitig keine gravierenden Schäden zufügen. Zugleich würden sich globale Hilfspflichten ergeben, sämtliche Wirbeltiere dieser Welt durch geeignete Unterstützungsmaßnahmen aktiv in den Stand zu versetzen, ihre vielen Einzelrechte entsprechend auch wahrnehmen zu können.

Folglich sieht sich die Theorie der Menschenrechte auch hier vor eine grundlegende Alternative gestellt: Entweder man überträgt die Idee einer begründeten Einheit von Unterlassungs-, Schutz- und Hilfspflichten auch auf den Rest der Wirbeltierwelt und potenziert damit den ohnehin gängigen Vorwurf menschenrechtlicher Überforderung.[152] Oder aber man beschränkt sich gegenüber nicht-menschlichen Tieren auf moralisch elementare Pflichten der Unterlassung aktiver Schädigungen, verzichtet dann aber zugleich auch auf eine Expansion des Axioms strikter Gleichbehandlung.[153]

151 Shue, *Basic Rights*, S. 52. Dazu ausführlicher § 8.

152 Selbst mit Blick auf Menschen werden diese zusätzlichen Ansprüche gern als wohlmeinende »Manifest-Rechte« abgetan. Oft im Anschluss an Feinberg, *Social Philosophy*, S. 67 u. 94 f.

153 Vgl. Birnbacher, »Haben Tiere Rechte?«, S. 52-54.

Der vielleicht wichtigste Einwand gegen den Einbezug sämtlicher Wirbeltiere ist damit aber noch gar nicht benannt. Er ergibt sich aus der bereits in § 1 skizzierten Bestimmung der Menschenrechte »als vorstaatlich begründete und subjektiv qua Menschsein gegebene Ansprüche gegenüber der öffentlichen Gewaltordnung [...], die auf gleiche Achtung jedes Menschen durch konstitutionell garantierte Grundrechte pochen«. Dort klang bereits an, dass die tierrechtliche Annahme einer strikt gleichen Anspruchsberechtigung von Menschen und anderen Wirbeltieren zumeist auf einer Verwechselung der genuin politischen Idee der Menschenrechte mit dem beruht, was »moralische Rechte« genannt wird. Zur Erinnerung: Moralische Rechte benennen Normen, zu deren Beachtung und Einhaltung *alle* Menschen, und zwar in ihrer Rolle als moralische Einzelsubjekte, gegenüber *allen anderen* verpflichtet sind – und diese »anderen« können dann gegebenenfalls auch andere Tiere sein. Die politische Idee der Menschenrechte zielt auf etwas anderes: Hier geht es um »öffentlich-rechtliche« Pflichten, und diese besitzen abweichende Adressatinnen und Adressaten. Zu deren Einhaltung sind gerade nicht die jeweils individuellen moralischen Privatsubjekte verpflichtet, sondern öffentliche Amtspersonen, deren Machtbefugnisse nicht in Willkür umschlagen dürfen.

Damit sieht sich die Theorie der Menschenrechte ein drittes Mal vor eine grundlegende Entscheidung gestellt: Entweder man dehnt diesen Gedanken subjektiver öffentlicher Rechte auch auf alle übrigen Wirbeltiere aus.[154] Dies würde bedeuten, dass man zukünftig nicht nur Menschen, sondern auch alle anderen Säugetiere und überdies auch Vögel, Reptilien, Amphibien oder Fische als »Subjekte« der öffentlichen Gewalt im doppelten Sinn zu betrachten hätte: nicht nur als versehrbare Geschöpfe, die diesen öffentlichen Gewalten unterworfen sind (lat. *subiectus*), sondern zugleich auch als politisch souveräne und gleichberechtigte Autorinnen und Autoren dieser öffentlichen Gewaltordnung. Sämtliche Wirbeltiere wären so mit einem Recht auf politische Mitgliedschaft auszustatten.[155] Oder

154 Siehe das problematische Plädoyer für »Bürgerrechte« von Haustieren in: Donaldson/Kymlicka, *Zoopolis*, Kap. 4 u. 5. Differenzierter: Bernd Ladwig, *Politische Philosophie der Tierrechte*.

155 Dazu der keineswegs metaphorisch gemeinte und deshalb ein wenig irritierende Vergleich von Tieren, die nicht domestiziert, aber dennoch mit der Menschen-

aber man verneint, dass man sich sämtliche Wirbeltiere in ihrer existenziellen Versehrbarkeit *zugleich* auch als gleichberechtigte Autorinnen und Autoren der politischen Ordnung imaginieren kann. Ohnehin scheint es bei den Menschenrechten in erster Linie darum zu gehen, gemeinsam ein spezifisch »menschliches Miteinander«[156] unter Bedingungen politischer Herrschaft zu gestalten. Selbst Tierrechtlerinnen und Tierrechtler, die eine stärkere »Repräsentation« von Tieren in Politik und Parlamenten fordern, bezweifeln in der Regel nicht, dass die politisch aktive Rolle des sich öffentlich selbst regierenden Souveräns den Mitgliedern der menschlichen Gemeinschaft vorbehalten bleibt – bis auf Weiteres jedenfalls.[157]

4. Artgerechte Tierhaltung beim Menschen?

Fassen wir zunächst die Ergebnisse des letzten Abschnitts noch einmal zusammen: Blickt man auf die konkreten Inhalte oder völkerrechtlich bereits verbindliche »Listen« der Menschenrechte, so entsprechen den dort festgeschriebenen Einzelansprüchen typisch *menschliche*, aber allenfalls bedingt »natürliche« Interessen, die sich aufgrund der politischen Organisationsform menschlichen Miteinanders von gattungsspezifischen Interessen anderer Tierarten in vielerlei Hinsicht unterscheiden. Erkundigt man sich, zweitens, nach den unterschiedlichen Pflichten, die den Menschenrechten staatlicherseits korrespondieren, so wirkt die Annahme, dass neben konkreten Unterlassungspflichten auch elementare Schutz- und

welt in Berührung sind (Füchse, Mäuse, Ratten etc.), mit Geflüchteten und Immigranten in: Donaldson/Kymlicka, *Zoopolis*, Kap. 7.

156 Vgl. Cora Diamond, *Menschen, Tiere und Begriffe*, Berlin 2012, Kap. 3-5. Die Autorin spitzt diesen Gedanken auf den Hinweis zu, dass selbst viele Tierrechtlerinnen und Tierrechtler einen Unterschied machen dürften zwischen »Tiere essen« und »Menschen essen«.

157 Ladwig, *Politische Philosophie der Tierrechte*, Kap. 8 u. 9; Svenja Ahlhaus, »Tiere im Parlament? Für ein neues Verständnis politischer Repräsentation«, in: *Mittelweg 36* 23 (2014), S. 59-73. Vielleicht wird man eines Tages mehrheitlich der Ansicht sein, dass auch andere Tiere *vollwertige* Mitglieder des *dēmos* und damit des politischen Souveräns sind. Allerdings müsste sich das Zusammenleben von Mensch und Tier vorab grundlegend ändern. Selbst die Haustierhaltung wäre eine Form von Sklaverei. Und die betreffenden Rechte wären nicht länger »Menschenrechte«.

Hilfspflichten auf die gesamte Wirbeltierwelt übertragen werden könnten, weltfremd an. Fragt sich die Theorie, drittens, ob auch andere Tiere und nicht nur Menschen in der für die Menschenrechte konstitutiven Rolle gleichberechtigter Autorinnen und Autoren einer möglichst demokratischen Konstituierung politischer Gewaltverhältnisse in Frage kommen, so sind nicht-menschliche Tiere in dieser imaginären Rolle des politischen »Souveräns« bislang nur schwer vorstellbar. Diese drei Bedenken sind bereits erste Indizien dafür, dass das Postulat der generischen Gleichheit *nicht* auch auf andere Tierarten ausgedehnt werden kann. Von konzeptionell entscheidender Bedeutung ist aber erst die nun folgende Überlegung.

Die tierethische Gleichsetzung von Menschen und – zumindest manchen – anderen Tieren irritiert aus menschenrechtlicher Sicht bereits deshalb, weil man bisweilen von einer Verletzung der Menschenrechte oder sogar von einer Verletzung menschlicher Würde spricht, wenn Menschen *wie* Tiere behandelt werden.[158] Man mag dagegen einwenden, dass eine derart »unwürdige« Behandlung von Menschen nur so lange als menschenrechtlich empörend empfunden werden dürfte, wie man – umgekehrt – Tiere weniger respektvoll als Menschen behandelt oder sogar vollends respektlos als »bloße Objekte« miss- oder verbraucht. Und doch ist fraglich, ob eine Theorie der Menschenrechte sinnvoll auf grundlegende Annahmen etwaiger Besonderheiten des Menschen und mithin auf eine bestimmte Vorstellung davon verzichten kann, was es heißen würde, einen Menschen »menschlich« zu behandeln – und eben nicht wie ein anderes Tier, eine Sache, ein Ding oder eine Maschine. Daher besteht die konzeptionelle Schwierigkeit an dieser Stelle darin, gleich *zwei* Extreme zu vermeiden: Weder sollte der Mensch speziesistisch zur »Krone der Schöpfung« oder gar zum Herrscher über

158 Vgl. Avishai Margalit, *Politik der Würde. Über Achtung und Verachtung*, Berlin 1997, Kap. 6. Ein historisches Beispiel: Zur Zeit der Apartheid in Südafrika war am Strand von Muizenberg (nahe Kapstadt) ein doppeltes Verbotsschild installiert worden. Oben auf diesem Schild stand: »White Persons Only«. Folglich war es nicht-weißen Menschen verboten, den Strand zu betreten. In der unteren Hälfte des Schildes war überdies ein Hund abgebildet und warnend rot durchgestrichen. Wäre hier der tierrechtliche Hinweis angemessen gewesen, dass Hunde *gleichermaßen* diskriminiert werden? Oder ist das Empörende an diesem Verbotsschild nicht gerade die zutiefst missachtende *Gleichsetzung* von nicht-weißen Menschen mit Hunden. Das Foto ist zu finden unter ⟨https://de.wikipedia.org/wiki/Datei:Apartheid.jpg⟩, letzter Zugriff 01. 11. 2021.

den Rest der Tierwelt überhöht werden, sodass bereits auf konzeptioneller Ebene eine Verabsolutierung menschlicher Interessen vorläge. Noch sollte von Beginn an kategorisch ausgeschlossen werden, dass es unter den weitgehend »unnatürlichen« Bedingungen politischer Herrschaft eben doch typisch menschliche Interessen geben mag, die einen ganz eigenen Typus von Rechten, und zwar eben *Menschenrechte*, erforderlich machen.

Auch der inzwischen geläufige Hinweis von Seiten der Zoologie, dass Menschen eben »auch nur Tiere sind«, muss nicht schon notwendig dazu führen, etwaige Unterschiede zwischen Menschen und anderen Tierarten zu nivellieren. Im Gegenteil: Auch Hunde, Katzen, Affen, Schweine, Hühner, Delfine, Alligatoren oder Schwertfische weisen jeweils artspezifische Unterschiede auf. Und diese Unterschiede lassen es selbst mit Blick auf *deren* Grundbedürfnisse von vornherein verfehlt erscheinen, Katzen *wie* Delfine, Hunde wie Schwertfische, Schweine wie Alligatoren oder Affen wie Hühner zu behandeln.[159] Mit Blick auf die nicht-menschliche Tierwelt spricht man gewöhnlich von »artgerechter Tierhaltung«, wenn es darum geht, ein normativ verbindliches Mindestmaß an Regeln festzulegen, die der Mensch im Umgang mit jeweils sehr verschiedenen Tierarten zu beachten habe; etwa im Rahmen der Haus- und Nutztierhaltung, der Domestizierung in zoologischen Anlagen, der Präsentation von Tieren im Zirkus oder auch mit Blick auf die Unterbringung und Behandlung von Versuchstieren in wissenschaftlichen Laboratorien. In all diesen Bereichen sehen sich menschliche Akteure mit der tierethischen und -rechtlichen Forderung konfrontiert, die vergleichsweise »unnatürlichen« Umstände eines tierlichen Daseins unter menschlicher Aufzucht oder Aufsicht so weit wie möglich an »angeborene« Bedürfnisse und Lebensweisen der betreffenden Tierarten sowie an deren Lebensraumbedingungen »in Freiheit« anzupassen. Menschen dürfen anderen Tieren, etwa mit Rücksicht auf deren physiologische Bedürfnisse, Bewegungsprofile oder soziale Gewohnheiten, keine unnötigen Nachteile, Schmerzen, Leiden oder sonstigen Schäden zufügen.[160]

Selbst wenn man an dieser Stelle der radikalen tierrechtlichen Auffassung wäre, dass sich die Begriffe »artgerecht« und »Tierhal-

159 Vgl. Ladwig, *Politische Philosophie der Tierrechte*, Kap. 4.

160 Dazu umfassend: Hilal Sezgin, *Artgerecht ist nur die Freiheit*, München 2014.

tung« grundsätzlich widersprechen, da es niemals gerechtfertigt sein kann, menschliche Kontrolle über andere Tiere auszuüben: Man wird nicht bestreiten können, dass es eben doch artspezifisch unterschiedliche Erfordernisse gibt, *falls* der Mensch die Kontrolle über Tiere verschiedener Art ausübt. Zugleich aber übt der Mensch nicht nur Kontrolle über andere Tiere, sondern immer auch über seinesgleichen aus, und zwar vor allem dort, wo Menschen in politisch integrierten sowie rechtlich reglementierten Macht- und Gewaltverhältnissen organisiert sind. Offenbar gilt auch hier, dass dabei generische Fundamentalinteressen zu berücksichtigen sind, die der Mensch qua Mitgliedschaft in einer jeweils konkreten politisch integrierten Rechtsgemeinschaft teilweise überhaupt erst *ausbildet* und durch die er sich von anderen Tieren entsprechend unterscheidet. Erst unter Bedingungen politischer Herrschaft »erwachen« ganz bestimmte menschliche Interessen, etwa an Meinungsfreiheit, Religionsfreiheit, Demonstrationsfreiheit, politischer Teilhabe, fairen Gerichtsverfahren, Arbeitslosenunterstützung, kultureller Teilhabe usw. Und spätestens damit steht die auf den ersten Blick irritierend wirkende Frage im Raum: Lassen sich diese elementaren Ansprüche auf eine »menschliche« Behandlung seitens öffentlicher Gewalten und Institutionen analog als elementare Vorschriften einer artgerechten Tierhaltung beim Menschen interpretieren?[161]

Die Menschenrechte handeln ersichtlich *auch* von der Frage, was es zu beachten gilt, wenn Menschen öffentlicher Kontrolle unterworfen werden, indem Regierungen und Gesetze auf elementare materielle Bedürfnisse, familiäre Strukturen, soziale Gewohnheiten oder schwierige Wohnverhältnisse Einfluss nehmen oder indem sie das Gesundheits- und Paarungsverhalten der Bevölkerung beeinflussen und rechtlich reglementieren.[162] Dies scheinen wichtige Aufgaben eines jeden Staates zu sein, der sich um Sozialpolitik, innere Sicherheit, um den Wohn- und Arbeitsmarkt, aber auch um Bildungs-, Kultur-, Gesundheits- und Familienpolitik zu kümmern hat. Plausibel an dieser noch ungewohnten Analogie scheint

161 Vgl. Ludwig Siep, *Technisierung der Natur – Historisierung der Moral*, Paderborn 2020, S. 45.

162 Vgl. die spöttischen Bemerkungen Johan Galtungs zum »Zoo«-Charakter eines auf elementare Grundbedürfnisse reduzierten Menschenrechtsverständnisses in: ders., *Menschenrechte – anders gesehen*, S. 107 (Fußnote 15). – Diesen Hinweis verdanke ich Silvia Staub-Bernasconi.

zu sein, dass die Menschenrechte, sofern es um deren *Inhalte* geht, auf rechtliche Garantien notwendiger Bedingungen eines »menschlichen« oder »menschenwürdigen« Lebens zielen, und zwar unter den jeweils spezifischen Voraussetzungen politisch organisierter und damit rechtlich eingehegter Gewaltverhältnisse.[163] Selbst wenn man der aristotelischen Auffassung[164] sein sollte, dass auch das Zusammenleben in der Polis etwas »Natürliches« ist: Die grundlegenden Rechte, die man dort einfordert, sind es nicht. Vielmehr wird der Inhalt der Menschenrechte durch das bestimmt, was Menschen, die ein menschenwürdiges Leben führen wollen, unter den vergleichsweise »künstlichen« Umständen staatlicher Herrschaft an subjektiven Rechten gegenüber der öffentlichen Gewaltordnung benötigen. Es geht dabei um elementare Schutz-, Teilhabe- und Hilfsansprüche, die gerade nicht für jede Lebensform gleichermaßen bedeutend sein können, weil Menschen gemeinhin *anders* zusammenleben als Hunde, Katzen oder Delfine.[165]

Das bedeutet in spezifisch menschenrechtlichen Zusammenhängen und unter den modernen Vorzeichen von Herrschaftsordnungen, die um Legitimität bemüht sind, dass Menschen in politischen Gemeinschaften organisiert sein wollen, an deren Konstitution und Legitimierung sie selbst – zumindest imaginär – beteiligt sind, und zwar durch Delegation ihrer demokratischen Macht an die politisch jeweils Verantwortlichen unter dem ausdrücklichen Vorbehalt der Einhaltung fundamentaler Menschenrechte.[166] Ebendiese historisch vergleichsweise neue Idee »subjektiver öffentlicher Rechte« ist bis auf Weiteres nur schwer auf andere Tierarten zu übertragen. Die betreffende Einsicht beruht nicht etwa auf einem unzulässigen Speziesismus, sondern spiegelt ein dezidiert ordnungspolitisches Anliegen der Menschenrechte wider: Es muss ein öffentliches Reglement für *menschliches* Miteinander geschaffen werden, und zwar unter Bedingungen politischer Herrschaft. Ebendiesem politisch-rechtlichen Reglement setzen die Menschenrechte

163 Dazu ausführlicher § 14.

164 Nach Aristoteles ist der Mensch bekanntlich das *zoon politikon*.

165 Theorien der Menschenrechte müssen zwar nicht leugnen, dass der Mensch sehr wohl auch natürliche Bedürfnisse und Interessen hat. Bestritten wird hier lediglich, dass es allein diese natürlichen Bedürfnisse und Interessen sind, die den Inhalt der Menschenrechte bereits vorgeben.

166 Siehe § 6.

Grenzen der legitimen Gewaltausübung. Sie verdanken sich dem philosophischen Gedankenexperiment einer imaginären Überwindung des vielzitierten Naturzustands. Auf der inhaltlichen Ebene betreffen die sich daraus ergebenden menschenrechtlichen »Vorbehalte« gegenüber den politischen Gewalten typisch menschliche Anforderungen an eine »artgerechte Tierhaltung«. Oder im Duktus der Menschenrechte formuliert: Alle Menschen weltweit sollen ein spezifisch menschenwürdiges Leben führen dürfen.[167]

167 Dazu mehr in § 14.

§ 4 Der Universalitätsanspruch der Menschenrechte

Mit den Menschenrechten geht ein komplexer Anspruch auf Universalität einher, der von relativistischer Seite aus historisch und transkulturell in Frage gestellt wird. Dieser Universalismus fordert die allgemeine und egalitäre Berücksichtigung weltweit aller Menschen als individuell zu achtende Rechtssubjekte. Ihrem konkreten Inhalt nach zielen die Menschenrechte auf generelle und fundamentale Interessen aller Menschen, die derart dringlich sind, dass die damit verbundenen Ansprüche als unverlierbar, unveräußerlich und unteilbar proklamiert werden. Wer diesen komplexen Anspruch auf Universalität gegen relativistische Kritik verteidigen will, muss zugestehen, dass all diese einzelnen Geltungsaspekte für die Menschenrechte konstitutiv sind.

Mit Blick auf die in den letzten beiden Paragrafen überprüfte Überzeugung, dass als Trägerinnen und Träger von Menschenrechten von vornherein *alle* Menschen in Frage kommen, geht zumeist bereits auf rhetorischer Ebene die Feststellung einher, dass die Menschenrechte »universell« gelten. Wer diese Überzeugung vertritt, scheint gar nichts anderes zu *meinen* als eben die Behauptung, dass weltweit alle Menschen dieselben basalen Rechte besitzen und somit sämtlich einen Anspruch darauf haben, von Seiten der öffentlichen Ordnung als gleiche, vollwertige Rechtssubjekte geachtet zu werden. Doch so vertraut dieser universalistische Grundanspruch auch anmutet: Seit jeher ist umstritten, was im Detail mit diesem Anspruch gemeint ist und wie konsequent man ihn auszulegen hat. So ist etwa mit der Behauptung, dass weltweit alle Menschen exakt die gleichen Rechte besitzen, nicht schon notwendig vorausgesetzt, dass bei deren Zuerkennung überhaupt gar keine Ausnahmen zulässig wären oder dass öffentliche Rechtsordnungen tatsächlich niemals zwischen einzelnen Menschen menschenrechtlich relevante Unterschiede machen dürften. Auch die Frage, ob angesichts des kulturellen Pluralismus valide Aussagen über »den« Menschen im Singular möglich sind, ist umstritten; was ja Voraussetzung dafür wäre, allen Menschen entsprechend gleiche Rechte zuzuerkennen. Wie weit also reichen die sich aus diesem Universalitätsanspruch ergebenden Konsequenzen? Wo setzen »relativistische« Kritikerinnen und Kritiker an, wenn sie diesen Universalitätsanspruch in Zweifel ziehen? Und an welchen normativen Geltungsaspekten muss die Theorie der Menschenrechte festhalten, will sie deren Universalität gegen relativistische Einwände verteidigen?[168]

Zumeist ist mit der Behauptung, dass die Menschenrechte universelle Geltung besitzen, eine der beiden zentralen geltungstheoretischen Grundvoraussetzungen gemeint, die bereits in den letzten beiden Paragrafen diskutiert worden sind: Die »Prämisse generischer Mitgliedschaft« zielte auf eine Inklusion sämtlicher Menschen in den Kreis der Rechtssubjekte, und zwar allein aufgrund ihres Menschseins. Man kann diesen primären Geltungsaspekt als den Anspruch auf »Allgemeinheit« bezeichnen: Die Menschenrechte sind *allen* Menschen *gemein*. Das »Axiom der Gleichheit« hingegen hat diesen allgemeinen Geltungsanspruch durch die Forderung ergänzt, dass die Menschenrechte nicht nur allen Menschen, sondern allen Menschen *gleichermaßen* und damit in gleichem Umfang zuerkannt werden müssen. Dieser zweite Geltungsaspekt wird im Folgenden der Anspruch der »Egalität« genannt: Die Unterstellung der Gleichwertigkeit aller Menschen führt zur Ablehnung sämtlicher Argumente, die an einer diskriminierenden Ungleichverteilung einzelner Menschenrechte festhalten wollen. Aus diesen beiden elementaren Geltungsaspekten ergeben sich zunächst zwei recht verschiedene und auch verschieden gravierende Strategien, den Universalitätsanspruch der Menschenrechte in Frage zu stellen.[169]

Wer *grundlegend* bestreitet, dass sämtliche Menschen Subjekte von Menschenrechten sind, vertritt eine »fundamentalistische« Menschenrechtskritik. Hier wird die normative Relevanz der Gattungszugehörigkeit – und damit der allgemeine Charakter der Menschenrechte – bereits auf prinzipieller Ebene geleugnet. Das bloße Menschsein, so die skeptische These, berechtige zu gar nichts, vielmehr habe die Zuerkennung von Rechten stets auf der Grundlage anspruchsvollerer Kriterien zu erfolgen, die einige Menschen – zum Beispiel Personen, Männer, Freie, Erwachsene, Weiße etc. – aufweisen mögen, andere nicht. Oder wie es gar in der »totalitären« Variante dieser fundamentalistischen Kritik heißt:

168 Im nun folgenden Paragrafen übernehme ich die wichtigsten Unterscheidungen und einige Passagen aus: Pollmann, »Der menschenrechtliche Universalismus und seine relativistischen Gegner«.

169 Dazu Menke/Pollmann, *Philosophie der Menschenrechte*, S. 43-45.

Manche Menschen sind nicht einmal *als* Menschen einzustufen, sie besitzen schon deshalb keinerlei rechtlich relevanten Wert. Sie sind vielmehr als völlig »wertlos« zu betrachten, folgerichtig dann auch als »rechtlos« und können deshalb wie »Sachen« oder »Tiere« oder gar als »Schädlinge« behandelt und »ausgemerzt« werden.[170] Jede Bezugnahme auf eine normativ gehaltvolle Idee der Menschheit wäre so von vornherein als bloße Rhetorik einer verweichlichten *Sklavenmoral* abzutun.[171]

Diese fundamentalistische Gegnerschaft könnte aus Sicht der Menschenrechte kaum fataler sein, und sie ist historisch dann auch tatsächlich auf barbarische Weise wirksam gewesen.[172] Doch selbst wenn es sich dabei um eine bis heute verbleibende Denkoption handelt: Zumindest in der aktuellen Fachdiskussion wird diese fundamentalistische Kritik von niemandem mehr ernsthaft vertreten. Wer auch heute noch behaupten würde, manche Menschen seien »unwert«, normativ bedeutungslos und deshalb vollends rechtlos, würde sich umgehend selbst aus dem Kreis akzeptabler Diskurspartnerinnen und -partner verabschieden. Das bedeutet selbstredend nicht, dass die affirmative Gegenposition – der menschenrechtliche Universalismus – deshalb bereits umfassend und überall akzeptiert wäre. Weitaus geläufiger nämlich als jene fundamentalistische Totalopposition sind unterschiedliche Spielarten eines menschenrechtlichen Anti-Egalitarismus, der das bloße Menschsein zwar sehr wohl für menschenrechtlich relevant hält, aber doch zugleich auch faktisch einräumt, dass es Menschen »zweiter Klasse« geben mag; Menschen, die *weniger* Wert als andere besitzen und die deshalb zwar Menschenrechte haben mögen, nicht aber notwendig dieselben oder all diese Rechte und überdies auf exakt die gleiche und bedingungslose Weise.

Der Universalitätsanspruch der Menschenrechte kann also nicht nur fundamental in Zweifel gezogen werden, indem man den

170 Siehe zu diesem menschenverachtenden Duktus etwa die »Volksschädlingsverordnung« der Nationalsozialisten von 1939. Für eine historische und systematische Kritik an dieser totalitären Auffassung: Rolf Zimmermann, *Moral als Macht. Eine Philosophie der historischen Erfahrung*, Reinbek 2008, bes. S. 17-46 u. 161-175.

171 So sagt Carl Schmitt im Geiste Nietzsches und mit Blick auf humanitäre Interventionen: »Wer Menschheit sagt, will betrügen«, in: ders, *Der Begriff des Politischen* [1932], Berlin 2002, S. 55.

172 Siehe *Einleitung*, Abschnitt 3.

Aspekt ihrer Allgemeinheit in Frage stellt, man kann ihn auch zu »relativieren« versuchen, indem man auf unterschiedliche Weise die Egalität der Menschenrechte anzweifelt. Da diese relativistische Skepsis heute zumeist aus einer dezidiert kulturvergleichenden Perspektive vorgetragen wird, soll hier zu Beginn erst noch einmal an die gängigsten dieser kulturalistischen Einwände erinnert werden (Abschnitt 1). Auf Seiten philosophischer Befürworterinnen und Befürworter des menschenrechtlichen Universalismus spielen diese kritischen Bedenken vor allem die Rolle einer provokativen Reflexionsinstanz, durch die man sich mit der Frage konfrontiert sieht, welche normativen Geltungsaspekte *notwendig* zu den Menschenrechten gehören. Zunächst soll es dabei um die drei Formeigenschaften der »Individualität«, »Fundamentalität« und »Generalität« gehen (Abschnitt 2). Anschließend werden die Geltungsaspekte der »Unverlierbarkeit«, »Unveräußerlichkeit« und »Unteilbarkeit« rekonstruiert (Abschnitt 3). Enden wird dieser Paragraf dann mit der These, dass all diese unterschiedlichen Geltungsaspekte, und zwar notwendig und irreduzibel, den insgesamt komplexen Anspruch auf Universalität konturieren (Abschnitt 4).

1. Relativistische Einwände

Das Universalismus/Relativismus-Problem der Menschenrechte betrifft zuvorderst die Frage, ob und wie man diese Rechte derart grundlegend rechtfertigen kann, dass sie *von* allen Menschen *für* alle Menschen weltweit gleichermaßen als verbindlich betrachtet werden können.[173] Wie schon erwähnt, lautet dabei die für den Universalismus axiomatisch grundlegende Behauptung: Trotz aller individuellen Unterschiede ist jeder Mensch als menschenrechtlich gleich zu achten, und zwar allein weil er Mensch ist. Ebendieser Grundanspruch ist es, der von fundamentalistischen Gegnerinnen und Gegnern bereits im Ansatz bestritten wird, sobald manche Menschen oder auch ganze Gruppen von Menschen von vornherein aus dieser

173 Dazu die Pionierarbeit Ludger Kühnhardt, *Die Universalität der Menschenrechte*, München 1987. Für einen instruktiven Überblick: Jack Donnelly, »The Relative Universality of Human Rights«, in: *Human Rights Quarterly* 29 (2007), S. 281-306. Den neuesten Stand der Debatte rekonstruiert: Janne Mende, *Der Universalismus der Menschenrechte*, München 2021.

universellen Rechtsgemeinschaft ausgeschlossen werden sollen. Der anti-egalitäre Relativismus hingegen muss so weit gar nicht gehen. Er leugnet nicht schon notwendig, dass alle Menschen überhaupt irgendwelche Menschenrechte haben. Er verneint lediglich, dass alle Menschen von vornherein oder auch bedingungslos *dieselben* Rechte haben. Folglich wird die Idee der Menschenrechte hier zwar grundsätzlich anerkannt, aber doch zugleich auch relativiert, in ihrer normativen Reichweite eingeschränkt oder aber mit Vorbehalten versehen. Diese relativistische Skepsis tritt heute zumeist in Gestalt einer der folgenden kulturalistischen Einwände auf.[174]

Einwand 1: »Dekontextualismus«. Man muss nicht schon die Menschenrechtsidee als solche ablehnen, um aus kulturhistorischer oder -vergleichender Sicht zu der Überzeugung zu gelangen, dass eine jeweils bestimmte und häufig als »westlich« identifizierte Interpretation der Menschenrechte nicht vorschnell auf alle nur erdenklichen Kontexte und Kulturkreise übertragen werden kann.[175] Vielmehr sind noch immer zahlreiche Kritikerinnen und Kritiker eines kulturell und historisch *dekontextualisierten* Universalismus der Auffassung, dass politische Ordnungen und öffentliche Rechtssysteme, wenn sie wahrhaft »gerecht« sein wollen, stets nach Maßgabe der sozialen, kulturellen, religiösen oder auch politischen Bedingungen *vor Ort* einzurichten sind.[176] Dies impliziert zumeist auch, dass grundlegende Privilegien und Rechte in Abhängigkeit von den konkreten historischen und kulturellen Umständen und damit *ungleich* zwischen den einzelnen Gesellschaftsmitgliedern oder auch Gruppen verteilt sein können. Was es folglich im jeweils konkreten Kontext für das jeweils besondere Individuum heißt – ob für Mann oder Frau, Inländerin oder Ausländer, heterosexuell oder homosexuell, reich oder arm, jung oder alt usw. –, von Seiten der öffentlichen Rechtsordnung adäquat Berücksichtigung zu finden, darf mit ebenjenen konkreten Lebensbedingungen und Wert-

174 Für eine frühe, kulturalistisch stilbildende Kritik: American Anthropological Association, »Statement on Human Rights«, in: *American Anthropologist* 49 (1947), S. 539-543.

175 Dazu Jack Donnelly, *Universal Human Rights in Theory and Practice*, Ithaca 2003, Abschnitt II.

176 Siehe exemplarisch Makau Mutua, *Human Rights. A Political and Cultural Critique*, Philadelphia 2008; José-Manuel Barreto (Hg.), *Human Rights from a Third World Perspective: Critique, History and International Law*, Cambridge 2013.

vorstellungen vor Ort variieren.[177] Gleichheit und Gerechtigkeit mögen in Europa oder in den USA tatsächlich etwas ganz anderes bedeuten als Gleichheit und Gerechtigkeit in China, Iran, Nigeria oder Darfur. Frei nach dem Motto: Andere Länder, andere Sitten! Andere Kulturen, andere Rechtssysteme!

Einwand 2: »Eurozentrismus«. Mit dem Vorwurf mangelnder Kontextsensitivität ist meist zugleich auch ein zweiter kulturalistischer Einwand verknüpft, der auf die historische *Genese* der Menschenrechtsidee als den Fluchtpunkt einer vermeintlich »westlichen«[178] und mithin hegemonialen Kulturgeschichte anspielt. Es lasse sich zeigen, so der heute vor allem aus postkolonialer Sicht vorgetragene Einwand, dass die Menschenrechte eine spezifisch »abendländische Erfindung« seien, die auf das historische Erbe des Absolutismus und vor allem auf Erfahrungen mit dem europäischen Totalitarismus zurückgehe.[179] Daher müsse man es vermeiden, ihre Geltung einfach auch auf andere Kulturkreise zu projizieren, da deren Rechtssysteme ja auf teilweise ganz anderen historischen Erfahrungen aufruhen. Weil also die Herausbildung rechtlicher und politischer Ordnungsvorstellungen stets vor dem Hintergrund einer historisch und kulturell situierten Wirklichkeit interpretiert werden muss und zu dieser in einer stetigen Wechselbeziehung steht, kann der spezifisch europäische Erfahrungshorizont nicht einfach verallgemeinert und damit bereits auf Ebene der Theorie transzendiert werden.[180] Wer demnach glaubt, man könne

177 Man nennt diesen menschenrechtlichen Relativismus gelegentlich auch »Partikularismus«.

178 An die Stelle des noch immer gängigen Gegensatzes »westlich vs. nicht-westlich« tritt heute immer häufiger auch der Gegensatz von »Ländern des globalen Nordens vs. Länder des globalen Südens«.

179 Dazu Steven L. B. Jensen, *The Making of International Human Rights. The 1960s, Decolonization, and the Reconstruction of Global Values*, Cambridge 2016. Mal wird der betreffende Relativismus ins Feld geführt, um die Menschenrechtsidee vorschnell *als solche* zu diskreditieren. Ein anderes Mal wird behauptet, und zwar zu Recht, dass in dem betreffenden »Narrativ« lediglich das unkritische Selbstverständnis westlicher Apologetinnen und Apologeten und damit eine historische Anmaßung zum Ausdruck komme, die den Umstand ignoriert oder gar gezielt verschweigt, dass auf das heutige Menschenrechtsdenken auch nicht-westliche Akteure großen Einfluss hatten. Siehe dazu auch Menne, *Der Universalismus der Menschenrechte*, Kap. 2.

180 Vgl. Lawrence M. Friedmann, *The Human Rights Culture. A Study in History and Context*, New Orleans 2011.

auch islamischen, afrikanischen oder asiatischen Rechtskulturen ohne Umschweife ein normatives Rechtskonstrukt westlicher oder europäischer Prägung diktieren, verfahre notwendig »eurozentristisch«: Man halte sich selbst für den sprichwörtlichen Nabel der Welt und klassifiziere andere Kulturen nach den historischen Erfahrungen und den daraus abgeleiteten Wertmaßstäben der jeweils eigenen Kultur.[181]

Einwand 3: »Anti-Pluralismus«. Ein mindestens ebenso geläufiger dritter Einwand warnt vor der Gefahr, dass die Menschenrechte den globalen *Pluralismus* und damit die Vielfalt menschlicher Lebensformen zerstören könnten. Zwingen die Menschenrechte am Ende nicht sogar zu einem tendenziell destruktiven Eingreifen in indigene Kulturen oder bislang »isolierte« Naturvölker, falls diese sich als wenig menschenrechtskonform erweisen? Diese kulturalistisch zugespitzte Kritik zielt vor allem auf die *Inhalte* einschlägiger Menschenrechtsvereinbarungen. Mit den Menschenrechten, so heißt es, werde eine ethisch partikulare, und zwar eben eurozentrische Vorstellung vom »guten Leben« exportiert, die gegenüber kulturellen Abweichungen und Eigenarten ignorant sei, indem sie sich als »das« Menschenbild der Menschenrechte ausgebe.[182] Propagiert werde hier vor allem eine auf westliche Freiheit fokussierte Lebenskonzeption individueller Selbstverwirklichung, die mit stärker gemeinschaftlich, kommunal, lokal, kooperativ, solidarisch oder auch familiär ausgerichteten Lebensvorstellungen unverträglich sein soll.[183] Mit dieser Kritik geht meist die Befürchtung einher, dass die Menschenrechte eine ethische Uniformierung sämtlicher Menschen weltweit anstrebten und damit eine kulturelle »Nivellierung«, die unmittelbar in Widerspruch zu dem stehe, was die Menschenrechte – ihrem eigenen Selbstverständnis nach – beabsichtigen, nämlich die Etablierung rechtlicher Regeln *für* einen befriedeten

181 Vgl. Mutua, *Human Rights*; Samir Amin, *Eurocentrism. Modernity, Religion and Democracy*, New York 2009. Wie jedoch Johannes Morsink mit Blick auf den *drafting*-Prozess der *Allgemeinen Erklärung der Menschenrechte* von 1948 und die vielen nicht-westlichen Einflüsse auf diesen Prozess gezeigt hat, ist dieser Vorwurf historisch oft wenig informiert. Siehe ders., *The Universal Declaration of Human Rights. Origins, Drafting, and Intent*, Philadelphia 1999.

182 Donnelly, *Universal Human Rights*, Kap. 6.

183 Diese Kritik berührt sich mit Bedenken, die traditionell eher von marxistischer oder auch feministischer Seite aus vorgetragenen werden.

Pluralismus. Anders gesagt: Der Pluralismus werde dadurch eingehegt, dass man ihn beseitigt.[184]

Einwand 4: »Individualismus«. Eng verknüpft mit dem zuletzt genannten Vorwurf anti-pluralistischer Uniformierung ist zudem ein spezifisch rechtssoziologischer Einwand, der sich weniger an der pluralistischen Vielfalt individueller Lebensstile interessiert zeigt als vielmehr an der Bewahrung historisch gewachsener Rechtskulturen samt deren sittlicher Grundlagen. Die betreffende Kritik bemängelt dann vor allem die bereits in § 1 erläuterte und dort als spezifisch »modern« bezeichnete Überzeugung, dass die Menschenrechte subjektive Rechte seien, auf die das einzelne Rechtssubjekt selbst noch gegenüber der eigenen und damit jener Rechtsgemeinschaft pochen darf, die ihm diese und alle sonstigen Rechte allererst gewährt. Es ist diese *individualisierende* Rechtsauffassung, die vielen kulturrelativistischen Kritikerinnen und Kritikern ein Dorn im Auge ist. Denn das Individuum werde so mit einer vollends einseitigen, »egoistischen« Anspruchshaltung versehen und in eine anmaßende Opposition zur kollektiven Rechtsgemeinschaft gebracht, wodurch diese Gemeinschaft langfristig »atomisiert« und zerstört werde. Wer hingegen an »asiatische Werte«[185] oder an einen spezifisch afrikanischen Kollektivismus[186] glaubt, wer kommunitaristisch[187] denkt oder die vermeintliche Komplizenschaft der Menschenrechte mit dem Individualismus des »Neoliberalismus«[188] anprangert, wird dabei oft der direkt gegenteiligen Auffassung sein: Es bestehe eine grundsätzliche Priorität der Gemeinschaft gegenüber dem Individuum – und damit vor allem auch ein grundsätzlicher Vorrang gemeinwohlorientierter Pflichten vor subjektiven Rechtsansprüchen. Das sozial und kulturell eingebundene und abhängige Individuum,

184 An dieser Stelle ergeben sich kulturrelativistische Parallelen zum menschenrechtlichen Rechtsradikalismus bei Alain de Benoist, *Kritik der Menschenrechte*, Berlin 2004, bes. Kap. 4.

185 Joanne R. Bauer/Daniel A. Bell (Hg.), *The East Asian Challenge for Human Rights*, Cambridge 1999.

186 Claude Ake, »The African Context of Human Rights«, in: *Africa Today* 34 (1987), S. 5-12.

187 Charles Taylor, »Conditions of an Unforced Consensus on Human Rights«, in: Bauer/Bell, *The East Asian Challenge*, S. 124-144.

188 Samuel Moyn, *Not Enough. Human Rights in an Unequal World*, Cambridge 2018, Kap. 7.

so die Kritik, habe vielmehr Rechte überhaupt *nur* qua Mitgliedschaft zu seiner Gemeinschaft.

Einwand 5: »Imperialismus«. Einsprüche des fünften Typs besitzen eine unmittelbar realpolitische Stoßrichtung. Sie behaupten, dass die von Seiten der Vereinten Nationen oder auch der Europäischen Union betriebene Menschenrechtspolitik sowie die oft floskelhaft bis scheinheilig anmutende Menschenrechtsrhetorik vieler westlicher Politikerinnen und Politiker bloß taktisch vorgeschoben seien und als Ausdruck eines imperialistischen Machtstrebens gedeutet werden müssten. Gleiches gelte für den von Seiten einzelner Großmächte auf geradezu paradoxe Weise betriebenen »unilateralen Universalismus«:[189] Wer lautstark auf die Menschenrechte poche, im Rahmen der eigenen politischen Herrschaftspraxis aber immer wieder selbst zu menschenrechtswidrigen Mitteln greife, zum Beispiel zu willkürlichen Verhaftungen, Ausweisungen oder Folter, zu unverhältnismäßigen wirtschaftlichen Sanktionen oder gar zu militärischen Interventionen, verfolge ersichtlich ein von den Menschenrechten gravierend abweichendes politisches Anliegen. Verfolgt werden dabei eher handfeste nationalistische, protektionistische und geostrategische Interessen sowie das Ziel des Erhalts und der Ausweitung eigener Macht- und Wirtschaftssphären. Dieser »verkappte« – bloß als Menschenrechtspolitik getarnte – Universalismus sei in Wahrheit ein Imperialismus, der das Anliegen der Menschenrechte vollends korrumpiere. Die Menschenrechte verkämen so zu einer machtpolitischen Ideologie, hinter deren Maske sich noch immer die alte kolonialistische »Fratze« zeige.[190]

Einwand 6: »Parteilichkeit«. Der sechste und vorerst letzte relativistische Einwand spielte in jüngerer Vergangenheit vor allem in der Migrations- und Fluchtdebatte eine zentrale Rolle. Er steht zu den zuvor genannten Einwänden in einer gewissen Spannung: Während die fünf ersten Bedenken jeweils ein »Zuviel« an Universalismus

189 Donnelly, »The Relative Universality of Human Rights«, S. 305.

190 Mutua, *Human Rights*, Kap. 2; Antony Anghie, *Imperialism, Sovereignty, and the Making of International Law*, Cambridge 2007, Kap. 5 u. 6. Eine wichtige Rolle spielen solche Einwände etwa auch bei der Kritik eines mutmaßlich auf afrikanische Kriegsverbrechen fokussierten Internationalen Strafgerichtshofs in Den Haag. Dazu Denis M. Tull/Annette Weber, *Afrika und der Internationale Strafgerichtshof. Vom Konflikt zur politischen Selbstbehauptung*, Berlin 2016, ⟨https://www.swp-berlin.org/publications/products/studien/2016S02_tll_web.pdf⟩, letzter Zugriff: 1. 11. 2021.

beklagen, kritisiert dieser sechste Einwand eher ein scheinheiliges »Zuwenig«. Beanstandet wird hier vor allem eine allzu restriktive Einwanderungspolitik der sich zunehmend protektionistisch abschottenden Nationalstaaten in der sogenannten Ersten Welt, die einen aus menschenrechtlicher Sicht inkonsequenten und geradezu zynischen Unterschied markieren zwischen den fundamentalen Rechten der Menschen »hierzulande« und denen »anderer« Menschen – etwa an den Außengrenzen der Europäischen Union und auf dem Mittelmeer.[191] Oftmals diene hier der Verweis auf »unsere« Menschenrechte dazu, die Menschenrechte »fremder« Menschen direkt abzuwehren. Stattdessen müsse jedoch mit Hannah Arendt aus Flucht, Vertreibung und Staatenlosigkeit des 20. Jahrhunderts die historische Konsequenz gezogen werden, ein traditionell zu sehr auf Staatsbürgerrechte restringiertes Menschenrechtsdenken universalistisch zu überwinden. Denn dieses traditionelle Menschenrechtsdenken sei offenbar nicht unvereinbar damit, tatenlos dabei zuzusehen, wie unzählige Menschen, die staatenlos oder auf der Flucht sind, in Lagern vor sich hinvegetieren oder im Meer ertrinken, weil man ihnen nicht einmal das grundlegende Menschenrecht zuerkennt, überhaupt irgendwelche Rechte zu haben.[192]

Ohne im Folgenden auf sämtliche dieser relativistischen Einwände mit der gebührenden Sorgfalt eingehen zu können: Es wird zu zeigen sein, dass alle diese Einwände auf je unterschiedliche Weise an divergenten Formeigenschaften und Geltungsaspekten der Menschenrechte ansetzen, die im Zuge dieser relativistischen Anfeindungen, aber auch im Rahmen ihrer selbstbewussten Zurückweisung nur umso deutlicher als konzeptionell *notwendig* hervortreten. Zudem wird sich herausstellen, dass diese umstrittenen Formeigenschaften und Geltungsansprüche keineswegs *nur* in interkultureller Perspektive kontrovers sind. Sie stehen seit jeher auch im Rahmen einer westlichen »Selbstkritik« an den Menschenrechten zur Disposition. Anders gesagt: Weder sind Theorie und Geschichte der Menschenrechte rein eurozentrische Phänomene, noch ist die Kritik am Universalismus der Menschenrechte ein exklusiv nicht-westliches Metier.[193] Wir sehen zunächst von konkre-

191 Siehe zu dieser Debatte etwa die Beiträge zum Schwerpunktthema »Menschenrechte und Migration«, in: *Zeitschrift für Menschenrechte* 8 (2014).

192 Dazu die Diskussion in: Martinsen, *Grenzen der Menschenrechte*, bes. Kap. 5.

193 Ausführlicher bei: Menne, *Der Universalismus der Menschenrechte*.

ten Inhalten der einzelnen Menschenrechte ab und beginnen mit ihrer »Form«. Im Mittelpunkt steht dabei die Überzeugung, dass die Menschenrechte sowohl »individuelle« als auch »fundamentale« und »generelle« Rechtsansprüche sind.

2. Individualität, Fundamentalität, Generalität

Wie eben schon erwähnt, moniert die relativistische Kritik sehr häufig, dass der moderne Menschenrechtsdiskurs zu einem egoistischen, atomistischen, sozial entbundenen oder gar neoliberalen »Anspruchsdenken« verleite und dadurch ein Übermaß an *Individualität* produziere.[194] Das egoistische Individuum und dessen Rechte würden so »über« die Interessen der Gemeinschaft gestellt, statt es dem Kollektiv unterzuordnen und ihm zuvorderst kommunale oder solidarische Pflichten aufzuerlegen.[195] Tatsächlich stellt ja die Forderung, dass die Menschenrechte »subjektiv« einklagbare Rechte sind, die den Anspruchsberechtigten seitens des Rechtssystems ohne jeden Rückanspruch gewährt werden müssen, eine spezifisch post-traditionale Rechtsidee dar. Folgt man der rechtphilosophischen Mehrheitsmeinung, so sind subjektive Rechte dann gegeben, wenn die Erfüllung korrespondierender Pflichten unmittelbar dem Individuum selbst geschuldet ist.[196] Diese Rechte ergeben sich nicht erst indirekt aus der Mitgliedschaft in einer bestimmten Gruppe. Vielmehr schützen und begünstigen subjektive Rechte unmittelbar individuelle Rechtsgüter und Interessenlagen – und zwar notfalls *gegen* die Übermacht des politischen Kollektivs. Dadurch wird das Rechtssubjekt *als* Rechtssubjekt konstituiert und zugleich auch individualisiert: Die Betroffenen werden jeweils subjektiv dazu ermächtigt, ihren rechtlich relevanten Willen und da-

194 Dieser seit Karl Marx beliebte Einwand lässt sich heute kaum mehr halten. Auf den völkerrechtlich vereinbarten Listen finden sich zahlreiche Menschenrechte, die das Individuum ausdrücklich in seiner Sozialität schützen; zum Beispiel Rechte auf politische, soziale und kulturelle Teilhabe, auf Versammlungs- und Demonstrationsfreiheit oder auch auf den Schutz von Ehe und Familie.

195 Auch ein Großteil der Kritik an einem »unsolidarischen« Pochen auf Freiheitsrechte während der Corona-Pandemie weist in diese Richtung.

196 Siehe § 1. Auf die Debatte um mutmaßliche »Menschenpflichten« komme ich in § 8 zurück.

mit ihre Interessen auch anderen und nicht zuletzt eben auch dem Rechtssystem selbst gegenüber geltend zu machen.[197]

Von einer effektiven Ermächtigung dieser Rechtssubjekte kann freilich erst dann gesprochen werden, wenn die faktische Durchsetzung ihrer Ansprüche nicht bloß eine Frage wohlmeinender Absichtserklärungen ist, etwa von Seiten »fortschrittlicher« Regierungen. Es bedarf dazu vielmehr eines für die Durchsetzung dieser individuellen Rechte zuständigen »Zwangsapparates« auf Seiten des Staates, der die betreffenden Ansprüche auch tatsächlich *einklagbar* macht.[198] Damit ist eine spezifisch moderne und mit traditionellen Rechtsvorstellungen meist unvereinbare Neuausrichtung öffentlicher Rechtssysteme skizziert, in deren Folge das jeweils einzelne Individuum als ein genuines Anspruchssubjekt konstituiert wird, das zumindest einige fundamentale Rechte selbst noch gegenüber dem eigenen Staat geltend machen kann, der diese Rechte allererst garantiert – aber bisweilen eben auch verletzt. Historisch reagieren die Menschenrechte damit auf die »Erfahrung ungerechten Rechts«:[199] Sie sind weniger das Resultat einer direkten interpersonalen Erfahrung in Bezug auf das, was einzelne Menschen anderen einzelnen Menschen antun. Sie ergeben sich vielmehr aus dem Wissen, was *öffentliche Gewalten* einzelnen Individuen an Schaden zuzufügen vermögen.

Das historische Grundanliegen der Menschenrechte, möglichst alle Menschen vor öffentlicher Willkürgewalt zu schützen, ist deshalb gerade nicht als »egoistisch« einzustufen, wie das die relativistische Kritik gern sehen möchte, sondern als politisch dringlich, falls an den zentralen Legitimationsanforderungen spezifisch moderner Rechtsstaatlichkeit festgehalten werden soll.[200] Würde man dem Relativismus bereits an dieser Stelle zu weit entgegenkommen, käme dies einer folgenreichen Ablehnung der historischen und politischen *Funktion* der Menschenrechte gleich: Es geht diesen Rechten eben nicht darum, die Gemeinschaft vor allzu anspruchsberechtigten Individuen zu schützen. Vielmehr ist – umgekehrt –

197 Jellinek, *System der subjektiven öffentlichen Rechte*, S. 44.

198 Weber, *Wirtschaft und Gesellschaft*, Kap. 2.1, § 1.

199 Hasso Hofmann, »Vier Erfahrungen des Rechts«, in: Heiner Bielefeldt/Winfried Brugger/Klaus Dicke (Hg.), *Würde und Recht des Menschen*, Würzburg 1992, S. 81-92, hier S. 87 f.

200 Dazu mehr in § 6.

das Individuum vor der Übermacht des politischen Kollektivs in Schutz zu nehmen.[201] Die damit behauptete Dringlichkeit weist aber noch einen wichtigen weiteren rechtsarchitektonischen Aspekt auf. Dieser tritt häufig dann hervor, wenn die transkulturelle Übertragbarkeit einzelner Rechte relativistisch in Abrede gestellt wird. Unmittelbar in Gegenreaktion auf entsprechende Kritik heißt es nicht selten, die Menschenrechte seien keineswegs auf »irgendwelche« Ansprüche individueller Menschen bezogen, sondern auf besonders fundamentale Interessen und Forderungen. Es gehe den einzelnen Menschenrechten um Ansprüche von jeweils grundlegender Wichtigkeit im menschlichen Leben.[202]

Diese *Fundamentalität* der Menschenrechte kann auf mindestens zwei Weisen verstanden und entsprechend dann auch relativistisch in Frage gestellt werden: Zum einen ist damit die inhaltliche Behauptung gemeint, dass die Menschenrechte auf besonders maßgebliche Aspekte menschlichen Lebens abzielen – und damit keineswegs auf die Befriedigung etwaiger »Luxusbedürfnisse«. Es geht ihnen um denkbar basale Ansprüche, die das menschenwürdige Leben betreffen und die erfüllt sein müssen, damit die betreffenden Rechtssubjekte auch etwaige andere, weitergehende Rechte beanspruchen können.[203] Zum anderen ist mit dieser Behauptung der Fundamentalität der spezifisch rechtsarchitektonische Status dieser Rechte mit Blick auf die Rechtsordnung insgesamt gemeint: Sobald diese Rechte konkrete Gesetzeskraft erlangen, indem sie einklagbar gemacht werden, und zwar in Gestalt konstitutionell garan-

201 Daher ist jeder Versuch, einen asiatischen, arabischen, afrikanischen oder auch kommunitaristischen Vorrang des Kollektivs zu behaupten, während man *zugleich* an den Menschenrechten festhält, zum Scheitern verurteilt. Ein Beispiel ist Artikel 13 der Verfassung Japans (1946): »Alle Menschen sind als Individuen zu respektieren. Ihr Recht auf Leben, Freiheit und das Streben nach Glück muss, solange dies nicht mit der öffentlichen Wohlfahrt in Konflikt steht, das oberste Prinzip von Gesetzgebung und allem sonstigen Regierungshandeln sein« [übersetzt aus dem Englischen, A.P.].

202 Vgl. Jan Sieckmann, »Fundamentalität, Unveräußerlichkeit, Unteilbarkeit«, in: Pollmann/Lohmann (Hg.), *Menschenrechte,* S. 165-170.

203 Ebendiese Überzeugung ist es dann auch, die oft den interkulturellen Zweifel weckt, wie man angesichts des weltanschaulichen Pluralismus und historischer sowie interkultureller Unterschiede jemals zu einer allgemeinen »Liste« derart basaler menschlicher Grundansprüche gelangen soll. Jack Donnelly (»The Relative Universality of Human Rights«) unterscheidet diesbezüglich zwischen einem »konzeptionellen« und einem »substanziellen« Universalismus.

tierter Grundrechte, prägen sie fortan das »Wertefundament« der durch diese Ansprüche konstituierten Rechtssysteme. Die Menschenrechte sind als normativ-rechtliche Grundsatzentscheidungen zu verstehen, mit denen die öffentliche Rahmenordnung die eigene normative Basisstruktur ausrichtet, und auch deshalb werden sie in kodifizierter Form oft »Grundrechte« genannt.[204]

In beiden Hinsichten dieser Fundamentalität ist aus relativistischer Perspektive fraglich, wie anspruchsvoll man das betreffende Fundament gestalten sollte. Je höher man das das darauf aufbauende menschenrechtliche Anspruchsniveau veranschlagt, umso stärker wächst der kulturrelativistische Widerstand gegen vermeintlich vorschnelle Verallgemeinerungen. Ebendiese Gefahr ruft »minimalistische« Konzeptionen der Menschenrechte auf den Plan, die in der Hoffnung auf wachsende interkulturelle Akzeptanz zwischen einem *minimum core content* oder »harten Kern« der Menschenrechte und überzogenen, »maximalistischen« Inhaltsbestimmungen differenzieren wollen. Ihr Plädoyer für inhaltliche Bescheidenheit geht regelmäßig mit der Erwartung einher, bereits auf konzeptioneller Ebene eine Art *overlapping consensus* erzielen zu können.[205] Die universelle Zustimmungsbereitschaft soll dadurch generiert werden, dass man sich mit Blick auf die konkreten Einzelrechte auf das »Lebensnotwendigste« beschränkt; zum Beispiel auf das Tötungsverbot, das Recht auf körperliche Unversehrtheit, das Sklavereiverbot, das Folterverbot sowie elementare Grundfreiheiten.[206] Allerdings wirken diese theoretischen Reduktionsversuche fast immer konzeptionell willkürlich, da sie meist ein normatives Kriterium vermissen lassen, mit dem markiert wäre, wie diese *besonders* grundlegenden Rechte von weniger fundamentalen und dann auch nicht länger zu verallgemeinernden Ansprüchen unterschieden werden können.[207] Problematisch ist dieser minimalistische Fokus auf mutmaßlich existenznotwendige Rechtansprüche aber auch

204 Robert Alexy, *Theorie der Grundrechte*, Frankfurt/M. 1985, Kap. 10. Siehe § 7.

205 Mattias Iser, »Menschenrechtlicher Minimalismus«, in: Pollmann/Lohmann (Hg.), *Menschenrechte*, S. 205-210; vgl. Stefan Gosepath, »Sinn der Menschenrechte«, in: Gerhard Ernst/Stephan Sellmaier (Hg.), *Universelle Menschenrechte und partikulare Moral*, Stuttgart 2010, S. 17-32.

206 Dazu kritisch Charles Beitz, »Human Rights as a Common Concern«, in: *The American Political Science Review* 95 (2001), S. 269-282.

207 In Hauptabschnitt III werde ich vorschlagen, dass die Rolle dieses Kriteriums eine inhaltlich konkrete Vorstellung von der Menschenwürde übernehmen muss.

deshalb, weil mit ihr bereits auf konzeptioneller Ebene ein Großteil jener Einzelrechte ignoriert wäre, die seitens des Völkerrechts längst weltweite Akzeptanz genießen. Man denke hier nur an die sogenannten wirtschaftlichen, sozialen und kulturellen Rechte, die zwar innerhalb der westlich-liberalen Tradition weiterhin umstritten sein mögen, die aber – global betrachtet – tatsächlich bereits sehr große Anerkennung genießen.[208] Der relativistische Minimalismus würde so unnötig ein historisch bereits gewonnenes Anspruchsniveau verschenken, wenn er den Anspruch auf Fundamentalität derart *übertreibt*, dass die Menschenrechte fortan bloß noch auf vermeintliche Notwendigkeiten »nackten« Überlebens reduziert werden.

Ein ganz ähnlicher Relativismus ergibt sich mit Blick auf die geläufige Überzeugung, dass die Menschenrechte nicht nur auf besonders fundamentale Aspekte menschlichen Lebens ausgerichtet sind, sondern zugleich auch hinreichend *generell* formuliert sein müssen, wenn sie tatsächlich eine breite interkulturelle Akzeptanz genießen wollen. Auch dieser Formaspekt der Generalität kann zunächst auf zwei verschiedene Weisen gedeutet und entsprechend kritisiert werden: Zum einen ist damit die Überzeugung gemeint, dass die einzelnen Menschenrechte – auf dem Papier – zumindest so allgemein gehalten sein müssen, dass sie in kulturell divergenten Kontexten und nach Maßgabe der Lebensbedingungen jeweils vor Ort einen gewissen Spielraum bei ihrer Interpretation und Realisierung zulassen. Man denke hier beispielsweise an das Menschenrecht auf einen »angemessenen Lebensstandard« nach Artikel 11 des *UN-Pakts über wirtschaftliche, soziale und kulturelle Rechte* von 1966. Es ist leicht ersichtlich, dass die Realisierung dieses Rechts in westeuropäischen, afrikanischen, asiatischen oder auch südamerikanischen Kontexten jeweils etwas recht Verschiedenes bedeuten mag (»angemessen«), ohne dass dadurch aber das *generell* formulierte Recht auf einen angemessenen Lebensstandard, das trotzdem überall gelten soll, obsolet wäre. Der sich daraus ergebende Widerspruch ist bloß ein vermeintlicher: Die Menschenrechte sollten derart generell formuliert sein, dass sie spezielle Auslegungen ermöglichen.[209]

208 Dazu umfassend Michael Krennerich, *Soziale Menschenrechte. Zwischen Recht und Politik*, Schwalbach/Taunus 2013.

209 Peter Jones, »Universal Principles and Particular Claims. From Welfare Rights to Welfare States«, in: Allen Ware/Robert Goodin (Hg.), *Needs and Welfare*, London 1990, S. 34-53.

Auf der anderen Seite darf diese kontextsensible Offenheit aber auch nicht so weit gehen, dass die betreffenden Einzelrechte in unterschiedlichen Kontexten jeweils eine vollends *andere* Bedeutung zugewiesen bekommen. Um hier ein seit dem 11. September 2001 besonders umstrittenes Beispiel zu nennen: Was im »fremden« Fall eindeutig als eine menschenrechtswidrige »Folter« bezeichnet wird, wenn sich diese zum Beispiel in einem chinesischen oder afghanischen Gefängnis ereignet, kann im eigenen Fall, wenn es etwa um Vorgänge in dem US-amerikanischen Gefangenenlager von Guantánamo geht, nicht einfach als eine »selbstverschuldete Rettungsbefragung«[210] wegdefiniert werden. Die Menschenrechte sind auch in dem Sinn als generell aufzufassen, dass mit ihnen das Gebot einhergeht, hinreichend gleiche Fälle entsprechend dann auch gleich zu behandeln. Somit ergibt sich eine doppelte und spannungsreiche Generalität der Menschenrechte: Einerseits müssen diese Rechte für kulturelle Spezifizierungen offen sein, da ihre konkrete Realisierung oftmals recht diversen sozialen, wirtschaftlichen, kulturellen oder auch geografischen Bedingungen unterliegen mag. Andererseits muss ihr Inhalt aber immerhin so eindeutig und trennscharf definiert sein, dass ihre Auslegung nicht vollends den politisch kontingenten Kräfteverhältnissen vor Ort überlassen bleibt.[211]

3. Unverlierbarkeit, Unveräußerlichkeit, Unteilbarkeit

Ein ebenfalls gängiger Versuch, den Universalitätsanspruch zu relativieren, zielt darauf ab, den individuellen Besitz der Menschenrechte von der subjektiven Bereitschaft zur Erfüllung notwendiger Gegenleistungen abhängig zu machen; zum Beipsiel von der individuellen Übernahme vermeintlich korrespondierender »Menschenpflichten«[212] oder auch von kommunalem oder strafrechtlichem[213]

210 Rainer Trapp, *Folter oder selbstverschuldete Rettungsbefragung?*, Paderborn 2006.

211 Man kann hier auch – ironisch oder gezielt paradox – von einer »relativen Universalität« sprechen. Dazu Donnelly, »The Relative Universality of Human Rights«.

212 Helmut Schmidt (Hg.), *Allgemeine Erklärung der Menschenpflichten*, München 1998.

213 Günther Jakobs, »Bürgerstrafrecht und Feindstrafrecht«, in: *Höchstrichterliche Rechtsprechung im Strafrecht* 5 (2004), S. 88-95.

Wohlverhalten. Was in solchen Fällen relativiert wird, ist der Aspekt der *Unverlierbarkeit* der Menschenrechte: Gelten diese Rechte kategorisch oder eben doch nur unter gewissen Vorbehalten und damit »bedingt«? So formuliert etwa die afrikanische *Banjul-Charta der Menschenrechte* von 1981 eine ganze Reihe solcher Vorbehalte; darunter etwa die Pflicht, »die harmonische Entwicklung der Familie zu schützen«, oder auch die Pflicht, »unter vollem Einsatz der Kräfte und Fähigkeiten zu arbeiten und die im Interesse der Gesellschaft auferlegten Steuern zu bezahlen«.[214] Ähnliche relativistische Tendenzen zeigen sich heute aber auch in vielen »westlichen« Diskussionen, wenn es etwa um sicherheitspolitische Anforderungen im Anti-Terror-Kampf oder auch um den menschenrechtlichen Flüchtlingsschutz und vermeintliche Pflichten von »Gästen« geht. Auch dann wird oft die Überzeugung laut, dass man die eigenen Menschenrechte »verwirken« könne, falls man auf deviante, kriminelle oder gar terroristische Weise aus dem moralischen oder strafrechtlichen Konsens der Gemeinschaft ausschert. Weitere problematische Beispiele lieferte zuletzt auch die Corona-Krise: Im Zuge der Pandemie kam es zu einem ungeahnten Ausmaß an teilweise unverhältnismäßigen Eingriffen in Freiheitsrechte, die nicht selten mit dem kollektivistischen Argument begründet wurden, dass Personen, die etwa nächtliche Ausgangssperren missachten oder auch die Impfung verweigern, durch dieses »unsolidarische« Fehlverhalten ihren vollen Grundrechtsschutz verwirken.[215]

Nun ist jedoch mit dem in § 2 etablierten Postulat generischer Gleichheit von Beginn an die These gesetzt, dass man die Menschenrechte bereits dann und bloß deshalb besitzt, weil man ein Mensch ist. Diesen diskriminierungskritischen Hinweis gilt es zu beachten, wenn man zwischen »Freunden« und »Feinden« der Gesellschaft oder auch der Rechtsordnung unterscheiden will. Selbst Kriminelle, erklärte Verfassungsfeinde und sogar Gewaltherrscher, die ihrerseits die Menschenrechte mit Füßen treten, haben und behalten individuelle Menschenrechte. Diese im Prinzip unverlierbaren Rechte mögen zwar nicht »absolut« in dem Sinn sein,

214 Siehe ⟨www.achpr.org/legalinstruments/detail?id=49⟩, letzter Zugriff 01. 11. 2021.

215 Dazu ausführlicher: Arnd Pollmann, »Erkämpfte Rechte, ewige Rechte. Die Menschenrechte zwischen vorpolitischen Begründungen und realpolitischen Dezisionen«, in: Christian Schmidt/Benno Zabel (Hg.), *Politik im Rechtsstaat*, Baden-Baden 2021, S. 29-41.

dass der Staat niemals in sie eingreifen dürfte; etwa dann, wenn das Strafrecht berührt ist und vor allem: wenn Menschenrechte Dritter verletzt sind. Aber selbst ein eklatantes Fehlverhalten von Schwerstkriminellen berechtigt die Rechtsgemeinschaft nicht schon dazu, einzelne Menschenrechte zu *entziehen*.[216] Im Gegenteil: Die vorbehaltlose Unbedingtheit der Menschenrechte liegt historisch gerade in dem schon mehrfach erwähnten Umstand begründet, dass die Menschenrechte als politisch-rechtliche Vorbehalte der einzelnen Individuen gegenüber dem Kollektiv zu verstehen sind, vor dessen Übermacht und Willkür es die Individuen zu schützen gilt. Und daraus folgt, dass es seitens der öffentlichen Ordnung eine Art *performativer Selbstwiderspruch* wäre, denjenigen, die dieser öffentlichen Gewalt allererst legitime politische Macht verleihen, grundlegende Rechte zu entziehen. Denn dadurch würde sich die öffentliche Ordnung selbst der eigenen Legitimationsgrundlagen berauben.[217]

Zumeist in direkter Korrespondenz zu der damit rekonstruierten Überzeugung, dass die Menschenrechte unverlierbar sind, werden die Menschenrechte häufig bereits auf rhetorischer Ebene als *unveräußerlich* deklariert. Man kann die jeweils eigenen Rechte nicht in dem Sinn »veräußern«, dass man sie transferieren, »verkaufen« oder per Vertrag abtreten kann.[218] Bei dieser Behauptung geht es – anders als im Fall der Unverlierbarkeit – nicht so sehr darum, dass *andere* einem diese Rechte entziehen könnten. Behauptet wird hier vielmehr, dass man auf diese Rechte auch selbst nicht verzichten kann. Einzelne Menschen mögen zwar gelegentlich beziehungsweise temporär auf die konkrete Ausübung eines ihrer Rechte verzichten; zum Beispiel auf das Wahlrecht, das man auch dann behält, wenn man am Wahlsonntag etwas vermeintlich Besseres zu tun hat. Aber es ergäbe sich ein eklatanter Selbstwiderspruch, so die in der Menschenrechtsdiskussion geläufige Überzeugung, wollte man »freiwillig« in den vollständigen oder dauerhaften Verlust

216 Mehr zu diesem wichtigen Unterschied in § 15. Siehe auch Gewirth, *Human Rights*, S. 218-233.

217 Dies wird der zentrale Gedanke der »konstitutionellen« Funktionsbestimmung in § 6 sein.

218 Im Englischen spricht man meist von »unalienable« im Gegensatz zu »indefeasible rights«. Siehe Marvin Schiller, »Are There Any Inalienable Rights?«, in: *Ethics* 79 (1969), S. 309-315.

eines grundlegenden Menschenrechts einwilligen.[219] Diese menschenrechtliche Überzeugung beinhaltet drei Annahmen: Es wäre, erstens, schlicht »unklug«, eine Entscheidung zur Veräußerung der eigenen Menschenrechte zu treffen, weil man dadurch zugleich auch die jeweils eigenen Aussichten auf ein individuell gelingendes oder menschenwürdiges Leben verschlechtern würde. Diese Unklugheit verschärft sich, zweitens, dadurch, dass man diese Rechte an *andere* abtreten und sich damit fortan einem fremden Willen unterwerfen würde. Daraus ergibt sich, drittens, auch ein begrifflicher Widerspruch, ja eine logische Unmöglichkeit: Der Mensch kann gar nicht *aus* Freiheit auf elementare Rechte verzichten, die ebendiese Freiheit schützen sollen, weil er damit, wie schon John Locke seinerzeit anmerkte, unmittelbar in den kriegerischen Naturzustand zurückfiele und die eigene zivile Freiheit dadurch vernichtete.[220] Weniger dramatisch ausgedrückt: Es ergäbe sich auch hier ein performativer Selbstwiderspruch, der darin bestünde, eine freie Entscheidung zuungunsten der eigenen Freiheit zu treffen. Im Zuge dieser Entscheidung würde in Anspruch genommen werden, was mit dieser Inanspruchnahme zugleich verneint wäre.

Der konzeptionell entscheidende Punkt der Unveräußerlichkeitsthese ist jedoch ein anderer. Die besagte These dient weniger dazu, all jenen, die einen derartigen Rechtsverzicht üben wollen, logische Irrationalität oder gar die moralische Verletzung von Pflichten gegenüber der eigenen Person zu attestieren.[221] Vielmehr kommt es bei der Unveräußerlichkeit auf die Überzeugung an, dass die Trägerinnen und Träger von Menschenrechten gar nicht ihrerseits die Autorität besitzen, diejenigen Personen und Institutionen, denen die Erfüllung korrespondierender Pflichten obliegt, von ebendiesen Pflichten zu entbinden. Deshalb wird die These der Unveräußerlichkeit oftmals dann rhetorisch ins Feld geführt,

219 Der ideengeschichtliche Pate dieser Überzeugung ist der Locke'sche Kontraktualismus, der sich damit sowohl von dem seit Aristoteles geläufigen Irrglauben an eine »natürliche Sklaverei« als auch von der Vorstellung einer per Vertrag möglichen Selbstversklavung absetzt. Siehe Dietmar Willoweit, »Die Veräußerung der Freiheit. Über den Unterschied von Rechtsdenken und Menschenrechtsdenken«, in: Bielefeldt/Brugger/Dicke, *Würde und Recht des Menschen*, S. 255-268.

220 Locke, *Zweite Abhandlung über die Regierung*, Kap. 4.

221 So etwa Peter Schaber mit Blick auf eine »unveräußerliche Würde« in: ders., *Instrumentalisierung und Würde*, Paderborn 2010, Kap. 3.6.

wenn es um die politisch folgenreiche Frage geht, ob es eine dezidiert menschenrechtliche Verpflichtung des Staates gibt, die jeweils eigenen Bürgerinnen und Bürger vor »selbstschädigendem« Verhalten zu schützen. Im Kontext des *Grundgesetzes* etwa hat es dazu einige vielbeachtete höchstrichterliche Entscheidungen gegeben; man denke hier etwa an das sogenannte Peep-Show-Urteil des Bundesverwaltungsgerichts von 1981,[222] an die Entscheidung des Verwaltungsgerichts Neustadt von 1992 zur mutmaßlichen Volksbelustigung des »Zwergenweitwurfs«,[223] aber auch an periodisch wiederkehrende Debatten um vermeintlich menschenunwürdige »Reality-Shows« im Fernsehen.

In diesen und ähnlichen Fällen geht es um die Bestätigung einer verfassungsrechtlichen Pflicht des Staates, die eigenen Bürgerinnen und Bürger davon abzuhalten, in Verträge einzuwilligen – als »Sexarbeiterin«, als kleinwüchsiges »Sportgerät« oder als »Versuchskaninchen« eines massenmedialen Menschenexperiments –, dessen Abschluss einem freiwilligen Verzicht auf elementare Grund- und Menschenrechte gleichkäme. Ähnliche Argumente werden angeführt, wenn etwa in interreligiösen Diskursen über das islamische Kopftuchgebot, den katholischen Zölibat oder jüdische Beschneidungsrituale gestritten wird. Auch hier stellt sich die Frage, ob der Staat »neutral«[224] zu bleiben habe, wenn es im Zuge einer vermeintlich freiwilligen Unterwerfung zur Veräußerung grundlegender Rechte – in diesen Fällen: auf Gleichstellung der Geschlechter, auf Eheschließung und Familiengründung, auf körperliche Unversehrtheit – käme. Will die Theorie der Menschenrechte am erläuterten Anspruch der Unveräußerlichkeit festhalten, wird sie in dieser Frage skeptisch bleiben und zudem an die oben schon erwähnte Fundamentalität der Menschenrechte erinnern müssen: Diese Rechte sind sowohl für das individuell menschenwürdige Leben als auch für das auf diesen Rechten aufruhende Rechtssystem als Ganzes grundlegend – und deshalb auch von Seiten der einzelnen Rechtssubjekte nicht widerspruchsfrei aufgebbar.[225]

222 BVerwGE 64, 274.

223 VG Neustadt, 21.05.1992, Aktz: 7 L 1271/92.

224 Dazu umfassend: Stefan Huster, *Die ethische Neutralität des Staates. Eine liberale Interpretation der Verfassung*, Tübingen 2002.

225 Vgl. Gerd Sturm, »Probleme eines Verzichts auf Grundrechte«, in: Gerhard Leibholz (Hg.), *Menschenwürde und freiheitliche Rechtsordnung*, Tübingen 1974,

Aus der damit rekonstruierten Überzeugung, dass die Menschenrechte weder verlierbar noch veräußerlich sind, ergibt sich unmittelbar auch der vorerst letzte Geltungsanspruch und damit auch ein letztes Einfallstor für relativistische Kritik: Da keines der einzelnen Menschenrechte entbehrlich sein soll, werden diese rhetorisch oft als *unteilbar* deklariert.[226] Im jeweils individuellen Fall bedeutet dies: Die Menschenrechte sind nur »im Set« zu haben, weil sie einander bedingen, aufeinander angewiesen sind und so notwendig zusammengehören. Um diese These anhand einiger konkreter Rechtsansprüche zu verdeutlichen: Der Mensch muss in fundamentalen Hinsichten des Lebens sozial und wirtschaftlich abgesichert oder auch gesundheitlich versorgt sein, um elementare Freiheiten, zum Beispiel die Religions- oder auch Versammlungsfreiheit, ausüben zu können. Diese Freiheiten wiederum sind auf soziale oder kulturelle Teilhabe angewiesen, und sie können zudem eine Bedingung dafür sein, sich aktiv politisch zu beteiligen. Politische Mitbestimmungsrechte sind ihrerseits eine Voraussetzung dafür, dass individuelle Diskriminierungen öffentlich kritisiert und abgebaut oder dass Folter und willkürliche Inhaftierungen angeprangert und abgeschafft werden können usw.

Zugleich aber hat die propagierte Unteilbarkeit auch eine überindividuelle Dimension. Denn in politischen Auseinandersetzungen dient die rhetorisch oftmals mit großer Verve vorgetragene Behauptung der Unteilbarkeit häufig auch dazu, ideologische Reduktionsversuche abzuwehren.[227] Gemeint sind weltanschaulich tendenziöse Versuche, einzelne Menschenrechte oder gar ganze Gruppen von Einzelrechten als zweitrangig oder gar entbehrlich auszuweisen. So lässt beispielsweise die *Kairoer Erklärung der Menschenrechte im Islam* von 1990 zwei sehr wesentliche Einzelrechte unerwähnt, und zwar das Recht auf Gleichstellung der Geschlechter zum einen und das mit der Religionsfreiheit gegebene Recht auf Konversion

S. 173-198. Natürlich kann eine Person *empirisch* auf Menschenrechte verzichten, aber sie verzichtet dann eben auch auf das menschenwürdige Leben zum einen und die Affirmation des Rechtssystems zum anderen.

226 Georg Lohmann u. a., *Die Menschenrechte: unteilbar und gleichgewichtig?*, Potsdam 2005.

227 So etwa Artikel 5 der *Abschlusserklärung der Wiener Weltmenschenrechtskonferenz* von 1993.

oder Religionswechsel zum anderen.[228] Ein vieldiskutierter anderer Problemzusammenhang betrifft das Zustandekommen der beiden *UN-Pakte* von 1966 vor dem Hintergrund der sogenannten Blockkonfrontation des Kalten Krieges: Während die kommunistischen Länder des »Ostblocks« die Unterklasse sozialer Leistungsrechte auf Kosten individueller Freiheitsrechte priorisierten, setzten manche westliche Demokratien – umgekehrt – auf individuelle Freiheitsrechte zuungunsten sozialer Teilhaberechte.[229]

Noch heute gibt es immer wieder auch innerakademische Diskussionen um abweichende ideologische Akzentsetzungen zugunsten einzelner Klassen von Menschenrechten; etwa zwischen »liberalen«, »republikanischen« und »sozialistischen« Menschenrechtskonzepten, die mal eher auf Freiheitsrechte, mal stärker auf politische Teilhaberechte, mal eher auf soziale Leistungsrechte setzen.[230] Es mag aufwendig sein, den konzeptionellen Nachweis zu führen, dass und wie genau die einzelnen Menschenrechte einander bedingen und gegenseitig voneinander abhängen. Auch darf es nach wie vor berechtigte Meinungsverschiedenheiten mit Blick auf die Frage geben, ob tatsächlich alle der heute auf Ebene der Vereinten Nationen bereits verbindlich formulierten Einzelrechte gleichermaßen als einklagbare Rechte taugen.[231] Dennoch konterkarieren relativistische Reduktionen oder Spaltungsversuche den berechtigten *Anspruch* der Menschenrechte, eine insgesamt unteilbare Rechtsauffassung abzubilden.

4. Universalität im weiten Sinn

Aus den bisherigen Differenzierungen ergibt sich ein komplexes Bild des menschenrechtlichen Universalismus – zusammengesetzt aus insgesamt *acht* formalen Geltungsansprüchen der Menschen-

228 Zur Vereinbarkeit von Menschenrechten und islamischen Denktraditionen: Bassiouni, *Menschenrechte zwischen Universalität und islamischer Legitimität.*

229 Dazu Friederike Brinkmeier, *Der Einfluss des Kalten Krieges auf den internationalen Menschenrechtsschutz*, Berlin 2004.

230 Lohmann, »Die unterschiedlichen Menschenrechte«.

231 Man denke hier etwa an das »Recht auf Arbeit« nach Artikel 6 des *UN-Pakts über wirtschaftliche, soziale und kulturelle Rechte* von 1966 oder an das Recht auf ein »Höchstmaß an körperlicher und geistiger Gesundheit« nach Artikel 12. Wir kommen in § 14 auf dieses Problem zurück.

rechte: Allgemeinheit, Egalität, Individualität, Fundamentalität, Generalität, Unverlierbarkeit, Unveräußerlichkeit und Unteilbarkeit. Dies hätte zur Konsequenz, dass der Universalitätsanspruch als solcher nicht schon mit einzelnen dieser Teilansprüche verwechselt werden sollte. Genau das aber geschieht in gegenwärtigen Debatten sehr häufig: Wer heute von der Universalität der Menschenrechte spricht, macht dabei nur selten deutlich, welcher dieser acht Aspekte gemeint sein soll. Der menschenrechtliche Relativismus setzt zumeist an einzelnen dieser formalen Charakteristika an. Er führt so – im Zuge einer kritischen Selbstreflexion – zu einem wachsenden Bewusstsein für das insgesamt vielschichtige Anspruchsniveau des menschenrechtlichen Universalismus. Daher erweist sich diese selbstkritische, aber eben auch selbstbewusste Auseinandersetzung mit relativistischen Einwänden als angeraten. Und mehr noch: Der menschenrechtliche Relativismus verweist *ex negativo* auf unhintergehbare und mithin irreduzible Formeigenschaften jener spezifischen Klasse von Rechten, die als Menschenrechte bezeichnet werden. Die acht skizzierten Teilansprüche sind *jeweils* für die Menschenrechte konstitutiv: Man kann nicht zugleich auf dem Standpunkt der Menschenrechte stehen und doch einzelne dieser Ansprüche grundlegend bestreiten oder verwerfen wollen.[232]

Als Relativistinnen und Relativisten sind folglich jene Kritikerinnen und Kritiker der Menschenrechte zu bezeichnen, die – explizit oder implizit – mindestens einen dieser acht Teilaspekte grundlegender anzweifeln. Universalistinnen und Universalisten hingegen müssen diesen komplexen und konzeptionell ehrgeizigen Geltungsanspruch insgesamt bejahen. Damit soll keineswegs bestritten werden, dass die im ersten Abschnitt erwähnte Kritik am Dekontextualismus, Eurozentrismus, Anti-Pluralismus, Individualismus und Imperialismus der Menschenrechte sowie an ihrer bloß parteilichen Durchsetzung jeweils ihre Berechtigung hat und deshalb auch Anlass zur Selbstkritik bietet. Auch sollte weiterhin darüber gestritten werden, wie genau die besagten acht Geltungsansprüche der Menschenrechte zu verstehen sind. Erst dann nämlich, wenn sich die Theorie selbstkritisch fragt, wie trotz dieser Kritik am Universalitätsanspruch der Menschenrechte festgehalten werden kann, ohne kulturell, politisch oder auch ideologisch unsensibel zu verfahren,

232 Zu diesem letzten Abschnitt insgesamt: Pollmann, »Für einen neuen Universalismus«.

wird man gewahr werden, dass selbst auf Seiten vieler Befürworterinnen und Befürworter des menschenrechtlichen Universalismus ein grundlegendes Missverständnis vorliegt, das hier abschließend noch dringend zur Sprache kommen muss, weil es unmittelbar zur »Politik« der Menschenrechte überleitet.

Nicht nur die in diesem Paragrafen einmal mehr bestätigte Beobachtung, dass es weiterhin zahllose relativistische Kritikerinnen und Kritiker der Menschenrechte gibt, auch das weltpolitisch augenscheinliche Faktum verbleibender und mancherorts auch wieder zunehmender Menschenrechtsdefizite in fast allen Ländern dieser Welt macht stutzig: Wie genau soll die oft geradezu selbstverständlich daherkommende und meist im Indikativ Präsens formulierte Behauptung verstanden werden, dass die Menschenrechte bereits universell gültig *sind*? Will diese vermeintliche Tatsachenbehauptung darauf hinaus, dass der betreffende Universalismus bereits faktisch gegeben ist, sodass sämtliche relativistischen Kritikerinnen und Kritiker buchstäblich »blind« gegenüber einem bereits vorliegenden Sachverhalt wären? Damit wäre eine empirische und mithin globale Geltung der Menschenrechte konstatiert, die sich nicht bloß über jede relativistische Kritik, sondern zugleich auch realitätsfremd über die Einsicht hinwegsetzte, dass die Menschenrechte ganz offenkundig in noch unzureichendem Maße global anerkannt und verwirklicht sind. Wäre die universelle Geltung der Menschenrechte tatsächlich ein Faktum, kämen sie bereits jetzt allen Menschen unabhängig von der empirischen Frage zu, ob bereits alle Menschen in politischen Gemeinschaften leben, die sich auch tatsächlich und effektiv zur Durchsetzung dieser Rechte verpflichtet haben. Dies wiederum liefe auf die überaus erklärungsbedürftige Behauptung einer *philosophischen* Geltung der Menschenrechte hinaus, die notfalls auch ohne faktische Geltung auskäme. Wenn man aber selbst dann im Besitz von Menschenrechten wäre, wenn die politische Realität sie gerade *nicht* gelten lässt: was für eine Art von »Besitz« sollte das sein?

Im nächsten Paragrafen wird ein philosophischer Kurswechsel vorgeschlagen: Fast alle Befürworterinnen und Befürworter des menschenrechtlichen Universalismus übersehen, dass es sich um einen komplexen normativen Geltungs*anspruch* handelt; um einen Anspruch, den es erst noch einzulösen gilt und der deshalb nicht schon mit faktischer Geltungskraft im Sinne politisch wirksamer oder gar global institutionalisierter Direktive verwechselt werden darf.[233] Die Menschenrechte *sind* nicht schon universell gültig, aber sie sollen universell gültig *werden*. Der Universalismus der Menschenrechte kann sich nicht auf einen schon bestehenden globalen Konsens berufen. Es handelt sich bestenfalls um einen zukünftig auch auf globaler Ebene möglichen, wenn auch bis heute noch immer unrealistischen Konsens.[234] Und das bedeutet eben auch: Die zuletzt aufgezeigten acht Teilansprüche des Universalismus sind gerade nicht schon mit allen nur erdenklichen, empirisch vorfindlichen Kulturen und politischen Kontexten kompatibel. Sie setzen vielmehr sämtliche kulturellen, politischen und rechtlichen Kontexte unter einen menschenrechtlichen *Universalisierungsdruck*, der von diesen Kulturen und Rechtsgemeinschaften, sofern sie bislang (noch) nicht mit den Menschenrechten kompatibel sein mögen, mal erfolgreicher, mal weniger erfolgreich abgewehrt wird. Es wird demnach zu zeigen sein, dass der menschenrechtliche Universalismus gerade nicht als eine empirische Feststellung zu verstehen ist, sondern als ein dezidiert politisches, ja revolutionäres und historisch umkämpftes Projekt. Oder anders: »Die Überzeugung, dass die Menschenrechte ›universell‹ gelten, ist zwar überaus geläufig, aber dennoch unzutreffend. Und sie sollte nicht mit der zwar zutreffenden, aber kaum geläufigen Auffassung verwechselt werden, dass die Menschenrechte ›universalisierbar‹ sind.«[235]

233 Mit »Geltung« können folglich zwei verschiedene Dinge gemeint sein: die allgemeine Anerkennung dieser Normen auf Ebene philosophischer Rechtfertigungen oder aber deren faktische Akzeptanz im Sinne politisch verbindlicher Handlungsvorsätze. Mit Blick auf diesen Unterschied spricht man in völkerrechtlichen Zusammenhängen von einer »Lücke« (*gap*) zwischen »Selbstverpflichtung« (*commitment*) und »Einhaltung« (*compliance*). Siehe die Beiträge in: Thomas Risse/Stephen C. Ropp/Kathryn Sikkink (Hg.), *The Persistent Power of Human Rights*, Cambridge 2013.

234 Vgl. Beitz, »Human Rights as a Common Concern«.

235 Pollmann, »Für einen neuen Universalismus«, S. 35. Auf die naheliegende Frage, welche Bedingungen erfüllt sein müssen, damit der hier gemeinte Universalisierungsdruck nicht in eine illegitime »Zwangsbeglückung« oder gar in eine Zerstörung bislang widerständiger Gesellschaften und Kulturen umschlägt, kommen wir in den §§ 9 und 10 zurück.

§ 5 Der politische Kampf um Universalisierung

Dass die Menschenrechte mit einem Anspruch auf Universalität einhergehen, bedeutet nicht, dass dieser Anspruch bereits weltweit eingelöst wäre. Vielmehr ist der Kampf um Menschenrechte als ein prinzipiell unabschließbares, globaldemokratisches Projekt fortschreitender »Universalisierung« zu verstehen. Erst sukzessive kommt es dabei zur Ausdehnung menschenrechtlicher Ansprüche auch auf vormals exkludierte oder marginalisierte Gruppen sowie zur Festschreibung neuer Inhalte und zu entsprechend reformierten Rechtssystemen. Diese lokalen und globalen Transformationen sind als institutionelle »Lernprozesse« zu deuten, mit denen politische Herrschaftssysteme auf das temporäre Erodieren der eigenen Legitimationsgrundlagen reagieren.

Der Universalitätsanspruch der Menschenrechte ist dem historisch umkämpften Prozess ihrer rechtlichen Implementierung und Durchsetzung zugleich vorgegeben und aufgegeben. Er ist diesem Prozess insofern *vorgegeben*, als es sich bei der beanspruchten Universalität um eine politisch revolutionäre Idee handelt, die auf eine grundlegende Transformation nationalen und auch internationalen Rechts zielt und deren normative und politische Konsequenzen sehr viel weiter reichen, als es sich die revolutionären Bewegungen des 18. Jahrhunderts erträumt haben dürften. Zugleich aber ist der besagte Universalitätsanspruch dem historischen Prozess *aufgegeben*, denn mit dem Insistieren auf einer zunächst nationalen, dann aber zunehmend auch globalen Durchsetzung der Menschenrechte ist von Beginn an die politisch revolutionäre Einsicht verknüpft gewesen, dass sich deren Durchsetzung keineswegs von selbst ergeben wird. Es handelt sich um einen historischen Auftrag oder besser: um ein »Projekt«, dessen politische Realisierung erst noch weltweit zu erkämpfen wäre. Daher impliziert die im letzten Paragrafen erläuterte These, dass die Menschenrechte mit einem komplexen und anhaltend umstrittenen Anspruch auf Universalität einhergehen, bereits auf begrifflicher Ebene, dass man zwischen dem Akt der politischen Proklamation dieses Anspruchs und dem historischen Prozess seiner politischen Realisierung unterscheiden muss.[236] Die

236 In Analogie zu einem Kaufvertrag: Kauft man eine Ware, erwirbt man einen Anspruch auf Herausgabe dieser Ware. Diese Herausgabe jedoch kann ausblei-

Menschenrechte *sind* zwar nicht schon universell gültig, aber sie sollen universell gültig *werden*. Weltweit umkämpft ist weniger die Behauptung, dass die Menschenrechte Universalität beanspruchen, als vielmehr die Frage, was es ganz konkret zu bedeuten hätte, diesen bislang unabgegoltenen Geltungsanspruch umfassend einzulösen. Was genau steht in politischen Kämpfen um die Universalität der Menschenrechte auf dem Spiel? Und wie gelangt man bereits auf der Theorieebene von der philosophisch abstrakten Idee der Universalität zur deren politisch-rechtlicher Konkretisierung?[237]

Zu Beginn des letzten Paragrafen war behauptet worden: Eine »fundamentalistische« Kritik an den Menschenrechten vertritt, wer grundlegend bestreitet, dass überhaupt alle Menschen bereits qua Menschsein Subjekte von Menschenrechten sind. Im Rahmen dieser Kritik wird die normative Relevanz des Menschseins bereits auf prinzipieller Ebene geleugnet. Die dann ausführlicher diskutierte »relativistische« Kritik ging so weit nicht. Sie verneinte lediglich, dass sämtlichen Menschen weltweit von vornherein die *gleichen* Rechte zukommen; woraus sich allerdings ebenfalls eine folgenreiche Differenz von Menschen »erster« und »zweiter« Klasse ergab. Demnach weisen beide Grundvarianten der Kritik – die fundamentalistische und die relativistische – jeweils eine unterschiedliche Eingriffstiefe auf: Der Fundamentalismus führt zu einem völligen *Ausschluss* zumindest einiger Menschen aus dem Kreis der Rechtssubjekte. Relativistische Positionen hingegen zielen auf graduelle Abstufungen *innerhalb* des Kreises der somit nicht länger gleichermaßen oder vollumfänglich Anspruchsberechtigten.

Blickt man von dieser konzeptionellen Differenz aus in die politische Realität des weltweiten Kampfes um die Universalität der Menschenrechte, so zeigt sich, dass jene beiden Kritikvarianten keineswegs bloß innerakademische Uneinigkeiten widerspiegeln. Vielmehr lässt sich der Kontrast jener beiden skeptischen Grundhaltungen auch inmitten der umkämpften politischen Praxis selbst aufspüren, denn jeweils sehr konkrete Fälle einzelner *Men-*

ben, und eben dann geht es darum, den ursprünglich erworbenen Anspruch faktisch *durchzusetzen*.

237 Der vorliegende Paragraf beruht in weiten Teilen auf: Arnd Pollmann, »Lernen aus historischem Unrecht? Zur menschenrechtlichen Bedeutung der Erfahrung von Krieg, Gewalt und Entwürdigung«, in: Gutmann u. a. (Hg.), *Genesis und Geltung*, S. 43-66.

schenrechtsverletzungen, zum Beispiel Hinrichtungen, Folter oder willkürliche Inhaftierungen, geheimdienstliche Bespitzelungsaktionen, illegitime Ausweisungen, willkürliche Freiheitsbeschränkungen oder unrechtmäßige Demonstrationsverbote, können stets als »Anwendung« einer der beiden genannten Kritikvarianten rekonstruiert werden. Das bedeutet: Im Rahmen von akuten Menschenrechtsverletzungen wird immer auch eine entweder fundamentalistische oder aber relativistische Kritik an den Menschenrechten geübt und auf bisweilen fatale Weise exekutiert. Zwar sollte dies nicht so verstanden werden, dass die für diese Menschenrechtsverletzungen jeweils verantwortlichen Täterinnen und Täter in ihrer Praxis eine entsprechende »Theorie« für ihr menschenrechtswidriges Tun bräuchten. Dennoch kommen im Vollzug von konkreten Menschenrechtsverletzungen menschenrechtsfeindliche Einstellungen zum Ausdruck, die sich teilweise eben *auch* auf der theoretischen Ebene akademischer Kritik aufspüren lassen. Auch in der politischen Praxis wird im jeweils akuten Fall die Gleichwertigkeit aller Menschen entweder grundsätzlich und damit fundamentalistisch oder aber bedingt und damit relativistisch bestritten.

Diese Parallelen von konzeptioneller Kritik und menschenrechtswidriger Praxis sind vor allem deshalb relevant, weil damit auf Seiten der Opfer zugleich auch unterschiedliche Tiefendimensionen menschenrechtlicher Verletzungserfahrungen berührt sind. Konkrete Menschenrechtsverletzungen werden auf unterschiedlichste Weise »erlebt«. Aus diesen Erfahrungen wiederum scheint der politische Kampf um Menschenrechte allererst seine historische Dynamik zu gewinnen. Daher soll es im vorliegenden Paragrafen um genau diese politische Dynamik gehen: Im ersten Schritt wird zu klären sein, worin genau das spezifische Unrecht menschenrechtlicher Diskriminierung besteht und welche konkreten Opfererfahrungen damit verknüpft sind (Abschnitt 1). Anschließend ist zu prüfen, ob und inwieweit sich diese historischen Unrechtserfahrungen zu »kollektiven Lernprozessen« summieren können (Abschnitt 2). Im dritten Schritt soll deutlich werden, auf welchem Wege sich die Dynamik dieser Lernprozesse transformierend sowohl auf nationale als auch auf internationale Rechtsregime auswirkt (Abschnitt 3). Abschließend kehren wir dann erneut zu der Frage zurück, inwiefern der Kampf um die Universalität der

Menschenrechte als ein politisches Projekt fortschreitender »Universalisierung« verstanden werden muss (Abschnitt 4).

1. Menschenrechtliche Diskriminierung

Wenn es zu einer individuellen Menschenrechtsverletzung kommt, so wird dabei zunächst ein konkretes Schutzgut missachtet, dem sich das betreffende Recht verschrieben hat; zum Beispiel die Meinungsfreiheit, die körperliche Unversehrtheit, das Leben selbst, die informationelle Selbstbestimmung, Chancen auf politische Mitwirkung oder auch auf Teilhabe am sozialen und kulturellen Leben. Bei genauerem Hinsehen jedoch stellen all diese einzelnen Rechtsverstöße und Verletzungen konkreter Schutzgüter zugleich auch eine Form der grundsätzlichen Ungleichbehandlung dar: Dem jeweils betroffenen Menschen wird eben nicht nur ein konkretes Rechtsgut vorenthalten, sondern damit zugleich auch die Botschaft vermittelt, dass er mindestens *ein* Menschenrecht, das der Staat anderen Rechtssubjekten zugesteht, in diesem Moment nicht auf die gleiche Weise hat. Das bedeutet: Über die konkrete Verletzung des in Frage stehenden Rechtgutes hinaus kommt es bei akuten Verstößen gegen die Menschenrechte stets auch zu Akten einer politischen Diskriminierung,[238] weil auf Seiten der jeweils Leidtragenden deren Status menschenrechtlicher Gleichheit in Frage gestellt wird.[239]

Wie schon erwähnt, kann diese Diskriminierung auf verschiedene Weisen exekutiert und entsprechend dann auch erlebt werden: Im Zuge fundamentalistischer oder sogar totalitärer Diskriminierung wird verneint, dass man es überhaupt mit einem Menschen zu tun hat, der normativ-rechtliche Bedeutung und deshalb dann auch Menschenrechte besitzt. Man behandelt den Menschen ent-

238 Zum umstrittenen Bedeutungsgehalt der »Diskriminierung« siehe Arnd Pollmann, *Unmoral. Ein philosophisches Handbuch. Von Ausbeutung bis Zwang*, München 2010, S. 110-118.

239 Damit gilt umgekehrt: Diskriminierung ist keine *besondere* Menschenrechtsverletzung. Bisweilen sind in Grund- oder Menschenrechtskatalogen Einzelrechte auf »Gleichbehandlung« festgeschrieben; etwa das Recht auf »Gleichheit vor dem Gesetz« oder auf »Gleichberechtigung der Geschlechter«. Doch diese Rechte sind – genau genommen – keine Rechte *neben* anderen Rechten. Vielmehr ist die geforderte Gleichheit zentrale *Voraussetzung* des Besitzes sämtlicher Menschenrechte. Siehe § 2.

weder als »Untermenschen« (fundamentalistisch) oder gar als »Ungeziefer« (totalitär) und spricht ihm folglich sämtliche Rechte ab; man »entrechtet« ihn als Menschen und »entmenschlicht« ihn eben dadurch, dass man ihm zu verstehen gibt, dass er kein *alter ego*[240] ist und darum rechtlich gar nicht zählt.[241] Anders in Fällen einer bloß relativistischen Diskriminierung: Hier wird »lediglich« bestritten, dass man es mit einem exakt gleichberechtigten Menschen zu tun hat. Die Betroffenen mögen qua Menschsein normative und menschenrechtliche Bedeutung besitzen – aber eben nicht dieselbe. Man hat es dann zwar mit berechtigten, nicht aber mit *gleich*berechtigten Menschen zu tun. Und meist wird im Rahmen einer derart relativistischen Diskriminierung dann auch nur ein einzelnes Recht oder eine überschaubare Menge von Rechten missachtet oder aberkannt, nicht aber der menschenrechtliche Status der Rechtsträgerschaft als solcher.

Relativistisch in diesem Sinn verfährt im Grunde *jede* Verletzung der Menschenrechte. Die jeweils akute Verletzung eines Menschenrechts – zum Beispiel auf Meinungsfreiheit, informationelle Selbstbestimmung, Demonstrationsfreiheit, Leben, körperliche Unversehrtheit usw. – ist stets auch die an dem betreffenden Opfer statuierte Weigerung, dessen strikt egalitären Status vollwertiger Rechtsträgerschaft anzuerkennen. Daher kann in diesem Zusammenhang von einer diskriminierenden Menschenrechtsverletzung »zweiter Stufe« gesprochen werden: Die leidtragende Person mag zwar prinzipiell als menschenrechtlich anspruchsberechtigt gelten, und der Besitz ihrer übrigen Rechte bleibt davon unberührt, doch wird ihr mindestens ein Menschenrecht streitig gemacht, das anderen Menschen zugebilligt wird. Dabei fallen die durch menschenrechtliche Diskriminierung erwirkten Nachteile auf Seiten der Betroffenen durchaus sehr unterschiedlich und unterschiedlich gravierend aus: zensierte Meinungsfreiheit, eingeschränkte Religionsausübung, fehlender Wohnraum, mangelnde Erwerbsmöglichkeiten, ungerechter Lohn, mangelnde soziale oder politische Teilhabe, niedrige Bildungschancen, fehlende soziale Sicherheit, Gesundheitsrisiken, willkürliche Inhaftierung, Ausweisung oder gar Folter. Doch trotz dieser erheblichen Unterschiede wird mit

240 Als jemand, der individuell anders (*alter*) ist und doch zugleich als Mensch auch so wie ich (*ego*).

241 Siehe § 4, S. 132 f.

all diesen diskriminierenden Nachteilen stets die gleiche personenbezogene Botschaft mangelnder Achtung ausgesendet, und so erst werden aus Akten einer demonstrativen Abwertung *empfindlich* wirksame Akte der Diskriminierung.[242]

Zumeist dürften solche Akte menschenrechtlicher Diskriminierung von den Betroffenen nicht nur als eine jeweils konkrete »Ungerechtigkeit« erlebt werden, sondern zugleich auch als leidvoll erfahrene Akte der Missachtung oder Demütigung und entsprechend auch als Ohnmacht oder Hilflosigkeit.[243] Die diskriminierte Person *verspürt* so regelrecht die Illegitimität und Unbegründetheit des diskriminierenden Aktes. Überdies gehen Praktiken der Diskriminierung meist direkt auch mit Akten sozialer Stigmatisierung und symbolischer Ausgrenzung einher; was die persönliche Erfahrung, als ein Mensch »zweiter Klasse« abgestempelt oder gar für »unwert« gehalten zu werden, auf erniedrigende Weise steigern kann.[244] Akte einer ungerechtfertigten Ungleichbehandlung können sich so schädigend auf die »Selbstachtung« der betroffenen Personen auswirken, da diese Selbstachtung – psychologisch betrachtet – eben gerade in der sozial und rechtlich zu vermittelnden Überzeugung gründet, als sich autonom selbst bestimmende *Gleiche unter Gleichen* geachtet zu werden.[245]

242 Zu erwähnen ist, dass diese Missachtung, um von einer »Diskriminierung« sprechen zu können, von politischen Funktionsträgerinnen und -trägern oder öffentlichen Institutionen ausgehen muss, in deren Händen es liegt, den betroffenen Personen dann auch handfest einen Nachteil zuzufügen. Von einer Instanz oder Person, die keinen entsprechenden Einfluss besitzt, kann man als Mensch zwar abgewertet oder missachtet, nicht aber diskriminiert werden.

243 Dazu mehr in § 8, Abschnitt 2.

244 Siehe das in meinem Buch *Unmoral*, S. 113-115, diskutierte Beispiel von Leiharbeiterinnen und Leiharbeitern in einem großen deutschen Autowerk, die bei der Arbeit neongelbe Westen tragen müssen, um schon von Weitem als Leiharbeiterinnen und Leiharbeiter erkennbar zu sein. Sie dürfen die Umkleideräume der Stammbelegschaft nicht benutzen und müssen in der Werkskantine den doppelten Preis bezahlen.

245 Zur Rolle der Selbstachtung im philosophischen Gerechtigkeitsdiskurs: Henning Hahn, *Moralische Selbstachtung*, Berlin 2008. Wir kommen auf diesen zentralen Aspekt ausführlich im Zusammenhang der Menschenwürde in Hauptabschnitt III zurück.

2. Kollektive Lernfortschritte?

Aus diesen jeweils unterschiedlichen Erfahrungen von Menschenrechtsverletzungen speist sich der *historische Kampf* gegen menschenrechtliche Diskriminierung. Dieser Kampf kann folglich entweder das Ziel einer prioritären, anti-fundamentalistischen Inklusion vormals vollends exkludierter Gruppen verfolgen. Man denke hier vor allem an historische Auseinandersetzungen um die rechtliche Inklusion von versklavten oder anderweitig unfreien Menschen, von Bäuerinnen und Bauern, Arbeiterinnen und Arbeitern, Frauen insgesamt, Migrantinnen und Migranten, Homosexuellen oder geistig schwerbehinderten Menschen, die zuvor oft keinerlei Rechte genossen haben. Oder aber es geht um den egalitären Kampf für eine völlige Gleichstellung all dieser Menschen, die zwar bereits zum Trägerkreis der Menschenrechte dazugehören mögen, denen man aber noch immer einzelne dieser Rechte vorenthalten will.[246] In all diesen politischen Kämpfen artikulieren sich jeweils unterschiedliche Formen der Entrüstung über entweder fundamentalistische Exklusionen oder aber relativistische Ungleichbehandlungen. In beiden Fällen geht es ersichtlich darum, und zwar über die jeweils konkrete Rechtsverletzung hinaus, Erfahrungen von Unrecht und politischer Ohnmacht zu Gehör zu bringen; einer politischen Ohnmacht, die aus dem Umstand resultiert, von Seiten der öffentlichen Ordnung vollends missachtet oder aber nicht »für voll« genommen zu werden. Erst wenn sich diese Ohnmacht »Luft« verschafft, indem sie in öffentliche Empörung umschlägt und sich politisch zu formieren beginnt, werden Regierungen und institutionelle Rahmenordnungen unter legitimatorischen Druck geraten und dann womöglich auch bereit sein, sich menschenrechtlich zu transformieren.[247]

246 Ein Beispiel ist das in § 3 erwähnte Urteil des Bundesverfassungsgerichts vom 18. Juli 2012 zu der von Seiten des Gerichts bejahten Frage, ob Asylsuchende den gleichen Anspruch auf soziale Grundsicherung besitzen wie Deutsche, die Hartz IV beziehen (BVerfGE 132, 134-179). Dass Asylsuchende überhaupt grundrechtliche Ansprüche, etwa auf Leben, Freiheit oder Sicherheit, genießen, ihnen also auch *vorher* schon Grundrechte zukamen, stand nicht in Frage. Daher sorgte das Urteil nicht etwa für Inklusion im obigen Sinn, sondern für einen weiteren Egalisierungsschub.

247 Dazu die empirischen Studien in: Risse/Ropp/Sikkink (Hg.), *The Persistent Power of Human Rights*.

Auf konzeptioneller Ebene ist dabei festzuhalten, dass etwaige *Rechtsfortschritte*, die sich aus diesem gestuften Kampf gegen Menschenrechtsverletzungen ergeben, als »Lernprozesse«[248] einer sukzessiven Nichtdiskriminierung verstanden werden können; einer Nichtdiskriminierung mit dem doppelten Ziel fundamentaler Inklusion zum einen und einer daran notwendig anknüpfenden Gleichstellung aller Betroffenen zum anderen. Diese rechtshistorisch umstrittene Annahme,[249] dass es sich um Lernfortschritte handelt, die auf konkreten Unrechtserfahrungen beruhen und allererst erkämpft werden müssen, fußt seinerseits auf folgender rechtsphilosophischer Grundidee: Der Kampf um Menschenrechte mag zu einem historisch bestimmten Zeitpunkt ein Kampf um konkrete Interessen sein: an der jeweils eigenen Meinungsfreiheit, an politischer Partizipation, freier Religionsausübung, sozialer Teilhabe usw. Man mag daher auf den ersten Blick der Auffassung sein, dass es in menschenrechtlichen Auseinandersetzungen *allein* um verletzte Interessen und konkrete Ansprüche einzelner Rechtssubjekte gehe, und zwar nach dem folgenden Schema: Die Betroffenen erfahren jeweils subjektiv die Verletzung eines konkreten Rechtsanspruchs, und gemeinsam mit anderen, denen es ähnlich geht, beschließen sie dann, gegen diese Missstände anzugehen und für das jeweils in Frage stehende Interesse und Recht zu kämpfen. Aber diese schematische Sichtweise greift in mehreren Hinsichten konzeptionell zu kurz, wenn man sie rein *materialistisch* – als einen Kampf um individuelle Interessenbefriedigung – versteht.

Der Kampf gegen menschenrechtliche Diskriminierung besitzt eine weitaus größere Tragweite: Das jeweils individuelle Rechtssubjekt mag sich zu diesem Kampf tatsächlich dadurch motiviert sehen, dass es wichtige eigene Interessen verletzt sieht. Aber die Erfahrung diskriminierender Willkür ist nicht nur eine Erfahrung konkret versagter Rechtsansprüche, sondern eben zugleich auch eine Erfahrung politischer Ohnmacht angesichts der versagten Anerkennung als einer vollwertigen Rechtsperson. Die rechtlich diskriminierte Person kämpft folglich nicht nur um das jeweils konkrete Recht,

248 Für das Folgende: Pollmann, »Lernen aus historischem Unrecht?«, bes. S. 59-66. Ähnliche Überlegungen bei: Ludwig Siep, »Arten normativer Erfahrung und ihre Bedeutung für die Normbegründung«, in: Gutmann u. a. (Hg.), *Genesis und Geltung*, S. 243-263.

249 Dazu auch die weiteren Beiträge in: Gutmann u. a. (Hg.), *Genesis und Geltung*.

das ihr verwehrt wird, sondern stets auch um die eigene Selbstachtung, die durch diese diskriminierende Ungleichbehandlung gekränkt ist.[250] Und damit nicht genug: Wenn eine Person für ihr Recht kämpft, dann kämpft sie – ob sie sich dessen bewusst ist oder nicht – nicht nur für die jeweils eigene Person und deren Recht und Selbstachtung, sondern zugleich auch für die Selbstachtung aller anderen Personen, denen dieses Recht ebenfalls vorenthalten wird. Ja, am Ende kämpft die Person gar für »das« Recht im Singular, indem sie für ihre Anerkennung als einer gleichen Rechtsperson unter anderen streitet: »In *meinem* Rechte ist *das* Recht gekränkt und verneint, wird es verteidigt, behauptet und wieder hergestellt.«[251]

Wer folglich für *ein* Menschenrecht kämpft, kämpft für sein eigenes Recht, das aller anderen und die Rechtsordnung insgesamt. Und wer für ein bestimmtes Menschenrecht kämpft, kämpft damit nicht nur für das gleiche Menschenrecht aller anderen, sondern nicht zuletzt auch für eine menschenrechtlich diskriminierungsfreie Transformation der gesamten Rechtsordnung. In der historischen Rückschau münden so all die vielen, ursprünglich subjektiv motivierten Auseinandersetzungen um einzelne Menschenrechte schrittweise in einen kollektiven Kampf gegen jede Art von menschenrechtlicher Ungleichbehandlung – und gegen anhaltende Versuche der Herrschenden, derartige Ungleichheiten zu rechtfertigen. Indem diese oder jene konkrete Ungleichbehandlung erfolgreich bekämpft wird, geht denjenigen, die *für* die betreffende Ungleichbehandlung votieren, die argumentative »Munition« aus.[252] Sie mögen selbst zwar weiterhin von der Berechtigung dieser Diskriminierung überzeugt sein, doch wenn ihnen fortan die politische Macht fehlt, diese Ungleichheit entsprechend auch zu exekutieren, weil das nunmehr transformierte Rechtssystem entsprechende Schranken errichtet hat, ist dies nicht weiter von Belang. Was so am Ende des historischen Prozesses »übrig« bleibt, ist die Idee strikter menschenrechtlicher Gleichbehandlung. Diese Idee erweist sich so als die einzige, gegen die auch langfristig *nichts* spricht.[253]

Auf diese für die Menschenrechte insgesamt grundlegende Idee

250 Im Folgenden rekonstruiere ich den zentralen Gedankengang bei Franz von Jhering, *Der Kampf ums Recht* [1872], Frankfurt/M. 2003, bes. S. 16-27.

251 Ebd., S. 29.

252 Vgl. § 2, Abschnitt 4.

253 Vgl. Gutmann, »Claiming Respect«.

einer historisch residualen Gleichheit greifen all jene politischen Akteurinen und Akteure *vor*, die gegen konkrete Menschenrechtsverletzungen kämpfen, selbst wenn sie subjektiv bloß ganz konkrete und zuvorderst eigene Ansprüche einklagen mögen. Mit diesen Überlegungen ist eine konzeptionelle Vermittlung von materiellen Interessen zum einen, individuell und auch kollektiv einzuklagenden Ansprüchen auf Achtung und Selbstachtung zum Zweiten sowie rechtlich-politischen Anliegen der Inklusion und Gleichstellung zum Dritten vorgeschlagen. Erst diese drei Aspekte zusammen erklären die politische Brisanz von Kämpfen gegen Menschenrechtsverletzungen und mithin das revolutionäre »Pathos« der Menschenrechte. Der Kampf gegen menschenrechtliche Diskriminierung führt zu Lernfortschritten im Recht. »Lernen« wiederum bedeutet hier – in dezidiert menschenrechtlichen Zusammenhängen –, dass ein jeweils bestimmtes, rechtlich organisiertes Kollektiv zu der historisch gewachsenen Einsicht gelangt, dass sich sowohl fundamentalistische als auch relativistische Ungleichbehandlungen durch öffentliche Gewalten nicht länger allgemein rechtfertigen lassen.

Der anvisierte Lernerfolg ist also, methodisch gesehen, ein *negativer*: Er besagt lediglich, dass eine massive Ungleichbehandlung bestimmter Menschen oder Gruppen nicht länger gut begründet ist. Schon in § 2 ist gezeigt worden: Eine positive Begründung *für* Gleichheit ergibt sich daraus nicht. Die betreffenden Lernprozesse besitzen zudem auch keine zwingende Logik. Ob man jeweils selbst von der menschenrechtlichen Idee gleicher Achtung überzeugt ist, hängt eher von eigenen lebensweltlichen Erfahrungen oder eindrücklichen Schilderungen diskriminierenden Unrechts ab, die eine »mitfühlende« Identifikation ermöglichen können, als von der Lektüre einschlägiger Rechtsdokumente.[254] Auch werden sich politische Gegnerinnen und Gegner der Gleichheitsidee selten durch juristische oder philosophische Argumentationen dazu anhalten lassen, die »richtige« Partei zu ergreifen. Zwar wird man nicht zugleich eine zeitgemäße Auffassung von egalitären Menschenrechten vertreten und doch die Gleichwertigkeit aller Menschen bestreiten können. Aber man kann sehr wohl die Gleichwertigkeit aller Menschen bestreiten – nur steht man dann eben nicht länger (oder

254 Im Anschluss an Richard Rorty: Menke/Pollmann, *Philosophie der Menschenrechte*, Kap. 2. Siehe auch Hunt, *Inventing Human Rights*, bes. Kap. 1.

noch nicht) auf dem Standpunkt einer zeitgemäßen Theorie der Menschenrechte.

Um aber von einem politischen »Kampf« um menschenrechtliche Gleichheit sprechen zu können, reicht ein einzelner individueller Lernfortschritt beziehungsweise eine einzelne subjektive Unrechtserfahrung oder empörte Stimme offenbar nicht schon aus. Damit individuelle Menschenrechtsverletzungen tatsächlich eine *soziale* Dynamik entfalten können, müssen hinreichend viele andere Menschen ebenfalls eine mindestens relativistische Missachtung erleiden oder bezeugen können und entsprechend dann auch als politische Ohnmacht erfahren. Und sie müssen diese Ohnmacht zugleich auch in aktive Empörung transformieren, sich mit anderen zusammenschließen und gegen das erlittene oder bezeugte Unrecht auflehnen. Die politischen Protagonistinnen und Protagonisten dieser öffentlichen Auseinandersetzungen können sehr verschiedenen Gruppierungen angehören: Mal sind es die konkreten Opfer selbst, mal deren Angehörige oder Freundinnen und Freunde, ein anderes Mal sogenannte Opferanwältinnen und -anwälte, engagierte Journalistinnen und Journalisten, zivilgesellschaftliche Initiativen, politische Verbände und vor allem auch transnational agierende Nichtregierungsorganisationen. Auch auf Ebene der jeweils nationalen Parlamente, Ministerien und Regierungen sowie im Rahmen internationaler Regierungszusammenarbeit wird über die Menschenrechte und den Umgang mit jenen Aggressoren gestritten, die diese Rechte mit Füßen treten.

Folgt man einem Analysemodell,[255] das in der zeitgenössischen Politischen Theorie internationaler Beziehungen bereits viel Beachtung gefunden hat, weisen Kämpfe um Menschenrechte – trotz oft sehr unterschiedlicher politischer, sozialer, kultureller, religiöser oder auch ökonomischer Rahmenbedingungen – aufschlussreiche Gemeinsamkeiten auf: Politische Fortschritte in Ländern mit massiven Menschenrechtsdefiziten sind vor allem dann zu erzielen, wenn es den Opfern von Menschenrechtsverletzungen gelingt, sich nicht nur mit zivilgesellschaftlichen Kräften vor Ort und der nationalen Opposition, sondern auch mit internationalen Men-

255 Thomas Risse/Anja Jetschke/Hans Peter Schmitz, *Die Macht der Menschenrechte. Internationale Normen, kommunikatives Handeln und politischer Wandel in den Ländern des Südens*, Baden-Baden 2002. Siehe auch die Beiträge in: Risse/Ropp/Sikkink (Hg.), *The Persistent Power of Human Rights*.

schenrechtsorganisationen und einflussreichen politischen Kräften außerhalb der jeweiligen Staaten zu vernetzen; sei es auf dem Wege direkter politischer Kooperation oder aber dadurch, dass die betreffenden Akteursgruppen medial auf die betreffenden Missstände aufmerksam gemacht werden. Durch diese doppelte Vernetzung auf nationaler und internationaler Ebene entsteht zugleich ein Druck »von oben« und »von unten«; ein doppelter Druck also, auf den die Regierungen jener Länder, in denen die Menschenrechte verletzt werden, irgendwann werden reagieren müssen.

Zwar werden sich die betreffenden Regierungen diesem Druck oft schlicht durch Leugnen der in Frage stehenden Menschenrechtsdefizite zu entziehen versuchen. Sobald aber die kritische Öffentlichkeit und mithin die internationale Staatengemeinschaft durch Medien und Nichtregierungsorganisationen, deren Kampagnen diesbezüglich als eine Art Katalysator dienen, eindrücklich über diese Defizite informiert werden, kann die ursprüngliche Leugnung der Probleme oft nicht lange durchgehalten werden. Zudem kann sich das notorische Leugnen der Probleme oft in dem Sinn als kontraproduktiv erweisen, dass entsprechende Dementi in der politischen Öffentlichkeit für zusätzliche Empörung sorgen, die dann in Form eines nationalen wie internationalen *naming and shaming* und wie ein »Bumerang« auf die jeweils unter Druck geratenen Regierungen zurückschlägt. Daraufhin mögen sich die betreffenden Regierungen dazu angehalten sehen, dem auch international drohenden Reputationsverlust entgegenzuwirken, indem sie erste – zunächst noch taktische – Konzessionen machen.[256]

Wird der politische Kampf dann aber seitens der kritischen Öffentlichkeit effektiv fortgesetzt und hält der nationale wie internationale Druck spürbar an, können die jeweils einzelnen Bumerang-Effekte mehr und mehr in eine »Spiralbewegung«[257] und damit zunehmend auch in positiv-rechtliche Fortschritte münden, sobald aus den ursprünglich bloß taktischen Konzessionen erste Akte eines symbolischen Engagements werden: Das Leugnen wird beendet, es kommt zu rhetorischen Selbstbindungen im Namen der Menschenrechte, entsprechende Normen werden regierungsamtlich für verbindlich erklärt oder gar in die Verfassung aufgenommen, internationale Verträge werden unterzeichnet. Dies gibt

256 Risse/Jetschke/Schmitz, *Die Macht der Menschenrechte*, S. 31-45 u. 179-186.
257 Ebd.

den menschenrechtlichen Bewegungen und Gruppierungen vor Ort jeweils die Möglichkeit, ihren Regierungen fortan an selbstauferlegte Pflichten zu erinnern.[258] Dennoch führt von dieser oft nur rhetorischen oder symbolischen Selbstverpflichtung (*commitment*) auf die besagten Normen meist noch ein weiter Weg zu einer auch faktisch wirksamen Einhaltung dieser Normen (*compliance*). Damit ein Staat sich auch empirisch an menschenrechtliche Verbindlichkeiten hält, muss der kritische Druck mitunter sehr viel länger aufrechterhalten werden, damit das bloß symbolische Bekenntnis zu den Menschenrechten sukzessive in ein auch effektiv normengeleitetes Regierungshandeln übergeht.[259]

3. Zur Dynamik menschenrechtlicher Legitimationsprobleme

Mit den Überlegungen des letzten Abschnitts ist ein politisch-historischer Prozessablauf menschenrechtlicher Fortschritte angedeutet, der stets aufs Neue, aber keineswegs zwingend oder unwiderruflich von der individuellen Erfahrung massiven Unrechts über Prozesse kollektiver Solidarisierung und gemeinsamen Aufbegehrens bis hin zu einem institutionellen »Lernen« menschenrechtlich transformierter Rechtssysteme zu führen vermag.[260] Damit ist die betreffende Dynamik aber zunächst nur beschrieben. Was genau erklärt diesen seltsamen Druck oder gar Zwang, der auf politische Regime einwirkt und diese zu einer entsprechenden Transformation anhält? In politischen und historischen Kämpfen gegen Menschenrechtsverletzungen, so ist eben behauptet worden, verschafft sich eine kollektive Empörung über unterschiedliche Formen einer diskriminierenden und für politische Ohnmacht sorgenden Missachtung Luft. Diese Empörung wiederum schlägt der öffentlichen Ordnung und den politischen Gewalten jeweils vor Ort in Akten eines demonstrativen Legitimationsentzugs entgegen: Wenn Menschenrechte *verletzt* werden – man denke an Folter, willkürliche

258 Beth A. Simmons, *Mobilizing for Human Rights. International Law in Domestic Politics*, Cambridge 2009, S. 15.

259 Dazu auch Andrea Liese, *Staaten am Pranger. Zur Wirkung internationaler Regime auf innerstaatliche Menschenrechtspolitik*, Wiesbaden 2006.

260 Noch einmal: führen *kann*, nicht muss.

Inhaftierungen oder die gewaltsame Auflösung friedlichen Protests –, so werden von Seiten einzelner Repräsentantinnen und Repräsentanten der öffentlichen Gewalten legitimatorische Schranken durchbrochen. Die jeweils Leidtragenden werden sich so nicht länger als gleichberechtigte Mitglieder und damit als ursprüngliche »Autorinnen und Autoren« jener politischen Ordnung verstehen können, deren Macht ja nur geliehen ist und sich nun gewaltsam *gegen* die ursprünglichen Eigentümer dieser Macht wenden. Dadurch werden staatsbürgerliche »Subjekte« zu bloßen »Objekten« staatlicher Willkür degradiert.[261]

Wer folglich gegen Verletzungen der Menschenrechte protestiert oder kämpft, gibt jenen Herrschenden, die es sich anmaßen, diese menschenrechtlichen Schranken legitimer Gewaltausübung zu missachten, ostentativ zu verstehen, dass sie sich nicht länger als legitime Repräsentantinnen und Repräsentanten der öffentlichen Gewaltordnung verstehen dürfen – sondern nunmehr regelrecht als Gegnerinnen und Gegner des demokratisch gedachten »Volkssouveräns«.[262] Folglich lässt diese menschenrechtliche Unvernunft der Verantwortlichen die eigenen Legitimationsgrundlagen erodieren. Verstöße gegen Menschenrechte sind daher nicht nur für die individuellen Opfer schädlich, sondern stets auch eine Gefahr für den legitimatorischen Ordnungsrahmen insgesamt. Im Grunde gilt dies für jedes staatliche Handeln: Dieses Handeln kann nicht länger als Ausdruck *interner* Zustimmung verstanden werden, wenn die Volksvertretung nicht länger den sie allererst legitimierenden »Volkswillen« verkörpert.[263] Diese Idee eines demokratischen Gesellschaftsvertrags per menschenrechtskonformer Verfassung ist die normative Kontrastfolie, an dem sich keineswegs nur Demokratien, sondern auch alle sonstigen Formen politischer Herrschaft messen lassen müssen. Auch wenn es provokant oder sogar zynisch klingt:

261 Dies wird der zentrale Gedanke der »konstitutionellen« Menschenrechtsbegründung in § 6 sein.

262 Ingeborg Maus, *Über Volkssouveränität. Elemente einer Demokratietheorie*, Berlin 2011.

263 Dazu Ludwig Siep, »Thomas Hobbes und John Locke: Staatssouveränität und unveräußerliche Grundrechte«, in: ders. u. a. (Hg.), *Von der religiösen zur säkularen Normenbegründung*, S. 105-118; Georg Lohmann, »Menschenrechte zwischen Verfassung und Völkerrecht«, in: Marten Breuer u. a. (Hg.), *Der Staat im Recht. Festschrift für Eckart Klein zum 70. Geburtstag*, Berlin 2013, S. 1175-1188.

Selbst autoritäre Staaten, in denen die Menschenrechte massiv verletzt werden, sind, wenn sie fortbestehen wollen, auf ein Restmaß an »Zustimmung« seitens ihrer Untertaninnen und Untertanen angewiesen – und sei es auch nur in Form des passiven Duldens dieser illegitim angemaßten Herrschaft oder des Ausbleibens von Widerstand und Rebellion. Menschenrechtlicher Protest hingegen macht demonstrativ deutlich, dass diese Legitimationsgrundlagen erodieren und dass die betreffenden Regierungen und Institutionen nunmehr als Gegner oder gar als Feinde des Volkssouveräns zu betrachten sind.

Zumindest unter Bedingungen *modernen* Staatsrechtsdenkens gilt also: Die Willkür menschenrechtswidrig agierender Staats- und Regierungsapparate untergräbt die eigenen Legitimationsgrundlagen, die sich mehr und mehr verflüchtigen, solange dem Staat vehement menschenrechtliche Empörung entgegenschlägt; eine Empörung, die dem Umstand geschuldet ist, dass der Staat und seine Repräsentantinnen und Repräsentanten allzu stark abweichen vom spezifisch modernen Ideal einer kollektiven Legitimierung staatlicher Gewalten durch Zustimmung jener, die diesen Gewalten unterworfen sind. In dieser den Staat delegitimierenden Entrüstung über menschenrechtswidrige Ungleichbehandlungen zeigt sich ein universalistischer und demokratischer Überschuss über jede noch so partikulare und undemokratische Ordnung; ein geradezu »utopischer« Überschuss, der als ein imaginärer und zugleich revolutionärer Vorgriff auf eine wahrhaft menschenrechtskonforme Politik der Zukunft zu verstehen ist. Politische Kämpfe um Menschenrechte erinnern stets auch an die Möglichkeit einer demokratischen Volkssouveränität, die empirisch meist unter individuellen und kollektiven Ohnmachtserfahrungen verschüttet liegt. Anders gesagt: Die durch menschenrechtlichen Protest unter Druck geratenden Rechtsordnungen »lernen« die spezifisch moderne Botschaft demokratischer Volkssouveränität, indem sie den durch menschenrechtlichen Protest bedrohlich anwachsenden Legitimationsdruck durch menschenrechtliche Zugeständnisse temporär »ablassen«.[264]

Wie schon angedeutet, kann der gemeinte Druck aber nicht nur von innen, sondern auch von außen kommen. Eine kritisch sen-

264 Zu den empirischen Vorgängen siehe auch Simmons, *Mobilizing for Human Rights*, Kap. 3 u. 4.

sibilisierte und massenmedial integrierte Weltöffentlichkeit kann dazu beitragen, dass sich dieser öffentliche Druck ursprünglich aufbaut und auch weiter erhöht. Dabei kommt es mehr und mehr zur Herausbildung einer globalen »Menschenrechtskultur«,[265] die stets aufs Neue durch historische Ereignisse, mediale Berichterstattung und erschütternde Zeitzeugenberichte aufgerüttelt wird. Diese Menschenrechtskultur thematisiert und summiert vielfältige Erfahrungen menschenrechtlicher Diskriminierung und entfaltet so zunehmend auch völkerrechtliche Dynamik. Als normativ zentrale Hinsicht dieser dynamischen Menschenrechtskultur fungiert ersichtlich die bereits in § 2 erläuterte Idee einer qua Menschsein egalitär gegebenen Anspruchsberechtigung sämtlicher Menschen weltweit. Allerdings muss diese normative Leitidee in Akten einer zunehmend auch global artikulierten und entsprechend dann auch von vielen Menschen nachempfundenen Entrüstung erst noch legitimatorischen Druck erzeugen, damit aus der Empörung über menschenrechtliche Ungleichbehandlung dann auch internationale, völkerrechtliche Konsequenzen folgen können. Erst vor dem Hintergrund einer derart global sich ausbreitenden Menschenrechtskultur vermag die Botschaft deutlich zu werden: Keine Regierung dieser Welt soll heute noch länger mit einer breiten politischen Zustimmung rechnen dürfen – weder intern noch extern –, wenn ihre Politik in eklatantem Widerspruch zu den Menschenrechten steht.

4. Universalisierung statt Universalismus

Die Stärkung einer zunehmend auch über Menschenrechtsverletzungen debattierenden Weltöffentlichkeit ist ein zentrales, wenn nicht *das* zentrale Element der politischen Universalisierung von Menschenrechten. Nur so kann die menschenrechtliche Grundidee »generischer Gleichheit« zunehmend auch global Verbreitung finden. Damit kommen wir abschließend zu der bereits zu Beginn

265 Richard Rorty, »Menschenrechte, Rationalität und Gefühl«, in: Stephen Shute/Susan Hurley (Hg.), *Die Idee der Menschenrechte*, Frankfurt/M. 1993, S. 144-170. Dazu auch Hauke Brunkhorst, »Weltöffentlichkeit, Menschenrechte und das Janusgesicht des Rechts«, in: Eckart Klein/Christoph Menke (Hg.), *Universalität – Schutzmechanismen – Diskriminierungsverbote. 15 Jahre Wiener Weltmenschenrechtskonferenz*, Potsdam 2008, S. 115-133.

dieses Paragrafen aufgeworfenen Frage zurück, wie die theoretische Analyse von der zunächst in philosophischer Hinsicht recht abstrakten Idee der Universalität zur ihrer politisch-rechtlichen Konkretisierung zu gelangen vermag. Gegen Ende von § 4 war behauptet worden: Selbst die Befürworterinnen und Befürworter des menschenrechtlichen Universalismus übersehen sehr häufig, dass es sich um einen Geltungs*anspruch* handelt, den es erst noch einzulösen gilt. Die Menschenrechte *sind* nicht schon universell gültig, aber sie wollen universell gültig *werden*. Für die Verwirklichung dieses Anspruchs muss historisch und politisch gekämpft werden, weil diejenigen, die politische Macht ausüben, nur selten freiwillig auf einen Teil dieser Macht verzichten werden. Folglich muss bereits auf der Theorieebene unterschieden werden zwischen jenen »hohen« Ansprüchen auf Universalität, um die dabei gekämpft wird, und den empirisch konkreten Vorgängen einer Realisierung und Verwirklichung dieser Ansprüche, und zwar in Form von möglichst einklagbaren Rechten sowohl auf nationaler als auch auf völkerrechtlicher Ebene.[266]

Damit ist das politische und mithin revolutionäre Projekt einer fortschreitenden menschenrechtlichen »Universalisierung«[267] umrissen, das mit der nicht schon von übergeordneter philosophischer Stelle aus in Stellvertretung zu erledigenden Aufgabe einhergeht, gemeinsam, möglichst demokratisch und zunehmend auch weltweit für menschenrechtliche Nichtdiskriminierung zu streiten. Kämpfe um Menschenrechte sind stets auch Kämpfe um die faktische Einlösung der verschiedenen unter dem Stichwort des Universalismus firmierenden Geltungsaspekte.[268] Dabei lassen sich mindestens vier zentrale Dimensionen einer derart umkämpften Universalisierung unterscheiden:

– Die erste Dimension betrifft die historische Inklusion vormals exkludierter Gruppen in den gemeinsamen Geltungsbereich der

266 Siehe Jack Donellys Unterscheidung zwischen einem »konzeptionellen« und einem »substanziellen« Universalismus in: ders., »The Relative Universality of Human Rights«.

267 Menke/Pollmann, *Philosophie der Menschenrechte*, Kap. 3; Pollmann, »Für einen neuen Universalismus«, Abschnitt 5; vgl. James Ingram, *Radical Cosmopolitics. The Ethics and Politics of Democratic Universalism*, New York 2013, Kap. 4.

268 Siehe § 4.

Menschenrechte: Sklavinnen und Sklaven, Tagelöhner, »Gesinde«, Frauen insgesamt, Menschen auf dem Land, Arbeiterinnen und Arbeiter, Homosexuelle, Transsexuelle, Migrantinnen und Migranten, Embryonen, geistig schwerbehinderte Menschen usw. Man kann dies die *anti-fundamentalistische* Stoßrichtung menschenrechtlicher Universalisierung nennen;

- die zweite Dimension betrifft die durch unterschiedliche Varianten des Kulturalismus und Kollektivismus bezweifelte Gleichrangigkeit aller Menschen, die bereits in § 4 gegen die heute gängigsten Versuche, die Menschenrechte in ihrer Allgemeinheit, Generalität, Fundamentalität, Unverlierbarkeit, Unveräußerlichkeit und Unteilbarkeit einzuschränken, verteidigt wurde. Das ist die *anti-relativistische* Stoßrichtung der Universalisierung;
- in der dritten Dimension kommt es auf *inhaltlicher* Ebene zu einer Ausdehnung nationaler und auch völkerrechtlich fixierter »Listen« von Menschenrechten, die neben elementaren Freiheitsrechten und politischen Partizipationsrechten etwa auch wirtschaftliche, soziale und kulturelle Leistungsrechte vorsehen und keineswegs als bereits vollständig oder abgeschlossen betrachtet werden sollten;[269]
- die vierte Dimension der Universalisierung betrifft die Frage *realpolitischer* Fortschritte auf lokaler und globaler Ebene. Gemeint ist der konkrete Stand der juristischen Implementierung und Durchsetzung von Menschenrechten. Da bislang nicht ein einziger UN-Menschenrechtsvertrag von allen Staaten dieser Welt ratifiziert worden ist, könnte man der Auffassung sein, dass bisher entsprechend auch kein einziges Menschenrecht faktisch universalisiert worden sei.[270]

Aus diesem komplexen Zusammenspiel unterschiedlicher Aspekte menschenrechtlicher Universalisierung ergibt sich die Einsicht, dass mit den Menschenrechten ein historisch umkämpftes Projekt

269 Entsprechende Erzählungen rekurrieren meist auf Thomas S. Marshall, *Bürgerrechte und soziale Klassen. Zur Soziologie des Wohlfahrtsstaates*, Frankfurt/M./New York 1992. Dazu mehr in § 14.

270 Doch betrifft diese völkerrechtliche Skepsis eben nur eine von vier Dimensionen der Universalisierung. Dazu Heiner Bielefeldt, »Universalität und Gleichheit«, in: Pollmann/Lohmann (Hg.), *Menschenrechte*, S. 159-164, bes. 160.

gemeint ist; ein Projekt, das Fortschritte, aber sehr wohl auch Rückschritte mit sich bringt.[271] In keiner der besagten vier Dimensionen handelt es sich um lineare oder unwiderruflich abgeschlossene Lernprozesse. Zudem macht der weltpolitische Backlash[272] der jüngeren Vergangenheit sehr deutlich: Marginalisierte Gruppen können neuerlich unter politischen Druck geraten; ein bereits erreichtes Niveau der politischen Gleichstellung kann zukünftig wieder unterlaufen werden; einzelne Menschenrechte oder gar ganze Klassen von Menschenrechten mögen politisch wieder in den Hintergrund treten; regierungsamtliche Unterschriften unter regionale oder globale Menschenrechtsverträge können sich als Makulatur erweisen. Anstatt also einen unumkehrbar verwirklichten Universalismus jener seit 1948 auch auf völkerrechtlicher Ebene proklamierten Menschenrechte zu behaupten, gilt es zu berücksichtigen, dass die Menschenrechte – stets aufs Neue – *universalisiert* werden müssen.

Der politische Kampf um diese Universalisierung ist somit nicht nur ein Kampf gegen jeweils individuelle Rechtsverletzungen, sondern immer auch ein Kampf um die angemessene Gestaltung, Transformation und nachhaltige Absicherung des durch die Menschenrechte politisch revolutionierten Ordnungsrahmens. Pathetisch formuliert: Man sollte die Universalisierbarkeit der Menschenrechte als die revolutionäre Mahnung verstehen, die politischen Herrschaftsverhältnisse nicht einfach als »naturgegeben« aufzufassen, sondern als menschengemacht; als stets vorläufige Herrschaftsverhältnisse, die keineswegs so beschaffen sein müssen, wie sie es derzeit sind. Man mag aus diesen Überlegungen den Schluss ziehen, dass der menschenrechtliche Anspruch auf Universalität allererst

271 Weil die akademische Stimmungslage nicht immer den politischen Realitäten entspricht: Die Frage, ob man empirisch eher Rückschritte oder Fortschritte diagnostizieren will, hängt nicht zuletzt davon ab, was man als Vergleichsmaßstab heranzieht. Misst man die Realität an einem »Ideal« vollständig universalisierter Menschenrechte, mag man angesichts einer derzeit schwächeren Dynamik zu Diagnosen der Stagnation oder Rückläufigkeit neigen. Misst man die Daten an früheren Stadien der Entwicklung, bietet selbst die jüngere Vergangenheit Anlass zur Hoffnung. Zu den Themen Flucht, Genozid, Todesstrafe, Armut, Geburtensterblichkeit und Frauenrechte: Kathryn Sikkink, *Evidence for Hope. Making Human Rights Work in the 21st Century*, Princeton 2017, S. 31-33 u. Kap. 5.

272 Siehe *Einleitung*, S. 10 f.

dann abschließend *eingelöst* wäre, wenn die Menschenrechte weltweit auch faktisch durchgesetzt wären und jeder Mensch bereits effektiv und vollumfänglich in den Genuss sämtlicher Rechtsgarantien käme. Muss die Theorie der Menschenrechte tatsächlich so weit gehen? Wäre der Universalitätsanspruch der Menschenrechte wirklich erst dann realisiert, wenn es fortan nirgendwo mehr auf der Welt zu etwaigen Menschenrechtsverletzungen käme? Da dies ersichtlich ein utopischer Anspruch wäre, darf die Theorie der Menschenrechte bescheidener sein und den Universalitätsanspruch bereits dann als eingelöst betrachten, wenn sich tatsächlich sämtliche Staaten dieser Welt ausdrücklich per Verfassung sowie völkerrechtliche Verträge dazu verpflichtet hätten, jeweils in ihrem Innern einen effektiven, einklagbaren und sanktionsbewährten Menschenrechtsschutz zu gewähren und diesen dann auch nach außen hin kooperativ zu fördern.

Dieser bescheidenere Anspruch lässt sich in Analogie zu den Regeln eines Spiels anschaulich machen: Man kann ein bestimmtes Spiel nur dann adäquat spielen, wenn man sich wechselseitig zur Anerkennung eines geteilten Regelwerks verpflichtet. Das bedeutet nicht, dass man *während* des Spieles nicht doch gelegentlich gegen diese Regeln verstoßen kann. Das Regelwerk selbst wiederum sieht für diesen Fall meist weitere Regeln vor, nach denen derartige Regelverstöße geahndet und sanktioniert werden. Diese Sanktionsmechanismen respektieren prinzipiell auch diejenigen, die die betreffenden Regeln ausnahmsweise verletzen. Sie verletzen dann zwar eine jeweils bestimmte Regel, stellen damit aber nicht schon das Regelwerk als Ganzes in Frage. Auf die Menschenrechte übertragen: Wer sich einem positiv-rechtlich reglementierten Menschenrechtsregime unterwirft, ob auf nationaler oder internationaler Ebene, unterwirft sich damit zugleich auch entsprechenden Sanktionsmechanismen. Einzelne Verletzungen der Menschenrechte mögen zwar weiterhin vorkommen, aber sie stellen deshalb nicht schon notwendig die jeweils eigene Unterwerfung unter das betreffende Menschenrechtsregime oder gar dessen Legitimität im Ganzen in Frage.[273]

Allerdings dürfte selbst diese bescheidenere Auffassung von Universalisierung – im Sinne der ausdrücklichen Zustimmung

273 Dazu ausführlicher die §§ 9 u. 10.

sämtlicher Staaten zu einem nationalen und internationalen Menschenrechtsschutz bei Inkaufnahme allseits anerkannter Sanktionsmechanismen – auf absehbare Zeit kaum realisierbar sein. Daher ist der gesuchte Universalismus der Menschenrechte als ein Universalismus *in the making* zu betrachten. Ob mit Blick auf die anti-fundamentalistische Ebene umfassender Inklusion oder auf die zweite Ebene einer nicht-relativistischen Gleichstellung sämtlicher Menschen, ob mit Blick auf die dritte Ebene inhaltlich allgemeingültiger Listen oder aber auf die realpolitische vierte Ebene einer bis auf Weiteres unzureichenden politischen und juristischen Implementierung dieser Rechte: Auf allen vier Ebenen der menschenrechtlichen Universalisierung gilt, dass der Ausgang des Streits um das *richtige* Verständnis universalisierbarer Menschenrechte bis auf Weiteres als offen zu betrachten ist.[274] Damit sind wir einmal mehr auf die Frage zurückverwiesen, wer die verantwortlichen Akteurinnen und Akteure dieser strittigen Ausdeutungsprozesse und damit auch die treibenden Kräfte hinter der Universalisierung der Menschenrechte sind.

Faktisch ist es zweifellos so, dass inhaltliche und institutionelle Festlegungen bislang meist von einem dazu berufenen Fachpersonal vorgenommen werden; von Regierenden, Parlamentarierinnen und Parlamentariern, Kommissionen, Ministerien, Ämtern, Gerichten, Rechtsgelehrten usw. Wie aber verträgt sich diese meist *in Stellvertretung* der Opfer vorgenommene Regulierung mit der in diesem Paragrafen skizzierten Dynamik menschenrechtlicher Lernprozesse? Die Menschenrechte sind ersichtlich darauf angewiesen, von jenen Menschen eingeklagt und auch interpretiert zu werden, die Trägerinnen und Träger dieser Rechte und damit dann auch faktische oder zumindest denkbare Opfer entsprechender Menschenrechtsverletzungen sind. Dies sind die unmittelbar von menschenrechtlicher Diskriminierung betroffenen Menschen selbst, aber potenziell eben auch alle anderen Menschen, und zwar in ihrer gemeinsamen Doppelrolle als souveräne Subjekte und gefährdete Objekte staatlich organisierter Gewaltordnungen. Deshalb hätten

274 Am Ende sind selbst die völkerrechtlich verbindlichen UN-Pakte von 1966 als vorläufig zu betrachten; auch wenn es sich um historisch sehr bedeutsame Versuche handelt, den Anspruch auf Universalität einzuholen. Erst die Zukunft des globalen Kampfes um Menschenrechte wird zeigen, ob die dort verbrieften Rechte ausreichen, ob weitere Rechte ergänzt werden müssen etc.

inhaltliche und institutionelle Ausdeutungen der Menschenrechte nicht über deren Köpfe hinweg zu erfolgen, sondern »von unten« und damit möglichst durch alle Menschen gemeinsam.[275] Dies mutet utopisch an: Die Einlösung des Universalitätsanspruchs der Menschenrechte sollte als die ersichtlich nie vollständig abzuschließende Aufgabe einer kollektiven, demokratischen und letztlich dann auch globalen Selbstbestimmung der gesamten Menschheit verstanden werden. Daher wird gleich zu Beginn des nun folgenden zweiten Hauptabschnitts zu zeigen sein, dass die Menschenrechte auf überaus enge und konstitutive Weise mit politischen Forderungen nach demokratischer Selbstbestimmung verwoben sind.

275 Ingram, *Radical Cosmopolitics*, Kap. 6; vgl. Kreide, *Globale Politik und Menschenrechte*.

2. Funktionsbestimmungen

Von der konstitutionellen Begründung zur völkerrechtlichen Durchsetzung

§ 6 Der konstitutionelle Sinn der Menschenrechte

Im Rahmen modernen Verfassungsdenkens ergeben sich die Menschenrechte aus dem für Legitimation sorgenden Leitbild einer kollektiven Neugründung politischer Herrschaftsverhältnisse. Sie dienen dort als »konstitutionelle« Vorbehalte souveräner Staatsbürgerinnen und Staatsbürger gegenüber den Institutionen und Verantwortlichen der öffentlichen Gewalt, die ihre Machtbefugnisse nicht willkürlich und zuungunsten jener missbrauchen dürfen, die ihnen diese Macht verleihen. Mit diesem ursprünglich konstitutionellen Auftrag vermitteln die Menschenrechte zwischen zwei zentralen Grundprinzipien rechtsstaatlicher Souveränität: der Etablierung eines exekutiven Gewaltmonopols einerseits und dem Prinzip legislativer Volkssouveränität andererseits.

Der historisch unabgeschlossene Prozess einer globaldemokratischen Universalisierung der Menschenrechte wurde gegen Ende des ersten Hauptabschnitts als Resultat politisch revolutionärer Kämpfe gegen unterschiedlichste Praktiken fundamentalistischer und relativistischer Diskriminierung gedeutet. Blickt man von diesem Zwischenergebnis aus auf die bereits in § 1 skizzierte Begriffsbestimmung der Menschenrechte zurück, so ergibt sich eine konzeptionelle Spannung: Mit der Behauptung, die Menschenrechte seien »als vorstaatlich begründete und subjektiv qua Menschsein gegebene Ansprüche gegenüber der öffentlichen Gewaltordnung zu verstehen, die auf gleiche Achtung jedes Menschen durch konstitutionell garantierte Grundrechte pochen«, ging von Beginn an die kritische Einsicht einher, dass der jeweils einzelne Mensch nur dann *effektiv* durch Menschenrechte geschützt werden kann, wenn er bereits vollwertiges Mitglied einer politisch integrierten und mithin nationalen Verfassungsgemeinschaft ist, die sich ausdrücklich den Menschenrechten verpflichtet hat. Diese anspruchsvolle Bedingung ist ersichtlich nicht schon für *alle* Menschen weltweit gegeben. Dem globaldemokratischen Projekt menschenrechtlicher Universalisierung fehlen vielerorts die demokratischen, institutionellen, rechtsstaatlichen oder auch kulturellen Voraussetzungen. Oder anders: Das revolutionäre Projekt der Menschenrechte dürfte nur dann Chancen auf eine wahrhaft globale Realisierung besitzen, wenn die jeweils »vor Ort« herrschenden Verhältnisse diesem revolutionären Prozess auf demokratische und rechtsstaatliche Weise »entgegenkommen«. Wie also verhält sich der globale Anspruch der Menschenrechte zu den jeweils lokalen Bedingungen ihrer politischen Durchsetzung? Und wie gelangt man – bereits auf der Theorieebene – von der auf nationale Verfassungsgebungsprozesse fokussierten Begriffsdeutung zum globalen Projekt einer »weltbürgerrechtlichen« Konstitutionalisierung des Völkerrechts?

Die im vorliegenden Paragrafen skizzierten Überlegungen werden nur der erste Schritt zur Beantwortung dieser den zweiten Hauptabschnitt des Buches insgesamt leitenden Fragestellung sein. Zugleich aber wird es sich dabei um die zentrale Weichenstellung der gesamten Untersuchung handeln, aus der sich eine dezidiert politische und hier als »konstitutionell« charakterisierte Funktionsbestimmung der Menschenrechte ergeben wird. Die auf den ersten Blick ein wenig paradox anmutende Ausgangsthese soll lauten: Will man sich die globale Reichweite und Anziehungskraft der Menschenrechte vor Augen führen, so wird man sich zunächst auf die ursprünglich lokale und überdies revolutionäre Rolle zurückbesinnen müssen, die den Menschenrechten in fest umrissenen Nationalstaaten zukam und weiterhin zukommt. Dort nämlich fungieren die Menschenrechte als legitimitätsstiftende Konstitutionsbedingungen verfassungsrechtlich eingehegter Gewaltordnungen.[1] Erst mit diesen Überlegungen wird sich der genuin politische Sinn der Menschenrechte offenbaren, aus dem sich dann auch eine Antwort auf die im ersten Hauptabschnitt offengebliebene Begründungsfrage ergibt, warum von vornherein allen Menschen weltweit die gleichen grundlegenden Rechte zukommen.

Blicken wir zunächst noch einmal zurück: In der ideengeschichtlichen Einleitung zu diesem Buch wurde die These vertreten, dass die »Geburtsstunde« der Menschenrechte auf das späte 17. Jahrhundert zu datieren ist: Sie setzt mit der vertragstheoretischen Kritik am europäischen Absolutismus ein und lässt sich insbesondere auf John Lockes Kritik am *Leviathan* von Thomas Hobbes zurückfüh-

1 Damit setze ich mich von der Neigung »kosmopolitischer« Menschenrechtstheoretikerinnen und -theoretiker ab, welche die Menschenrechte von vornherein als *globale* Normen denken und Nationen letztlich für entbehrlich halten. Dazu Noah Feldman, »Cosmopolitan Law?«, in: *Yale Law Journal* 116 (2007), S. 1022-1070.

ren.[2] Die zentrale Einsicht lautete: Eine um politische Legitimität bemühte Staatsordnung, so stabil und friedensstiftend sie auch sein mag, besitzt gerade *keine* Legitimität, wenn das Staatsvolk, das die politischen Gewalten allererst per Vertrag imaginär konstituiert, unmittelbar im Anschluss an diesen konstitutionellen Gründungsakt gleich wieder jegliche Kontrolle über seine Herrscherinnen und Herrscher verliert und dabei ganz ohne subjektive Rechte gegenüber diesen Herrschenden zurückbleibt. Mit ebendiesen Bedenken Lockes werden die Menschenrechte von Beginn an als ein Bollwerk gegen die Gefahren eines übermächtigen und willküranfälligen »Gewaltmonopols« in Stellung gebracht. Diese für das moderne Staatsrecht überaus bedeutsame Idee des Gewaltmonopols besagt, dass ein Staat, der für Frieden und Sicherheit sorgen soll, Herrschaftshoheit und damit »Souveränität« (frz. *souverain*, »höchst, oberst«) dann – und nur dann – besitzt, wenn diese Herrschaft auf einer effektiven Konzentration von physischen Gewaltbefugnissen auf Seiten staatlicher Institutionen beruht. Das Gewaltmonopol gehört *notwendig* zur modernen Idee souveräner Staatlichkeit hinzu. Schon bei Jean Bodin heißt es: »Der Begriff Souveränität beinhaltet die absolute und dauernde Gewalt eines Staates [...]. Souveränität bedeutet höchste Befehlsgewalt. [...] Souveränität wird weder durch irgendeine Gewalt, noch durch menschliche Satzung, noch durch eine Frist begrenzt.«[3] Und Hobbes wird ergänzen: »Der alleinige Weg zur Errichtung einer [...] allgemeinen Gewalt, die in der Lage ist, die Menschen vor dem Angriff Fremder und vor gegenseitigen Übergriffen zu schützen [...], liegt in der Übertragung ihrer gesamten Macht und Stärke auf einen Menschen [...]. Wer diese Person verkörpert, wird Souverän genannt und besitzt, wie man sagt, höchste Gewalt.«[4]

Es ist ebendiese Idee einer – ihrem Anspruch nach – »uneingeschränkten« Souveränität, zu der sich die Menschenrechte kritisch verhalten, sobald man sie als »vorstaatlich begründete und subjektiv qua Menschsein gegebene Ansprüche gegenüber der öffentlichen Gewaltordnung« versteht. Der eigentümliche Sinn dieser Rechte scheint aus historischer Sicht in gar nichts anderem zu liegen als eben in dieser subjektiv-rechtlichen Einhegung souveräner Ho-

2 *Einleitung*, S. 20 ff.

3 Jean Bodin, *Über den Staat* [1579], Stuttgart 1986, S. 19 f.

4 Thomas Hobbes, *Leviathan* [1651], Frankfurt/M. 1984, S. 134.

heitsgewalt; genau dafür wurden die Menschenrechte »erfunden« und politisch erkämpft. Um diese revolutionäre Funktion der Menschenrechte zunächst noch genauer zu bestimmen, wäre hier noch einmal etwas eingehender an die ordnungspolitische Grundidee des staatlichen Gewaltmonopols zu erinnern (Abschnitt 1). Diese moderne Idee staatlicher Souveränität steht seit jeher in auffälliger Spannung zu einer zweiten und für die moderne Staatslehre kaum weniger bedeutsamen Denktradition, die ebenfalls auf den Begriff der Souveränität zurückgreift, diesen jedoch vollends anders versteht, und zwar als republikanische »Volkssouveränität« oder moderner: als demokratische Selbstgesetzgebung (Abschnitt 2).[5] Wenn heute *beide* dieser Leitideen – das exekutive Gewaltmonopol einerseits, das Prinzip kollektiver Selbstgesetzgebung andererseits – bereits auf terminologischer Ebene »höchste« Gewalt beanspruchen: Gibt es dann überhaupt noch eine *höchste* Gewalt? Ein erster ideengeschichtlich sowie rechtshistorisch bedeutsamer Versuch, diese Spannung aufzulösen, ergibt sich aus der Einführung innerstaatlicher »Gewaltenteilung« (Abschnitt 3). Doch als entscheidend für das moderne Rechtsstaatsdenken erweist sich dann erst die konstitutionelle Implementierung »subjektiver öffentlicher Grundrechte«, die das gewaltenteilige System als Ganzes in verfassungsrechtliche Schranken weisen (Abschnitt 4).

1. Das staatliche Gewaltmonopol

Auch wenn die Idee einer auf Seiten des Staates zu konzentrierenden physischen Gewalt bis mindestens zu Bodin zurückreicht, so war es doch Max Weber, der den *Begriff* des staatlichen Gewaltmonopols in das politische Denken eingeführt hat. In seinem berühmten Vortrag »Politik als Beruf«[6] aus dem Jahr 1919 sieht sich Weber mit einer politischen Großwetterlage konfrontiert, in der einmal mehr das Prinzip neuzeitlicher Staatlichkeit auf dem Spiel zu stehen scheint: Der Erste Weltkrieg ist eben erst beendet, zahlrei-

5 Damit werden hier zunächst zwei konkurrierende Paradigmen *innerstaatlicher* Souveränität behandelt. Auf Fragen der *äußeren* Souveränität von Einzelstaaten kommen wir in § 9 zurück.

6 Max Weber, »Politik als Beruf« [1919], Studienausgabe, Bd. 17, Tübingen 1994, S. 35-88.

che europäische Nationen liegen politisch und auch buchstäblich in Trümmern. Nach der Oktoberrevolution in Russland toben nun auch im besiegten Deutschland sozialistische Arbeiteraufstände. Und so als fänden in Webers Worten die einstigen Bürgerkriegserfahrungen von Bodin und Hobbes sowie deren Befürchtungen vor einem Ausbruch gesetzloser Anarchie ein spätes Echo, wird Weber den nunmehr erneut ins Wanken geratenen Nationalstaat wie folgt definieren: »Staat ist diejenige menschliche Gemeinschaft, welche innerhalb eines bestimmten Gebietes [...] das Monopol legitimer physischer Gewaltsamkeit für sich (mit Erfolg) beansprucht.«[7]

Damit ist rückwirkend der zentrale Leitbegriff einer ordnungspolitischen Denktradition geprägt, die zwischen dem Prinzip souveräner Staatlichkeit und der Notwendigkeit physischer Gewaltkonzentration gar keinen Unterschied macht. Das Konzept des Gewaltmonopols steht für die politische Dringlichkeit, etwaige »private« Formen interpersonaler Gewaltanwendung durch die Androhung und notfalls eben auch Ausübung »öffentlicher« Gewalt einzuhegen. Der sogenannte Naturzustand, der nach Hobbes oder auch nach Locke stets dazu tendiert, ein Kriegszustand mit Faustrecht und Selbstjustiz zu sein, wird kontraktualistisch sowie kontrafaktisch dadurch überwunden, dass alle einzelnen Bürgerinnen und Bürger individuellen Gewaltverzicht versprechen. Allerdings werden sie dies allein unter dem ausdrücklichen Vorbehalt tun, dass fortan der Staat über diesen Gewaltverzicht wacht – und zwar notfalls *mit* Gewalt. Allein der Staat soll zukünftig das legitime Recht besitzen, Gewalt auszuüben – ebendas macht seit Bodin und Hobbes die Souveränität des Staates aus.[8]

Historisch neu oder eben »modern« an dieser Idee des Gewaltmonopols ist selbstredend nicht das Zugeständnis, dass der Staat in begründeten Fällen Gewalt ausüben darf. Neu ist vielmehr das Plädoyer für eine konsequente Konzentration physischer Gewalt in den Händen staatlicher Institutionen. Mit Blick auf die europäische Rechtsgeschichte kann sich diese Idee allererst aus einer Überwindung mittelalterlicher Rechtsordnungen ergeben, die gerade keine derart monopolisierten Hoheitsbefugnisse kannten, sondern

7 Ebd., S. 36.

8 Verbleibende Rechte auf private Gewalt sind eine Ausnahme, die der Staat seinen Bürgerinnen und Bürgern explizit per Gesetz einräumen muss; etwa im strafrechtlichen Rahmen von Nothilfe und Notwehr.

weitgehend fragmentierte Netze aus monarchischen, ständischen, klerikalen und kommunalen Herrschaftsinstanzen.[9] Aus ideengeschichtlicher Sicht auf die europäische Rechtsentwicklung ist dann aber vor allem die von Bodin und Hobbes systematisierte Erschütterung über den Zusammenbruch staatlicher Rechtsordnungen und deren Rückfall in anarchisches Chaos im Zuge langjähriger Bürgerkriege ausschlaggebend gewesen. Um diesen Neuansatz mit einer für das heutige Staats- und Völkerrecht typischen Diktion zu versehen: Man wird allenfalls von einem *failed state*, nicht aber von einem »Staat« sprechen können, wenn es dem betreffenden Herrschaftsverbund nicht gelingt, die auf jeweils eigenem Territorium verübte Gewalt zu zentralisieren. Nur solche Herrschaftsverbände, die in dem besagten Sinn souverän sind, bieten Aussicht auf ein friedliches Zusammenleben.[10]

Nach einer in Soziologie und Politikwissenschaft recht gängigen Definition sollte die im Begriff des Gewaltmonopols enthaltene »Gewalt« vornehmlich in der Bedeutung von lat. *potestas* oder engl. *power* verstanden werden und damit primär als eine öffentliche Verfügungsgewalt oder institutionelle Handlungsvollmacht.[11] Nicht gemeint wäre folglich jene direkt interpersonale Aggression, wie sie vornehmlich im Privaten vorkommt und lat. *violentia* oder engl. *violence* genannt wird. Doch abgesehen davon, dass sich diese Unterscheidung bereits auf Ebene der Phänomene kaum durchhalten lässt, wenn man bedenkt, dass der Staat, etwa im Rahmen der Strafverfolgung, sehr wohl auch direkt *violentia* ausübt: auch für die öffentliche und politische Gewalt gilt, dass sie letztlich von physischer Gewaltanwendung abkünftig ist, weil ihre Exekution stets mit der mal ausgesprochenen, mal unausgesprochenen Ankündigung verknüpft ist, die jeweils durchzusetzenden Entscheidungen notfalls auch gegen den Willen der betreffenden Personen, eben mit Zwang oder physischer Gewalt, durchzusetzen.[12] Zugleich aber stellt diese

9 Wolfgang Reinhard, *Geschichte der Staatsgewalt*, München 1999, Abschnitt II.

10 Daniel Thürer/Gerhard Hohloch/Matthias Herdegen, *Der Wegfall effektiver Staatsgewalt: »The Failed State«*, Heidelberg 1996.

11 Wilhelm Heitmeyer, »Gewalt«, in: Stefan Gosepath/Wilfried Hinsch/Beate Rössler (Hg.), *Handbuch der Politischen Philosophie und Sozialphilosophie*, Bd. 1, Berlin 2008, S. 421-425, hier S. 422.

12 Bei physischer Gewalt geht es um Eingriffe wider Willen in die körperliche Unversehrtheit, und zwar mit »grenzüberschreitenden«, »invasiven«, »brachialen«

interessante Doppelbedeutung der Gewalt unmittelbar auch einen begründungstheoretischen Zusammenhang her: Die öffentliche *potestas* soll ja gerade ein politisch legitimiertes Surrogat privater *violentia* sein und diese eindämmen. Illegitime private Gewalt wird durch die Androhung und Ausübung legitimer öffentlicher Gewalt bekämpft. Und fortan ist auch die Ausübung staatlicher Gewalt allenfalls dann noch legitim, wenn diese Gewalt effektiv und verhältnismäßig der Gewaltminimierung dient. Die Zentralisierung physischer Gewalt ist also keineswegs ein Selbstzweck. Sie dient dem Gemeinwohl: Das Gewaltmonopol wird errichtet, und zwar als Drohkulisse, damit es möglichst *nicht* zur Anwendung kommen muss.[13]

Allerdings ergibt sich aus dieser Begründung des Gewaltmonopols sogleich auch ein legitimatorisches Paradox: »Gewalt dient der Austreibung von Gewalt.«[14] Zwar findet man in der besagten Souveränitätstradition sehr wohl auch einige Hinweise, dass die jeweils konkrete Ausübung einer für Sicherheit sorgenden staatlichen Gegengewalt ihrerseits auf Gesetzen beruhen muss, weil sie sonst in irrationale Willkür und letztlich dann auch wieder in Anarchie umschlägt.[15] Dennoch muss diese Gewalt – zumindest als Drohkulisse – jederzeit präsent sein. Denn abgesehen von der präventiven Kraft, die etwaige Sanktionsdrohungen zu entfalten vermögen, werden friedfertige Bürgerinnen und Bürger ihren Staat nur dann als schützend und legitim betrachten, wenn sich das Gewaltmonopol im Notfall dann auch als wehrhaft erweist. Zwar würde ein durchweg lückenloser Gehorsam gegenüber dem Staat die öffentliche Gewalt vor konkreter Gewaltanwendung bewahren, weil niemand den Staat durch »opponierende Gewalt« entsprechend herausforderte.[16] Doch ein derart ausnahmsloser Gehorsam ist empirisch unwahrscheinlich, sodass kein Staat ganz auf Gewalt wird verzichten können. Somit ergeht ein paradox anmutender Gewalt-

und »destruktiven« Mitteln. Dazu Arnd Pollmann, *Unmoral. Ein philosophisches Handbuch. Von Ausbeutung bis Zwang*, München 2010, S. 137-145.

13 Vgl. Jan Philipp Reemtsma, »Gewalt. Monopol, Delegation, Partizipation«, in: Wilhelm Heitmeyer/Hans-Georg Soeffner (Hg.), *Gewalt*, Frankfurt/M. 2004, S. 346-361.

14 Niklas Luhmann, *Die Politik der Gesellschaft*, Frankfurt/M. 2011, S. 192.

15 Dazu exemplarisch John Locke, *Zweite Abhandlung über die Regierung* [1690] [hg. und kommentiert von Ludwig Siep], Frankfurt/M. 2007, § 232.

16 Luhmann, *Politik der Gesellschaft*, S. 193.

auftrag zur Verminderung von Gewalt. Und das bedeutet zugleich: Je *mehr* Gewalt der Staat ausübt, auch um sein Gewaltmonopol neuerlich zu bestätigen, desto weiter entfernt er sich auch wieder von der erhofften Gewaltlosigkeit.[17]

Auch deshalb haben Locke und andere Kritikerinnen und Kritiker schon früh davor gewarnt, dass eine »absolutistische« Gewalt in den Händen empirisch fehlbarer Funktionsträgerinnen und -träger rasch in Willkürherrschaft umschlagen kann, solange diese Gewalt nicht aufgeteilt, beschränkt und überwacht wird. In liberaler Fortentwicklung der besagten Souveränitätstradition führt dies dazu, dass die Vertragstheorie bereits auf konzeptioneller Ebene entsprechende Schutzmechanismen zu etablieren beginnt. Gemeint sind, zum einen, das bereits von Locke eingeführte, dann aber vor allem von Charles de Montesquieu geprägte Ordnungsprinzip der Gewaltenteilung und, zum anderen, die ebenfalls maßgeblich von Locke beeinflusste Theorie freiheitsverbürgender Grundrechte. Doch bevor wir uns diesen beiden vertragstheoretischen Fortentwicklungen genauer zuwenden können, ist zunächst ein schwerwiegendes Begründungsproblem zu diagnostizieren, das sich geradezu notwendig aus derartigen »Selbstbeschränkungen« staatlicher Herrschaft ergibt: Wie kann sich ein souveräner Staat mit funktionierendem Gewaltmonopol freiwillig in seiner Gewaltausübung beschränken, ohne seine Souveränität und »höchste Gewalt« dadurch gleich wieder einzubüßen? Bodin und Hobbes jedenfalls teilen diesbezüglich das gleiche Bedenken: *Wenn* der Staat sich derart selbst beschränkt, dann beschneidet er die eigene Allmacht, und so geht mit seinem Gewaltmonopol unweigerlich auch seine Souveränität verloren. Locke wiederum würde entgegnen: Tut ein Staat dies nicht, so ist dieser Staat *zu* allmächtig, und im Fall eines schwerwiegenden Machtmissbrauchs würde dieser Staat mit seiner Legitimität zugleich eben auch seine Souveränität einbüßen. Mit diesem Locke'schen Staatsverständnis ist bereits die Brücke zu einer zweiten Denktradition der Souveränität geschlagen, die das Souveränitätsprinzip ganz anders versteht, und zwar als demokratische Volkssouveränität.

17 Zur empirischen Radikalisierung dieses Befunds: Reemtsma, »Gewalt«.

2. Das Prinzip der Volkssouveränität

Die zur Theorie des staatlichen Gewaltmonopols in auffälliger Spannung stehende zweite, aber für das moderne Staatsdenken keineswegs weniger wichtige Souveränitätstradition ist von vornherein republikanisch und demokratietheoretisch ausgerichtet. Bei Jean-Jaques Rousseau etwa und später dann auch bei Karl Marx steht der Souveränitätsbegriff gerade nicht für eine zentralisierte Gewalt des Staatsapparates, die über etwaige widerspenstige Untertaninnen und Untertanen auszuüben ist. Vielmehr ist hier »Volkssouveränität« gemeint und damit die kollektive Selbstgesetzgebung des vereinten Staatsvolkes unter Einbeziehung aller Betroffenen als gleich und frei.[18] Bei Rousseau etwa heißt es: »Was ist also im eigentlichen Sinne ein Souveränitätsakt? Es ist keine Übereinkunft des Überlegenen mit dem Unterlegenen, sondern eine Übereinkunft des Körpers mit jedem seiner Glieder.«[19] Und Marx wird ganz im Geiste Rousseaus ergänzen: »Ist [der Fürst] souverän, insofern er die Volkseinheit repräsentiert, so ist er also selbst nur Repräsentant, Symbol der Volkssouveränität. Die Volkssouveränität ist nicht durch ihn, sondern umgekehrt er durch sie [...]. Die Demokratie ist das aufgelöste Rätsel aller Verfassungen.«[20]

Nach dieser Tradition ist allein der *dēmos* – das sich demokratisch selbst regierende Volk – souverän und nicht etwa der abstrakte Staat gleich welcher institutionellen Prägung. Dessen öffentliche Funktionsträgerinnen und -träger besitzen Legitimität vielmehr nur dann, wenn ihr politisches Handeln als *Ausdruck* der Volkssouveränität oder, wie Rousseau sagt, des »Gemeinwillens« verstanden werden kann. Selbst wenn es sich bei dieser Idee des Gemeinwillens um ein theoretisches Konstrukt beziehungsweise um ein konzeptionelles »Legitimationsprinzip« handelt, dessen empirische Verifizierbarkeit man anzweifeln darf:[21] Sämtliche Regierungen und selbst Monarchinnen und Monarchen sind folglich nichts anderes als bloß Repräsentantinnen und Repräsentanten jenes Volkswillens

18 Dazu Ingeborg Maus, *Über Volkssouveränität. Elemente einer Demokratietheorie*, Berlin 2011.

19 Jean-Jaques Rousseau, *Vom Gesellschaftsvertrag* [1762], Frankfurt/M. 1996, S. 46.

20 Karl Marx, *Kritik des Hegelschen Staatsrechts* [1843], Marx-Engels-Werke, Bd. 1, Berlin 1977, S. 229-231.

21 Maus, *Über Volkssouveränität*, S. 123-125.

und damit Amtspersonen, die nach Rousseau stets auf Zeit und Abruf eingesetzt und dazu bestimmt sind, jene Gesetze bloß zu exekutieren, die das souveräne Volk sich vorab selbst gegeben haben muss: »Das ist im Staat der Sinn der Regierung, die irrtümlich mit dem Souverän verwechselt wird, dessen Handlanger sie nur ist.«[22] Folglich kann *jedes* konkrete Regierungshandeln – ob nun demokratisch, aristokratisch, monarchisch oder auch autoritär – nicht länger als Ausdruck *interner* Zustimmung verstanden werden, wenn die sogenannte Volksvertretung nicht länger den sie allererst legitimierenden Volkswillen verkörpert. Ebendas scheint auch Marx mit dem vielzitierten Diktum zu meinen, die Demokratie sei das »aufgelöste Rätsel aller Verfassungen«: Der demokratische Gesellschaftsvertrag ist der normative »Probierstein«,[23] an dem sich eben nicht nur Demokratien, sondern auch alle übrigen Formen politischer Herrschaft messen lassen müssen. Selbst autoritäre Diktaturen sind auf ein Mindestmaß an Duldung durch ihre Untertaninnen und Untertanen angewiesen – und sei es auch nur in Form des Ausbleibens von Protesten, Aufständen und Rebellionen. Kein Tyrann, keine Monarchin, kein Fürst, ja nicht einmal die vom Volk demokratisch gewählte Regierung steht über der Verfassung, sondern allein das Volk selbst.[24]

Der Souveränitätsgedanke in dieser zweiten Tradition lässt sich demnach wie folgt fassen: »Alle souveräne Gewalt geht *vom* Volke aus.« Der Souveränitätsgedanke in der von Bodin und Hobbes begründeten ersten Tradition hat jedoch nahezu das Gegenteil behauptet: »Souveräne Gewalt wird *über* das Volk ausgeübt.« Wenn es sich nun aber bei beiden Paradigmen um zentrale Grundgedanken modernen Staatsdenkens handeln soll, so stellt sich unweigerlich die Frage, ob und, wenn ja, wie sich diese beiden Ordnungsprin-

22 Rousseau, *Vom Gesellschaftsvertrag*, S. 78.

23 Immanuel Kant, *Über den Gemeinspruch* [1793], Akademie-Ausgabe, Bd. VIII, Berlin 1900 ff., S. 297. Vgl. ders., *Der Streit der Fakultäten* [1798], Akademie-Ausgabe, Bd. VII, Berlin 1900 ff. Dort sagt Kant, der Gesellschaftsvertrag sei kein »leeres Hirngespinst, sondern die ewige Norm für alle bürgerliche Verfassung überhaupt« (S. 91).

24 Um es zugleich mit und gegen Carl Schmitt zu sagen: Allenfalls das Staatsvolk selbst darf über den »Ausnahmezustand« entscheiden. Dazu schon Emmanuel Joseph Sieyès, »Was ist der Dritte Stand?« [1789], in: ders., *Politische Schriften 1788-1790*, München/Wien, S. 117-196, bes. S. 164-175.

zipien miteinander vertragen.[25] Denkt man sich beide Motive vereint, so hätte ein Rechtsstaat, um als legitim gelten zu dürfen, nicht nur ein wirksames Gewaltmonopol zu unterhalten, er wäre zugleich auch in stetiger Übereinstimmung mit dem vereinten Volkswillen zu regieren. Abgesehen davon, dass dies ein empirisch anspruchsvolles Staatskonzept wäre: Es ist unmittelbar fraglich, wie sich ein Volk insgesamt noch länger als »souverän« verstehen soll, wenn es sich doch zugleich auch der monopolisierten Gewalt staatlicher Institutionen unterworfen sieht. Und umgekehrt: Kann noch länger von einem Monopol des souveränen Gewaltapparates gesprochen werden, wenn diese mutmaßliche Souveränität zugleich von einer *noch* höheren Gewalt des Staatsvolkes übertrumpft wird?

Diese begrifflichen Spannungen lassen sich reduzieren, sobald man berücksichtigt, dass für das traditionelle Verständnis von Volkssouveränität bereits das Prinzip einer »Teilung« politischer Gewalten zentral ist; ein Ordnungsprinzip, das für die zuvor skizzierte erste Souveränitätstradition der sprichwörtliche Anfang vom Ende des stabilen Rechtsstaates gewesen wäre. Bei Rousseau und Marx, aber etwa auch bei Kant zielt die Idee der Volkssouveränität zunächst *nur* auf die Aufgabe »legislativer« Selbstgesetzgebung. Obgleich der urheberische Erlass von Gesetzen für alles weitere Regierungshandeln, das diese Gesetze exekutiert, konstitutiv sein mag: Die demgegenüber anspruchsvollere und heute unter Labels wie »radikaldemokratisch«, »direktdemokratisch« oder »basisdemokratisch« diskutierte Forderung, das gesamte Volk müsse zugleich auch aktiv an exekutiven Aufgaben beteiligt sein, ist in dieser Tradition nicht vorgesehen oder wird gar ausdrücklich zugunsten des Repräsentationsgedankens abgelehnt.[26] Das bedeutet: Es liegt in dieser zweiten Tradition bereits eine systematische Gewaltenteilung zwischen der Legislative im Sinne urheberischer Volkssouveränität einerseits und der repräsentativen Exekutive in der Gestalt ei-

25 Gemeint ist eine begriffliche, keine empirische Verträglichkeit. Es ist *de facto* möglich, sich politisch auf beide Ideen gleichzeitig zu berufen, ohne einen Widerspruch zu sehen. Hier aber geht es darum, ob sich beide Ideen auch dann vertragen, wenn man sie jeweils konsequent versteht.

26 Fraglich ist, ob das Volk überhaupt exekutive Aufgaben an fehlbare Amtspersonen delegieren sollte. Natürlich *kann* ein Volk per Verfassung auf exekutive Macht verzichten. Die Frage ist dann nur, ob eine exekutiv eingeschränkte Souveränität noch länger den Namen »Souveränität« verdient.

gens dazu sowie auf Abruf bestimmter Amtspersonen andererseits vor.

3. Der Sinn der Gewaltenteilung

Angesichts eines stets zum Kriegszustand tendierenden Naturzustandes, so die Ausgangsthese bei Locke,[27] die sich zunächst noch mit verwandten Überlegungen bei Bodin und Hobbes deckt, muss eine staatliche Gewaltkonzentration organisiert werden, die »natürliche« Bedürfnisse nach rächender Selbstjustiz in rechtsstaatliche Akte der Vergeltung transformiert. Dieses Monopol auf physische (Straf-)Gewalt besteht zunächst allein auf Seiten der Exekutive und damit auf Seiten von autorisierten Amtspersonen, Gerichten, der Polizei etc. Nennen wir dies fortan die »exekutive Souveränität des Staatsapparates«. Nur auf *diese* verzichten die einzelnen Bürgerinnen und Bürger im Zug des ursprünglichen Kontraktes und im Dienst der allgemeinen Rechtssicherheit. Die Gesetze selbst aber, die von der Exekutive bloß ausgeführt und durchgesetzt werden, sind legitim nur dann, wenn sie vorab von einer Legislative beschlossen worden sind, deren Entscheidungen den geeinten Volkswillen verkörpern; sei es, weil das Volk tatsächlich selbst diese legislativen Vorentscheidungen getroffen hat, oder aber, weil es sich um Entscheidungen eigens dazu autorisierter Stellvertreterinnen und Stellvertreter handelt. Nur so, sagt Locke, »behält die Gemeinschaft beständig eine höchste Gewalt für sich«.[28] Nennen wir dies daher die »legislative Souveränität des Staatsvolkes«.

Diese beiden verschiedenen Souveränitäten begründen *zusammen* die innerstaatliche Gewaltenteilung. Schon bei Locke dient diese Teilung primär dazu, einer allzu hohen Machtkonzentration auf Seiten jeweils einer der beiden Pole vorzubeugen. Eine institutionelle Verflechtung oder gar Personalunion von legislativer und exekutiver Gewalt, etwa in der Gestalt eines absolutistischen Monarchen, gäbe den Herrschenden die Möglichkeit, die Gesetze nach eigenem Gutdünken umzugestalten oder gar sich selbst von der Befolgung dieser Gesetze auszunehmen.[29] Die hier anvisierte

27 Für das Folgende siehe Locke, *Zweite Abhandlung*, §§ 87-89.

28 Ebd., § 149.

29 Ebd., §§ 143-145. Locke selbst ergänzt hier noch eine »föderative« dritte Gewalt, die sich um außenpolitische Belange kümmern soll.

Aufgabenteilung zwischen der Legislative und der Exekutive, die einer Verhinderung wechselseitiger »Gewaltenanmaßung«[30] dient, kann sich jedoch erst dann einstellen und stabilisieren, wenn diese Aufgabenteilung durch ein institutionelles System der *checks and balances* ergänzt wird: Die legislativen und exekutiven Rechte und Pflichten müssen nicht nur verschieden adressiert sein, wenn ein entsprechender Machtmissbrauch verhindert werden soll. Die jeweils zuständigen Institutionen und Amtspersonen müssen sich darüber hinaus gegenseitig überwachen und notfalls auch in ihre Schranken weisen.

Wichtiger aber noch ist der Umstand, dass sich diese beiden nunmehr getrennten Herrschaftsinstanzen in ein wechselseitiges Voraussetzungsverhältnis bringen lassen: Die Einrichtung des exekutiven Gewaltmonopols kann als eine empirisch notwendige Voraussetzung für die Realisierung von legislativer Volkssouveränität betrachtet werden. Und umgekehrt erweist sich die legislative Volkssouveränität als eine notwendige Legitimationsbedingung für exekutive Gewaltausübung. Auf der einen Seite nämlich werden die Ergebnisse kollektiver Selbstgesetzgebung – und somit Recht und Gesetz – nur dann von den Betroffenen als verbindlich angesehen werden, wenn diese Entscheidungen durch ein wehrhaftes Gewaltmonopol flankiert und notfalls dann auch durchgesetzt werden.[31] Hier gilt folglich: keine souveräne legislative Gesetzgebung des Staatsvolkes ohne exekutive Souveränität des Staatsapparates. Auf der anderen Seite wird aber die exekutive Souveränität des Staatsapparates durch die legislative Souveränität des Staatsvolkes allererst demokratietheoretisch begründet: keine legitime exekutive Souveränität des Staatsapparates ohne legislative Souveränität des Staatsvolkes.[32] Dies ist das *wechselseitige* Voraussetzungsverhältnis von exekutiver und legislativer Gewalt, das allererst durch Teilung

30 Dazu und für die folgende Aufgabenteilung: Christoph Möllers, *Die drei Gewalten. Legitimation der Gewaltengliederung in Verfassungsstaat, Europäischer Integration und Internationalisierung*, Weilerswist 2008, S. 46-48. u. Kap. 3.

31 Vgl. Josef Isensee, »Das staatliche Gewaltmonopol als Grundlage und Grenze der Grundrechte«, in: Everhardt Franßen u. a. (Hg.), *Bürger – Richter – Staat*, München 1991, S. 39-64.

32 In Artikel 20 Absatz 2 des *Grundgesetzes* schlägt sich dies gewaltenteilig wie folgt nieder: »Alle Staatsgewalt geht vom Volke aus. Sie wird vom Volke in Wahlen und Abstimmungen und durch besondere Organe der Gesetzgebung, der vollziehenden Gewalt und der Rechtsprechung ausgeübt.«

der Gewalten hergestellt wird. Der mit physischen Zwangsbefugnissen ausgestattete Staat ist überhaupt nur dann legitim, wenn man sich die Etablierung des Gewaltmonopols von vornherein demokratisch denkt. Die demokratische Selbstgesetzgebung hingegen ist nur dann souverän, wenn ihr eine schlagkräftige Exekutive zur Durchsetzung verhilft. Wenn man folglich auf den Souveränitätsbegriff nicht ganz verzichten will, so muss man zwei verschiedene Souveränitäten, und zwar auf unterschiedlicher Ebene der Gewaltenteilung, ansetzen.[33]

Es war Montesquieu, der diesem System der Gewaltenteilung seine für das moderne Staatsdenken bis heute prägende Gestalt gegeben hat, indem er der Legislative und der Exekutive noch eine unabhängige dritte Instanz zur Seite stellte, nämlich die richterliche Gewalt der Judikative.[34] Im Rahmen dieser Gewaltenteilung, und zwar vor allem in Gestalt der modernen Verfassungsgerichtsbarkeit,[35] wacht die Judikative nicht nur über die verfassungskonforme Anwendung von Gesetzen im Zuge exekutiver Hoheitsakte, sondern auch schon über den ursprünglichen Erlass dieser Gesetze und deren Verfassungskonformität. Zugleich aber geht auch die Judikative mit einer eigenen Willküranfälligkeit einher. Gemeint ist die Gefahr, dass sich die Judikative allzu sehr in exekutive und legislative Belange einmischt.[36] Daher muss selbst noch die Judikative durch Gewaltenteilung im Zaume gehalten werden. Vor allem aber macht spätestens die Einführung dieser dritten Instanz deutlich, dass der Terminus »Gewaltenteilung« immer auch ein wenig irreführend ist.[37] Denn dieser Begriff mag suggerieren, dass es dabei primär um eine Einhegung *physischen Zwangs* gehe. Bei genauerem Hinsehen

33 Nur bei Locke und Kant handelt es sich von vornherein um *zwei Seiten derselben Medaille*. Bodin und Hobbes haben diesen Zusammenhang schon deshalb nicht vor Augen, weil sie dem Volk gar keine legislative Souveränität zugestehen. Rousseau und Marx hingegen tendieren dazu, den Staatsapparat gerade nicht mit einem exekutiven Gewaltmonopol ausstatten zu wollen.

34 Charles de Montesquieu, *Vom Geist der Gesetze* [1748], Stuttgart 1986, 11. Buch, Kap. 6.

35 Peter Häberle, »Funktion und Bedeutung der Verfassungsgerichte in vergleichender Perspektive«, in: *Europäische Grundrechte-Zeitschrift* 32 (2005), S. 685-688.

36 Hans Vorländer, »Regiert Karlsruhe mit?«, in: *Aus Politik und Zeitgeschichte* 61 (2011), S. 15-23.

37 Ich übernehme im Folgenden zentrale Unterscheidungen aus: Möllers, *Die drei Gewalten*, Kap. 2. III.

jedoch ermöglicht das System der Gewaltenteilung eine umfassendere Kompetenzverteilung mit Blick auf die »Herrschaft des Rechts« (*rule of law*) und entsprechend unterschiedliche Gewaltinstanzen:

- Die Legislative ist für die ursprüngliche *Setzung* des Rechts zuständig. Sie »stiftet« allererst die Gesetze, und zwar grundlegend in Form von Verfassungen und generellen Verfahrensregeln, aber auch in – zumeist parlamentarischer – Ausgestaltung des Rechtssystems durch den Erlass sogenannter einfacher Gesetze.
- Die Exekutive hingegen ist für die *Ausführung* dieses Rechts und seine Durchsetzung zuständig, und zwar vornehmlich in Gestalt von Regierungen, Behörden, Verwaltungen, Militär und Polizei.
- Die Judikative schließlich ist mit der *Überprüfung* des Rechts betraut. Sie »spricht« Recht, indem sie entweder die Gesetze als solche überprüft oder aber im Rahmen von gerichtlichen Verfahren der Frage nachgeht, ob diese Gesetze auch tatsächlich eingehalten werden.

Man kann diese dreifache Kompetenzverteilung[38] alternativ auch mit zeitlichen Koordinaten versehen: Die Legislative entscheidet prospektiv, welche Gesetze gelten sollen, die Exekutive vergegenwärtigt diese Entscheidungen, und die Judikative prüft retrospektiv, ob die betreffenden Hoheitsakte rechtmäßig waren.[39]

4. Der Bollwerkcharakter der Menschenrechte

Neben dem Prinzip der Gewaltenteilung sieht das moderne Staatsdenken aber eben noch eine wichtige zweite Selbstbeschränkung politischer Herrschaft vor, nämlich die Grund- und Menschenrechte.[40] Während das Prinzip der Gewaltenteilung eine *innere* Begren-

38 In der Verfassungswirklichkeit liegt meist *keine* trennscharfe Verteilung vor. So nehmen zum Beispiel auch Regierungen und Verwaltungen an legislativen Verfahren teil, Parlamente bestimmen die oberste Exekutive, Gerichte nehmen Einfluss auf die Politik usw. Dass solche Verflechtungen oft kritisiert werden, spricht jedoch *für* die prinzipielle Überzeugungskraft des Gewaltenteilungsgebots.

39 Möllers, *Die drei Gewalten*, S. 108.

40 Dazu insgesamt: Eckart Klein (Hg.), *Gewaltenteilung und Menschenrechte*, Berlin 2006.

zung souveräner Gewalten ermöglicht, begrenzen die Grund- und Menschenrechte diese drei Gewalten von *außen*. Zwar muss sich auch dieser zweite Selbstbeschränkungsmechanismus aus einem ursprünglich souveränen Konstitutionsakt ergeben. Doch in der Gestalt von objektiven »Vorbehalten« gegenüber den öffentlichen Gewalten müssen die Menschenrechte fortan jeder Art von politischer Gewaltausübung – zumindest weitgehend – entzogen bleiben.[41] Während die Herrschaft des Rechts im Fall der Gewaltenteilung bloß innerhalb staatlicher Institutionen aufgeteilt wird, dabei aber ganz auf Seiten staatlicher Akteurinnen und Akteure verbleibt, wird erst im Fall der Grund- und Menschenrechte ein Teil dieser Gewalt direkt an die Bürgerinnen und Bürger zurückgegeben; und zwar an alle Mitglieder des demokratisch gedachten Souveräns auf strikt egalitäre Weise sowie in Form von subjektiv einklagbaren Grundrechtsansprüchen gegenüber der öffentlichen Herrschaftsordnung. Jeder staatliche Hoheitsakt – ob nun legislativ, exekutiv oder judikativ – steht fortan unter dem verfassungsrechtlichen Vorbehalt, die gleichen Grund- und Menschenrechte all jener Menschen, die diesem Hoheitsakt unterworfen sind, nicht verletzen zu dürfen.

Sobald die Menschenrechte konkrete Verfassungsrealität erlangen, sind sie als elementare Schutzvorkehrungen und damit als ein Bollwerk zu verstehen, das einen willkürlichen Missbrauch staatlicher Gewalt und ein entsprechendes Versagen amtlicher Funktionsträgerinnen und -träger verhindern soll. Genau das ist ihr historisch *ursprüngliches*, ihr dezidiert revolutionäres Anliegen: Die Menschenrechte antworten auf die Frage, wie »wir« regiert werden wollen – und wie nicht.[42] Auf Ebene der Theorie übernehmen diese Rechte die betreffende Schutzfunktion zunächst nur als »gedachte« Rechte, und zwar im Rahmen eines meist nachträglich für Legitimation sorgenden Gedankenexperiments, mit dem sich die jeweilige Theorie dem konstitutiven Akt einer kollektiven Neugründung

41 Ausführlicher: Christian Bumke, *Der Grundrechtsvorbehalt. Untersuchungen über die Begrenzung und Ausgestaltung der Grundrechte*, Baden-Baden 1998.

42 Wie wir später noch sehen werden, wandelt sich das ursprünglich eher »passive« Verständnis der Menschenrechte als einem schützenden Bollwerk mit der Zeit auch inhaltlich, indem zu den Freiheitsrechten der ersten Stunde auch politische Partizipationsrechte und später dann auch soziale Leistungsrechte hinzukommen. Es bleibt jedoch auch dann bei dieser einen zentralen Frage.

politischer Machtverhältnisse konzeptionell anzunähern versucht. Wenn man sich folglich den politischen Sinn der Menschenrechte vor Augen führen will, so muss man einen souveränen Verfassungsgebungsprozess imaginieren, in dem all jene Menschen, die später der politischen Macht unterworfen sein werden, diese Macht allererst konstituieren und legitimieren.[43] Dabei spielen die Menschenrechte die Rolle von konstitutiven Vorbehalten, unter denen offenbar selbst noch dieser imaginäre demokratische Gründungsakt steht. Oder wie es seinerzeit bereits in Artikel 1 der *Virginia Bill of Rights* von 1776 heißt: »Dass alle Menschen von Natur aus gleichermaßen frei und unabhängig sind und bestimmte ihnen innewohnende Rechte haben, welche sie ihrer Nachkommenschaft durch keinerlei Vertrag rauben oder entäußern können, sobald sie in einen Zustand der Gesellschaft eintreten«. Und Artikel 2 ergänzt unmittelbar: »Dass alle Gewalt im Volke gründet und konsequent von diesem ausgeht; dass Amtspersonen bloß dessen Bevollmächtigte und Diener und jenem daher jederzeit verantwortlich sind«.

Auf vermeintlich paradoxe Weise ist die Anerkennung von Menschenrechten damit zugleich Voraussetzung *und* Ergebnis jenes imaginierten Gründungsaktes.[44] Die Menschenrechte »entstehen« überhaupt erst in dem Moment, in dem politische Gewaltverhältnisse etabliert werden. Ebendas erklärt ihre zwar vorstaatliche, aber deshalb nicht schon gänzlich »vorpolitische« Bedeutung, wie sie in § 1 bereits von derzeit gängigen moralischen Interpretationen abgegrenzt wurde. Die Notwendigkeit, Menschenrechte einzufordern, ergibt sich überhaupt erst dann, *wenn* staatliche Gewalt auf diese moderne Weise gedacht, organisiert und legitimiert werden soll –

43 Die Idee selbst entstammt dem Kontraktualismus, doch man muss sich das Gedankenspiel nicht notwendig als einen Vertrag vorstellen – zumal hier nichts »getauscht« wird. Vgl. Peter Stemmer, »Moralischer Kontraktualismus«, in: *Zeitschrift für philosophische Forschung* 56 (2002), S. 1-21.

44 Albrecht Wellmer, »Menschenrechte und Demokratie«, in: Stefan Gosepath/Georg Lohmann (Hg.), *Philosophie der Menschenrechte*, Frankfurt/M. 1998, S. 265-291. Diese Funktionsbestimmung ähnelt der von Jürgen Habermas (*Faktizität und Geltung*, Frankfurt/M., Kap. III) vertretenen These, dass Volkssouveränität und Menschenrechte »gleichursprünglich« seien. Dennoch sollten beide Ansätze nicht verwechselt werden: Habermas geht es um den Aufweis einer reziproken Denknotwendigkeit von »privater« und »öffentlicher« Autonomie. Meine eigene Begründung rekonstruiert die Menschenrechte als legitimationsstiftende Schranken gewaltenteiliger Herrschaft.

womit sich die bis heute geläufige These, dass es sich um »ewige«, »natürliche« oder »angeborene« Rechte handelt, die der Politik insgesamt vorgelagert sein sollen, einmal mehr als terminologisch irreführend erweist. Vielmehr sind die Menschenrechte von vornherein politisch zu verstehen, und zwar als elementare Bestandteile einer Verfassung, die das Staatsvolk sich und seinen exekutiven, legislativen und judikativen Repräsentantinnen und Repräsentanten auferlegen *würde*, falls man dem Staatsvolk diese Aufgabe tatsächlich überließe.[45] Es handelt sich demnach um eine spezifisch moderne Begründungsfigur staatlicher Herrschaft, und die Menschenrechte treten dabei in der Funktion »konstitutioneller«[46] Verfassungsvorbehalte auf den Plan. Sie sind Bestandteile eines modernen Zivilisierungsprozesses, der durch Verrechtlichung der Macht aus Willkürherrschaft legitime Staatlichkeit werden lässt.[47]

Aus den bisherigen Überlegungen ergibt sich dieser Verrechtlichungsanspruch wie folgt: Die Menschenrechte sind, wie in §1 dargelegt, als vorstaatlich verankerte subjektive Ansprüche gegenüber der öffentlichen Ordnung zu verstehen, die auf gleiche Achtung durch per Verfassung garantierte Grundrechte pochen. Mit dieser Idee ist, wie in §2 gezeigt wurde, das generische Postulat einer qua Menschsein zu achtenden Gleichberechtigung aller Menschen gegeben. Dieses Postulat findet sich nunmehr – im Zuge der hier zuletzt imaginierten Selbstkonstitution demokratisch verfasster Rechtsgemeinschaften – in Gestalt einer für dieses Leitbild konstitutiven und historisch revolutionären Voraussetzung wieder: Alle Beteiligten haben, bloß weil sie Menschen sind, exakt denselben politischen Anspruch darauf, im politischen Einflussbereich der durch sie allererst konstituierten Gewalten als prinzipiell

45 Der hier verwendete Konjunktiv zeigt an, dass es um ein Gedankenexperiment geht und nicht um eine historische Erzählung. Man könnte auch von einem revolutionären »Futur« sprechen: Es handelt sich um jene Rechte, die sich ein wahrhaft demokratischer Souverän eines Tages geben *wird*. Doch haben derartige Neugründungsakte vereinzelt auch schon stattgefunden; man denke nicht nur an die Revolutionen des 18. Jahrhunderts, sondern auch an das Jahr 1989 oder den »arabischen Frühling«.

46 Von frz. *constitutionnel*, »verfassungsgemäß«, und lat. *constituere*, »festsetzen, gründend aufstellen«.

47 Zu diesem Zivilisierungsprozess gehört neben den Menschenrechten und der ebenfalls bereits erwähnten Gewaltenteilung zum Beispiel auch die Humanisierung des Strafrechts.

gleichberechtigte Subjekte der Herrschaft zu gelten – und nicht etwa als »Objekte« drohender Willkürgewalt.[48] Zugleich aber ergibt sich diese Gleichberechtigung als Subjekte einer gemeinsam zu konstituierenden Gewaltordnung nicht zuletzt daraus, dass sich diese Subjekte, und zwar gemeinsam und zu gleichen Teilen, den durch sie konstituierten Gewalten freiwillig unterwerfen (lat. *sub-*, »unter«, und *iacere*, »werfen«).

Die Menschenrechte – richtig verstanden – ergeben sich also keineswegs aus fakultativen »Gnadenakten« fortschrittlicher Machthaber und Regierungen, sondern imaginär dadurch, dass sich das Volk diese Rechte *selbst* gibt, indem es den Mächtigen demokratisch vorschreibt, in welchen Hinsichten diese ihre bloß geliehene Macht nicht missbrauchen dürfen. Menschenrechte werden nicht einfach von der politischen Macht guten Willens *gewährt*, sondern vom Volk gemeinschaftlich *erklärt*.[49] Sie antworten auf die Frage, wie »wir« als Staatsvolk regiert werden wollen – und wie nicht. Es geht dabei um subjektive Ansprüche gegenüber den politischen Institutionen, die in jeweils ihrem Einfluss- und Aufgabenbereich ihre Macht nicht zuungunsten jener missbrauchen dürfen, die ihnen diese Macht allererst verleihen. Erst durch diese konstitutionellen Vorbehalte gegenüber jeder zukünftigen staatlichen Machtausübung wird das politische Herrschaftssystem insgesamt mit Legitimation versehen. Hypothetisch formuliert: Moderne Staatsbürgerinnen und Staatsbürger würden sich, falls man sie tatsächlich fragte, einem bestimmten politischen Herrschaftssystem freiwillig nur dann unterwerfen, wenn sie diesem System gegenüber subjektive Rechte »zurückbehielten«. Und ein wahrhaft demokratischer Souverän würde sich niemals einhellig ein Rechts-

48 Hobbes mag zwar noch keine Grundrechte vorsehen, aber er ist der wichtigste Vorreiter der Gleichheitsidee, insofern er ausdrücklich postuliert: (1) eine Gleichheit der durch den Souverän zu respektierenden Interessen der Untertanen und (2) eine daraus resultierende Vertragsgleichheit, die sich als kollektive Einsetzung des Souveräns auswirkt. Der Staatsvertrag statuiert so auch offiziell eine beim Vertragsabschluss bereits *vorausgesetzte* Gleichheit.

49 Vgl. die historisch einschlägigen Beiträge in: Christoph Menke/Francesca Raimondi (Hg.), *Die Revolution der Menschenrechte. Grundlegende Texte zu einem neuen Begriff des Politischen*, Berlin 2011. In dieser Perspektive wird eine heute gängige Kritik an den Menschenrechten obsolet, die im Akt der Zuerkennung dieser Rechte bloß die Festschreibung eines »Opferstatus« erkennen will. Dazu exemplarisch: Alain Badiou, *Ethik*, Wien 2003, S. 19-28.

system auferlegen, das ihn oder bestimmte Minderheiten »rechtlos« zurückließe.

Aus dieser modernen demokratietheoretischen Perspektive ist somit auszuschließen, dass ein politisches System, das keine kodifizierten Menschenrechte vorsieht, jemals als ein »legitimes« Herrschaftsverhältnis gelten kann. Natürlich *können* politische Machthaber ihre Macht empirisch missbrauchen. Aber sie können dies nicht tun, ohne dadurch zugleich auch ihre Legitimität einzubüßen – und sich somit jenen sprichwörtlichen »Ast« abzusägen, auf dem sie sitzen. So auch wird ersichtlich, was auf den ersten Blick irritierend anmuten mag, dass nämlich mit der Einhaltung der Menschenrechte ausgerechnet diejenigen betraut werden, die sie am häufigsten verletzen: der Staat und seine Repräsentantinnen und Repräsentanten. Diese paradox wirkende Doppelrolle von Rechtsgarant und Rechtsverletzter ist für die Menschenrechte weniger nachteilig als vielmehr konstitutiv, denn es gäbe die Menschenrechte gar nicht, wenn ihr politisch *primärer* Sinn nicht darin begründet wäre, das Rechtssystem zu entsprechenden Selbstbindungen zu zwingen. Und nur weil die historische Erfahrung lehrt, dass der Staat diese Selbstbindung verweigern kann, haben die Menschenrechte, wie im nächsten Paragrafen gezeigt werden soll, zudem den *sekundären* Sinn, auch die internationale Staatengemeinschaft in die Pflicht zu nehmen; und zwar mit Blick auf die Übernahme entsprechender Ausfallbürgschaften in Form von völkerrechtlich garantierten »Weltbürgerrechten«.

Verbleiben wir trotzdem erst noch einen Moment auf der nationalstaatlichen Ebene: Es sollte in diesem Paragrafen deutlich geworden sein, dass sich an dem hiermit nachgezeichneten Leitbild oder legitimatorischen »Probierstein« (Kant) einer kollektiven (Neu-)Gründung politischer Gewaltverhältnisse nicht nur Demokratien, sondern auch alle übrigen politischen Herrschaftssysteme messen lassen müssen. Dieser legitimatorische Probierstein setzt die konzeptionell denknotwendige, aber doch empirisch unwahrscheinliche Idee[50] eines wahrhaft demokratischen, sich konsensuell selbst bestimmenden Souveräns voraus, der sich in Gestalt der Legislative doppelt selbst beschränkt, indem er Entscheidungsmacht an exekutive und judikative Organe delegiert und dabei zugleich

50 Dazu Wellmer, »Menschenrechte und Demokratie«, S. 276.

auch durch die Festschreibung von Menschenrechten limitiert. An dieser Stelle könnte sich ein Missverständnis einschleichen: Man mag aus heutiger Sicht geneigt sein, sich unter einer »Demokratie« von Beginn an eine Herrschaft nach dem Mehrheitsprinzip vorzustellen, so als sei das Mehrheitsprinzip *das* elementare Grundprinzip der Demokratie.[51] Aber das demokratische Grundprinzip, nach dem alle staatliche Gewalt vom Volke ausgehen soll, wird durch entsprechende Mehrheitsentscheidungen weniger realisiert als vielmehr bereits eingeschränkt. Das Mehrheitsprinzip ist keine konstitutive Denknotwendigkeit der Demokratie, sondern eine erste pragmatische Konzession an die politische Empirie, die sich aus vielerlei Gründen nicht länger nach dem antiken Vorbild konsensueller Willensbildung organisieren lässt, sodass unentwegt politische Dezisionen notwendig werden.[52]

Erwähnenswert ist dies nicht nur deshalb, weil demokratischen Mehrheitsentscheiden stets etwas Kontingentes anhaftet. Vor allem bringen diese Entscheidungen stets die Gefahr mit sich, dass dabei Minderheiten diskriminiert werden. Spätestens dann aber lassen sich die betreffenden Mehrheitsentscheide nicht länger als Ausdruck eines imaginär »geeinten« Volkswillens verstehen. Genau an diesem Punkt kommen erneut die Menschenrechte ins Spiel: Sie sind als verfassungsrechtliche Grenzen zu verstehen, an denen selbst noch der demokratische Prozess der kollektiven Selbstgesetzgebung haltzumachen hat. Nicht nur die politische Exekutive, sondern auch die Legislative selbst muss von Mehrheitsentscheidungen abgehalten werden, die dem als geeint imaginierten Volkswillen menschenrechtlich widersprächen.[53] Notwendig sind diese legislativen Schutzvorkehrungen aber eben nur so lange, wie ein wahrhaft konsensueller Entscheidungsfindungsprozess empirisch unmöglich erscheint und deshalb durch Mehrheitsentscheide abgekürzt werden muss. Ein wahrhaft demokratischer Souverän würde niemals *nicht*

51 Vermutlich ist das oft ein Kurzschluss, und zwar von der politischen Realität, die sich demokratisch »nennt«, auf das Wesen konsensueller Mitbestimmung als ein unabgegoltenes Ideal.

52 Diese *sekundäre* Bedeutung des Mehrheitsprinzips lässt sich aus ideengeschichtlicher Sicht bereits an dem bloß vermeintlich paradoxen Umstand ablesen, dass die vertragstheoretische Einführung dieses Prinzips ihrerseits einstimmig zu erfolgen hat. Vgl. Locke, *Zweite Abhandlung*, §§ 95-99.

53 Mehr dazu in § 15, Abschnitt 4.

im eigenen Sinne entscheiden. Mehrheiten jedoch entscheiden zuungunsten von Minderheiten, und ebendeshalb müssen die Mitglieder dieser Minderheiten durch subjektive Rechte selbst noch vor dem demokratischen Mehrheitsprinzip geschützt werden.

Als dementsprechend vorgängig errichtete Schranken der Gewaltausübung müssen die Menschenrechte, *nachdem* sie zu verfassungsrechtlich garantierten Grundrechten gemacht worden sind, jeder weiteren politischen Entscheidung, die zu einem Antasten ihres »Wesensgehalts« oder gar zu ihrer völligen Abschaffung führen würde, gleich wieder entzogen werden.[54] Dies fügt der gängigen Rede von der »Unverlierbarkeit« und »Unveräußerlichkeit« der Menschenrechte, die primär auf die geschützten Individuen gemünzt ist, eine wichtige rechtsarchitektonische Bedeutung hinzu: Sind die Menschenrechte erst einmal erklärt und verfassungsrechtlich etabliert, und zwar in politisch revolutionären Akten einer die Verfassung allererst begründenden kollektiven Selbstgesetzgebung, so käme die nachträgliche Abschaffung auch nur eines dieser Rechte einer die Verfassung insgesamt unterminierenden »Konterrevolution« gleich.[55] Diese rechtsarchitektonisch anspruchsvolle These wirft eine Vielzahl schwieriger Grundsatzfragen auf: Sollten die Grundrechte ausdrücklich mit einer »Ewigkeitsklausel« versehen werden?[56] Kann sich der Gesetzgeber an derart »ewige« Menschenrechte binden, ohne dadurch zugleich auch seine legislative Souveränität einzubüßen? Und wann genau tastet eine Verfassungsänderung den sogenannten Wesenskern der betreffenden Grundrechte an?

Wie auch immer man diese Fragen beantworten will: Sobald die Menschenrechte in die Verfassung eingewandert sind, ist die betreffende Verfassung auch in menschenrechtlicher Hinsicht als ein »Gesetz für den Gesetzgeber«[57] zu betrachten und damit als ein *Grundgesetz*, das fortan nicht nur den Erlass einfacher Gesetze re-

54 Zu dieser Problematik: Peter Häberle, *Die Wesensgehaltsgarantie des Art. 19 Abs. 2 GG* [1962], Heidelberg 1998. Wir kommen auf die folgenden Fragen in § 15, Abschnitt 4, zurück.

55 Vgl. *Einleitung*, S. 23-26.

56 Dies gilt im deutschen Kontext etwa für das Recht auf Würdeschutz nach Artikel 1 Absatz 1 des *Grundgesetzes*, der laut Artikel 79 Absatz 3 niemals geändert werden darf.

57 Horst Dreier, *Gilt das Grundgesetz ewig?*, München 2009, S. 15-24.

gelt, sondern stets auch den Spielraum für mögliche Verfassungsänderungen beschränkt. Die Menschenrechte limitieren nicht nur die exekutive Gewalt im engeren Sinn, sondern das gewaltenteilige System insgesamt. Sofern es also um ihre jeweils nationale Bedeutung in der Gestalt konstitutioneller Grundrechte geht, sind die Menschenrechte als legitimitätsstiftende Bedingungen der Konstituierung verfassungsrechtlich eingehegter Gewaltordnungen zu verstehen. Doch kommen wir nun zu der Frage zurück, warum es einer zusätzlichen Absicherung dieser Rechte in der Gestalt völkerrechtlich garantierter »Weltbürgerrechte« bedarf.

§ 7 Grundrechte, Bürgerrechte, Weltbürgerrechte

Die Menschenrechte erheben den konstitutionellen Anspruch, zu verfassungsrechtlich garantierten, individuell einklagbaren »Grundrechten« zu werden. Dann aber können sich bloß noch jene Menschen auf sie berufen, die bereits im Geltungsbereich der betreffenden nationalstaatlichen Verfassung leben. Manche dieser Grundrechte – genannt »Bürgerrechte« – sind sogar ausdrücklich und damit exklusiv an den Status vollwertiger Staatsbürgerschaft geknüpft. In der Gestalt verfassungsrechtlich transformierter Menschenrechte ergibt sich so zunächst ein Verlust an universeller Geltung. Dieser muss durch ein internationales Schutzregime kompensiert werden, das aus Menschenrechten völkerrechtlich überwachte »Weltbürgerrechte« macht.

Die Idee konstitutionell begründeter Menschenrechte zielt begrifflich notwendig auf eine Kodifizierung dieser Rechte in Form von verfassungsrechtlich garantierten, einklagbaren Grundrechten. Zugleich aber soll dieser konstitutionelle Grundanspruch weltweit allen Menschen gleichermaßen zustehen. Daraus würde folgen, dass zwar nicht alle Menschen Mitglied *derselben* Rechtsgemeinschaft zu sein brauchen. Aber sie müssten alle exakt dasselbe »Metamenschenrecht« besitzen, Mitglied *irgendeiner* politisch integrierten Verfassungsgemeinschaft zu sein, die ihnen die jeweils konkreten Einzelrechte dann auch tatsächlich einklagbar garantiert. Mit dieser ähnlich bereits von Hannah Arendt kurz nach dem Zweiten Weltkrieg artikulierten Forderung[58] ist bis heute auf den politisch problematischen Umstand verwiesen, dass es weltweit noch immer zahllose Menschen gibt – Staatenlose, Menschen auf der Flucht oder solche, die in sogenannten *failed states* leben –, denen bislang keine vollwertige Mitgliedschaft in einer hinreichend funktionsfähigen und durch Grund- und Bürgerrechte eingehegten Rechtsgemeinschaft zugestanden wird. Hinzu kommt der ebenfalls evidente Umstand, dass es selbst in denjenigen Staaten, die sich bereits ausdrücklich per Verfassung oder auch durch die Ratifizierung völ-

58 Hannah Arendt, *Elemente und Ursprünge totaler Herrschaft* [1951], München 2005, Kap. 9.

kerrechtlicher Verträge zu den Menschenrechten bekannt haben, immer wieder zu Menschenrechtsverletzungen kommt. Diese beiden Problemlagen rufen dezidiert internationale Forderungen nach einer komplementären Überwachung der Menschenrechte auf den Plan, und zwar im Rahmen transnational organisierter Schutzsysteme sowie völkerrechtlich garantierter »Weltbürgerrechte«.[59]

Aus dieser doppelt komplementären Forderung nach einer menschenrechtlichen Transformation des Völkerrechts einerseits und einer völkerrechtlichen Transformation der Menschenrechte andererseits ergibt sich eine konzeptionelle Schwierigkeit: Wie genau verhalten sich die jeweils lokal festgeschriebenen Grundrechte zu den global oder »kosmopolitisch« zu verstehenden Weltbürgerrechten, die ausnahmslos allen Menschen weltweit, und zwar gleichermaßen, zukommen sollen? Welche Spannungen und Widersprüche ergeben sich, wenn man die Menschenrechte nicht nur als konstitutionell-demokratische Vorbehalte souveräner Staatsbürgerinnen und Staatsbürger gegenüber den politischen Gewalten jeweils vor Ort versteht, sondern *zugleich* auch als völkerrechtliche Verpflichtungen zu einer international koordinierten Einflussnahme auf bislang unzureichend einsichtige Staaten und Regierungen? Im Folgenden wird es primär um begriffliche Unterschiede zwischen »Menschenrechten«, »Grundrechten«, »Bürgerrechten« und »Weltbürgerrechten« gehen. Gleichwohl ist es sinnvoll, zunächst deren wichtigste Gemeinsamkeiten herauszustellen.[60]

Diese Gemeinsamkeiten betreffen zunächst die basale Grundstruktur der vier genannten Rechtsklassen, die für individuelle Rechte ganz allgemein typisch ist und die sich wie folgt formalisieren lässt: A hat gegenüber B einen gerechtfertigten Anspruch auf X. Nach einer rechtsphilosophisch sehr geläufigen Auslegung[61] ist diese basale Form der Rechte äquivalent mit der Behauptung, dass

59 Nach Immanuel Kant, *Zum ewigen Frieden* [1795], Akademie-Ausgabe, Bd. VIII, Berlin 1900ff.

60 In diesem Paragrafen greife ich zurück auf einzelne Passagen aus: Arnd Pollmann, »Menschenrechte, Grundrechte, Bürgerrechte«, in: ders./Lohmann (Hg.), *Menschenrechte*, S. 129-136.

61 Robert Alexy, »Grundrechte«, in: Hans Jörg Sandkühler (Hg.), *Enzyklopädie Philosophie*, Bd. 1, Hamburg 2010, S. 949-954. Vgl. Peter Koller, »Rechte und Pflichten«, in: Pollmann/Lohmann (Hg.), *Menschenrechte. Ein interdisziplinäres Handbuch*, Stuttgart 2012, S. 150-159.

B gegenüber A die begründete *Pflicht* zu X hat. Dabei sind hier mit A jeweils einzelne anspruchsberechtigte Rechtssubjekte gemeint, mit B die für die Gewährleistung der entsprechenden Rechtsansprüche verantwortlichen Pflichtadressatinnen und -adressaten und mit X die von diesen Pflichtadressatinnen und -adressaten jeweils konkret zu achtenden und zu schützenden Rechtsgüter (Leben, Gesundheit, Meinungsfreiheit, politische Teilhabe, Familie, Arbeit, Bildung usw.). Dass es sich dabei, wie die erste Formel oben besagt, um »gerechtfertigte« Ansprüche handeln muss, bedeutet zunächst nur, dass sämtliche der von den konkreten Rechtsrelationen betroffenen As und Bs diese Ansprüche wechselseitig und mit rationalen Gründen akzeptieren können müssen. Gewährleistet ist dies zum Beispiel dann, wenn die betroffenen Personen zuvor explizit gleichlautende Vereinbarungen getroffen haben oder wenn bereits entsprechende Regeln und Gesetze in Kraft sind, die allgemein Anerkennung genießen.

Während prinzipiell jedes individuelle Recht in formaler Hinsicht ebendiese allgemeine Struktur aufweist, ergibt sich ein erster gemeinsamer Unterschied jener vier genannten Rechtsklassen zu alternativen Formen individueller Rechtsansprüche im Hinblick auf den konkreten Adressatenkreis der Rechte und Pflichten. Sowohl im Fall von Grund- und Menschenrechten als auch im Fall von Bürger- und Weltbürgerrechten sind jeweils mit A nicht etwa partikulare oder besondere Rechtssubjekte gemeint; zum Beispiel die Parteien eines Kaufvertrages, eines Ehevertrages oder einer testamentarischen Verfügung. Vielmehr kommen diese Rechte – in einem jeweils noch genauer zu spezifizierenden Sinn – von vornherein *allen* zu. Ganz anders im Fall der unter B subsumierten Adressatinnen und Adressaten korrespondierender Pflichten: Die sich jeweils aus Menschenrechten, Grundrechten, Bürgerrechten und Weltbürgerrechten ergebenden Verbindlichkeiten sind gerade nicht a priori an sämtliche Individuen adressiert, sondern primär an die für die Organisation, Ausübung und Repräsentation öffentlicher Gewalten verantwortlichen Institutionen und Amtspersonen.[62]

Die systematischen Differenzen zwischen dieser vier Rechtsklassen treten erst dann zu Tage, wenn man jeweils die Reichweite

62 In § 8 wird dieser bereits in den §§ 1 u. 6 erwähnte Umstand noch ausführlicher analysiert.

der von ihnen beanspruchten Geltung zu ermessen versucht. Dann nämlich nimmt die auf den ersten Blick rhetorisch unproblematisch anmutende Behauptung, Trägerinnen und Träger dieser Rechte seien »alle«, eine grundlegend verschiedene Bedeutung an: Menschenrechte kommen definitionsgemäß allen Menschen weltweit zu – wenn auch zunächst nur »gedacht« im Sinne der im vorangehenden Paragrafen skizzierten konstitutionellen Begründung. Die Verbindlichkeit von Grundrechten ist dagegen auf den Geltungs- und Hoheitsbereich desjenigen nationalen Staates beschränkt, der diese Rechte explizit per Verfassung vorsieht und auch garantiert. Die Bürgerrechte bilden lediglich eine Teilmenge dieser Grundrechte, und zwar jene, die ausdrücklich den Staatsbürgerinnen und Staatsbürgern des betreffenden Landes vorbehalten sind und damit keineswegs auch für Eingewanderte, Asylsuchende oder Durchreisende gelten. Die Klasse der Weltbürgerrechte wiederum will zwar ebenfalls, wie jene der Menschenrechte, alle Menschen weltweit inkludieren, sie unterscheidet sich jedoch von Menschenrechten dadurch, dass von »echten« Weltbürgerrechten erst dann zu sprechen wäre, wenn diese Rechte durch völkerrechtlich verbindliche Verträge dann auch faktisch in die positive Rechtsform subjektiv einklagbarer Ansprüche gegenüber der internationalen Staatengemeinschaft gegossen worden wären.[63]

Eine genauere Klärung dieser begrifflichen Zusammenhänge soll hier zunächst aus der Perspektive verschiedener rechtswissenschaftlicher Disziplinen erfolgen: Befunde der Rechtsgeschichte zielen auf eine Rekonstruktion historischer Entwicklungsprozesse, in deren Zuge es erst allmählich zu einer Ausdifferenzierung der verschiedenen Rechtsklassen gekommen ist (Abschnitt 1). Aus verfassungsvergleichender Perspektive geraten im Zuge der Transformation von Menschenrechten in Grund-, Bürger- und Weltbürgerrechte unterschiedliche ideologische Akzentsetzungen, kulturelle Voreingenommenheiten und realpolitische Abhängigkeiten in den Fokus (Abschnitte 2). Aus rechtssoziologischer Sicht tritt vor allem die legitimatorische Funktion in den Vordergrund, die diese unterschiedlichen Rechte jeweils bei der inhaltlichen Ausgestaltung

63 Oder wie es bei Kant (*Zum ewigen Frieden*) heißt: Die einzelnen Rechtssubjekte wären dann »als Bürger eines allgemeinen Menschenstaats anzusehen« (S. 349/Fußnote).

und Stabilisierung öffentlicher Rechtsordnungen übernehmen (Abschnitt 3). In jeder dieser drei Hinsichten ergeben sich problematische konzeptionelle Spannungen, von denen abschließend zu prüfen sein wird, ob und inwieweit sich diese Spannungen auflösen lassen (Abschnitt 4).

1. Rechtshistorische Befunde

In der rechtsgeschichtlichen Rückschau lässt sich zeigen, dass in den jeweils einschlägigen Dokumenten und Vereinbarungen, in denen es erstmals zur Verkündung von Menschenrechten oder gar zu deren Positivierung in Form von Grund- und Bürgerrechten gekommen ist, lange Zeit keine begrifflich eindeutigen Unterschiede zwischen diesen Rechtsklassen gemacht worden sind.[64] So setzt beispielsweise die *Französische Menschenrechtserklärung* von 1789 bereits in ihrem Titel scheinbar unterschiedslos Menschen- und Bürgerrechte gleich. Die *Virginia Bill of Rights* von 1776 deklamiert, dass »alle Menschen von Natur aus gleichermaßen frei und unabhängig sind«, spricht die sich daraus ergebenden »innewohnenden Rechte« aber von Beginn an wie selbstverständlich der »guten Bevölkerung von Virginia« und damit lediglich einheimischen (männlichen) Bürgern zu. Die beiden deutschen Verfassungen von 1849 und 1919 behandeln ihrerseits Grundrechte wie Bürgerrechte, indem sie erstere zwar ausdrücklich nennen, diese dann aber unbeirrt bloß deutschen Reichsbürgern zuerkennen. Die Verfassung der Union der Sozialistischen Sowjetrepubliken von 1936 spricht – beide Rechtstypen miteinander vermischend – von »Grundrechten der Bürger«, weist dabei aber zugleich auch schon auf spätere Menschenrechtserklärungen voraus, die den Besitz von Menschenrechten von der nationalen Herkunft lösen, indem die genannten Grundrechte laut Artikel 123 ausdrücklich allen Bewohnern des

64 Wichtige Dokumente sind versammelt in: Fritz Hartung/Gerhard Commichau/Ralf Murphy (Hg.), *Die Entwicklung der Menschen- und Bürgerrechte von 1776 bis zur Gegenwart* [1972], Göttingen 1998. Kants Begriff des Weltbürgerrechts gerät zunächst in philosophische und politische Vergessenheit und wird dann erst wieder verstärkt im späten 20. Jahrhundert, und zwar in Theorien des »Kosmopolitanismus« aufgegriffen. Dazu etwa Seyla Benhabib, *Die Rechte der Anderen*, Frankfurt/M. 2008, bes. Kap. 1.

sowjetischen Vielvölkerstaates »unabhängig von ihrer Nationalität und Rasse« zuerkannt werden.[65]

Eine ähnliche grundbegriffliche Konfusion scheint auf den ersten Blick dann auch im Text des (west-)deutschen *Grundgesetzes* von 1949 vorzuliegen. Unmittelbar nach der vielzitierten Behauptung in Artikel 1 Absatz 1, dass die Würde des Menschen »unantastbar« sei, heißt es in dem nicht ganz so häufig erwähnten Absatz 2, dass sich das deutsche Volk zu »unverletzlichen und unveräußerlichen Menschenrechten« bekenne. Direkt im Anschluss schreibt Absatz 3 fest, dass die »nachfolgenden Grundrechte [...] Gesetzgebung, vollziehende Gewalt und Rechtsprechung als unmittelbar geltendes Recht« binden.[66] Einmal mehr sieht es hier also so aus, als würden Menschenrechte und Grundrechte miteinander vermengt. Doch gerade diese oft übersehene Gesamtstruktur von Artikel 1 erweist sich als rechtsphilosophisch wegweisend, weil darin ein historisch bedeutsamer Schritt von Menschenrechten *zu* Grundrechten festgehalten ist und damit zugleich auch eine entsprechende Differenz markiert wird. Der gemeinte Übergang von Absatz 2 zu Absatz 3 ist nämlich als eine ausdrückliche Begründung zu verstehen:[67] Gerade *weil* sich das deutsche Volk – gewissermaßen ideell – zu Rechten aller Menschen bekennt, bindet es sich und seine öffentlichen Gewalten ganz konkret und in positiv gesatzter Form an subjektiv einklagbare Rechtsansprüche, die dadurch zu »nachfolgenden Grundrechten« werden und damit »als unmittelbar geltendes Recht« zu verstehen sind. Anders gesagt: Die zugunsten der Menschenwürde aus Absatz 1 fungierenden Menschenrechte *werden* durch Absatz 3 zu Grundrechten, indem sie nunmehr in Gestalt verfassungsrechtlich verbürgter und subjektiv einklagbarer Ansprüche eine positiv-rechtliche Kodifizierung erfahren.

Wenn man daraufhin das *Grundgesetz* noch etwas genauer betrachtet, so wird im nachfolgenden Katalog der konkreten Einzel-

65 In Artikel 129 wird sogar »Bürgern ausländischer Staaten, die wegen Verfechtung der Interessen der Werktätigen oder wegen wissenschaftlicher Betätigung oder wegen Teilnahme am nationalen Befreiungskampf verfolgt werden, das Asylrecht« gewährt.

66 Damit wird auch hier auf den in § 6 rekonstruierten Zusammenhang von Menschenrechten und Gewaltenteilung angespielt.

67 Dazu Winfried Brugger, *Menschenwürde, Menschenrechte, Grundrechte*, Baden-Baden 1997.

rechte zugleich auch ein systematisch folgenreicher Unterschied zu Bürgerrechten erkennbar. Denn wiederholt wird in diesem Katalog ganz explizit zwischen solchen Grundrechten unterschieden, die für alle »Menschen«[68] gelten sollen, und jenen, die allein für »Deutsche« bestimmt sind. Primär gilt dies für Grundrechte der politischen und öffentlichen Teilnahme:[69] Artikel 8 (Versammlungsfreiheit), Artikel 9 Absatz 1 (Vereinigungsfreiheit), Artikel 10 (Freizügigkeit), Artikel 11 (Berufsfreiheit), Artikel 33 (Zugang zu öffentlichen Ämtern) oder auch Artikel 38 (Wahlrecht). Als »Deutsche« gelten dabei ersichtlich nur diejenigen, die auch tatsächlich im Besitz eines deutschen Passes und damit der deutschen Staatsbürgerschaft sind; Staatsbürgerinnen und Staatsbürger also, die als »vollwertige« Mitglieder der politischen Gemeinschaft gelten und deshalb mit *allen* Grundrechten ausgestattet sind. Alle anderen Menschen, die sich gegebenenfalls auch in Deutschland aufhalten, etwa Angehörige anderer Nationen, Menschen auf der Flucht oder Asylsuchende, sind aus dieser verfassungsrechtlichen Sicht allenfalls als Einwohnerinnen und Einwohner, Inländerinnen und Inländer, »Geduldete« oder aber als Besucherinnen und Besucher zu verstehen – nicht aber als vollwertige Staatbürgerinnen und Staatsbürger.

Daraus folgt mit Blick auf die Unterscheidung von Menschenrechten, Grundrechten und Bürgerrechten: Ähnlich wie auch viele andere nationalstaatliche Verfassungen und sogar manches UN-Menschenrechtsabkommen[70] trifft das deutsche *Grundgesetz* eine folgenreiche Unterscheidung zwischen jenen Grundrechten, die tatsächlich allen Menschen, die sich in Deutschland aufhalten, zustehen und daher konsequent als positivierte Menschenrechte zu verstehen sind, und solchen Rechtsansprüchen, die lediglich Bürgerrechte sind und damit eben doch nicht von vornherein allen Inländerinnen und Inländern zukommen. Dieser rechtlich folgenreichen Differenzierung scheint die Überzeugung zugrunde zu liegen, dass die gemeinsame Mitgliedschaft in einer politisch sowie national bestimmten »Schicksalsgemeinschaft« noch einmal

68 Wahlweise finden sich auch Formulierungen wie »jedermann« oder in der Verbotsform »niemand«.

69 Siehe dazu § 14, Abschnitt 3. Vgl. Susanne Baer, »Politische Rechte«, in: Pollmann/Lohmann (Hg.), *Menschenrechte*, S. 259-264.

70 So sieht beispielsweise Artikel 25 des *UN-Pakts über bürgerliche und politische Rechte* das Wahlrecht ausdrücklich nur für »Staatsbürger« vor.

besondere Rechte mit sich bringt, zu denen dann vor allem auch die oben bereits erwähnten Rechte auf eine aktive politische (Um-) Gestaltung dieser gemeinsam zu verantwortenden Gemeinschaft gehören. Gelegentlich werden die gemeinten Teilnahmerechte deshalb auch als »mittelbare Menschenrechte« bezeichnet, sofern sie den Betroffenen erst dann zukommen sollen, wenn auch sie im Besitz der Staatsbürgerschaft sind.[71] Doch diese gängige Sichtweise mutet menschenrechtlich problematisch an, da ein Recht, dessen Besitz mit der Staatsbürgerschaft an eine politisch letztlich kontingente Bedingung geknüpft ist, kaum länger unverlierbare und unveräußerliche Geltung beanspruchen kann.[72] Daher wäre mit Blick auf diese letztlich inkonsequente Konstruktion mittelbarer Menschenrechte weit eher von »vorenthaltenen« Menschenrechten zu sprechen, falls der Besitz – zumindest mancher – Menschenrechte tatsächlich von der Vorbedingung vollwertiger Staatsbürgerschaft abhängig gemacht werden soll.

Ohnehin ist in der Folge heutiger Debatten um Flucht und Vertreibung längst fraglich geworden, ob überhaupt und inwieweit eine jeweils national integrierte Rechtsgemeinschaft ihrerseits das *prioritäre* Recht besitzen soll, die eigene Zugehörigkeit zu reglementieren.[73] Es mag nicht schon prinzipiell problematisch sein, den jeweils eigenen Bürgerinnen und Bürgern besondere Rechte oder Privilegien vorzubehalten, die der Staat anderen Menschen nicht schon zugestehen will; etwa ein Recht auf Nicht-Auslieferung nach Artikel 16 Absatz 2 des *Grundgesetzes* oder auch das – die staatsbürgerliche Wehrpflicht voraussetzende – Recht nach Artikel 12a Absatz 2, den Wehrdienst zu verweigern. Nur dürfen dies eben nicht solche Rechte sein, die man gemeinhin zum Korpus der Menschenrechte zählt. Die Menschenrechte als solche müssen *allen* Menschen zukommen, die zu einem gegebenen Zeitpunkt den jeweils vor Ort herrschenden Gewalten und politischen Funktionsträgerinnen und -trägern unterworfen sind. Und das sind neben den Bürgerinnen und Bürgern des betreffenden Staates selbstredend auch alle übrigen Menschen, die sich, wie etwa auch Asylsuchende oder Bür-

71 Heiner Bielefeldt, *Menschenrechte in der Einwanderungsgesellschaft*, Bielefeld 2007, Kap. 10.2.

72 Siehe die entsprechenden Ausführungen in § 4.

73 Vgl. Christoph Menke/Arnd Pollmann, *Philosophie der Menschenrechte zur Einführung*, Hamburg 2007, S. 68-70.

gerkriegsflüchtlinge, zum selben Zeitpunkt im Jurisdiktionsbereich der hier in Frage stehenden Verfassung aufhalten.

Demnach ist kritisch festzuhalten, dass sich bisweilen selbst demokratisch organisierte Rechtsstaaten, wie etwa die Bundesrepublik Deutschland, das aus menschenrechtlicher Sicht fragwürdige Privileg herausnehmen, zumindest einige Grundrechte dann doch bloß denjenigen zuzuerkennen, die bereits vollwertige Staatsbürgerinnen und Staatsbürger sind, ohne dass die jeweilige Verfassung selbst darin ein Problem oder die Geltung der anderen Grund- und Menschenrechte in Frage gestellt sähe. Sofern es sich dabei um weltweit und völkerrechtlich bereits anerkannte Menschenrechte handelt, wie das etwa bei den erwähnten politischen Partizipationsrechten der Fall ist, ergibt sich notwendig eine verfassungsrechtliche Inkonsequenz; die betreffende Verfassung müsste revidiert werden.[74] Geht es dabei um *andere* Rechtsansprüche, die nicht schon den Status eines Menschenrechts genießen, so mag ein Katalog an Grundrechten sehr wohl auch solche Ansprüche enthalten, die »lediglich« als Bürgerrechte zu verstehen sind. Zwar müssen sämtliche Menschenrechte in Grundrechte transformiert werden, aber nicht alle Grundrechte müssen notwendig auch Menschenrechte sein. Anders gesagt: Konkrete Grundrechtskataloge können *mehr* subjektive Rechtsansprüche als bloß transformierte Menschenrechte enthalten – und eben nur diese Ansprüche sollten dann entsprechend auch als »Bürgerrechte« bezeichnet werden.

Fassen wir diesen ersten Abschnitt zusammen: Zur Idee konstitutionell gedachter Menschenrechte gehört die Einsicht, dass diese Rechte stets schon mit dem Ansinnen ihrer Umsetzung und Realisierung in Form von verfassungsrechtlich kodifiziertem Recht einhergehen. Die Menschenrechte implizieren bereits begrifflich das Ansinnen ihrer juridischen Festschreibung in der Gestalt von subjektiv einklagbaren Grundrechten. Doch genau in diesem Moment, in dem sie entsprechend zu Grundrechten *werden*, verändern sie sich grundlegender, als man das zunächst vermuten würde. In der Gestalt kodifizierter Grundrechte nämlich gelten diese Ansprüche künftig bloß noch für diejenigen, die sich aktuell im Hoheitsbereich der gemeinsamen Verfassung aufhalten; dies sind vornehmlich – wenn auch nicht ausschließlich – die Bürgerinnen

74 Gleiches gilt etwa auch für Artikel 25 des *UN-Pakts über bürgerliche und politische Rechte* (s. o.).

und Bürger des betreffenden Landes. Darüber hinaus mögen diese Bürgerinnen und Bürger manche Grundrechte sogar exklusiv zuerkannt bekommen. Und falls es sich dabei um Menschenrechte handeln sollte, büßen diese damit endgültig ihren Charakter als Menschenrechte ein. Damit wandert eine begriffliche Differenz zwischen »allen Menschen weltweit«, »allen Menschen hierzulande« und »allen Bürgerinnen und Bürgern« in die jeweilige Verfassung ein, wodurch aus menschenrechtlicher Sicht ein klärungsbedürftiger Widerspruch entsteht: Menschenrechte sind Rechte »des« Menschen im Singular, doch in Gestalt positivierter Grundrechte gelten sie empirisch eben doch nicht mehr für alle Menschen. Die Transformation der Menschenrechte in positiv gesatzte Grundrechte realisiert zwar den ihnen innewohnenden Anspruch auf rechtliche Positivierung, doch zumindest teilweise büßen die Menschenrechte gerade dadurch ihren ebenso inhärenten Anspruch auf Universalität ein.[75]

2. Verfassungsvergleichende Deutungen

Aus verfassungsrechtlicher Sicht folgt aus den bisherigen Überlegungen zunächst nur, dass empirisch nicht schon alle Grundrechte zugleich auch Menschenrechte sein müssen, da die Kataloge der Grundrechte durchaus auch spezielle Bürgerrechte enthalten können. Zugleich aber gilt umgekehrt, dass die konstitutionell »vorgedachten« Menschenrechte *allesamt* zu Grundrechten werden sollen, sodass jeder konkrete Grundrechtekatalog so lange unvollständig bleibt, wie er nicht (wenigstens) alle Menschenrechte enthält.[76] Würde man die Grundrechte jedoch allzu eng an den Begriff der Menschenrechte binden und die Möglichkeit von Bürgerrechten, die nicht schon Menschenrechte sind, von vornherein ausschließen, müsste im Zuge empirischer Prozesse der Verfassungsgebung oder auch der Verfassungsänderung vorab bereits ein politischer Konsens darüber herrschen, dass man die Staatsbürgerinnen und Staatsbürger eines Landes, sofern es um deren Grundrechte geht, in *keinerlei* Hinsicht gegenüber den übrigen Inländerinnen und Inländern bevorzugen darf. Da aber ein derart weitreichender Konsens kaum zu

75 Vgl. Wellmer, »Menschenrechte und Demokratie«, S. 266 f.

76 Dazu und zum Folgenden: Alexy, »Grundrechte«, Abschnitt 1.2.

erwarten sein dürfte und zudem inhaltliche Auffassungen davon, welche Rechte im Einzelnen tatsächlich allen Inländerinnen und Inländern zuzuerkennen sind, stark variieren,[77] sollten die bislang in Form von Verfassungstexten vorliegenden Grundrechtekataloge stets so verstanden werden, dass auch sie bislang nur mit dem uneingelösten *Anspruch* einhergehen, die Menschenrechte in ihrer gesamten Bandbreite kodifizieren zu wollen.

Folglich sind empirische Verfassungsgebungsprozesse stets als vorläufige »Versuche« der Positivierung von Menschenrechten zu verstehen; und zwar als Versuche, die jeweils in ihrem historischen Kontext betrachtet werden müssen, die zudem fehlbar sind und Unzulänglichkeiten aufweisen können.[78] Wie immer bedeutsam, ja revolutionär die verfassungsrechtliche Festschreibung von Grundrechten im historisch konkreten Einzelfall auch sein mag: Die betreffenden Verfassungen sind dennoch bloß als tentative Annäherungen an das konstitutionelle Ideal einer durch Menschenrechte zugleich legitimierten und reglementierten Institutionalisierung demokratischer Volkssouveränität zu verstehen. Das konkrete Resultat solcher Prozesse der Verfassungsgebung wird dabei stets von den inhaltlich besonderen Menschenrechtsauffassungen vor Ort, aber auch von politisch-pragmatischen sowie von kulturellen und ideologischen Akzentsetzungen abhängig sein, die sich in den besagten Rechtsetzungsprozessen gegen alternative Auslegungen der Menschenrechtsidee haben durchsetzen können. So sucht man beispielsweise im (west-)deutschen *Grundgesetz* von 1949 vergeblich nach wirtschaftlichen, sozialen und kulturellen Menschenrechten,[79]

77 Um ein Beispiel zu nennen: Kritikerinnen und Kritiker einer allzu rigiden Migrationspolitik fordern ein Wahlrecht auch für Einwanderinnen und Einwanderer, weil auch diese vom Ausgang der Wahl betroffen sind, während konservative Gegnerinnen und Gegner hier vor fehlender Identifikation oder einem undemokratisch gedoppelten Wahlrecht im Herkunftsland warnen. Dazu die Beiträge in: Andreas Cassee/Anna Goppel (Hg.), *Migration und Ethik*, Paderborn 2012, Abschnitt III.

78 Alexy, »Grundrechte«, S. 950.

79 Im Fall der Bundesrepublik Deutschland ist dies vor allem auf die historische Situation nach 1945 zurückzuführen. Das Land lag buchstäblich in Trümmern. Hätte der Parlamentarische Rat, der von den West-Alliierten den Auftrag erhalten hatte, eine Verfassung auszuarbeiten, etwa auch Rechte auf Arbeit, soziale Sicherheit, ausreichende Ernährung oder angemessenes Wohnen in das *Grundgesetz* hineingeschrieben, hätten die Alliierten dem Entwurf kaum zugestimmt.

während die Verfassung der Deutschen Demokratischen Republik von 1949 viele dieser Rechte ausdrücklich vorsah.[80]

Mit dieser Einsicht in die Kontextabhängigkeit, Vorläufigkeit und Fallibilität von Verfassungstexten ändert die rechtsphilosophische Analyse ihre Denkrichtung: Ging es im Zusammenhang des im letzten Abschnitt unternommenen Rückblicks auf historische Erklärungen von Grund-, Bürger- und Menschenrechten wesentlich um unterschiedliche Formeigenschaften dieser Rechte, so rücken in der komparativen Perspektive des Verfassungsvergleichs Fragen der politischen *Inhaltsbestimmung* in den Vordergrund.[81] Wer die zunächst nur gedachten Menschenrechte »schwarz auf weiß« festschreiben will, muss zugleich angeben können, was genau diese Rechte »hier und jetzt«, im jeweils konkreten politischen und rechtlichen Kontext, bedeuten sollen. Ansonsten blieben diese Rechte abstrakt und wohl auch folgenlos. Dass die Menschenrechte in Form von Grundrechten realisiert werden müssen, heißt also immer auch, dass man sie im Zweifelsfall inhaltlich auszudeuten hat, und zwar nicht zuletzt auch durch eine eigens dazu berufene Verfassungsgerichtsbarkeit.[82] Jeweils konkrete Entscheidungen, welche Menschenrechte im Einzelnen in Grundrechte transformiert werden sollen, welche dieser Grundrechte den Staatsbürgerinnen und Staatsbürgern vorbehalten bleiben, wie diese Grundrechte konkret zu verstehen sind und wie sie im Konfliktfall gewichtet[83] werden müssen, hängen damit stets von den politischen Kräfteverhältnissen vor Ort, von parlamentarischen Mehrheiten, höchstrichterlichen Entscheidungen, aber auch von dem jeweils spezifischen

80 Der Grundrechtekatalog der ersten DDR-Verfassung ist in der Tat beeindruckend; selbst mit Blick auf die dort festgeschriebenen Freiheitsrechte. Dass aber Verfassungstext und Verfassungsrealität keineswegs übereinstimmen müssen, ist bekannt.

81 Dazu ausführlicher § 14.

82 Zu den Aufgaben und Kompetenzen des Verfassungsgerichts – vor allem mit Blick auf grundrechtliche »Individualbeschwerden« – siehe Ernst Benda/Eckart Klein/Oliver Klein, *Verfassungsprozessrecht*, Heidelberg u. a. 2012, bes. § 19. Auf Ebene der Vereinten Nationen sind für inhaltliche Deutungen einzelner Menschenrechte vor allem die Vertragsorgane der jeweiligen UN-Abkommen zuständig, und zwar mit ihren »Allgemeinen Bemerkungen« (*general comments*). Dazu ⟨www.ohchr.org/en/hrbodies/pages/tbgeneralcomments.aspx⟩, letzter Zugriff: 01. 11. 2021.

83 Siehe § 15.

Entwicklungsstand demokratischer Meinungsbildungs- und Entscheidungsprozesse ab.

Wenn aber die rechtliche Festschreibung und inhaltliche Auslegung der Grund- und Menschenrechte jeweils in politische, historische, kulturelle und sozioökonomische Kontexte eingelassen und durch diese Kontexte immer auch geprägt ist, so steht damit einmal mehr und diesmal auf inhaltlicher Ebene der universelle Anspruch der Menschenrechte auf dem Spiel: Wie können die jeweils konkreten Menschenrechte *globale* Geltung beanspruchen, wenn diese dem jeweils einzelnen Menschen doch stets nur in Form von kontextgebundenen Grundrechten zuerkannt werden und der genaue Umfang dieser verfassungsrechtlichen Garantien damit von politisch kontingenten Kräfteverhältnissen abhängig ist? Das Paradox menschenrechtlicher Inhaltsbestimmung scheint daher zu lauten: Man »hat« die universellen Menschenrechte – als verfassungsrechtlich kodifizierte Grundrechte – immer nur in einer jeweils *partikularen* Version. Während dieser Widerspruch erst gegen Ende dieses Paragrafen zur Auflösung kommen kann, wäre daraus zunächst die Konsequenz zu ziehen, dass das politisch-revolutionäre Projekt der menschenrechtlichen Universalisierung stets auch eine (selbst-)kritische Überprüfung bereits vorhandener Kataloge an Grund- und Menschenrechten vorsehen muss; eine Überprüfung, die als eine prinzipiell unabschließbare Aufgabe politischer und juristischer Auseinandersetzungen zu betrachten ist und die daher nicht schon am philosophischen Reißbrett beziehungsweise in theoretischer Stellvertretung vorweggenommen werden kann.[84]

Wie eben angedeutet, ergibt sich dieser selbstkritische Vorbehalt zunächst aus dem Umstand, dass jeder inhaltlich konkrete Vorschlag in Bezug auf eine verfassungsrechtliche Transformation von Menschenrechten in Grundrechte ideologischen Beschränkungen, kulturellen Voreingenommenheiten, historischen Irrtümern oder auch realpolitischen Zwängen unterliegen kann. Doch der entscheidende Grund für diese selbstkritische Vorsicht ist ein anderer: Schon die den Grundrechten konzeptionell vorausgehenden Menschenrechte sind nirgends »in Stein gemeißelt«. Die Frage, welche konkreten Einzelrechte man auf globaler Ebene zu den Menschenrechten hinzuzählen will, ist historisch, interkulturell und inter-

84 Menke/Pollmann, *Philosophie der Menschenrechte*, Kap. 3.

national umstritten; ihr Kanon damit einem anhaltenden Wandel unterworfen. Daher sind die jeweils auf nationaler Verfassungsebene implementierten Kataloge an Grundrechten insofern als »vorläufig« zu betrachten, als auch sie jeweils nur historische Momentaufnahmen darstellen, auf denen ein bislang noch nicht vollständig universalisiertes und damit bedingt partikulares Verständnis der Menschenrechte zu sehen ist. Kein empirischer Prozess der Verfassungsgebung kann legitimerweise von sich behaupten, bereits auf »dem« universellen Standpunkt der Menschenrechte zu stehen und über deren »endgültigen« Bestand im Bilde zu sein. Vielmehr ist der sogenannte Universalismus der Menschenrechte auf inhaltlicher Ebene als ein historischer und kultureller *Konvergenzpunkt* dieser jeweils nationalen, aber zunehmend eben auch internationalen Annäherungsversuche zu verstehen.[85]

3. Rechtssoziologische Herausforderungen

Im Zuge rechtssoziologischer Erwägungen wird nach der gesellschaftlichen »Funktion« jener Transformation von Menschenrechten in Grundrechte gefragt. Laut Niklas Luhmann verdankt sich die begriffliche Differenzierung zwischen Menschenrechten und Grundrechten zunächst einem spezifisch modernen Entwicklungsstand der Gesellschaft, der das Ergebnis einer »funktionalen Differenzierung« und der Herausbildung eines auf Fragen der Staatsbürokratie spezialisierten politischen Verwaltungsapparates ist.[86] Auf eine das Rechtssystem insgesamt stabilisierende Weise, so Luhmann, schafft die grundrechtliche Transformation von konstitutionell gedachten Menschenrechten in kodifiziertes Verfassungsrecht individuell garantierte »Freiräume«, die vor dem Zugriff staatlicher Willkür sicher sein sollen. Zugleich werden dadurch aber auch demokratisch grundlegende Partizipationsmöglichkeiten sowie wirtschaftliche, soziale und kulturelle Teilhabechancen geschaffen, die das gewaltenteilige System aus Legislative, Exekutive und Judikative insgesamt mit Legitimität versorgen. Damit »blockiert« die Institution kodifizierter Grundrechte etwaige Rückfalltendenzen des

85 Vgl. §5.

86 Dazu und für das Folgende: Niklas Luhmann, *Grundrechte als Institution* [1965], Berlin 1999.

politischen Systems in eine »vormoderne« Entdifferenzierung, in deren Verlauf die bereits gewonnenen Freiheiten und Teilhabechancen erneut, und zwar auf destabilisierende Weise, einer staatlichen Zentralisierung der Herrschaft zum Opfer fallen würden.[87]

Indem also in der historisch spezifischen Konstellation der Moderne aus vermeintlich »ewigen« Menschenrechten sehr konkrete Grundrechte werden, offenbart sich allererst deren rechtssoziologisch aufschlussreiche Doppelfunktion: Zum einen haben die Grundrechte als subjektive Rechte die Aufgabe, sämtliche Mitglieder der politisch und rechtlich integrierten Gemeinschaft – und damit den eigentlichen Souverän – vor staatlicher Willkür zu schützen und so dem Absolutheitsanspruch der Staatsgewalt individuell einklagbare Grenzen zu setzen. Zum anderen wird der politische und rechtliche Ordnungsrahmen durch diese konstitutionellen (Selbst-)Bindungen der Staatsgewalt auf systemstabilisierende Weise mit legitimatorischen Ressourcen versorgt. Bereits in § 6 und im Zuge der »konstitutionellen« Begründung der Menschenrechte war behauptet worden: Die Bürgerinnen und Bürger moderner Rechtsstaaten unterwerfen sich der politischen Herrschaft freiwillig nur dann, *wenn* der Staat ihnen zugleich Menschenrechte in Gestalt verfassungsrechtlich garantierter, einklagbarer Grundrechte gewährt: »Denn uneingeschränkte, ›absolute‹ Macht«, so Luhmann, »ist keineswegs mächtiger als eingeschränkte Macht. Vielleicht gilt sogar typisch das Gegenteil.«[88]

Ebendieser grundrechtliche Funktionszusammenhang kann aus rechtssoziologischer Perspektive noch einmal in wichtige Teilfunktionen zerlegt werden: Neben der – im engeren Sinn – schützenden Funktion der Grundrechte bewirkt die Transformation der Menschenrechte in kodifiziertes Recht allererst deren eigentliche *Institutionalisierung*: Man »hat« die Menschenrechte erst dann, wie seinerzeit schon Arendt kritisch anmerkte, wenn man Mitglied einer Rechtsgemeinschaft ist, die einem diese Rechte in Form von Grundrechten gewährt. Und neben der zuvor erwähnten legitimatorischen Funktion der Grundrechte hat ihre Positivierung auch einen *organisatoris*chen Effekt: Während in Hinsicht auf die als vorstaatlich imaginierten Menschenrechte auf den ersten Blick nicht immer klar ist, wer genau hier wem gegenüber zu was verpflichtet

87 Ebd., S. 23-25.

88 Ebd., S. 43.

werden soll, müssen Verfassungen und deren rechtsverbindliche Auslegungen hinreichend klare Verantwortlichkeiten festlegen. Überdies ist der Prozess der politischen und rechtlichen Kodifizierung aber immer auch ein Vorgang inhaltlicher *Konkretisierung*: Dass die zunächst nur »gedachten« Menschenrechte in Form von Grundrechten realisiert werden müssen, bedeutet immer auch, dass man sie erst noch schriftlich auszubuchstabieren und im Konfliktfall dann auch inhaltlich auszulegen hat.

Solange aber die besagte Transformation auf nationaler Ebene verbleibt, droht diesem legitimatorischen Funktionszusammenhang stets eine verbleibende Instabilität. Bereits in § 1 ist im Anschluss an Georg Jellinek auf die ambivalente Doppelrolle des Staates als »Rechtsschutz Gewährender und – direkt oder indirekt – Verpflichteter« hingewiesen worden.[89] Diese staatliche Verpflichtung auf die Menschenrechte ist dabei auf mindestens zwei Ebenen angesiedelt: Der Staat muss konkrete Verletzungen der Menschenrechte *unterlassen* und damit verhindern, dass in seinem Namen überhaupt gegen Menschenrechte verstoßen wird. Er muss aber zugleich auch retrospektiv dafür Sorge tragen, dass etwaige Verletzungen der Menschenrechte entsprechend auch *geahndet* werden, sollte es trotz menschenrechtlicher Selbstverpflichtungen dann doch einmal zu entsprechenden Verstößen gegen die Menschenrechte kommen. Diese zweite Verpflichtung impliziert, dass der Staat im Zuge einer konstitutionellen Transformation der Menschenrechte ausdrücklich damit beauftragt wird, in dem Fall, dass sich auf seinem Territorium eine Menschenrechtsverletzung ereignen sollte, *gegen sich selbst* vorzugehen.

Um dies bereits auf Ebene der Verfassung zu ermöglichen, muss der konstitutionelle Akt der Festschreibung von Grundrechten, wie schon in § 6 gezeigt, durch die Etablierung eines gewaltenteiligen Systems der *checks and balances* flankiert werden. Aber auch dieser wechselseitige Überwachungszusammenhang kann sich insgesamt als unzureichend erweisen; etwa dann, wenn die Willkür einzelner exekutiver Organe sämtliche verfassungsrechtlichen »Fesseln« abwirft. Man denke hier etwa an Fälle von illegitimer Polizeigewalt oder auch daran, dass oberste Gerichte angesichts exekutiver Vergehen untätig bleiben, sich gar in den Dienst jener illegitimen

89 Georg Jellinek, *System der subjektiven öffentlichen Rechte* [1905], Tübingen 2011, S. 67.

Herrschaftsausübung stellen und so das Recht zu einem politischen »Gesinnungsrecht«[90] verkommen lassen. Spätestens in derart dramatischen Fällen zeigt sich dann: Nationalstaatliche Verfassungen können zwar bereits ein System der Gewaltenteilung und der grundrechtlichen Selbstbindung vorsehen, aber sie werden nicht schon automatisch auch *außerstaatliche* Überwachungsmechanismen etablieren, die »in Stellvertretung« zu greifen hätten, falls jene internen Selbstbindungen versagen. Entsprechend muss auf Seiten des Souveräns, des imaginär geeinten Staatsvolkes, notwendig ein Rest an konstitutionellem Misstrauen verbleiben: Wie verlässlich und legitim sind nationale Rechtsordnungen, die nicht selbst noch einmal unter menschenrechtlicher Beobachtung stehen?

4. Die dreifache Funktion von Weltbürgerrechten

Es ist die Idee einer *additionalen* Transformation der Menschenrechte, und zwar nicht nur in nationale Grund- und Bürgerrechte, sondern auch in völkerrechtlich garantierte Weltbürgerrechte, von der im Folgenden gezeigt werden soll, dass sie die bislang aufgezeigten Spannungen zwischen Menschenrechten, Grundrechten und Bürgerrechten abzuschwächen vermag. Die Idee eines »Weltbürgerrechts« geht ideengeschichtlich vor allem auf Kant[91] zurück, dem es dabei allerdings nicht schon um eine Theorie individueller Menschenrechte, sondern zuvorderst um die friedensstiftende Funktion einer Globalisierung des Rechts ging. Dennoch bestimmt Kant in den diesbezüglich einschlägigen Schriften den Begriff des Weltbürgerrechts in rechtlich-formaler Hinsicht exakt so, wie es seit 1945 für das völkerrechtliche Menschenrechtsdenken der Vereinten Nationen typisch ist: Anders als die Grundrechte der jeweils

90 Ein für die spätere Unabhängigkeit der bundesrepublikanischen Verfassungsgerichtsbarkeit auf abschreckende Weise maßgebliches Beispiel ist der nationalsozialistische Richter Roland Freisler, Präsident des sogenannten Volksgerichtshofes. Kurz nach seiner Ernennung schreibt er an Adolf Hitler: »Der Volksgerichtshof wird sich stets bemühen, so zu urteilen, wie er glaubt, daß Sie, mein Führer, den Fall selbst beurteilen würden.« Zitiert nach: Bundesminister der Justiz (Hg.), *Im Namen des Deutschen Volkes. Justiz und Nationalsozialismus*, Köln 1994, S. 210.

91 Kant, *Zum ewigen Frieden*, S. 349 (Fußnote) u. 357-360; ders., *Die Metaphysik der Sitten* [1797], Akademie-Ausgabe, Bd. VI, Berlin 1900 ff., S. 352-355. Vgl. dazu Menke/Pollmann, *Philosophie der Menschenrechte*, S. 208-210.

nationalen Verfassungen, die das Verhältnis einzelner Inländerinnen und Inländer gegenüber jeweils ihrem Staat (im Singular) regeln, soll das Weltbürgerrecht das Verhältnis zwischen (allen) Menschen und Staaten (im Plural) arrangieren, sofern sämtliche Menschen nunmehr »als Bürger eines allgemeinen Menschenstaats anzusehen sind (*ius cosmopoliticum*)«.[92] Das bedeutet: Die einzelnen Individuen sind nicht mehr nur als Bürgerinnen und Bürger jeweils ihres Nationalstaates zu betrachten, sondern sie haben als Weltbürgerinnen und Weltbürger fortan grundlegende Rechte gegenüber *allen* Staaten – dem eigenen wie jedem fremden gegenüber. Damit werden nicht nur die Menschenrechte transformiert, und zwar völkerrechtlich, sondern zugleich auch das Völkerrecht selbst als ein Recht der Staaten im »Verhältniß gegen einander (*ius gentium*)«.[93] In Gestalt eines kodifizierten Weltbürgerrechts soll jeder einzelne Mensch weltweit, allein aufgrund seines Menschseins, zu einem gleichberechtigten und mithin »beschwerdefähigen« Subjekt des Völkerrechts gemacht und damit in die denkbar größte aller menschlichen Rechtsgemeinschaften inkludiert werden.[94]

Auch wenn Kant selbst diese weltbürgerlichen Ansprüche inhaltlich sehr eng begrenzt hat, nämlich auf ein durch den sich seinerzeit ausbreitenden Weltwirtschaftshandel motiviertes »Besuchsrecht«:[95] Dieses formal neue Weltbürgerrecht, das durch die Konstitutionalisierung des Völkerrechts allererst hervorgebracht werden soll, zielt auf eine positiv-rechtliche Verwirklichung der Menschenrechte *als* Menschenrechte. Das bedeutet selbstverständlich nicht, dass die Menschenrechte überhaupt erst in der Gestalt eines kodifizierten Weltbürgerrechts juridische Wirklichkeit gewinnen würden. Dies ist offenkundig auch schon im verfassungsrechtlichen Fall garantierter Grundrechte so. Aber im Rahmen nationaler Verfassungen haben die Menschen entsprechende Rechtsansprüche jeweils nur gegenüber ihrem Staat, sodass es sich noch nicht um subjektive Rechte handelt, auf die sich jeder Mensch weltweit gegenüber je-

92 Kant, *Zum ewigen Frieden*, S. 349 (Fußnote).

93 Ebd.

94 Dies ist die »erstaunlichste Konsequenz« jener »stillen Revolution des Völkerrechts« nach Eckart Klein, *Menschenrechte. Stille Revolution des Völkerrechts und Auswirkungen auf die innerstaatliche Rechtsanwendung*, Baden-Baden 1996, bes. S. 26.

95 Kant, *Zum ewigen Frieden*, S. 257-259.

der staatlichen Instanz und mithin auch der Staatengemeinschaft insgesamt berufen dürfte. Ebendas erlaubt dem Menschen allererst der Bezug auf ein Weltbürgerrecht, das den Menschen als »Kosmopoliten« (griech. *kósmos* »Welt, Weltordnung« und *polítes* »Bürger«) begreift und damit laut Kant als »Bürger eines allgemeinen Menschenstaats«, der dieses Recht fortan *überall* soll einklagen können. Die Menschenrechte würden folglich erst dann die Gestalt von Weltbürgerrechten annehmen, wenn sie nicht nur in Form von nationalstaatlichen Grundrechten, sondern zudem auch im Rahmen völkerrechtlicher Verträge als Rechte wahrhaft aller Menschen weltweit festgeschrieben und überwacht werden würden. Und tatsächlich weisen heute bereits zahlreiche Aspekte transnationaler Rechtsentwicklungen auf eine solche »Konstitutionalisierung der Weltgemeinschaft« hin.[96]

Dabei kann Kants Rede von einem »allgemeinen Menschenstaat« zunächst auf zwei grundlegend verschiedene Weisen verstanden werden:[97] In der ersten Variante handelt es sich um das Plädoyer für eine supranationale *Umgehung* nationalstaatlicher Unzulänglichkeiten durch Einrichtung einer wie auch immer gearteten »Weltrepublik«, in der die vormals souveränen Einzelstaaten sukzessive aufgehoben sein würden.[98] Der jeweils einzelne Mensch wäre dann nicht länger (nur) Bürgerin oder Bürger eines jeweils bestimmten Staates, sondern (zugleich) Weltbürgerin oder Weltbürger des größten aller denkbaren Staatengebilde: eines supranationalen Herrschaftsverbundes, dessen Gewalten mit globalen Machtbefugnissen ausgestattet sein müssten und mit dem Auftrag versehen wären, die rechtliche Gleichbehandlung aller Menschen weltweit auch faktisch durchzusetzen. Dieser Weltstaat müsste im Rahmen einer eigenen Verfassung und eines entsprechend festgeschriebenen Ka-

96 Jürgen Habermas, »Hat die Konstitutionalisierung des Völkerrechts noch eine Chance?«, in: ders., *Der gespaltene Westen*, Frankfurt/M. 2004, S. 113-193; Andreas Niederberger, *Demokratie unter Bedingungen der Weltgesellschaft? Normative Grundlagen legitimer Herrschaft in einer globalen politischen Ordnung*, Berlin u. a. 2009; Kolja Möller, *Formwandel der Verfassung: Die postdemokratische Verfasstheit des Transnationalen*, Bielefeld 2015; Markus Patberg, *Usurpation und Autorisierung. Konstituierende Gewalt im globalen Zeitalter*, Frankfurt/M./New York 2018.

97 Für das Folgende: Menke/Pollmann, *Philosophie der Menschenrechte*, S. 211-213.

98 Einen sehr weitreichenden Vorschlag macht Otfried Höffe, *Demokratie im Zeitalter der Demokratisierung*, München 1999.

talogs von Weltbürgerrechten das Postulat generischer Gleichheit[99] so konsequent wie nur möglich interpretieren und ausgestalten. Allerdings würde auch für diesen Weltstaat prinzipiell dasselbe gelten wie für die vormaligen Einzelstaaten: (Welt-)Staatlich organisierte Gewalt ist die eigentliche Bedrohung der Menschenrechte. Und entsprechend wäre auch hier, in dieser transformierten Konzentration staatlicher Gewalt, fraglich, wer diesen Weltstaat fortan überwachen und von Verletzungen der Menschenrechte abhalten soll.[100]

Die grundlegende Alternative zu dieser dezidiert weltstaatlichen Deutung setzt weniger auf eine »Aufhebung« nationalstaatlicher Grund- und Bürgerrechte als vielmehr auf deren radikale Expansion. Gemeint ist das Plädoyer für eine »Kosmopolitisierung der Demokratie«[101] im Sinne der Forderung, dass zunächst allen Menschen weltweit das prioritäre Recht zuerkannt werden muss, Mitglied einer jeweils bestimmten, sich demokratisch selbst regierenden Rechtsgemeinschaft sein zu dürfen, deren Mitglieder sich wechselseitig gleiche Grundrechte zusprechen würden. Allerdings fordert dieses expansive Demokratiekonzept des Weltbürgerrechts nicht schon notwendig, dass jeder Mensch ein Mitglied *desselben* demokratischen Gemeinwesens oder gar eines planetarischen Weltstaates zu sein hat. Gefordert ist zunächst nur, dass jeder Mensch zu einem gleichberechtigten Mitglied *irgendeiner* demokratisch sich selbst bestimmenden Gemeinschaft wird und dass zunächst nur dieses prioritäre Recht auf Mitgliedschaft entsprechend auch völkerrechtlich garantiert und durchgesetzt werden muss. Die nationalstaatlichen Grenzen könnten sehr wohl bestehen bleiben; die betreffenden Nationalstaaten müssten lediglich – nach Art eines subsidiär autorisierten, konföderal gestuften »Völkerbunds«[102] – internationale Kooperationsvereinbarungen zum Schutze der

99 Siehe § 2.

100 Zu dieser Diskussion: Matthias Lutz-Bachmann/James Bohman (Hg.), *Weltstaat oder Staatenwelt? Für und wider die Idee einer Weltrepublik*, Frankfurt/M. 2002.

101 Dazu etwa James Ingram, *Radical Cosmopolitics. The Ethics and Politics of Democratic Universalism*, New York 2013. Siehe auch Regina Kreide, *Globale Politik und Menschenrechte. Macht und Ohnmacht eines politischen Instruments*, Frankfurt/M. 2008; Daniele Archibugi (Hg.), *Debating Cosmopolitics*, London/New York 2003.

102 Siehe auch Immanuel Kant, *Idee zu einer allgemeinen Geschichte in weltbürgerlicher Absicht* [1784], Akademie-Ausgabe, Bd. VIII, Berlin 1900 ff., S. 24.

Menschenrechte eingehen und sich entsprechend dann auch völkerrechtlichen Sanktionsmechanismen unterwerfen. Hinzu käme die Forderung, das aus all jenen Staaten, die bislang keine Demokratien sind, Demokratien werden müssten. Abgesehen davon, dass mit dieser Forderung die politisch heikle Frage nach den Risiken eines internationalen »Demokratieexports« aufgeworfen ist: Von Weltbürgerrechten könnte in diesem – unterhalb der Schwelle eines Weltzentralstaates verbleibenden – Völkerbund lediglich in dem Sinne die Rede sein, dass nunmehr alle Menschen auf gleiche und international überwachte Weise jeweils nationale Grund- und Bürgerrechte hätten.

Während wir auf die Vor- und Nachteile dieser beiden grundlegenden Alternativen sowie auf mögliche Vermittlungsansätze erst später[103] genauer eingehen werden, soll hier zunächst zur Andeutung kommen, inwiefern beide Grundmodelle auf eine konzeptionelle Aufhebung der in den ersten drei Abschnitten aufgezeigten Spannungen zwischen Menschenrechten, Grundrechten und Bürgerrechten hoffen lassen:

- Zu Beginn wurde zunächst ein rechtshistorischer Widerspruch identifiziert, der darin bestand, dass die Menschenrechte im Zuge ihrer geschichtlichen Transformation in nationalstaatliche Grundrechte an Universalität einbüßen, weil sie fortan bloß noch diejenigen Menschen schützen, die auch tatsächlich auf dem Gebiet der betreffenden Verfassung leben. Die Transformation der Menschenrechte in Weltbürgerrechte jedoch (sei es in Gestalt eines eigens dazu geschaffenen Weltstaates oder aber im Zuge einer völkerrechtlich flankierten Demokratisierung und Verrechtlichung souveräner Nationalstaaten) würde tatsächlich dazu führen, dass nunmehr weltweit allen Menschen die gleichen kodifizierten Menschenrechte zukämen. Damit wäre der ursprüngliche Universalitätsverlust auf nationaler Ebene supranational ausgeglichen.
- Im zweiten Abschnitt wurde aus verfassungsvergleichender Perspektive auf ein Paradox menschenrechtlicher Inhaltsbestimmung hingewiesen, das sich aus der Notwendigkeit einer kontextgebundenen Konkretisierung der Menschenrechte je-

103 In § 10.

weils vor Ort ergab: Einerseits werden in der Gestalt nationaler Grundrechte basale Ansprüche »des« Menschen festgeschrieben, andererseits bleiben diese inhaltlich ausbuchstabierten Rechtskataloge aber stets historisch vorläufige Momentaufnahmen und somit in ihrer Überzeugungskraft begrenzt, indem sie stets den Stempel ihrer politischen, sozialen, wirtschaftlichen, kulturellen oder auch ideologischen Entstehungskontexte aufweisen. Falls sie jedoch zu Weltbürgerrechten werden würden, die den Anspruch erheben, Ausdruck der demokratischen Zustimmung *aller* Menschen weltweit zu sein, wäre der inhaltliche Partikularismus der vormals jeweils kontextabhängigen Grundrechte tendenziell aufgehoben; wenn auch bloß vor dem Horizont einer empirisch umkämpften und ebenfalls stets vorläufigen Universalisierung auf globaler Ebene.[104]

– Im dritten Abschnitt schließlich wurde ein legitimatorisches Defizit aus dem Umstand hergeleitet, dass sich die einzelnen Nationalstaaten zwar durch Grundrechte intern selbst binden können, ohne sich damit zugleich auch schon automatisch *externe* Fesseln anzulegen, sodass auf Seiten des demokratisch gedachten Souveräns ein legitimatorisches Misstrauen verbleiben muss. In dem Moment aber, in dem diese Einzelstaaten völkerrechtlich verbindliche Verträge eingehen, mit denen die Menschenrechte zu kodifizierten Weltbürgerrechten werden und supranationale Sanktionsmechanismen für den Fall menschenrechtswidriger Verstöße gegen diese Regelwerke zur Anwendung kommen,[105] nehmen die Menschenrechte mehr und mehr die Gestalt legitimationsstiftender Vorbehalte selbst noch gegenüber jener Weltbürgergesellschaft an, die sich dabei zugleich konstituiert und konstitutionalisiert.

Selbst wenn diese Überlegungen bereits eine Aufhebung der skizzierten Spannungen in Aussicht stellen, so ergibt sich daraus doch ein schwerwiegendes Folgeproblem. Die auf nationalstaatlicher Ebene angesiedelte Idee einer konstitutionellen Nachgründung menschenrechtskonformer Gewaltverhältnisse, so wie sie in § 6 umrissen worden ist, fußt auf der diese Gewaltverhältnisse legi-

104 Vgl. § 5.

105 Dazu der Überblick bei Stefanie Schmahl, »Internationales Menschenrechtsregime«, in: Pollmann/Lohmann (Hg.), *Menschenrechte*, S. 390-397.

timierenden Vorstellung einer demokratisch souveränen Selbstgesetzgebung. Während aber ein derart konstitutionell gedachter, zugleich schützender wie legitimierender Funktionszusammenhang der Menschenrechte in fest umrissenen Nationalstaaten noch annähernd überschaubar und vielleicht auch realistisch erscheinen mag, muss ein solcher demokratischer Funktionszusammenhang im *globalen* Maßstab und damit in Form völkerrechtlich verbürgter Weltbürgerrechte utopisch anmuten.[106] Gemeint ist damit nicht nur die empirische Unwahrscheinlichkeit, dass es in absehbarer Zeit überall auf dieser Welt zu einer konsequenten Ahndung von Menschenrechtsverletzungen kommen könnte. Konzeptionell wichtiger noch dürfte die Sorge sein, dass auf globaler Ebene womöglich ein erhebliches demokratisches Legitimationsdefizit entstünde. Schon Kant formulierte seinerzeit mit Blick auf den Weltzentralstaat die Befürchtung, dass »die Gesetze mit dem vergrößerten Umfange der Regierung immer mehr an ihrem Nachdruck einbüßen, und ein seelenloser Despotism, nachdem er die Keime des Guten ausgerottet hat, zuletzt doch in Anarchie verfällt«.[107] Ein wenig salopp formuliert: Je mehr »anderswo« geregelt wird, umso weniger werden diese Entscheidungen »daheim« noch als demokratisch legitim erfahren.[108] Damit ist spätestens auf globaler Ebene ein drohendes Demokratiedefizit markiert, das es der Theorie geradezu verbietet, die Menschenrechte allzu rasch aus ihrer konstitutionellen Verankerung in fest umrissenen nationalen Demokratien zu lösen; ein Defizit, dem wir an zahlreichen Stellen der weiteren Untersuchung wiederbegegnen werden.

106 Dazu kritisch Möller, *Formwandel der Verfassung.*

107 Kant, *Zum ewigen Frieden*, S. 367.

108 Vgl. Hauke Brunkhorst, *Solidarität. Von der Bürgerfreundschaft zur globalen Rechtsgenossenschaft*, Frankfurt/M. 2002, S. 191-202. Das hier global beschriebene Problem begegnet einem heute auch schon auf Ebene der Europäischen Union.

§ 8 Der Kreis der Pflichtadressatinnen und -adressaten

Den einzelnen Menschenrechten korrespondieren jeweils Unterlassungs-, Schutz- und Hilfspflichten, die an jene adressiert sind, die vor Ort politische Herrschaft ausüben. Die ihnen übertragenen »hoheitlichen« Aufgaben sind nicht mit individualmoralischen Pflichten zu verwechseln, denn es handelt sich um gemeinsame Amtspflichten der politisch Herrschenden. Wer genau zu dieser Gruppe zählt, mag mit den empirischen Machtverhältnissen variieren. Primär sind Funktionsträgerinnen und -träger des Staates adressiert, bei Staatsversagen jedoch können auch nicht-staatliche Gruppen und überdies die Staatengemeinschaft verpflichtet sein. Nur in einer »idealen« Demokratie wäre die Anzahl der Rechtssubjekte mit jener der Verpflichteten identisch.

Die Behauptung, ein Mensch habe ein Menschenrecht auf X, muss so lange ohne jede bindende Wirkung bleiben, bis nicht ein korrespondierender Kreis von Adressatinnen und Adressaten identifizierbar ist, denen es obliegt, eine entsprechende *Pflicht* zu X zu erfüllen. Denkbar ist zwar, dass ein moralisches oder auch rechtliches Regelwerk *nur* Pflichten, aber keine korrespondierenden Rechte vorsieht; man denke hier etwa an traditionelle oder religiöse Gebote, denen nicht auch entsprechende Rechte der einzelnen Pflichtenträgerinnen und -träger korrespondieren müssen, oder auch an »Pflichten des Straßenverkehrs«, aus denen sich ja ebenfalls keine konkreten individuellen Rechte der Verkehrsteilnehmerinnen und -teilnehmer ergeben.[109] Aber der spiegelbildliche Fall ist undenkbar: Ein Regelwerk, das *nur* Rechte vorsähe, aber niemanden, der entsprechende Pflichten zu erfüllen hätte, wäre vollends »zahnlos«; ein Konglomerat von gut gemeinten Absichtserklärungen vielleicht, aber doch kein Rechtssystem im engeren Sinn. Denn wer ein Recht auf X hat, hat immer auch ein Recht auf die Gewährleistung von X, und wäre niemand da, der oder die zur Gewährleistung von X verpflichtet wäre, so wäre der betreffende Anspruch vielleicht ein legitimes Begehren, ein wichtiges Anliegen, eine verständliche Er-

109 Koller, »Rechte und Pflichten«, S. 150. Dazu auch Joel Feinberg, *Rights, Justice, and the Bounds of Liberty*, Princeton 1980, Kap. 6 u. 7

wartung, nicht aber ein verbindliches Recht. Anders gesagt: Wer behauptet, A habe gegenüber B ein verbindliches Recht und damit einen gerechtfertigten Anspruch auf X, meint gar nichts anderes, als dass B gegenüber A die ebenso verbindliche, begründete Pflicht zu X hat.[110]

Während dieser formale Strukturzusammenhang von Rechten und Pflichten in moralphilosophischen und rechtstheoretischen Zusammenhängen meist unstrittig ist, gibt er innerhalb der Menschenrechtsdebatte seit jeher Rätsel auf. Dies gilt vor allem im Hinblick auf die schwierige Frage, wer genau für jenes B eingesetzt werden muss, von dem die obige Strukturformel behauptet, alle As (und damit alle Menschen) seien diesem B gegenüber zu X berechtigt. Wer (und wer nicht) gehört zu diesem besonderen Adressatenkreis, dessen Mitglieder spezifisch menschenrechtliche Pflichten zu erfüllen und damit die Menschenrechte allererst zu gewährleisten haben? Und aus welchen konkreten Eigenschaften von B ergibt sich die betreffende Zugehörigkeit zum Kreis dieser menschenrechtlichen Pflichtadressatinnen und -adressaten?. Bei genauerem Hinsehen nämlich verlieren sich die entsprechenden Adressierungen oft schon auf Ebene der Theorie im Nebulösen – vor allem dann aber in historisch und politisch konkreten Anwendungskontexten. Das dürfte nicht zuletzt daran liegen, dass der Kreis derjenigen, die für konkrete Menschenrechtsverletzungen verantwortlich sind, und zwar *ursächlich* und damit als Täterinnen und Täter, keineswegs deckungsgleich mit dem Kreis jener Personen ist, die zur *Beseitigung* der sich daraus ergebenden Missstände verpflichtet sind. Dieser wichtige Unterschied lässt sich am Beispiel spezifisch sozialer Menschenrechte und vor dem Hintergrund globaler Fragen der Armutsbekämpfung illustrieren.[111]

Verantwortlich dafür, dass gravierende globale Ungerechtigkeiten beseitigt werden, sind ersichtlich sehr viel mehr Menschen oder auch Institutionen als bloß jene, die direkt an der historischen, ökonomischen oder auch politischen Verursachung ungerechter

110 §7. Vgl. David Lyons, »The Correlativity of Rights and Duties«, in: *Noûs* 4 (1970), S. 45-55.

111 Dazu auch die wegweisende Unterscheidung von Pflichten der »Ergebnisverantwortung« und der »Beseitigungsverantwortung« nach David Miller, »Wer ist für globale Armut verantwortlich?«, in: Barbara Bleisch/Peter Schaber (Hg.), *Weltarmut und Ethik*, Paderborn 2007, S. 153-170.

Eigentumsverhältnisse beteiligt (gewesen) sein mögen. In erster Linie scheint es hier darauf anzukommen, wer angesichts akuter Not helfen kann.[112] Dennoch ist der konkrete Adressatenkreis *aller* der für die Beseitigung globaler Armut verantwortlichen Akteurinnen und Akteure keineswegs einfach zu bestimmen: Wo genau liegen die relevanten Unterschiede zwischen moralischen und menschenrechtlichen Pflichten der Finanzierung und Durchsetzung von Maßnahmen globaler Armutsbekämpfung? Ist hier in erster Linie die internationale Staatengemeinschaft in der Pflicht? Sind es die reichen Staaten dieser Welt? Oder individuell alle reichen Menschen? Sind es nicht nur die reichen Staaten oder reichen Menschen dieser Welt, sondern schlicht alle, die nicht selbst arm sind, ohne deshalb bereits reich sein zu müssen?

Diese grundlegenden Unklarheiten führen mit Blick auf die Bedeutung spezifisch sozialer Menschenrechte regelmäßig dazu, dass die betreffenden Rechte als bloße »Manifest-Rechte«[113] abgetan werden; als Rechte, die zwar gut gemeint sind und feierlich klingen mögen, die aber letztlich doch utopisch, weil »unbezahlbar« sind und deshalb notwendig zu einer politischen Überforderung der Verantwortlichen führen müssen. Allerdings liegt an dieser Stelle meist ein Missverständnis vor: Aus der nicht immer eindeutigen Zuordnung menschenrechtlicher Pflichten folgt keineswegs, dass damit automatisch auch die korrespondierenden Rechte unklar oder unverbindlich sind. Es folgt daraus lediglich, dass bereits auf Ebene der Theorie *geklärt* werden muss, wer diese menschenrechtlichen Pflichten zu erfüllen hat und wie diese Pflichterfüllung notfalls dann auch erzwungen werden kann.[114]

Um ebendieses schwierige Problem einer genaueren Festlegung des Adressatenkreises menschenrechtlicher Pflichten wird es in diesem Paragrafen gehen: Wann und warum gehört ein Akteur beziehungsweise eine Akteurin zu diesem Kreis der für die Erfüllung

112 Zu dieser Diskussion aus moralphilosophischer Sicht: Corinna Mieth, *Positive Pflichten? Über das Verhältnis von Hilfe und Gerechtigkeit in Bezug auf das Weltarmutsproblem*, Berlin 2012.

113 Zumeist im Anschluss an Joel Feinberg, *Social Philosophy*, Englewood Cliffs 1973, S. 67 u. 94 f.

114 Dass dies so selten geschieht, liegt laut James Nickel daran, dass »dealing with the duty side is harder and less fun«. Siehe ders., »How Human Rights Generate Duties to Protect and Provide«, in: *Human Rights Quarterly* 15 (1993), S. 77-86, hier S. 79.

menschenrechtlicher Pflichten Verantwortlichen? Im ersten Schritt sind zunächst drei grundverschiedene Formen menschenrechtlicher Pflichten voneinander abzugrenzen: Unterlassungs-, Schutz- und Hilfspflichten (Abschnitt 1). Anschließend wird sich zeigen, an wen konkret diese menschenrechtlichen Pflichten adressiert sind, nämlich primär an diejenigen verantwortlichen Personen und Institutionen, die jeweils »vor Ort« die politische Herrschaft repräsentieren (Abschnitt 2). Diese auf den ersten Blick »staatszentriert« anmutende Adressierung menschenrechtlicher Pflichten wird mit der wichtigen Einsicht einhergehen, dass menschenrechtliche Pflichten nicht länger – im herkömmlichen Sinn – als individuelle Verpflichtungen verstanden werden dürfen. Es handelt sich vielmehr um *gemeinsame* Pflichten all jener, die »von Berufs wegen« für die Aufrechterhaltung der öffentlichen Herrschaftsordnung zuständig sind (Abschnitt 3). Am Ende wird sich daraus die bislang kaum geläufige Einsicht ergeben, dass der konkrete Adressatenkreis menschenrechtlicher Pflichten mit den empirisch gegebenen Herrschaftsordnungen dieser Welt variieren kann (Abschnitt 4).

1. Drei Arten menschenrechtlicher Pflichten

Beginnen wir mit der denkbar grundlegenden Frage, was es heißt, zur Realisierung eines Menschenrechts »verpflichtet« zu sein. Pflichten – ganz generell – markieren ein konkretes Sollen oder Müssen, das inhaltlich als eine spezifische Handlungsanweisung (»Du sollst«, »Du musst«, »Du darfst nicht« etc.) formuliert werden kann und von den Adressatinnen und Adressaten dieser Pflicht nicht bloß als fakultativ und damit als eine freiwillige Leistung aufzufassen ist, sondern als obligatorisch und damit strikt verbindlich. Wer entsprechend eine Pflicht verspürt, wird sich entweder »von außen«, etwa durch sozialen Sanktionsdruck, oder aber »von innen«, beispielsweise durch das sogenannte schlechte Gewissen, dazu angehalten oder gar genötigt sehen, dieser Pflicht auch nachzukommen – auch wenn dem Akteur oder der Akteurin stets die Möglichkeit bleibt, diese Pflichterfüllung auch zu unterlassen.[115] Ein wenig salopp formuliert: Wer zu etwas verpflichtet ist, *kann* in

115 Dazu der Überblick bei Michael Kühler, *Sollen ohne Können? Über Sinn und Geltung nicht erfüllbarer Sollensansprüche*, Münster 2013, Kap. 3.

der Regel zwar anders, *darf* aber nicht anders. Und auf Seiten jener, denen man die Erfüllung der betreffenden Pflichten schuldet, darf diese Pflichterfüllung ihrerseits erwartet und bei Nicht-Erfüllung mit Protest oder gar mit handfesten Sanktionen reagiert werden. Die verpflichtete Person ist verantwortlich dafür, dass das, was die Pflicht fordert, auch tatsächlich geschieht. Ihre Mitmenschen müssen davon ausgehen können, dass die verpflichtete Person diesem Sollen oder Müssen nachkommt. Folglich können Pflichten – nach Art einer Faustformel – als »verbindliche, generalisierte Verhaltenserwartungen« verstanden werden.[116]

Genau an diesem Punkt verhalten sich die korrespondierenden Rechte spiegelbildlich: Sie implizieren in der Regel ein konkretes Dürfen oder auch Nicht-Müssen und sind so als »verbindliche, generalisierte Verhaltensermächtigungen«[117] zu deuten. Wer Rechte hat, muss diese Rechte zwar nicht unentwegt auch wahrnehmen oder ausüben, er oder sie darf aber dennoch erwarten, dass die Wahrnehmung dieser Rechte von Seiten jener, die entsprechende Pflichten haben, im gegebenen Fall nicht verhindert oder unmöglich gemacht wird. Wer also beispielsweise das Recht hat, die eigene Meinung frei äußern zu dürfen, muss von diesem Recht zwar nicht stets und ständig auch Gebrauch machen, wohl aber stets Gebrauch machen *können*. Das bedeutet: Das jeweils verpflichtete Gegenüber darf nicht verhindern, dass die Person ihre Meinung frei äußern kann, wenn sie dies möchte. Die der Meinungsfreiheit von Person A korrespondierende Pflicht auf Seiten von B besagt also: »Du darfst A nicht daran hindern, ihr Recht auf freie Meinungsäußerung wahrzunehmen!« Der zentrale Unterschied zwischen Rechten und Pflichten besteht hier folglich darin, dass Rechte es einem *erlauben*, etwas zu tun oder zu lassen, ohne dass man es tun oder unterlassen müsste, während Pflichten uns verbindlich dazu *auffordern*, etwas zu tun oder auch zu unterlassen, ohne dass wir uns dieser Aufforderung folgenlos entziehen könnten. Allerdings sind auch diese formalen Bestimmungen des Verhältnisses von Rechten und Pflichten noch immer sehr abstrakt. Zumindest mit Blick auf einzelne Menschenrechte, etwa das Recht auf freie Meinungsäußerung oder auch das Recht auf Leben, Rechte auf einen angemessenen Lebensstandard, auf Arbeit oder Gesundheit, ist im Einzelfall

116 Pollmann, *Unmoral*, S. 28.
117 Ebd.

oft irritierend unklar, erstens, wer genau hier in der Pflicht ist und, zweitens, was konkret die betroffene Person oder Institution zu tun oder zu unterlassen hat.

Wenden wir uns zunächst diesem zweiten Problem[118] und damit der Frage nach der inhaltlichen Konkretisierung menschenrechtlicher Pflichten zu. Greifen wir zur Illustration ein beliebiges Menschenrecht heraus: In Artikel 23 Absatz 3 des *UN-Pakts über bürgerliche und politische Rechte* von 1966 verpflichten sich die Vertragsstaaten dazu, ein Menschenrecht auf Eheschließung »im freien und vollen Einverständnis der künftigen Ehegatten« zu garantieren. Mit Blick auf die einzelnen Vertragsstaaten ergeben sich daraus Pflichten und Verantwortlichkeiten in mindestens drei Hinsichten: Das Recht auf freie Eheschließung verpflichtet die betreffenden Staaten, erstens, unmittelbar solche Praktiken oder auch gesetzliche Regelungen zu unterlassen, die es ihren Bürgerinnen und Bürgern vorschreiben möchten, etwa durch exklusive Privilegierung einer bestimmten sexuellen Orientierung, ob und wen sie heiraten dürfen. Ganz anders geartet sind Fälle, in denen nicht etwa der Staat, sondern beispielsweise Familien oder Verwandtschaften ein eheliches Arrangement anstreben, das ohne die informierte Einwilligung der Ehegatten, ja oft direkt gegen deren Willen (»Zwangsehen«) und mitunter sogar gewaltsam realisiert werden soll. In diesen Fällen ist der jeweilige Vertragsstaat, zweitens, dazu verpflichtet, derart »privat« arrangierte Ehen möglichst zu verhindern, indem er entsprechende Verbotsgesetze erlässt. Darüber hinaus ergibt sich aber stets noch eine dritte Art von Verpflichtung: Denkt man an Menschen, denen die Eheschließung, etwa aufgrund von geistigen Behinderungen oder zivilrechtlicher Entmündigung, bislang unmöglich erscheint, so wird das Recht auf freie Eheschließung, wenn es denn ein egalitäres Menschenrecht sein soll, den Staat immer auch dazu verpflichten müssen, auch diese Betroffenen durch entsprechende Regelungen und konkrete Unterstützung in den Stand zu setzen, ihr Menschenrecht auch *de facto* wahrnehmen zu können.[119]

118 Der erste Aspekt dieser Unsicherheit und damit die Frage, *wer* in der Pflicht ist, wird dann ausführlicher in den beiden folgenden Abschnitten behandelt.

119 Ob die bis heute in Zivil- und Strafrecht noch immer gängigen »Eheverbote« – wie im Fall von »Doppelehen« oder von Ehen zwischen Blutsverwandten – mit diesem Menschenrecht verträglich sind, wäre zu diskutieren und dezidiert *menschenrechtlich* zu begründen.

Es sind diese drei Pflichtdimensionen, die sich mit Blick auf *sämtliche* Einzelrechte ergeben: Jedes konkrete Menschenrecht bringt »Unterlassungs-«, »Schutz-« und »Hilfspflichten« mit sich.[120] Der Staat hat, erstens, die unmittelbare Pflicht, die jeweils einzelnen Menschenrechte insofern zu respektieren, als seine Funktionsträgerinnen und -träger sie nicht selbst durch eigenes Handeln verletzen dürfen. Anders formuliert: Aktive Verstöße gegen die Menschenrechte sind staatlicherseits zu unterlassen. Der Staat hat, zweitens, die mittelbare Schutzpflicht, auch seine jeweils einzelnen Bürgerinnen und Bürger davon abzuhalten, etwa durch entsprechende Strafgesetze, sich wechselseitig einen gravierenden Schaden zuzufügen.[121] Und der Staat hat, drittens, die aktive Verpflichtung, all jene Menschen, die aufgrund von unfreiwilligen Notlagen oder vergleichbaren Defiziten ihre Rechte nicht schon selbst wahrnehmen können, durch geeignete Hilfeleistungen allererst in den Stand zu setzen, ihre Menschenrechte dann auch faktisch beanspruchen oder gar einklagen zu können. Um weitere Beispiele zu nennen:

- Das Recht auf freie Meinungsäußerung nach Artikel 19 des erwähnten *UN-Pakts über bürgerliche und politische Rechte* verpflichtet die öffentlichen Gewalten nicht nur zur unmittelbaren Unterlassung staatlicher Zensurmaßnahmen, sondern etwa auch zur schützenden Regulierung der Massenmedien oder des Internets sowie zu einer oft kostspieligen Förderung digitaler Informationstechnologien oder eines öffentlich-rechtlichen Rundfunks.
- Das Menschenrecht auf gerichtliche Gleichbehandlung nach Artikel 14 derselben Konvention untersagt es dem Staat, einzel-

120 So meine Übersetzung der im Völkerrecht geläufigen Unterscheidung von »obligations to respect, protect, and fullfil«, die äquivalent mit Henry Shues vielzitierter Unterscheidung von »duties to avoid, respect, and aid« ist. Siehe ders., *Basic Rights* [2nd Edition], Princeton 1996, bes. S. 52.

121 In der verfassungsrechtlichen Diskussion wird dies unter den Stichworten »Drittwirkung«, »Horizontalwirkung« oder auch »Schutzpflichttheorie« diskutiert. Dabei ist umstritten, wie weit die entsprechenden Schutzpflichten reichen. Dazu Robert Alexy, *Theorie der Grundrechte*, Frankfurt/M. 1985, Kap. 10. II; Detlev W. Belling/Antje Herold/Marek Kneis, »Die Wirkung der Grundrechte und Grundfreiheiten zwischen Privaten«, in: Attila Badó/Detlev W. Belling (Hg.), *Rechtsentwicklungen aus europäischer Perspektive im 21. Jahrhundert*, Potsdam 2014, S. 53-111.

ne Personen, zum Beispiel aufgrund von Eigentumsverhältnissen, sozialer Herkunft oder ethnischen Merkmalen, auf ihrem Rechtsweg durch die gerichtlichen Instanzen zu diskriminieren. Der Staat muss aber zugleich auch dafür Sorge tragen, dass keine Zeuginnen und Zeugen bedroht oder zu Falschaussagen gezwungen werden. Und dies macht zudem die oft aufwendige Finanzierung und Organisation eines möglichst unparteilich agierenden Polizei- und Gerichtswesens erforderlich.

– Das Recht auf Versammlungsfreiheit nach Artikel 21 des besagten UN-Pakts verbietet die willkürliche Auflösung einer offiziell angemeldeten Demonstration. Der Staat hat aber stets auch sicherzustellen, dass der betreffende Demonstrationszug nicht von einer militanten Gegendemonstration attackiert wird und dass darüber hinaus Straßen gesperrt, Buslinien unterbrochen und der Verkehr umgeleitet wird, damit der Demonstrationszug, wie angemeldet, passieren kann.

2. Die Adressatinnen und Adressaten menschenrechtlicher Pflichten

Spätestens an dieser Stelle drängt sich erneut die Frage auf, wer konkret und im Einzelnen für Realisierung des im letzten Abschnitt umrissenen Pflichtzusammenhangs verantwortlich ist.[122] In § 6 wurden die Menschenrechte als »konstitutionelle Vorbehalte souveräner Staatsbürgerinnen und Staatsbürger gegenüber den Institutionen und Verantwortlichen der öffentlichen Gewalt« rekonstruiert, »die ihre Machtbefugnisse nicht willkürlich und zuungunsten jener missbrauchen dürfen, die ihnen diese Macht verleihen«. Daraus würde mit Blick auf die konkreten Pflichtadressatinnen und -adressaten zunächst die konzeptionelle Einsicht folgen, dass deren Gruppe nicht schon identisch sein kann mit der Gruppe jener Anspruchsberechtigten, denen gegenüber die betreffenden Pflichten zu erfüllen sind. Die Menschenrechte regulieren politische Gewaltverhältnisse, und damit ist vorausgesetzt, dass manche Menschen

122 Selbst die einschlägigen UN-Vereinbarungen bleiben an diesem Punkt stets vage. Allenfalls ringt man sich zu der Feststellung durch, die Menschenrechte seien »primär« an Staaten adressiert, ohne diese systematisch von etwaigen sekundären Pflichtenträgerinnen und -trägern abzugrenzen.

diese Gewalt ausüben und andere dieser Gewalt unterworfen sind. Der jeweils einzelne Mensch wird folglich nicht zugleich in der Rolle der herrschenden *und* der von jener Person – politisch und notfalls auch gewaltsam – beherrschten Person anzutreffen sein.[123] Vielmehr besteht hier eine grundlegende Asymmetrie: Auf der einen Seite stehen jene, die anspruchsberechtigt sind, und auf der anderen Seite haben wir es mit denen zu tun, die das politische Herrschaftssystem repräsentieren und *deshalb* menschenrechtlich verpflichtet sind. Aus den individuellen Menschenrechten folgen demnach nicht schon auf derselben Seite auch gleichermaßen individuell adressierte »Menschenpflichten«.[124]

Wer aber genau gehört zu dieser Gruppe von Personen, von denen die öffentlichen Gewalten repräsentiert werden? Und warum sind am Ende *nur* die Mitglieder dieser Personengruppe menschenrechtlich verpflichtet? Diese beiden Fragen sind vor allem deshalb schwer zu beantworten, weil das Problem einer genaueren Adressierung menschenrechtlicher Pflichten mit der jeweils unterschiedlichen Gestalt politischer Gewaltordnungen variieren kann. Die Frage nach der konkreten menschenrechtlichen Verantwortung stellt sich in gut funktionierenden Demokratien anders als in totalitären Tyranneien, sie muss in stabilen konstitutionellen Monarchien anders beantwortet werden als in sogenannten *failed states*. Doch bevor wir auf dieses konzeptionelle Problem zurückkommen, betrachten wir zunächst noch einmal den »modernen« Modellfall eines annähernd wohlgeordneten und demokratisch regierten Rechtsstaates,[125] der ein funktionierendes Gewaltmonopol unterhält und eine Verfassung besitzt, die ein System der Gewaltenteilung sowie einen Katalog von subjektiven Grundrechten

123 Auf den Sonderfall einer »idealen Demokratie« gehen wir in Abschnitt 4 ein.

124 Helmut Schmidt (Hg.), *Allgemeine Erklärung der Menschenpflichten*, München 1998. Es ging bei dieser politischen Intervention um die Frage, ob man menschenrechtliche Ansprüche nur dann geltend machen kann, wenn man selbst auch korrespondierende Pflichten zu erfüllen bereit ist. Diese Auffassung wurde bereits in § 4 zurückgewiesen.

125 Zu den heute so umstrittenen Definitionen von »Rechts-« und »Unrechtsstaaten«: Es geht dabei primär um die Frage, ob der betreffende Staat gewaltenteilig auf dem Prinzip der *rule of law* aufgebaut ist. Das bedeutet: Der Staat und seine sich gegenseitig überwachenden Gewalten schaffen, exekutieren und überprüfen Gesetze, an die sie sich zugleich auch selbst halten müssen.

vorsieht.[126] Wie in § 6 gezeigt, beruhen Staaten dieser Art auf einer Arbeits- und Aufgabenteilung zwischen exekutiven, legislativen und judikativen Organen:

- Zur Exekutive zählen vornehmlich die Angehörigen der Regierung, der nationalen, regionalen und kommunalen Verwaltungen, der Polizei, der Staatsanwaltschaft, des Strafvollzugs, des Militärs, aber etwa auch des staatlichen Bildungssystems oder öffentlicher Institutionen des Wohlfahrtsstaates. Kurz: all diejenigen, die »von Amts« oder »von Berufs wegen« damit betraut sind, Recht und Gesetz anzuwenden und durchzusetzen.
- Die Mitglieder der Legislative hingegen haben über den ursprünglichen Erlass von Gesetzen und Gesetzesänderungen zu entscheiden. Dazu gehören vornehmlich die Abgeordneten nationaler und regionaler Parlamente, aber auch Angehörige von Ministerien, Kommissionen oder anderen Organen, die mit ihren Expertisen in die Ausarbeitung von Gesetzen involviert sind.[127]
- Zur Judikative schließlich zählen die Richterinnen und Richter unabhängiger Gerichte und mit diesen all jene Berufsgruppen und Behörden, deren Aufgabe es ist, die Einhaltung von Gesetzen zu überwachen und entsprechend Recht zu sprechen.

Insgesamt geht es dabei entweder um Personen, denen ein politisches Amt auf Zeit anvertraut ist, oder aber um Berufsgruppen, die unter den verwaltungstechnischen Begriffen »Staatsdienst« oder »öffentlicher Dienst« firmieren. Ihnen allen ist gemein, dass sie verantwortliche Tätigkeiten im Namen des Staates und seiner drei Gewalten ausüben und damit als Funktionsträgerinnen und -träger des betreffenden Staates zu betrachten sind. Sie übernehmen das, was in der Verwaltungssprache traditionell »hoheitliche Aufgaben«

126 Auf die Frage, um welchen konkreten Staat es geht oder wie viele solcher Staaten es weltweit gibt, kommt es hier nicht an, sondern auf die organisatorischen Gemeinsamkeiten von Staaten mit diesen drei Merkmalen. Über empirische Fort- und Rückschritte, das globale Aufkommen nationaler Demokratien betreffend, informiert jährlich ⟨https://freedomhouse.org⟩, letzter Zugriff 01. 11. 2021.

127 Im noch immer seltenen Fall von Plebisziten und Volksentscheiden mag ausnahmsweise auch das gesamte Volk für ein einzelnes Gesetz direkt verantwortlich sein.

genannt wird: Obliegenheiten der mit Zwangsgewalt ausgestatteten Obrigkeit gegenüber »untergeordneten« Bürgerinnen und Bürgern. Zu diesen Aufgaben gehören: Steuererhebung, Geldschöpfung, Daseinsvorsorge, Ordnungspolitik, Strafverfolgung, Rechtsprechung, Kinderschutz, Katastrophenschutz, Denkmalschutz usw. Mit Übernahme eines politischen Amtes oder einer beruflichen Anstellung in Institutionen der Exekutive, Legislative oder Judikative übernehmen die betreffenden Amtspersonen eine hoheitliche *Grundpflicht*, »sich an der gemeinsamen Aufgabe zu beteiligen«,[128] und zwar unmittelbar im Dienst des Staates sowie im Namen des Volkes. Im sogenannten Amtseid wird diese Grundpflicht bei Amtsübernahme, Anstellung oder Verbeamtung im öffentlichen Dient explizit und verbindlich. Sie lässt sich aus philosophischer Sicht etwa wie folgt fassen: Handle stets so, dass du die dir anvertraute Macht nicht willkürlich zuungunsten jener missbrauchst, die dir diese Macht bloß geliehen haben!

Erst aus dieser gemeinsamen Grundpflicht ergeben sich die konkreten Einzelpflichten, die den verschiedenen Menschenrechten entsprechen. Warum das so ist, lässt sich erneut im Rückgriff auf die in § 6 vorgeschlagene Begründung konstitutioneller Rechte zeigen: Die Menschenrechte, so hieß es dort, formulieren konstitutionelle »Vorbehalte« der Bürgerinnen und Bürger. Diese Vorbehalte gelten aber weniger dem »abstrakten« Staat als vielmehr den empirisch sehr konkreten Personen, die dessen Macht repräsentieren und in seinem Namen politische Gewalt ausüben. Verletzen diese staatlichen Funktionsträgerinnen und -träger menschenrechtliche Pflichten, kommt es, wie man im Anschluss an eine ingeniöse Formulierung von Arthur Schopenhauer sagen kann, zu einer »doppelten Ungerechtigkeit«. Diese ist dort gegeben, »wo Jemand ausdrücklich die Verpflichtung übernommen hat, einen Andern in einer bestimmten Hinsicht zu schützen, folglich die Nichterfüllung dieser Verpflichtung schon Verletzung des Andern, mithin Unrecht wäre; er nun aber noch überdies jenen Andern, eben darin, wo er ihn schützen sollte, selbst angreift und verletzt«.[129] Mit anderen Worten: Die Grund- und Menschenrechte einzelner Bürgerinnen

128 Stephan Schlothfeldt, *Individuelle oder gemeinsame Verpflichtung?*, Paderborn 2009, S. 122.

129 Arthur Schopenhauer, *Über die Grundlage der Moral* [1841], Hamburg 2006, S. 118.

und Bürger werden von denjenigen verletzt, die dazu verpflichtet sind, dieselben Bürgerinnen und Bürger vor elementaren Verletzungen durch (private) Dritte zu schützen. Wird man aber als »schutzbefohlene« Person ausgerechnet von jenen attackiert – etwa von Polizistinnen und Polizisten, von Gerichten oder Verwaltungsangestellten –, die ihrerseits dazu verpflichtet sind, Schutz und Hilfe zu gewähren, ergibt sich laut Schopenhauer ein doppelter Vertrauensverlust nach Art einer gesteigerten Unsicherheit, einer potenzierten Ohnmacht, die von den Betroffenen als »Verrat« erlebt werden mag: Wenn man von (privaten) Dritten verletzt wird, kann man sich stets an den Staat und eigens dafür zuständige Behörden wenden. Was aber, wenn der Staat selbst zum Täter wird?[130]

3. Moralische vs. menschenrechtliche Pflichten

Nun sind aber die Mitglieder der im letzten Abschnitt mit menschenrechtlichen Pflichten versehenen Akteurinnen und Akteure ihrerseits nicht *nur* staatliche Funktionsträgerinnen und -träger. Denn zumeist sind sie ja auch selbst Bürgerinnen und Bürger des betreffenden Staates und damit in anderen Hinsichten ihres Lebens gleichermaßen der Gewalt (anderer) staatlicher Amtspersonen unterworfen; zum Beispiel auf einer Polizeistation, bei einem Behördengang oder vor Gericht. Deshalb ist im letzten Abschnitt bereits verschiedentlich behauptet worden, dass sich etwaige menschenrechtliche Verpflichtungen »von Amts« oder »von Berufs wegen« ergeben. Das bedeutet: Eine Person besitzt menschenrechtliche Pflichten nicht etwa qua Menschsein, sondern qua Amt und Funktion; in Ausübung hoheitlicher Aufgaben und einer jeweils bestimmten Rolle als Repräsentantin oder Repräsentant der öf-

130 Um schon an dieser Stelle einem möglichen Missverständnis vorzubeugen, dem im nächsten Abschnitt noch mehr Aufmerksamkeit geschenkt werden wird: Eine etwaige Verletzung von Seiten privater Dritter ist keine Menschenrechtsverletzung. Letztere liegt gegebenenfalls darin begründet, dass der Staat seine Schutzpflicht (s. o.) verletzt. Wird er darüber hinaus selbst zum Täter und verletzt er damit eine primäre Unterlassungspflicht (s. o.), so liegt eine zweite beziehungsweise eine andere Menschenrechtsverletzung vor. Hier wird erneut die für die Menschenrechte insgesamt konstitutive Doppelrolle des Staates als Rechtsgarant und Rechtsverletzer deutlich.

fentlichen Ordnung. Folglich zielte die im letzten Abschnitt vorgenommene Adressierung menschenrechtlicher Pflichten keineswegs darauf ab, die Mitglieder der verpflichteten Berufsgruppen als unabhängige »Entitäten« von nicht-verpflichteten Personen oder Personengruppen abzugrenzen. Vielmehr ergeben sich menschenrechtliche Verpflichtungen stets nur »professionell« und mithin temporär, und zwar in konkreter Ausübung eines bestimmten Amtes und nur solange die betreffende Person zu jener menschenrechtlich verpflichteten Berufs- oder Personengruppe gehört.

Bevor wir daher auf die Frage zurückkommen, ob die im letzten Abschnitt skizzierten Adressierungen für alle nur erdenklichen politischen Ordnungen gleichermaßen gelten, muss aus den bisherigen Überlegungen zunächst eine wichtige begriffliche Konsequenz gezogen werden: Menschenrechtliche Pflichten sind – sofern es sich um konstitutionell »erworbene« Pflichten von Repräsentantinnen und Repräsentanten der öffentlichen Ordnung handelt – nicht mit individualmoralischen Pflichten zu verwechseln.[131] Für eine entsprechende Gleichsetzung beider Arten von Pflichten scheint auf den ersten Blick zu sprechen, dass sich die Menschenrechte, wie schon angedeutet, nicht an den »abstrakten« Staat, sondern stets an sehr konkrete Einzelpersonen richten, die in dem betreffenden Staat verantwortliche Ämter oder Aufgaben der Exekutive, Legislative oder Judikative übernommen haben. Auch die Menschenrechte verpflichten letztlich Individuen, sodass die Parallele zur Moral naheliegt. Dass hier aber trotzdem ein entscheidender Unterschied zwischen moralischen und menschenrechtlichen Pflichten besteht, soll das folgende Beispiel deutlich machen.[132]

Ein Polizist, Herr K., ist 34 Jahre alt, verheiratet, Vater zweier Kinder. In seiner Freizeit treibt er Sport in einer Fußballmannschaft. Nehmen wir an, K. sei in all diesen Funktionen umstritten: Als Polizist ist er für »unorthodoxe« Verhörmethoden berüchtigt, bei denen es mitunter zu konkreter Gewaltanwendung kommt. Als Ehemann und Familienvater ist er gefürchtet, weil ihm daheim gelegentlich »die Hand ausrutscht«. Als Fußball-Spieler schließlich

131 Vgl. Beitz, *The Idea of Human Rights*, S. 13 u. 44. Siehe für das Folgende erneut auch § 1.

132 Das Beispiel übernehme ich aus: Arnd Pollmann, »Menschenrechte und Grundrechte«, in: Anna Goppel/Corinna Mieth/Christian Neuhäuser (Hg.), *Handbuch Gerechtigkeit*, Stuttgart 2016, S. 287-294, hier S. 292 f.

neigt er zu einem überharten Einsatz am Rande des Regelwerks. Aus den bisherigen Überlegungen zu den Menschenrechten ergibt sich folgende These: Je nach »Rolle« ergeben sich für K. sehr unterschiedliche Pflichten in Bezug auf die Unterlassung von Gewalt. Ein Polizist, der eine verdächtige Person zu einer Aussage nötigt oder gar foltert, begeht eine Menschenrechtsverletzung, da er als staatlicher Funktionsträger eine entsprechende Unterlassungspflicht besitzt. Väter (aber selbstredend auch Mütter), die Gewalt gegenüber ihrer Familie ausüben, handeln zwar zutiefst unmoralisch und oft auch strafrechtswidrig, aber sie begehen dabei keine Menschenrechtsverletzung, selbst wenn sie von Beruf Polizist (oder Polizistin) sind. Dazu müssten sie die betreffende Tat *in Ausübung ihres Amtes* begehen; was in diesem Fall jedoch eindeutig nicht der Fall ist. Als Sportler wiederum, der sich im Spiel auf überharte Weise unfair verhält, mag K. zwar gegen Spielregeln verstoßen, doch begeht er dabei weder eine Menschenrechtsverletzung noch verstößt er damit notwendig gegen die Moral oder das Strafrecht, denn entsprechende Regelverstöße sind im Spiel meist einkalkuliert und durch weitere Regeln sanktioniert.[133]

Daraus folgt zunächst: Ein und dasselbe *Individuum* kann das eine Mal in der Rolle eines Menschenrechtsverletzers, ein anderes Mal als Privatperson, die gegen die Moral oder das Strafrecht verstößt, ein wieder anderes Mal in der Rolle eines unsportlichen Regelverletzers auftreten und dabei jeweils Gewalt anwenden. Aus Sicht der Menschenrechte ist aber allein die Rolle als öffentlicher Funktionsträger oder öffentliche Funktionsträgerin relevant: Wer keine öffentliche Funktion ausübt, kann auch keine Menschenrechte verletzen.[134] Zudem gilt, dass ein und derselbe *Tatbestand*, etwa eine Körperverletzung, im ersten Fall als Verletzung eines Menschenrechts, im zweiten Fall als ein unmoralisches oder strafrechtliches Vergehen und im dritten Fall als eine unsportliche Regelverletzung und damit verschieden gewertet werden muss. Aus Sicht der Menschenrechte ist allein relevant, ob die Tat im Rahmen eines hoheitlichen Auftrags und damit in Ausübung öffentlicher

133 Wo die moralischen/strafrechtlichen *Grenzen* eines Spiels liegen, mag im Einzelfall umstritten sein.

134 Damit ist konzeptionell ausgeschlossen, was in der Menschenrechtsdebatte noch immer gern behauptet wird, dass auch Privatpersonen gegenseitig ihre Menschenrechte verletzen können.

Verfügungsgewalt vollzogen wird. Darüber hinaus ist die Frage, ob tatsächlich eine Menschenrechtsverletzung vorliegt, von der »Schwere« der jeweiligen Tat unabhängig. Ein gravierendes moralisches oder auch strafrechtliches Vergehen im Privaten, zum Beispiel ein Akt häuslicher Gewalt, ist nicht schon aufgrund der etwaigen Schwere dieser Tat als ein Verstoß gegen die Menschenrechte zu werten.[135] Hingegen kann ein vergleichsweise harmloses Vergehen seitens staatlicher Obrigkeiten, etwa ein willkürliches Demonstrationsverbot, sehr wohl eine Menschenrechtsverletzung darstellen.

Allerdings ist nicht schon von vornherein auszuschließen, dass auch private Vergehen, zum Beispiel eben häusliche Gewalt, eine menschenrechtliche *Relevanz* besitzen oder erlangen können. Wie schon angedeutet, sind öffentliche Gewalten aus spezifisch menschenrechtlicher Sicht nicht nur unmittelbar zur Unterlassung von Verstößen gegen die Menschenrechte, sondern auch mittelbar zum Schutz der privaten Subjekte vor Übergriffen Dritter verpflichtet; etwa im Rahmen einer effektiven Strafverfolgung. Bei staatlicher Missachtung dieser Schutzverantwortung wird aber die betreffende Menschenrechtsverletzung dennoch nicht von jener privaten dritten Person begangen, sondern allein von der staatlichen Schutzmacht, die ihre menschenrechtliche Schutzpflicht verletzt. Anders gesagt: Das Private ist aus menschenrechtlicher Sicht nur insofern »politisch«, als die Schutzmacht mit dem Auftrag betraut sein mag, aber keineswegs betreut sein muss, gegen derart private Vergehen dann auch öffentlich vorzugehen. Ob sie aber entsprechend beauftragt ist, hängt nicht zuletzt vom historischen Stand der strafrechtlichen Regulierung jener privaten Beziehungen ab.[136]

Entscheidend ist das Folgende: Die menschenrechtlichen Pflichtadressatinnen und -adressaten tragen diese Verantwortung gerade nicht in ihrer Rolle als moralische Einzelsubjekte, sondern in ihrer Funktion als öffentliche Amtspersonen, aus der »gemeinsame

135 Dies trifft selbst auf derart widerwärtige Vergehen wie Folter, Vergewaltigung oder die »weibliche Genitalverstümmelung« zu. Zu einer Menschenrechtsverletzung kommt es (nur) dann, wenn diese Praktiken staatlicherseits verübt, angeordnet oder aber geduldet werden.

136 Ein Beispiel ist die Diskussion um »Vergewaltigung in der Ehe«, die im deutschen Strafrecht erst seit 1997 strafbar ist. Damit sind wir insgesamt auf den historischen Index zurückverwiesen, der dem politischen Kampf um die Universalisierung der Menschenrechte notwendig anhaftet. Siehe § 5.

Pflichten«[137] der Amtsausübung erwachsen. Zwar mögen alle Menschen sämtliche Menschenrechte haben, aber viel weniger Menschen haben *auch* menschenrechtliche Pflichten. Sie übernehmen spezifisch menschenrechtliche Verpflichtungen lediglich dann, wenn sie als Repräsentantinnen und Repräsentanten öffentlicher Gewalten fungieren und damit gemeinsam zur Gruppe jener gehören, die den Staat und die öffentliche Ordnung verkörpern.[138] Zwar mag im empirischen Einzelfall die Entscheidung schwerfallen, ob eine konkrete Tat tatsächlich in Ausübung eines öffentlichen Amtes geschehen ist, da sich gelegentlich verschiedene Rollen der jeweiligen Akteurinnen und Akteure überlagern.[139] Dennoch können diese unterschiedlichen Rollen *analytisch* auseinandergehalten werden, und eben dann macht es einen Unterschied – zumindest aus menschenrechtlicher Sicht –, ob man die betreffende Tat in der Rolle einer Amtsperson oder aber als Privatperson begangen hat.

Die somit als konzeptionell zentral zu betrachtende Behauptung, dass es sich bei menschenrechtlichen Pflichten um gemeinsame Pflichten qua Zugehörigkeit zur Gruppe politischer Verantwortungsträgerinnen und -träger handelt, »dreht« das klassische Begründungsschema menschenrechtlicher Pflichten um (siehe Schaubild 1).[140] Diese klassische Begründung geht davon aus, dass menschenrechtliche Pflichten zunächst individualmoralisch begründet sind. Zunächst wird also eine direkte menschenrechtliche Verpflichtung aller moralischen Einzelsubjekte konstatiert, vermittels derer sich dann erst in einem zweiten Schritt *indirekte* Verpflichtungen des Staates und öffentlicher Amtspersonen ergeben.

137 Ich folge hier in systematischer Hinsicht den wegweisenden Überlegungen von Schlothfeldt, *Individuelle oder gemeinsame Verpflichtung?*, Kap. 5.

138 Und falls die jeweils nationale Gewaltordnung bei der Achtung von Menschenrechten versagt, müssen die internationale Staatengemeinschaft und jeweils deren öffentliche Funktionsträgerinnen und -träger eine entsprechende »Ausfallbürgschaft« übernehmen. Dazu mehr in §10.

139 Nehmen wir an, dass K. am Abend – auf dem Weg von seiner Arbeit oder in einer Kneipe – in eine Schlägerei verwickelt wird; oder er wird zu einem Einsatz im Rahmen einer unangemeldeten Demonstration gegen Neonazis gerufen und muss feststellen, dass unter den gewalttätigen linken Jugendlichen, auf die er einschlägt, auch sein eigener Sohn ist; oder der Fußballer K. begeht ein brutales Foul, und zwar im Rahmen eines Betriebssportgruppen-Turniers und damit zur Dienstzeit.

140 Vgl. Schlothfeldt, *Individuelle oder gemeinsame Verpflichtung?*, S. 123.

Diese »Mainstream«-Begründung besagt also: Weil alle einzelnen Menschen individuell zur Achtung der Menschenrechte aller anderen Menschen verpflichtet sind, sind Staaten und deren Funktionsträgerinnen und -träger es mittelbar oder nachgeordnet auch.[141] Bei der hier vorgeschlagenen politischen und konstitutionellen Begründung der Menschenrechte verhält es sich umgekehrt: Die Menschenrechte sind zuvorderst an die Gruppe jener adressiert, die im Namen und Auftrag der öffentlichen Ordnung agieren und politische Gewalt verantworten, und erst mittels dieser gemeinsamen Gruppenzugehörigkeit ergeben sich konkrete Pflichten aller einzelnen Gruppenmitglieder. Menschenrechtliche Pflichten sind folglich gemeinsame Pflichten, die man als einzelne Person immer dann zu übernehmen hat, aber auch nur dann, wenn man – von Amts oder Berufs wegen – als ein verantwortliches Mitglied der Exekutive, Legislative oder Judikative agiert.

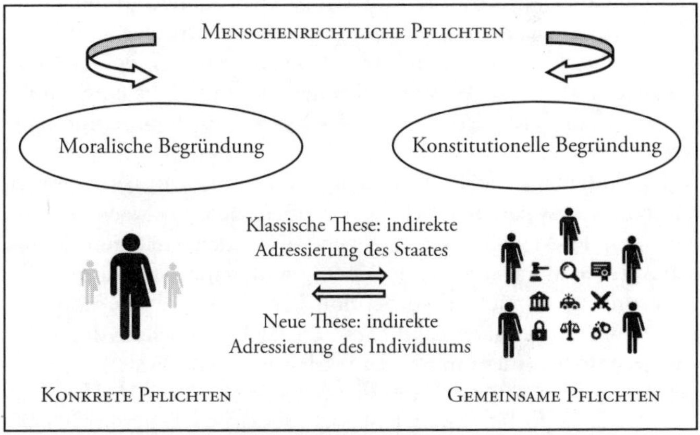

Schaubild 1: Menschenrechtliche Pflichtrelationen

141 Vgl. § 1, Abschnitt 2.

4. Andere Länder, andere Pflichten

Das im letzten Abschnitt vorgelegte Argument zugunsten einer konstitutionellen Begründung menschenrechtlicher Pflichten dürfte bereits einige Irritationen hervorgerufen haben: Tragen tatsächlich *nur* staatliche Akteurinnen und Akteure menschenrechtliche Verantwortung? Was ist beispielsweise mit einflussreichen Wirtschaftsunternehmen, globalen Institutionen wie der Weltbank, mit NGOs, privaten Sicherheitsfirmen oder auch den Massenmedien? Können nicht auch diese auf je ihre Weise die Menschenrechte verletzen – und teilweise sogar selbst auch schützen? Und wie verhält es sich unter politisch und demokratisch ganz besonders widrigen Umständen, wie sie etwa in sogenannten *failed states* herrschen, in denen von einer funktionierenden Rechtsstaatlichkeit keinerlei Rede sein kann? Gehen die gesuchten menschenrechtlichen Pflichten dort mittelbar auf andere Gruppierungen über; etwa auf marodierende Banden, paramilitärische Vereinigungen, fundamentalistische religiöse Cliquen oder gar auf terroristische Guerillas? Oder fallen diese direkten menschenrechtlichen Pflichten dort entsprechend weg, sodass sie subsidiär von der globalen Staatengemeinschaft und internationalen Organisationen übernommen werden müssen?

Es sind irritierende Rückfragen dieser Art, die heute immer häufiger Anlass zu einer Kritik an vermeintlich »staatszentrierten« Theorien der Menschenrechte geben.[142] Wer den Staat zum alleinigen Adressaten menschenrechtlicher Pflichten mache, so die Kritik, verschenke so bereits auf konzeptioneller Ebene ein enormes politisches und auch völkerrechtliches Potenzial zum Schutz der Menschenrechte. Vielmehr müsse berücksichtigt werden, dass es sowohl auf nationaler als auch auf internationaler Ebene eine Vielzahl von *non-state actors* gebe – man denke hier etwa an transnational agierende Wirtschaftsunternehmen –, die aufgrund des Umstandes, dass auch sie die Menschenrechte verletzen können, entsprechend

142 In der anglo-amerikanischen Debatte wird von einem »state-centric view« gesprochen. Dazu etwa Cristina Lafont, »Accountability and Global Governance. Challenging the State-Centric Conception of Human Rights«, in: *Ethics & Global Politics* 3 (2010), S. 193-215; Samantha Besson, »The Bearers of Human Rights's Duties and Responsibilities for Human Rights«, in: *Social Philosophy and Policy* 32 (2015), S. 244-268.

dann auch menschenrechtliche Verantwortung übernehmen müssten.[143] Und noch eine weitere irritierende Einsicht scheint sich aus der oben vorgeschlagenen Begründung konstitutioneller Rechte zu ergeben: Die empirisch jeweils *konkret* verantwortlichen Gruppen können mit den teilweise recht diversen Systemvoraussetzungen, Herrschaftsordnungen und Verfassungen der einzelnen Staatsgebilde variieren. Kann es tatsächlich sein, dass sich die Frage nach der konkreten Adressierung menschenrechtlicher Verantwortung in annähernd gut funktionierenden Demokratien anders stellt als etwa in autoritären Unrechtsstaaten; dass sie in stabilen konstitutionellen Monarchien anders beantwortet werden muss als in *failed states*?

Zur Illustration dieses komplexen Sachverhalts lohnt ein Rückblick auf die antike Regierungslehre, wie man sie etwa bei Aristoteles findet.[144] Dieser hatte idealtypisch zwischen drei positiven und drei negativen Grundformen politischer Herrschaft unterschieden. Diese sechs Grundformen von Herrschaft ergeben sich aus einer Kombination der numerischen Frage, ob »einer«, »einige« oder »alle« regieren, mit der evaluativen Frage, ob die Herrschenden dies jeweils »gut« und damit im Dienste des Gemeinwohls tun (Monarchie, Aristokratie, Politie) oder aber »entartet« und damit zum egoistischen Wohl der Regierenden (Tyrannis, Oligarchie, Demokratie). Zwar sieht diese antike Regierungslehre weder Menschenrechte noch eine Gewaltenteilung des modernen Typs vor. Sie spricht zudem von »Politie«, wenn heute meist von »Demokratie« die Rede ist, während sie selbst den Demokratiebegriff für eine entartete Herrschaft des sogenannten Pöbels reserviert.[145] Sie erweist sich außerdem im Rahmen ihrer empirischen Anwendung nicht immer als trennscharf.[146] Dennoch macht bereits diese simple Systematik darauf aufmerksam, dass die politische Herrschaft auf

143 Andrew Clapham, *Human Rights Obligations of Non-State Actors*, Oxford 2006.

144 Aristoteles, *Politik* [o. J.], München 1996, Drittes Buch, Kap. 6-8.

145 Zu bedenken wäre der Unterschied zwischen »realen« (Schweiz, Norwegen, Kanada, Australien usw.) und »idealen« Demokratien (nach dem Vorbild von Diskursethik, Kontraktualismus etc.), aber auch die Differenz zwischen Demokratien, die sich bloß so nennen (Deutsche Demokratische Republik, Demokratische Volksrepublik Algerien etc.), und solchen, die tatsächlich welche sind.

146 Ein Beispiel: Ist das heutige Russland eine Demokratie, eine Tyrannis oder eine Oligarchie?

unterschiedlich viele »Schultern« verteilt sein kann und dabei zugleich auch nur bedingt durch die Idee demokratischen Gemeinwohls legitimiert ist.

Die entscheidende These lautet so aus menschenrechtlicher Sicht: Je nach politischem System und in Abhängigkeit der Menge jener, die politische Gewalt ausüben, variiert auch die Menge jener, die menschenrechtliche Pflichten zu erfüllen haben. In einer idealtypischen Monarchie beziehungsweise in der Tyrannis gäbe es nur eine einzige Person, die menschenrechtlich verpflichtet wäre. In der idealtypischen Version von Aristokratie und Oligarchie wären es einige; zum Beispiel ein »Rat der Weisen«, ein »Politbüro« oder aber eine Clique schwerreicher Magnaten. In der idealtypischen Politie beziehungsweise in der Demokratie wiederum wären tatsächlich *alle* Menschen nicht nur im Besitz von Menschenrechten, sondern zugleich auch selbst zu deren Einhaltung verpflichtet.[147] Daraus ergibt sich unmittelbar eine weitere zentrale These: Je demokratischer die politischen Verhältnisse vor Ort organisiert sind und je mehr Menschen damit faktisch politische Herrschaft ausüben, umso größer wird der Kreis der (mittelbar) für die Menschenrechte vor Ort verantwortlichen Akteurinnen und Akteure. In autokratischen oder diktatorischen Regimen konzentriert sich mit der politischen Macht auch die entsprechende Täterschaft in Bezug auf Menschenrechtsverletzungen – die deshalb aber keineswegs seltener vorkommen müssen. In aristokratisch oder oligarchisch geführten Regimen ist dieses Potenzial auf tendenziell mehr Schultern verteilt. In einer radikalen oder »idealen« Demokratie – ohne jede Repräsentation – wäre schließlich die Zahl der potenziellen Täterinnen und Täter mit der Zahl der potenziellen Opfer identisch.[148]

Wie aber verhält es sich im Fall von *failed states*, die sich auf-

147 Diese Skizze ist idealtypisch auch in dem Sinn, dass im empirischen Fall selbstredend auch die ersten vier Regierungsformen zur exekutiven Durchsetzung ihrer Beschlüsse auf viel *mehr* Personen angewiesen sein werden (Verwaltung, Polizei usw.).

148 Wenn es zum Beispiel in der Schweiz – einem Land, das sich zumindest in legislativen Fragen vergleichsweise weit diesem Ideal angenähert hat – zu einer Gesetzesinitiative kommt, deren Ergebnis menschenrechtswidrig erscheint, wie etwa im Fall des Verbots von Minaretten, dann ist es in der Tat das demokratische Stimmvolk insgesamt, das Menschenrechte zu verletzen droht, solange dieses Gesetz nicht von nationalen oder auch internationalen Gerichten »kassiert« wird.

grund eines weitgehenden »Staatsversagens« entweder noch nicht oder nicht mehr unter eines der oben aufgelisteten sechs Systeme subsumieren lassen? Zu diesen Staaten zählt man heute etwa Länder wie den Südsudan, Somalia, die Zentralafrikanische Republik, Jemen, Syrien oder die Demokratische Republik Kongo.[149] Entgegen dem ersten Anschein ergibt sich aus der in § 6 vorgelegten Begründung konstitutioneller Menschenrechte keineswegs die strikte Voraussetzung, dass es sich bei den Verantwortlichen der durch die Menschenrechte eingehegten Gewalt um *staatliche* Funktionsträgerinnen und -träger handelt. Zwar wurde dies im begründungstheoretischen »Modellfall« zunächst so konzipiert, aber ausschlaggebend für diese Begründung war ein anderes Kriterium: Die Menschenrechte sind konstitutionelle Vorbehalte jener, die der politischen Gewalt unterworfen sind, gegenüber denen, die diese politische Gewalt ausüben. Im empirischen Einzelfall sind das zumeist, aber doch nicht immer (nur) staatliche Verantwortungsträgerinnen und -träger. Entscheidend ist vielmehr, wer *faktisch* und nicht etwa »auf dem Papier« die politische Gewalt ausübt. Und sollten vor Ort einmal staatlicherseits nur unzureichende oder auch gar keine funktionsfähigen Strukturen vorhanden sein, dann – und nur dann – gehen mit der politischen Gewalt auch menschenrechtliche Pflichten auf all jene über, die dort *anstelle* des Staates politische Herrschaft ausüben.[150] Dies können Milizen, terroristische Vereinigungen, kriminelle Banden, Stammesfürsten, religiöse Cliquen, ja bisweilen auch große Wirtschaftsunternehmen, Massenmedien oder internationale Organisationen wie die Weltbank sein. Maßgeblich ist im empirisch konkreten Herrschaftskontext allein die Frage, wer effektiv die politische Herrschaft (übernommen) hat und wer dieser Gewalt unterworfen ist.[151]

Daraus ergibt sich eine differenzierte Betrachtung der offenbar

149 Siehe dazu etwa ⟨https://fragilestatesindex.org/⟩, letzter Zugriff: 01. 11. 2021.

150 Zu der wichtigen Frage, warum und wann *zwischenstaatliche* Institutionen und Organisationen hier eine Art »Ausfallbürgschaft« übernehmen sollen, kommen wir im nächsten Paragrafen.

151 Diese Frage kann nicht schon auf konzeptioneller Ebene vorentschieden werden, sie ist stets im Rahmen empirischer Analysen zu beantworten. Allerdings ergibt sich aus der konstitutionellen Begründung der Menschenrechte notwendig auch ein Anspruch auf die politische Umgestaltung nicht-demokratischer Staaten in Herrschaftsverbände, die sich dem Prinzip der Volkssouveränität verpflichtet sehen. – Diesen Hinweis verdanke ich Stefan Gosepath.

nicht pauschal mit »ja« oder »nein« zu beantwortenden Frage, ob und inwieweit auch *nicht-staatliche* Akteure menschenrechtliche Pflichten[152] zu erfüllen haben: Sie haben derartige Pflichten dann – und nur dann –, wenn die vor Ort etablierten Herrschaftsverhältnisse derart »unorganisiert« sind, dass der Staat die ihm anvertraute Zentralisierung politischer Gewalt in den Händen exekutiver, legislativer und judikativer Organe nur unzureichend bewerkstelligt. In wahrhaft demokratisch organisierten und mithin von konstitutionellen Rechten eingehegten Herrschaftssystemen würde der Staat es vermeiden, die ihm bloß »geliehene« Macht etwaigen nicht-staatlichen und damit dann auch nicht-legitimierten Akteurinnen und Akteuren zu überlassen. In der »wirklichen« Welt kommt dies selbstredend vor: Der Staat verliert faktisch die politische Kontrolle. Der diesbezüglich handlungsunfähige Staat muss dann auch nicht-staatliche Akteurinnen und Akteure gewähren lassen, ohne dass er sie gewähren lassen *darf.* Dies kommt keineswegs nur in sogenannten Unrechtsstaaten vor: Vielerorts üben mächtige Wirtschaftsunternehmen viel zu viel politische Kontrolle aus. Andernorts unterwandern mafiöse Banden kommunale Entscheidungsstrukturen. Selbst in säkularen Demokratien hindert man religiös-fundamentalistische Gruppierungen nur unzureichend daran, eine parallele Gerichtsbarkeit zu etablieren. Lobbygruppen »diktieren« den Parlamenten wichtige Gesetzesvorhaben. Massenmedien greifen in Regierungsgeschäfte ein usw.

In einer gut funktionierenden, die Menschenrechte respektierenden Demokratie wäre ein derartiger Herrschaftstransfer stets als problematisch einzustufen und gegebenenfalls auf ein Minimum zu reduzieren. Dies betrifft nicht zuletzt auch verschiedenste Formen einer fragwürdigen »Privatisierung« hoheitlicher Sicherheitsaufgaben; etwa in Gestalt der verwaltungsrechtlichen »Beleihung«.[153] Gemeint ist die per Gesetz oder vergleichbare Verordnungen geregelte

152 Dabei ist zu unterscheiden zwischen »Pflichten« im engeren Sinn, die unmittelbar zur Unterlassung von und zum Schutz vor Menschenrechtsverletzungen auffordern, und menschenrechtlichen »Verantwortlichkeiten«, die auch solche Akteure wie etwa NGOs verspüren mögen, die zwar nicht selbst die Menschenrechte verletzen, sich aber dennoch für die Menschenrechte einsetzen können.

153 Deutscher Bundestag/Wissenschaftliche Dienste, »Privatisierung von staatlichen Sicherheitsaufgaben (öffentliche Sicherheit)«, Berlin 2007, ⟨www.bundestag.de/resource/blob/417886/fc247654d8e32322d48e42a3e8d1dd03/wd-3-118-07-pdf-data.pdf⟩, letzter Zugriff 01. 11. 2021.

Übertragung staatlicher Hoheitsaufgaben, Entscheidungs- und Handlungskompetenzen auf private Akteurinnen und Akteure mit dem Ziel, den Staat und seine Verwaltungen zu entlasten. Dies kommt leider oft auch in demokratischen Rechtsstaaten vor; im Rahmen der Luftsicherheitskontrolle an Flughäfen etwa oder der Bewachung öffentlicher Gebäude durch mitunter obskure private Sicherheitsfirmen, bei der Organisation von Flüchtlingsunterkünften oder im Rahmen unzureichend kontrollierter Abläufe in der sogenannten Abschiebehaft. Auch hier gilt: Nicht-staatliche Akteurinnen und Akteure *können* menschenrechtliche Pflichten übernehmen. Doch ist dies nur dann der Fall, wenn der Staat sie sträflich lässt. Nur in diesen Fällen liegen indirekte menschenrechtliche Pflichten nicht-staatlicher Akteurinnen und Akteure vor, die aus dem Umstand resultieren, dass der Staat die entsprechenden Verantwortlichkeiten nicht länger selbst übernehmen will, sondern ausdrücklich delegiert.[154] Nimmt man aber die in § 6 vorgeschlagene Begründung konstitutioneller Menschenrechte ernst, die zwischen dem staatlichen Gewaltmonopol in exekutiven Fragen und der Volkssouveränität in legislativer Hinsicht vermitteln soll, sind solche Privatisierungen höchst problematisch. Zum einen wird das staatliche Gewaltmonopol durch derartige Beleihungen schlicht »aufgeweicht«. Zum anderen kann diese Privatisierung schwerlich als Ausdruck einer sich vor politischer Willkür wappnenden Selbstgesetzgebung imaginiert werden.

Doch ist das Spektrum menschenrechtlicher Pflichtübertragungen mit dieser Unterscheidung staatlicher und nicht-staatlicher Akteurinnen und Akteure noch nicht vollständig abgedeckt. In der Gestalt von Weltbürgerrechten nämlich, wie sie bereits in § 7 diskutiert worden sind, transzendieren die Menschenrechte sämtliche nationalstaatlichen Grenzen in Richtung einer »Konstitutionalisierung« supranationalen Völkerrechts, und zwar in ebenjenen Fällen, in denen die Staatlichkeit vor Ort versagt.[155] Das bedeutet:

154 Darüber hinaus kann sich das Problem der »Komplizenschaft« ergeben, wenn private Akteurinnen und Akteure bei Menschenrechtsverletzungen seitens des Staates mitwirken (zum Beispiel im Fall ethnischer Säuberungen). Auf diese Diskussion kann ich hier leider nicht näher eingehen. Dazu etwa Chiara Lepora/Robert E. Goodin, *On Complicity and Compromise*, Oxford 2013.

155 Zur Konstitutionalisierung des Völkerrechts im weiten Sinn: Jan Klabbers/Anne Peters/Geir Ulfstein, *The Constitutionalization of International Law*, Ox-

Die Menschenrechte fordern stets auch internationale Ausfallbürgschaften für den Fall, dass es zu nationalstaatlichem Fehlverhalten oder gar zum völligen Zerfall verlässlicher Staatlichkeit kommt.[156] Sind einzelne Nationalstaaten nicht willens oder aber nicht fähig, die Menschenrechte all jener Personen zu schützen, die sich zu einem gegebenen Zeitpunkt auf dem Territorium des betreffenden Staates aufhalten, oder haben gar nicht-staatliche Akteurinnen und Akteure in der Folge eines totalen Staatsversagens vor Ort die politische Herrschaft an sich gerissen, so scheint sich – gewissermaßen arbeitsteilig und auf »zweiter Stufe«[157] – eine zusätzliche Verpflichtung der übrigen Staatenwelt zu ergeben, im Namen der von Menschenrechtsverletzungen betroffenen Weltbürgerinnen und Weltbürger zu intervenieren. Allerdings ist diese internationale Interventionspflicht völkerrechtlich sehr umstritten. Denn das gegenteilige Gebot zwischenstaatlicher »Nicht-Einmischung« gehört seit jeher zu den zentralen Prinzipien des modernen Völkerrechts. Daher soll es im folgenden Paragrafen um die Frage gehen, wie sich das Anliegen eines nicht länger bloß nationalen, sondern auch internationalen Schutzes der Menschenrechte mit Pflichten des traditionellen Völkerrechts zur Anerkennung nationalstaatlicher »Souveränität« verträgt.

ford 2011; Norman Weiss/Jean-Marc Thouvenin (Hg.), *The Influence of Human Rights on International Law*, Heidelberg u.a 2015.

156 Für einen ersten systematischen Überblick: Cord Schmelzle, »Militärische Interventionen, ›failed states‹, ›Schurkenstaaten‹«, in: Pollmann/Lohmann (Hg.), *Menschenrechte*, S. 410-417.

157 Beitz, *The Idea of Human Rights*, Kap. 17.

§ 9 Die Grenzen nationalstaatlicher Souveränität

Die nationale Durchsetzung von Menschenrechten ist auf rechtsstaatliche und möglichst demokratische Kontexte angewiesen. Doch selbst Demokratien verletzen die Menschenrechte und müssen daher komplementär durch supranationale Institutionen überwacht werden. Dieser globale Menschenrechtsschutz bricht mit traditionellen Vorstellungen des Völkerrechts von einer international zu achtenden Souveränität der Staaten. Dieser Bruch resultiert notwendig aus der konstitutionellen Begründung menschenrechtlicher Vorbehalte gegenüber staatlicher Willkür und somit aus einer alternativen Souveränitätsidee innerstaatlicher Selbstgesetzgebung. Fortan wird der Staat nicht nur nach innen, sondern auch nach außen hin menschenrechtlich eingehegt.

Mit der Frage nach dem Umfang des Adressatenkreises menschenrechtlicher Pflichten ist gegen Ende des letzten Paragrafen das Problem in den Mittelpunkt gerückt, welche internationale Verantwortung sich mit Blick auf den jeweils nationalen Grund- und Menschenrechtsrechtsschutz ergibt. Ob auf Ebene wissenschaftlicher Theoriebildung oder auch im Rahmen konkreter Realpolitik: Das gemeinte Problem wird heute vor allem dann zum Thema, wenn angesichts massenhafter Menschenrechtsverletzungen oder dramatischer Bürgerkriege politische Forderungen nach »humanitären« oder »militärischen« Interventionen laut werden. Dann nämlich stellt sich die Frage, ob und inwieweit es auf Seiten der internationalen Staatengemeinschaft eine dezidiert menschenrechtliche Pflicht gibt, in militärische Konflikte oder sogenannte Unrechtsstaaten einzugreifen – und zwar direkt *im Namen* der Menschenrechte und notfalls mit Gewalt, falls es gar zu »ethnischen Säuberungen« oder zum Völkermord kommt. Seit 1945 ist die Geschichte der Menschenrechte überaus eng mit Bedrohungen der Menschheit durch Kriege, bewaffnete Auseinandersetzungen und inhumane Gewalt verknüpft. So kann die Gründung der Vereinten Nationen als eine konzertierte völkerrechtliche Reaktion auf die Katastrophen der beiden Weltkriege und den Totalitarismus des 20. Jahrhunderts interpretiert werden.[158] Damit sich derartige Gräueltaten möglichst nie mehr wiederholen, verpflichten sich die Vereinten Nationen nicht nur auf grundlegende Instrumente der globalen Friedenssicherung, sondern in der Folgezeit dann auch auf einen völkerrechtlich koordinierten und garantierten Schutz der Menschenrechte.[159]

Während dieser historisch gewachsene Zusammenhang von Krieg, Gewalt und heutigem Menschenrechtsdenken gemeinhin als unumstritten gilt,[160] ist weit weniger offenkundig, dass mit dem völkerrechtlich neuen und doppelten Anliegen einer internationalen Überwachung des Friedens *und* der Menschenrechte von Anbeginn ein handfester Widerspruch gegeben war. Dieser betrifft vor allem das bereits erwähnte Anliegen einer völkerrechtlichen Legitimierung etwaiger Interventionen in sogenannte Unrechts- oder Schurkenstaaten, falls es in diesen auf massive Weise zu Verletzungen der Menschenrechte kommt.[161] Da derartige Interventionen im Namen der Menschenrechte fast notwendig zu *weiteren* Verletzungen der Menschenrechte führen, können sie sich nicht nur

158 In der Präambel der *UN-Charta* von 1945 heißt es: »WIR, DIE VÖLKER DER VEREINTEN NATIONEN – FEST ENTSCHLOSSEN, künftige Geschlechter vor der Geißel des Krieges zu bewahren, die zweimal zu unseren Lebzeiten unsagbares Leid über die Menschheit gebracht hat, unseren Glauben an die Grundrechte des Menschen, an Würde und Wert der menschlichen Persönlichkeit [...] erneut zu bekräftigen, [...] um den Weltfrieden und die internationale Sicherheit zu wahren, [...] HABEN BESCHLOSSEN, IN UNSEREM BEMÜHEN UM DIE ERREICHUNG DIESER ZIELE ZUSAMMENZUWIRKEN.«

159 Dazu Artikel 1 der *UN-Charta*: »Die Vereinten Nationen setzen sich folgende Ziele: (1) den Weltfrieden und die internationale Sicherheit zu wahren [...]; (2) freundschaftliche, auf der Achtung vor dem Grundsatz der Gleichberechtigung und Selbstbestimmung der Völker beruhende Beziehungen zwischen den Nationen zu entwickeln [...]; (3) eine internationale Zusammenarbeit herbeizuführen, um internationale Probleme [...] zu lösen und die Achtung vor den Menschenrechten und Grundfreiheiten für alle [...] zu festigen.«

160 Siehe dazu auch die ideengeschichtliche Einleitung zu diesem Buch. Und für das Folgende: Arnd Pollmann, »Krieg im Namen der Menschenrechte?«, in: Ulrike Mürbe/Norman Weiß (Hg.), *Philosophie der Menschenrechte in Theorie und Praxis*, Potsdam 2018, S. 155-178.

161 In der Euphorie des Neuanfangs dürfte die Überzeugung überwogen haben, dass sich die Realisierung dieser beiden Ziele gegenseitig begünstigt: Je mehr Frieden auf der Welt herrscht, umso besser stehen die Chancen auf ein Leben ohne Menschenrechtsverletzungen. Und umgekehrt: Je weiter der globale Menschenrechtsschutz fortschreitet, umso friedlicher wird sich die Menschheit entwickeln.

als politisch äußerst kontraproduktiv, sondern letztlich auch als illegitim erweisen.[162] Zugleich aber spricht vieles dafür, dass dieser Widerspruch aus philosophischer Sicht unvermeidlich ist. Denn ist man erst einmal von einem »universellen« Geltungsanspruch der Menschenrechte überzeugt, so muss die internationale Staatengemeinschaft eine konzertierte Verantwortung für den effektiven Schutz dieser Menschenrechte übernehmen, und zwar allerorts und insbesondere dort, wo diese Menschenrechte massiv mit Füßen getreten werden. Übernimmt die internationale Staatengemeinschaft diese globale Verantwortung nicht bloß auf dem Papier, sondern realpolitisch, so ist sie unweigerlich mit der Frage konfrontiert, ob und welche politischen Interventionen und Sanktionen im Namen der Menschenrechte gerechtfertigt sein mögen und ob als Ultima Ratio selbst militärische Interventionen in Frage kommen.[163]

Diese historisch neuartige Verantwortung der internationalen Staatengemeinschaft ist das Ergebnis einer Transformation[164] des traditionellen Völkerrechts, welches sich in der Zeit nach dem Westfälischen Frieden von 1648 entwickelt hat und das vor allem auf zwei entscheidenden Prinzipien nationalstaatlicher Souveränität beruhte. Erstens: Sämtliche Staaten dieser Welt haben im internationalen Verkehr als unabhängige, selbstbestimmte, gleichberechtigte Verhandlungspartner zu gelten, denen es freisteht, mit welchen anderen Staaten sie Vereinbarungen eingehen oder aber Kriege führen wollen. Und zweitens: In innenpolitischen Angelegenheiten gilt insofern ein striktes Nicht-Einmischungsgebot, als kein Staat einem anderen in dessen Regierungsgeschäfte hineinreden darf. Ohne dass die Tragweite dieser Entscheidungen den seinerzeit auf Ebene der Vereinten Nationen verhandelnden Akteurinnen und Akteuren hinreichend bewusst gewesen sein mag: Die

162 Dies gilt nicht nur für spezifisch militärische Interventionen. Bereits im Fall wirtschaftlicher Sanktionen können massiv (soziale) Menschenrechte verletzt werden.

163 Sebastian Laukötter, *Zwischen Einmischung und Nothilfe. Das Problem der »humanitären Intervention« aus ideengeschichtlicher Perspektive*, Berlin 2014. Für einen positiven Befund: Wilfried Hinsch/Dieter Janssen, *Menschenrechte militärisch schützen*, München 2006.

164 Aus juristischer Perspektive: Norman Weiss, *Kompetenzlehre internationaler Organisationen*, Heidelberg u. a. 2009. Aus Sicht der Politischen Theorie: Jean L. Cohen, *Globalization and Sovereignty. Rethinking Legality, Legitimacy, and Constitutionalism*, Cambridge 2012.

völkerrechtliche Entwicklung nach 1945 »bricht« mit diesen beiden Prinzipien nationalstaatlicher Souveränität. Das in der *UN-Charta* ausdrücklich festgeschriebene »Verbot des Angriffskrieges« reduziert die außenpolitische Souveränität der Staaten: Die nationale Selbstbestimmung geht fortan nicht mehr so weit, dass die einzelnen Staaten anderen Staaten den Krieg erklären dürfen, ohne selbst vorher angegriffen worden zu sein. Und die *Allgemeine Erklärung der Menschenrechte* von 1948 löst sich vom innenpolitischen Souveränitätsprinzip zwischenstaatlicher Nicht-Einmischung: Zukünftig sind die einzelnen Nationalstaaten gerade nicht mehr vollends »frei«, zu entscheiden, wie sie jeweils in ihrem Innern mit den eigenen Bürgerinnen und Bürgern verfahren.

Um die spezifisch menschenrechtlichen Konsequenzen dieser Völkerrechtsentwicklung soll es im vorliegenden Paragrafen gehen. Zu Beginn werden unterschiedliche Modelle einer menschenrechtsaffinen »Weltinnenpolitik« skizziert, die dem Spannungsverhältnis von nationaler Souveränität und internationalem Menschenrechtsschutz auf jeweils unterschiedliche Weise begegnen (Abschnitt 1). Dabei wird sich herausstellen, dass derzeit nicht nur zwei, sondern insgesamt vier verschiedene Konzepte von Souveränität miteinander konkurrieren (Abschnitt 2). Mit dieser vierfachen Spezifizierung nationaler Souveränitätsansprüche *durch* die Idee konstitutionell begründeter Menschenrechte wird das normative Problem aufgeworfen, wie sich das vermeintliche »Recht« der internationalen Staatengemeinschaft auf menschenrechtliche Einmischung in nationale Angelegenheiten begründen lassen soll (Abschnitt 3). Aus dieser völkerrechtlichen Begründung wiederum werden sich am Ende einige bislang umstrittene Konsequenzen mit Blick auf die Zukunft nationalstaatlicher Souveränität sowie die konkrete Ausgestaltung des globalen Menschenrechtsregimes ergeben (Abschnitt 4).

1. Fünf Modelle menschenrechtlicher Weltinnenpolitik

Die »stille Revolution des Völkerrechts«,[165] für die aus heutiger Sicht das Jahr 1945 steht, basiert zunächst auf zwei historisch leidvoll errungenen Überzeugungen: Der Nationalstaat, der stets zu

165 Klein, *Menschenrechte*.

anti-demokratischer Willkür und expansiven Kriegsgelüsten neigt, spielt mit Blick auf seine Bürgerinnen und Bürger die überaus ambivalente Doppelrolle von Menschenrechtsgarant und Menschenrechtsverletzer.[166] Zugleich ergibt sich aus dieser notorischen Gewaltneigung aber auch die wichtige Einsicht, dass ein lediglich auf nationaler Ebene ansetzender Grund- und Menschenrechtsschutz unzureichend und gefährlich bleibt. Aus dieser doppelten Lehre ziehen die Vereinten Nationen nach dem Zweiten Weltkrieg die völkerrechtliche Konsequenz, dass der jeweils national zu etablierende Menschenrechtsschutz zusätzlich durch supranational verbindliche Verträge, Institutionen und Sanktionsmechanismen flankiert und überformt werden muss. Im Zuge dieser Entwicklung wird aber sukzessive noch ein drittes Problem deutlich: Selbst wenn die Menschenrechte bereits international überwacht werden, bleibt ihre effektive Durchsetzung doch stets darauf angewiesen, jeweils vor Ort in politische und mithin möglichst demokratische Kontexte eingebettet zu sein.[167] Um es in Abwandlung des heute vielzitierten »Böckenförde-Diktums« zu sagen: Auch der politische Prozess der menschenrechtlichen Universalisierung lebt insofern von »Voraussetzungen, die er selbst nicht garantieren kann«, als die jeweils lokalen Verhältnisse in Politik, Recht, Kultur und Gesellschaft dem Prozess der konstitutionell begründeten Verwirklichung von Menschenrechten auf möglichst demokratische und menschenrechtsaffine Weise *entgegenkommen* müssen.[168]

Aus dem empirisch inzwischen gut untersuchten Umstand,[169] dass die Gefahr von Menschenrechtsverletzungen in demokratisch organisierten Rechtsstaaten abnimmt, scheint zu folgen, dass aus Staaten, die bislang keine Demokratien sind, Demokratien erst noch werden müssen. Anders gesagt: Man wird den Menschenrechten nur dann weltweit zur Durchsetzung verhelfen können, wenn man zugleich der Demokratie weltweit zur Durchsetzung

166 § 6, S. 200.

167 Darauf weist mit großer Intensität hin: Ingeborg Maus, *Über Volkssouveränität.* Ein besonders desillusionierendes Beispiel ist die gescheiterte »Befreiung« Afghanistans nach dem 11. 09. 2001.

168 Siehe Ernst-Wolfgang Böckenförde, *Staat, Gesellschaft, Freiheit*, Frankfurt/M. 1976, S. 60.

169 Mit weiteren Hinweisen: Beth A. Simmons, *Mobilizing for Human Rights. International Law in Domestic Politics*, Cambridge 2009.

verhilft. Wenn man sich aber die hier in Frage stehenden Nationalstaaten zugleich allesamt als »souverän« vorstellt und damit als autonome politische Einheiten, so erwächst daraus eine Spannung, die für die Idee konstitutionell begründeter Menschenrechte kaum bedeutender sein könnte: Einerseits sollen sich die jeweiligen Nationalstaaten auf möglichst demokratische Weise selbst regieren. Andererseits sollen sie sich zugleich auch völkerrechtlichen Mechanismen zu ihrer Überwachung unterwerfen, die letztlich alle darauf hinauslaufen, dass sich die internationale Staatengemeinschaft fortan in innerstaatliche Angelegenheiten und damit selbst in genuin demokratische Entscheidungsprozesse einmischen darf, falls diese eine Gefahr für die Menschenrechte darstellen sollten. Folglich »übertrumpfen« die (internationalen) Menschenrechte selbst noch die Entscheidungen (nationaler) demokratischer Autoritäten, und ebendaraus ergibt sich ein konzeptionelles Problem: Kann man *zugleich* die Menschenrechte völkerrechtlich überwachen wollen *und* den Nationalstaaten noch länger ein unbedingtes Recht auf Souveränität und damit auch ein Recht auf Nicht-Einmischung zugestehen?

Will man aus dieser Spannung nicht vorschnell die Konsequenz eines völligen Verzichts auf die global koordinierte Durchsetzung von Menschenrechten ziehen, und zwar zugunsten nationaler oder demokratischer *Autarkie*, so steht damit die Frage nach unterschiedlichen Modellen einer supranationalen »Weltinnenpolitik« im Raum, die den Menschenrechten notfalls auch gegen den Willen nationalstaatlicher Regierungen zur weltweiten Durchsetzung verhelfen würde und dabei doch *zugleich* ein ausreichendes Maß an demokratischer Legitimation besäße. Dabei rekurriert die – im engeren Sinne – philosophische Fachdebatte meist auf Immanuel Kants Schrift *Zum ewigen Frieden*, und sie unterscheidet heute mindestens fünf solcher Modelle einer supranational integrierten Weltinnenpolitik.[170] Die beiden ersten Modelle finden sich schon bei Kant selbst und ergeben sich aus dessen strikter Ablehnung des – seinerzeit noch als ein souveränes Recht der Staaten verstandenen – Angriffskrieges. Für Kant stand außer Frage, dass es für die Staaten »nach der Vernunft« keinen anderen Ausweg aus dem »gesetzlo-

170 Zum Folgenden: Menke/Pollmann, *Philosophie der Menschenrechte*, S. 190-198, im Anschluss an Habermas, »Hat die Konstitutionalisierung des Völkerrechts noch eine Chance?«.

sen Zustande« permanenter Kriegsgefahr geben könne, als auf diese problematische Freiheit des Angriffskrieges zu verzichten, »sich zu öffentlichen Zwangsgesetzen [zu] bequemen, und so einen (freilich immer wachsenden) Völkerstaat (*civitas gentium*), der zuletzt alle Völker der Erde befassen würde«, zu errichten.[171] Folglich wäre der auf den ersten Blick vernunftrechtlich gebotene Weg die Gründung einer »Universalmonarchie«,[172] eines globalen Weltzentralstaates, dem sich die vormals souveränen Einzelstaaten zukünftig zu unterwerfen hätten.[173] So würde eine zentralistische Weltregierung an die Stelle der nationalstaatlichen Einzelregierungen treten, und die jeweils nationalen Staatsvölker lösten sich auf in einer globalen Republik vereinigter Weltbürgerinnen und Weltbürger.

Doch auch wenn diese Idee einer den gesamten Globus umspannenden Weltrepublik, wie Kant sagt, »nach der Vernunftidee« gefordert sein mag, traut Kant selbst der Vernunft an dieser Stelle ausnahmsweise einmal nicht. Stattdessen nimmt er die heute gängigsten Einwände gegen die Idee eines zentralistischen Weltstaates an besagter Stelle bereits vorweg: Nicht nur sei die Erwartung, dass die souveränen Einzelstaaten freiwillig auf ihre Souveränität und so auch auf ihre jeweils eigenen nationalen Staatsgrenzen verzichten werden, empirisch völlig unrealistisch. Problematisch sei an dieser Idee vor allem, dass mit der global enorm anwachsenden Reichweite politischer Einzelentscheidungen zugleich auch das Verlangen des zentralistischen Weltstaates zunehmen werde, immer mehr Macht und Gewalt an sich zu reißen, um erfolgreich und mit Nachdruck bis möglichst in den letzten Winkel dieser Welt hineinzuregieren. Damit, so Kant, werde der Weltzentralstaat trotz vernünftigem Anliegen mehr und mehr in einen »seelenlose(n) Despotism«, in weltstaatliche Willkür und letztlich erneut in Anarchie umschlagen.[174] Deshalb, so Kant weiter, müsse an die Stelle der Idee eines Weltzentralstaates bereits auf Theorieebene das »negative Surrogat« eines föderalen *Völkerbundes* gleichberechtigt nebeneinanderstehender und miteinander kooperierender Natio-

171 Kant, *Zum ewigen Frieden*, S. 357.

172 Ebd., S. 367.

173 In Analogie zur Unterwerfung freier und gleicher Staatsbürgerinnen und Staatsbürger unter den für Sicherheit sorgenden *Leviathan* im Kontraktualismus Hobbes'scher Prägung.

174 Kant, *Zum ewigen Frieden*, S. 367.

nalstaaten treten.[175] Dieser Völkerbund habe sich auf elementarster *internationaler* und eben nicht schon supranationaler Ebene allein um Aufgaben der Friedenssicherung zu kümmern, nicht aber um sämtliche nur erdenklichen weltpolitischen Regierungsgeschäfte. Ein solcher Völkerbund – wie er nach dem Ersten Weltkrieg dann tatsächlich Wirklichkeit werden und trotz seines späteren Scheiterns Vorbild für die spätere Gründung der Vereinten Nationen bleiben wird[176] – verzichtet ausdrücklich auf eine den Nationalstaaten übergeordnete, zentrale Regierungsgewalt. Vielmehr überlässt er den souveränen Einzelstaaten, um deren Souveränität willen, die *geteilte* Verantwortung für die kooperative Überwachung geltender Friedensverträge sowie die Abwehr zukünftiger Kriegsgefahren – und nach 1945 dann zudem auch die gemeinsame Verantwortung für den internationalen Schutz der Menschenrechte.

Mit dieser Alternative zwischen »Weltzentralstaat« und »Völkerbund« scheint mit Blick auf den globalen Schutz der Menschenrechte zunächst eine grundlegende Entscheidung nahegelegt: Entweder setzt die Theorie auf einen strikt *supranationalen Konstitutionalismus*, der die Grenzen der Nationalstaaten sukzessive überwinden und die Menschenrechte in Gestalt einer demokratischen Weltverfassung als genuine »Weltbürgerrechte« festschreiben würde. Oder aber die Theorie entscheidet sich für einen *internationalen Kontraktualismus*, der die nationalstaatlichen Grenzen und auch die souveränen Demokratien bewahrt, deren Neben- und Gegeneinander aber zugleich auch in einen menschenrechtlichen Kooperationszusammenhang auf Vertragsbasis überführt. Trotz dieser auf den ersten Blick recht eindeutig wirkenden Alternative dominieren in der akademischen Weltstaatsdebatte Modelle eines dritten Typs, die sich als konzeptionelle Kompromissvorschläge verstehen lassen. Sie stellen sich die politisch verfasste Weltgesellschaft als ein organisatorisches Mehr-Ebenen-System vor, und zwar mit »horizontal« und damit zwischenstaatlich geteilten sowie »vertikal« und somit national, regional und supranational gestuften Verantwortlichkeiten.[177]

175 Ebd., S. 357.

176 Hermann Weber, *Vom Völkerbund zu den Vereinten Nationen*, Bonn 1987.

177 Höffe, *Demokratie im Zeitalter der Globalisierung*; Habermas, »Hat die Konstitutionalisierung des Völkerrechts noch eine Chance«; Beitz, *The Idea of Human Rights*; David Held, *Kosmopolitanismus. Ideal und Wirklichkeit*, Freiburg im Breisgau 2013.

Die gemeinsame Grundthese dieser Modelle des dritten Typs lautet: Falls die einzelnen Nationalstaaten bereits hinreichend demokratisch und rechtsstaatlich organisiert wären, könnten die meisten politischen Entscheidungen in der Eigenverantwortung dieser sich souverän selbst bestimmenden Gemeinschaften und damit auf nationaler Ebene verbleiben. Auf *regionaler* Ebene dagegen, etwa im Rahmen der Europäischen Union (EU), der Organization of American States (OAS) oder auch der Association of Southeast Asian Nations (ASEAN), würden wichtige Probleme, die jeweils den gesamten Kontinent betreffen, koordiniert; zum Beispiel Fragen der Migration, des Handels, des Umweltschutzes oder auch der Verbrechensbekämpfung. Und auf *supranationaler* Ebene schließlich hätte eine Weltorganisation nach dem Vorbild der Vereinten Nationen primär für die Durchsetzung friedenserhaltender Maßnahmen sowie für die weltweite Durchsetzung der Menschenrechte zu sorgen.

Diese gestufte Verantwortlichkeit unterscheidet Modelle des dritten Typs von solchen des vierten und fünften Typs, die auf jeweils ihre Weise ganz ohne jede supranational übergeordnete Autorität auskommen wollen. Befürworterinnen und Befürworter eines »globalen Regierens ohne Regierung«[178] setzen auf eine Weltinnenpolitik nicht-staatlicher Institutionen und multilateraler Verhandlungssysteme, die zwar *jenseits* des Nationalstaates, aber doch *unterhalb* der Ebene supranationaler Weltstaatlichkeit operieren. Hier geht es beispielsweise um die Weltbank, die WTO, den IWF, große Weltwirtschaftsunternehmen, international agierende NGOs oder vergleichbare zivilgesellschaftliche Initiativen, die sich – zumindest teilweise – der Kontrolle durch die einzelnen Nationalstaaten, aber zugleich auch dem Zugriff der Vereinten Nationen entziehen. Obwohl es sich dabei um dezidiert nicht-staatliche Akteure handelt, können sich diese doch in ihrem politischen Tagesgeschäft den Menschenrechten verpflichtet fühlen, und zwar nach Art einer fakultativen Selbstbindung, die das eigene Tun moralisch reguliert. Dabei kann es durchaus zu realpolitischen Fortschritten kommen; etwa dann, wenn die Einhaltung der Menschenrechte zu einer Bedingung internationaler Handelsabkommen gemacht

178 James N. Rosenau/Ernst-Otto Czempiel (Hg.), *Governance without Government. Order and Change in World Politics*, Cambridge 1992; Michael Zürn, *Regieren jenseits des Nationalstaates*, Frankfurt/M. 1998.

wird oder wenn es in der medialen Weltöffentlichkeit zur Aufdeckung eklatanter Menschenrechtsverletzungen durch investigative Recherchen einer prominenten NGO kommt. Aber diese jeweils einseitigen Selbstverpflichtungen besitzen deshalb nicht schon den Charakter von »offiziellen« Pflichten supranational koordinierten Regierungshandelns, denen konstitutionell begründete Weltbürgerrechte oder gar subjektiv einklagbare Rechtsansprüche aller Menschen weltweit korrespondieren würden.

Ähnlich beim fünften Modell einer menschenrechtsaffinen Weltinnenpolitik. Dieses Modell zeichnet sich spätestens seit dem 11. September 2001 in einem neuerlichen Ringen um die geostrategische Vormachtstellung einzelner Supermächte ab (USA, Russland oder auch China).[179] Auf den ersten Blick mag dieses unilaterale Streben nach globaler Vorherrschaft wie ein hegemoniales Gegenmodell zu den vier oben skizzierten Alternativen und zudem wie eine Absage an jede völkerrechtlich koordinierte Ordnungsvorstellung wirken. Bei genauerem Hinsehen jedoch ist das Gegenteil der Fall: Auch die Hegemonieansprüche einzelner Supermächte gehen jeweils mit einer ganz bestimmten Idee von regulierender Weltinnenpolitik einher. Allerdings fänden unter dem Dach dieser hegemonial betriebenen Weltinnenpolitik nicht länger souveräne Nationen als *gleichberechtigte* Partnerinnen zusammen, um eine gemeinsame Weltordnung zu etablieren, in der Frieden herrschte und die Universalisierung der Menschenrechte vorangetrieben würde. Vielmehr ergäbe sich hier eine unipolare Weltordnung unter der Regie einer einzelnen, an den Vereinten Nationen vorbei agierenden Großmacht, die zwischen »Freunden« und »Feinden« unterscheiden würde und Erstere im Kampf gegen Letztere machtvoll zusammenzuschweißen und anzuleiten versuchte. Wie das Beispiel der USA zeigt, kann eine derart unipolare Interventionspolitik sehr wohl ausdrücklich im Namen der Menschenrechte agieren und zudem mit dem Ziel eines »Demokratieexports« nach westlichem Vorbild betrieben werden.[180] Allerdings wird sich in dem nun fol-

179 Dazu Habermas, »Hat die Konstitutionalisierung des Völkerrechts noch eine Chance?«, Teil III.

180 Der zweite Irakkrieg – geführt von den USA und einer »Koalition der Willigen« – ist dafür nur ein Beispiel: Als der Versuch einer völkerrechtlichen Begründung mit Hinweis auf den Besitz von Massenvernichtungswaffen scheiterte, setzte die

genden Abschnitt zeigen, dass ein derart hegemonial betriebenes *nation building*, selbst wenn es rhetorisch im Namen der Menschenrechte erfolgt, von all den genannten Modellen fraglos am wenigsten mit der in § 6 skizzierten Begründung konstitutioneller Menschenrechte verträglich wäre.

2. Vier Dimensionen nationalstaatlicher Souveränität

Aus spezifisch menschenrechtlicher Sicht mag die Option eines interventionistischen Demokratieexports vor allem deshalb wenig aussichtsreich anmuten, weil der Bezug auf Demokratie und Menschenrechte im globalen Maßstab der Realpolitik sehr häufig zur bloßen »Rhetorik« verkommt oder gar zur Tarnung dient, hinter der sich dann sehr handfeste geopolitische Machtansprüche verstecken. Dennoch ist die Befürchtung nicht vollends von der Hand zu weisen, dass diese fünfte Idee von Weltinnenpolitik – trotz eklatanter Misserfolge – realpolitisch einflussreich bleiben wird. Ganz zu Beginn dieses Buches[181] ist bereits darauf hingewiesen worden, dass die noch vor wenigen Jahren wie selbstverständlich propagierten »Erfolgsgeschichten« der Menschenrechte inzwischen nicht nur an politischer Euphorie, sondern auch an akademischer Gefolgschaft eingebüßt haben. Die Menschenrechte harren nicht bloß weiterhin ihrer globalen Verwirklichung, sie stehen vielmehr längst auch wieder unter reaktionärem Druck: Politische Verunsicherungen in der Folge des 11. September 2001, die trostlose Vergeblichkeit militärischer Interventionen im Namen des *nation building*, die anhaltende Krise der Vereinten Nationen, massive Erschütterungen der kapitalistischen Weltwirtschaft, Rückschläge beim globalen Klimaschutz, gefährliche Tendenzen einer protektionistischen Renationalisierung, das Widerstarken autoritärer Kräfte selbst in vielen westlichen Demokratien und nicht zuletzt auch der Streit um die sogenannte Flüchtlingskrise von 2015 haben einmal mehr die Zukunft einer supranational konzertierten Politik der Menschenrechte grundlegend in Frage gestellt. Daher ist die Suche nach möglichen

damalige US-Regierung unter George W. Bush auf das Argument, die Invasion sei durch das Ziel einer Demokratisierung des Iraks zu rechtfertigen.

181 *Einleitung*, S. 9-13.

Alternativen zu einer hegemonial betriebenen Weltinnenpolitik nicht bloß utopische Schwärmerei, sondern dringend angeraten.[182]

Doch nicht bloß aus realpolitischen Erwägungen, auch aus konzeptionellen Gründen erscheint es wenig ratsam, Staaten, die bislang keine Demokratien sind, mit einer menschenrechtskonformen Demokratie »zwangsbeglücken« zu wollen – und auch noch notfalls mit Waffengewalt. Die betreffenden Staaten müssen sich vielmehr selbst demokratisieren, und zwar »von unten«, damit ein demokratisch souveräner Selbstgesetzgebungsprozess vor Ort die Geltungskraft und Einhaltung der Menschenrechte verbürgen kann.[183] Pointierter formuliert: Nicht einmal die Demokratie selbst darf gegen den Willen des Volkes eingeführt werden. Zwar *können* die Menschenrechte per Verfassung auch in nicht-demokratischen Gemeinwesen institutionalisiert werden. Nur wird ihnen dann vermutlich das für legitimatorische Stabilität sorgende sittliche »Ethos« einer demokratischen Kultur und damit zugleich auch die geteilte Gewissheit fehlen, dass die Bürgerinnen und Bürger sich diese Menschenrechte gemeinsam selbst gegeben haben oder zumindest: gegeben haben könnten.[184] Eine langfristige und nachhaltige Durchsetzung der Menschenrechte müsste jeweils vor Ort mit demokratischen Selbsttransformationsprozessen einhergehen, statt »von oben« oder auch »von außen« oktroyiert zu werden. In dieser legitimatorischen Hinsicht setzen die Menschenrechte die Herausbildung demokratisch partizipatorischer Entscheidungsstrukturen bereits voraus.[185]

Will man folglich den Menschenrechten weltweit zur Durchsetzung verhelfen, sollte man dabei eine Doppelstrategie verfolgen:

182 Wir werden erst wieder in § 10 auf die Frage zurückkommen, welches der fünf im letzten Abschnitt skizzierten Modelle aus menschenrechtlicher Sicht das überzeugendste ist. Vorab ist ausführlicher auf die für diese Entscheidung *grundlegende* Frage nach dem Verhältnis von nationaler Souveränität, innerstaatlicher Demokratie und internationalem Menschenrechtsschutz einzugehen.

183 Dazu Ingram, *Radical Cosmopolitics*, Kap. 4-6. Zu den vielfältigen Ambivalenzen »erzwungener Demokratisierung« siehe auch Dorothea Gädeke, *Politik der Beherrschung. Eine kritische Theorie externer Demokratieförderung*, Berlin 2017.

184 Vgl. Ernst-Wolfgang Böckenförde, »Ist Demokratie eine notwendige Forderung der Menschenrechte?«, in: Gosepath/Lohmann (Hg.), *Philosophie der Menschenrechte*, S. 233-243.

185 Aus empirischer Sicht: Thomas Risse/Stephen C. Ropp/Kathryn Sikkink (Hg.), *The Power of Human Rights. International Norms and Domestic Change*, Cambridge 1999.

lokale Stärkung der Demokratie einerseits, globale Stärkung völkerrechtlicher Überwachungsmechanismen andererseits. Allerdings ist in ebendiese menschenrechtliche Doppelstrategie eine problematische Spannung eingelassen: Je deutlicher Theorie und Politik auf den lokalen Kontext demokratischer Selbstgesetzgebung und nationaler Eigenverantwortung setzen, umso weniger wird sich das betreffende Gemeinwesen die eigene Regierungspolitik von internationalen Institutionen vorschreiben lassen. Und umgekehrt: Je mehr Theorie und Politik auf internationale Mechanismen der Bekämpfung von Menschenrechtsverletzungen setzen, umso stärker werden sich die einzelnen Nationalstaaten in ihrem Recht auf lokale Selbstgesetzgebung und nationalstaatliche Eigenständigkeit in Frage gestellt sehen. Dies gilt keineswegs nur für die oben angeführte fünfte Variante einer hegemonial betriebenen Weltinnenpolitik, sondern für alle fünf Modelle auf je ihre Weise: Ein international forcierter Menschenrechtsschutz will es gerade nicht den jeweiligen Nationalstaaten überlassen, wie diese mit all jenen Menschen verfahren, die sich auf ihrem Territorium aufhalten. Vielmehr ist der internationale Menschenrechtsschutz ein direkter *Angriff* auf ebenjene Souveränität der Nationalstaaten, die in der Gestalt eines Rechts auf Nicht-Einmischung lange Zeit als völkerrechtlich selbstverständlich betrachtet wurde.[186]

Bereits im Zuge der in § 6 skizzierten Begründung konstitutioneller Menschenrechte ergab sich ein doppelt konfliktreicher Zusammenhang zwischen den Menschenrechten einerseits und Ansprüchen auf politische Souveränität andererseits. Allerdings ging es dort zunächst um Varianten einer spezifisch innerstaatlichen und verfassungsrechtlich regulierten Souveränität: Die Menschenrechte, so war in kritischer Auseinandersetzung mit den Staatstheorien von Bodin, Hobbes und Weber behauptet worden, sind konstitutionelle Vorbehalte des imaginär geeinten Volkswillens gegenüber den Herrschenden. Sie dienen der Einhegung, aber damit auch der Legitimierung des staatlichen Gewaltmonopols und mithin dessen, was dort als »exekutive Souveränität des Staatsapparates« bezeichnet wurde (Souveränität$_1$). Die Gesetze selbst aber, die von

186 Dazu Juliane Kokott, »Souveräne Gleichheit und Demokratie im Völkerrecht«, in: *Zeitschrift für ausländisches öffentliches Recht und Völkerrecht* 64 (2004), S. 517-533.

dieser Exekutive bloß ausgeführt und durchgesetzt werden sollen, sind nur dann als wahrhaft legitim zu betrachten, wenn sie menschenrechtskonform gestaltet und von einer Legislative beschlossen worden sind, deren Entscheidungen den geeinten Volkswillen zum Ausdruck bringen. Dies wurde im Anschluss an Rousseau, Marx und Kant als »legislative Souveränität des Staatsvolkes« bezeichnet (Souveränität$_2$). Die entscheidende These lautete dann: Die Idee konstitutioneller Menschenrechte begibt sich zu beiden Dimensionen innerstaatlicher Souveränität in eine gewisse Spannung, indem sie zugleich zwischen diesen beiden Souveränitätsansprüchen zu *vermitteln* versucht. Es kann keine exekutive Souveränität$_1$ des Staatsapparates ohne eine das exekutive Gewaltmonopol allererst in menschenrechtlicher Hinsicht legitimierende legislative Souveränität$_2$ des Staatsvolkes geben. Und umgekehrt: Es ist keine die Menschenrechte kodifizierende legislative Souveränität$_2$ des Staatsvolkes ohne eine durchsetzungsfähige und mit Gewaltmonopol ausgestattete exekutive Souveränität$_1$ des Staatsapparates denkbar.[187]

Mit der konzeptionellen Hinwendung zu einem dezidiert internationalen Menschenrechtsschutz nimmt das Problem nationalstaatlicher Souveränität eine merklich andere Gestalt an: Nun geraten Fragen einer *zwischenstaatlich* und damit völkerrechtlich zu regulierenden Souveränität in den Blick, und diese tritt ebenfalls in zwei grundverschiedenen Varianten auf: Auf der einen Seite gilt traditionell das völkerrechtliche Prinzip der »äußeren« Autonomie und Selbstbestimmung. Es soll den einzelnen Nationalstaaten garantieren, im internationalen Verkehr als unabhängige und gleichberechtigte Verhandlungspartner respektiert zu werden, denen es jeweils freisteht, mit welchen anderen Staaten sie Vereinbarungen eingehen oder auch Kriege führen wollen (Souveränität$_3$). Auf der anderen Seite gilt das völkerrechtliche Prinzip der »inneren« Autonomie und Selbstbestimmung. Gemeint ist das Gebot der Nicht-Einmischung, das es den einzelnen Staaten verbietet, anderen Staaten in deren innenpolitische Angelegenheiten hineinzureden (Souveränität$_4$). Abgesehen davon, dass auch zwischen diesen beiden völkerrechtlichen Ansprüchen auf Souveränität ein konzeptionell interner Zusammenhang zu bestehen scheint, da das Recht auf Achtung der äußeren Souveränität$_3$ durch den wechselseitigen

187 § 6, S. 193 f.

Verzicht auf Einmischung in die innere Souveränität$_4$ erkauft wird: Zu Beginn dieses Paragrafen kam bereits zur Andeutung, dass die Entwicklung der Vereinten Nationen nach 1945 mit *beiden* Souveränitätsprinzipien des traditionellen Völkerrechts bricht, ohne dass aber die Tragweite dieser Entscheidung den seinerzeit beteiligten Akteurinnen und Akteuren bereits hinreichend bewusst gewesen sein mag.[188] Das in der *UN-Charta* von 1945 festgeschriebene »Verbot des Angriffskrieges« schränkt ersichtlich die außenpolitische Souveränität$_3$ der Einzelstaaten ein. Und der im Nachgang zur *Allgemeinen Erklärung der Menschenrechte* von 1948 zunehmend auch rechtsverbindlich etablierte UN-Menschenrechtsschutz stellt die innenpolitische Souveränität$_4$ der Nationalstaaten in Frage, da diese sich fortan sehr wohl Einmischung gefallen lassen müssen, falls sie einmal erheblich gegen die von ihnen ratifizierten Menschenrechtsverträge verstoßen sollten.

3. Das Recht auf Einmischung

Mit den vier zuletzt differenzierten Bedeutungen nationalstaatlicher Souveränität ist ein insgesamt komplexes Spannungsverhältnis zu den Menschenrechten markiert. Auf der innerstaatlichen Ebene des modernen Verfassungsrechts ist zunächst festzuhalten: Die Menschenrechte beschränken nicht nur die exekutive Souveränität$_1$ des staatlichen Gewaltmonopols, sondern zugleich auch die legislative Souveränität$_2$ des Staatsvolkes, indem sie selbst noch den Prozess demokratischer Selbstgesetzgebung, aus dem die Menschenrechte allererst hervorgehen, unter den Vorbehalt menschenrechtlicher Konformität stellen. Auf der zwischenstaatlichen Ebene des »neuen« Völkerrechts hingegen gilt ein anderer Zusammenhang: Die Menschenrechte schränken die äußere Souveränität$_3$ der sich autonom selbst bestimmenden Nationalstaaten ein, und zwar insofern, als sie den im äußeren Verkehr geforderten »Respekt« vor

188 Noch die *UN-Charta* von 1945 konstatiert wie selbstverständlich: »Die Organisation beruht auf dem Grundsatz der souveränen Gleichheit aller ihrer Mitglieder« (Artikel 2), ohne zu erkennen, dass die beiden Großprojekte der Friedenssicherung und des Menschenrechtsschutzes mit diesem Prinzip nicht länger verträglich sind.

dieser Autonomie nicht nur von der Frage abhängig machen, ob der jeweils als »gleichberechtigt« zu respektierende Staat auch tatsächlich zum Frieden geneigt ist, sondern auch davon, ob dieser Staat in seinem Innern in ausreichendem Maße die Menschenrechte achtet.[189] Darüber hinaus greifen die Menschenrechte zunehmend auch in die innere Souveränität$_4$ der jeweiligen Vertragsstaaten ein, indem sie die internationale Staatengemeinschaft dazu berechtigen, sich effektiv einzumischen oder gar in die betreffenden Staaten zu intervenieren, falls diese in ihrem Innern erhebliche Menschenrechtsverletzungen begehen. Damit steht in jeder dieser vier Souveränitätsdimensionen ein konzeptionell grundlegendes Problem im Raum: Inwieweit kann oder soll der Menschenrechtdiskurs am Prinzip der nationalstaatlichen Souveränität festhalten, wenn diese »höchste Autorität« des Nationalstaates doch in jeder der vier aufgezeigten Dimensionen durch eine *noch* höhere Autorität, nämlich durch die der Menschenrechte, übertrumpft wird?[190]

Beginnen wir mit der Frage, warum die internationale Staatengemeinschaft ihrerseits das Recht haben sollte, sich in die inneren Angelegenheiten einzelner Staaten einzumischen. Man kann auf diese Frage eine einfache juristische oder aber eine komplexere philosophische Antwort geben. Die juristische Antwort lautet: Eine Einmischung in die inneren Angelegenheiten eines Staates ist immer dann gerechtfertigt, wenn dieser Staat die Menschenrechte verletzt und zuvor ein menschenrechtliches Vertragswerk ratifiziert hat, das ihm genau dies verbietet und im Fall eines Zuwiderhandelns ausdrücklich eine entsprechende Einmischung oder völkerrechtliche Sanktionen vorsieht. In diesem Fall würde es sich um eine *freiwillig* auferlegte Vertragsverpflichtung handeln, die unmittelbar als Ausdruck äußerer Souveränität$_3$ zu verstehen wäre und damit zugleich auch als eine autonome Ermächtigung der Staatengemeinschaft zur etwaigen Nicht-Beachtung der inneren Souveränität$_4$ im Sinne des

189 So das Argument bei John Rawls, *Das Recht der Völker*, Berlin u.a. 2002, bes. S. 97.

190 Daraus zieht Kokott (»Souveräne Gleichheit und Demokratie im Völkerrecht«) den weitreichenden Schluss, der Begriff der Souveränität stelle »kein sinnvolles Völkerrechtskonzept (mehr) dar« (S. 533). Im Folgenden wird diese Diagnose zwar für das Völkerrecht bestätigt, doch die Theorie der Menschenrechte sollte in *einer* der vier Hinsichten am Souveränitätsbegriff festhalten.

völkerrechtlichen Nicht-Einmischungsgebots.[191] Allerdings liegt in nicht wenigen Fällen konkreter Menschenrechtsverletzungen eine entsprechende vertragliche Selbstverpflichtung (noch) nicht vor, sodass der Staatengemeinschaft mit Blick auf etwaige Nicht-Vertragsstaaten, in denen es zu massiven Verletzungen der Menschenrechte käme, bereits im Prinzip die Hände gebunden wären.[192] Daher hätte eine Begründung von menschenrechtlichen Einmischungsrechten oder gar -pflichten[193] möglichst auch mit Blick auf solche Staaten zu greifen, die sich bislang sträuben, die völkerrechtlich jeweils einschlägigen Menschenrechtsverträge zu ratifizieren. Wie aber hätte eine solche Rechtfertigung auszusehen?

Greifen wir dazu erneut auf die Begründung konstitutioneller Menschenrechte aus § 6 zurück: Im kontraktualistischen Gedankenexperiment sowie im Anschluss an Theorien republikanischer Volkssouveränität wurde gezeigt, dass die Menschenrechte als verfassungsrechtliche Vorbehalte des sich kontrafaktisch selbst bestimmenden und als Souverän allererst konstituierenden *dēmos* zu verstehen sind. Der abstrakte Staat beziehungsweise dessen konkrete Funktionsträgerinnen und -träger besitzen Legitimität dann – und nur dann –, wenn ihr Handeln jene menschenrechtlichen Vorbehalte respektiert und damit als »Ausdruck« der besagten Volkssouveränität verstanden werden kann. Betrachtet man es so, dürfte es kaum etwas geben, was *weniger* legitim wäre als Verletzungen der Menschenrechte durch staatliche Funktionsträgerinnen und -träger. Denn um als legitim gelten zu können, müssten selbst noch diese Menschenrechtsverletzungen als Ausdruck des geeinten Volkswillens interpretiert werden können – und zumindest die von solchen Verletzungen betroffenen Opfer werden diesen menschen-

191 Man kann auch hier, ähnlich wie schon in § 6, darüber streiten, ob sich der Staat in Ausübung seiner Souveränität$_3$ tatsächlich selbst in seiner Souveränität$_4$ einschränken kann, ohne sich dadurch in begriffliche Widersprüche zu verwickeln.

192 Auf Überlegungen zum »Völkergewohnheitsrecht«, zum »jus cogens« und zu »erga omnes«-Verpflichtungen, mit denen man von juristischer Seite aus versucht, auch Nicht-Vertragspartner auf die Einhaltung der – zumindest elementarsten – Menschenrechte zu verpflichten, kommen wir später zurück. Dazu insgesamt: Stefan Kadelbach, *Zwingendes Völkerrecht*, Berlin 1992.

193 Auf UN-Ebene werden diese Pflichten unter dem Stichwort »responsibility to protect« diskutiert. Dazu Alex Bellamy (Hg.), *The Oxford Handbook of the Responsibility to Protect*, Oxford 2016.

rechtswidrigen Praktiken kaum zustimmen.[194] Anders gesagt: Die Autorinnen und Autoren der Menschenrechte werden niemals ein staatliches Handeln für rechtmäßig befinden, das ihnen diese Menschenrechte als Adressatinnen und Adressaten sogleich auch wieder grundlegend streitig macht.[195]

Genau dieser wichtige legitimatorische Zusammenhang zwischen demokratischer Volkssouveränität und offiziellem Staatshandeln ist nicht nur in unmittelbar innenpolitischen Angelegenheiten von Relevanz, sondern stets auch außenpolitisch. Denn auch das Auftreten und Agieren eines Staates anderen Staaten gegenüber kann nicht länger als Ausdruck *interner* Zustimmung verstanden werden, wenn die sogenannte Volksvertretung in Ausübung ihres Amtes nicht den sie allererst legitimierenden Volkswillen verkörpert.[196] Dies gilt für bilateral ausgehandelte Friedensverträge nicht weniger als für akute Kriegshandlungen, für humanitäre Hilfe nicht weniger als für die Verhängung internationaler Sanktionen, für multilaterale Handelsvereinbarungen ebenso wie für den möglichen Austritt aus multilateralen Vertragswerken. Auch das außenpolitische Handeln von Staaten muss *demokratisch* legitimiert sein, um als repräsentativer Ausdruck eines imaginär geeinten Willens des Staatsvolkes interpretiert werden zu können. Und so ist auch hier anzunehmen, dass ein außenpolitisches Handeln umso weniger auf interne Zustimmung stoßen wird, je mehr der betreffende Staat in seinem Innern zu Verstößen gegen die Menschenrechte neigt. Zugleich schlägt diese intern mangelnde Legitimität des Staates dann auch auf seine zwischenstaatliche Legitimität durch: Regierungen, die massiv die Menschenrechte missachten, haben auch außenpolitisch nicht länger Anspruch darauf, als legitime Vertretung des jeweiligen Staatsvolkes wahrgenommen und mit

194 Vgl. Rainer Forst, »Das grundlegende Recht auf Rechtfertigung. Zu einer konstruktivistischen Konzeption von Menschenrechten«, in: Hauke Brunkhorst/Wolfgang Köhler/Matthias Lutz-Bachmann (Hg.), *Recht auf Menschenrechte. Menschenrechte, Demokratie und internationale Politik*, Frankfurt/M. 1999, S. 66-105.

195 Jürgen Habermas, »Zur Legitimation durch Menschenrechte«, in: Hauke Brunkhorst/Peter Niesen (Hg.), *Das Recht der Republik*, Frankfurt/M. 1999, S. 386-403.

196 Man denke hier etwa auch an den Entschluss, die Europäische Union zu verlassen (»Brexit«).

dem gleichen zwischenstaatlichen Respekt behandelt zu werden.[197] Daraus folgt: Der völkerrechtliche Anspruch auf Achtung jener beiden äußeren Souveränitäten$_{3+4}$ steht und fällt mit dem Ausmaß an *innerstaatlicher* Souveränität$_2$ kollektiver Selbstgesetzgebung, und dieser Achtungsanspruch wird durch massive Verletzungen der Menschenrechte tendenziell verwirkt.

Das völkerrechtliche Nicht-Einmischungsgebot besteht folglich dann *nicht*, wenn ein Staat sich im Innern nicht entsprechend an die Menschenrechte hält, weil die geforderte Einhaltung von Menschenrechten der für den jeweiligen Staat und seine Legitimität zentrale konstitutionelle Vorbehalt ist. Darüber hinaus »wissen« die Bürgerinnen und Bürger gewöhnlich um die Willküranfälligkeit jeder politischen Herrschaft. Zumindest für das konstitutionelle Gedankenexperiment einer demokratischen (Neu-)Gründung politischer Gewaltverhältnisse ist daher anzunehmen, dass dieselben Bürgerinnen und Bürger, wenn sie zugleich auch von der Möglichkeit internationaler Mechanismen zur Eindämmung staatlicher Willkürherrschaft wüssten, entsprechende Vorkehrungen treffen würden: Wenn man den Bürgerinnen und Bürgern tatsächlich die konstitutionelle (Neu-)Gründung ihrer politischen Gewaltverhältnisse überließe, so summierten sich zu den menschenrechtlichen Vorbehalten gegenüber der eigenen Staatsmacht *komplementäre* Vorbehalte, die für den Fall, dass ihr Staat und das System der Gewaltenteilung menschenrechtlich versagen sollten, ein zusätzliches Recht der internationalen Staatengemeinschaft auf Einmischung fordern würden.

Folglich wird ein souveräner *dēmos*, der um die Gefahr eines menschenrechtswidrigen Machtmissbrauchs weiß, den jeweils eigenen, willküranfälligen Staatsapparat nicht bloß durch innere Gewaltenteilung und verfassungsrechtlich garantierte Grundrechte beschränken, sondern auch durch Einbindung in internationale Schutzregime. Ebendaraus ergibt sich das gesuchte »Recht« der Staatengemeinschaft, nationale Regierungen in ihrer – immer bloß stellvertretenden – Herrschaftsausübung zu kontrollieren und ge-

197 Rawls, *Das Recht der Völker*, S. 97. Man mag der »Staatsregierung« den völkerrechtlichen Respekt entziehen, muss ihn aber gegenüber dem »Staatsvolk« aufrechterhalten. Dieses Prinzip wird zum Beispiel dann verletzt, wenn ein ganzes Volk, wie im Irak, mit Krieg überzogen wird, obwohl es dabei primär um den Kampf gegen eine Regierung geht.

gebenenfalls auch zu sanktionieren. Nicht nur der jeweilige Staat wird aus Sicht seiner Bürgerinnen und Bürger umso legitimer sein, je entschiedener er sich dieser äußeren Kontrolle unterwirft, auch die internationale Ordnung selbst wird als legitim erfahren werden können, wenn sie effektiv dem Schutz der Menschenrechte dient.[198] Mit dieser Begründung wird der nationalstaatliche Souveränitätsgedanke, der historisch zunächst nach innen wirkt, im modernen Völkerrecht dann aber auch äußere und damit zwischenstaatliche Bindekraft entfaltet, auf seine ursprünglich demokratischen Wurzeln in der imaginären, jede Form von staatlicher Gewaltausübung allererst legitimierenden Selbstgesetzgebung des Staatsvolkes zurückgeführt. Das internationale Recht auf Einmischung ergibt sich somit aus der Notwendigkeit, den jeweils eigenen Staat im Dienste der Menschenrechte noch einmal einer »höheren« Autorität zu unterwerfen.[199]

Eine eher empirische Frage ist freilich noch offen: Warum sollten sich nationalstaatliche *Regierungen* einem internationalen Regime zum Schutz der Menschenrechte unterwerfen? Aus dem konstitutionellen Gedankenexperiment einer (Neu-)Gründung politischer Herrschaftsverhältnisse ergibt sich zunächst nur eine kontrafaktische Begründung, warum sich das souveräne *Staatsvolk* einem derart komplementären, internationalen Menschenrechtsschutz unterwerfen würde. Damit ist jedoch noch wenig darüber gesagt, aus welchen realpolitischen Motiven sich Regierungen dann auch faktisch in das bestehende Menschenrechtsregime der Vereinten Nationen eingliedern sollten. Wie ist diese empirische »Selbstverpflichtung«[200] so vieler Staaten und Regierungen zum internationalen Regime der Menschenrechte zu erklären? Man darf zunächst wohl davon ausgehen, dass regierungsamtliche Bekenntnisse zu den Menschenrechten nicht immer bloß rein strategischer Natur sind. Viele Regierungen – zumal dann, wenn es sich um

198 Alan Buchanan, »Why International Legal Human Rights?«, in: Rowan Cruft/S. Matthew Liao/Massimo Renzo (Hg.), *Philosophical Foundations of Human Rights*, Oxford 2015, S. 244-262.

199 Dazu kritisch: Maus, *Über Volkssouveränität*, bes. Kap V und VI.

200 Hier geht es zunächst nur um die erklärte Bereitschaft (*committment*), sich an menschenrechtliche Vertragswerke zu halten, und nicht schon um die faktische Einhaltung (*compliance*) dieser Vereinbarungen. Zu dieser wichtigen Unterscheidung, die wir in § 10 erneut aufgreifen werden, siehe Simmons, *Mobilizing for Human Rights*, Kap. 3 u. 4.

demokratisch gewählte Regime handelt – werden tatsächlich davon überzeugt sein, dass es richtig und geboten ist, sich den einschlägigen UN-Menschenrechtsverträgen anzuschließen, weil eben nur dadurch ein effektiver Menschenrechtsschutz auf globaler Ebene möglich ist. Auch wenn es sich bei diesen regierungsamtlichen Verpflichtungen gelegentlich dann doch bloß um Lippenbekenntnisse handelt, so wäre es doch empirisch weltfremd, wollte man von vornherein ausschließen, dass nationalstaatliche Regierungen sehr wohl aus »guten Gründen« an einem international organisierten Menschenrechtsregime Interesse haben können.

Darüber hinaus kann die regierungsamtlich erklärte Bereitschaft, sich dem globalen Menschenrechtsschutz zu unterwerfen, häufig auch darauf zurückgeführt werden, dass die jeweiligen Regierungen einen *internen Druck* verspüren, diese Bereitschaft entsprechend aktenkundig zu machen. In aller Regel wollen Regierungen es vermeiden, dass ihnen von Seiten ihrer Bürgerinnen und Bürger eine mangelnde Bereitschaft zum Schutz der Menschenrechte vorgeworfen wird. Häufig kommt dann noch ein *externer Druck* hinzu, sobald internationale Kritik an menschenrechtswidrigen Praktiken im Inland laut wird. Nationale Regierungen haben meist auch im Umgang miteinander ein ernsthaftes Interesse daran, als international »respektabel« zu gelten. Und ein heute wichtiger Aspekt dieser internationalen Achtungswürdigkeit ist die ausreichend dokumentierte Bereitschaft, sich dem völkerrechtlichen Schutz der Menschenrechte zu unterwerfen. Je mehr Staaten dieser Welt die heute einschlägigen UN-Menschenrechtsvereinbarungen unterzeichnet haben, desto schwieriger wird es für die sich noch immer weigernden Staaten, die eigene Zurückhaltung zu rechtfertigen.[201]

4. Das menschenrechtliche Souveränitätskonzept

Mit Blick auf das Spannungsverhältnis zwischen den Menschenrechten einerseits und den insgesamt vier Dimensionen nationalstaatlicher Souveränitätsansprüche andererseits lässt sich das bislang skizzierte Argument wie folgt zusammenfassen: Die Menschenrechte sollen die exekutive Souveränität$_1$ des staatlichen Ge-

201 Ebd., S. 13-22.

waltmonopols in Schranken weisen. Sie setzen aber zugleich auch der legislativen Souveränität$_2$ demokratischer Selbstgesetzgebung Grenzen, selbst wenn sie *ursprünglich* aus ebendieser konstitutionellen Souveränität$_2$ hervorgehen mögen. Damit war im ersten Schritt der Argumentation eine dezidiert konstitutionelle Begründung der Menschenrechte umrissen, die auf zweiter Stufe mittelbar auf die zwischenstaatliche Ebene durchschlägt: Das Recht der jeweils einzelnen Nationalstaaten auf äußere Souveränität$_3$ – im Sinne der Achtung zwischenstaatlicher Autonomie – wird letztlich davon abhängig gemacht, ob der betreffende Staat in seinem Innern auch tatsächlich die Menschenrechte achtet. Damit ist zugleich das völkerrechtliche Prinzip der inneren Souveränität$_4$ beschränkt, da die zum Schutz der Menschenrechte koordinierte Staatenwelt nunmehr ein eigenes Recht oder sogar die Pflicht[202] zugewiesen bekommt, sich im Fall massiver Verletzungen der Menschenrechte in innere Angelegenheiten der betreffenden Vertragsstaaten einzumischen. Kurzum: Die konstitutionelle Begründung der Menschenrechte führt nicht nur im Innern sämtlicher Staaten zu einer Beschränkung legitimer öffentlicher Gewaltausübung, sondern auch nach außen hin, und zwar in dem Sinne, dass auch die internationale Gemeinschaft »im Namen des Volkes« dazu ermächtigt wird, im Fall konkreter Menschenrechtsverletzungen *stellvertretend* zu intervenieren.[203] Aus dieser zweistufigen Begründung ergeben sich drei zentrale Konsequenzen, die für die weitere Untersuchung leitend sein werden:

– Zunächst ist mit dieser Begründung eine Aufhebung[204] der nationalstaatlichen Souveränitätsidee nahegelegt, und zwar unter Einbeziehung des Demokratieprinzips einerseits und der Achtung der Menschenrechte andererseits. Im Namen demokratischer Volkssouveränität und damit von Souveränität$_2$ werden die drei übrigen Souveränitäten$_{1+3+4}$ derart grundlegend eingeschränkt, dass in keiner dieser drei Hinsichten noch länger von einer Souveränität im starken Sinn (»höchste Autorität«) gesprochen werden kann. Nimmt man das Anliegen eines global koordinierten Menschenrechtsschutzes ernst, sollte der Souveränitätsbegriff

202 Siehe Fußnote 193.

203 Vgl. Patberg, *Usurpation und Autorisierung*, Kap. 5 u. 6.

204 Im dreifachen dialektischen Sinn von »negieren«, »konservieren« und »erhöhen«.

fortan der zweiten Dimension legislativer Volkssouveränität vorbehalten bleiben und damit in den drei übrigen Dimensionen aufgegeben werden;[205]

- Als zweite Konsequenz ergibt sich aus der globalen Ausdehnung konstitutionell begründeter Menschenrechte eine Vorentscheidung zugunsten *eines* der im ersten Abschnitt dieses Paragrafen diskutierten Modelle von Weltinnenpolitik. Wenn auch der internationale Menschenrechtsschutz letztlich konstitutionell legitimiert ist, so wird der global koordinierte Menschenrechtsschutz – bis auf Weiteres jedenfalls – auf demokratisch organisierte, nationalstaatliche Kontexte angewiesen bleiben.[206] Wie wir im nächsten Paragrafen noch genauer sehen werden: Als plausible Option verbleibt daher allein ein internationaler Kontraktualismus, der die Legitimität des internationalen Schutzregimes, angelehnt an Kants Idee des Völkerbundes, auf die jeweils demokratische Legitimität nationaler Schutzregime zurückführt;
- Damit ist zugleich die dritte Konsequenz gegeben, dass sich die heutigen Vereinten Nationen, falls man an ihnen festhalten will, in Richtung einer strikt »konföderalen« und in grundlegenden Hinsichten »subsidiären« Vertragsgemeinschaft gleichberechtigter Nationen zu reformieren hätten. Sie benötigen sanktionsbewährte Vereinbarungen und schlagkräftige Institutionen, aber keine eigens übergeordnete Weltregierung. Einem derart reformierten Staatenverbund käme so – neben den beiden bereits kurz nach dem Zweiten Weltkrieg festgeschriebenen Aufgaben der Friedenssicherung und des Menschenrechtsschutzes – eine komplementäre dritte Aufgabe zu, nämlich die Verpflichtung, sich weltweit auch für Souveränität$_2$ und damit für die Idee einer jeweils nationalen, demokratischen Selbstgesetzgebung einzusetzen.

205 Die bereits in § 6 erwähnten menschenrechtlichen Einschränkungen (selbst noch) der legislativen Souveränität$_2$ ergeben sich ihrerseits aus Akten dieser Souveränität$_2$, sodass es sich um demokratische *Selbstbeschränkungen* handelt, die keinen begrifflichen Widerspruch ergeben.

206 Der Glaube »kosmopolitischer« Ansätze an eine funktionsfähige Weltdemokratie *ohne* Rückbindung an nationalstaatliche Demokratien und Parlamente übersteigt (zumindest) meine Vorstellungskraft.

§ 10 Menschenrechtliche Weltinnenpolitik

Der globale Menschenrechtsschutz bedarf einer handlungsfähigen Konföderation kooperationswilliger Nationalstaaten mit subsidiär gestaffelten Verantwortlichkeiten. Die spezifisch menschenrechtlichen Aufgaben dieser Konföderation sind durch völkerrechtliche Maßnahmen der Friedenssicherung und der Demokratieförderung zu flankieren. Dazu wird ein Instrumentarium effektiver und verhältnismäßig gestufter Interventionen benötigt, um Druck auf jene Staaten ausüben zu können, in denen die Menschenrechte massiv missachtet werden. Über diesen von der Staatengemeinschaft gemeinsam zu verantwortenden Schutzauftrag hinaus wäre zudem ein verbindliches System der Sanktionierung bereits erfolgter Menschenrechtsverletzungen zu etablieren.

Da das traditionelle Völkerrecht, wie im vorangehenden Paragrafen gezeigt, wesentlich auf den Prinzipien der nationalstaatlichen Souveränitäten$_{3+4}$ aufruhte, konnte der jeweils einzelne Mensch als ein Völkerrechtsubjekt *sui generis* lange Zeit nicht in den Blick geraten.[207] Bis zum Jahr 1945 wurden völkerrechtliche Vereinbarungen insofern strikt als internationales Recht verstanden, als lediglich die einzelnen Nationalstaaten und deren Regierungen in der Rolle vertragsschließender Parteien in Frage kamen. Nur zwischen diesen »Großsubjekten« konnte es zu wechselseitigen Verträgen und damit zu bi- oder multilateralen Vereinbarungen kommen; etwa zum Zwecke der Friedenssicherung, der Regelung diplomatischer Beziehungen, der Koordinierung wirtschaftlichen Handels, des Schutzes von Kriegsflüchtlingen oder auch der Organisation des Seeverkehrs. Die Idee, dass als »Begünstigte« oder gar als Vertragsparteien dieser internationalen Verträge auch Individuen und deren Menschenrechte in Frage kommen könnten, lag in dieser Völkerrechtstradition zwar nicht vollends außerhalb jeder Vorstellungskraft,[208]

207 Zu dieser nicht bloß die Menschenrechte betreffenden Entwicklung: Anne Peters, *Jenseits der Menschenrechte. Die Rechtsstellung des Individuums im Völkerrecht*, Tübingen 2014.

208 Wie etwa in der naturrechtlichen Völkerrechtstradition im Anschluss an Hugo Grotius, *Drei Bücher über das Recht des Krieges und Friedens* [1625], Berlin 1869, Buch 2, Kap. 2.

doch kam ihr lange Zeit so gut wie keine völkerrechtliche Realität zu. Dieser Umstand lässt sich selbst noch an der *Charta der Vereinten Nationen* von 1945 ablesen. Zwar erwähnt der Vertragstext bereits mehrfach den Begriff »Menschenrechte«, doch ist damit an den besagten Stellen noch keine individuell garantierte Rechtsstellung der als Trägerinnen und Träger dieser Rechte gedachten Einzelsubjekte verknüpft. Vielmehr wird in Artikel 2 Absatz 2 der *UN-Charta* ausdrücklich festgestellt, und zwar noch ganz auf der Linie des bisherigen Völkerrechts: »Die Organisation beruht auf dem Grundsatz der souveränen Gleichheit aller ihrer Mitglieder.« Und Artikel 2 Absatz 7 ergänzt: »Aus dieser Charta kann eine Befugnis der Vereinten Nationen zum Eingreifen in Angelegenheiten, die ihrem Wesen nach zur inneren Zuständigkeit eines Staates gehören, [...] nicht abgeleitet werden.«

Wie aber bereits zu Beginn des vorangehenden Paragrafen vermerkt, wurden die Vereinten Nationen seinerzeit nicht nur mit dem Ziel der internationalen Friedenssicherung gegründet, sondern fortan eben auch mit dem globalen Schutz individueller Menschenrechte betraut. Spätestens mit Gründung der UN-Menschenrechtskommission[209] im Jahre 1946 und dann vor allem mit der *Allgemeinen Erklärung der Menschenrechte* von 1948 beginnt auf Ebene des Völkerrechts der – bis heute unabgeschlossene – Prozess einer globalen Implementierung menschenrechtlicher Schutzstandards. Da sich dieser Prozess letztlich im Dienst individuell zu garantierender Rechte aller Menschen weltweit vollzieht, kann dieses weltpolitisch revolutionäre Projekt im Rückblick kaum anders gedeutet werden denn als eine schrittweise vollzogene Anerkennung der spezifischen Völkerrechtssubjektivität sämtlicher Einzelmenschen. Im Rahmen dieses menschenrechtlich revolutionierten Völkerrechts hat sich somit ein einschneidender Paradigmenwechsel ereignet, der in der Folgezeit dann auch in ersten rechtsverbindlichen UN-Menschenrechtsverträgen sowie in der Institutionalisierung flankierender Überwachungsinstrumente zum Ausdruck kommt.[210]

209 Die UN-Reform von 2006 ersetzt diese Kommission durch den Menschenrechtsrat in Genf. Dazu Daniela Karrenstein, *Der Menschenrechtsrat der Vereinten Nationen*, Tübingen 2011.

210 Siehe dazu und für das Folgende die Beiträge in: Eckart Klein (Hg.), *The Monitoring System of Human Rights Treaty Obligations*, Berlin 1998. Ich lasse den Aspekt des *regionalen* Menschenrechtsschutzes, etwa im Rahmen des Europarats, aus Platzgründen beiseite.

Die Unterzeichnerstaaten unterliegen regelmäßigen Berichtspflichten, sie können bei Vertragsverstößen gerügt oder gar aus dem Vertragswerk ausgeschlossen werden. Einige dieser Abkommen sehen nicht nur die Möglichkeit von Staatenbeschwerden, sondern auch Verfahren nach der sogenannten Individualbeschwerde vor: Kommt es in einem bestimmten Staat dieser Welt zu Menschenrechtsverletzungen, so können diese Verstöße nicht nur von allen anderen Vertragsstaaten, sondern auch von einzelnen betroffenen Bürgerinnen und Bürgern vor die entsprechenden UN-Ausschüsse gebracht werden. Die Vereinten Nationen haben zudem das wichtige Amt des »Hohen Kommissars für Menschenrechte« eingerichtet sowie zur Überwachung einzelner menschenrechtlicher Schutzstandards, etwa des Folterverbots, des Rechts auf Bildung oder auch des Rechts auf angemessene Ernährung, sogenannte Sonderberichterstatter (*special rapporteurs*) berufen, die sich jeweils vor Ort ein Bild vom Stand der menschenrechtlichen Entwicklung machen sollen und deren Berichte gelegentlich dann auch für mediales Aufsehen sorgen.[211] Doch vielen Kritikerinnen und Kritikern gehen diese seither etablierten Schutzmechanismen noch nicht weit genug. Insbesondere im akuten Fall schwerster Menschenrechtsverletzungen ist umstritten, zu welchen Formen einer »invasiven« Menschenrechtspolitik die Vereinten Nationen legitimiert oder auch nur realpolitisch fähig sind. Diese völkerrechtliche Unsicherheit zeigt sich insbesondere in periodisch wiederkehrenden Debatten um die Legitimität und Effektivität dezidiert militärischer Interventionen vor dem Hintergrund einer mutmaßlichen *responsibility to protect*: Wie weit dürfen oder sollen die Vereinten Nationen – direkt im Namen der Menschenrechte – gehen, wenn doch ein mögliches (militärisches) Eingriffen mit großer Wahrscheinlichkeit weitere Menschenrechtsverletzungen nach sich ziehen wird?[212] Und falls sich schwere Menschenrechtverletzungen bereits ereignet haben sollten: Wie sollen die Vereinten Nationen mit den für diese Verbrechen verantwortlichen Regierungen sowie mit den schuldigen Einzeltäterinnen und -tätern verfahren?

211 Siehe ⟨https://spinternet.ohchr.org/ViewAllCountryMandates.aspx⟩, letzter Zugriff 01. 11. 2021.

212 Dazu etwa: Don E. Scheid (Hg.), *The Ethics of Armed Humanitarian Intervention*, Cambridge 2014; Bellamy, *The Oxford Handbook of the Responsibility to Protect*.

Lange Zeit gab es auf Ebene der Vereinten Nationen keine wirksame Möglichkeit einer nachträglichen Ahndung von Menschenrechtsverbrechen oder gar einer individuellen Bestrafung einzelner Verantwortlicher. Erst ab den 1990er-Jahren änderte sich dies, als es auf UN-Ebene zur Einrichtung sogenannter *Ad-hoc-Tribunale* und eigens etablierter Sondergerichtshöfe kam; etwa in der Folge des Jugoslawien-Krieges, der Massaker in Ruanda, der Roten Khmer-Verbrechen in Kambodscha oder des Bürgerkrieges in Sierra Leone. Im Jahr 1998 wurde dann in Rom das Statut für den seit 2002 in Den Haag residierenden Internationalen Strafgerichtshof (ICC) verabschiedet. Dieser ist bislang allerdings »nur« mit dem Mandat einer Ahndung *schwerster* Menschenrechtsverbrechen betraut, und zwar im Fall von »Völkermord«, »Verbrechen gegen die Menschlichkeit« und »Kriegsverbrechen«.[213] Ein auch für alle übrigen Menschenrechtsverletzungen zuständiges UN-Gericht, etwa nach dem Vorbild des Europäischen oder auch des Afrikanischen Gerichtshofs für Menschenrechte, findet sich auf UN-Ebene bislang ebenso wenig wie eine mit globalen Ermittlungsvollmachten ausgestattete »Weltpolizei« oder vergleichbare Institutionen einer dezidiert menschenrechtlichen Strafverfolgung. Diese bislang als mangelhaft zu bezeichnende Durchschlagskraft des UN-Menschenrechtsregimes bringt ihm wiederholt den Vorwurf ein, letztlich doch ein »zahnloser Tiger« zu sein.[214] Und wenn es dann trotzdem einmal zu einer seitens der UN-Vollversammlung oder auch des UN-Sicherheitsrates konzertierten Intervention oder aber zu einer konkreten Strafverfolgung seitens des ICC kommt, wird nicht selten die geopolitische »Parteilichkeit« dieser Maßnahmen, etwa zuungunsten afrikanischer Regierungen, beklagt.[215]

213 William A. Schabas, *An Introduction to the International Criminal Court*, Cambridge 2017.

214 Mit Blick auf diesen gängigen Vorwurf fragt Simmons (*Mobilizing for Human Rights*, S. 5) zu Recht: Wenn die UN-Abkommen tatsächlich nur Papiertiger sind, warum weigern sich dennoch immer wieder viele Staaten und Regierungen, diese Verträge bedenkenlos zu unterschreiben?

215 So stellt etwa Ronen Steinke noch im Jahr 2018 fest: »Gegen 39 Personen hat der ICC bis heute Ermittlungen aufgenommen. Minister, Generäle, zwei Staatschefs. Alle kommen aus Afrika. Keine einzige Person aus einem anderen Erdteil ist bislang betroffen.« Siehe ders., »Der Internationale Strafgerichtshof«, Berlin 2018, ⟨https://www.bpb.de/internationales/weltweit/innerstaatliche-konflikte/169554/der-internationale-strafgerichtshof⟩, letzter Zugriff 01. 11. 2021.

So stellt sich einmal mehr die Frage, ob und wie im globalen Maßstab ein nicht bloß effektives, sondern zugleich auch legitimes Menschenrechtsregime zu organisieren wäre. Der im Folgenden skizzierte Entwurf kann dabei nicht mehr als eine bloß philosophische Neubesinnung auf die grundlegende Form dieses national wie international gestuften Menschenrechtsregimes sein. Im ersten Schritt wird zunächst zugunsten einer strikt »konföderal« und »subsidiär« organisierten Weltinnenpolitik nach dem Vorbild des Kant'schen Staatenbundes votiert (Abschnitt 1). Anschließend sind noch einmal die drei wichtigsten, intern miteinander verknüpften Aufgaben dieser Weltinnenpolitik zu bestimmen: Friedenssicherung, Menschenrechtsschutz, Demokratieförderung (Abschnitt 2). Im dritten Schritt ist zu untersuchen, welche zugleich legitimen wie realpolitisch effektiven Interventionsmöglichkeiten sich aus dieser dreifachen Aufgabenstellung ergeben (Abschnitt 3). Am Ende dieses Paragrafen sollen dann aus den bisherigen Überlegungen spezifisch strafrechtliche Konsequenzen mit Blick auf die globale Ahndung von Menschenrechtsverletzungen gezogen werden (Abschnitt 4).

1. Für eine konföderale und subsidiäre Weltinnenpolitik

Mit Ausnahme von Kants berühmter Schrift *Zum ewigen Frieden* hinkt die spezifisch philosophische Debatte um Chancen und Risiken einer globalen, zugleich für Frieden und Menschenrechtsschutz sorgende Weltinnenpolitik den historischen und politischen Entwicklungen meist hinterher. Als die Politische Philosophie des 20. Jahrhunderts unter dem Eindruck der beiden Weltkriege, des europäischen Totalitarismus und vor allem auch des Holocaust kaum mehr von einer solchen Weltinnenpolitik zu träumen wagte,[216] hatte man auf der Bühne der Weltpolitik längst schon wieder mit dem Aufbau entsprechender Institutionen und Schutzregime begonnen; und zwar nicht nur im Rahmen der Vereinten Nationen, sondern auch auf Ebene der kontinentalen Regionen. Die jüngere philosophische Debatte, sofern sich diese nicht von den autoritären und nationalistischen *roll backs* dieser Tage entmutigt zeigt, schien

216 Eine in systematischer Hinsicht bahnbrechende Ausnahme ist Hermann Broch, *Menschenrecht und Demokratie*, Frankfurt/M. 1978. Siehe dazu auch die Einleitung, S. 41-44.

lange Zeit wesentlich in der bereits von Kant aufgezeigten Alternative zwischen »Weltstaat oder Staatenwelt«[217] festzustecken. Erst in jüngster Vergangenheit und im Zusammenhang der Debatte um eine »Konstitutionalisierung« des Völkerrechts ist frischer Wind und neue institutionelle Phantasie aufgekommen.[218]

Das bedeutet freilich nicht, dass die von Kant seinerzeit markierte Alternative überwunden oder auch nur obsolet wäre, denn am Ende mag sich dann doch eines der beiden in dessen *Friedensschrift* skizzierten Modelle von Weltinnenpolitik als den restlichen Alternativen überlegen erweisen.[219] Die hier gemeinte Alternative zwischen einem zentralistischen Weltstaat einerseits und einer strikt föderalen Staatenwelt andererseits wird freilich erst dann verständlich, wenn man sie zunächst im Lichte einer noch grundlegenderen Alternative betrachtet. Nimmt man die in § 9 im Zusammenhang der Souveränitätsdiskussion aufgedeckte Spannung ernst, die zwischen dem jeweils lokalen Anspruch auf demokratische Selbstbestimmung und der globalen Aufgabe einer Institutionalisierung menschenrechtlicher Schutzmechanismen besteht, die nationale Grenzen nicht länger als sakrosankt betrachten würde, so ergeben sich auf Anhieb zwei problematische Vorschläge, diese Spannung jeweils *einseitig* aufzulösen: Zum einen wäre der völlige Verzicht auf jede international beschränkende Regulierung denkbar, und zwar zugunsten der jeweils nationalen Souveränität und Selbstbestimmung der einzelnen Staaten. Auf der extremen Gegenseite wäre an ebenjene Idee eines diese Nationalstaaten vollends überwindenden, ja auflösenden Weltzentralstaates zu denken, der jedoch nach Kant zu einem »seelenlose(n) Despotism«, zu autoritärer Willkür und entsprechend dann auch zu langfristiger Instabilität tendieren muss.[220]

Auch Befürworterinnen und Befürworter der ersten Alternative können sehr wohl an der Implementierung menschenrechtlicher

217 So der Titel eines einschlägigen Sammelbandes: James Bohman/Matthias Lutz-Bachmann (Hg.), *Weltstaat oder Staatenwelt?*, Frankfurt/M. 2002.

218 Dazu exemplarisch Nadja Meisterhans, *Menschenrechte als weltgesellschaftliche Herrschaftspraxis*, Baden-Baden 2010; Möller, *Formwandel der Verfassung*; Patberg, *Usurpation und Autorisierung*; Anthony F. Lang/Antje Wiener (Hg.), *Handbook on Global Constitutionalism*, Cheltenham 2017.

219 Erinnert sei hier an die im ersten Abschnitt von § 9 aufgezeigten Modelle.

220 Kant, *Zum ewigen Frieden*, S. 367.

Standards interessiert sein. Aber solange die jeweils nationalen Schutzvorkehrungen nicht ihrerseits durch internationale Überwachungsmechanismen flankiert werden, können etwaige Opfer von Verletzungen der Menschenrechte weder auf komplementären Schutz noch auf nachträgliche Ahndung durch weltpolitisch übergeordnete Strukturen hoffen. Der Alternativvorschlag eines Weltzentralstaates bringt jedoch geradezu ein spiegelbildliches Problem mit sich: Mit diesem Weltzentralstaat wären zwar – auf dem Papier – die »globalkonstitutionellen« Grundlagen für den Schutz von echten Weltbürgerrechten geschaffen. Doch falls diesen Weltbürgerrechten fortan der vergleichsweise überschaubare nationalstaatliche Kontext einer demokratisch souveränen und mithin lokalen Begründung und Legitimierung von Herrschaft abhandenkäme, drohten die Menschenrechte ihren begründungstheoretisch ursprünglichen Sinn als konstitutionelle Vorbehalte einzubüßen.[221]

An die Stelle einer kritischen Sichtung etwaiger Alternativen im konzeptionellen Zwischenbereich dieser beiden Extrempositionen soll hier in aller Kürze ein eigener Vorschlag treten, der sich stark an Kants Idee des Staatenbundes anlehnt und im Folgenden unter der Überschrift »konföderale und subsidiäre Weltinnenpolitik«[222] firmieren wird. Der institutionelle Fluchtpunkt dieses Vorschlags wird ein doppelt kontraktualistisch verzahntes Zwei-Ebenen-System sein: Es besteht, zum einen, aus weitgehend autonomen und intern demokratisch organisierten Nationalstaaten sowie, zum anderen, aus international koordinierten, aber dennoch konstitutionell und demokratisch rückgebundenen Schutzmechanismen, die im Ganzen *unterhalb* der Ebene eines Weltstaates operieren. Das Ordnungsprinzip des »Könföderalen« soll sich dabei auf die horizontale Ebene einer prinzipiellen Gleichrangigkeit der unter diesem

221 Dies das kritische Leitmotiv bei: Maus, *Über Volkssouveränität.*

222 Trotz terminologischer Nähe sollte dieser Vorschlag nicht mit Otfried Höffes (*Demokratie im Zeitalter der Globalisierung*) Modell einer föderalen, subsidiären »Weltrepublik« verwechselt werden, auch wenn ich diesem Ansatz wichtige Einsichten verdanke. Erstens wird der Aspekt des Föderalen dort entscheidend anders verstanden, sodass ich selbst im Folgenden den Ausdruck »konföderal« wähle. Zweitens werde ich mit Blick auf die Subsidiarität auf die regionale Ebene verzichten. Drittens wird es dabei gerade nicht um das Projekt einer »Weltrepublik« gehen. Für einen vergleichbaren Vorschlag: Beitz, *The Idea of Human Rights*, Kap. 5 u. 6.

internationalen Dach versammelten Nationalstaaten beziehen, das Ordnungsprinzip des »Subsidiären« hingegen zielt auf die vertikale Ebene der Verteilung von gestuften Verantwortlichkeiten; wobei ebendiese zweidimensionale Struktur zugleich auch für eine legitimatorische Rückbindung an die Idee einer ursprünglich demokratischen Konstitution politischer Herrschaft sorgen soll.

Beginnen wir mit der horizontalen Ebene: Das Ordnungsprinzip des Konföderalen (lat. *confoederatio*, »Bündnis«) betrifft den durch Vertrag ermöglichten Zusammenschluss von untereinander gleichberechtigten, autonomen politischen Einheiten, die sich zur Bewältigung ganz bestimmter, jeweils nicht allein zu bewerkstelligender Aufgaben zusammenschließen. Da diese autonomen Einheiten lediglich begrenzte Aufgaben und Verantwortlichkeiten an gemeinsam unterhaltene Institutionen delegieren werden, stellen die daraus resultierenden Pflichten freiwillige Selbstbindungen dar, die als *Ausdruck* ihrer Autonomie und nicht etwa als von außen auferlegte Einschränkungen zu verstehen sind. Dadurch ist das konföderale Prinzip vom politisch eher geläufigen »föderalen« Ordnungsmuster zu unterscheiden: In einem föderalen Staatenbund, etwa nach dem Muster der Bundesrepublik Deutschland und der insgesamt 16 Bundesländer, büßen die einzelnen Gliedstaaten einen wesentlichen Teil ihrer Autonomie ein, und zwar zugunsten einer bundesstaatlichen Vereinheitlichung von Gesetzen und Verwaltungen, um dadurch ein höheres Maß an Koordination, Kooperation und Sicherheit zu erwirken.[223] Sie unterwerfen sich dieser übergeordneten Einheit und verfügen deshalb als »Untereinheiten« bloß noch über eine sehr begrenzte Eigenständigkeit. So verbleibt auf Seiten der einzelnen Gliedstaaten nur ein vergleichsweise geringer Spielraum für eigenverantwortliche Selbstbestimmung. Zudem fehlen realistische »Exit-Optionen«, da ein Ausscheiden aus dem föderalen Verbund als eine problematische Form von Reautonomisierung und mithin als »Sezession«[224] aufgefasst werden würde.

Bei einer Konföderation verhält es sich umgekehrt: Hier wird

223 Für einen ersten Problemaufriss: Reinhold Zippelius, *Recht und Gerechtigkeit in der offenen Gesellschaft*, Berlin 1996, Kap. 20; George Anderson, *Föderalismus*, Opladen 2008.

224 Im Geiste einer republikanischen Idee von Volkssouveränität: Andreas Oldenbourg, *Wer ist das Volk? Eine republikanische Theorie der Sezession*, Frankfurt/M. 2019.

ein vergleichsweise geringes, wenn auch inhaltlich bedeutsames Maß an Verantwortung delegiert, dafür bleibt den Einzelstaaten aber stets die Möglichkeit, das Vertragswerk aufzukündigen – wodurch insgesamt die für die Legitimität jener konföderalen Kooperation wichtige Freiwilligkeit gewährleistet bleibt. Auf die globale Ebene übertragen: Im Rahmen eines *internationalen Kontraktualismus* zugunsten eines konföderalen Staatenbundes binden sich die Staaten für den Fall, dass sie selbst gegen den von ihnen beschlossenen Kooperationsvertrag verstoßen. Die Staaten einer Konföderation schließen sich als autonome und auch zukünftig autonom bleibende Einzelstaaten zusammen, und sie vereinbaren lediglich die institutionell koordinierte Bewältigung von Aufgaben, die sie einzeln überfordern würden. Sie gliedern sich damit horizontal in eine Gemeinschaft gleichberechtigter Partner ein, *ohne* sich dabei einer nochmals höheren Autorität oder Zentralmacht zu unterwerfen, die eine »Kompetenz-Kompetenz« und damit die Befugnis besäße, ihrerseits eigenmächtig Verantwortlichkeiten und Aufgaben »nach unten« an die jeweiligen Mitgliedstaaten durchzureichen. Genau an diesem Punkt zeigt sich der erhebliche Vorzug einer konföderal konzipierten Weltinnenpolitik gegenüber ihrem föderalen Pendant und im Hinblick auf die konstitutionelle Begründung menschenrechtlich eingehegter Herrschaft: Das im globalen Maßstab untaugliche Föderalitätsprinzip würde die als demokratisch gedachten Souveräne einer übergeordneten und in wichtigen Hinsichten ihrerseits »autonomen« Weltrepublik unterordnen, die im globalen Maßstab erhebliche demokratietheoretische Defizite aufzuweisen hätte.[225]

Das Prinzip der Konföderalität hingegen kommt ohne eine derart höhere Autorität mit autonomen Befugnissen aus und bildet somit die strikte Gleichrangigkeit aller demokratisch sich selbst bestimmenden Souveräne ab. So wie die einzelnen Bürgerinnen und Bürger dieser autonomen Staaten gleichrangig an der Konsti-

225 Zum Problem völkerrechtlicher Demokratiedefizite: Heike Krieger, »Die Herrschaft der Fremden – Zur demokratietheoretischen Kritik des Völkerrechts«, in: *Archiv des öffentlichen Rechts* 133 (2008), S. 315-345; Andreas Niederberger, *Demokratie unter Bedingungen der Weltgesellschaft? Normative Grundlagen legitimer Herrschaft in einer globalen politischen Ordnung*, Berlin u. a. 2009; Regina Kreide/Andreas Niederberger (Hg.), *Transnationale Verrechtlichung. Nationale Demokratien im Kontext globaler Politik*, Frankfurt/M. 2008.

tutionalisierung jeweils ihres Gemeinwesens beteiligt sein müssen, wären es die Staaten im Verhältnis zu der von ihnen zwischenstaatlich begründeten Ordnung im Rahmen einer Konföderation entsprechend auch. Damit aber letztlich alle Menschen diese zwischenstaatliche Ordnung demokratisch legitimieren können, müssten diese Menschen dann auch allesamt, und zwar mittels der Gleichstellung ihrer Staaten oder besser: durch diese Gleichstellung hindurch, ihrerseits gleichgestellt sein. Derart souverän sind und bleiben Menschen *und* ihre Staaten aber nur dann, wenn sie nicht noch einmal einer höheren Autorität unterworfen sind, welche die Autonomie der jeweiligen Gliedstaaten und Souveräne allzu sehr beschneiden würde. Eine legitime internationale Ordnung kann deshalb kein föderaler Weltstaat sein, sie muss stattdessen kontraktualistisch als eine freiwillige Konföderation autonomer Gliedstaaten mit jeweils souveränem Staatsvolk konzipiert werden.[226]

Mit diesen Überlegungen wird bereits auf horizontaler Ebene der Konföderalität ein interner Bezug auf jenes zweite wichtige Ordnungsprinzip erkennbar, das auf der vertikalen Ebene ansetzt: Die demokratisch gedachten Staatsvölker werden sich auf eine internationale Konföderation nur dann freiwillig einlassen, wenn die gemeinsam geschaffenen Institutionen lediglich dringliche Aufgaben übernehmen, die von den Nationalstaaten nicht schon selbst oder einzeln bewerkstelligt werden können. Ebendas ist mit dem Prinzip der Subsidiarität gemeint (lat. *subsidium*, »Reserve«): Die jeweils höhere Ebene oder auch größere Organisationseinheit soll nur dann aktiv werden und regulierend, kontrollierend oder helfend eingreifen, wenn die jeweils untergeordnete Einheit dazu nicht willens oder fähig ist.[227] Aus historischer Perspektive ist die Forde-

226 Auf EU-Ebene zeigt sich dieses Problem schon lange: Viele Verantwortliche in Brüssel oder Straßburg wollen die EU in Richtung eines europäischen Zentralstaates ausbauen, der sehr viel mehr als nur *notwendige* Aufgaben übernimmt. Die meisten Kritikerinnen und Kritiker sind nicht etwa »gegen Europa«, sondern lediglich gegen diese zentralistische Tendenz auf Kosten nationaler und demokratischer Souveränität und damit implizit *für* die Idee eines strikt konföderalen Staatenbundes.

227 In Artikel 5 des EU-Gründungsvertrages hieß es nach der Maastricht-Reform von 1992: »In den Bereichen, die nicht in ihre ausschließliche Zuständigkeit fallen, wird die Gemeinschaft nach dem Subsidiaritätsprinzip nur tätig, sofern und soweit die Ziele der in Betracht gezogenen Maßnahmen auf Ebene der Mitgliedstaaten nicht ausreichend erreicht werden können und daher wegen

rung der Subsidiarität ein »Krisensymptom«, da sie den Gefahren einer politisch ausufernden, aber oft auch überforderten Staatlichkeit vorbeugen soll.[228] Der ordnungspolitische Sinn des Subsidiaritätsprinzips ist demnach ein doppelter: Der handlungstheoretisch *positive* Aspekt der Subsidiarität zielt auf die aktive Unterstützung kleinerer politischer Einheiten in all jenen Hinsichten, in denen sie um Unterstützung bitten. Der handlungstheoretisch *negative* Aspekt betrifft dagegen solche Pflichten, die zur Unterlassung von Hilfe, die ausdrücklich nicht erforderlich oder gewünscht ist, aufrufen.[229] In der Gestalt einer »Kompetenzbegrenzungsregel« kommt im Prinzip der Subsidiarität »eine Parteinahme für unten« zum Ausdruck, die von der jeweils höheren Stufe zugleich Hilfe *und* größtmögliche Zurückhaltung fordert.[230] Auf die globale Ebene des Menschenrechtsschutzes übertragen: Die mit den Menschenrechten einhergehenden Unterlassungs-, Schutz- und Hilfspflichten liegen *primär* in der Eigenverantwortung der jeweiligen Einzelstaaten.[231] Und nur wenn diese ihre menschenrechtlichen Aufgaben nicht erfüllen, weil sie dies entweder nicht wollen oder aber nicht können, muss die internationale Ebene einer vertraglich koordinierten Staatengemeinschaft »einspringen«. Auf diesem Wege übernimmt die strikt subsidiär agierende Staatengemeinschaft die – wortgeschichtlich ursprüngliche – Rolle einer »Reservearmee«.[232]

Damit sind wir auch an dieser Stelle auf die konstitutionelle Begründung menschenrechtlich eingehegter Gewaltverhältnisse zurückverwiesen: Das Staatsvolk legitimiert ursprünglich den jeweils eigenen Staatsapparat, und weil dessen Funktionsträgerinnen und -träger für ihre Willküranfälligkeit bekannt sind, kann die Notwendigkeit einer internationalen Überwachung der Menschenrech-

ihres Umfangs oder ihrer Wirkungen besser auf Gemeinschaftsebene erreicht werden können.«

228 Otfried Höffe, »Subsidiarität als Gesellschafts- und Staatsprinzip«, in: *Swiss Political Science Review* 3 (1997), S. 1-30, hier S. 7. Vgl. Hermann Lübbe, »Subsidiarität. Zur europarechtlichen Positivierung eines Begriffs«, in: *Zeitschrift für Politik* 52 (2005), S. 157-168.

229 Höffe, *Demokratie im Zeitalter der Globalisierung*, S. 131.

230 Höffe, »Subsidiarität als Gesellschafts- und Staatsprinzip«, S. 10.

231 Siehe § 8.

232 Das lateinische *subsidium* stammt laut Höffe (»Subsidiarität als Gesellschafts- und Staatsprinzip«) ursprünglich aus der Militärsprache und ist dann später über die katholische Soziallehre in das europäische Staatsdenken eingewandert.

te bereits im ursprünglichen Kontrakt »mitgedacht« werden.[233] Das bedeutet auch: Die internationale Staatengemeinschaft übernimmt *nur* diejenigen Aufgaben, die jeweils der einzelne Staat nicht erledigt oder erledigen will, da ja auch dieser Staat selbst nur solche Aufgaben zu übernehmen hat, die von den jeweils einzelnen Staatsbürgerinnen und Staatsbürger nicht allein erledigt werden können. Die *unterste* Ebene des Subsidiären ist deshalb auch im internationalen Maßstab nicht etwa der einzelne Mitgliedstaat, sondern der jeweils einzelne Mensch, der in diesem oder jenem Mitgliedstaat lebt. Ob auf nationaler oder internationaler Ebene: Der jeweils einzelne Mensch ist die entscheidende Hinsicht subsidiär gestaffelter Verantwortlichkeiten und damit zugleich auch der legitimatorische Ausgangspunkt eines fortan global zu koordinierenden Schutzes der Menschenrechte.

2. Aufgaben und Grenzen der Staatengemeinschaft

Während philosophische Diskussionen über Chancen und Risiken eines Weltstaates gelegentlich utopisch anmuten, kommt der entscheidenden Alternative eines konföderalen und subsidiär zum Zwecke der Menschenrechte agierenden Staatenverbundes bereits eine gewisse Realität zu, nämlich in der Gestalt der Vereinten Nationen und ihrer Organisationen in New York, Genf oder auch Paris. Zwar wird heute niemand behaupten wollen, dass die Vereinten Nationen bereits einen international hinreichenden Menschenrechtsschutz zu garantieren vermögen. Auch wird man feststellen müssen, dass ihre Organisationsform in vielerlei Hinsicht kritikwürdig und reformbedürftig ist, falls ein wachsender Bedeutungsverlust der Vereinten Nationen aufgehalten werden soll.[234] Und dennoch lässt sich von ebendieser *Organisationsform* der Vereinten Nationen zeigen, dass sie bereits im Kern die oben skizzierte Idee einer konföderalen, subsidiären Weltinnenpolitik realisiert. Wenngleich mit folgenden Einschränkungen: Weder kann bereits von einer konföderalen Gleichrangigkeit aller derzeit unter dem Dach

233 Dies die zentrale These in §9, S. 266-270.

234 Marc Engelhardt, *Weltgemeinschaft am Abgrund. Warum wir eine starke UNO brauchen*, Berlin 2018; John Trent/Laura Schnurr, *A United Nations Renaissance. What the UN is, and what it could be*, Opladen/Berlin/Toronto 2018.

der Vereinten Nationen oder auch in deren Sicherheitsrat versammelten Staaten die Rede sein. Noch erfüllen all diese Staaten, zweitens, die konstitutionellen und lokalen Voraussetzungen eines subsidiär gestaffelten Menschenrechtsschutzes jeweils vor Ort. Noch ist in den letzten Jahrzehnten stets hinreichend deutlich geworden, dass sich die Vereinten Nationen auf einen vergleichsweise eng umrissenen Bereich subsidiär *notwendiger* Aufgaben, und zwar eben vor allem der Friedenssicherung und des Menschenrechtsschutzes, zu konzentrieren haben.

In den letzten Jahren sind die Vereinten Nationen bereits mit diesen beiden klassischen Aufgaben überfordert gewesen. Zugleich hat man sie mit immer mehr Aufgaben und Verantwortlichkeiten überfrachtet; man denke hier etwa an vermeintliche Zuständigkeiten in Fragen des Welthandels, des Umweltschutzes, der Bekämpfung organisierter Kriminalität, der Weltgesundheitspolitik, der Migrationspolitik oder auch der Entwicklungszusammenarbeit. Nicht, dass solche zusätzlichen Aufgabenstellungen von vornherein unvereinbar wären, aber etwaige Zusatzaufgaben der Vereinten Nationen haben nur dann ihre konföderale und subsidiäre Berechtigung, wenn sie direkt im Namen jener beiden traditionellen Grundanliegen – Friedenssicherung und Menschenrechtsschutz – zu erledigen sind. Wenn also die Vereinten Nationen strikt subsidiär organisiert sein und auch bleiben sollen, sollten sie sich auf ihre historisch ursprünglichen Aufgaben zurückbesinnen. Und auch wenn die Vereinten Nationen derzeit vor enormen Herausforderungen stehen:[235] Der konföderale und subsidiäre Staatenverbund muss dazu weder neu erfunden noch in Richtung eines Weltstaates ausgebaut werden.[236]

Bei genauerer Betrachtung sind allerdings nicht einmal jene beiden ursprünglichen Anliegen der Vereinten Nationen als normativ strikt gleichrangig zu betrachten. Selbst wenn die erste Aufgabe der internationalen Friedenssicherung historische Priorität bean-

235 Helmut Volger/Norman Weiß (Hg.), *Die Vereinten Nationen vor globalen Herausforderungen*, Potsdam 2011; Sven Bernhard Gareis/Johannes Varwick, *Die Vereinten Nationen*, Opladen/Toronto 2014, bes. Teil E.

236 Mit Blick auf das weltpolitische Tagesgeschehen: Der vor allem in Europa zu beobachtende Trend einer Überwindung autonomer Einzelstaaten muss ebenso aufgehalten werden wie die schleichende Entmachtung der Vereinten Nationen aufgrund von partikularen Einzelstaatsinteressen.

spruchen darf, zumal ja auch schon der 1919 gegründete Völkerbund diesem Ziel verpflichtet gewesen ist, lässt sich aus heutiger Sicht doch eine *normative* Abkünftigkeit des Friedensprojektes von Pflichten des globalen Menschenrechtsschutzes behaupten. Wenn im subsidiären Rahmen der Vereinten Nationen, so wie oben gezeigt, letztlich der jeweils einzelne Mensch die »unterste« Ebene und damit die legitimatorisch entscheidende Hinsicht des global organisierten Schutzsystems darstellt, dann ist der Kampf für globalen Frieden keineswegs ein Selbstzweck. Dieser Frieden soll vielmehr einen kriegerischen »Naturzustand« zwischen Staaten beenden, der von jedem dieser einzelnen Staaten jeweils auch intern zu beenden ist; und zwar zugunsten der jeweils nach Sicherheit und einem menschenwürdigen Leben strebenden Einzelmenschen. Darüber hinaus dürfte es empirisch unwahrscheinlich sein, dass ein Staat innerlich zu Ruhe und Sicherheit finden wird, solange er sich äußerlich in einem potenziell kriegerischen Verhältnis zu anderen Staaten befindet.[237]

Überlegungen dieser Art führen gelegentlich dazu, den Frieden selbst oder doch zumindest eine gewisse Form staatlich organisierter Sicherheit in den Rang eines individuellen Menschenrechts zu erheben.[238] Zumindest aber lässt sich empirisch zeigen, dass die Wahrscheinlichkeit massiver Verstöße gegen die Menschenrechte im Zuge kriegerischer Auseinandersetzungen, ob nun im Rahmen innerstaatlicher Bürgerkriege oder aber gewaltsamer Auseinandersetzungen zwischen Staaten, deutlich zunimmt.[239] Auch wenn

237 Bei Kant (*Zum ewigen Frieden*), der den nationalen Friedenszustand der Republik direkt mit dem internationalen Friedenszustand des Völkerbundes verkoppelt, heißt es: »Völker als Staaten können wie einzelne Menschen beurtheilt werden, die sich in ihrem Naturzustande (d. i. in der Unabhängigkeit von äußern Gesetzen) schon durch ihr Nebeneinandersein lädiren, und deren jeder um seiner Sicherheit willen von dem andern fordern kann und soll, mit ihm in eine der bürgerlichen ähnliche Verfassung zu treten, wo jedem sein Recht gesichert werden kann. Die wäre ein Völkerbund, der aber gleichwohl kein Völkerstaat sein müßte« (S. 354).

238 Aktuell wird das Problem im Völkerrecht auch unter dem Stichwort »human security« diskutiert. Dazu Karsten Nowrot, »Der internationale Schutz der Menschenrechte und das Konzept der menschlichen Sicherheit«, in: *Zeitschrift für Menschenrechte* 11 (2017), S. 66-87.

239 Zur empirischen Evidenz: Sikkink, *Evidence for Hope. Making Human Rights Work in the 21st Century*, Princeton 2017, S. 131 f., 186-188 u. 193-196.

die beiden klassischen Anliegen der Friedenssicherung und des Menschenrechtsschutzes im Rahmen militärischer Interventionen im Namen der Menschenrechte[240] direkt miteinander kollidieren können: Es besteht fraglos ein enges Verhältnis zwischen Frieden, Sicherheit und Menschenrechten, und daher werden die Vereinten Nationen auch zukünftig mit der schwierigen Aufgabe betraut sein, eine Weltinnenpolitik zugunsten möglichst gewaltloser Konfliktlösungen zu organisieren. Das bedeutet zwingend auch: Statt sich selbst, und zwar im Namen der Menschenrechte, an kriegerischen Auseinandersetzungen zu beteiligen, müssen seitens der Vereinten Nationen nicht nur zwischenstaatliche Angriffskriege und interne Bürgerkriege verhindert, sondern letztlich dann auch eigene militärische Interventionen *in* eben solche Konflikte minimiert werden.

Mit diesem Hinweis auf die sowohl äußere als auch innere »Waffenruhe«, die herrschen müsste, damit sich die Menschenrechte global entfalten können, ist die Brücke zu einer wichtigen weiteren Voraussetzung des globalen Menschenrechtsschutzes geschlagen. Aus der konstitutionellen Begründungsperspektive der bisherigen Untersuchung mutet diese Voraussetzung derart notwendig an, dass es auf den ersten Blick verwunderlich ist, warum sich die Vereinten Nationen nicht ausdrücklich auch diesem Prinzip verschrieben haben, und zwar nach Art einer dritten, gleichrangigen Aufgabe. Gemeint ist die Voraussetzung hinreichend demokratischer Entscheidungsstrukturen in den jeweiligen Mitgliedstaaten und damit entsprechend auch die wichtige Aufgabe einer globalen Förderung der Demokratie. Indem man dieses Ziel auch nur als Möglichkeit benennt, wird sogleich deutlich, warum die Vereinten Nationen hier traditionell eher zurückhaltend sind: Vermutlich hätte der 1945 neu gegründete Staatenbund von Beginn an wenig Aussicht auf Erfolg gehabt, wenn er die Demokratie als ausdrücklich bevorzugte Staatsform oder gar als eine Bedingung für die Aufnahme in die Vereinten Nationen vorgeschrieben hätte.[241]

Gleichwohl steht aus Sicht konstitutionell begründeter Menschenrechte vollends außer Frage, dass der Fluchtpunkt historisch und politisch »von unten« erkämpfter und damit sukzessive universalisierter Menschenrechte ein solcher Staatenverbund, bestehend aus demokratischen Rechtsstaaten, wäre. Entsprechend kreist auch die

240 Siehe Pollmann, »Krieg im Namen der Menschenrechte?«.

241 Eine ähnliche Zurückhaltung bei: Rawls, *Das Recht der Völker*, Teil 2.

philosophische Debatte über den Zusammenhang von Demokratie und Menschenrechten regelmäßig um die Frage, ob die Demokratie am Ende nicht auch selbst als ein individuelles Menschenrecht zu verstehen ist.[242] Zumindest aber lässt sich auch hier empirisch zeigen, dass die Wahrscheinlichkeit von massiven Menschenrechtsverletzungen in gut funktionierenden Demokratien abnimmt.[243] Selbst wenn auch diese beiden Anliegen der Demokratieförderung einerseits und des Menschenrechtsschutzes andererseits auf eklatante Weise miteinander kollidieren können, etwa im Rahmen des hegemonial durch einzelne Großmächte betriebenen »Demokratieexports« oder des sogenannten *nation building* im Anschluss an eine militärische Intervention: Es besteht sowohl konzeptionell als auch empirisch ein enges Verhältnis zwischen der Demokratie und den Menschenrechten, und schon deshalb sollte die Aufgabe einer globalen Beförderung der Demokratie – neben den Aufgaben der Friedenssicherung und des Menschenrechtsschutzes – als das dritte zentrale Anliegen einer konföderalen, subsidiären Weltinnenpolitik betrachtet werden.

Mit dieser »neuen« Trias aus Demokratieförderung, Friedenssicherung und Menschenrechtsschutz sind wir – der Sache nach – genau bei jener Funktionsbeschreibung einer konföderalen und subsidiären Weltinnenpolitik angelangt, die seinerzeit schon Kant dem von ihm favorisierten Völkerbund zugrunde legen wollte. Die drei berühmten »Definitivartikel«[244] seiner *Friedensschrift* gehen diese Trias der Reihe nach durch: Der erste Definitivartikel besagt, dass die »bürgerliche Verfassung in jedem Staate […] republikanisch« und damit – im heutigen Sinne – demokratisch sein soll. Der zweite Definitivartikel geht davon aus, dass der globale Friedenszustand »auf einem Föderalism freier Staaten gegründet sein« muss. Der dritte Artikel schließlich formuliert dann erstmals prominent die Idee eines »Weltbürgerrechts«, das bei Kant zwar »auf Bedingungen

242 Joshua Cohen, »Is There a Human Right to Democracy?«, in: Christine Sypnowich (Hg.), *The Egalitarian Conscience. Essays in Honour of G. A. Cohen*, Oxford 2006, S. 226-248; Stephan Kirste, »Die Begründung der Demokratie aus den Menschenrechten«, in: *Zeitschrift für Menschenrechte* 12 (2018), S. 8-27.

243 Sikkink, *Evidence for Hope*, S. 193-196.

244 Im Gegensatz zu den »Präliminarartikeln« benennen die Definitivartikel – im Konjunktiv – das, was laut Kant nötig wäre, um aus einem Frieden einen *ewigen* Frieden zu machen.

der allgemeinen Hospitalität eingeschränkt« bleibt, seiner formalen *Struktur* nach aber exakt das weiter oben vorgeschlagene Verständnis konstitutioneller und international überwachter Menschenrechte vorwegnimmt.[245] Auch in dieser ideengeschichtlichen Hinsicht ist also das hier skizzierte Modell einer konföderalen, subsidiären Weltinnenpolitik keineswegs neu. Es lässt sich nicht nur aus der Struktur der nach dem Zweiten Weltkrieg gegründeten Vereinten Nationen herauslesen, sondern eben zugleich auch schon aus Kants *Friedensschrift*.[246] Dies mag zwar nicht schon ein philosophischer »Beweis« für die prinzipielle Vorzugswürdigkeit dieses Modells sein, kann aber vorerst als ein doppeltes Indiz für ideengeschichtliche und weltpolitische Plausibilität genügen.

3. Interventionen im Namen der Menschenrechte

Blickt man auf den besonderen Aufgabenbereich des globalen Menschenrechtsschutzes, so ergibt sich die insgesamt komplexe Frage, *wann* der anvisierte Völkerbund *wem* gegenüber und *inwieweit* dazu berechtigt sein soll, sich in die inneren Angelegenheiten einzelner Staaten einzumischen. »Wann« betrifft die Frage, was konkret geschehen sein muss, damit die Staatengemeinschaft intervenieren darf. Reichen vereinzelte und vergleichsweise minderschwere Menschenrechtsverletzungen dazu schon aus? Die Frage nach dem »Wem« bezieht sich auf etwaige Vorbehalte, die sich aus dem Umstand ergeben mögen, dass die hier angestrebte Konföderation ein letztlich »freiwilliger« Zusammenschluss sein will. Was ist mit solchen Staaten, in denen massiv Menschenrechte verletzt werden, die sich dieser Konföderation aber nicht anschließen wollen? Die Frage nach dem »Inwieweit« gilt schließlich der möglichen Bandbreite und Intensität koordinierter Interventionen, die von diplomatischen Vorhaltungen über politische und wirtschaftliche Sanktionen bis hin zum militärischen Einmarsch reichen können. Welche dieser Maßnahmen sind geeignet, welche illegitim?

245 Vgl. §7, Abschnitt 4.

246 Nach Höffe besteht hier ohnehin ein historischer und ideengeschichtlicher Zusammenhang. Siehe ders., »Kant als Theoretiker der internationalen Rechtsgemeinschaft« in: Gerhard Schönrich/Yasushi Kato (Hg.), *Kant in der Diskussion der Moderne*, Frankfurt/M. 1996, S. 489-505.

Zunächst ist zu vermuten, dass sich diese drei Teilprobleme gegenseitig bedingen: Kommt es in irgendeinem Land A, etwa aufgrund eines anhaltenden Bürgerkrieges, zu schweren Verletzungen von Menschenrechten, zum Beispiel zu sogenannten ethnischen Säuberungen, so werden »schärfere« Instrumente der Konföderation zum Einsatz kommen müssen, um diese Verbrechen zu stoppen, als im Fall bloß vereinzelter und vergleichsweise geringfügiger Menschenrechtsverstöße in einem anderen Land B; man denke hier etwa an willkürliche Demonstrationsverbote oder temporäre Sperrungen des Internets. Zugleich gilt: Eine sehr gravierende Sanktion, etwa eine humanitäre oder gar militärische Intervention, die im Fall von Land A legitim sein mag, wird ersichtlich nicht schon dann zu rechtfertigen sein, wenn es, wie im Fall von Land B, bloß zu vereinzelten, weniger schweren Menschenrechtsverletzungen kommt. Darüber hinaus wird es bei der konkreten Bewertung konföderaler Krisensituationen stets auch auf den Unterschied zwischen Ländern, die bereits Mitglieder der Konföderation sind, und solchen, auf die das nicht zutrifft, ankommen. Die sich gegenseitig überwachenden Mitgliedstaaten werden untereinander selbst minderschwere Menschenrechtsverstöße anprangern dürfen, gegenüber Nicht-Mitgliedsstaaten jedoch zurückhaltender sein. Und doch mag in schweren Fällen selbst dann eine Intervention gerechtfertigt sein, wenn der in Frage stehende Staat bislang noch kein Mitglied der Konföderation ist. Die konkrete Prüfung der Verhältnismäßigkeit etwaiger Interventionen und damit die Aufgabe der Festlegung, Priorisierung und Gewichtung einzelner Maßnahmen fällt in den Verantwortungsbereich eigens dazu autorisierter Vertragskontrollorgane; zu denken wäre an einen reformierten Menschenrechtsrat[247] in Genf oder einen reorganisierten Sicherheitsrat[248] in New York. Aus philosophischer Sicht kann im Folgenden lediglich

247 Der UN-Menschenrechtsrat wird sehr häufig wegen seiner Zusammensetzung kritisiert: Die in geheimer Wahl von der UN-Generalversammlung gewählten Mitglieder kommen nicht selten aus Staaten, die selbst massiv die Menschenrechte verletzten. Außerdem hat sich in der Vergangenheit eine sehr deutliche Parteilichkeit zuungunsten des Staates Israel ergeben.

248 Kritisiert wird heute vor allem das nicht mehr zeitgemäße Vetorecht ständiger Mitglieder wie der USA, Russland oder China. Dieses Vetorecht hat zu einer erheblichen Verschärfung schwerer Krisen, etwa in Darfur, Myanmar, Israel, Syrien oder in der Ostukraine, beigetragen.

zur Andeutung kommen, wie man sich dem insgesamt dreifachen Begründungsproblem – wann, wem gegenüber und inwieweit – konzeptionell zu nähern hätte.

Die Frage, *wann* es zu einer Intervention der Staatengemeinschaft kommen darf oder muss, betrifft die konkreten Anlässe, die eine Intervention der Konföderation legitim erscheinen lassen. Es reicht ersichtlich nicht schon aus, dass ein Staat vereinzelt Menschenrechtsverletzungen begeht. Denn aus der konstitutionellen Begründung der Menschenrechte einerseits und der subsidiären Staffelung von politischen Verantwortlichkeiten andererseits ergibt sich die hier in Frage stehende Pflicht einer konföderalen Einmischung allererst dann, wenn der betreffende Mitgliedstaat und dessen gewaltenteilige Institutionen entweder unfähig oder aber nicht willens sind, das menschenrechtliche Problem selbst zu lösen. Gravierende Missstände, wie etwa Armut, Arbeitslosigkeit, mangelnde Gesundheitsversorgung, ungleiche Bildungschancen, wirtschaftliche Ausbeutung etc., sind *menschenrechtlich* relevant, wenn die für die Beseitigung der betreffenden Notlagen verantwortlichen Staaten entweder selbst und aktiv in entsprechende Menschenrechtsverletzungen verwickelt sind oder aber subsidiär Hilfe benötigen, weil sie diese Probleme nicht allein lösen können. Damit ist allerdings nicht schon entschieden, *dass* eine konkrete Einmischung seitens der internationalen Staatengemeinschaft gerechtfertigt wäre. Dazu müssen vielmehr weitere wichtige Bedingungen erfüllt sein:

- Aus der konstitutionellen Begründung der Menschenrechte, die nicht nur nach innen, sondern auch nach außen hin zu einer Beschränkung öffentlicher Gewaltausübung führt, ergibt sich zunächst die auf den ersten Blick irritierende Forderung, dass entsprechend auch jede von außen erfolgende Intervention als Ausdruck interner Zustimmung verstanden werden können muss. Wie im vorangehenden Paragrafen bereits gezeigt, ermächtigen die Menschenrechte die internationale Staatengemeinschaft »im Namen des Volkes« dazu, im Fall massiver Menschenrechtsverletzungen stellvertretend zu intervenieren. Der politische Souverän, in dessen Angelegenheiten sich die Konföderation dann einmischen würde, und vor allem auch die konkreten Opfer der betreffenden Menschenrechtsverletzungen müssen ihrerseits *wollen* und zustimmen können, dass es zu dieser Intervention kommt. Anders gesagt: Die internationale Staatengemeinschaft darf sich nicht einfach ungefragt und paternalistisch »aufdrängen«.

– Die erforderliche Zustimmung durch den betroffenen Souverän wird aber erst dann zu erwarten sein, wenn die Lage der Opfer bereits derart hoffnungslos oder verzweifelt ist, dass mit einer internen Lösung der Probleme nicht länger zu rechnen ist; wie etwa im Fall eines langjährigen Bürgerkrieges. Wie zu Beginn dieses Paragrafen bereits angedeutet, fordert das Subsidiaritätsprinzip von der jeweils höheren Stufe der Verantwortlichkeit eben nicht nur Hilfe, sondern zugleich auch größtmögliche Zurückhaltung. Solange sich die Opfer selbst wehren und gegen ihre Machthaber auflehnen können, ist zu viel Einmischung von außen zu unterlassen. Denn es kann ein wichtiger Ausdruck von demokratischer Souveränität und mithin auch von individueller Menschenwürde sein, die jeweils eigenen Rechte wehrhaft gegen Widerstände zu verteidigen.[249] Allerdings wird ein solcher interner Widerstand nicht länger zu erwarten sein, wenn das Aufkommen an akuten Menschenrechtsverletzungen derart erheblich, massiv, systematisch und schwerwiegend ist, dass die betreffenden Opfer vorwiegend mit ihrem jeweils »nackten« Überleben beschäftigt sind. Die von Seiten des Subsidiaritätsgebots geforderte Zurückhaltung ist spätestens dann *nicht* länger angemessen, wenn die Massenhaftigkeit akuter Menschenrechtsverletzungen jeden Widerstand vor Ort zunichtegemacht hat und nichts als Ohnmacht hinterlässt.

Wann aber genau diese beiden Bedingungen – interne Zustimmung und Ohnmacht – erfüllt sind, ist eine empirische und stets politisch zu beantwortende Frage. Probleme gravierender Armut, fehlender Gesundheitsversorgung, massiver Ausbeutung oder auch massenhafter Flucht sprechen jedoch dafür, dass diese beiden Bedingungen keineswegs nur in derart schwerwiegenden Fällen erfüllt sein werden, die heute bereits durch den Internationalen Strafgerichtshof in Den Haag als Völkermord, Verbrechen gegen die Menschlichkeit und Kriegsverbrechen geahndet werden.[250] Dennoch dürften es

249 Dazu mehr in den §§ 12 u. 13.

250 An dieser Stelle ist noch einmal darauf hinzuweisen, dass wir hier zunächst noch sehr allgemein über die Legitimität verschiedenster Formen von Einmischung

insbesondere diese völkerstrafrechtlich einschlägigen Tatbestände sein, die das oben an zweiter Stelle gelistete Problem aufwerfen, *wem* gegenüber die Staatengemeinschaft zur Einmischung berechtigt ist. Die subsidiär organisierte Konföderation beruht, wie schon angedeutet, auf dem Prinzip vertraglicher Freiwilligkeit: Menschenrechtliche Pflichten, die sich aus diesem Zusammenschluss ergeben, sind völkerrechtliche Selbstbindungen, die unmittelbar als Ausdruck der Autonomie der Einzelstaaten und nicht etwa als von außen aufgezwungene Schranken zu verstehen sind. Ebendies würde jedoch bedeuten, dass die Konföderation ausnahmslos gegenüber jenen Staaten zur Einmischung berechtigt wäre, die auch tatsächlich die betreffenden Menschenrechtsverträge unterzeichnet haben. Was aber passiert im empirisch wahrscheinlichen Fall, dass diesen Vertragswerken niemals alle Staaten dieser Welt beitreten werden? Sind der Konföderation mit Blick auf »Schurkenstaaten« schlicht die Hände gebunden? Und wie verhält es sich im Fall der sogenannten *failed states*?

Im zeitgenössischen Völkerrecht wird dieser Problemzusammenhang meist unter den Stichworten *jus cogens* (zwingendes Recht) oder *erga-omnes*-Verpflichtungen (Pflichten gegenüber allen) verhandelt. Diese juristischen Konstruktionen setzen einen »menschenrechtlichen Mindeststandard«[251] voraus, der dem positiven Völkerrecht vor- beziehungsweise übergeordnet sein soll und damit insofern als »unabdingbar« gelten muss, als von diesem Standard nicht einmal durch eine vertragliche Vereinbarung abgewichen werden darf oder auch nur kann.[252] Das aber würde zugleich bedeuten: Von diesen Verpflichtungen können sich Staaten auch dann nicht lösen, wenn sie *keine* entsprechenden Verträge abschließen und ratifizieren. Allerdings sind diese Konstruktionen eines »zwingenden Völkerrechts« keineswegs unproblematisch. Zumeist bleibt

und nicht nur über das »schwerste Geschütz« der militärischen Intervention sprechen.

251 Claudia Kissling, »Menschenrechtlicher Mindeststandard«, in: *Humboldt Forum Recht* 6 (2001), ⟨www.rewi.hu-berlin.de/de/lf/oe/hfr/deutsch/2001-12.pdf⟩, letzter Zugriff 01. 1. 2021. Dazu umfassend: Kadelbach, *Zwingendes Völkerrecht*.

252 Artikel 53 des *Wiener Übereinkommens über das Recht der Verträge* von 1969 besagt: »Im Sinne dieses Übereinkommens ist eine zwingende Norm des allgemeinen Völkerrechts eine Norm, die von der internationalen Staatengemeinschaft in ihrer Gesamtheit angenommen und anerkannt wird als eine Norm, von der nicht abgewichen werden darf.«

nämlich nicht nur im Dunkeln, welche konkreten Menschenrechte es sein sollen, die diesen menschenrechtlichen Mindeststandard definieren.[253] Auch die begründungstheoretische Fundierung dieser vermeintlich »absoluten« Rechtsansprüche ist oft sehr unklar: Ist die normative Quelle dieses Mindeststandards am Ende ein als überpositiv verstandenes und deshalb seit jeher strittiges Naturrecht? Oder ergibt sich die absolute Geltung dieses zwingenden Völkerrechts *empirisch*, und zwar aus der historisch gewachsenen und gemeinhin als »gewohnheitsrechtlich« bezeichneten Überzeugung der jeweiligen Mitgliedstaaten, dass diese Rechtssätze das unabdingbare Fundament des Völkerrechts bilden *sollen*?

Einmal mehr hilft hier die konstitutionelle Begründung der Menschenrechte weiter. Diese setzt einen folgenreichen Unterschied zwischen jenen Menschen, die beherrscht werden, und denen, die diese Herrschaft ausüben. Die Menschenrechte regulieren das »öffentliche« Gewaltverhältnis, indem sie der Gefahr politischer Willkürherrschaft nicht bloß nach innen, sondern auch nach außen hin Grenzen setzen. Damit ist zugleich behauptet: Auch das *äußere* Auftreten eines staatlichen Herrschaftsverbandes, wie es sich etwa in der Zustimmung oder Nicht-Zustimmung zu internationalen Verträgen manifestiert, muss als legitimer Ausdruck *interner* Zustimmung seitens des Souveräns verstanden werden können. Eine prinzipielle Ablehnung internationaler Menschenrechtsverträge und damit eine Nicht-Teilhabe an der besagten Konföderation wird sich daher schwerlich rechtfertigen lassen, weil sich das betreffende Staatsvolk damit selbst einem erheblichen Risiko aussetzen würde. Daraus folgt: Aus Sicht einer konstitutionellen Begründung der Menschenrechte ergibt sich der komplementäre Beitritt zum konföderalen Schutzregime konzeptionell zwingend.

Angesichts der oben geforderten Freiwilligkeit der Konföderation mag diese hier für »zwingend« gehaltene Begründung widersprüchlich anmuten. Sie erklärt aber zugleich auch die bis heute geradezu frappierend hohe Anzahl an Mitgliedstaaten der Vereinten Nationen: Kaum ein Staat dieser Welt kann oder will es sich

253 Gemeinhin werden – eher intuitiv und unsystematisch – folgende Rechte dazu gezählt: das Verbot des Genozids, der rassistischen Diskriminierung, der Sklaverei, der Folter, der systematischen und willkürlichen Verfolgung, der Verletzung von Leib und Leben u. a.

»leisten«, nicht dabei zu sein.[254] Selbstredend *kann* der jeweilige Staat faktisch darauf verzichten, sich dieser Konföderation anzuschließen, doch wird er dies nicht tun können, ohne damit zugleich auch die eigene menschenrechtliche Legitimität in Frage zu stellen. Im Rückgriff auf die bereits in § 1 erläuterte Grundauffassung, dass die Menschenrechte auch dann Geltung beanspruchen, wenn der jeweils nationale Staat sich weigert, sie als Grundrechte in die eigene Verfassung aufzunehmen und entsprechend zu garantieren, müssen die Menschenrechte auch international eingefordert werden können, wenn die jeweils national herrschenden Akteurinnen und Akteure es ablehnen, völkerrechtliche Verträge zu deren Schutz abzuschließen. Oder anders: Nicht erst die freiwillige Teilhabe an einer vertraglich koordinierten Konföderation begründet konkrete Pflichten zur Unterlassung von Menschenrechtsverletzungen. Diese freiwillige Teilhabe begründet lediglich die aktive Bereitschaft zur koordinierten Teilhabe an einem globalen Schutzregime der Menschenrechte, das sich nicht zuletzt eben auch empfindliche Interventionsmöglichkeiten vorbehält.

An eine dilemmatische Grenze gelangt diese Rechtfertigung menschenrechtlicher Interventionspflichten dann, wenn man an das Beispiel indigener und bislang »isolierter« Naturvölker denkt: Lassen sich etwaige Pflichten der Staatengemeinschaft am Ende sogar mit Blick auf solche Herrschaftsordnungen rechtfertigen, die weitgehend jenseits staatlicher Strukturen organisiert sind und meist auch kein Interesse an irgendeiner Form von internationaler Kooperation haben?[255] Jeder Eingriff in derartige Gemeinschaften – und sei es strikt zum Schutz von Menschenrechten – könnte sich nicht nur kulturell, sondern auch schon epidemiologisch vollends zerstörerisch auswirken. Dennoch weisen die Menschenrechte eine »zivilisierende« Stoßrichtung auf: Sie üben auf sämtliche Kulturen, wie es gegen Ende von § 4 hieß, einen politischen »Universalisierungsdruck« aus. Die Frage, ob die internationale Gemeinschaft etwa auch Kinderehen oder Kannibalismus dulden darf, dürfte begründungslogisch kaum davon abhängen, ob sich diese Phänome-

254 Den Vereinten Nationen gehören derzeit 193 Mitglieder an. Zu den wenigen Ausnahmen gehören u. a. Taiwan, Vatikanstadt, Palästina, die Republik Kosovo und einige Pazifikinseln. Dazu ⟨www.un.org/en/about-us/member-states⟩, letzter Zugriff 1. 11. 2021.

255 Ich danke Philipp Hölzing für diesen Einwand.

ne innerhalb oder jenseits dezidiert staatlicher Strukturen zeigen. Entscheidend ist nach § 6 vielmehr, ob diese schädlichen Praktiken durch illegitime Herrschaft gedeckt oder sanktioniert sind. Auch das geltende Völkerrecht begibt sich hier in einen Spagat: Die *UN-Deklaration der Rechte indigener Völker* von 2017 bemüht sich um einen menschenrechtlich gerahmten Schutz indigener Völker mit Blick auf deren Kultur, Identität und Sprache, deren ökonomische, spirituelle, medizinische und pädagogische Eigenheiten. Zugleich aber macht die Deklaration auch deutlich, dass diese Strukturen, Bräuche und Praktiken in »Einklang mit den internationalen Menschenrechtsnormen« (Artikel 34) stehen müssen. Über die Frage, was daraus zu folgen hätte, wenn dies *nicht* der Fall ist, hüllt sich die Deklaration in Schweigen. Und so wird sich jede auf Angemessenheit bedachte Prüfung von Pflichten der (Nicht-)Einmischung zunächst auch hier an den beiden oben genannten Kriterien »interner Zustimmung« und »Ohnmacht« orientieren müssen.

Zugleich ist mir den obigen Erläuterungen noch immer wenig über die inhaltliche Bandbreite möglicher Interventionen gesagt und damit über das dritte Teilproblem, *inwieweit* sich die Konföderation, falls überhaupt, in die inneren Angelegenheiten einzelner Herrschaftsverbände einmischen darf. Die zeitgenössische Menschenrechtsdebatte geht hier meist etwas vorschnell zur Diskussion des besonders strittigen Falls militärischer Interventionen über. Wie in § 9 angedeutet, wird sich die internationale Staatengemeinschaft auch dieses Instrument als Ultima Ratio und damit unter strengsten Bedingungen vorbehalten müssen; etwa im Fall von Völkermord, ethnischen Säuberungen oder schwersten Bürgerkriegen, denen »tatenlos« zuzuschauen einem menschenrechtlichen Versagen der Konföderation gleichkäme. Dennoch sind unterhalb dieser umstrittenen Schwelle militärischer Interventionen viele weitere Instrumente denkbar, mit denen die Konföderation im Einzelfall einen *verhältnismäßigen* Druck auf menschenrechtswidrig verfahrende Staaten und Regierungen ausüben kann.

Hier sind zum einen jene völkerrechtlich bereits etablierten Schutzmechanismen zu nennen, die von Seiten der UN-Vertragswerke bereits ausdrücklich vorgesehen sind: kritische Beurteilungen durch die einschlägigen Kommissionen und Ausschüsse, durch den UN-Hochkommissar für Menschenrechte oder eigens dazu berufene UN-Sonderberichterstatter; die Erzwingung von

Staatenberichten und deren Überprüfung anhand von »Schattenberichten« namhafter NGOs; Vertragsstrafen bis hin zum Ausschluss; Verfahren vor dem Menschenrechtsrat in Genf, Staatenbeschwerden durch andere Mitgliedstaaten sowie die sogenannten Individualbeschwerdeverfahren.[256] Neben diesen völkerrechtlich geregelten Interventionsmöglichkeiten kann aber auch auf anderem Wege politischer, massenmedialer oder auch ökonomischer Druck aufgebaut werden: durch »stille Diplomatie«, öffentliches *naming and shaming*, durch bi- oder multilaterale Vereinbarungen in Bezug auf menschenrechtlich konforme Handelsbeziehungen, durch wirtschaftliche Sanktionen, kritische Berichterstattung und Dokumentation von Seiten der Massenmedien und vor allem auch durch transnational agierende NGOs, die mit ihren investigativen Recherchen oft nicht nur für eine wachsende Sensibilisierung der Weltöffentlichkeit sorgen, sondern auch dafür, dass Verstöße gegen die Menschenrechte allererst publik werden.[257]

4. Internationale Strafgerichtsbarkeit

Die zuletzt aufgezeigten Interventionsmöglichkeiten dienen vornehmlich dazu, akute Menschenrechtsverletzungen zu stoppen oder von vornherein zu verhindern. Was aber wäre von Seiten der internationalen Staatengemeinschaft zu tun, wenn es »zu spät« ist und gravierende Menschenrechtsverletzungen bereits geschehen sind? Wie schon zu Beginn dieses Paragrafen erwähnt, bestand aus völkerrechtlicher Sicht lange Zeit keinerlei Möglichkeit einer internationalen Ahndung von Menschenrechtsverbrechen – im Sinne einer konkreten Strafverfolgung einzelner Täterinnen und Täter. Erst ab den frühen 1990er-Jahren wurden mit den sogenannten Ad-hoc-Tribunalen[258] und UN-Sondergerichtshöfen diesbezüglich

256 Dazu der Überblick bei Schmahl, »Internationales Menschenrechtsregime«.

257 Es muss erwähnt werden, dass die menschenrechtliche *compliance* selbstredend nicht nur dadurch verbessert werden kann, dass man die jeweiligen »Kosten« für Menschenrechtsverletzungen erhöht. Zugleich sollte man immer auch über mögliche *benefits* für menschenrechtskonformes Verhalten nachdenken. Dazu Sikkink, *Evidence for Hope*, S. 186.

258 Diesen Tribunalen in der Tradition der Nürnberger Prozesse haftete stets der völkerstrafrechtlich bedenkliche Verdacht eines Verstoßes gegen das »Rückwir-

erste Schritte eingeleitet, und der seit 2002 in Den Haag residierende Internationale Strafgerichtshof hat sich dann dauerhaft der Ahndung schwerster Menschenrechtsverbrechen, wie eben Völkermord, Verbrechen gegen die Menschlichkeit und Kriegsverbrechen, verschrieben.[259] Auch wenn die Einrichtung dieses Strafgerichtshofes als völkerrechtlich bahnbrechend zu betrachten ist: Was mit Blick auf das internationale Menschenrechtsregime noch immer fehlt, ist ein Internationaler Gerichtshof für Menschenrechte.[260] Im Gegensatz zum Internationalen Strafgerichtshof, der eben nur ein auf *schwerste* Verbrechen beschränktes Mandat besitzt, wäre ein solcher Internationaler Gerichtshof für Menschenrechte für das gesamte Spektrum von Verstößen gegen UN-Menschenrechtsverträge zuständig; wenngleich auch hier bloß subsidiär und damit in Ergänzung zu etwa vorhandenen nationalen Straf- und Verfassungsgerichten oder auch regional operierenden Gerichtshöfen. Wie immer unrealistisch ein solcher Gerichtshof unter den realpolitischen Bedingungen der Gegenwart auch erscheinen mag, zumal die effektive Durchsetzung des dort gesprochenen Rechts eine weltweit agierende Polizei voraussetzen und ein ebenso globales Strafvollzugssystem erforderlich machen würde: die weltweite Durchsetzung der Menschenrechte muss so lange unzureichend bleiben, wie nicht auch schlagkräftige Instrumente des Völkerrechts zu einer angemessenen und mithin individuellen Bestrafung von Menschenrechtsverletzungen jeglicher Art zur Verfügung stehen.

Die auch für dieses Buch maßgebliche Überzeugung, dass es sich bei Verletzungen der Menschenrechte vornehmlich um staatlicherseits verübte Verbrechen handelt, sollte hier selbstredend nicht so verstanden werden, dass der jeweilige Täter das abstrakte Gebilde »Staat« wäre. Zur Einhaltung der Menschenrechte sind vielmehr, wie in § 8 gezeigt, all jene Akteurinnen und Akteure verpflichtet,

kungsverbot« an: Eine Tat darf nicht nach einem Gesetz bestraft werden, das es zum Zeitpunkt der Tat noch gar nicht gab.

259 Claudia Mahler, »Der Internationale Strafgerichtshof (ICC)«, in: dies./Norman Weiß (Hg.), *Menschenrechtsschutz im Spiegel von Wissenschaft und Praxis*, Berlin 2004, S. 257-291.

260 So auch die prominente Forderung von Manfred Nowak, »Ein Weltgerichtshof für Menschenrechte«, in: *Vereinte Nationen* 56 (2008), S. 205-211. Genau genommen fehlt die strafrechtliche Verfolgung von Grund- und Menschenrechtsverletzungen meist auch schon auf nationaler Ebene, selbst wenn einmal das (deutsche) Strafrecht einen eigenen Abschnitt »Straftaten im Amt« vorsieht.

die jeweils vor Ort die politische Gewalt repräsentieren und ausüben. Stets sind dies konkrete Einzelmenschen, zum Beispiel Regierende, Verwaltungsangestellte, Polizistinnen und Polizisten oder auch Mitarbeiterinnen und Mitarbeiter des Justizwesens, die jeweils *in Stellvertretung* ihres Staates derartige Verstöße gegen die Menschenrechte begehen. Entsprechend müsste jeder dieser konkreten Verstöße dann auch *individuell* geahndet werden, indem man die verantwortlichen Menschenrechtsverletzer als Einzelpersonen kriminalisiert. Während man gegen Staaten oder Regierungen, wie im Fall der im dritten Abschnitt angedeuteten Interventionsmöglichkeiten, vornehmlich politisch vorgehen müsste, wäre ein fortentwickeltes Völkerstrafrecht das geeignete Instrument, um individuelle Menschenrechtsverletzungen sehr konkret und *ad personam* zu ahnden.[261]

Die diesbezüglich zentrale Frage lautet: Warum überhaupt muss man die individuellen Täterinnen und Täter und nicht bloß den von diesen Amtspersonen repräsentierten Staat strafrechtlich belangen? Auch diese Frage kann im Rückgriff auf die konstitutionelle Begründung der Menschenrechte und die sich aus dieser Begründung ergebende Adressierung menschenrechtlicher Pflichten beantwortet werden: In grundlegende Rechte und Privilegien einzelner Menschenrechtsverletzer darf immer dann strafend eingriffen werden, wenn diese »gemeinsame« menschenrechtliche Pflichten verletzt und repräsentative Funktionen missbraucht haben. Die Täterinnen und Täter versagen in Ausübung eines öffentlichen Amtes, und »[w]er die Freiheit des Beherrschten mißachtet, verliert die Freiheit seiner Herrschaft«.[262] Aus Sicht einer dezidiert demokratietheoretischen und menschenrechtlichen Begründung politischer Herrschaft dürfte es im Grunde kaum etwas geben, was – im kon-

261 So auch die historisch frühe Einsicht von Broch, *Menschenrecht und Demokratie*, bes. S. 87-129.

262 Ebd., S. 67. Diese allein auf verantwortliche Amtsträgerinnen und -träger gemünzte Begründung darf nicht mit einer *allgemeinen* Begründung strafrechtlicher Eingriffe in Grundrechte verwechselt werden. »Gewöhnliche« Verbrecherinnen und Verbrecher sind in der Regel keine staatlichen Funktionäre mit dezidiert menschenrechtlichen Pflichten. Deren strafrechtliche Verfolgung ist anders zu begründen. Diese Differenz entspricht inhaltlich den im nationalen Strafrecht mitunter gesondert aufgeführten Straftaten, die mit einem »Amt« verknüpft sind. Siehe hier etwa die §§ 132, 174b, 258a u. 331-358 des deutschen *Strafgesetzbuches*.

stitutionellen Sinn – *weniger* legitim wäre als eben ein willkürlicher Machtmissbrauch in Form von Menschenrechtverletzungen durch staatliche Funktionsträgerinnen und -träger. Und ein Staat, der einen Menschenrechtsverletzter beherbergt und unbehelligt lässt, verwirkt die eigene äußere Souveränität, weil er im eigenen Innern, und zwar durch die nicht-erfolgte Ahndung menschenrechtlicher Verbrechen, die Regeln demokratischer Volkssouveränität verletzt.

Weil mit diesem Machtmissbrauch jeweils die Legitimität der gesamten politischen Ordnung in Frage steht und die Nicht-Ahndung von Menschenrechtsverletzungen ein legitimatorisch fatales Signal aussendet, besitzt die strafrechtliche Verfolgung von Menschenrechtsverletzern nicht nur auf nationaler, sondern auch auf internationaler Ebene eine legitimationserhaltende Dringlichkeit. Ebendas berechtigt die internationale Staatengemeinschaft nicht nur zu möglichst rechtzeitigen Interventionen, falls es sich um akute Menschenrechtsverletzungen handelt, sondern zugleich auch zu nachträglich verhängten Strafen. Das völkerrechtliche Nichteinmischungsgebot besteht auch dann nicht, wenn ein Staat das Prinzip demokratischer Volkssouveränität verletzt, indem er schwere Menschenrechtverletzungen ungeahndet lässt. Überspitzt formuliert: Die Unterlassung einer spezifisch menschenrechtlichen Strafverfolgung und mithin die Beherbergung verantwortlicher Menschenrechtsverbrecherinnen und -verbrecher sind »Selbstmordaktionen der Demokratie«.[263]

263 Broch, *Menschenrecht und Demokratie*, S. 204.

3.
Inhaltsbestimmungen

Von der historischen Gewalt zum menschenwürdigen Leben

§ 11 Die prioritäre Pflicht zum Schutz der Menschenwürde

Erst nach 1945 setzt sich in Reaktion auf die beiden Weltkriege und die totalitären Verbrechen die Forderung durch, dass der inhaltliche Bezugspunkt der Menschenrechte das Leben in Menschenwürde sein muss. Die historisch maßlose Unmenschlichkeit bezeugt eine fundamentale Fragilität der Würde, die damit nicht länger als unverlierbar oder angeboren verstanden werden kann. Die Menschenwürde ist gerade nicht das a priori und unumstößlich vorgegebene Begründungsfundament der Menschenrechte, sondern deren stets gefährdetes »Worumwillen«. Die Menschenrechte sind dazu da, allen Menschen ein menschenwürdiges Leben zu ermöglichen. Dieses vorrangige Schutzrecht markiert fortan die prioritäre Grundpflicht aller politischen Gewalt.

Die revolutionäre Transformation des Völkerrechts, die sich seit dem Zweiten Weltkrieg auf Ebene der Vereinten Nationen vollzieht, fügt der traditionellen Funktion der Menschenrechte, konstitutionelle Bollwerke gegen staatliche Willkürherrschaft zu errichten, eine wichtige weitere Aufgabe hinzu. Fortan sollen die Menschenrechte nicht mehr bloß vor Ort als demokratisch souveräne Verfassungsvorbehalte gegenüber den Gefahren politischen Machtmissbrauchs dienen. Sie fungieren nunmehr auch als internationale Normen eines völkerrechtlich regulierten Mit- und Gegeneinanders von zukünftig nur noch bedingt souveränen Nationalstaaten, die sich wechselseitig zur Friedenssicherung *und* zum Schutz der Menschenrechte verpflichten und dabei gegenseitig überwachen sollen. Im dritten und letzten Hauptabschnitt dieses Buches wird es um eine revolutionäre Neuerung auf *inhaltlicher* Ebene gehen. Auch die Frage, was genau die Menschenrechte im Detail schützen sollen, wird nach 1945 – im Anschluss an die monströse Gewalt der beiden Weltkriege und die totalitären Verbrechen – schlagartig anders als zuvor beantwortet. Wie in der Einleitung zu diesem Buch bereits gezeigt: Die unmenschlichen Grausamkeiten des 20. Jahrhunderts bringen schmerzhaft disruptive Lernerfahrungen mit sich, die gerade nicht als lineare Fortsetzung aller bisherigen Menschenrechtsentwicklung verstanden werden können. Plötzlich steht nicht länger (nur) die individuelle Freiheit des Menschen im Fokus menschenrechtlicher Schutzansprüche, sondern die durch Krieg, Gewalt und historisch beispiellose Unmenschlichkeit zutiefst bedrohte Menschenwürde.

Die zentrale These der historischen und ideengeschichtlichen Einleitung lautete: Nicht die »Ideen« der Menschenwürde und der Menschenrechte sind neu, sondern deren systematische Verknüpfung im Rahmen eines revolutionierten Rechtsempfindens. Aus heutiger Sicht mag dieser begriffliche Zusammenhang selbstverständlich anmuten, aber erst seit 1945 sind die Ideen der Menschenrechte und der Menschenwürde zwei Seiten derselben Medaille.[1] Monströse Erfahrungen von Gewalt, Grausamkeit, Vernichtung, Dehumanisierung, Demütigung, Erniedrigung und eben *Entwürdigung* lassen nicht so sehr vollends »neue« Werte und Normen entstehen, wohl aber neue Deutungen alter Werte und Normen und mithin dann auch jenen kombinierten Normzusammenhang aus Rechten und Würde. Entsprechend proklamieren seither geradezu sämtliche Menschenrechtsabkommen auf Ebene der Vereinten Nationen gleich zu Beginn eine dem Menschen allein aufgrund seines Menschseins eingeschriebene Würde, aus deren Achtung sich automatisch auch der Besitz der einzelnen Menschenrechte ergeben soll: »Alle Menschen sind frei und gleich an Würde und Rechten geboren« heißt es dazu etwa in Artikel 1 der auch in dieser Hinsicht historisch bahnbrechenden *Allgemeinen Erklärung der Menschenrechte* von 1948.

Angesichts dieser seither kaum mehr anzufechtenden Bedeutung der Menschenwürde für die Menschenrechte wird sich die Theorie im historischen Rückblick fragen lassen müssen: Hatte der Menschenrechtsdiskurs vor 1945 die Wichtigkeit und Dringlichkeit der menschlichen Würde schlicht übersehen? Oder war sie bis dahin vielleicht derart selbstverständlich gewesen, dass man sie nicht einmal zu erwähnen brauchte? Auch die ersten beiden Hauptabschnitte dieses Buches sind ja weitgehend ohne direkte Bezugnahme auf die Würde des Menschen ausgekommen. Daher wird es im Folgenden stets auch darauf ankommen, diese grundbegriffliche Zurückhaltung retrospektiv plausibel erscheinen zu lassen: Die Menschenwürde, so wird nun die zentrale These lauten, kommt konzeptionell

1 Siehe Einleitung, Abschnitt 4.

erst dann ins Spiel, wenn es um die inhaltliche Frage geht, was das konkrete »Schutzgut« der Menschenrechte ist und welche einzelnen Rechte sich daraus ergeben. Führt man sich diesbezüglich einige der heute typischen Verwendungen des Würdebegriffs vor Augen, zeigt sich jedoch rasch eine terminologische Verwirrung, von der die philosophische und juristische Fachdiskussion kaum weniger gekennzeichnet ist als der gehobene Alltagssprachgebrauch. Oft konkurrieren sehr verschiedene und sich teilweise direkt widersprechende Auffassungen vom »Wesen« der Menschenwürde, die sich nicht zuletzt sehr ungleichen historischen und ideengeschichtlichen Entstehungskontexten verdanken.[2]

Die heute etwa aus dem deutschen *Grundgesetz* vertraute Behauptung »Die Würde des Menschen ist unantastbar« verträgt sich, sobald man sie wortwörtlich versteht, nur schwer mit ebenso geläufigen Aussagen vom Typ »Die Würde des Menschen kann verletzt werden«. Denn entweder *ist* die Menschenwürde antastbar – oder sie ist es nicht. Zwar wird in verfassungsrechtlich einschlägigen Kommentaren meist der Versuch unternommen, diesen Widerspruch durch die Behauptung aufzulösen, dass der betreffende Artikel 1 Absatz 1 keineswegs wörtlich und damit indikativisch, sondern imperativisch zu verstehen sei: Die Würde des Menschen *darf unter gar keinen Umständen* angetastet werden. Allerdings ist fraglich, warum die vielgepriesene Exaktheit der juristischen Sprache den Vätern und Müttern der Verfassung ausgerechnet an dieser so zentralen Stelle unangebracht erschien.[3] Auf ganz ähnliche Weise ergeben sich Widersprüche zwischen gängigen Behauptungen vom Typ »Die Menschenwürde ist unverlierbar« und ebenso alltäglichen Aussagen wie »Manche Menschen verhalten sich würdelos«. Entweder ist die Würde des Menschen bereits im Prinzip unverlierbar, dann aber kann sie schwerlich eingebüßt werden – auch nicht

2 Ebd., Abschnitt 2. Ich stütze mich im Folgenden auf Arnd Pollmann, »Menschenwürde nach der Barbarei. Zu den Folgen eines gewaltsamen Umbruchs in der Geschichte der Menschenrechte«, in: *Zeitschrift für Menschenrechte* 4 (2010), S. 26-45, hier S. 27 f. Aufgrund der allgemeinen Bekanntheit der nachfolgenden Sätze verzichte ich auf Einzelnachweise.

3 Vgl. die berühmte Formulierung von Theodor Heuss aus den Beratungen des Parlamentarischen Rates, nach der die Würde eine »nicht interpretierte These« sei, die »der Eine theologisch, der Andere philosophisch, der Dritte ethisch auffassen« möge. Zit. nach: Deutscher Bundestag/Bundesarchiv (Hg.), *Der Parlamentarische Rat 1948-1949. Akten und Protokolle*, Band 5, S. 72.

durch eigenes Fehlverhalten. Oder aber die Menschenwürde kann sehr wohl durch eigene Sorglosigkeit »verspielt« werden, etwa durch sträfliche Vernachlässigung sozialer Konventionen und gesellschaftlicher Pflichten oder auch durch ein ungebührliches Fehlverhalten in der Öffentlichkeit,[4] dann aber ließe sich die besagte Würde nicht länger als »a priori« unverlierbar verstehen.

Ein nächster Widerspruch erschließt sich erst beim zweiten Hinhören: Wenn jemand behauptet, dass »jeder Mensch immer schon die gleiche Würde« besitzt, so verträgt sich diese Aussage nur schwer mit der ebenso gewöhnlich klingenden Auffassung, dass »jeder Mensch ein Recht auf Schutz der Würde« hat. Warum sollte man ein Rechtsgut schützen müssen, welches doch ohnehin, und zwar von vornherein und unwiderruflich, jedem Menschen auf exakt die gleiche Weise eigen ist? Muss man nicht bloß das schützen, was einem Menschen auch tatsächlich streitig gemacht oder gar genommen werden kann? Ein vierter und vorerst letzter Widerspruch ergibt sich dann, wenn eine Person behauptet, dass schlicht »jeder Mensch Würde hat, bloß weil er Mensch ist«, während eine andere Person der Meinung ist, dass Menschen deshalb Würde besitzen, »weil sie zur Vernunft fähig sind«. Zumindest manche Menschen, zum Beispiel Kleinkinder oder demente Personen, sind ersichtlich noch nicht oder auch nicht mehr vernunftfähig, sodass zumindest diese Menschen automatisch aus dem Kreis jener herausfielen, denen Menschenwürde zugestanden wird; was aber nach Ansicht der opponierenden ersten Auffassung bereits im Prinzip als unmöglich zu betrachten ist.[5]

In diesem ersten Paragrafen des dritten Hauptabschnitts wird zu zeigen sein, dass die skizzierten Widersprüche aus systematischen Unklarheiten auf mindestens vier Ebenen resultieren: Im Anschluss an die bereits in der Einleitung hinterfragte Ideengeschichte der Würde werden zunächst vier konkurrierende Konzeptionen der Menschenwürde unterschieden, die in der gegenwärtigen Würde-

4 Dazu Baruch de Spinoza (*Politischer Traktat*, Hamburg 1994, § IV) mit Blick auf Amtspersonen: »(D)aß die Inhaber der Regierungsgewalt, mehrere oder einer, trunken oder nackt mit Huren durch die Straße laufen, daß sie sich als Clown aufführen, daß sie die selbst erlassenen Gesetze offen verletzen oder mißachten und dann noch ihre Würde bewahren; das ist so unmöglich, wie zu derselben Zeit zu sein und nicht zu sein« (S. 59).

5 Vgl. die Diskussion in § 3.

debatte geradezu unentwegt miteinander vermengt werden (Abschnitt 1). Kaum weniger verwirrend wirkt der Umstand, dass sich aus diesen vier Würdekonzeptionen fast notwendig sehr verschiedene Möglichkeiten ergeben, das systematische Verhältnis zwischen der Menschenwürde einerseits und den Menschenrechten andererseits zu konzipieren (Abschnitt 2). Diese Überlegungen werden anschließend zunächst noch einmal an die historische These aus der Einleitung zurückgebunden, nach der sich allererst im Anschluss an den Zweiten Weltkrieg ein für die philosophischen Debatte bis dato unübliches, dezidiert rechtliches Verständnis der Menschenwürde Bahn bricht (Abschnitt 3). Doch bis heute wird fast immer eine konzeptionell entscheidende Differenz übersehen, ohne die sich die Menschenrechte nach 1945 gar nicht sinnvoll »neu« denken lassen. Gemeint ist die Unterscheidung zwischen einer prioritären menschenrechtlichen *Grundpflicht* zum Schutz der Menschenwürde einerseits und der Frage nach dem jeweils individuellen *Besitz* von Menschenwürde andererseits (Abschnitt 4).

1. Vier Konzeptionen der Menschenwürde

Trägerin oder Träger von Menschenwürde, so heißt es oft, sei jeder Mensch, allein weil er Mensch ist, und damit bereits deshalb, weil er als Mensch, wie alle anderen Menschen auch, zur menschlichen Gattung gehört.[6] Folgt man dieser überaus geläufigen Deutung, so macht der Würdebegriff auf eine für alle Menschen gleichermaßen charakteristische und zugleich normativ ausschlaggebende Werteigenschaft »des« Menschen aufmerksam; auf eine universelle menschliche Wesensbestimmung, die mit der Berechtigung jedes einzelnen Menschen einhergehen soll, in seiner jeweils individuellen Würde gleichermaßen geachtet zu werden. Um es in den vielzitierten Worten Immanuel Kants zu sagen: Weil der Mensch als vernunftfähiges Lebewesen einen »innern Werth« hat, der nicht, wie der »Marktpreis« profaner Handelsgüter, äquivalent verrechnet werden darf, ist der Mensch »über allen Preis erhaben«, und eben wegen dieser Würde verdient er unterschiedslos den gleichen mo-

6 Im Folgenden stütze ich mich erneut auf: Pollmann, »Menschenwürde nach der Barbarei«.

ralischen Respekt.[7] Dieser universelle Respekt dem Menschen als Menschen gegenüber verbindet sich im menschenrechtlichen Kontext mit der Einsicht, dass jeder Mensch ein Minimum an humanen Lebensbedingungen benötigt, um entsprechend auch ein Leben »in« Würde führen zu können. Aus genau dieser Einsicht in die teilweise prekären Bedingungen menschenwürdigen Lebens ergibt sich dann auch das für die Menschenrechte prioritäre Grundgebot zum Schutz jener Menschenwürde, die damit zum inhaltlich einigenden Bezugspunkt der einzelnen Menschenrechte wird.[8]

Meist aber enden die zentralen Gemeinsamkeiten einschlägiger Würdekonzeptionen an dieser Stelle auch schon.[9] Mit der zu Anfang präsentierten Gegenüberstellung alltagssprachlich geläufiger, aber teilweise doch sehr widersprüchlicher Verwendungen des Würdebegriffs ist bereits der Verdacht aufgekommen, dass in der heutigen Debatte nicht immer über dasselbe gesprochen wird, wenn es um die Würde des Menschen geht. Zur Klärung dieser terminologischen Verwirrungen kann eine methodologische Unterscheidung herangezogen werden, nach der sich angesichts »umkämpfter Begriffe« stets zwischen grundbegrifflichen »Konzepten« und inhaltlich divergenten »Konzeptionen« dieser Begriffe unterscheiden lässt.[10] Gemäß dieser Unterscheidung können inhaltlich strittige Termini, wie etwa »Wahrheit«, »Glück«, »Gerechtigkeit« oder auch »Freiheit«, als philosophisch grundlegende Konzepte verstanden werden, von denen zunächst wenig strittig ist, *dass* sie von herausgehobener Bedeutung sind. Dennoch mag es seit jeher und auch stets aufs Neue einen gewissen Streit um ihre inhaltliche Ausdeutung und damit um ihre substanziell verschiedenen Konzeptionen geben. Was die eine Person jeweils unter Wahrheit, Glück, Gerechtigkeit oder Freiheit versteht, wird nur selten identisch sein mit dem, was andere darunter verstehen. Obwohl doch kaum jemand bezweifeln wird, dass die genannten Begriffe *wichtige* Begriffskonzepte sind, gibt es doch vergleichsweise selten Einigkeit darüber,

7 Immanuel Kant, *Grundlegung zur Metaphysik der Sitten* [1785], Akademie-Ausgabe, Berlin 1900 ff., Bd. IV, S. 434 f.

8 Dazu etwa Heiner Bielefeldt, *Philosophie der Menschenrechte. Grundlagen eines weltweiten Freiheitsethos*, Darmstadt 1998, Hauptteil 1.

9 Siehe den Überblick bei Peter Schaber, *Menschenwürde*, Stuttgart 2012.

10 Walter B. Gallie, »Essentially Contested Concepts«, in: *Proceedings of the Aristotelian Society* 56 (1956), S. 167-198.

wie genau der Inhalt dieser verschiedenen Begriffe zu verstehen ist. Und gelegentlich werden sich diese verschiedenen Interpretationen eben auch direkt widersprechen oder wechselseitig ausschließen.

Auch die Menschenwürde ist ein derart umstrittenes Grundkonzept. Obwohl sich tagtäglich sehr viele Menschen, aber auch Institutionen oder Regierungen auf dieses Konzept berufen, lässt es doch stellenweise inkompatible bis konträre Ausdeutungen zu. Nicht selten sorgt dies für eine derart heillose Verwirrung, dass sich manche ihrer Kritikerinnen und Kritiker am liebsten gleich ganz von der Idee der Menschenwürde verabschieden würden.[11] Doch trotz aller inhaltlichen Unstimmigkeiten lässt sich zumindest innerhalb der philosophischen und juristischen Menschenrechtsdiskussion eine recht breite, ja inzwischen nahezu globale Zustimmung zum menschenrechtlichen Würdepostulat feststellen.[12] Ohne dass der inhaltliche Streit über den richtigen Gebrauch des Würdebegriffs damit auch schon beigelegt und ohne dass damit geklärt wäre, worin genau der Zusammenhang zwischen der Menschenwürde einerseits und den Menschenrechten andererseits besteht: *dass* es einen solchen Zusammenhang gibt, gilt heute vielerorts als selbstverständlich. Und in der aktuellen Diskussion sind es vor allem die vier folgenden Konzeptionen der Menschenwürde, die miteinander konkurrieren. Sie ergeben sich in Korrespondenz zu den vier Etappen jener ideengeschichtlichen Standarderzählung der Menschenwürde, die bereits in der Einleitung[13] skizziert worden ist, und sie lassen sich systematisch aus der doppelten Fragestellung herleiten, ob die Menschenwürde tatsächlich als »angeboren« zu verstehen ist und ob sie von vornherein allen Menschen gleichermaßen zukommt:[14]

11 Dazu exemplarisch: Achim Lohmar, *Falsches moralisches Bewusstsein. Eine Kritik der Idee der Menschenwürde*, Hamburg 2017. Dass man aber auf einen Begriff verzichten sollte, nur weil dieser schwer zu verstehen oder aufzuklären ist, stellt eine merkwürdig »unphilosophische« Haltung dar.

12 Dazu auch die beherzte Studie von Pablo Gilabert, *Human Dignity and Human Rights*, Oxford 2017.

13 Einleitung, S. 32-38.

14 Ich übernehme diese Systematik aus: Arnd Pollmann, »Würde nach Maß«, in: *Deutsche Zeitschrift für Philosophie* 53 (2005), S. 611-619. Die oft übersehene Alternative zwischen einer »verlierbaren« und einer »unverlierbaren« Würde arbeitet sehr klar heraus: Christoph Horn, »Die verletzbare und die unverletzbare Würde des Menschen«, in: *Information Philosophie* 3 (2011), S. 30-41.

- Die erste dieser konkurrierenden Würdekonzeptionen knüpft an antike Denkmotive an, die prominent etwa auch in der rechtssoziologischen Würdeinterpretation von Niklas Luhmann ein Echo gefunden haben.[15] Mit Blick auf die »systemintegrative Funktion« verfassungsrechtlich garantierter Grundrechte hat Luhmann seinerzeit die These vertreten, dass die in Artikel 1 Absatz 1 des *Grundgesetzes* garantierte Menschenwürde mit der Idee einer allererst zu erbringenden sozialen »Leistung« verknüpft sei. Als moderne Menschen, so Luhmann, haben wir im gesellschaftlichen Miteinander diverse »Rollen« zu spielen und uns dabei jene respektvolle Achtung stets aufs Neue zu »verdienen«, die unsere Dignität als achtungswürdige Person begründet. Hat der Mensch diese Leistung erbracht und so entsprechend dann auch Würde erworben, gilt es diese Würde fortan gegen selbstverschuldete Einbußen, aber auch gegen interpersonale Anfeindungen zu verteidigen. Nur deshalb – weil man als Mensch diese verdiente Würde auch wieder verlieren kann – muss sie nach Luhmann unter grundrechtlichen Schutz gestellt werden. Entsprechend gilt, zum einen, dass nicht schon alle Menschen von vornherein Würde besitzen, sondern lediglich jene, die die betreffende Leistung dann auch tatsächlich erbringen. Und es folgt daraus, zum zweiten, dass nicht schon sämtliche Menschen gleichermaßen Würde besitzen können, sondern stets nur in dem Ausmaß, in dem sie die betreffende Leistung überzeugend erbringen. Mit diesen beiden Grundprämissen fußen sogenannte Leistungskonzeptionen der Würde nicht nur auf der Überzeugung, dass die Menschenwürde etwas gesellschaftlich Erworbenes darstellt, sondern zugleich auch auf der Unterstellung, dass die jeweils individuelle Würde »graduierbar« ist und damit Abstufungen zulässt.
- Die in beiden Hinsichten direkt gegenteilige Position wird heute von jenen vertreten, die behaupten, dass die Menschenwürde von Beginn an jedem Menschen »angeboren« sei, und zwar in jedem einzelnen Fall in exakt dem gleichen Ausmaß. Diese doppelte Überzeugung ist ideengeschichtlich vor allem für religiöse oder anderweitig »metaphysisch« inspirierte Würdekonzeptionen typisch: Jegliche Abstufung in der Zuschreibung von Würde

15 Niklas Luhmann, *Grundrechte als Institution* [1965], Berlin 1999, Kap. 4.

widerspräche dem »absoluten Wert«, der sich für die menschlicher Gattung insgesamt aus ihrer herausgehobenen Bedeutung im Rahmen eines göttlich, kosmologisch oder auch naturrechtlich gedeuteten Weltganzen ergibt. Stattdessen sei die Würde als eine angeborene »Mitgift«[16] zu verstehen, die von vornherein schlicht jedem Menschen, nur weil er Mensch ist, zukomme. Ob man dabei von einer theologischen, naturrechtlichen oder vergleichbar metaphysischen Begründung ausgehen will, ist zunächst nebensächlich: Diese ursprünglich mittelalterlichen Mitgifttheorien der Würde sind sich allesamt einig darin, dass sie jedem Menschen bereits qua Menschsein und damit von Beginn des Lebens an – und teilweise auch schon vor seiner Geburt – die gleiche und volle Würde zuerkennen wollen. Dieser absolute Wert des Menschen kann einem selbst dann nicht genommen werden, wenn er empirisch dann doch einmal konkret ignoriert oder missachtet werden sollte. Die Menschenwürde selbst, so die These, ist buchstäblich »unantastbar« und »unverlierbar«.[17]

– Die dritte Partei sieht sich vornehmlich dem vernunftrechtlich motivierten Würdedenken der Frühen Neuzeit und der philosophischen Aufklärung verpflichtet. Hier lautet die gemeinsame Grundthese: Nicht schon alle menschlichen Lebewesen besitzen Würde, sondern vornehmlich jene, die ganz bestimmte, als moralisch besonders wertvoll erachtete »Fähigkeiten« aufweisen. Damit wird ein normativ und rechtlich folgenreicher Graben gezogen, der »Frühformen« oder auch »Grenzfälle« menschlichen Lebens von solchen menschlichen Lebensformen trennt, denen die jeweils typischen Fähigkeiten von »Personen« zukommen.[18] In der bis heute besonders wirkmächtigen Würdetradition Kants sind dies vor allem: die personale Fähigkeit zu vernünftiger Selbstbestimmung, das Vermögen moralischer Rationalität oder die Bereitschaft zu einer wechselseitigen Anerkennung von Autonomie.[19]

16 Die Unterscheidung Mitgift- vs. Leistungstheorien der Würde geht zurück auf Hasso Hofmann, »Die versprochene Menschenwürde«, in: *Archiv des öffentlichen Rechts* 118 (1993), S. 353-377.

17 Dazu etwa Jacques Maritain, *Die Menschenrechte und das natürliche Gesetz* [1941], Bonn 1951.

18 Ähnlich wie schon innerhalb der Debatten um den Adressatenkreis der Menschenrechte. Siehe § 3.

19 Alan Gewirth, *Human Rights*, Chicago 1982; Guido Löhrer, *Menschliche Würde.*

Je nach philosophischem Hintergrund können an die Stelle dieser Vermögen aber auch weniger »anspruchsvolle« Eigenschaften von Personen treten; etwa die physiologisch vergleichsweise früh ausgeprägte Fähigkeit, Schmerzen zu empfinden, oder auch ein bewusstes »Überlebensinteresse«.[20] Ähnlich wie auch schon Leistungstheorien der Würde verneint auch dieser Fähigkeitsansatz ausdrücklich, dass der Mensch als Mensch immer schon Würde hat. Diese Würde wird jeweils erst zu dem Zeitpunkt des Lebens erworben, ab dem auch die dafür maßgebliche personale Eigenschaft zur Verfügung steht. Zugleich gibt es hier aber auch eine auffällige Parallele zu Mitgifttheorien der Würde. Denn sobald und solange dem Menschen die betreffende personale Eigenschaft zukommt, ist entsprechend auch die Würde vollständig und damit nicht-graduierbar gegeben. Sie ist das, was fortan das Personsein *auszeichnet.*[21]

– Die vierte Fraktion kommt mit der zweiten in der Auffassung überein, dass sehr wohl alle Menschen und nicht nur Personen an der Menschenwürde teilhaben. Zugleich aber teilt sie mit der ersten Würdeinterpretation die Überzeugung, dass man als Mensch die jeweils eigene Würde stets nur »mehr oder weniger« realisiert. Hier lautet die Grundthese: Jedem Mitglied der menschlichen Spezies kommt aufgrund seines bloßen Menschseins das »Potenzial«[22] zu einem menschenwürdigen Leben zu. Ob und inwieweit es aber dem jeweils einzelnen Menschen möglich oder erlaubt ist, dieses typisch menschliche Potenzial entsprechend auch zu entfalten und zu verwirklichen, hängt letztlich davon ab, ob die jeweils konkreten Lebensumstände dies individuell und gesellschaftlich möglich machen. Für ein

Wissenschaftliche Geltung und metaphorische Grenze der praktischen Philosophie Kants, Freiburg im Breisgau 1995.

20 Norbert Hoerster, *Ethik des Embryonenschutzes*, Stuttgart 2002.

21 Damit geht es nicht länger um Menschenwürde, sondern um eine exklusivere »Personenwürde«.

22 Dazu Pollmann, »Würde nach Maß«. Ähnlich bei Robert Spaemann, »Über den Begriff der Menschenwürde«, in: Ernst-Wolfgang Böckenförde/Robert Spaemann (Hg.), *Menschenrechte und Menschenwürde*, Stuttgart 1987, S. 295-313; Avishai Margalit, *Politik der Würde. Über Achtung und Verachtung*, Berlin 1997; Ralf Stöcker, *Theorie und Praxis der Menschenwürde*, Münster 2019. Franz Josef Wetz spricht in diesem Zusammenhang von einem »Gestaltungsauftrag« in: ders., *Illusion Menschenwürde. Aufstieg und Fall eines Grundwerts*, Stuttgart 2005.

Leben in Würde müssen die Bedingungen, unter denen dieses Leben geführt wird, derart »human« beschaffen sein, dass sich darin auch tatsächlich ein menschenwürdiges Leben zu entfalten vermag. Daraus ergibt sich eine konzeptionell notwendige, in der aktuellen Debatte aber kontroverse Konsequenz: Die Menschenwürde kann nicht länger als eine »unverlierbare« Werteigenschaft interpretiert werden. Zwar mag das Potenzial zu einem Leben in Menschenwürde angeboren sein, die Würde selbst jedoch – als das gegebenenfalls bereits realisierte Potenzial – ist es nicht. Vielmehr lässt das jeweils individuelle Ausmaß der konkreten Realisierung dieses Potenzials graduelle Abstufungen zu. Und das bedeutet auch: Die Menschenwürde ist zu schützen, und zwar durch Menschenrechte, weil sie – zumindest teilweise – verloren gehen kann.[23]

WÜRDE	gegeben	erworben
nicht-abstufbar	Mitgift (Mittelalter)	Fähigkeit (Aufklärung)
abstufbar	Potenzial (nach 1945)	Leistung (Antike)

Schaubild 2: Vier epochale Würdebegriffe[24]

2. Fünf rechtliche Relationen

Ob man mit der Menschenwürde eine Leistung, eine Mitgift, eine personale Fähigkeit oder die Realisierung eines Potenzials verbindet: Die nächste notorische Unklarheit herrscht in Bezug auf die Frage nach der systematischen Beziehung zwischen der Menschen-

23 Um Missverständnisse zu vermeiden: Die Menschenwürde ist nicht *selbst* ein Potenzial, sondern das jeweilige Resultat der Realisierung jenes Potenzials zu einem menschenwürdigen Leben. Die Würde selbst ist, wie wir noch sehen werden, ein vulnerables Selbstverhältnis »verkörperter Selbstachtung«.

24 Ich modifiziere hier eine Tabelle aus: Pollmann, »Würde nach Maß«, S. 614.

würde auf der einen Seite und dem Besitz schützender Menschenrechte auf der anderen. Kommen jedem Menschen, der Würde besitzt, deshalb auch schon automatisch Menschenrechte zu? Oder setzt das menschenwürdige Leben seinerseits den Besitz und die Geltung schützender Menschenrechte bereits voraus? Sind Fälle denkbar, in denen ein menschliches Lebewesen, zum Beispiel ein Embryo, zwar Würde besitzt, nicht aber sämtliche Menschenrechte erwachsener Grundrechtssubjekte? Gibt es – umgekehrt – auch solche Menschen, zum Beispiel Opfer von Gewalttaten, schwerster Diskriminierung oder extremer Armut, denen man zwar sämtliche Menschenrechte zuerkennen muss, nicht aber schon in vollem Maße auch ein menschenwürdiges Leben? Mit der rechtshistorischen These, dass es allererst ab Mitte des 20. Jahrhunderts zu einer Verschmelzung des Würdediskurses mit der Menschenrechtsdebatte kommt, geht zunächst nur die Überzeugung einher, dass ein zeitgemäßes Würdekonzept auf den Menschenrechten aufbauen muss und dass ein zeitgemäßes Konzept der Menschenrechte entsprechend in der Würde des Menschen zu verankern ist. Wie aber genau hat man sich dieses Begriffsverhältnis zu denken, das im historisch transformierten, »neuen« Menschenrechtsdenken ab 1945 zum Ausdruck kommt und sich entsprechend dann auch in einem grundlegend revolutionierten Völkerrecht niederschlägt? Die verfassungsrechtlichen und auch völkerrechtlichen Debatten der letzten Jahrzehnte haben gezeigt, dass sich dabei mindestens fünf verschiedene Deutungen anbieten:

– Laut der heute gängigsten Auffassung ist die Menschenwürde als das unerschütterliche »Fundament«, als ein apriori vorgegebener Ableitungsgrund der Menschenrechte zu verstehen und damit als ihre normative Quelle, aus der sie sich geradezu zwangsläufig ergeben sollen.[25] Demnach ist die Menschenwürde nicht selbst schon *eines* dieser Menschenrechte, sondern deren unhintergehbare Begründungsbasis, auf der die jeweils konkreten Konzeptionen der Menschenrechte aufruhen. Der Besitz von Menschenwürde wird so bereits auf konzeptioneller Ebene zu einer

25 Für einen systematischen Überblick mit eigener Positionierung: Jörn Müller, »Menschenwürde als Fundament der Menschenrechte: Eine begründungstheoretische Skizze«, in: Bernward Gesang/Julius Schälike (Hg.), *Die großen Kontroversen der Rechtsphilosophie*, Paderborn 2011, S. 99-122.

notwendigen *und* hinreichenden Bedingung für den Besitz von Menschenrechten: Wer Menschenwürde hat, hat deshalb unumwunden oder zwingend auch entsprechende Menschenrechte. Diese sind als »Imperative« zu verstehen, die sich notwendig aus dem Besitz der Menschenwürde ergeben. Ebendeshalb handelt es sich um »zwei Seiten derselben Medaille«: Entweder man hat sie beide – oder aber man hat sie beide nicht. Trotzdem ist mit beiden Begriffen nicht schon strikt dasselbe gemeint. Vielmehr verhält sich das begründungstheoretische Fundament der Menschenwürde zu den einzelnen Menschenrechten wie die Grundmauern zu einem Haus, das auf diesen Grundmauern errichtet wird.[26]

– Folgt man der zweiten Lesart, so ist die Menschenwürde gerade nicht als das »immer schon« gesicherte Fundament der Menschenrechte zu betrachten, sondern selbst als ein spezielles Einzelrecht; wenngleich als ein ganz besonderes, das »über« den jeweils anderen Rechten steht. Gemäß dieser Auffassung ist mit der oft prominenten Stellung des Rechts auf Würdeschutz lediglich dokumentiert, welches als das *wichtigste* aller Menschenrechte zu gelten hat. Diese These kann entweder so verstanden werden, dass das Recht auf Würde besonders fundamentale menschliche Interessen schützt – zum Beispiel das Interesse, nicht erniedrigt oder gedemütigt zu werden –, die vom Wortlaut der übrigen Menschenrechte nicht schon inhaltlich mit erfasst sind.[27] Oder aber der Begriff der Menschenwürde steht für ein rechtssystematisch grundlegendes »Recht auf Rechte« und damit für eine Art Fundamentalrecht, das allen übrigen Rechten konzeptionell vorgelagert ist und deren subjektiven Besitz allererst konstituiert.[28] In beiden Fällen wird festgestellt, dass die Men-

26 Dass der Würdebegriff ausführlicher erst in diesem dritten Teil des Buches behandelt wird, macht deutlich, dass diese Mainstream-Position nicht geteilt wird. Die Würde ist für die Menschenrechte seit 1945 sehr wohl zentral, aber nicht auf begründungstheoretischer, sondern auf inhaltlicher Ebene.

27 Vgl. Eckart Klein, »Human Dignity in German Law«, in: David Kretzmer/Eckart Klein (Hg.), *The Concept of Human Dignity in Human Rights Discourse*, The Hague/London/New York 2002, S. 145-159.

28 Zu dieser an Hannah Arendt erinnernden Konstruktion: Christoph Enders, »Die Menschenwürde als das Recht auf Rechte«, in: Kurt Seelmann (Hg.), *Menschenwürde als Rechtsbegriff*, Wiesbaden 2005, S. 49-61; Rainer Forst, »Die Würde des Menschen und das Recht auf Rechtfertigung«, in: *Deutsche Zeitschrift für Philosophie* 53 (2005), S. 589-596.

schenwürde ein besonderes Einzelrecht ist, das oberste Priorität besitzen muss. Was auch immer ein Staat seinen Bürgerinnen und Bürgern heute oder zukünftig noch zufügen darf: Wenigstens *ein* Recht gilt fortan »absolut« und darf unter gar keinen Umständen (mehr) verletzt werden, nämlich eben das Recht auf Schutz der Menschenwürde.

– An genau diesem Punkt berührt sich die zweite mit der dritten Auffassung, die behauptet, dass der Würdebegriff für den rechtssystematisch grundlegenden »Status« steht, ein gleichberechtigtes Subjekt von Menschenrechten zu sein. Die Menschenwürde ist hier zwar kein besonderes Einzelrecht, wohl aber prioritär in dem Sinn, dass erst mit ihrer Anerkennung auch der Besitz der einzelnen Menschenrechte gegeben wäre. Diese These lässt sich entweder so verstehen, dass der Status der Menschenwürde bereits damit vorausgesetzt wird, und zwar rational notwendig und empirisch unhintergehbar, dass man überhaupt von Rechten des Menschen spricht. Demnach würde man sich schlicht selbst widersprechen, wollte man die Menschenrechte proklamieren, ohne zugleich auch den dafür notwendigen gleichen Status aller Menschen vorauszusetzen, ein Subjekt mit Menschenwürde zu sein.[29] Oder aber man betrachtet die menschliche Würde als das Ergebnis einer zwar vernunftrechtlich gebotenen und humanitär wertvollen, letztlich aber kontingenten *Zuschreibung*. Dann kämen dem Menschen erst dann Menschenrechte zu, wenn ihm vorab auch die Menschenwürde zuerkannt worden wäre.[30] Dies würde bedeuten, dass der Zusammenhang von Würde und Rechten nicht länger als natürlich oder a priori selbstverständlich zu verstehen wäre, sondern allererst wechselseitig und mithin politisch »gestiftet« werden müsste: Nur *wenn* die Mitglieder einer politisch integrierten Rechtsgemeinschaft wechselseitig ihre Menschenwürde anerkennen und bestätigen, etwa im Rahmen einer Verfassung oder des Völkerrechts nach 1945, schreiben sie sich damit zugleich auch wechselseitig Menschenrechte zu.[31]

29 So verstehe ich Peter Schaber, *Instrumentalisierung und Würde*, Paderborn 2010, bes. Kap. 4.

30 Dazu Joel Feinberg, *Rights, Justice, and the Bounds of Liberty*, Princeton 1980, Kap. 7, bes. S. 151; Jeremy Waldron, *Dignity, Rank, and Rights*, Oxford 2012.

31 Georg Lohmann, »Globale Gerechtigkeit, Menschenrechte und korrespondie-

- Nach der vierten Lesart steht der Menschenwürdebegriff weder für das Fundament der Menschenrechte noch für ein spezielles Einzelrecht noch für einen konstitutiven Rechtsstatus, sondern für die »Summe« oder das »Ensemble« der einzelnen Menschenrechte.[32] Die jeweils konkreten Menschenrechte, so die These, konkretisieren im Detail, was es bedeuten würde, die Menschenwürde umfassend zu achten oder aber selbst ein menschenwürdiges Leben zu führen. Demnach wären die verfassungs- oder völkerrechtlich einschlägigen Menschenrechtserklärungen als »Kataloge« notwendiger Teilaspekte der menschlichen Würde zu verstehen. Oder anders: Eine jeweils konkrete Vorstellung davon, wie ein Leben auszusehen hätte, das in allen wichtigen Hinsichten durch Menschenrechte flankiert wäre, wäre zugleich eine detaillierte Vorstellung von einem menschenwürden Leben. Dann aber wären Menschenwürde und Menschenrechte nicht nur zwei Seiten derselben Medaille, sondern strikt *dasselbe*: Die Idee der Menschenwürde synthetisierte die Menschenrechte lediglich. Mit dieser Auslegung geht eine provozierende These einher, die dem Würdebegriff gelegentlich den Vorwurf einbringt, nichts als eine »Leerformel«[33] zu sein: Wenn der Begriff der Menschenwürde gar nichts anderes als nur die Summe der Menschenrechte meint, dann wäre ihr Begriff, wie traditionsreich er auch immer sein mag, prinzipiell verzichtbar, da er der Idee grundlegender Menschenrechte gar nichts Wichtiges hinzuaddiert.[34]
- Die fünfte und letzte Lesart teilt zunächst wichtige Intuitionen der ersten vier: Wie die an erster Stelle genannte Auffassung geht auch sie davon aus, dass die Menschenwürde der zentrale normative Bezugspunkt der Menschenrechte ist. Mit der zwei-

rende Pflichten«, in: Hans-Helmuth Gander (Hg.), *Menschenrechte. Philosophische und juristische Positionen*, Freiburg im Breisgau 2009, S. 35-58, bes. S. 45.

32 Dazu Eric Hilgendorf, »Die mißbrauchte Menschenwürde. Probleme des Menschenwürdetopos am Beispiel der bioethischen Diskussion«, in: *Jahrbuch für Recht und Ethik* 7 (1999), S. 137-158, Abschnitt IV.

33 Panajotis Kondylis, »Würde«, in: Otto Brunner/Werner Conze/Reinhart Koselleck (Hg.), *Geschichtliche Grundbegriffe*, Bd. VII, Stuttgart 1972-1997, S. 645-677, hier S. 677.

34 Ruth Macklin, »Dignity is a Useless Concept«, in: *British Medical Journal* 327 (2003), S. 1419 f.

ten Deutung stimmt sie in der Annahme überein, dass mit der Idee der Menschenwürde ein genuines Einzelrecht verbunden ist, und zwar ein besonders vordringliches, das sich von den anderen Menschenrechten merklich unterscheidet. Ähnlich der dritten Auslegung geht auch diese fünfte mit der Überzeugung einher, dass sich das Recht auf ein menschenwürdiges Leben nach 1945 einer historisch zwar kontingenten, aber humanitär dringlichen Zuschreibung verdankt.[35] Und mit der vierten Interpretation teilt sie die These, dass die Menschenrechte im Detail ausbuchstabieren sollen, was notwendig für ein Leben in Würde wäre. Diese Gemeinsamkeiten ergeben zusammen die folgende Überzeugung: Das historisch neuartige Bekenntnis zur Menschenwürde, wie man es etwa aus dem *Grundgesetz* oder den einschlägigen Menschenrechtsabkommen der Vereinten Nationen kennt, ist als eine Art »zweite Präambel« zu verstehen. Das Bekenntnis zum Recht auf Würdeschutz benennt vorab das gemeinsame Ziel, dem die übrigen Menschenrechte dienen, die somit jeweils als notwendige, aber empirisch prekäre Bedingungen der Realisierung eines insgesamt menschenwürdigen Lebens zu betrachten sind. Oder wie es im weiteren Verlauf dieser Untersuchung heißen wird: Die stets fragile und damit sehr wohl antastbare Menschenwürde ist als das empirische *télos* zu verstehen, als das gemeinsame »Worumwillen« der Menschenrechte.[36]

3. Das menschenrechtliche Würdeverständnis

Nach der zuletzt rekonstruierten Lesart erweist sich das Leben in Menschenwürde – nach Art einer politisch-rechtlichen Zielvorgabe – als das zentrale »Schutzgut« der Menschenrechte; als deren

35 David Hume hat einst behauptet, die Menschenwürde sei eine moralisch nützliche Erfindung: Wenn der Mensch derart »vorteilhaft« über sich selbst nachdenke, werde er entsprechend auch sein tugendhaftes Handeln an dieser Idee ausrichten, um nicht unter das eigene Niveau herabzusinken. Siehe ders., »Of the Dignity or Meanness of Human Nature« [1741], in: ders., *Selected Essays*, Oxford 1993, S. 43-49, hier S. 44.

36 Pollmann, »Würde nach Maß«, S. 619. Ich beziehe mich mit dem etwas altertümlich klingenden Ausdruck »Worumwillen« (*hou heneka*) auf Aristoteles, der damit die Ziel- oder Zweckursache von etwas meint; also dasjenige, um dessen willen etwas anderes geschieht.

inhaltliches Worumwillen. Damit ist die Menschenwürde gerade nicht »unverlierbar« angeboren oder »a priori« bereits verwirklicht, sondern empirisch prekär: Sie muss unter den jeweils politisch, rechtlich, kulturell oder soziökonomisch gegebenen Umständen allererst realisiert und mitunter dann auch gegen Anfeindungen verteidigt werden. Versteht man die Menschenwürde auf diese »zerbrechliche« Weise, so ergibt sich mit Blick auf die im ersten Abschnitt dieses Paragrafen markierten Differenzen zwischen derzeit konkurrierenden Würdebegriffen ein recht eindeutiges Votum zugunsten der dort an vierter Stelle genannten Position: Nach 1945 ist das menschenrechtliche Würdepostulat als eine Art Auftrag zu verstehen, möglichst alle Menschen weltweit dabei zu unterstützen, ihr jeweils vorhandenes »Potenzial« zu einem Leben in Würde zu realisieren. Anders als die drei übrigen Konzeptionen, die mit der Menschenwürde eine Leistung, eine Mitgift oder aber personale Fähigkeiten assoziieren, weist diese vierte Konzeption damit eine besondere Passgenauigkeit zu dem »neuen« Menschenrechtsdenken nach 1945 auf: Die Menschenwürde ist ein fragiles Gut, das durch nationales und internationales Recht verteidigt werden muss, eben weil dem Menschen dieses fragile Potenzial zu einem menschenwürdigen Leben faktisch streitig gemacht werden kann.[37] Diese Potenzialitätskonzeption der Würde ist deshalb aber nicht als eine vollends konträre Gegenposition zu den drei anderen Deutungen zu verstehen. Trotz markanter Unterschiede[38] werden hier jeweils wichtige Intuitionen der drei alternativen Positionen bewahrt, während gleichzeitig deren spezifische Nachteile vermieden werden:

- Überzeugend an Leistungstheorien der Würde ist die Einsicht, dass das Leben in Menschenwürde empirisch nicht selten seiner Verwirklichung harrt. Angesichts von Armut, Arbeitslosigkeit, Obdachlosigkeit oder mangelnder Gesundheitsversorgung, im Zuge bürokratischer Gängelung, sozialer Diskriminierung, poli-

37 Ganz ähnlich: Manfred Nowak, *Menschenwürde und Menschenrechte*, Wien 2018.

38 Um hier die wichtigsten zu wiederholen: Wäre die Würde eine Leistung, wäre unklar, was rechtlich geschützt werden müsste, falls ein Mensch diese Leistung nicht erbringt. Wäre sie eine Mitgift, müsste sie weder realisiert noch geschützt werden. Basierte die Würde auf personalen Fähigkeiten, könnte nicht länger von »Menschenwürde« die Rede sein. Nach der Potenzialitätskonzeption gilt: Geschützt werden die Bedingungen einer menschenwürdigen Potenzialentfaltung.

tischer Verfolgung oder gar regierungsamtlichen Terrors rückt das menschenwürdige Leben für viele Menschen in weite Ferne. Dennoch wäre es falsch, aus dieser empirischen Abhängigkeit von entsprechend menschenwürdigen Lebensbedingungen allzu rasch den Kurzschluss ebenjener Leistungstheorien zu ziehen, dass sich der jeweils einzelne Mensch die eigene Würde oder gar deren Schutz durch soziales Wohlverhalten *verdienen* muss.

- Die nachvollziehbare Intuition von Mitgifttheorien der Würde betrifft die Vorannahme, dass allen Menschen bereits qua Menschsein ein strikt gleicher Wert zukommt, der politisch und rechtlich geachtet werden muss. Nur darf ebendiese konzeptionelle Prämisse einer prinzipiellen Gleichwertigkeit und Gleichberechtigung aller Menschen nicht schon mit der Feststellung gleicher Würde verwechselt werden.[39] Ein Leben »in« Würde wäre allererst ein solches, in dem sich diese Gleichwertigkeit dann auch tatsächlich in rechtlichen und politischen Garantien niederschlagen würde, sodass daraus jeweils individuell auch ein Leben in »verkörperter« Selbstachtung resultieren kann.[40]
- Mit dem Fähigkeitsansatz kommt die favorisierte Potenzialitätskonzeption in der strittigen Annahme überein, dass es tatsächlich vor allem »Personen« sein werden, die ihr typisch menschliches Potenzial zu einem Leben in Würde selbstverantwortlich zu entfalten und zu gestalten vermögen. Dennoch wäre es ein Missverständnis, wollte man daraus den übereilten Schluss ziehen, dass deshalb *nur* Personen auch entsprechende menschenrechtliche Ansprüche auf Schutz, Teilhabe und Unterstützung genießen würden. Eher ist das Gegenteil der Fall: Die Menschenrechte sind insbesondere für solche Menschen da, die »noch nicht«, »nicht ausreichend« oder lediglich »bedingt« in Würde zu leben vermögen.[41]

39 Dieser Kurzschluss wird meist in Anknüpfung an Kant vollzogen. Früh schon bei Jakob Fries, *Philosophische Rechtslehre und Kritik aller positiven Gesetzgebung*, Jena 1803: »Jeder Person kommt ein absoluter Werth als Würde zu, sie existiert als Zweck schlechthin, und ihre Würde gibt jeder Person den gleichen absoluten Werth mit jeder anderen« (S. 7).

40 Dazu mehr in § 13.

41 Siehe unten, Abschnitt 4.

Vor dem Hintergrund dieser spezifisch menschenrechtlichen Interpretation der Würde ergibt sich eine wichtige weitere Einsicht: Die innerhalb der rechtsphilosophischen Debatte recht geläufige Behauptung, die Menschenwürde sei der »Grund«[42] der Menschenrechte, kann auf zwei fundamental verschiedene Weisen verstanden werden. Entweder ist mit diesem Grund das unumstößlich vorgegebene Fundament und damit eine a priori notwendige Denkvoraussetzung der Menschenrechte gemeint, aus der sie sich geradezu notwendig ergeben. Dann würde die zentrale Behauptung lauten: Weil die Menschenwürde von vornherein »angeboren« und »unverlierbar« ist, haben Menschen *auch* entsprechende Menschenrechte. Eine ähnliche Rhetorik wird oft auch in einschlägigen Menschenrechtsabkommen bemüht, die gern von einer »inhärenten« Würde sprechen, mit der unmittelbar auch unverlierbare Menschenrechte gegeben sein sollen.[43] Doch wenn die Würde des Menschen tatsächlich das a priori unerschütterliche Fundament der Menschenrechte wäre, dem diese dann lediglich Rechnung tragen, so wäre, wie schon angedeutet, fraglich, warum man sie überhaupt unter Schutz stellen müsste. Wenn sie doch bereits *im Prinzip* unverlierbar oder sogar unantastbar wäre, fiele ihre Schutzbedürftigkeit weg. Oder anders: Wenn der Mensch immer schon Würde besäße, und zwar unhintergehbar und von vornherein in gleichem Ausmaß, könnte niemand ihm diese Würde rauben oder auch nur streitig machen. Und so benötigte der Mensch auch keine Menschenrechte, die das zu verhindern versuchen.

Ganz anders im Fall der Potenzialitätskonzeption der Menschenwürde: Hier wird die Würde als ein »Grund« im Sinne einer Zweckursache betrachtet. Das Postulat der Menschenwürde stellt die inhaltlich sinnstiftende *Rechtfertigung* dar, mit der begründet wird, warum überhaupt die Menschenrechte zu deklarieren und zu achten sind. Hier lautet die zentrale Behauptung nahezu umgekehrt: Weil gerade nicht schon alle Menschen ein menschenwürdiges Leben führen können, wohl aber führen möchten und auch sollen, brauchen alle Menschen exakt dieselben Menschenrechte.

42 Dazu Heiner Bielefeldt, *Menschenwürde: der Grund der Menschenrechte*, Berlin 2008.

43 Schon die Präambel der *Allgemeinen Erklärung der Menschenrechte* spricht im Englischen von einer »inherent dignity«; was in der deutschen Fassung allerdings meist mit »angeboren« übersetzt wird.

Dies ist ein oft übersehener, sehr wesentlicher Unterschied: Im ersten Fall wird ein normativer Ableitungsgrund als unverfügbar gesetzt, während im zweiten Fall ein noch nicht erreichtes Ziel und damit die zentrale Hinsicht der Menschenrechte markiert wird, deren Verwirklichung meist noch aussteht. Das neue Menschenrechtsverständnis nach 1945 behandelt das Grundprinzip der Menschenwürde somit wie ein den anderen Rechten übergeordnetes »Supermenschenrecht«. Und zu diesem prioritären Worumwillen der Menschenrechte verhalten sich die übrigen Rechte nicht etwa wie das oben bereits erwähnte Haus zu dessen Grundmauern, sondern wie der Weg zum Ziel.

4. Zum Unterschied von Würdebesitz und Würdeschutz

Aus den bisherigen Überlegungen zum Verhältnis von Würde und Rechten ergeben sich die folgenden rechtsphilosophischen und rechtshistorischen Implikationen: Erst seit 1945 ist die Menschenwürde ein »Rechtsbegriff«, der fortan ganz andere Funktionen zu erfüllen hat als die früheren, vornehmlich auf ethischer oder moralphilosophischer Ebene operierenden Verwendungen des Würdebegriffs. Nunmehr wird dieser Begriff verwendet, um der verfassungs- und völkerrechtlichen Implementierung von Menschenrechten einen neuen *inhaltlichen Sinn* zu verleihen.[44] Im Zuge dieser Inhaltsbestimmung wird die Menschenwürde zunehmend so verstanden, dass sie das Resultat einer empirisch oft prekären Realisierung typisch menschlicher Potenziale zu einem Leben in Würde ist oder besser: wäre. Daraus wiederum folgt, dass sich die inhaltliche Aufgabenstellung der Menschenrechte wandelt: Sie sind von nun an dazu da, allen Menschen weltweit ein mindestens menschenwürdiges Leben zu ermöglichen. Das Menschenrechtsdenken nach 1945 »setzt« das Grundprinzip der Menschenwürde und deklariert diese damit als das Ziel, das durch die übrigen Einzelrechte erst noch zu realisieren ist. Insofern haftet diesem neuen Menschenrechtsdenken etwas politisch und historisch »Dezisionistisches« an: Man hätte diese rechtsarchitektonisch grundlegende Entscheidung nach

44 Vgl. Thomas Gutmann, »Struktur und Funktion der Menschenwürde als Rechtsbegriff«, in: *Angewandte Philosophie* 1 (2014), S. 49-74.

dem Zweiten Weltkrieg auch anders fällen können, etwa indem man die betreffenden Rechte nach wie vor an den traditionellen Prinzipien der Freiheit und der Gleichheit ausgerichtet hätte. Aber der zivilisatorische »Bruch«, für den heute das Jahr 1945 steht, motiviert eine historische Neuausrichtung.[45]

Damit wandelt sich zugleich auch das Anforderungsprofil legitimer Staatlichkeit: Zwar können die einzelnen Nationalstaaten auch weiterhin darauf verzichten, jener rechtlichen Priorisierung der Menschenwürde im Rahmen ihrer Herrschaftspraxis und Verfassungswirklichkeit entschlossen zu folgen. Dann aber stehen die betreffenden Staaten und die in ihnen Herrschenden kaum länger auf dem Boden jener universellen Menschenrechte, die seit dem Zweiten Weltkrieg die Funktion haben, möglichst allen Menschen weltweit, und zwar gleichermaßen unbedingt, ein menschenwürdiges Leben zu ermöglichen. Die historisch auf grauenvolle Weise bezeugte Gefahr einer massenhaften Verletzung oder gar Vernichtung der Menschenwürde erzwingt die schmerzhafte Einsicht, dass der Würdebegriff nunmehr für die bisweilen unrealistisch wirkende Aussicht auf ein wahrhaft humanes Leben stehen soll; eine Aussicht, die sich im Rahmen von politischen Herrschaftsverhältnissen, die sich nicht dem Prinzip gleicher Würde verschrieben haben, weiter verdüstern wird. Das neue Menschenrechtsdenken nach 1945 unterstellt also, dass schlicht jeder Mensch ein Leben »in« Würde führen möchte, und weil jeder Mensch von den Verhältnissen, in denen er sein Dasein fristet, bisweilen mehr und manchmal weniger von einem Leben in Würde abgehalten wird, benötigen alle Menschen den gleichen Schutz und teilweise auch aktive Unterstützung durch Menschenrechte.

Was dabei häufig übersehen wird: Bereits auf konzeptioneller Ebene muss deutlich unterschieden werden zwischen der Frage nach dem jeweils individuellen »Besitz von Würde« und der davon abweichenden Frage nach einem universellen »Recht auf Würdeschutz«.[46] Man kann sich diesen wichtigen Unterschied zunächst an einer Analogie zum Begriff der Freiheit verständlich machen. Wenn gelegentlich behauptet wird, der Mensch sei »frei geboren«, so mögen sich bei genauerem Hinhören rasch Zweifel ergeben: Ist er das

45 Siehe *Einleitung*, Abschnitt 3.

46 Für das Folgende auch Pollmann, »Würde nach Maß«, S. 617-619.

wirklich? Angesichts von extremer Armut etwa, von wirtschaftlicher Ausbeutung, sozialer Benachteiligung oder politischer Unterdrückung, in die man als Mensch nicht selten »hineingeboren« wird, wirkt die Behauptung einer angeborenen Freiheit weltfremd. Wahrscheinlich ist mit diesem rhetorischen Freiheitspathos meist auch etwas ganz anderes gemeint als eine empirische Tatsachenbehauptung, nämlich eine doppelte normative Unterstellung: Der Mensch ist mit einem fundamentalen *Interesse* an einem Leben in Freiheit geboren und darüber hinaus auch mit einem entsprechenden *Anspruch* darauf, an dieser Freiheit nicht unnötig gehindert zu werden. Auch wenn die Freiheit ein hohes moralisches, politisches und auch rechtliches Schutzgut ist, so wird doch kaum jemand ernsthaft behaupten wollen, dass alle Menschen bereits deshalb vollumfänglich frei *sind*. Eher noch ist das Gegenteil der Fall: Der jeweils einzelne Mensch benötigt individuell den Schutz seiner Freiheit und mithin tatkräftige Unterstützung, weil eben nicht schon von vornherein alle Menschen gleichermaßen Freiheit genießen.

Bei der Menschenwürde ist das nicht anders, sie ist in dieser Hinsicht ein ähnlicher normativer Bezugspunkt wie jener der Freiheit: Nicht die Menschenwürde selbst kann von vornherein als vollumfänglich gegeben oder realisiert vorausgesetzt werden, sondern allenfalls ein typisch menschliches Interesse, ein Leben in Würde zu führen, sowie ein grundlegender Anspruch darauf, ein solches Leben dann auch faktisch führen zu dürfen. Genau an dieser Stelle sind mindestens drei konzeptionelle Fehlschlüsse zu vermeiden, die für die derzeitige Würdedebatte geradezu typisch sind:

– Man sollte den Fehler vieler Mitgifttheorien der Würde vermeiden, von dem subjektiven Besitz universeller Menschenrechte unumwunden auch auf einen von vornherein vollumfänglich gegebenen Besitz der Würde kurzzuschließen. Wie schon angedeutet: Der Mensch besitzt Menschenrechte auf ein Leben in Würde, weil er ein solches Leben gerade nicht schon in jedem einzelnen Fall gleichermaßen realisieren darf. Nur das Potenzial zu einem Leben in Würde ist qua Menschsein bereits gegeben sowie ein entsprechendes Interesse daran, dieses Potenzial dann auch zu verwirklichen. Die Menschenwürde selbst aber ist dem Menschen nicht schon angeborenen oder »von Natur aus« mitgegeben.

– Aus dem Umstand, dass nicht jeder Mensch immer schon die *gleiche* Würde realisiert, folgt ausdrücklich nicht, dass die betreffenden Menschen entsprechend auch nur in unterschiedlichem Ausmaß konkrete Rechte auf Schutz der Menschenwürde hätten. Dieser Fehlschluss ist typisch für den Fähigkeitsansatz, der »Personen« gegenüber anderen Menschen privilegiert. Nur zu oft wird hier vorausgesetzt, dass mit der jeweils privilegierten personalen Fähigkeit entsprechend auch ein überlegener Rechtsstatus verknüpft ist. Doch Menschen, deren Würde bedroht ist, gerade weil sie nicht alle Voraussetzungen des Personseins erfüllen,[47] haben diese Rechte letztlich sogar nötiger als jene, die bereits »aus eigener Kraft« ein Leben in Würde zu führen vermögen. Gerade weil Menschen nicht allesamt die gleiche oder volle Würde realisieren, steht ihnen allen der gleiche und bisweilen sogar ein besonderer Schutz seitens der Rechtsgemeinschaft zu.[48]
– Ein drittes Missverständnis, das insbesondere für Leistungstheorien der Würde charakteristisch ist, betrifft die Annahme, dass man als Mensch immer dann *nicht* gleichermaßen in den Schutzbereich der Menschenwürde fällt, wenn man die damit verknüpften Menschenrechte nicht auch selbst wahrnehmen und ausüben kann. Es ist keineswegs so, dass man sich den Schutz der Menschenwürde durch die aktive Wahrnehmung jener Rechte und mithin durch ein »würdevolles« Sozialverhalten verdienen müsste. Was in § 3 bereits für den Besitz der Menschenrechte im Allgemeinen gezeigt wurde, gilt entsprechend auch für den prioritären Schutz der Menschenwürde *durch* diese einzelnen Rechte: Die Frage, ob wir einem Menschen die jeweils einzelnen Menschenrechte auf ein Leben in Würde zuzuerkennen haben, ist von der Frage, ob der betreffenden Person faktisch oder momentan die Inanspruchnahme jener Rechte möglich ist, unabhängig.

47 Siehe dazu auch § 3, Abschnitt 2. Man denke hier etwa an Menschen mit schwersten, komplexen Einschränkungen. Dazu die Beiträge in: Jörn Müller/Reinhard Lelgemann (Hg.), *Menschliche Fähigkeiten und komplexe Behinderungen. Philosophie und Sonderpädagogik im Gespräch mit Martha Nussbaum*, Darmstadt 2018.

48 Dazu mehr in § 13. Diesem Anspruch werden auf UN-Ebene die sogenannten Sonderabkommen, etwa zum Schutz von Frauen, Kindern oder Menschen mit Behinderungen, gerecht.

Diese Überlegungen lassen sich zu einem für die Menschenrechte inhaltlich leitenden Grundanspruch zusammenfassen: Alle Menschen weltweit sollen ein Leben in Würde führen dürfen, und zwar *so weit wie möglich*, und die jeweils konkreten Menschenrechte schreiben fest, welche rechtlichen Garantien im Einzelnen für die Verwirklichung dieses menschenwürdigen Lebens notwendig wären. Auf der inhaltlichen Ebene geht es den Menschenrechten daher um die Berücksichtigung besonders fundamentaler menschlicher Interessen, deren Priorität sich aus dem Umstand ergibt, dass ihre Verwirklichung für das menschenwürdige Leben notwendig wäre.[49] »Unverlierbar« sind diese Rechte nur insofern, als man sie nicht verlieren kann, ohne dadurch zugleich auch dem Risiko ausgesetzt zu sein, die eigene Würde einzubüßen. Und auch die Menschenwürde selbst ist kein unwiderruflich vorgegebenes Faktum, sondern lediglich ein dringliches Anliegen, das empirisch oft zwar schwierig zu realisieren, aber deshalb doch nicht unrealistisch ist.[50] Anders gesagt: Nicht der bereits vorgegebene Besitz von Menschenwürde ist der »Grund« der Menschenrechte, sondern der allen Menschen bereits auf konzeptioneller Ebene zuzuschreibende Wunsch, ein möglichst menschenwürdiges Leben führen zu dürfen.

Eben weil dieser Anspruch als ein typisch menschlicher und damit auch als dringlich zu betrachten ist, wird der menschenrechtliche Schutz all jener Bedingungen, die zur Realisierung dieses Anliegens notwendig wären, zur *grundlegenden* Verpflichtung aller staatlichen Gewalt.[51] Jedes Rechtssystem, das sich dafür entscheidet, dieser normativen Privilegierung der Würde zu folgen, wird Letztere insofern für »unantastbar« halten müssen, als man diese

49 Der Hinweis auf Fundamentalinteressen dient hier lediglich der Inhaltsbestimmung, während die eigentliche Begründung bereits in § 6 erfolgt ist. Dies unterscheidet den konstitutionellen Ansatz von *Interessentheorien* der Menschenrechte, bei denen die Bestimmung des Inhalts vorschnell als Begründung dient. Dazu etwa Bernd Ladwig, »Menschenwürde als Grund der Menschenrechte? Eine Kritik an Kant und über Kant hinaus«, in: *Zeitschrift für politische Theorie* 1 (2010), S. 51-69.

50 Jürgen Habermas spricht – gewollt paradox – von einer »realistischen Utopie«. Siehe ders., »Das Konzept der Menschenwürde und die realistische Utopie der Menschenrechte«, in: *Deutsche Zeitschrift für Philosophie* 58 (2010), S. 343-357.

51 Siehe dazu den oft unterschlagenen zweiten Satz von Artikel 1 Absatz 1 des *Grundgesetzes*: »Sie zu achten und zu schützen ist Verpflichtung aller staatlichen Gewalt.«

zwar faktisch antasten kann. Doch wird man sie nicht antasten können, ohne sie damit zugleich auch gravierend zu beschädigen.[52] Am Ende werden so auch die betreffenden Rechtssysteme als ganze, deren tieferer historischer »Sinn« sich aus der grausamen Erinnerung an das ergibt, was sich niemals wiederholen darf, von jeder einzelnen Würdeverletzung unterminiert: Sobald die Menschenwürde als »Fundamentalnorm«[53] nationalstaatlicher Verfassungen und auch des Völkerrechts fungiert, werden mit Verstößen gegen diese Grundnorm zugleich auch die betreffenden Verfassungen und völkerrechtlichen Verträge in ihren Grundfesten erschüttert.

Dabei mögen sich die jeweils konkreten Chancen auf ein Leben in Würde – von Mensch zu Mensch, von Gesellschaft zu Gesellschaft oder auch von Staat zu Staat – bedingt unterscheiden. Der menschenrechtliche Grundanspruch aber bleibt derselbe. Kurz nach dem Ende des Zweiten Weltkrieges war der Würdebegriff weder in ideologischer noch in politischer noch in religiöser Hinsicht »verbraucht« oder vereinnahmt. Deshalb konnte er nicht nur im Rahmen des deutschen *Grundgesetzes*, sondern auch auf Ebene der Vereinten Nationen rasch auf breite Akzeptanz stoßen.[54] Heute mehren sich auch in der Philosophie die Anzeichen, dass sich das Bekenntnis zur Menschenwürde auf teilweise sehr unterschiedliche kulturelle, religiöse und historische Traditionen berufen kann.[55] Damit bietet sich dem nach 1945 durch die Menschenwürde transformierten Menschenrechtsdenken erstmals die Chance, über alle nationalen, kulturellen und religiösen Grenzen hinweg als ein universell achtungswürdiger Standard zur Legitimation politischer Herrschaft fungieren zu können. Von entscheidender Bedeutung wird dabei jedoch sein, wie man die Idee der Menschenwürde

52 Dies erklärt die Aura des »Heiligen«, die viele Interpretinnen und Interpreten mit der Würde assoziieren; etwa Hans Joas, *Die Sakralität der Person*, Berlin 2011. Sakrale Gegenstände *können* faktisch angetastet werden, aber sie verlieren dadurch ihre Heiligkeit und werden »profan«.

53 Werner Maihofer, *Rechtsstaat und menschliche Würde*, Frankfurt/M. 1968, S. 9.

54 Mehr dazu in: Wolfgang Vögele, *Menschenwürde zwischen Recht und Theologie. Begründungen von Menschenrechten in der Perspektive öffentlicher Theologie*, Gütersloh 2000.

55 Jack Donnelly, »Human Dignity and Human Rights«, Genf 2009, ⟨www.legal-tools.org/doc/e80bda/pdf/⟩, letzter Zugriff 01.11.2021; Marcus Düwell u. a. (Hg.), *The Cambridge Handbook of Human Dignity. Interdisciplinary Perspectives*, Cambridge 2014.

inhaltlich verstehen will. Die bisherigen Überlegungen zu ihrem Potenzialitätscharakter betrafen zunächst nur ihre systematische Beziehung zu den Menschenrechten, und die zentrale These lautete, dass die Menschenrechte dabei helfen sollen, dieses spezifisch menschliche Potenzial zu einem Leben in Würde zu verwirklichen. Wie aber genau sähe ein menschenwürdiges Leben aus? In den beiden nun folgenden Paragrafen werden wir uns dieser Frage zunächst *ex negativo* nähern, und zwar über den »Umweg« einer Analyse von konkreten Verletzungen der Menschenwürde.

§ 12 Verletzungen der Menschenwürde

Verletzungen einzelner Menschenrechte gehen nur dann mit einer Verletzung der Menschenwürde einher, wenn es dabei zur Vermittlung einer zutiefst diskriminierenden und existenziell bedrohlichen Botschaft kommt: Das Opfer wird »entmenschlicht«, indem man ihm zu erkennen gibt, dass es keinerlei Achtung als ein Mensch von gleichem Wert verdient. Derart inhumane Praktiken weisen meist drei destruktive Erfahrungsdimensionen auf: Sie werden als soziale Missachtung, psychische Demütigung und physische Erniedrigung erlebt. Diese Erfahrungen summieren sich zu einer von den Betroffenen als beschämend oder gar lebensbedrohlich empfundenen Schutzlosigkeit und Ohnmacht, die sich zerstörerisch auf ihre Selbstachtung auswirkt.

Die historische These eines eruptiv gewachsenen Zusammenhangs von Menschenwürde und Menschenrechten, die im vorangehenden Paragrafen noch einmal verteidigt worden ist, bestimmt die Menschenwürde als das inhaltliche Worumwillen der Menschenrechte. Nach 1945 sollen diese Rechte sowohl auf verfassungs- als auch auf völkerrechtlicher Ebene die für jede menschenwürdige Existenz grundlegenden Lebensbedingungen festschreiben. Damit ist bereits auf konzeptioneller Ebene ein typisch menschliches Potenzial zu einem Leben »in« Würde vorausgesetzt, das entsprechend durch Verletzungen der Menschenrechte in Frage gestellt wird. Die Würde des Menschen kann somit nicht länger als buchstäblich unverlierbar oder unantastbar interpretiert werden. Vielmehr haben die historischen Erfahrungen von monströser Gewalt und grenzenlosem Unrecht auf entsetzliche Weise gezeigt, dass die Menschenwürde sehr wohl antastbar *ist*. Um hier nur einige wenige furchteinflößende Stichworte zu nennen: Grabenkrieg, Giftgas, biologische Waffen, Kriegsverbrechen gegenüber der Zivilbevölkerung, Vertreibung, Genozid, politische Verfolgung, Folter, Rassengesetze, Gestapo-Terror, »Nacht und Nebel«-Aktionen, Konzentrationslager, Euthanasie-Programme, »Vergasung«, industriell betriebener Massenmord und nicht zuletzt auch der Einsatz der Atombombe. Schon diese wenigen Erinnerungen an die barbarischen Gräuel des 20. Jahrhunderts führen jedem historisch sensiblen Bewusstsein rückblickend die Fragilität, Versehrbarkeit und auch die völlige Zerstörbarkeit menschlicher Würde vor Augen.

Zugleich ist aber das historisch sensibilisierte Würdebewusstsein durch Konfrontation mit jenen schrecklichen Gräueltaten rasch auch überfordert. Denn die »ursprünglichen« Erfahrungen von Krieg, Gewalt und Entwürdigung sind »uns« – den heute Lebenden – kaum mehr zugänglich; zumindest dann nicht, wenn man selbst keine vergleichbaren Erfahrungen gemacht haben sollte. Der akademische Diskurs über den gewaltsam amalgamierten Zusammenhang von Würde und Rechten ist auf historische Zeitzeugenberichte, auf wissenschaftlich, medial oder museal aufbereitete Dokumentationen sowie auf literarische Erinnerungen angewiesen, in denen das besagte Unrecht bereits eine gewisse interpretatorische Verarbeitung erfahren hat. Die methodisch schwierige Frage, wie sich die jeweiligen subjektiven Unrechtserfahrungen, die in diesen Zeugnissen exemplarisch dokumentiert sind, zu den kollektiven Lernprozessen *im Recht* verhalten, um die es an dieser Stelle geht, kann im Folgenden allenfalls zur Andeutung kommen.[56] Ein zweites methodisches Problem betrifft den Umstand, dass man das katastrophale Erbe, dem die Verknüpfung von Menschenrechten und Menschenwürde gerecht zu werden versucht, nicht selten für »singulär«, »inkommensurabel«, »unaussprechlich« oder »unbegreiflich« hält. Damit wird bereits auf konzeptioneller Ebene fraglich, wie eine dezidiert *post-totalitäre* Theorie der Menschenrechte daraus die richtigen Schlüsse ziehen soll. Wäre das historisch dokumentierte Leiden tatsächlich nicht nur singulär, sondern auch »unsagbar«,[57] würde umgehend unverständlich werden, wie das aus diesen Erfahrungen resultierende Würdeverständnis nach 1945 fortan auch auf andere Unrechtserfahrungen anwendbar sein soll. Wären jene Leiderfahrungen des 20. Jahrhunderts bereits *im Prinzip* nicht vergleichbar mit allen weiteren, ließe sich daraus wenig lernen. Bei aller gebotenen Vorsicht und Zurückhaltung gegenüber historischen Zeugnissen dieser fraglos schwer vergleichbaren Un-

56 Erinnert sei an § 5. Ich reformuliere im Folgenden zentrale Passagen aus: Arnd Pollmann, »Lernen aus historischem Unrecht? Zur menschenrechtlichen Bedeutung der Erfahrung von Krieg, Gewalt und Entwürdigung«, in: Thomas Gutmann u. a. (Hg.), *Genesis und Geltung*, S. 43-66.

57 Dazu Carolin Emcke, *Weil es sagbar ist. Über Zeugenschaft und Gerechtigkeit*, Frankfurt/M. 2013.

menschlichkeit:[58] Aus diesen biografischen Zeugnissen muss etwas gelernt werden können, wenn das »neue« Menschenrechtsverständnis nach 1945, das sich fortan der Realisierung eines menschenwürdigen Lebens verschreibt, auch auf die Kritik post-totalitärer Verletzungen der Menschenwürde ausgedehnt werden soll.[59]

Eine dritte methodische Vorsicht betrifft die Frage, inwieweit es überhaupt sinnvoll ist, sich dem konkreten Inhalt der Menschenwürde unmittelbar vom absolut negativen Pol jener totalitären Schwerstverbrechen aus annähern zu wollen. Gestapo-Terror, Folter, Euthanasie, Lagerhaft, Vergasung und andere besonders grausame Formen der Entmenschlichung mögen konzeptionell »anschaulich« wirken, und doch helfen sie in der Theorie nur sehr bedingt weiter. Denn die im Zuge dieser Schwerstverbrechen bewirkten Würdeverletzungen sind derart offenkundig, drastisch und direkt, dass dabei die konzeptionell wichtige, aber erst noch genauer kenntlich zu machende Schwelle in weite Ferne rückt, die sie von menschenrechtswidrigen Handlungen und Praktiken trennt, die gegebenenfalls nicht schon die Menschenwürde verletzen. Mit anderen Worten: Auf paradoxe Weise werden analytische Grenzen bei derart hohem Kontrast unscharf. Überhaupt ist ja mit Blick auf »heutige« Verletzungen von Menschenrechten festzustellen, dass sehr viele dieser Verletzungen, ja vermutlich sogar die meisten keineswegs derart systematisch, gravierend und inhuman sind, wie das für den totalitären Terror und den Vernichtungswahn des 20. Jahrhunderts typisch gewesen ist. Folgt man hier etwa den jährlichen Berichten von Amnesty International,[60] so sind menschenrechtswidrige Praktiken politischer Verfolgung, willkürlicher Verhaftung oder gar Hinrichtung, sogenannten Verschwindenlassens, geheim-

58 Dazu Jean Améry, *Jenseits von Schuld und Sühne. Bewältigungsversuche eines Überwältigten*, Stuttgart 1977: »Es ist nur wenig ausgesagt, wenn irgendein Ungeprügelter die ethisch-pathetische Feststellung trifft, daß mit dem ersten Schlag der Inhaftierte seine Menschenwürde verliere« (S. 61).

59 Schon die *Allgemeine Erklärung der Menschenrechte* von 1948 setzt einen solchen Lernprozess voraus, wenn sie gleich zu Beginn konstatiert, dass »die Nichtanerkennung und Verachtung der Menschenrechte zu Akten der Barbarei geführt haben, die das Gewissen der Menschheit mit Empörung erfüllen«, wodurch die Welt zur »Anerkennung der angeborenen Würde und der gleichen und unveräußerlichen Rechte aller Mitglieder der Gemeinschaft der Menschen« veranlasst sei.

60 Zu einem aktuellen Überblick ⟨www.amnesty.de/informieren/amnesty-report⟩, letzter Zugriff 01. 11. 2021.

dienstlicher Folter, ethnisch bedingter Vertreibung etc. zwar noch immer global verbreitet. Weitaus häufiger aber sind vergleichsweise weniger schwere Verstöße gegen die Menschenrechte zu diagnostizieren: Eingriffe in die Meinungs- oder Religionsfreiheit etwa, die Zensur von Online-Medien oder journalistischer Berichterstattung, Beschränkungen der Freiheit im Namen der inneren Sicherheit oder der Bekämpfung einer Pandemie, Verletzungen der Privatsphäre durch ausländische Geheimdienste, Defizite im Justizwesen, mangelnde Bildungschancen oder unzureichende Gesundheitsversorgung.

Ohne die Dringlichkeit einer Bekämpfung auch dieser Menschenrechtsverletzungen in Abrede stellen zu wollen, wird man sich fragen müssen, ob es sich hierbei stets um ähnlich gravierende Verletzungen der Würde handelt wie in den oben erinnerten Fällen totalitärer Schwerstverbrechen. Ganz gleich, welche Antwort man auf diese Frage geben mag: Zumindest diskussionswürdig erscheint aus konzeptioneller Sicht, was genau über den grundbegrifflichen Zusammenhang von Menschenrechten und Menschenwürde zu lernen ist, wenn man im Rahmen der begrifflichen Analyse von vornherein ein Höchstmaß an Unmenschlichkeit ansetzt. Im vorliegenden Paragrafen jedenfalls wird überwiegend eine andere Strategie verfolgt werden: Wir nähern uns dem menschenrechtlichen Verständnis der Menschenwürde anhand einer genaueren Analyse von vergleichsweise alltäglichen Verwendungen der Begriffe »Entwürdigung« und »menschenunwürdig«. Dabei wird zunächst die Frage zu erörtern sein, ob Verletzungen der Menschenrechte *stets* auch eine Verletzung der Menschenwürde darstellen. Dies wird zunächst bestritten werden (Abschnitt 1). Anschließend ist deutlich zu machen, dass fast jede Menschenwürdeverletzung auf Seiten der Opfer in drei unterschiedliche Erfahrungsdimensionen vordringt: In sozialer Hinsicht stellen Würdeverletzungen eine Form von »Missachtung« dar, die mit der Weigerung einhergeht, den jeweils betroffenen Menschen überhaupt als einen Menschen zu betrachten, der zählt (Abschnitt 2). Der spezifisch psychische Aspekt vieler Würdeverletzungen wird als »Demütigung« erlebt und von dem subjektiven Gefühl der Ohnmacht begleitet, anderen Menschen oder einer Institution ausgeliefert zu sein (Abschnitt 3). In physischer Hinsicht schließlich zielen Würdeverletzungen buchstäblich auf eine »Erniedrigung« der Opfer, die dies als einen vollständigen und oft auch lebensbedrohlichen Verlust der Kontrolle über das eigene Leben erfahren können (Abschnitt 4).

1. Über den Unterschied von Menschenrechts- und Menschenwürdeverletzungen

Werden die Menschenrechte, so wie hier, als verfassungs- und völkerrechtliche Garantien verstanden, die es weltweit allen Menschen ermöglichen sollen, ein für den Menschen typisches Potenzial zu einem menschenwürdigen Leben zu realisieren, so scheint es auf den ersten Blick nahezuliegen, *jede* Verletzung von Menschenrechten zugleich auch schon als eine Verletzung der Menschenwürde zu werten. Da sämtliche Menschenrechtsverletzungen die konkrete Gefahr mit sich bringen, die Chancen der Betroffenen auf eine individuelle Verwirklichung jenes Potenzials zu verringern, mag man versucht sein, deshalb auch schon »automatisch« die Menschenwürde verletzt zu sehen. Dies aber würde bedeuten, dass jeder noch so geringe Verstoß gegen die Meinungsfreiheit, jegliche Form von Pressezensur, jedes einzelne willkürlich verhängte Demonstrationsverbot, jede Beschränkung der freien Berufswahl, jede Freiheitseinbuße im Namen der inneren Sicherheit usw. unmittelbar *auch* als eine Verletzung der Würde gewertet werden müsste. Zugleich sind wir es aber gewohnt, im konkreten Fall von Entwürdigungen, etwa im Zuge der Versklavung, Vergewaltigung oder Folterung von Menschen, von besonders gravierenden Verstößen gegen die Menschenrechte zu sprechen. Wie verträgt sich diese Abstufung besonders schwerer Taten mit jener pauschalen Gleichsetzung von Menschenrechts- und Menschenwürdeverletzungen? Könnte es sein, dass die Menge der Würdeverletzungen letztlich doch nur eine Teilmenge der insgesamt viel größeren Menge an Menschenrechtsverletzungen bildet?[61]

In dieser konzeptionell zentralen Frage hilft eine Unterscheidung weiter, die bereits in § 5 ausführlicher behandelt worden ist. Dort war behauptet worden, dass konkrete Menschenrechtsverletzungen stets auch Akte einer grundlegenden Diskriminierung der Opfer darstellen, da ihnen der Status menschenrechtlicher

61 Siehe dazu das Schaubild am Ende dieses ersten Abschnitts.

Gleichheit streitig gemacht wird. Gezeigt wurde dort ebenfalls, dass diese menschenrechtliche Diskriminierung auf zwei grundlegend verschiedene Weisen vollzogen werden kann: Im Zuge einer bloß »relativistischen« Diskriminierung wird bestritten, dass man es mit einem exakt gleichberechtigten Menschen zu tun hat. Den Betroffenen mag menschenrechtliche Bedeutung zukommen, aber eben nicht schon dieselbe. Meist wird ihnen dann nur ein einzelnes Recht, nicht aber der menschenrechtliche Status der Rechtsträgerschaft als solcher streitig gemacht. Man hat es dann zwar mit weiterhin anspruchsberechtigten, nicht aber mit *gleichberechtigten* Menschen zu tun.[62] Ganz anders in Fällen einer »fundamentalistischen« Diskriminierung: Hier wird verneint, dass man es überhaupt mit einem Menschen zu tun hat, der normativ-rechtliche Bedeutung und deshalb dann auch Menschenrechte besitzt. Man spricht den Betroffenen sämtliche Rechte ab; man »entrechtet« sie als Mensch, ja »entmenschlicht« sie eben dadurch, dass man ihnen zu erkennen gibt, sie zählten überhaupt gar nicht und verdienten so auch keinerlei Achtung oder anderweitig Berücksichtigung.

Folglich setzten beide Formen von Menschenrechtsverletzungen unterschiedlich »tief« an: Relativistische Verstöße gegen die Menschenrechte behandeln ihre Opfer als Menschen »zweiter Klasse«, denen nicht alle beziehungsweise weniger Rechte zustehen als anderen. Fundamentalistische Menschenrechtsverletzungen (Behandlung als »Untermenschen«) gehen genau hier noch einen inhumanen Schritt weiter, indem sie die normativ-rechtliche Relevanz des Menschseins auf prinzipieller Ebene leugnen: Aus der bloßen Gattungszugehörigkeit folgt hier in normativ-rechtlicher Hinsicht zunächst einmal nichts. Oder wie es gar in der »totalitären« Variante dieser fundamentalistischen Auffassung hieß: Einige Menschen sind überhaupt gar nicht als Menschen zu betrachten. Sie sind vielmehr vollends »wertlos« und können deshalb aus dem Kreis jener, die rechtlich zählen, exkludiert werden, indem man sie wie »Dinge«, »Tiere« oder aber als »Schädlinge« und »Ungeziefer« behandelt oder gar vernichtet.[63]

62 Zur Erinnerung: Im Grunde verfährt *jede* Menschenrechtsverletzung relativistisch, weil sie – neben der Versagung eines individuell konkreten Rechtsanspruchs – stets auch als Weigerung zu begreifen ist, den strikt egalitären Status vollwertiger Rechtsträgerschaft anzuerkennen.

63 Vgl. Rolf Zimmermann, »Radikales moralisches Anderssein als historische Erfah-

Damit also aus einer bloß relativistischen eine fundamentalistische Verletzung der Menschenrechte *wird*, muss etwas Gravierendes hinzukommen. In diesen Fällen wird nicht nur ein konkreter Rechtsanspruch versagt und damit der Status egalitärer Rechtsträgerschaft bestritten, vielmehr wird eine völlige Entrechtung, eine symbolische »Entmenschlichung« vorangetrieben und damit der unwiderrufliche Ausschluss aus dem Kreis jener anvisiert, die überhaupt rechtlich zu zählen haben. Ebendas scheint dann auch die Botschaft jener grausamen, inhumanen oder gar tödlichen Akte von Missachtung zu sein, die ab Mitte des 20. Jahrhunderts im Rückgriff auf den menschenrechtlichen Begriff der Würde rekonstruierbar werden: Die betroffenen Opfer wurden und werden so behandelt, als ob es dabei überhaupt nicht um anspruchsberechtigte Menschen ginge. Ihre symbolische Entrechtung oder gar Entmenschlichung geschieht dadurch, dass man nicht nur einzelne ihrer Rechte verletzt. Die Behandlung dieser entwürdigten Menschen erfolgt buchstäblich auf *menschenverachtende* Weise und damit unter einer gewissen Verkennung ihres Menschseins, so als vollziehe der Täter beziehungsweise die Täterin einen gezielten Kategorienfehler: Einen Menschen unmenschlich zu behandeln, bedeutet schlicht, ihn so zu behandeln, »*als ob* die betreffende Person ein Tier oder ein Gegenstand wäre«.[64] Sie werden derart unmenschlich behandelt, gedemütigt und erniedrigt, dass fraglich wird, ob den Peinigerinnen und Peinigern überhaupt noch länger bewusst ist, dass ihnen ein Mensch »aus Fleisch und Blut« gegenübersteht.

Folgt man diesen Überlegungen, ergibt sich mit Blick auf das Verhältnis von Menschenrechtsverletzungen einerseits, Menschenwürdeverletzungen andererseits der folgende Verdacht: Eine Verletzung der Menschenrechte ist nur dann (potenziell) entwürdigend, wenn mit ihr die Botschaft vermittelt wird, dass sich das Opfer auf fundamentale Weise nicht länger der Achtung seines rechtlich relevanten Menschseins sicher sein kann. Während diese konzeptionell zentrale These erst im weiteren Verlauf der Untersuchung an Plausibilität gewinnen wird, ist bereits an dieser Stelle vor zwei konzeptionellen Missverständnissen zu warnen: Das erste betrifft die

rung und begründungstheoretische Herausforderung«, in: Gutmann u. a. (Hg.), *Genesis und Geltung*, S. 155-172.

64 Margalit, *Politik der Würde*, S. 141 [Hervorhebung im Original, A.P.].

naheliegende Vermutung, man könne die konzeptionelle Schwelle, die übertreten sein muss, um nicht nur von einer Menschenrechtsverletzung, sondern *auch* von einer Menschenwürdeverletzung sprechen zu können, am konkreten »Typus« des menschenrechtlichen Vergehens festmachen. In der gegenwärtigen Würdedebatte ist genau dies eine beliebte Strategie: Man reserviert den Begriff der Würdeverletzung für besonders gravierende Taten, deren Unmenschlichkeit offenkundig ist und damit scheinbar keiner weiteren Prüfung bedarf (Körperstrafen, inhumane Haft, Folter, Sklaverei, Vergewaltigung, Zwangsprostitution, Genitalverstümmelung etc.).[65] Doch abgesehen davon, dass entsprechende »Listen« paradigmatischer Würdeverletzungen fast immer willkürlich wirken: Die besondere Schwere dieser exzeptionell unmenschlichen Verbrechen lässt meist unverständlich werden, warum sich viele Menschen auch in vergleichsweise »alltäglichen« Fällen interpersonaler oder auch institutioneller Anfeindungen in ihrer Würde bedroht oder gar verletzt sehen; zum Beispiel als bürokratisch verwaltete »Nummer« beim Besuch eines Jobcenters, als »Bittstellerin« in der Ausländerbehörde, als »Objekt« einer staatlich überregulierten Pandemiebekämpfung oder auch mit Blick auf die von inländischen und ausländischen Geheimdiensten verletzte Privat- und Intimsphäre.[66]

Es wird erst noch genauer zu klären sein, was genau in solchen Situationen auf dem Spiel steht, aber der folgende Verdacht liegt bereits nahe: Die Frage, ab wann eine konkrete Anfeindung in eine Würdeverletzung *umschlägt*, scheint weniger eine Frage des spezifischen Handlungstyps als vielmehr eine des Schweregrades der jeweiligen Verletzung zu sein. Öffentliche Institutionen und Amtspersonen können ein jeweils konkretes Menschenrecht verletzen, zum Beispiel das Recht auf Versammlungsfreiheit, das Recht auf einen angemessenen Lebensstandard oder auch das Recht auf Meinungs- und Pressefreiheit, entweder *indem* oder aber *ohne* dass sie dabei zugleich auch die inhumane Botschaft vermitteln, dass

65 So die Strategie von Nowak, *Menschenwürde und Menschenrechte*, S. 56-62. Ähnlich auch viele der Beiträge in: Paulus Kaufmann u. a. (Hg.), *Humiliation, Degradation, Dehumanization. Human Dignity Violated*, Berlin u. a. 2010.

66 Viele andere Beispiele eher alltäglicher Erfahrungen vermeintlicher Würdeverluste finden sich in: Peter Bieri, *Eine Art zu leben. Über die Vielfalt menschlicher Würde*, München 2013.

sich die betroffenen Opfer nicht länger ihres rechtlich relevanten Menschseins sicher sein können. Es macht einen würderelevanten Unterschied, ob friedliche Demonstrantinnen und Demonstranten ein willkürlich verhängtes Platzverbot erteilt bekommen oder ob man sie stundenlang in einem sogenannten Polizeikessel festhält, bis sich die Betroffenen notgedrungen »einnässen«. Auch mag aus Sicht der Menschenwürde ungleich zu gewichten sein, ob das Jobcenter einer anspruchsberechtigten Person willkürlich staatliche Leistungen vorenthält oder ob dieselbe Person von der für sie zuständigen Amtsperson als »Schmarotzerin«, »Betrügerin« oder »Parasitin« bezeichnet und behandelt wird. Oder nehmen wir den Fall einer regierungskritischen Journalistin: Im ersten Fall verhindert die staatliche Zensurbehörde den Abdruck eines ihrer investigativen Artikel, im zweiten Fall wird die Journalistin darüber hinaus als »Staatsfeindin« oder »Volksschädling« beschimpft und fortan politischer Verfolgung ausgesetzt. Schon diese wenigen Beispiele lassen vermuten: Verstöße gegen die Menschenrechte können jeweils zu einer Verletzung der Menschenwürde *gesteigert* werden, falls mit ihnen zugleich auch die Botschaft einer symbolischen Demütigung, Erniedrigung oder Entmenschlichung kommuniziert wird – was zwar nicht selten, aber keineswegs notwendig der Fall ist. Daraus folgt, dass nicht schon jede Menschenrechtsverletzung automatisch auch schon eine Verletzung der Menschenwürde darstellt.

Das zweite Missverständnis betrifft die sich spiegelbildlich ergebende Frage, ob jede Verletzung der Menschenwürde stets auch eine Verletzung der Menschenrechte mit sich bringt. Die heute überaus enge Verknüpfung beider Begriffe könnte auch dies vermuten lassen: Wenn die Menschenwürde als das Worumwillen der Menschenrechte zu verstehen ist und jede konkrete Menschenrechtsverletzung zu einer Verletzung der Menschenwürde gesteigert werden kann, so scheint auch umgekehrt zu gelten, dass jede Verletzung der Menschenwürde auf einer schwerwiegenden Verletzung mindestens eines Menschenrechts beruhen muss. Doch auch das ist ein Irrtum.[67] Im Gegensatz zu den Menschenrechten nämlich, die gemäß den in §8 begründeten Überlegungen allein von solchen Akteurinnen und Akteuren verletzt werden können, die direkt im

67 Dieser Irrtum wird hier zunächst nur zur Andeutung kommen und erst im nächsten Paragrafen ausführlicher behandelt werden.

Namen der öffentlichen Ordnung »hoheitliche« Gewalt ausüben, kann die Würde des Menschen offenbar auch »im Privaten« angegriffen und verletzt werden. Man denke hier etwa an Fälle von schwerer häuslicher Gewalt in Ehen und Familien, an Straftaten wie Kindesmissbrauch oder Vergewaltigung, an Beispiele sexueller Belästigung in öffentlichen Verkehrsmitteln oder auf der Straße, an die Instrumentalisierung und Ausbeutung von Menschen in prekären Arbeitsverhältnissen, an skandalöse Zustände in der ambulanten Pflege oder beim Sterben im Krankenhaus, an Fälle von »kollegialem« Mobbing am Arbeitsplatz oder in der Schule, an demütigende Beleidigungen oder auch an Akte öffentlicher Beschämung und Bloßstellung im Internet: Selbst wenn in diesen Fällen *keine* öffentlichen Funktionsträgerinnen und -träger involviert und damit dann auch keine Menschenrechte verletzt sein mögen, werden entsprechende Erlebnisse und Erfahrungen nicht selten in der Begrifflichkeit »menschenunwürdiger« Behandlung thematisiert und kritisiert. Während also die Menschenrechte das Verhältnis zwischen jenen, die politische Gewalt ausüben, und denen, die dieser Gewalt unterworfen sind, regeln, ist die Würde des Menschen darauf angewiesen, auch im privaten Miteinander respektiert und geachtet zu werden.[68] Daraus ergibt sich eine doppelte Einsicht, die in dem nun folgenden Schaubild in Form einer Mengenlehre festgehalten ist: Weder sind sämtliche Menschenrechtsverletzungen zugleich auch schon Verletzungen der Menschenwürde (»relativistisch« vs. »fundamentalistisch«). Noch gilt umgekehrt, dass jede Verletzung der Menschenwürde von vornherein auch eine Verletzung von Menschenrechten darstellt (»privat« vs. »hoheitlich«).

68 Wie in § 8 gezeigt, können diese privaten Vergehen sehr wohl auch menschenrechtliche Relevanz aufweisen, und zwar im Fall des Versagens staatlicher Schutzpflichten (»Drittwirkung«). Trotzdem werden aus diesen privaten Vergehen deshalb nicht schon hoheitliche Menschenrechtsverletzungen.

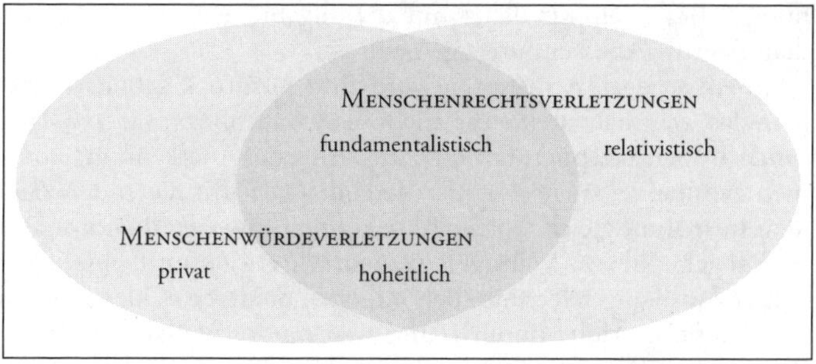

Schaubild 3: Menschenwürde- vs. Menschenrechtverletzungen

2. Der soziale Aspekt fundamentaler Missachtung

Bereits im Zusammenhang fundamentalistischer Menschenrechtsverletzungen kam zur Andeutung, dass es sich dabei um schwerwiegende Formen von Missachtung seitens der öffentlichen Ordnung handelt. Zwar tritt nicht jede Form von Missachtung per se schon in Gestalt einer fundamentalistischen oder gar totalitären Missachtung auf. Vielmehr gibt es zahllose Beispiele einer vergleichsweise alltäglichen und meist auch weniger schwerwiegenden Ungleichbehandlung. Solche Praktiken der Missachtung wurden oben als »relativistisch« bezeichnet; sie sind dadurch gekennzeichnet, dass den Betroffenen nicht schon ihr rechtlich relevantes Menschsein streitig gemacht wird, wohl aber ein konkretes einzelnes Menschenrecht und damit auch ihr Status als Gleiche. Im Zuge von *Entwürdigungen* jedoch setzt die Missachtung »tiefer« an: Hier wird seitens der jeweils attackierenden Person oder Institution bestritten, dass man es bei der attackierten Person überhaupt mit einem Menschen zu tun hat, der menschenrechtlich ins Gewicht fällt. Man spricht den Betroffenen implizit sämtliche Rechte ab. Und nur um solche Formen einer fundamentalistischen Missachtung geht es bei Verletzungen der Menschenwürde. Dabei ist der Begriff der Missachtung ersichtlich als ein Gegenbegriff zu dem der »Achtung« zu verstehen und damit als dessen Verneinung. Der Begriff der Achtung wiederum steht meist für eine besondere Form interpersonaler Anerkennung.[69] Beginnen wir daher mit der allgemeinen Frage, was mit dem Begriff »Anerkennung« gemeint ist.

In Akten der Anerkennung wird zum Ausdruck gebracht, dass man das, was man anerkennt, nicht bloß wahrnimmt (an-*erkennt*), sondern auch akzeptiert (*an*-erkennt). Akte der Anerkennung kommen damit einer zugleich konstatierenden wie affirmierenden Zurkenntnisnahme gleich. Solche Akte können entweder demonstrativ oder sogar »offiziell« vollzogen werden; wie etwa im Fall einer amtlichen Zulassung oder eines behördlichen Stempels. Oder aber die Anerkennung erfolgt implizit, und zwar *im* Vollzug von etwas; wie beispielsweise bei der Anerkennung von Spielregeln, die keineswegs zu Beginn jedes Spiels noch einmal ausdrücklich zur Sprache kommen müssen. Während man also nicht bloß Menschen anerkennen oder nicht anerkennen kann, sondern etwa auch Spielregeln, Tatsachen, Landesgrenzen, ein Gesetz oder eine Vaterschaft, wird Anerkennung zu einem *menschenrechtlichen* Problem erst dann, wenn es um die interpersonelle oder auch institutionelle Bestätigung von einzelnen Menschen und deren Anspruch auf strikte Gleichbehandlung und Diskriminierungsfreiheit geht. Anders gesagt: Was in menschenrechtlicher Anerkennung zugleich erkannt und bestätigt werden soll, ist die Gleichwertigkeit und Gleichberechtigung aller Menschen *als* Menschen.

Ebendiese spezifische Form von *gleicher* Anerkennung wird in der philosophischen Debatte häufig »Achtung« genannt: Wer Achtung einklagt, weil er oder sie sich missachtet fühlt, gibt dem eigenen Umfeld zu verstehen, dass er oder sie sich wie ein Mensch mit weniger Rechten und damit wie ein Mensch »zweiter Klasse« (relativistische Missachtung) behandelt fühlt oder überhaupt gar nicht als ein Mensch »aus Fleisch und Blut«, sondern lediglich wie ein »Objekt« willkürlicher Verfügung und ebendeshalb menschenunwürdig (fundamentalistische Missachtung).[70] Mit diesem Protest machen die Betroffenen einen menschenrechtlich grundlegenden Anspruch auf Respekt und egalitäre Berücksichtigung geltend,

69 Im Folgenden reformuliere ich zentrale Passagen aus: Arnd Pollmann, *Unmoral*, München 2010, S. 155-163. Dort stütze ich mich primär auf: Axel Honneth, *Kampf um Anerkennung*, Frankfurt/M. 1993, Kap. 5 u. 6.

70 Margalit, *Politik der Würde*, Teil 2. Zur philosophischen Debatte um die Bedeutung der Achtung insgesamt: Susanne Schmetkamp, *Respekt und Anerkennung*, Paderborn 2012.

der sich allein dem Umstand verdankt, dass sie, wie jeder andere Mensch auch, als ein vollwertiges Mitglied der Menschengemeinschaft zu zählen haben und aus dieser weder real noch symbolisch exkludiert werden dürfen. Selbst wenn es also auf den ersten Blick so aussehen mag, als hätte man es bei Akten einer spezifisch menschenrechtlichen Missachtung zunächst nur mit der Verletzung eines beliebigen einzelnen Rechtsanspruchs (neben anderen) zu tun, sind Akte der Entwürdigung doch als viel gravierender einzustufen: Im Zuge einer derart fundamentalistischen Missachtung wird dementiert, dass man es überhaupt mit einem Menschen zu tun hat, der normativ-rechtliche Bedeutung und deshalb dann auch Menschenrechte besitzt. Die bisweilen eher symbolische, beizeiten aber auch sehr handfeste oder sogar tödliche Botschaft dieser schweren Form von Missachtung besagt: »Du bist aus der Gemeinschaft der Menschen(rechte) ausgestoßen!« Den Opfern werden implizit sämtliche Rechte abgesprochen; man »entrechtet« sie als Mensch und »entmenschlicht« sie ebendadurch, dass man ihnen zu erkennen gibt, dass sie menschenrechtlich überhaupt gar nicht zählen oder eben Achtung verdienen.

Dabei sollten Akte einer menschenrechtlich fundamentalen Missachtung nicht mit eher alltäglichen Phänomenen einer kognitiven »Nicht-Beachtung« einzelner Menschen verwechselt werden. Es kommt gelegentlich vor, dass man das, was es zu achten gilt, schlicht nicht wahrnimmt. So wie man etwa auch ein Verkehrszeichen übersehen, das sogenannte Kleingedruckte überlesen oder eine gesellschaftliche Gepflogenheit aus Unkenntnis unbeachtet lassen kann, mag man gelegentlich auch einen Menschen übersehen – zum Beispiel in der Masse oder im Vorbeigehen. Tatsächlich kann auch dies aus Sicht der Betroffenen subjektiv als schmerzhaft empfunden werden: Die buchstäblich »übersehene« Person fühlt sich entsprechend so behandelt, als wäre sie »Luft« oder auch »unsichtbar«.[71] Doch solange die jeweils andere Person, der dieses Missgeschick unterlaufen ist, nicht schon vorsätzlich oder demonstrativ »weggesehen« hat, wird man ihr deshalb keinen Vorwurf machen und entsprechend Missachtung attestieren können. Entwürdigende Akte der Missachtung besitzen eine erheblich problematischere

71 Siehe dazu die Titelstudie in: Axel Honneth, *Unsichtbarkeit. Stationen einer Theorie der Intersubjektivität*, Frankfurt/M. 2003.

Eingriffstiefe: Einer Person, die nicht bloß übersehen oder unhöflich übergangen, sondern fundamental missachtet wird, soll vorsätzlich *demonstriert* werden, dass sie es nicht »wert« ist, überhaupt als ein Mensch gesehen und entsprechend normativ berücksichtigt zu werden.

Genau an dieser Stelle kommt die oben bereits erwähnte Doppelbedeutung des Anerkennungsbegriffs zum Tragen: Die fundamental missachtete Person wird zwar kognitiv als Mensch erkannt (im Sinne von »gesehen«), aber nicht schon evaluativ als ein Mensch von Wert anerkannt (im Sinne von »bestätigt«). Folglich setzen Akte einer fundamentalen Missachtung und Entwürdigung weniger eine physiologische oder eben kognitive als eine evaluative und moralische »Blindheit« voraus.[72] Die jeweils missachtende Person oder Institution »sieht« zwar sehr wohl, dass es sich um einen Menschen handelt. Aber sie behandelt diesen Menschen dennoch so, *als ob* er eben keiner wäre und deshalb wie ein Gegenstand, ein Werkzeug oder ein Tier behandelt werden könnte. Oder anders: Die jeweils missachtende Person verkennt nicht etwa das biologische Menschsein ihres Gegenübers, wohl aber, dass es sich dabei um eine menschliche Person von fundamentalem Wert und gleicher Anspruchsberechtigung handelt. Versagt wird somit der für die Menschenrechte axiomatisch grundlegende Anspruch auf gleiche rechtliche Berücksichtigung aller Menschen qua Menschsein. Und wird einem Menschen nicht bloß ein einzelnes Menschenrecht streitig gemacht, sondern dieser Grundanspruch als solcher, ist die Grenze zur Menschenwürdeverletzung überschritten. Den Betroffenen wird so die existenziell bedrohliche Botschaft vermittelt, dass sie sich nicht länger ihres rechtlich relevanten Menschseins sicher sein können. Der spezifisch *soziale* Aspekt der Entwürdigung besagt also, dass der betroffene Mensch in einem sehr grundlegenden Sinn der Anerkennung »unwürdig«, ja am Ende vielleicht nicht einmal mehr länger »des Lebens würdig« ist.[73]

72 Margalit, *Politik der Würde*, Kap. 6.

73 Améry, *Jenseits von Schuld und Sühne*, S. 151.

3. Der psychische Aspekt schwerer Demütigung

Die zuletzt rekonstruierten Vorgänge und Erfahrungen betreffen die spezifisch soziale Dimension von Würdeverletzungen im Sinne der interpersonalen oder auch institutionellen Aberkennung gleicher Achtung. Diese Form einer fundamentalistisch versagten Anerkennung hat aber meist auch direkt *psychische* Auswirkungen auf die Betroffenen. In Akten der Entwürdigung soll eine Beziehungsform der »ohnmächtigen« Unterlegenheit erwirkt werden, die in der philosophischen Würdedebatte heute meist mit dem Begriff »Demütigung« assoziiert wird.[74] Hierbei lohnt zunächst ein Blick auf den etymologischen Gehalt dieses geläufigen Ausdrucks. Der Begriff der Demütigung hat ersichtlich etwas mit »Demut« zu tun und zielt insofern auf eine Praxis gezielten Demütigmachens. Allerdings entspricht die heutige Verwendung des Wortes – im Sinne einer »bescheidenen« Distanz und »aufschauenden« Fügsamkeit unter das »überragend Große«[75] – nur noch bedingt seiner ursprünglichen Verwendung. Wortgeschichtlich ist der Terminus abgeleitet und zusammengesetzt aus ahd. *thionōn*, »dienen«, und ahd. *muoti*, »gesinnt«.[76] Gemeint ist mit »demütig« also ursprünglich »dienmütig« oder moderner »dienstwillig« beziehungsweise »knechtisch gesinnt«. In dieser Verwendung ist der Ausdruck bereits früh in die christliche Kirchensprache eingewandert, wo er seither »dem Herrn zu Diensten« bedeutet. Der religiös demütige Mensch spricht folglich: »Du bist der Herr, ich bin dein Knecht.«

In weltlicher Hinsicht kämen interpersonale Demütigungen somit dem Versuch gleich, einen anderen Menschen zum Diener zu machen; ihn in dem Sinn »herabzusetzen«, dass man ihn zum Knecht oder gar zum Sklaven herabwürdigt. Entsprechend problematisch wäre »falsche Demut«, von der man dann spricht, wenn ein Mensch *freiwillig* den eigenen Stolz ablegt und sich ohne Zwang selbst in irgendeine Knechtschaft oder unterwürfige Abhängigkeit

74 Wegweisend für viele Debattenbeiträge: Margalit, *Politik der Würde*. Im Folgenden übernehme ich die zentralen Thesen zum Begriff der Demütigung aus: Pollmann, *Unmoral*, S. 92-100.

75 Nicolai Hartmann, *Ethik* [1926], Berlin/New York 1962, S. 475-477.

76 Siehe den Eintrag »Demut«, in: Wolfgang Pfeifer u. a. (Hg.), *Etymologisches Wörterbuch des Deutschen* (digitalisierte Fassung), ⟨www.dwds.de/wb/Demut⟩, letzter Zugriff 01. 11. 2021.

begibt. Denn diese falsche Demut tendiert zu »Selbsterniedrigung, Würdelosigkeit und Heuchelei«.[77] Meist aber basieren interpersonelle Demütigungen unmittelbar auf Zwang oder der Ausnutzung einer bestehenden Abhängigkeit; etwa in Paarbeziehungen, Familien, Peer Groups, Vereinen, Arbeitszusammenhängen oder auch in staatlichen und öffentlichen Institutionen, wie etwa in Schulen, auf Ämtern, beim Militär, der Polizei oder auch im Justizwesen. Zu einer derart unfreiwilligen Demütigung kommt es dann, wenn es eine Person gezielt[78] darauf anlegt, einen anderen Menschen zu »unterwerfen«, um so symbolisch oder auch handfest ein »Herr-Knecht-Verhältnis« zu etablieren.[79] Auf Seiten der gedemütigten Person können diese Vorgänge mit einem ohnmächtigen und seelisch deprimierenden Kontrollverlust einhergehen: Wer entwürdigt oder eben gedemütigt wird, erlebt dies gemeinhin als einen erzwungenen, oft auch beschämenden und auch deshalb besonders schmerzvollen Verlust von subjektiver Verfügungsgewalt über das eigene Leben. Wer etwa in einer intimen Partnerschaft oder auch innerhalb einer identitätsstiftenden Peer Group von anderen unentwegt »wie Dreck« behandelt wird, ohne dass die betroffene Person ihrerseits den Stolz oder die Kraft aufbrächte, dieser zerstörerischen Beziehung zu entfliehen, mag diesen Verlust an Selbstbestimmung bisweilen sogar als schmerzvoller erfahren als manche unmittelbar körperliche Aggression.[80]

Was im »Privaten« bitter genug sein kann, mag sich noch einmal verschärfen, wenn die Aggressionen von Repräsentantinnen und Repräsentanten öffentlicher Gewalten und mithin von staatlichen Institutionen ausgehen. Im Fall derart hoheitlicher Demütigungen, kommt es zu dem, was Schopenhauer »doppelte Ungerechtigkeit«

77 Hartmann, *Ethik*, S. 476.

78 Man kann sich fragen, ob Menschen einander auch versehentlich oder fahrlässig demütigen können. Ich würde dies verneinen. Allenfalls sind soziale Praktiken denkbar, in denen die Demütigung zwar nicht der Hauptzweck der Handlung ist, dabei aber billigend in Kauf genommen wird.

79 Zu diesem hegelianischen Motiv: Hannes Kuch, *Herr und Knecht. Anerkennung und symbolische Macht im Anschluss an Hegel*, Frankfurt/M. 2013. Trotz irreführendem Titel sehr instruktiv: Jessica Benjamin, *Die Fesseln der Liebe. Psychoanalyse, Feminismus und das Problem der Macht*, Frankfurt/M. 1993.

80 Zur Bedeutung psychischer und sprachlicher Gewalt: Steffen K. Herrmann/Sybille Krämer/Hannes Kuch (Hg.), *Verletzende Worte. Die Grammatik sprachlicher Missachtung*, Bielefeld 2007.

nennt. Wie bereits in § 8 ausgeführt, zeigt sich dieses doppelte Unrecht überall dort, »wo Jemand ausdrücklich die Verpflichtung übernommen hat, einen Andern in einer bestimmten Hinsicht zu schützen, folglich die Nichterfüllung dieser Verpflichtung schon Verletzung des Andern, mithin Unrecht wäre; er nun aber noch überdies jenen Andern, eben darin, wo er ihn schützen sollte, selbst angreift und verletzt«.[81] Wird eine schutzbefohlene Person ausgerechnet von denen gedemütigt – zum Beispiel von schulischem Lehrpersonal, von einer Amtsperson, von der Polizei oder vor Gericht –, die ihrerseits mit hoheitlichen Schutzaufgaben betraut sind, ergibt sich ein doppelter, als »Verrat« erlebter Vertrauensverlust und damit eine gesteigerte Ohnmacht: Wird einem Menschen von anderen Privatpersonen schwerer Schaden zugefügt, kann man sich gegebenenfalls an staatliche Institutionen wenden. Was aber, wenn der Staat selbst zum Täter wird? An wen wendet man sich dann?

Es ist anzunehmen, dass diese ohnmächtige, beschämende und mithin deprimierende Erfahrung, an Kontrolle über den eigenen Handlungszusammenhang einzubüßen, für Demütigungen allgemein typisch ist.[82] Man kann jedoch in unterschiedlichsten Hinsichten des Lebens ganz plötzlich und unfreiwillig die Kontrolle verlieren: ein Feuer bricht aus, die Fahrradkette springt ab, der Computer »friert ein«. Auch das mag jeweils sehr unangenehm sein, aber offenbar nicht schon demütigend im engeren Sinn. Damit aus einem Verlust an Kontrolle tatsächlich ein demütigender Kontrollverlust wird, muss eine wichtige zweite Bedingung hinzukommen; eine Bedingung, die nur in spezifisch sozialen oder institutionellen Zusammenhängen gegeben sein kann. Im Fall einer Demütigung nämlich verliert das Opfer nicht nur die Kontrolle über das eigene Handeln. Es verliert vielmehr die Kontrolle über das eigene *Selbst*. Diese zweifellos erklärungsbedürftige These ist allein vor dem Hintergrund sozialpsychologischer Theorieannahmen eines »Kampfes um Anerkennung« zu verstehen.[83] Nach den bereits im letzten Abschnitt zum Phänomen fundamentaler Missachtung skizzierten Überlegungen ist die gezielte Demütigung einer Person als der Versuch zu deuten, durch einen massiven Entzug von Ach-

81 Arthur Schopenhauer, *Über die Grundlage Moral* [1841], Hamburg 2006, S. 118.

82 Dazu auch die historischen Beispiele bei Ute Frevert, *Die Politik der Demütigung. Schauplätze von Macht und Ohnmacht*, Frankfurt/M. 2017.

83 Honneth, *Der Kampf um Anerkennung*, Kap. 6.

tung zu einer empfindlichen *Herabstufung* der Person beizutragen. Offenbar wichtiger noch als die vermeintliche Aufwertung, welche sich die aktiv demütigende Person davon versprechen mag, dass sie sich zum »Herrn« oder zur »Herrin« aufschwingt, ist demnach die gezielte Abwertung der gedemütigten Person. Sie soll das einbüßen, was man »Selbstachtung« nennt.[84]

Die Einstellung der Selbstachtung »inkorporiert« das Wissen, von anderen Personen oder auch Institutionen als ein wertvoller Mensch wie jeder andere anerkannt zu sein. Es handelt sich um ein evaluativ bestätigendes *Selbstverhältnis*, das der Mensch im Laufe des Lebens durch günstige Umstände, soziale Anerkennung oder auch in biografischen Prozessen des erfolgreichen Aufbaus von »Resilienz«[85] allererst erworben haben muss; ein affirmatives Selbstverhältnis, das dem Menschen stets auch wieder streitig gemacht werden kann, und zwar im Zuge von Demütigung und Entwürdigung.[86] Folglich kann der spezifische Kontrollverlust in der Folge von Demütigungen mit einem Verlust des sicheren Gefühls, ein Mensch von Wert zu sein, einhergehen. Die gedemütigte Person soll möglichst derart unmenschlich behandelt oder gravierend erniedrigt werden, dass sie es am Ende kaum mehr vermag, in den sprichwörtlichen Spiegel zu schauen *mit* Selbstachtung. Man denke hier beispielsweise an vergleichsweise neuartige Fälle von »Cybermobbing«: Immer mehr Menschen werden heute unter Ausnutzung digitaler Technologien, zum Beispiel via Smartphone, E-Mail, WhatsApp oder Social-Media-Plattformen belästigt, beleidigt, verleumdet, bloßgestellt oder bedroht und damit völlig unkontrolliert den beschämenden Blicken teilweise unzähliger Nutzerinnen und Nutzer dieser Technologien ausgesetzt. Im Zuge dieses Cybermobbings mag der sukzessiv eintretende »soziale Tod« mit der Zeit schwerwiegende psychophysische Störungen und Krankheiten verursachen oder gar in suizidales Verhalten übergehen.[87]

84 Nach Margalit (*Politik der Würde*) sind Demütigungen »alle Verhaltensformen und Verhältnisse, die einer Person einen rationalen Grund geben, sich in ihrer Selbstachtung verletzt zu sehen« (S. 23).

85 Das sozialpsychologische Konzept der Resilienz geht wesentlich zurück auf Emmy E. Werner/Ruth S. Smith, *Vulnerable but Invincible. Study of Resilient Children*, New York 1981.

86 Mehr zum Begriff der Selbstachtung in § 13.

87 Catarina Katzer, *Cybermobbing*, Berlin/Heidelberg 2014, bes. Kap. 2.5.

Somit kann ein teilweise verhängnisvoller, krankmachender oder gar tödlicher Zusammenhang zwischen öffentlicher Beschämung, seelischer Demütigung und dem innerpsychischen Verlust einer das eigene Selbst stabilisierenden Selbstachtung unterstellt werden. Demütigungen können durch beschämende Selbstreflexionen »verinnerlicht« werden und sich so bedrohlich zu einem allmählichen »Verlust« des eigenen Selbst addieren – im Sinne des existenziellen Verlustes einer evaluativ sich selbst bestätigenden und damit stützenden Selbstbeziehung. Verständlich wird so auch, was Georg Wilhelm Friedrich Hegel einst mit jenem »Kampf auf Leben und Tod«[88] gemeint haben mag, in den sich Herr und Knecht im Zuge ihrer reziproken Anerkennungsbemühungen fast notwendig verstricken: Wer sich seines eigenen Selbst nicht hinreichend sicher ist oder wer gar befürchten muss, ein *Nichts* zu sein, mag hoffen, dieser Befürchtung dadurch begegnen zu können, dass er oder sie anderen Menschen dieselbe ohnmächtige Schmach zufügt. Die gezielte Verneinung und »Entwirklichung« des gedemütigten Gegenübers soll beweisen, dass »ich« es bin, der da verneint oder gar vernichtet. Das unheilvolle Credo der Demütigung lautet folglich: »Ich demütige, also bin ich!«

Allerdings ist zu beobachten, dass sich Menschen nicht nur von anderen *Menschen* gedemütigt fühlen können. Häufig sind es eben auch öffentliche Institutionen, zum Beispiel Ämter und Verwaltungsbehörden, oder auch systembedingte Lebensumstände, etwa Armut und anhaltende Arbeitslosigkeit, durch die sich Menschen erniedrigt und entwürdigt fühlen. Es scheint fast so, als könnten Demütigungserfahrungen auch von »anonymen« Kräften erwirkt werden; zumal in vielen Fällen ein konkreter Täter oder eine verantwortliche Täterin gar nicht eindeutig dingfest zu machen ist. Dies lässt sich am Beispiel der sozialstaatlichen Bürokratie illustrieren, die von nicht wenigen hilfsbedürftigen Menschen als direkt demütigend erlebt wird. Im Jobcenter oder beim Sozialamt verhält es sich nicht selten so, dass die dort etablierten Verwaltungsstrukturen von meist eher unachtsamen und überforderten als direkt bösartigen Mitarbeiterinnen und Mitarbeitern aufrechterhalten werden, deren persönliche Unlust oder auch Arbeitsüberlastung auf die durch den

88 Georg Wilhelm Friedrich Hegel, *Phänomenologie des Geistes*, Werke, Bd. 3, Frankfurt/M. 1986, Kap. IV, hier S. 149.

Behördengang ohnehin verunsicherte Klientel dann gelegentlich so *wirkt*, als ob es sich um »sadistische« Demütigungen handelte. Natürlich mag es auch das geben: Charakterlich und psychisch vollends ungeeignete, »perverse« Mitarbeiterinnen und Mitarbeiter, die ihre Kundschaft tatsächlich als »minderwertig« betrachten und sie das dann auch im Kontakt unmittelbar spüren lassen. Meist aber liegt im Fall institutioneller Demütigungen eine ungünstige Verkettung anonymer Strukturzusammenhänge mit eher fahrlässigen als vorsätzlichen Herabsetzungen vor. Trotzdem mag es den Betroffenen auch unter Bedingungen einer derart systembedingt mangelhaften Anerkennung schwerfallen, ihre Selbstachtung aufrechtzuerhalten.[89]

Dabei ist das Perfide und mithin das Paradoxe an Akten der Demütigung der psychologisch schwer zu erklärende Umstand, dass die gedemütigte Person am Ende *selbst* auch einen triftigen Grund sehen muss, sich in ihrer Selbstachtung verletzt zu sehen.[90] Denn um auch faktisch an Selbstachtung einzubüßen, muss sich die betroffene Person das niederschmetternde Urteil, das mit der Demütigung kommuniziert wird, (bedingt) zu eigen machen. Nur so kann der Entwürdigungsversuch tatsächlich eine partielle bis totale Reduzierung der eigenen Selbstachtung bewirken.[91] Mit diesem psychologisch heiklen Befund sind zugleich zwei methodische Schwierigkeiten verknüpft: Die erste betrifft die empirische Beobachtung, dass »objektive« Diagnosen und »subjektive« Erfahrungswelten gelegentlich auseinanderklaffen. Die eine Person mag sich subjektiv *nicht* gedemütigt oder entwürdigt fühlen, obgleich eine neutrale Instanz, zum Beispiel ein Gericht, objektiv eine Würdeverletzung feststellen will.[92] Aber auch der umgekehrte Fall ist denkbar: Eine Person fühlt sich gedemütigt und entwürdigt, etwa durch eine Beleidigung, aber man zögert als Beobachter oder Beobachterin, diesem Befund auch von außen zuzustimmen; weil die

89 Dazu auch Margalit, *Politik der Würde*, Teil IV.

90 Ebd., Kap. 7.

91 Umgekehrt dürfte gelten: Je stärker die Selbstachtung einer Person ist, desto schwieriger wird es sein, sie derart zu verunsichern. Wir kommen im nächsten Paragrafen darauf zurück.

92 Juristisch vieldiskutierte Beispiele sind hier etwa höchstrichterliche Entscheidungen zum vermeintlich unterhaltsamen »Zwergenweitwurf«, zum mutmaßlich anstößigen Etablissement der »Peep-Show« oder auch zu der drastisch wirkenden Freizeitaktivität namens »Paintball«.

Beleidigung vergleichsweise harmlos erscheint und damit nicht schon den Status wertvollen Menschseins in Frage stellt.

Die zweite methodische Schwierigkeit ist mit dieser Unterscheidung eng verknüpft: Auch Demütigungen können unterschiedliche Härtegrade aufweisen. Nicht schon jede Demütigung ist *zugleich* auch ein Akt der Entwürdigung. Man sollte vielmehr auch hier – wie schon in Fällen menschenrechtlicher Missachtung – zwischen minderschweren und schweren Demütigungen unterscheiden: Minderschwer ist eine Demütigung dann, wenn sie das soziale Selbstwertgefühl, das Ansehen, den Stolz oder – etwas altmodisch – die Ehre einer Person zu beschmutzen versucht. Nur schwere Demütigungen sind dagegen geeignet, mit der Selbstachtung zugleich auch die Würde des Opfers anzutasten. In dieser Lesart zielen die Begriffe »Ehre« und »Würde« auf unterschiedliche Tiefenschichten menschlicher Selbstverhältnisse und mithin auf verschiedene Dimensionen versagter Anerkennung. Soziologisch betrachtet reagiert der Mensch mit dem besonders auch aus traditionellen Gesellschaften vertrauten Ehrgefühl – oder moderner gesprochen: mit Stolz – auf die gesellschaftliche Wertschätzung seiner jeweils besonderen Leistungen, Eigenschaften oder Fertigkeiten sowie auf die soziale Bestätigung, in ausreichendem Maße gesellschaftlichen Konventionen und auch Rollenerwartungen zu genügen. Der Begriff der Würde hingegen zielt auf die »aller auferlegten Rollen oder Normen entkleidete, eigentliche Menschlichkeit« und damit auf die Anerkennung einer universellen Wertigkeit aller Menschen, durch die das jeweils besondere Individuum gerade *nicht* von anderen Menschen unterschieden ist; vielmehr wird die Person hier als eine Gleiche unter Gleichen anerkannt.[93]

Daraus folgt: Im Gegensatz zur Ehre hat man einen Anspruch auf Achtung der Würde nicht erst dann, wenn man etwas Besonderes leistet oder darstellt. Dieser Würdeanspruch kommt dem Menschen als Menschen zu. Er basiert auf dem auch schon für die Menschenrechte grundlegenden Postulat generischer Gleichheit.[94]

93 Diese u. a. von Margalit und Honneth aufgegriffene Unterscheidung geht zurück auf den soziologisch einschlägigen Exkurs »Über den Begriff der Ehre und seinen Niedergang«, in: Peter Berger/Brigitte Berger/Hansfried Kellner, *Das Unbehagen in der Modernität*, Frankfurt/M. 1975, S. 75-85, hier S. 79. Ähnlich auch der Würdeansatz bei Waldron, *Dignity, Rank, and Rights*.

94 Siehe § 2.

Dieses Postulat wird *verinnerlicht*, in ein evaluatives Selbstverhältnis transformiert und so zu einer Haltung affirmativer Selbstachtung, die auf der grundlegenden Überzeugung beruht, ein wertvoller Mensch wie jeder andere zu sein und schon deshalb exakt dieselbe Rücksicht zu verdienen. Entsprechend können Demütigungen im schweren Fall als Würdeverletzungen erlebt werden, falls es dabei zu einem symbolischen oder gar handfesten Ausschluss aus der Menschengemeinschaft kommt, denn in solchen Momenten kann das evaluativ affirmierende Selbstverhältnis massiv Schaden erleiden. Im minder schweren Fall der Demütigung hingegen wird »lediglich« die soziale Ehre oder der Stolz der jeweils angegriffenen Person angetastet und verletzt, insofern es dabei um die Diskreditierung besonderer Leistungen oder individueller Eigenschaften geht. Kurzum: Die Menge der Demütigungen ist mit der Menge der Entwürdigungen keineswegs deckungsgleich. Aber sie bilden beide eine gemeinsame und für die Theorie der Menschenrechte äußerst bedeutsame Schnittmenge.

4. Der physische Aspekt lebensbedrohlicher Erniedrigung

Mit der im letzten Abschnitt skizzierten These, dass Akte der Demütigung ein *Unterwerfungsverhältnis* etablieren wollen, ist neben der sozialen und psychischen oft auch eine unmittelbar physische und damit körperliche Dimension von Entwürdigungen angedeutet. Im Würdediskurs wird diese körperliche Antastbarkeit häufig mit der physiologisch konnotierten Metapher der »Erniedrigung« zum Ausdruck gebracht: Die aktiv demütigende Person lässt sich selbst »größer« erscheinen, indem sie das gedemütigte Gegenüber »kleiner« oder auch »zur Schnecke« macht. Bereits auf symbolischer Ebene wird so ein herabsetzendes Verhältnis anatomischer Unterlegenheit etabliert. Die entwürdigende Herabsetzung ist wie ein physischer K.o.-Schlag gedacht: Die gedemütigte Person soll »zu Boden gehen« – und im weiteren Verlauf der Beziehung dann möglichst auch »am Boden bleiben«. Ähnliche Redeweisen, die auf eine dezidiert körperliche Fragilität und Vulnerabilität der Würde anspielen, lauten entsprechend: »heruntermachen«, »beugen«, »brechen«, »in die Knie zwingen«, »niederdrücken«, »unterjochen«, »bloßstellen«, »kränken«, »das Rückgrat brechen«, »zu Kreuze kriechen« lassen,

»in den Dreck ziehen« oder auch »herablassen«. Positiv assoziierte Gegenbilder klingen an, wenn vom »aufrechten Gang«[95] des Menschen oder vom »erhobenen Haupt« einer Person die Rede ist, wenn deren »Aufrichtigkeit« oder auch »Gradlinigkeit« bewundert wird oder wenn es darum geht, einen anderen Menschen »aufzubauen«, »aufzurichten«, ihm »den Rücken zu stärken« oder auch ihn »hochleben« zu lassen.

All diese physiologisch konnotierten Redeweisen wollen einen drohenden Schaden bereits in körperlicher Hinsicht kenntlich machen, der gleichwohl die gesamte Person, auch ihre Psyche, ereilen würde, falls er einträte: Wer gedemütigt wird, läuft Gefahr, mit dem Verlust der anatomischen Augenhöhe gegenüber dem Angreifer nicht weniger als die eigene Persönlichkeit, das eigene Selbst einzubüßen. Basiert der Besitz von Würde, so wie hier vorgeschlagen, letztlich auf inkorporierter Achtung, so ist mit dieser »verkörperten Selbstachtung«[96] offenbar immer auch das handfeste und wehrhafte Vermögen gemeint, auf etwaige Angriffe und Erniedrigungsversuche mit einer die jeweils eigene Selbstachtung bewahrenden Gegenwehr zu antworten.[97] Dass eine derart tatkräftige Gegenwehr im Alltagsleben notwendig werden kann, spricht dafür, dass es sich bei Entwürdigungsversuchen um interpersonale »Kriegserklärungen« handelt; um Aggressionen, die jenen oben bereits erwähnten »Kampf auf Leben und Tod« einläuten. Man kann die fatale Symbolik dieser Kampfhandlungen entsprechend so verstehen, dass das menschenwürdige Leben vor allem dann auf dem Spiel steht, wenn ein Mensch von anderen derart unmenschlich behandelt wird, dass er zwar nicht schon buchstäblich getötet, wohl aber mit der grausamen Botschaft konfrontiert wird, sich fortan nicht länger des eigenen Lebens sicher sein zu können. Und gelegentlich scheint es gar, als werde der gedemütigte Mensch gerade deshalb am Leben

95 Zu dieser für den Würdediskurs seit der Antike maßgeblichen Metapher: Kurt Bayertz, *Der aufrechte Gang. Eine Geschichte des anthropologischen Denkens*, München 2012.

96 Dazu mehr im nächsten Paragrafen.

97 Diese Überlegungen basieren auf Améry, *Jenseits von Schuld und Sühne*: »Ich sehe vor mir den Häftlingsvorarbeiter Juszek, einen polnischen Berufsverbrecher von schreckenerregender Rüstigkeit. Der schlug mich einmal in Auschwitz einer Bagatelle wegen ins Gesicht, so war er es gewohnt zu verfahren mit allen Juden [...]. Ich schlug in offener Revolte den Vorarbeiter Juszek meinerseits ins Gesicht: meine Würde saß als Faustschlag an seinem Kiefer« (S. 157 f.).

gelassen, *weil* man ihm die niederschmetternde Botschaft mit auf den weiteren Lebensweg geben möchte, dass er »nicht des Lebens würdig« sei.[98]

Diese Überlegungen führen zu der überaus umstrittenen Frage, ob es im menschlichen Leben am Ende oder im dramatischen Fall vielleicht doch etwas noch Schlimmeres als den eigenen Tod geben mag, und zwar ein Leben in permanenter, erniedrigender Todesgefahr; ein Leben, das den Menschen sukzessive entmenschlicht, indem es ihn auf demütigende Weise auf seine »nackte Existenz« reduziert.[99] Dann nämlich sind es fortan andere Menschen, die Herr oder Herrin über *mein* Leben sind. Die Betroffenen werden »vogelfrei« und »friedlos«, und das Entwürdigende daran scheint nicht etwa der drohende Tod als solcher zu sein, sondern ein Leben außerhalb jeder Kontrolle. Mitunter mögen die Betroffenen gar den Wunsch verspüren, eher noch zu sterben als derart menschenunwürdig weiterleben zu müssen. Zugleich aber bleibt angesichts dieser bisweilen totalen Entmenschlichung nur ein einziger Weg, auf *menschenwürdige Weise Mensch zu bleiben*; ein Weg, der fraglos gefährlich und heroisch anmutet und deshalb vermutlich »nur ganz wenigen Überragenden vorbehalten«[100] ist, und zwar die tatkräftige und notfalls sogar gewalttätige Auflehnung gegen diese vollends erniedrigende, entmenschlichende »Logik der Aburteilung«.[101]

Um jedoch an diesem Punkt der argumentativen Zuspitzung noch einmal auf die zu Beginn dieses Paragrafen bereits angedeutete Vorsicht gegenüber allzu drastischen Beispielen zurückzukommen: Mit den Überlegungen des letzten Abschnitts soll keineswegs behauptet werden, dass die heutige Verwendung des Würdebegriffs,

98 Ebd., S. 151.

99 Dies ist der rationale Kern der ansonsten recht verquasten Analyse von Giorgio Agamben, *Homo Sacer. Die souveräne Macht und das nackte Leben*, Frankfurt/M. 2002.

100 Primo Levi, *Ist das ein Mensch?*, München 1995, S. 64 u. 110 f.

101 Bei Améry (*Jenseits von Schuld und Sühne*) heißt es: »[D]er bloß im individuellen Innenraum erhobene Anspruch (›Ich bin ein Mensch und habe als solcher meine Würde, was immer ihr tut und sagen mögt!‹) ist leere Denkspielerei oder Wahn. Jedoch kann der entwürdigte, todesbedrohte Mensch – und hier durchbrechen wir die Logik der Aburteilung – die Gesellschaft von seiner Würde überzeugen, indem er sein Schicksal auf sich nimmt und sich zugleich in der Revolte dagegen erhebt« (S. 155). Für eine ähnliche Explikation des Würdebegriffs: Tzvetan Todorov, *Angesichts des Äußersten*, München 1993, S. 70-79.

zum Beispiel eben in menschenrechtlichen Zusammenhängen, stets schon in diese geradezu tödliche Tiefendimension vordringt. Es soll hier zunächst nur angedeutet werden, aus welchen Erfahrungen sich die spezifisch post-totalitäre Konjunktur jener für die Menschenrechte zentralen Idee der Menschenwürde speist. Zugleich ist aber mit diesen bisweilen monströsen Unrechtserfahrungen ein philosophisch aufschlussreicher Zusammenhang zwischen den Begriffen »Würde« und »Leben« hergestellt: Zum einen besteht ersichtlich ein qualitativ folgenreicher Unterschied zwischen dem »bloßen« oder »nackten« Überleben einerseits und einem spezifisch menschenwürdigen Leben andererseits. Der Mensch kann *leben*, ohne zugleich auch *menschenwürdig* zu leben. Zum anderen ist das bloße Überleben nicht einfach nur eine notwendige »vitale« Bedingung für das höherstufige Leben in Würde. Vielmehr wird das Letztere bereits dann unmöglich, wenn es sich um ein Leben angesichts ständiger Todesdrohungen handelt.[102] Ein Leben in derart unfreiwilliger[103] Lebensgefahr mag auf entwürdigende Weise als demütigend, erniedrigend oder gar entmenschlicht empfunden werden, weil die Betroffenen, indem sie sich unentwegt um die eigene Fortexistenz sorgen, geradezu auf ein »Tier« reduziert werden, das *nichts* als überleben will – und ebendeshalb auch zu allem fähig ist.[104]

Damit enden diese Überlegungen zu den sozialen, psychischen und physischen Dimensionen von Würdeverletzungen vorerst mit einem beunruhigenden Verdacht, der insbesondere von Anhängerinnen und Anhängern klassischer Mitgift-Theorien der Würde schroff zurückgewiesen werden dürfte: Würde hat das eigene Leben offenbar erst dann, wenn es auch für die Betroffenen *selbst* einen gewissen Wert hat, der über den Wert des bloßen nackten Überlebens hinausgeht. Der Mensch will leben und überleben, aber eben menschenwürdig. Entgegen so mancher metaphysischer oder auch

102 Man mag hier primär an vergleichsweise seltene Fälle willkürlicher Inhaftierung, politischer Verfolgung, geheimdienstlicher Verschleppung oder auch Folter denken, aber auch in häufiger auftretenden Problemsituationen, etwa angesichts extremer Armut, auf der Flucht oder in schweren Fällen von Mobbing herrscht ein psychophysischer Überlebenskampf.

103 Auf Bergsteigerinnen, Extremsportler, Angehörige der Feuerwehr etc. trifft dies ersichtlich nicht zu.

104 Levi, *Ist das ein Mensch?*, S. 63.

idealistischer Überhöhung des Würdebegriffs hat das menschliche Leben diesen Wert aber keineswegs *per se* und damit angeboren, unverlierbar und durch irgendeine »höhere Autorität« verbürgt. Es muss sich dabei um ein insofern qualifiziertes menschliches Leben handeln, als die Betroffenen jeweils auch subjektiv diesem Leben eine Qualität beimessen müssen, die für ein Leben typisch wäre, das den nackten Überlebenskampf übersteigt. Anders gesagt: Das menschliche Leben hat Würde allererst dann, wenn die Betroffenen ihm auch selbst einen Wert zusprechen, der Selbstachtung generiert. Und so gilt auch hier, was antike Würdekonzeptionen noch für selbstverständlich gehalten haben, was aber heute als äußerst umstritten gilt: Die Realisierung der Würde des jeweils einzelnen Menschen ist nicht zuletzt von sozialer Anerkennung und damit von einer intersubjektiv vermittelten, inkorporierten »Haltung«[105] gegenüber dem eigenen Leben abhängig; einer Haltung der Selbstachtung, die man, wie im folgenden Paragrafen nun eingehender gezeigt werden soll, nicht nur angesichts direkt interpersonaler Entwürdigungsversuche, sondern gegebenenfalls auch gegen eigene Indispositionen zu verteidigen hat.

105 Pollmann, »Würde nach Maß?«, S. 614-617; vgl. Eva Weber-Guskar, *Würde als Haltung*, Münster 2016.

§ 13 Verkörperte Selbstachtung

Der menschenrechtliche Würdeschutz soll ein Leben in »verkörperter Selbstachtung«, weitgehend frei von Missachtung, Demütigung und Erniedrigung ermöglichen. Diese Selbstachtung verdankt sich der Verinnerlichung egalitärer Achtungsbeziehungen. Sie bleibt vulnerabel und muss bisweilen gegen widrige Umstände oder gar inhumane Anfeindungen verteidigt werden. Daraus ergeben sich Verpflichtungen anderer, aber stets auch ethische Selbstpflichten: Wer sich um die eigene Würde sorgt, wird die dafür konstitutive Selbstachtung glaubhaft nach außen hin verkörpern wollen. Damit geht die philosophisch noch ungewohnte Einsicht einher, dass man der eigenen Würde auch dadurch schaden kann, dass man die Würde anderer verletzt.

Gegen Ende von § 11 ist gezeigt worden, dass die Menschenwürde als das inhaltliche Worumwillen der Menschenrechte verstanden werden sollte – und damit nicht länger als ein angeborenes, unverlierbares, a priori garantiertes Faktum. Folglich haben alle Menschen deshalb gleiche subjektive Menschenrechte auf ein menschenwürdiges Leben, weil sie das menschenwürdige Leben empirisch gerade nicht schon alle gleichermaßen realisieren können oder dürfen. Vielmehr *sollen* alle Menschen ein Leben in Menschenwürde führen können, und die einzelnen Menschenrechte buchstabieren inhaltlich aus, welche rechtlichen Garantien dafür notwendig wären. Erst vor dem Hintergrund dieser Einsicht konnte dann in § 12 geprüft werden, wann und inwiefern etwaige Menschenrechtsverletzungen zugleich auch eine Verletzung der Menschenwürde darstellen. Dies ist immer dann, aber auch nur dann der Fall, wenn es im Zuge der in Frage stehenden Rechtsverletzung zur Vermittlung einer fundamental diskriminierenden oder gar existenziell bedrohlichen Botschaft kommt: Im Fall einer Würdeverletzung werden die Betroffenen nicht einfach nur in einem ganz bestimmten, inhaltlich konkreten menschenrechtlichen Einzelanspruch verletzt, sondern fundamental als Mensch missachtet. Man gibt ihnen zu verstehen, dass sie keinerlei Achtung als Mensch verdienen und deshalb dann entsprechend auch keine Menschenrechte besitzen. Dies kann sich, wie zuletzt gezeigt wurde, dreifach zerstörerisch auf das Selbstbild der Betroffenen auswirken: als soziale Missachtung, psychische Demütigung und physische Erniedrigung. Aus diesen bislang *ex negativo* gewonnenen Einsichten ergibt sich nun eine überaus naheliegende Anschlussfrage: Welcher »positive« Begriff der Menschenwürde lässt sich daraus ableiten?

Aus den bisherigen Überlegungen lässt sich zunächst die für Inhaltsbestimmungen der Menschenrechte maßgebliche These herauslesen, dass man allen Menschen ein grundlegendes Interesse[106] daran unterstellen darf, ein Leben möglichst frei von sozialer Missachtung, psychischer Demütigung und physischer Erniedrigung zu führen; ein Leben, in dem die Betroffenen sich jeweils als ein gleichwertiger Mensch wie jeder andere geachtet fühlen dürfen und gemäß dieser Achtung »würdig« zu leben und zu agieren vermögen. Eben*das* wäre – positiv gewendet – ein Leben in Würde: ein Leben in Selbstachtung, im »aufrechten Gang« und mit »erhobenem Haupt«.[107] Zugleich ist aber zu vermuten, dass unterschiedliche Menschen in Anbetracht ihrer jeweils konkreten Lebensumstände manchmal nur bedingt die empirische Chance haben, entsprechend auch faktisch ein derart menschenwürdiges Leben führen zu dürfen. Die konkreten Lebensumstände von Menschen sind unterschiedlich prekär und bringen so die für das menschenwürdige Leben notwendige Achtung oft nur unzureichend oder auch gar nicht zum Ausdruck. Gerade weil aber nicht schon alle Menschen die gleiche oder volle Würde realisieren, benötigen sie gleichermaßen Schutz durch Menschenrechte. Und wie wir später noch sehen werden, benötigen manche Menschen sogar ganz besondere Unterstützung.

Folglich muss es dem jeweils nationalen sowie internationalen Menschenrechtsschutz um positiv-rechtliche Garantien eines zumindest menschenwürdigen Lebens für alle gehen; um Bedingungen also, die es allen Menschen weltweit ermöglichen würden, ein Leben in Achtung und Selbstachtung und damit möglichst frei von Missachtung, Demütigung und Erniedrigung zu führen. Ebendiese *inhaltliche Zielvorgabe* der Menschenrechte soll im Folgenden – nach Art einer kompakten Faustformel – auf den Begriff der »verkörperten Selbstachtung« gebracht werden. Diese Formel macht aus

106 Im Sinne eines »objektiven«, nicht notwendig bewussten oder gar explizit in der Würderhetorik thematisierten Interesses.

107 Ähnlich schon die Idee bei Ernst Bloch, *Naturrecht und menschliche Würde*, Frankfurt/M. 1961.

der Menschenwürde ein der Erfahrung zugängliches Selbst- und Weltverhältnis oder genauer: eine Haltung, die der Mensch zum jeweils eigenen Leben einnimmt.[108] Damit ist zugleich angedeutet, dass die Theorie der Menschenrechte allererst im Rückgriff auf eine Ethik der Menschenwürde zu ihren konkreteren Inhalten gelangt: Wer genauer wissen will, welche Rechte im Einzelnen den betreffenden Schutz gewähren sollen und können,[109] muss sich zuvor ein genaueres Bild davon gemacht haben, was es bedeuten würde, und zwar aus Sicht der jeweils Betroffenen, ein von außen bedrohtes, aber immer auch selbstverantwortetes Leben *in* Würde zu führen.[110] So erst kann deutlich werden, wie das inhaltliche Schutzgut der Menschenrechte beschaffen ist und was genau durch diese Rechte geschützt werden soll.

Allerdings ist bereits im letzten Paragrafen der Verdacht aufgekommen, dass sich das menschenwürdige Leben bestenfalls *teilweise* durch Menschenrechte wird schützen oder garantieren lassen. Das liegt, zum einen, daran, dass die konkreten Pflichten, die den Menschenrechten korrespondieren, an die Repräsentantinnen und Repräsentanten der öffentlichen Gewaltordnung adressiert sind, während die Würde des Menschen auch im privaten Miteinander verletzbar ist – und mitunter dann auch dort selbstbewusst verteidigt werden muss. Zum anderen wird sich aus ebendieser Notwendigkeit einer würdespezifischen »Selbstverteidigung« die durchaus irritierende Vermutung ergeben, dass die Frage, ob der jeweils einzelne Mensch tatsächlich ein menschenwürdiges Leben führt, nicht bloß davon abhängt, ob man ihn seitens der Gemeinschaft oder auch des Staates ein solches Leben führen lässt. Vielmehr ist die jeweils eigene Würde stets auch als eine Art »Gestaltungsauftrag«[111] zu verstehen, der nicht nur andere verpflichtet, sondern auch die Würdeträgerinnen und -träger selbst, indem er sie im Namen der

108 Ich habe diesen Vorschlag erstmals formuliert in: Arnd Pollmann, »Menschenwürde«, in: Gerhard Göhler/Mattias Iser/Ina Kerner (Hg.), *Politische Theorie. 22 umkämpfte Begriffe zur Einführung*, Wiesbaden 2004, S. 262-279.

109 Allerdings wird dies erst das Anliegen von § 14 sein.

110 Trotz der philosophischen Konjunktur des Würdebegriffs wird eine solche Ethik, die *positiv* anzugeben versuchte, was es hieße, menschenwürdig zu leben, nur selten in Angriff genommen. Erfreuliche Ausnahmen: Bieri, *Eine Art zu leben*; Weber-Guskar, *Würde als Haltung*.

111 Zur ideengeschichtlich weit zurückreichenden Tradition dieser Auffassung siehe Wetz, *Illusion Menschenwürde*, S. 189-266.

eigenen Selbstachtung zur ethischen Selbstsorge anhält. Aus dieser philosophisch umstrittenen Vermutung wird sich im weiteren Verlauf der Untersuchung eine wichtige Einsicht ergeben: Geht die eigene Würde verloren, sind dafür keineswegs immer nur andere Menschen, die Gesellschaft, der Staat oder das »System« verantwortlich zu machen.

Ein nächstes Problem betrifft die vermeintliche »Universalität« dieser Menschenwürde, die fortan den inhaltlichen Bezugspunkt der Menschenrechte abgeben soll. Bereits in § 4 ist in Auseinandersetzung mit »relativistischen« Kritikerinnen und Kritikern des menschenrechtlichen Universalismus gezeigt worden, dass die Menschenrechte zwar nicht schon universell gültig *sind*, wohl aber schrittweise auf Universalisierung drängen; und zwar im Zuge vorwiegend politischer Kämpfe gegen unterschiedlichste Formen diskriminierender Ungleichbehandlung. Der bis heute und wohl auch zukünftig umstrittene und umkämpfte Universalismus der Menschenrechte wurde deshalb als ein *Geltungsanspruch* gedeutet, den es erst noch einzulösen gilt und der deshalb keineswegs mit einem global bereits etablierten Konsens verwechselt werden darf. Genau dieses Problem einer politisch bis auf Weiteres unzureichenden Universalisierung der Menschenrechte muss sich verschärfen, und zwar bereits auf konzeptioneller Ebene, will man den Inhalt der Menschenrechte anhand einer ethisch gehaltvollen Idee »des« menschenwürdigen Lebens bestimmen. Wenn die einzelnen Menschenrechte universelle Geltung beanspruchen wollen, muss deren einigender Bezugspunkt ebenfalls universalisierbar sein. Deshalb, so jedenfalls scheint es, sollte der Würdebegriff keine inhaltlich bestimmte oder gar ethisch idiosynkratische Vorstellung vom gelingenden Leben favorisieren, die dann vom sogenannten Rest der Welt womöglich bloß als paternalistische Anmaßung empfunden wird. Ob also die in diesem Paragrafen favorisierte Idee verkörperter Selbstachtung tatsächlich dem politisch revolutionären Ansinnen einer sukzessiven Universalisierung der Menschenrechte zuträglich ist, wird sich erst noch zeigen müssen.[112]

112 Ein Nachweis, dass dieses Würdekonzept allgemeine, ja globale Zustimmung finden kann, wird weder philosophisch noch empirisch erbracht werden können. Diese Idee muss hier auch insofern als eine menschenrechtliche *Zielbestimmung* verstanden werden, als der Würdebegriff entsprechend verstanden werden *sollte*, damit er seine spezifisch menschenrechtlichen Funktionen erfüllen kann.

Im ersten Abschnitt dieses Paragrafen werden zunächst noch einmal die elementaren Bestandteile der positiven Würdekonzeption verkörperter Selbstachtung rekapituliert (Abschnitt 1). Im zweiten Schritt wird nach der konkreten Verantwortung anderer Menschen und mithin nach den Pflichten politisch verantwortlicher Akteurinnen und Akteure gefragt, die sich aus diesem Würdeverständnis ergeben (Abschnitt 2). Anschließend wird zu klären sein, ob sich aus der Menschenwürde stets auch Pflichten »in eigener Sache« ergeben, die aus dem Auftrag abzuleiten sind, die jeweils eigene Würde nicht nur gegen andere, sondern auch gegenüber *eigenem* Fehlverhalten zu verteidigen (Abschnitt 3). Daran wird sich am Ende dieses Paragrafen die zwar naheliegende, aber in der bisherigen Würdedebatte nur selten einmal ausdrücklich thematisierte Frage anschließen, ob man der jeweils eigenen Würde auch dadurch schaden kann, dass man die Würde anderer Menschen verletzt (Abschnitt 4).

1. Der Kampf um Selbstachtung

In § 12 ist das für die Menschenwürde evaluativ zentrale Selbstverhältnis der Selbstachtung als das biografisch fragile Ergebnis sozialer Anerkennungskämpfe gedeutet worden, in denen die Betroffenen um soziale und rechtliche Achtung als Gleiche unter Gleichen ringen.[113] Praktiken einer fundamentalistisch diskriminierenden Benachteiligung werden entsprechend als Akte einer schwerwiegenden Missachtung erfahren, die teilweise »verinnerlicht« wird und sich so zerstörerisch auf die Selbstachtung der Betroffenen auswirken kann. Umgekehrt ergibt und stabilisiert sich die Selbst-

113 Selbstachtung ist von verwandten Selbstverhältnissen zu unterscheiden, die dadurch gekennzeichnet sind, dass Menschen unter diesen gleichen Menschen mit ihren individuellen Leistungen, Talenten, Tugenden etc. noch einmal *besondere* sind. In der englischsprachigen Debatte wird zwischen »self-respect« und »self-esteem« unterschieden. Beide Formen der Selbstbeziehung sind voneinander (relativ) unabhängig. Sie können jeweils in unterschiedlichem Ausmaß vorhanden sein. Dazu Robin S. Dillon, »Self-Respect and Self-Esteem«, in: Hugh LaFollette (Hg.), *International Encyclopedia of Ethics*, Bd. 6, Hoboken 2013, S. 4772-4782. Der Sache nach geht es um dieselbe Differenz, die auch schon zwischen den Begriffen »Würde« und »Ehre« auszumachen war (§ 12, Fußnote 93).

achtung annähernd resilienter Individuen aus dem inkorporierten und fortan verkörperten Wissen, in mindestens »achtbaren« oder »anständigen« Verhältnissen zu leben, in denen ein menschenwürdiges Leben, weitgehend frei von Missachtung, Demütigung und Erniedrigung, möglich ist.[114] Damit ist ein menschenrechtlich folgenreicher Zusammenhang zwischen Menschenwürde, Gleichheit, Achtung und Selbstachtung behauptet.[115] Dass eine jeweils bestimmte soziale Praxis geeignet ist, durch Entzug gleicher Achtung die Menschenwürde der jeweils Betroffenen zu verletzen, bedeutet nichts anderes, als dass sie eben auch geeignet ist, die Selbstachtung der Betroffenen zu beschädigen. Somit kann der menschenrechtliche Kampf um gleiche Achtung der Menschenwürde stets auch als ein Kampf um die Bedingungen *verkörperter Selbstachtung* verstanden werden.

Wenn an dieser Stelle tatsächlich unterstellt werden darf, dass jeder Mensch ein Interesse an ebensolchen gesellschaftlichen Lebensbedingungen besitzt, in denen er die gemeinte Selbstachtung und damit seine Menschenwürde bewahren kann, in denen er sich folglich hinreichend als ein wertvoller Mensch wie jeder andere geachtet weiß, müssen politische, institutionelle und rechtliche Vorkehrungen getroffen werden. Um es im Anschluss an Satz 2 von Artikel 1 Absatz 1 des *Grundgesetzes* zu sagen: Es ist deshalb die »Verpflichtung aller staatlichen Gewalt«, die Menschenwürde »zu achten und zu schützen«, weil diese Menschenwürde, anders als vorab in Satz 1 behauptet, eben doch nicht buchstäblich »unantastbar« ist, sondern sogar äußerst fragil.[116] Folglich ist dem menschenrechtlichen Würdediskurs nach 1945 die wichtige Einsicht vorgegeben, dass in politischen Gewaltverhältnissen ein typisch menschlicher, aber eben auch leicht zu enttäuschender Wunsch nach einem Leben in Selbstachtung auf dem Spiel steht: Die sozialen, politischen, kulturellen oder auch ökonomischen Verhältnisse, unter denen Menschen ihr Dasein »fristen«, bringen diesen Menschen gegen-

114 So auch die Grundthese von Margalit, *Politik der Würde*.

115 Verwandte Überlegungen, ebenfalls im Anschluss an Margalit, bei Stoecker, *Theorie und Praxis der Menschenwürde*; Schaber, *Instrumentalisierung und Würde*; Weber-Guskar, *Würde als Haltung*.

116 Daher auch die geläufige Deutung von Artikel 1 Absatz 1 Satz 1 des *Grundgesetzes* als einer bloß rhetorisch im Indikativ formulierten, de facto aber normativ gemeinten, »starken« Sollensforderung.

über stets nur bedingt die menschenrechtlich zentrale Botschaft zum Ausdruck, dass sie als ein wertvoller Mensch wie jeder andere geachtet werden und sich dieser gleichen Achtung dann auch tatsächlich sicher sein können.

Man denke in diesem Zusammenhang etwa an Menschen, die unter gravierender Armut oder Arbeitslosigkeit leiden, die ohne festen Wohnsitz sind oder im Gefängnis sitzen; an Menschen, die als »fremd« oder »ausländisch« gelten, weil sie von anderer Hautfarbe oder immigriert sind; an Menschen, die mit schweren geistigen Einschränkungen, Vorurteilen gegenüber dem Alter oder sexistischen Stereotypen zu leben haben.[117] Diese Personengruppen werden es aufgrund ihrer sozialen Benachteiligung und der darin etwa zum Ausdruck kommenden Missachtung oft schwerer als andere haben, Selbstachtung auszubilden, zu bewahren und entsprechend dann auch im sozialen Miteinander selbstbewusst zum Ausdruck zu bringen. Die eigene prekäre Lebenslage wird oft als das Resultat gezielter Marginalisierung, Herabsetzung, Isolation oder Exklusion erfahren, gepaart mit Gefühlen der Ohnmacht, Unsichtbarkeit und Bedeutungslosigkeit, der Kränkung, Scham und Verzweiflung oder eben drohender »Würdelosigkeit«. Es sind schwer erträgliche und existenziell verunsichernde Erfahrungswelten dieser Art, in denen tiefgreifende Verluste an Selbstachtung drohen, wenn unter diesen als unwürdig empfundenen Lebensumständen allmählich auch subjektiv die Überzeugung verloren geht (oder gar nicht erst aufkommt), ein voll- und gleichwertiger Mensch wie jeder andere zu sein.

Rechtsstaatlich regulierte Ordnungssysteme, die sich der Menschenwürde verschreiben und damit demonstrativ zum Ausdruck bringen, dass alle Menschen, die dem betreffenden Staat unterworfen sind, als Gleiche unter Gleichen zu achten sind, werden dies unter modernen Bedingungen politischer Akzeptanzbeschaffung vor allem dadurch tun, dass sie allen Betroffenen unterschiedslos die gleichen grundlegenden Rechte auf Würdeschutz zuerkennen.[118] Aus dieser egalitären Anspruchsberechtigung gegenüber der

117 Aus Sicht der Sozialen Arbeit: Silvia Staub-Bernasconi, *Menschenwürde – Menschenrechte – Soziale Arbeit. Die Menschenrechte vom Kopf auf die Füße stellen*, Opladen 2019.

118 Unter politischer »Gleichheit« wird hier einmal mehr *Gleichberechtigung* im menschenrechtlichen Sinn und nicht schon die substanzielle Angleichung sämtlicher Lebensverhältnisse verstanden.

öffentlichen Ordnung soll so auf subjektiver Seite die verlässliche und zur Stärkung der Selbstachtung beitragende Überzeugung resultieren, ein gleichwertiges Subjekt basaler Rechte zu sein.[119] Wichtig ist dabei vor allem ein sozialpsychologischer Umstand: *Wenn* sich eine öffentliche Rechtsordnung demonstrativ zu diesem für alle gleichermaßen gültigen Rechtsanspruch auf menschenwürdige Behandlung bekennt, befördert sie damit zugleich auch eine gesellschaftliche Sensibilität für entwürdigende, demütigende oder erniedrigende Verletzungen dieses grundlegenden Anspruchs.[120] Im Rahmen einer gemeinsam »gelebten« Verfassung wird das Würdeprinzip zu einem öffentlichkeitswirksamen, für Kritik und auch Empörung sorgenden Maßstab, sollten politische Verantwortungsträgerinnen und -träger eklatant gegen dieses Prinzip verstoßen. Im Laufe der Zeit entsteht so auf Seiten vieler Bürgerinnen und Bürger ein gemeinsam geteiltes Bewusstsein unparteiischer Rechtsgleichheit; einer Rechtgleichheit auf »Augenhöhe«, die auf Seiten jener, denen die eigene Selbstachtung wertvoll ist, nicht zuletzt auch eine gewisse Selbstsicherheit und mithin die Bereitschaft zum wehrhaften Widerstand entstehen lässt. Menschen mit Selbstachtung sehen sich im Konflikt- und Bedrohungsfall dazu aufgerufen, für die eigenen Rechte, die eigene Würde dann auch tatkräftig »einzustehen« und eine entsprechende Rechtsverletzung nicht einfach auf sich sitzenzulassen: »Selbstachtung besitzt die Eigenschaft, sich selbst so zu imponieren, dass sie aufbegehrt, wenn sie angegriffen wird.«[121]

Mit diesen Metaphern des »Einstehens« und »Aufstehens« für die eigenen Rechte (»Stand up for your rights!«) ist einmal mehr auf eine direkt physische Dimension der Würde angespielt, die oben schon in vielen ähnlichen, für den Würdediskurs typischen Redewendungen angeklungen ist (»aufrechter Gang«, »Rückgrat«, »Erniedrigung«, »Unterwerfung« etc.): Interpersonale Würdeverletzungen setzen häufig direkt am Körper der Opfer an. Man denke hier beispielhaft an Akte einer physisch bedrängenden Nötigung; an wirtschaftliche Ausbeutung oder Versklavung; an Praktiken verächtlichen »Stichelns«, Spuckens, »Hänselns« oder an Mobbing; an

119 Dazu auch Georg Lohmann, »Die rechtsverbürgende Kraft der Menschenrechte«, in: *Zeitschrift für Menschenrechte* 4 (2010), S. 46-63.

120 Frevert, *Die Politik der Demütigung*, S. 221.

121 Franz-Josef Wetz, *Rebellion der Selbstachtung*, Aschaffenburg 2014, S. 10. Ähnlich bei Feinberg, *Rights, Justice, and the Bounds of Liberty*, S. 151.

Vorgänge öffentlicher Bloßstellung, Anprangerung[122] oder Brandmarkung; an Maßnahmen vermeintlich pädagogischer Züchtigung, des »In-die-Ecke-Stellens«, »An-die-Tafel-Zitierens« oder »Vorturnen-Lassens«; an zeremonielle Bußrituale, geheime Initiationsriten oder handfeste Körperstrafen und nicht zuletzt an sexuellen Missbrauch, Vergewaltigung und Folter. Erst auf den zweiten Blick wird deutlich, dass es in all diesen Praktiken nicht nur um physische Übel geht. Der infame »Zweck« dieser Praktiken ist letztlich die beschämende, demütigende und tendenziell entmenschlichende Reduktion der Opfer auf ihre nackte Existenz und ihren geradezu »tierischen« Überlebenswillen. Wie gegen Ende des letzten Paragrafen schon gezeigt: Menschen wollen gewöhnlich mehr als bloß überleben. Die auf Selbstachtung beruhende Würde des Menschen muss im sozialen Miteinander zum Ausdruck gebracht und verkörpert werden können; sie hat eine dezidiert »expressive« Seite.[123] Und ebendas macht die menschliche Würde so angreifbar und verletzlich.

Die Menschenwürde »zeigt« sich (oder aber nicht) immer auch in der Art und Weise, wie Menschen ihre Selbstachtung als Haltung nach außen tragen und gegebenenfalls auch gegen Angriffe und Anfeindungen behaupten: standhaft, aufrecht, erhobenen Hauptes und unbeugsam oder aber gebückt, gebrochen, unterwürfig und kriecherisch.[124] Indem die Würde so zu einer geradezu anatomisch sichtbaren Haltung wird, muss sie mitunter »handfest« verteidigt werden.[125] Schon Samuel von Pufendorf hat seinerzeit darauf hin-

122 Historisch ging es dabei um die Fesselung des Delinquenten an einen öffentlich platzierten »Schandpfahl«. Heute übernimmt bisweilen das Internet diese Funktion (»Online-Pranger«).

123 Anton Leist, »Menschenwürde als Ausdruck«, in: *Deutsche Zeitschrift für Philosophie* 53 (2005), S. 597-610. Ähnlich schon bei Friedrich Schiller, *Über Anmut und Würde*, Gesammelte Werke, Bd. IV, Frankfurt/M. 1966. Hier wird die Würde als körperlich sichtbarer »Ausdruck einer erhabenen Gesinnung« (S. 175) verstanden.

124 Bei Immanuel Kant (*Metaphysik der Sitten* [1797], Akademie-Ausgabe, Band VI, Berlin 1900 ff.) heißt es: »Das Bücken und Schmiegen vor einem Menschen scheint in jedem Fall eines Menschen unwürdig zu sein« (S. 437).

125 Ausnahmsweise ein amüsantes Beispiel: Der Erzähler in Woody Allens Kurzgeschichte »So war Nagelmann« (in: ders., *Nebenwirkungen*, München 1981, S. 7-14) erzählt von einem alten Freund. Bei einem Opernbesuch beugt sich dieser Nagelmann so ungeschickt über die Brüstung der Loge, dass er hinunter

gewiesen, dass dem Menschen »ein feines Gefühl der Selbstachtung eingegeben« sei, »dessen Verletzung ihn nicht weniger tief trifft als ein Schaden an Körper oder Vermögen«. Und weiter: »In dem Wort Mensch selbst scheint sogar eine gewisse Würde zum Ausdruck zu kommen, so dass das äußerste und wirksamste Argument zur Zurückweisung einer dreisten Verhöhnung der Hinweis ist: Immerhin bin ich kein Hund, sondern ein Mensch gleich dir.«[126] Die Betroffenen *können* protestierend Gegenwehr leisten und ihre – bereits in physischer Hinsicht antastbare – Selbstachtung zum Ausdruck bringen, indem sie sich der drohenden Entwürdigung mutig und stolz entgegenstellen. Und das Ausmaß, in dem sie sich in diesem Kampf als wehrhaft erweisen, wird dabei nicht zuletzt von der Stärke und Resilienz ihrer biografisch erworbenen Selbstachtung abhängen.[127]

Nur um nicht missverstanden zu werden: Aus dem biografisch keineswegs selbst zu verantwortenden Umstand, dass Menschen aufgrund mangelnder Selbstachtung mitunter nur wenig Gegenwehr zu leisten vermögen, resultiert keinerlei moralische »Teilschuld« am Verlust der eigenen Würde. Dennoch läuft der bisher skizzierte Begriffszusammenhang auf eine irritierende These hinaus: Der von der jeweils anderen Person unternommene Versuch[128] der Würdeverletzung wird nur dann – im perfiden Sinn – »erfolgreich« sein, wenn die betroffene Person sich nicht hinreichend zu wehren vermag und sich diesen missachtenden Angriff – bedingt – zu eigen macht. Die angegriffene Person muss auf fatale Weise zum »Kom-

in den Orchestergraben fällt: »Zu stolz zuzugeben, daß das ein Mißgeschick war, besuchte er die Oper einen Monat lang jeden Abend und wiederholte jedesmal den Sturz« (13 f.).

126 Samuel von Pufendorf, *Über die Pflicht des Menschen und Bürgers nach dem Gesetz der Natur* [1673], Frankfurt/M. 1994, S. 78.

127 Dass dies sogar unter extrem inhumanen Bedingungen möglich ist, bezeugen autobiografische Berichte wie die von Primo Levi oder Jean Améry über erlittene Gräueltaten. Dazu ausführlicher: Arnd Pollmann, »Lernen aus historischem Unrecht?«. Zu den Grenzen dieser Verantwortung mit Blick auf Menschen, die verschiedenste Handicaps aufweisen, siehe Abschnitt 2.

128 Der »Versuch« ist vom faktischen »Erfolg« einer Würdeverletzung zu unterscheiden. Im Fall des Versuchs ist die Verletzung zwar beabsichtigt, aber nicht erfolgreich; man denke an eine als Demütigung gedachte Beleidigung, aus der sich das Opfer nichts macht. Die in der Würdedebatte verbreitete Neigung, auch dann von einer »Verletzung« der Würde zu sprechen, ist irreführend.

plizen der Demütigung«[129] werden und tatsächlich damit beginnen, sich auch selbst als weniger wertvoll zu betrachten. Nur dann kann aus dem Achtungsverlust entsprechend auch ein Selbstachtungsverlust resultieren. Folglich gilt: kein Verlust der Menschenwürde ohne Verlust der Selbstachtung. Zugleich aber bedeutet dies, dass es keinen »Automatismus« zwischen dem tätlichen Angriff auf die Würde eines Menschen und deren tatsächlichem Verlust gibt. Ob ein Versuch der Entwürdigung dann auch tatsächlich an sein Ziel gelangt, hängt nicht zuletzt davon ab, wie viel Selbstachtung dem Angreifer oder der Angreiferin entgegenschlägt.[130]

2. Die Verantwortung anderer

Wird die Menschenwürde, so wie hier, als buchstäblich antastbar verstanden, so bleibt das Ausmaß, in dem ein menschenwürdiges Leben möglich ist, von »gelebter« Achtung und entsprechend auch von drohenden Achtungsverlusten abhängig. Die betreffende Antastbarkeit kann dabei mindestens auf zwei Weisen verstanden werden: Die jeweils eigene Würde mag von anderen Menschen entweder »verletzt« oder aber derart nachhaltig beschädigt werden, dass sie ganz »verloren« geht. Das ist ein wichtiger Unterschied: Im Fall der *Verletzung* wäre die Würde zwar angetastet, nicht aber vollständig genommen oder geraubt. Im Fall des völligen *Verlustes* hingegen wäre die Verletzung »total« oder sogar »letal« in dem Sinn, dass der in Frage stehende Angriff auf die Selbstachtung des Opfers deren vorläufige oder gar völlige Einbuße einläutet. Im empirischen Einzelfall mag es schwerfallen, genauer anzugeben, an welchem Punkt eine Verletzung in einen völliger Verlust der Würde umschlägt und woran man das erkennen soll.[131] Dennoch stiftet die Unterscheidung analytisch Orientierung, da es tatsächlich auch derart fatale Fälle zu geben scheint: Täterinnen und Täter, die es direkt darauf

129 Hahn, *Moralische Selbstachtung*, S. 64 f.

130 Siehe § 12, Fußnote 97.

131 Ute Frevert (*Die Politik der Demütigung*, S. 8-10) diskutiert folgenden realen Fall: Ein Vater ist erbost über ein allzu freizügiges Selfie seiner Tochter. Zur Strafe schneidet er ihr die langen Haare ab und filmt sie dabei. Der Clip macht die Runde, wird zum Schulgespräch. Wenig später springt das Mädchen von einer Brücke in den Tod.

anlegen, die Würde ihrer Opfer nicht bloß zu verletzen, sondern nachhaltig zu ruinieren; man denke hier zum Beispiel an sadistisch motivierte, sexualisierte Gewalt, an inhumane Haftbedingungen, Praktiken geheimdienstlicher »Zersetzung«[132] und vor allem auch an Folter.

Bei vielen dieser Verbrechen geht es um mehr als bloß um »einfache« Verletzungen der Würde. Zugleich wird deutlich, dass die Opfer nicht schon getötet werden sollen. Eher ist auf perfide Weise das Gegenteil der Fall: Den Peinigenden scheint es gerade darum zu gehen, das Opfer *ohne Würde weiterleben* zu lassen.[133] Und entsprechend kann das traumatisierte und dadurch gravierend erschwerte Leben »nach der Tat«, falls es den Betroffenen überhaupt noch möglich erscheint, nicht selten auch als ein lebenslanger Kampf um Wiedergewinnung der eigenen Würde erfahren werden.[134] Wichtig ist an dieser Stelle die Vermeidung eines naheliegenden Missverständnisses: Weder eine partielle Einbuße an Würde noch deren temporärer oder sogar nachhaltiger Verlust führen zu einem Verlust jener normativen Ansprüche, die mit den Menschenrechten verknüpft sind. Gegen Ende von § 12 wurde bereits gezeigt, dass zwischen einem stets nur graduell vorhandenen »Besitz« fragiler Würde und dem notwendigen »Recht auf Schutz« dieser Würde unterschieden werden muss. Und jene Menschen, die bislang oder momentan nur unzureichend oder auch gar nicht menschenwürdig leben dürfen, benötigen diesen Schutz, wie wir nun sehen werden, keineswegs weniger, sondern eher mehr. Der hier skizzierte Würdebegriff setzt zwar auf das Prinzip einer immer nur graduell vorhandenen Selbstachtung, führt damit aber dennoch nicht zu einem bloß graduellen oder gar »exklusiven« Würdeschutz: Ein Mensch steht unter dem Schutz der Menschenrechte allein deshalb, weil er Mensch ist, und nicht, weil er bereits Würde hat.

Dass es tatsächlich normativ unerheblich ist, ob und inwieweit

132 Dazu exemplarisch die Beiträge in: Birgit Neumann-Becker u. a. (Hg.), *SED-Verfolgte und das Menschenrecht auf Gesundheit*, Halle 2015.

133 Vgl. mit Fokus auf den extremen Fall der Folter: Richard Rorty, *Kontingenz, Ironie und Solidarität*, Frankfurt/M. 1989, S. 287 f.

134 Der »Verlust« von Würde sollte daher nicht schon begriffsnotwendig als unwiderruflich interpretiert werden. Man kann die eigene Würde auch wieder »zurückgewinnen«. Bewegende Beispiele dafür sind etwa die autobiografischen Erinnerungen von Primo Levi oder Jean Améry.

die für die Würde zentrale Selbstachtung dann auch faktisch ausgebildet sein mag, lässt sich exemplarisch mit Blick auf Menschen mit schweren geistigen Einschränkungen zeigen.[135] Man könnte nach den bisherigen Ausführungen meinen, dass nur diejenigen Menschen, von denen anzunehmen ist, dass sie ihre Selbstachtung bereits (in vollem Umfang) zu verkörpern und zu verteidigen vermögen, (in vollem Umfang) auch entsprechende Rechte auf Schutz der Menschenwürde genießen. Dann aber würde man ignorieren, dass das Menschenrecht auf Würdeschutz selbstverständlich auch dann oder besser: besonders dann gelten muss, wenn ein Mensch es nicht oder nur unzureichend vermag, »von sich aus« ein menschenwürdiges Leben zu führen. Auch historisch betrachtet, sind es ja gerade die von Würdeverletzungen besonders bedrohten Bevölkerungsgruppen gewesen, die im Laufe der Zeit eine besondere menschenrechtliche Aufmerksamkeit und auch Sensibilität für die Würde generiert haben; zum Beispiel Menschen in der Sklaverei, Bäuerinnen und Bauern, Arbeiterinnen und Arbeiter, Andersgläubige oder »Fremde«, Menschen auf der Flucht oder in extremer Armut, Frauen oder Angehörige eines »dritten Geschlechts«, kranke oder gebrechliche Menschen, Embryonen und Kinder. Schon deshalb wäre es völlig verfehlt, einige dieser Gruppen bereits auf konzeptioneller Ebene vom Würdeschutz ausnehmen zu wollen.

Dies gilt exemplarisch auch für Menschen mit schweren geistigen Einschränkungen.[136] Das zentrale Argument für deren uneingeschränkte Inklusion in den Schutzbereich der Menschenrechte lautet: Es handelt sich gleichermaßen um Menschen, die aber unter den jeweils gegebenen Lebensumständen sowie aufgrund ihrer individuellen Handicaps erhebliche Schwierigkeiten haben können, ein menschenwürdiges Leben zu führen. Deshalb besitzen sie aber keineswegs weniger Rechte auf Schutz. Im Gegenteil: Weil ihre Lebenssituation komplexer und auch prekärer als die vieler anderer Menschen ist, benötigen sie besondere Aufmerksamkeit und Unter-

135 Für das Folgende: Arnd Pollmann, »Menschliche Versehrbarkeit und das Recht auf verkörperte Selbstachtung. Eine Kritik der Würdekonzeption Martha Nussbaums im Hinblick auf Menschen mit komplexen Behinderungen«, in: Müller/Lelgemann (Hg.), *Menschliche Fähigkeiten und komplexe Behinderungen*, S. 83-104.

136 Dazu auch Sigrid Graumann, *Assistierte Freiheit. Von einer Behindertenpolitik der Wohltätigkeit zu einer Politik der Menschenrechte*, Frankfurt/M./New York 2011.

stützung, und zwar auch aus menschenrechtlicher Sicht. Gleichwohl ist ihnen dieser besondere menschenrechtliche Respekt nur deshalb geschuldet, weil sie letztlich doch als *gleiche* Menschen unter Gleichen zu zählen haben. Sie sind Mitglieder der Menschengemeinschaft und damit eben auch von vornherein Trägerinnen und Träger entsprechender Menschenrechte. In der besonderen menschenrechtlichen Rücksicht gegenüber Menschen mit komplexen Behinderungen kreuzt sich folglich der mit den Menschenrechten generell verbundene Anspruch auf egalitäre Berücksichtigung (als Mensch) mit dem besonderen Respekt gegenüber solchen Menschen, die aufgrund spezifischer Merkmale und individueller Lebensumstände entsprechend auch besonderen Gefährdungslagen ausgesetzt sind.[137]

Wie bereits angedeutet: Der in der menschenrechtlichen Garantie des Würdeschutzes zum Ausdruck gebrachte Respekt gegenüber dem jeweils konkreten Menschen soll »normalerweise«, wenn also die individuellen und sozialen Bedingungen dafür gegeben und auch günstig sind, zu einer inneren Einstellung der Selbstachtung führen, die dann im menschlichen Miteinander entsprechend auch verkörpert werden will. Angesichts dieses für »den« Menschen typischen Interesses an einem menschenwürdigen Leben, das man allen Menschen advokatorisch auch dann unterstellen kann, wenn sie sich im Einzelfall nicht schon oder nur bedingt selbst um dessen Realisierung kümmern (können), ist es anderen Menschen und mithin öffentlichen Institutionen nicht erlaubt, die Betroffenen zu demütigen, zu instrumentalisieren, zu erniedrigen oder eben zu entwürdigen. Dies kann »normalerweise« zu empfindlichen Einbußen an Selbstachtung und damit auch an Würde führen und wäre entsprechend selbst dann noch verwerflich, wenn die in Frage stehende Person, aus welchen Gründen auch immer, faktisch wenig bis gar keine Selbstachtung im anspruchsvollen oder bewussten Sinn aufweisen würde. *Ob* diese Selbstachtung vorhanden ist, lässt sich von außen ohnehin nie mit Sicherheit sagen. Auch mit Blick auf Menschen mit schweren geistigen Einschränkungen gilt, dass wir sie, wie jeden anderen Menschen auch, stets so behandeln müs-

137 Das gilt auch für andere Gruppen, denen die Vereinten Nationen in Ergänzung der allgemeinen Menschenrechtsabkommen noch einmal spezielle menschenrechtliche Schutzabkommen gewidmet haben: u. a. Frauen, Folteropfern, Wanderarbeiterinnen und -arbeitern, Kindern.

sen, *als ob* ihnen faktisch auch selbst an der eigenen Selbstachtung gelegen ist. Und manchen Menschen schuldet die Gemeinschaft besondere Rücksicht, weil sie es schwerer als andere haben, ein Leben in verkörperter Selbstachtung zu führen.

Die damit aus Sicht der Menschenrechte einhergehende Verantwortung besagt dann stets: Öffentliche oder staatliche Institutionen sollen dafür Sorge tragen, auch für diese Menschen ein Umfeld zu schaffen, in dem es ihnen – so gut es eben geht – möglich wird, ein Leben in Würde zu führen. Wie schwer auch immer eine geistige Behinderung oder auch eine andere gesundheitliche Beeinträchtigung (Demenz, Koma, Sterbeprozess usw.) wiegen mag: Als Trägerin oder Träger von Verantwortung diesen Menschen gegenüber kann man sich im konkreten Umgang mit ihnen stets »konjunktivisch« fragen, ob dieser Umgang ihre Selbstachtung verletzen *würde*, wenn sich die Betroffenen einer solchen Selbstachtung bewusst wären. Zugleich wird man im Rahmen eines sensiblen Umgangs mit diesen Menschen fast immer spüren, dass ihre selbstverständliche Achtung als Gleiche mit ihnen auch etwas »macht«. Und vielleicht stellt sich dabei heraus, dass ein rudimentäres Verständnis von Selbstachtung – im Sinne eines Anspruchs auf humane Behandlung – dann auch tatsächlich in so gut wie jedem Menschen vorhanden ist.[138]

3. Grenzen der eigenen Verantwortung

Die zuletzt berücksichtigten Handicaps in Bezug auf das Leben in verkörperter Selbstachtung fallen selbstredend auch im Hinblick auf die bereits verschiedentlich angedeutete Gegenwehr angesichts drohender Würdeverluste ins Gewicht. Es war behauptet worden, dass sich die Würde immer auch in der Art und Weise »zeigt« (oder

138 Ähnliches gilt – mit naheliegenden Einschränkungen – auch für tote Menschen, deren Körper nicht einfach »verulkt« oder »ausgeweidet«, deren Organe nicht »verhökert« und deren Gräber nicht »geschändet« werden dürfen. Die unter dem Stichwort »Totenwürde« diskutierte Frage lautet: Würde es die Selbstachtung dieser verstorbenen Menschen tangieren, *wenn* sie davon wüssten? Dazu exemplarisch § 7 Absatz 1 des *Gesetzes über das Friedhofs- und Bestattungswesen (NRW)*: »Jede Frau und jeder Mann haben die Ehrfurcht vor den Toten zu wahren und die Totenwürde zu achten.«

aber nicht), wie Menschen ihre Selbstachtung als Haltung nach außen tragen: standhaft, aufrecht, erhobenen Hauptes, unbeugsam oder aber gebückt, gebrochen, unterwürfig oder gar kriecherisch. Auch hier gilt, dass die für diese Haltung nötige Resilienz oder Stärke allenfalls bedingt in der biografischen Macht der Betroffenen steht. Ob sich ein Mensch tatkräftig gegen drohende Würdeverletzungen zur Wehr zu setzen vermag, hängt davon ab, ob er die dafür notwendigen Dispositionen mitbringt, und ebendiese Dispositionen sind im Leben auf teilweise sehr ungerechte Weise ungleich verteilt.[139] Deshalb gilt auch hier – im Fall außergewöhnlich fragiler Lebenslagen – nicht bloß eine besondere Aufmerksamkeit für geteilte Gefährdungsumstände, sondern auch für solche »neben der Norm«. Im Fall von Menschen mit entsprechenden Würde-Handicaps kann dies sogar bedeuten, dass die erforderliche Gegenwehr angesichts drohender Würdeverletzungen advokatorisch und damit in Stellvertretung von anderen Menschen geübt werden muss. Aber auch die Menschenrechte sind ersichtlich dazu da, sowohl typische als auch weniger typische Gefährdungslagen der Menschenwürde so zu regeln, dass diese Gefahren möglichst nicht von jeder einzelnen betroffenen Person *selbst* bekämpft werden müssen.

Trotzdem gilt in vielen Fällen: Mangelnde Gegenwehr, fehlender Stolz oder eigenes Zutun der Betroffenen *können* eine Gefahr für die eigene Würde darstellen. Schon bei Immanuel Kant findet man entsprechende Warnungen, etwa vor »Betrunkenheit«, »Schulden« und »Lügen«, vor allzu viel »Demut«, »Schmeichelei«, »Heuchelei« oder »Kriecherei«.[140] Der Mensch, so Kant, dürfe nicht auf das animalische Niveau eines »Tiermenschen« herabsinken, denn sonst verfehle er seine natürliche Bestimmung, ein Vernunftwesen zu sein, das mit der eigenen Würde betraut ist. Autodestruktive Würdeverletzungen zeichnen sich folglich dadurch aus, dass sich die betroffene Person nicht länger selbst als einen zur Vernunft fähigen Menschen schätzt, der Achtung verdient. Und mit ebendieser Schädigung der Selbstachtung, die nach Kant im Grunde eine »Selbstverachtung« darstellt, welche nicht zuletzt die eigene mo-

139 Diese an den Fähigkeiten-Ansatz Martha Nussbaums (*Die Grenzen der Gerechtigkeit*, Frankfurt/M. 2010) erinnernde These beinhaltet ausdrücklich nicht, dass aus mangelnder Gegenwehr eine entsprechende »Teilschuld« am Verlust der eigenen Würde resultiert.

140 Dazu und für das Folgende: Kant, *Metaphysik der Sitten*, S. 427-437.

ralische Standfestigkeit unterminiert, macht sich der Mensch auf fatale Weise auch anderen gegenüber zum »Gegenstand der Verachtung«.[141] Daraus würde folgen: »Wer sich aber zum Wurm macht, kann nachher nicht klagen, daß er mit Füßen getreten wird.«[142]

Selbst wenn man die hier von Kant gewählten Beispiele für wenig zeitgemäß, die Abgrenzung zur Tierwelt für anachronistisch und seine dezidiert moraltheoretische Begründung für nicht plausibel hält: Auch eine auf verkörperte Selbstachtung setzende Konzeption der Menschenwürde sollte diese nicht länger als ein bloß äußerlich bedrohtes Schutzgut verstehen, sondern stets auch als einen Auftrag »in eigener Sache«.[143] Die Menschenwürde bringt ethische oder prudentielle Selbstverpflichtungen mit sich, die durch ein entsprechend »unwürdiges« Fehlverhalten, etwa im Rahmen interpersonaler Unterwürfigkeit oder öffentlicher Selbstdemontage, missachtet werden und damit unerfüllt bleiben. Folglich könnte ein »gesundes« Maß an Selbstachtung – auch im Sinne eines Bildungsziels – viele Menschen davon abhalten, sich von anderen Menschen ausbeuten, demütigen, verführen, instrumentalisieren oder erniedrigen zu lassen. Ein Mensch, der verkörperte Selbstachtung und damit Würde an den Tag legt, weiß in wesentlichen Hinsichten des Lebens, was er niemals erdulden, »mitmachen« oder mit sich machen lassen wird. Wer Würde hat, lässt sich von anderen »nicht alles gefallen«. Menschen hingegen, die vor anderen »buckeln« oder »auf den Knien rutschen«, die anderen gegenüber allzu »dienstwillig« sind oder ihnen »ständig nach dem Mund reden«, mögen es an Fürsorge für die jeweils eigene Würde und Selbstachtung vermissen lassen.

Daraus folgt die irritierende Einsicht, dass ein Mensch nicht bloß von anderen als »minderwertig« behandelt werden kann. Bisweilen zweifeln die Betroffenen auch selbst an der eigenen Gleichwertigkeit – und entsprechend verhalten sie sich dann auch so. Diese fatale menschliche Eigenschaft dürfte sehr häufig das biografische Resultat verfehlter Erziehungs- und Bildungsprozesse[144] oder auch

141 Ebd., S. 420.

142 Ebd., S. 437.

143 Arnd Pollmann, »In eigener Sache. Warum man mit der Würde anderer Menschen auch die eigene antastet«, in: Roland Kipke u. a. (Hg.), *ZusammenDenken. Festschrift für Ralf Stoecker*, Wiesbaden 2021, S. 19-33.

144 Nicht selten aber auch das Resultat traumatischer Lebensereignisse.

das Ergebnis pathologisch verzerrter Anerkennungsbeziehungen[145] sein, in denen sich die nötige Selbstachtung nicht auf identitätsstabilisierende Weise hat ausbilden können. Entsprechend ist zu bedenken, dass die für das menschenwürdige Leben zentrale Idee der gleichen Achtung im Rahmen von Bildung und Erziehung nicht nur verfehlt werden kann, sondern auch erfahrbar gemacht und damit *gelehrt* werden muss; zum Beispiel in empathischem Rückgriff auf gegenteilige Erfahrungen eklatanter Würdeverletzungen. Diese pädagogische Hinwendung zur Menschenwürde hätte eine doppelte Konsequenz: Eine Person, die gelernt hat, sich selbst als einen gleichwertigen Menschen zu achten, wird sich widerständig zeigen, wenn sie von anderen instrumentalisiert, unterdrückt, verführt oder ausgebeutet werden soll. Zugleich aber werden Menschen, die Selbstachtung besitzen, entsprechend auch ein feines Gespür für die bedrohte Selbstachtung anderer Menschen haben und so entsprechend auch umsichtig im Umgang mit diesen anderen Menschen sein, falls sie einmal *deren* Würde gefährden sollten.

4. Die Würde der Täterinnen und Täter

An dieser Stelle drängt sich eine Frage auf, die in der philosophischen Fachdebatte bislang kaum diskutiert wird: Wie ist es um die Würde jener Menschen bestellt, die ihrerseits die Würde anderer Menschen mit Füßen treten? Kann man der jeweils eigenen Würde auch dadurch schaden, dass man die Würde anderer verletzt? Die Intuition, dass dem so ist, scheint weit verbreitet zu sein, und in der philosophischen Würdedebatte klingt diese Intuition insbesondere in Bezug auf die Gräueltaten totalitären Terrors an.[146] Mit Blick auf die nationalsozialistischen Vernichtungslager etwa oder die in ihnen tätigen Massenmörderinnen und -mörder wird dabei aus-

145 Dazu Honneth, *Kampf um Anerkennung*, Abschnitt II.

146 Bei Spaemann, »Über den Begriff der Menschenwürde«, heißt es: »Die Würde des Menschen ist in dem Sinne unantastbar, daß sie von außen nicht geraubt werden kann. Man kann nur selbst die eigene Würde verlieren. Von anderen kann sie nur insoweit verletzt werden, als sie nicht respektiert wird. Wer sie nicht respektiert, nimmt nicht dem anderen seine Würde, sondern er verliert die eigene« (S. 299). – Im Folgenden übernehme ich die zentralen Argumente aus: Arnd Pollmann, »In eigener Sache«.

drücklich angezweifelt, dass man als Täterin oder Täter auf derart inhumane Weise die Würde anderer Menschen verletzen und doch zugleich die eigene Würde bewahren kann. Doch fast immer bleibt es bei kursorischen Andeutungen. Die plausible Annahme scheint zu lauten: Wer andere Menschen quält, demütigt oder zutiefst unmenschlich behandelt, verfehlt mit diesem »unwürdigen« Verhalten zugleich auch das eigene Menschsein – und eben damit auch die eigene Selbstachtung und Würde.[147] Wie aber lässt sich diese Vermutung philosophisch eingehender begründen?

Aus den bisherigen Überlegungen zum Zusammenhang von Gleichheit, Achtung, Selbstachtung und Würde lässt sich die folgende Deutung herleiten:[148] Im Zuge jener Missachtung und Aggressionen, die sich in Verletzungen der Menschenwürde Bahn brechen, kommt eine Art inhumane Selbstüberschätzung, ein »Hochmut« auf Seiten der Täterinnen und Täter zum Ausdruck, der mit dem auf Seiten des Gegenübers verletzten Anspruch auf gleiche Achtung mittelbar auch die eigene Selbstachtung unterminiert. Die Verletzung der Würde anderer Menschen stellt eine »Menschenverachtung« dar, die auf die Täterinnen und Täter zurückschlägt: Wer anderen Menschen gegenüber derart hochmütig agiert, denkt »zu niedrig« vom jeweils anderen. Und mit diesem Verlust der gemeinsamen Augenhöhe kommt entsprechend dann auch die für die eigene Würde entscheidende Gleichwertigkeit aller Menschen aus dem Blick. Das bedeutet: Man kann nicht die Würde anderer Menschen in Frage stellen, ohne damit zugleich auch die Würde »des« Menschen in Frage zu stellen. Und wer die Würde des Menschen in Frage stellt, stellt damit auch die Würde *aller* Menschen und so dann auch die eigene Würde in Frage – als eines Gleichen unter gleichen.

Menschen hingegen, die sich ihrer Menschenwürde bewusst

147 Vgl. Ernst Tugendhat, »Asyl: Gnade oder Menschenrecht?«, in: ders., *Ethik und Politik*, Frankfurt/M. 1992: »Wenn ich also sagte, daß die meisten Menschen wohl ein moralisches Gewissen haben, so meinte ich damit, daß sie ein Bewußtsein davon haben, daß sie andere Menschen nicht demütigen dürfen. Wer diese Norm bewußt verletzt, ist entweder ein Monstrum [...], oder aber er verletzt sich dabei selbst in seinem innersten Kern, denn so eng ist das Bewußtsein der eigenen Menschenwürde mit der Achtung der Menschenwürde der anderen verbunden, daß wir, wenn wir andere mißachten, auch uns selbst nicht mehr achten können« (S. 66 f.).

148 Dazu erneut: Pollmann, »In eigener Sache«.

sind, werden sich in ihrem Handeln zumeist auch anderen Menschen gegenüber von der Überzeugung leiten lassen, weder mehr noch weniger wert als jene anderen zu sein. Folglich werden Personen, denen an der jeweils eigenen verkörperten Selbstachtung gelegen ist, zugleich auch ein Gespür für die bedrohte Selbstachtung anderer Menschen besitzen, deren Würde sie gefährden könnten. Anders gesagt: Wem die eigene Würde wichtig ist, wird sie auch anderen nicht nehmen wollen, ja, wer die eigene Würde behalten will, wird sie anderen nicht nehmen *können*. Denn wer der Auffassung ist, selbst Menschenwürde zu besitzen, ohne zugleich auch allen anderen Menschen denselben Anspruch auf Achtung ihrer Würde zuzugestehen, hat etwas Wichtiges nicht verstanden: Die Menschenwürde basiert auf der Grundüberzeugung menschlicher Gleichwertigkeit, und wenn eine Person eine andere als minderwertig und damit fundamental ungleich behandelt, kommt mit dieser Ungleichbehandlung – begriffsnotwendig – auch die Gleichheit der eigenen Würde abhanden. Wer daher die Würde anderer Menschen und damit deren Gleichwertigkeit als Mensch missachtet und sich damit über diese Menschen erhebt, kann entsprechend auch kein Gespür für die eigene Gleichwertigkeit als Mensch und damit auch nicht für die eigene Würde haben.

Daraus resultiert die gesuchte Selbstschädigung, die mit der Verletzung der Würde anderer Menschen einhergeht: Eine Person kann sich nicht selbst als wertvoll erfahren, bloß weil sie Mensch ist, wenn der jeweils andere Mensch als Mensch entwertet wird. Entweder haben alle Menschen den gleichen Wert, nur weil sie Menschen sind – oder sie haben alle gleichermaßen keinen Wert *als* Mensch. Die Haltung der verkörperten Selbstachtung fußt auf der Überzeugung geteilten Menschseins, und wird der konkrete andere Mensch in seiner für die Würde grundlegenden Anspruchsberechtigung verkannt, wird auch die eigene Würde entsprechend haltlos. Will man die eigene Menschenwürde entsprechend nicht nur als von außen bedroht, sondern auch als einen Auftrag und dessen sukzessive Realisierung als eine notwendige Bedingung gelingenden Lebens verstehen, werden die Betroffenen nicht umhinkommen, die prinzipielle Gleichwertigkeit aller Menschen anzuerkennen. Selbstredend müssen sie das empirisch nicht tun – aber dann nimmt mit der Würde des Gegenübers eben auch die eigene Würde Schaden.

§ 14 Der Umfang der Einzelrechte

Die einzelnen Menschenrechte ergeben sich aus unterschiedlichen Gefährdungslagen menschenwürdigen Lebens und lassen sich in zwei Gruppen à drei Klassen einteilen: »Rechte der privaten Autonomie« umfassen Ansprüche auf materielle Sicherheit, wirtschaftliche Subsistenz und den Schutz der Privatsphäre. »Rechte auf öffentliche Gleichstellung« beinhalten Ansprüche gegenüber staatlichen Behörden, auf politische Partizipation und gesellschaftliche Teilhabe. So ergibt sich ein historisch gewachsenes und politisch umkämpftes Anspruchsniveau. Zur Debatte steht dabei jeweils, was es heißt, ein menschenwürdiges Leben zu führen. Mit Blick auf dieses einigende Ziel sind die Menschenrechte zwar allesamt wichtig, nicht aber allesamt gleichgewichtig.

Wer von Rechten »des« Menschen spricht und diese Rechte katalogisieren will, macht dabei begriffsnotwendig Aussagen über typische Gefährdungslagen und entsprechende Interessen sämtlicher Mitglieder der menschlichen Gattung.[149] Folglich besitzt die Behauptung, dass ein Mensch dieses oder jenes konkrete Menschenrecht habe, die Form einer generischen Aussage (lat. *genus*, »Geburt, Geschlecht, Gattung«).[150] Man mag ähnliche generische Aussagen über verwandte Tiergattungen treffen, etwa über Hunde, Katzen oder Schimpansen, doch werden sich dabei neben etwaigen Ähnlichkeiten immer auch gattungsspezifische Unterschiede ergeben: Die Frage, was es als Hund heißt, »artgerecht« gehalten zu werden, muss anders beantwortet werden als die Frage, was es als Katze, Schimpanse oder eben als Mensch heißt, ein gedeihliches Leben zu führen.[151] Der erforderliche Respekt vor der Verschiedenheit der Arten lässt es so auch auf *inhaltlicher* Ebene notwendig erscheinen, die jeweiligen Besonderheiten dieser Arten zu berücksichtigen. Und doch war mit spezifischem Blick auf die Menschenrechte und ihre dezidiert politische Funktion bereits in § 3 behauptet worden:

149 Vgl. Thomas Hoffmann, »Human Rights, Human Dignity, and the Human Life Form«, in: Marion Albers/Thomas Hoffmann/Jörn Reinhardt (Hg.), *Human Rights and Human Nature*, Dordrecht u. a. 2014, S. 43-56.

150 Siehe § 2, Abschnitt 3.

151 Vgl. Bernd Ladwig, *Politische Philosophie der Tierrechte*, Berlin 2020, Kap. 4.

Diesen Rechten geht es nicht etwa um »natürliche« Ansprüche des Menschen, sondern um Interessen, die der Mensch qua Mitgliedschaft zu einer jeweils politisch integrierten Rechtsgemeinschaft und damit unter Bedingungen politischer Herrschaft aufweist – und dort teilweise auch erst ausbildet. Unter Bedingungen politischer Gewaltregulierung »erwachen« viele Interessen des *zoon politikon* allererst; zum Beispiel das Interesse an Meinungsfreiheit, freier Religionsausübung, Gleichbehandlung vor Gericht oder auch politischer Teilhabe. Und aufgrund dieser von vornherein politisch gerahmten Ansprüche unterscheidet sich ein Leben in spezifisch humanen Kontexten in vielerlei Hinsicht von einem gedeihlichen Zusammenleben in artverwandten Zusammenhängen.

Folglich kennzeichnet ein derart politisch verstandener Begriff der Menschenrechte »den« Menschen durch gemeinsame Gefährdungslagen unter den Bedingungen politischer Gewaltausübung. Universelle Annahmen dieser Art sind, wie hier schon verschiedentlich diskutiert, umstritten: Bei der Verwendung des Begriffs »Mensch« geht es zunächst um »normale« Funktionen und Entwicklungen biologisch typischer Mitglieder der Spezies.[152] Um naheliegenden relativistischen Vorwürfen zu entgehen, muss daher die Kennzeichnung der betreffenden Interessenlagen als »normal« oder »typisch« hinreichend Raum für empirische Abweichungen lassen. Der jeweils konkrete Mensch wird angesichts der Vielzahl menschlicher Interessenlagen und Eigenschaften nur in den seltensten Fällen vollumfänglich der menschlichen Norm entsprechen. Dies darf jedoch keineswegs zu einem bloß reduzierten Menschenrechtsschutz führen.[153] Trotz physiologischer, kognitiver, geschlechtsspezifischer, sozialer, kultureller, religiöser oder anderweitiger Unterschiede *innerhalb* der Menschenwelt muss gelten: Alle Menschen weltweit haben allein aufgrund ihres Menschseins elementare Ansprüche auf *gleiche* menschenrechtliche Berücksichtigung. Und ebendieser Gleichheit trotz individueller Vielfalt müssen etwaige »Listen« von konkreten Menschenrechten dann auch auf inhaltlicher Ebene gerecht werden, indem sie die darin jeweils aufgeführten Einzelrechte hinreichend »generell« formulieren.[154]

152 Michael Quante, *Personales Leben und menschlicher Tod*, Frankfurt/M. 2002, S. 54-56.

153 Wie in § 3 gezeigt.

154 Dazu § 4, Abschnitt 2.

Allerdings ergeben sich diese konkreten Inhaltsbestimmungen nicht schon am philosophischen Reißbrett. Vielmehr ist es der *politische* Prozess des Kampfes um Menschenrechte, der im Zuge der sukzessiven Universalisierung dieser Rechte stets auch inhaltliche Auseinandersetzungen um deren Umfang mit sich bringt. Erst seit 1945 sind die Menschenrechte inhaltlich auf die Menschenwürde bezogen, und in den letzten beiden Paragrafen wurde gezeigt, dass sich das menschenwürdige Leben als ein Leben in »verkörperter Selbstachtung« verstehen lässt. Die historisch bahnbrechende *Entscheidung* zugunsten der Menschenwürde formiert und reguliert seither die inhaltliche Auseinandersetzung: Die Idee des menschenwürdigen Lebens dient dem politischen Prozess der sukzessiven Ausgestaltung menschenrechtlicher Schutzsysteme als orientierende Zielbestimmung. Sie setzt diesem Prozess aber zugleich auch inhaltliche Grenzen: Weder darf das politisch jeweils etablierte Niveau der ins Auge gefassten Ansprüche die normative Messlatte menschenwürdigen Lebens unterschreiten, noch sollte es auf inflationäre Weise in die Höhe schießen und weit mehr als »nur« das menschenwürdige Leben einklagen.[155] Die Menschenrechte fordern zwar mehr als nur das »nackte« Überleben, aber doch zugleich auch weniger als das »gute« oder »glückliche« Leben. Entsprechend hat der politische Prozess menschenrechtlicher Universalisierung stets auch zu verallgemeinerbaren Auffassungen davon zu führen, was es für alle Menschen weltweit bedeuten würde, unter Bedingungen politischer Herrschaft ein mindestens menschenwürdiges Leben zu führen. Und die einzelnen Menschenrechte buchstabieren mit Blick auf jeweils typische Gefährdungslagen etwas genauer aus, wie ein solches Leben in Würde beschaffen wäre.

Doch um welche grundlegenden Dimensionen und Gefährdungen menschenwürdigen Lebens handelt es sich? Und was lässt sich bereits aus philosophischer Sicht über den konkreten Umfang der betreffenden Einzelrechte sagen? Im ersten Abschnitt dieses Paragrafen werden zunächst die heute gängigen Vorschläge erläutert, die einzelnen Menschenrechte inhaltlich in verschiedene Klassen einzuteilen (Abschnitt 1). Diese Vorschläge fallen in systematischer Hinsicht wenig trennscharf und zudem inhaltlich unterkomplex

155 Hier lässt sich am politischen Diskurs bisweilen ein geradezu maßloser Gebrauch der Menschenrechtsrhetorik ablesen. Nicht alles, was für Menschen gut ist, lässt sich plausibel in das Vokabular von Menschenrechten übersetzen.

aus. Daher wird anschließend ein eigener Sortierungsvorschlag formuliert, dem zufolge sich zwei Hauptgruppen und insgesamt sechs Unterklassen von Menschenrechten unterscheiden lassen: Zur ersten Hauptgruppe der »Rechte privater Autonomie« werden Ansprüche auf materielle Sicherheit, wirtschaftliche Subsistenz und den Schutz der Privatsphäre gezählt (Abschnitt 2). Zur zweiten Hauptgruppe der »Rechte auf öffentliche Gleichstellung« gehören Ansprüche gegenüber staatlichen Behörden, auf politische Partizipation sowie gesellschaftliche Teilhabe (Abschnitt 3). Aus dieser Systematik wird sich ein menschenrechtliches Anspruchsniveau ergeben, das historisch gewachsen ist und weiterhin dem Wandel unterliegt. Am Ende dieses Paragrafen wird sich jedoch zeigen, dass die hier differenzierten sechs Unterklassen allesamt, wenn auch auf unterschiedlich anspruchsvolle Weise, der Sicherung von Grundbedingungen menschenwürdigen Lebens dienen und dabei inhaltlich aufeinander aufbauen (Abschnitt 4).

1. Gängige Differenzierungen

In der zeitgenössischen Menschenrechtsdebatte ist es geradezu üblich geworden, die konkreten Einzelrechte inhaltlich in drei Klassen einzuteilen.[156] Bei genauerem Hinsehen jedoch sind diese gängigen Differenzierungen oftmals wenig deckungsgleich. Beginnen wir dennoch mit ihren Gemeinsamkeiten: Die heute üblichen Klassifizierungen verdanken sich zumeist der rechthistorischen und -soziologischen Diagnose, dass zeitgenössische Menschenrechtskataloge eine spezifisch moderne Entwicklung hinter sich haben. Waren die Menschenrechte im revolutionären 18. Jahrhundert vor allem als Bollwerke beziehungsweise als schützende Abwehrrechte gegenüber den Gefahren absolutistischer Willkürherrschaft und Unfreiheit gedacht, haben sie sich im Laufe der Zeit zu inhaltlich komplexeren Ansprüchen fortentwickelt. Den normativen Horizont dieser Entwicklung bildet *heute* die Vorstellung demokratisch-mündiger Bürgerinnen und Bürger, die in freiheitlichen, aber sozialstaatlich eingehegten Rechtsstaaten leben und deren Regierungen auch international, etwa zum Zwecke von Friedensicherung, Weltwirt-

156 Für das Folgende: Christoph Menke/Arnd Pollmann, *Philosophie der Menschenrechte zur Einführung*, Hamburg 2007, Kap. 4c.

schaft, Entwicklung, Migration, Umweltschutz oder eben zum Schutz der Menschenrechte, miteinander kooperieren. Zu dieser historischen Genese gesellt sich die Diagnose eines insgesamt *gestiegenen* Anspruchsniveaus: Die Subjekte der Menschenrechte finden im Laufe der Zeit in immer mehr inhaltlichen Hinsichten ihres Lebens menschenrechtliche Anerkennung. Und das jeweils erreichte Niveau erweist sich stets aufs Neue als historisch vorläufig, die Entwicklung insgesamt als unabgeschlossen.[157]

Ein populärer erster Vorschlag, wie der Inhalt der Menschenrechte zu systematisieren ist, geht auf die sogenannte Statustheorie von Georg Jellinek zurück. Dieser hatte mit Blick auf den Anspruch subjektiver Grundrechte drei zentrale Geltungsdimensionen öffentlichen Rechts unterschieden.[158] Nach Jellinek betrifft der »status negativus« der mit subjektiven Grundrechten ausgestatteten Bürgerinnen und Bürger vornehmlich Abwehrrechte gegenüber dem Staat und seinen Institutionen. Dieser Status wird insofern als negativ charakterisiert, als der Staat hier ausdrücklich vorgeschrieben bekommt, was er *nicht* tun darf. Es geht dabei vornehmlich um die Unterlassung unbefugter Eingriffe in subjektive Freiheitsräume, zum Beispiel durch Verstöße gegen die Meinungs- und Religionsfreiheit oder gar gegen das Tötungs- und Folterverbot. Mit dem »status positivus« hingegen ist der Umstand gemeint, dass der Staat mitunter dazu aufgerufen sein kann, direkt *unterstützend* tätig zu werden, falls seine Bürgerinnen und Bürger es nicht aus eigener Kraft vermögen, ein gedeihliches Leben zu führen; man denke hier etwa an sogenannte Leistungsrechte wie das Recht auf einen angemessenen Lebensstandard, auf Bildung, Arbeit oder auch Gesundheit. Anders wiederum im Fall des »status activus«: Hier geht es laut Jellinek darum, dass Bürgerinnen und Bürger durch Grundrechte nicht nur passiv geschützt, sondern stets auch in dem Sinn *aktiviert* werden sollen, dass sie selbst an politischen Entscheidungsprozessen mitwirken können; zum Beispiel durch Inanspruchnahme des Wahlrechts, der Demonstrationsfreiheit oder des freien Zugangs zu öffentlichen Ämtern.

157 Daher wirkt heute so manche historisch einschlägige Kritik an den Menschenrechten, man denke hier etwa an Jeremy Bentham, Karl Marx oder Hannah Arendt, immer auch ein wenig überholt.

158 Georg Jellinek, *System der subjektiven öffentlichen Rechte* [1905], Tübingen 2011, Kap. VIII-X.

Insgesamt ergibt sich so aus heutiger Sicht auf die Grund- und Menschenrechte der liberale (status negativus), soziale (status positivus) und demokratische (status activus) Rechtsstaat moderner Prägung.[159] Bereits bei Jellinek deutet sich somit eine These an, die dann später prominent auch von Thomas H. Marshall vertreten worden ist: Den drei Status-Klassen scheinen jeweils verschiedene Typen von Einzelrechten zu korrespondieren, die sich in historischer Stufenfolge ergeben und so sukzessive zu einem erweiterten Bürgerrechtsstatus beigetragen haben sollen.[160] Im historisch ersten Schritt, so Marshall, wurden negative Abwehr- und Freiheitsrechte gegenüber dem zu politischer Willkür tendierenden Staat absolutistischer Prägung erkämpft. Sobald der Nationalstaat in dieser Hinsicht zivilisiert war, pochten dessen Bürgerinnen und Bürger spätestens ab dem 18. Jahrhundert auch auf politische Partizipationsrechte. Sobald sie entsprechend politisch aktiviert und mitspracheberechtigt waren, erstritten sie dann ab dem 19. Jahrhundert, und zwar im Zuge der Arbeiterbewegung, zudem auch soziale sowie wirtschaftliche Leistungsrechte. Allerdings deckt sich diese historisch-systematische Rekonstruktion nur bedingt mit der Statustheorie Jellineks. Denn bei Jellinek geht es gar nicht um eine inhaltliche Differenzierung dreier Rechtsklassen, sondern um eine Unterscheidung divergenter öffentlich-rechtlicher Relationen zwischen dem Staat und seinen Bürgerinnen und Bürgern.[161] Daher fällt es bei genauerem Hinsehen schwer, den drei Status-Relationen bei Jellinek eindeutig konkrete Einzelrechte zuzuordnen. Vielmehr dürfte jedes Recht, zum Beispiel die Religionsfreiheit, das aktive Wahlrecht oder das Recht auf Bildung, *jeweils* Unterlassungs-, Unterstützungs- und Aktivierungsaspekte aufweisen.[162]

Konzentriert man sich stattdessen, so wie Marshall, auf inhaltliche Unterschiede einzelner Rechtsklassen, ergibt sich eine Dreiteilung in »individuelle Freiheitsrechte«, »politische Teilnahmerechte«

159 Menke/Pollmann, *Philosophie der Menschenrechte*, S. 115.

160 Thomas S. Marshall, *Bürgerrechte und soziale Klassen. Zur Soziologie des Wohlfahrtsstaates*, Frankfurt/M./New York 1992, bes. S. 40.

161 Robert Alexy, *Theorie der Grundrechte*, Frankfurt/M. 1985, S. 230.

162 Nehmen wir die Meinungsfreiheit: Versteht man diese nur als ein negatives Abwehrrecht, wird übersehen, dass der Staat auch positive und mithin aktivierende Ansprüche auf Partizipation an einer staatbürgerlich integrierten Öffentlichkeit gewährleisten muss.

und »soziale Teilhaberechte«.[163] Das durch diese Rechte dreifach ermächtigte Rechtssubjekt kommt so in unterschiedlichen Rollen in den Blick: Als *Bourgeois* beansprucht es vornehmlich private Freiheit, als *Citoyen* ist es an politischer Mitbestimmung interessiert, als potenzieller *Leistungsempfänger* schließlich rückt es als Adressat staatlicher Transferleistungen in den Fokus. Allerdings wird anhand dieser inhaltlichen Einteilung zugleich auch deutlich, dass diese inhaltliche Klassifizierung aus heutiger Sicht reichlich unterkomplex anmutet, wenn man an die inzwischen viel weiter angewachsene Bandbreite der Menschenrechte denkt.[164] Von den individuellen Freiheitsrechten etwa müssen materiale Subsistenzrechte unterschieden werden, zum Beispiel das Recht auf Leben oder körperliche Unversehrtheit, da diese allenfalls vermittelt dem Schutz der Freiheit dienen. Die politischen Teilnahmerechte wiederum sind von Rechten im Justizwesen, etwa dem Recht auf juristisches Gehör oder auf faire Verfahren, zu unterscheiden. Und die sozialen Teilhaberechte schließlich werden heute meist nach dem Vorbild des sogenannten *WSK-Pakts* der Vereinten Nationen von 1966 in wirtschaftliche, soziale und kulturelle Rechte differenziert.

Bevor wir auf diese inhaltlich komplexen Unterscheidungen zurückkommen, muss jedoch erst noch ein populärer weiterer Systematisierungsvorschlag erwähnt werden, der mit den zuletzt genannten recht häufig verwechselt wird. Die soziohistorisch ausgerichtete These, dass eine inhaltliche Ausdehnung menschenrechtlicher Grundansprüche stattgefunden habe, kommt heute besonders deutlich in der Rede von drei verschiedenen »Generationen« der Menschenrechte zum Ausdruck.[165] Hier aber werden zur ersten Generation sowohl die klassischen Freiheitsrechte als auch die politischen Partizipationsrechte gezählt. Die im 19. Jahrhundert erkämpften sozialen Teilhaberechte bilden die zweite Generation. Damit sind die drei inhaltlichen Klassen nach Marshall aber bereits

163 Georg Lohmann, »Die Menschenrechte: unteilbar und gleichgewichtig? Eine Skizze«, in: ders. u. a., *Die Menschenrechte: unteilbar und gleichgewichtig?*, Potsdam 2005, S. 5-27, hier S. 8-10.

164 Für das Folgende siehe die betreffenden Artikel in: Arnd Pollmann/Georg Lohmann (Hg.), *Menschenrechte. Ein interdisziplinäres Handbuch*, Stuttgart 2012, Hauptabschnitt III.

165 Diese Redeweise geht maßgeblich zurück auf Karel Vasak, »Le droit international des droits de l'homme«, in: *Revue de Droits de l'Homme* 5 (1972), S. 43-51.

abgedeckt. Der dritten Generation der Menschenrechte werden gemeinhin »Gruppen-« oder »Kollektivrechte« zugeordnet; zum Beispiel Rechte auf Frieden und Entwicklung, auf Umweltschutz oder auch auf Selbstbestimmung der Völker.[166] Allerdings ist völkerrechtlich sehr umstritten, ob auch diese Kollektivrechte sinnvoll als »Menschenrechte« bezeichnet werden können. Hier kämen als Trägerinnen und Träger jener Rechte nicht länger einzelne Individuen, sondern ganze Völker, Regionen oder auch künftige Generationen in Betracht. Auch gemäß der bereits in § 4 erläuterten »Individualität« der Menschenrechte können diese Gruppenrechte keine Menschenrechte im engeren Sinn sein; zumal mit ihrem uneindeutigen Rechtsträgerkreis zugleich auch der Kreis der Adressatinnen und Adressaten verbindlicher Pflichten unklar bleiben muss.[167]

Wirft man einen Blick auf völkerrechtlich bereits verbindliche Katalogisierungen der Menschenrechte, etwa im Rahmen der *Allgemeinen Erklärung der Menschenrechte* von 1948 oder der beiden *Internationalen Pakte* von 1966, so wirken diese, sofern es um eine mögliche Systematik der betreffenden Rechte geht, eher unsortiert. Ein inhaltlich ordnendes Prinzip ist kaum erkennbar. Da auch die oben rekonstruierten Vorschläge jeweils problematisch oder unzureichend anmuten, soll im Folgenden ein eigener Vorschlag unterbreitet werden, die Menschenrechte inhaltlich zu sortieren. Dabei sollen die jeweils einzelnen Rechte sehr viel deutlicher, als das bis heute üblich ist, auf das sie einigende Prinzip der Menschenwürde zurückgeführt werden. Zugleich wird sich zeigen, dass die konkreten Einzelrechte keineswegs gleichrangig auf dieses sie einigende Würdeprinzip bezogen sind: Sie konkretisieren vielmehr unterschiedliche und auch unterschiedlich gravierende Gefährdungslagen dieses »einen« menschenwürdigen Lebens. Darüber hinaus wird zu zeigen sein, dass sich diese diversen Gefährdungslagen grob in zwei Hauptgruppen unterteilen lassen. Diese Einteilung ergibt sich aus dem Umstand, dass sich der Mensch, sobald er politischer Herrschaft unterworfen ist, stets schon in zwei markanten Rollen wiederfindet: als ein »privates« Subjekt individueller Lebensführung einerseits sowie als »öffentliche« Person und damit als Mit-

166 Dazu Pollmann/Lohmann (Hg.), *Menschenrechte*, Kap. 8.

167 Michael Freeman, »Are there Collective Human Rights?«, in: *Political Studies* 43 (1995), S. 25-40.

glied eines politisch integrierten Kollektivs andererseits.[168] Die Funktion der einzelnen Rechte wird es folglich sein, auf inhaltlich differenzierte Weise ein menschenwürdiges Leben zu ermöglichen, das staatlicherseits sowohl mit Blick auf die private Lebensführung als auch in Bezug auf das öffentliche Zusammenleben in politischen Kollektiven vor Erfahrungen entwürdigender Ohnmacht geschützt wäre.[169]

2. Menschenrechte der privaten Autonomie

Bereits verschiedentlich ist in diesem Buch behauptet worden, dass die Theorie der Menschenrechte einen qualitativ folgenreichen Unterschied zwischen dem »bloßen« Überleben und einem spezifisch menschenwürdigen Leben unterstellen muss.[170] Und indem sich die Menschenrechte – seit 1945 – ausdrücklich der Menschenwürde verschreiben, fordern sie ersichtlich *mehr* als nur das nackte Überleben. Andererseits ist dieses bloße Überleben als eine »vitale« Grundlage und damit als eine notwendige Bedingung menschenwürdigen Lebens zu verstehen. Und wie historische Erfahrungen massiven Unrechts und totalitärer Entwürdigung bewiesen haben, mag ein menschenwürdiges Leben bereits dann unmöglich werden, wenn es sich um ein Leben angesichts existenzieller Unsicherheit oder gar stetiger Todesdrohungen handelt; um ein Leben also, das deshalb auf entwürdigende Weise als demütigend, erniedrigend oder gar entmenschlicht empfunden wird, weil der unentwegt allein um die eigene Fortexistenz besorgte Mensch geradezu auf seine »tierische« Natur reduziert ist und *nichts* als überleben will.[171] Daher ist es keineswegs ein Widerspruch, wenn zumindest manche

168 Zu dieser Unterscheidung aus sozialphilosophischer Sicht und mit weiteren Verweisen: Beate Rössler, *Der Wert des Privaten*, Frankfurt/M. 2001, Kap. V.4.

169 Die folgende Aufzählung von Einzelrechten ist illustrativ, nicht abschließend gemeint. Ich verweise primär auf Rechte, die politisch bereits erkämpft und völkerrechtlich anerkannt sind. Aber ich ergänze die Liste um »neue« Rechte, wo mir die einschlägigen Kataloge unvollständig erscheinen.

170 Dazu insbesondere § 12, Abschnitt 4.

171 Zur Erinnerung: In Fällen willkürlicher Verhaftung, politischer Verfolgung, geheimdienstlicher Verschleppung, regierungsamtlicher Folter oder auch angesichts von extremer Armut, Kriegen und Flucht herrscht ein die Menschenwürde fundamental bedrohender Überlebenskampf.

Menschenrechte bereits auf diese vitale Grundlage der Menschenwürde abzielen. Diese erste Untergruppe versammelt somit »Rechte auf materielle Sicherheit«.

Der für das menschenwürdige Leben bedeutsame Sinn dieser Rechte ist der Folgende: Rechte auf materielle Subsistenz fordern das ein, was Menschen benötigen, um überhaupt leben beziehungsweise überleben zu können, und sie fokussieren damit auf den Menschen als »biologisches Mängelwesen«. Es geht ihnen um die *Lebensgrundlage* einer Existenz in verkörperter Selbstachtung und damit um die materielle Sicherheit, nicht unter jene Schwelle herabzusinken, unterhalb derer das menschliche Leben als *Leben* unmöglich wird. Zu diesen Menschenrechten gehören einige der traditionell eher unstrittigen Abwehransprüche; vor allem das Recht auf Leben, das Verbot der Todesstrafe, das Recht auf körperliche Unversehrtheit, das Folterverbot sowie das Recht auf Sicherheit der Person. Aber auch manche jener Rechte gehören dazu, die gewöhnlich den in Bezug auf ihre Realisierbarkeit und Verbindlichkeit nicht ganz so unumstrittenen »sozialen« Menschenrechten zugeordnet werden und deren existenzielle Bedeutung damit eher unterschätzt wird: das Recht auf materielle Existenzsicherung, auf Ernährung, Gesundheit oder Wohnen.[172] Andere Rechte dürften vergleichsweise »neu« und umstritten wirken: Rechte auf Frieden, Umweltschutz oder auch Wasser. All diese Rechte betreffen fundamentale materielle Bedrohungslagen eines Lebens in Würde. Sie rechnen allesamt mit der Gefahr, dass der Staat entweder aktiv, im Sinne direkt schädigenden Verhaltens, oder aber passiv, etwa durch Unterlassung entsprechender Hilfeleistungen, dafür mitverantwortlich sein kann, dass viele Menschen nicht einmal das haben, was sie zum bloßen Überleben benötigen.[173] Folglich steht deren verkörperte Selbstachtung hier bereits in physischer Hinsicht auf dem Spiel. Dies zeigt sich besonders drastisch etwa in Fällen willkürlicher Polizeigewalt, regierungsamtlicher Folter oder medizinischer Menschenversuche, aber auch angesichts mangelnden

172 Dazu die entsprechenden Kapitel in: Michael Krennerich, *Soziale Menschenrechte. Zwischen Recht und Politik*, Schwalbach/Taunus 2013.

173 Vgl. Stefan Gosepath, »Zu Begründungen sozialer Menschenrechte«, in: ders./Georg Lohmann (Hg.), *Philosophie der Menschenrechte*, Frankfurt/M. 1998, S. 146-188. Siehe auch die Diskussion in: Thomas Pogge (Hg.), *Freedom from Poverty as a Human Right*, Oxford 2007.

Flüchtlingsschutzes, ethnischer Konflikte, Bürgerkriege, mangelnder Verbrechensbekämpfung, fehlender Terrorabwehr, nicht bekämpfter Hungersnöte, unzureichender Gesundheitsversorgung, massiver Obdachlosigkeit oder ungenügenden Umweltschutzes.

Eng verknüpft mit diesem ersten Anliegen materieller Existenzsicherung ist die zweite Untergruppe der »Rechte auf wirtschaftliche Subsistenz«. Diese Rechte zielen auf die Bedingungen der Möglichkeit, *für sich selbst* und den eigenen Lebensunterhalt zu sorgen. Folglich geht es diesen Rechten nicht bloß um die faktische Verfügbarkeit jener materiellen Ressourcen, die zum vitalen Lebenserhalt notwendig und damit aufzuwenden sind, sondern um die Voraussetzungen ökonomischer Selbsterhaltung und wirtschaftlicher Unabhängigkeit. Wenn die Menschenrechte stets auch zu einem ökonomisch autonomen Leben befähigen sollen, rücken menschenrechtliche Einzelansprüche in den Fokus, die in den einschlägigen Menschenrechtserklärungen oftmals eher verstreut wirken: Rechte auf den Schutz materiellen und geistigen Eigentums etwa, auf Gewerbefreiheit, auf das Verbot der Sklaverei, von Leibeigenschaft und Kinderarbeit, das Recht auf freie Berufswahl und Berufsausübung, auf faire Löhne, sichere und gesunde Arbeitsbedingungen, auf Arbeitszeitbegrenzung, Freizeit und bezahlten Urlaub, auf elementaren Kündigungsschutz und Gewerkschaftsgründung, das Streikrecht, das Recht auf staatliche Unterstützung bei Arbeitslosigkeit, auf staatlich geförderte Ausbildungsprogramme und geeignete Arbeitsmarktmaßnahmen.[174]

Diese Untergruppe wirtschaftlicher Subsistenzrechte zielt weniger auf die vitale oder biologische Bedürfnisstruktur des Menschen. Die diesen Rechten korrespondierenden Gefahrenlagen ergeben sich vielmehr aus oft ungerechten, ausbeuterischen und entfremdeten Reproduktionsverhältnissen. Die entsprechenden Lebensrisiken sind wirtschaftlicher Natur, und die deprimierenden und entwürdigenden Leiderfahrungen, die mit ihnen einhergehen, sind auf den Umstand zurückzuführen, dass Menschen bisweilen nur unzureichend oder aber gar nicht für sich selbst und auch die eigene Familie zu sorgen vermögen. Im Fall von Zwangsarbeit etwa oder ähnlichen an Sklaverei erinnernden Arbeitsverhältnissen ist der betreffende Autonomieverlust direkt greifbar. Doch auch in

174 Siehe dazu etwa die entsprechenden Kapitel in: Matthew C. R. Craven, *The International Covenant on Economic, Social and Cultural Rights*, Oxford 1998.

weniger eklatanten Fällen ökonomischer Ausbeutung, etwa unter den kapitalistischen Bedingungen einer sozialstaatlich meist unzureichend reglementierten Lohnarbeit und Arbeitswelt, führen zahllose Arbeitsverhältnisse direkt in die wirtschaftliche Heteronomie. Entsprechende Gefährdungslagen ergeben sich zum Beispiel angesichts inhumaner oder erniedrigender Produktionsbedingungen, bei fehlendem Arbeitsschutz, Niedriglöhnen, Leiharbeit, mangelndem Kündigungsschutz, fehlender innerbetrieblicher Mitbestimmung und nicht vorhandenen Betriebsräten oder Gewerkschaften. Im Fall der unfreiwilligen Erwerbslosigkeit drohen – zusätzlich zu den finanziellen Armutsproblemen – oft auch massive Gesundheitsrisiken sowie existenzbedrohende Abhängigkeiten in Form von Transferleistungen, Krediten oder Hypotheken. Wer sich vom Staat, von Banken oder auch von privaten Kreditgebern abhängig weiß, erlebt diese Abhängigkeiten nicht selten als beschämend und erniedrigend. Zu dieser die Selbstachtung der Betroffenen bedrohenden Ohnmacht kommt dann gelegentlich auch noch das entwürdigende Gefühl hinzu, eine menschliche »Enttäuschung« für das private Umfeld oder gar »nutzlos« zu sein.[175]

Auch die dritte Untergruppe zielt in einem sehr basalen Sinn auf die Bedingungen individueller Autonomie. Es geht den hier gemeinten Rechten um einen grundlegenden »Schutz der Privatsphäre« und damit um gesicherte Freiräume einer persönlichen, intimen und vor staatlichem Zugriff möglichst sicheren Lebensführung. Im angloamerikanischen Verfassungsrecht werden die betreffenden Ansprüche meist unter dem Stichwort eines »right to be left alone«[176] diskutiert. Gemeint sind hier vor allem diejenigen Menschenrechte, die traditionell als »Freiheits-« oder »Abwehrrechte« bezeichnet werden: das Recht auf Gewissens- und Religionsfreiheit etwa, auf freie Persönlichkeitsentfaltung und individuelle Freizügigkeit, das Recht auf die Unversehrtheit der Wohnung und den Schutz der Intimsphäre, das Recht auf das Brief-, Post- und Telekommunikationsgeheimnis sowie das Recht auf informationelle Selbstbestimmung, das im Zeitalter der Digitalisierung zuneh-

175 Siehe dazu etwa die Beiträge zum Themenheft »Arbeitslosigkeit: Psychosoziale Folgen«, in: *Aus Politik und Zeitgeschichte* 40-41 (2008).

176 Im Anschluss an: Samuel D. Warren/Louis D. Brandeis, »The Right to Privacy«, in: *Harvard Law Review* 4 (1890), S. 193-220. ⟨www.jstor.org/stable/1321160⟩, letzter Zugriff 01. 11. 2021.

mend an Bedeutung gewinnt.[177] Ebenfalls in diesen Bereich der zu garantierenden Privat- und Intimsphäre gehören solche Menschenrechte, die vornehmlich dem Schutz freiwillig zu unterhaltender Beziehungsformen dienen: das Recht auf Eheschließung und eheliche Gleichstellung etwa, das Verbot der Zwangsheirat, Rechte auf sexuelle Selbstbestimmung und reproduktive Freiheit, das Recht auf Familiengründung, auf Familienzusammenführung, auf besonderen Schutz der Kinder oder auch auf Kenntnis der jeweils eigenen familiären Herkunft.[178]

All diese Rechte der Privat- und Intimsphäre sollen offenbar dem Umstand Rechnung tragen, dass der Schutz eines persönlichen Freiraums der Selbstbestimmung, welcher der Beobachtung und dem Zugriff durch öffentliche und staatliche Instanzen entzogen ist, grundlegende Bedeutung für das Leben in Würde hat.[179] Entsprechende Übergriffe oder Verletzungen dieser Sphäre werden oft deshalb als entwürdigend erlebt, weil sie mit der Erfahrung eines für Ohnmacht sorgenden Verlustes der Kontrolle über den jeweils eigenen, persönlich zu verantwortenden Lebenszusammenhang einhergehen. Viele Menschen haben das Bedürfnis, den Zugang zu dieser Privat- und Intimsphäre möglichst autonom zu regulieren.[180] Und zu entsprechenden Übergriffen kommt es beispielsweise im Rahmen geheimdienstlicher Bespitzelung, beim Ausspionieren von Computern, Telefonaten, Briefen oder Kurznachrichten oder auch im Zuge willkürlich angeordneter Hausdurchsuchungen und sogenannter Lauschangriffe. Die Privat- und Intimsphäre wird ebenso verletzt, wenn ein Staat die Religionsfreiheit missachtet oder zum Kriegsdienst zwingt, und auch dann, wenn es zu unverhältnismäßigen Eingriffen in die Freizügigkeit oder in die Reisefreiheit kommt, wenn Zwangsehen geduldet oder Zwangsadoptionen durchgeführt oder sexuelle Minderheiten diskriminiert und verfolgt werden. Da derartige Übergriffe in die Privat- und Intimsphäre nicht selten als eine tiefgreifende Verunsicherung und mithin als ein demütigender

177 Dazu die betreffenden Einträge in: Pollmann/Lohmann (Hg.), *Menschenrechte*.

178 Siehe Martina Palm-Risse, *Der völkerrechtliche Schutz von Ehe und Familie*, Berlin 1990.

179 Ernst Benda, »Menschenwürde und Persönlichkeitsrecht«, in: ders./Werner Maihofer/Hans-Jochen Vogel, *Handbuch des Verfassungsrechts der Bundesrepublik Deutschland*, Berlin 2012, § 6.

180 Dazu mehr in: Rössler, *Der Wert des Privaten*.

Verlust an Selbst- und Weltvertrauen durchlitten werden, untergraben sie die notwendigen Bedingungen verkörperter Selbstachtung. Zu einem Leben in Menschenwürde gehört ersichtlich die Möglichkeit privaten Rückzugs; das Recht, unbehelligt zu sein; die Chance, sich auch einmal unbeobachtet zu fühlen, »sich in sich selbst zurückzuziehen, ja auch sich gehen zu lassen«.[181]

3. Menschenrechte der öffentlichen Gleichstellung

Während die ersten drei Unterklassen zur Hauptgruppe der »Rechte der privaten Autonomie« gehören, sollen die drei nun folgenden Untergruppen jeweils als »Rechte der öffentlichen Gleichstellung« präsentiert werden. Hier geraten die betroffenen Rechtssubjekte nicht länger als autonome Privatsubjekte in den Blick, die abseits der Öffentlichkeit und möglichst unbehelligt von staatlichen Übergriffen ein Leben in Würde führen wollen, sondern als Mitbürgerinnen und Mitbürger, die sich bisweilen eben auch *in* jener Öffentlichkeit bewegen und zeigen. Zunächst sind hier »Rechte gegenüber staatlichen Behörden« zu nennen. Sobald man sich als Individuum unmittelbar in Kontakt mit staatlichen Institutionen sowie exekutiven, legislativen oder judikativen Dienststellen begibt, findet man sich in jeweils sehr spezifischen Rollen und Normadressierungen wieder; zum Beispiel als Behördengängerin, Antragsberechtigter oder Leistungsempfängerin, als Steuerzahler, Eigentümerin oder Erbe, als Verkehrsteilnehmerin, Erziehungsberechtigter oder Anwohnerin, als Opfer einer Straftat, als Zeugin oder selbst als Angeklagter. Diese recht diversen Rollen bringen jeweils ein mit der Idee konstitutioneller Menschenrechte in legitimatorischer Spannung stehendes Machtgefälle mit sich, dem durch ein menschenrechtliches »Empowerment« auf Seiten der Betroffenen, deren Macht ja nur »geliehen« ist, entgegengewirkt werden soll.[182]

Genau diesen Zweck verfolgt die vierte Untergruppe der »Rechte gegenüber staatlichen Behörden«, und zu den konkreten Einzelrechten dieser Untergruppe gehören unter anderem das Recht auf Anerkennung als Rechtsperson, das Recht auf Rechtsbehelf und rechtliches Gehör, das Recht auf einen wirksamen Rechtsschutz

181 Benda, »Menschenwürde und Persönlichkeitsrecht«, S. 175.

182 Dazu die §§ 6 u. 8.

samt fairer Verfahren, die sogenannte Unschuldsvermutung, das »Rückwirkungsverbot«, das Verbot willkürlicher Verhaftung und Inhaftierung, das Verbot unmenschlicher Haftbedingungen oder auch das Recht auf Haftentschädigung. Beispiele für ein entsprechendes Fehlverhalten von Seiten staatlicher Amtspersonen und Institutionen wären: willkürlich ignorierte oder nicht ernst genommene Anzeigen bei der Polizei, die Verweigerung rechtlichen Beistands, öffentliche Vorverurteilungen oder das Anprangern von Sexualstraftäterinnen und -tätern, inhumane Verhörmethoden, unfaire Gerichtsverfahren, überfüllte Gefängnisse, Isolationshaft, Haftstrafen ohne Aussicht auf Resozialisation, unmenschliche Abschiebepraktiken, »Nacht- und Nebel«-Aktionen[183] oder das staatlicherseits organisierte »Verschwindenlassen« unerwünschter Personen. Die menschenrechtlichen Grundansprüche, die mit solchen Praktiken missachtet werden, beziehen sich vornehmlich auf die individuelle Rechtsstellung des Menschen im Justiz- und Strafverfolgungswesen, und viele dieser Einzelrechte finden sich auch schon in nationalen Verfassungen und völkerrechtlichen Abkommen wieder.

Was aber bislang noch fehlt – sieht man einmal ab vom Petitions- und Beschwerderecht[184] –, sind solche Menschenrechte, die das Individuum ausdrücklich vor staatlicher Willkür auch im Rahmen *bürokratisch-administrativer* Vorgänge schützen. Man denke hier etwa an unzumutbare und teilweise auch erniedrigende Warte- und Sprechzeiten auf Ämtern, an behördliche Schikanen oder Akte der Rechtsbeugung im Rahmen sozialstaatlicher Daseinsfürsorge, an Machtmissbrauch oder sadistisches Fehlverhalten in administrativen Abhängigkeitsverhältnissen, an bürokratische Instrumentalisierung, Verdinglichung oder gar Erniedrigung im Rahmen technokratisch exekutierter Verwaltungsvorgänge oder auch an unzumutbare Auflagen und amtliche Pedanterie bei Gewerbegründungen, Bauanträgen oder im Rahmen des Denkmalschutzes. Überaus alltägliche Phänomene wie diese sprechen für ein bislang nicht vorhandenes Menschenrecht, das ausdrücklich ein »Verbot von Behördenwillkür« festschreiben würde und das mit Blick auf die Bedingungen menschenwürdigen Lebens vor Erfahrungen de-

183 Rainer Huhle, »›Nacht und Nebel‹ – Mythos und Bedeutung«, in: *Zeitschrift für Menschenrechte* 8 (2014), S. 120-135.

184 Etwa nach Artikel 17 des *Grundgesetzes* oder nach Artikel 44 der *Charta der Grundrechte der Europäischen Union*.

mütigender oder sogar inhumaner Gängelung durch öffentliches Amtspersonal zu schützen hätte. Die Konfrontation mit administrativer Ungerechtigkeit und Eigenmächtigkeit kann auf Seiten der Betroffenen zu einem entwürdigenden Gefühl der Ohnmacht und gegebenenfalls dann auch zu einem Verlust verkörperter Selbstachtung führen.[185] Diese Ohnmacht paart sich nicht selten mit der berechtigten Empörung über Institutionen, deren Aufgabe es eigentlich wäre, »im Namen des Volkes« zu agieren. Diese Institutionen sind zur Unterstützung der Menschen eingerichtet, doch werden sie mitunter eben auch selbst auf menschenrechtswidrige Weise aktiv. Hier zeigt sich einmal mehr die vermeintliche Paradoxie, dass man als Mensch, der sich mit anderen Menschen gemeinsam einer politischen Gewaltordnung unterwirft, selbst noch vor jenen öffentlichen Institutionen in Schutz genommen werden muss, die einem Schutz gegenüber Dritten versprechen.[186]

Zur nächsten Untergruppe jener Menschenrechte, die auf öffentliche Gleichstellung zielen, gehören »Rechte auf politische Partizipation«. Anders als in den eher passiven Rollen, in denen man sich als Mensch wiederfindet, wenn man der Macht und der möglichen Willkür öffentlicher Behörden ausgesetzt ist, geht es bei diesen Rechten darum, eine *aktive Beteiligung* an kollektiven Entscheidungen über wichtige öffentliche Belange zu ermöglichen.[187] Mit Blick auf die in § 6 vorgeschlagene konstitutionelle Funktionsbestimmung der Menschenrechte erschließt sich der politische Sinn dieser Untergruppe unmittelbar: Sind die Menschenrechte als konstitutionelle Vorbehalte auf Seiten jener zu betrachten, die der politischen Herrschaft unterworfen sind, und zwar gegenüber denen, die diese Herrschaft ausüben, müssen die einzelnen Bürgerinnen und Bürger an kollektiven Entscheidungs- und Gesetz-

185 Dazu auch Margalit, *Politik der Würde*, Kap. 13 u. 16. Nach einem diskussionswürdigen Vorschlag von Ferdinand von Schirach (*Jeder Mensch*, München 2021) wäre hier vielleicht sogar ein »Recht auf Wahrheit« zu addieren – im Sinne eines Anspruchs der Bürgerinnen und Bürger darauf, »dass Äußerungen von Amtsträgern der Wahrheit entsprechen« (S. 19).

186 Erinnert sei an Arthur Schopenhauers Idee »doppelter Ungerechtigkeit«. Siehe § 8, Abschnitt 2.

187 Gregory H. Fox, »The Right to Political Participation in International Law«, in: *Yale Journal of International Law* 17 (1992), S. 540-607; Michael Krennerich, *Freie und faire Wahlen? Standards, Kurioses, Manipulationen*, Schwalbach/Taunus 2020.

gebungsprozessen beteiligt bleiben. Nur so kann sichergestellt werden, dass die »Kette« der Legitimierung politscher Entscheidungen nicht abreißt.

Zu den konkreten Einzelrechten, die ebendies verhindern sollen, wäre zunächst ein denkbar grundlegendes Recht auf politische Mitgliedschaft zu zählen. Ein solches Recht hatte einst Hannah Arendt vor Augen, als sie mit Blick auf das Schicksal von Flüchtlingen und Staatenlosen ein bislang fehlendes »Recht, Rechte zu haben« anmahnte.[188] Bis heute sucht man ein solches Recht in den einschlägigen Menschenrechtsabkommen vergeblich. Gleichwohl bildet es die »gedachte« Grundlage für viele weitere politische Partizipationsrechte: Es zieht nicht nur ein Recht auf Schutz vor Ausweisung und ein Verbot der Aberkennung von Staatsbürgerschaft nach sich. Es begründet ein Recht auf Asyl in der Folge von Verfolgung, Vertreibung und Flucht ebenso wie ein korrespondierendes Menschenrecht auf Auswanderung. Mit Blick auf politische Prozesse kollektiver Entscheidungsfindung ergeben sich zudem Rechte auf freie und gleiche Mitbestimmung, vor allem in Form des aktiven und passiven Wahlrechts, aber auch ein allgemeines und gleiches Recht auf freien Zugang zu öffentlichen Ämtern und Funktionen. Damit die jeweils von politischen Entscheidungen Betroffenen möglichst frei und informiert an diesen kollektiven Entscheidungen partizipieren können, sind zudem Meinungsfreiheit, die Freiheit von Presse und Wissenschaft, aber auch Vereinigungs-, Versammlungs- und Demonstrationsfreiheit zu gewähren. Auch ein Recht auf Widerstand gegen massiv menschenrechtsfeindlich agierende Staatsgewalten gehört – konzeptionell notwendig – dazu.[189]

Mit Blick auf die Bedeutung dieser Rechte für das Leben in Menschenwürde ist dabei einmal mehr – nur eben diesmal in dezidiert politischer Hinsicht – von der Gefahr demütigender Kontrollverluste und von Erfahrungen erniedrigender Ohnmacht auszugehen. Diese Ohnmacht mag sich ergeben, wenn sich diejenigen, deren politische Macht nur geliehen ist, mit ihren Entscheidungen vollends willkürlich über jene hinwegsetzen, die ihnen diese Macht verliehen haben. Wird einem Menschen in politischen

188 Arendt, *Elemente und Ursprünge totaler Herrschaft*, Kap. 9.

189 Zur Geschichte, Bedeutung und Problematik des Widerstandsrechts: Klaus Roth/Bernd Ladwig, *Recht auf Widerstand? Ideengeschichtliche und philosophische Perspektiven*, Studien zu Grund- und Menschenrechten 12, Potsdam 2006.

Zusammenhängen demonstrativ vor Augen geführt, dass es auf die eigene Person und deren »Stimme« gar nicht ankommt, wird mitunter ein schmerzhafter Mangel an politischer Gegenmacht spürbar: Es fehlt die Möglichkeit der aktiven Einflussnahme auf die herrschenden Verhältnisse. Dieser Mangel kann mit einem Gefühl politischer Minderwertigkeit einhergehen, welches mit dem Anspruch, auch öffentlich ein Leben in verkörperter Selbstachtung führen zu wollen, unverträglich ist. Der Mensch darf nicht zum bloßen »Objekt« politischer Willkür degradiert werden, er muss vielmehr die Chance[190] besitzen, sich auch selbst als ein aktives und gleichberechtigtes Subjekt der gemeinsamen Selbstbestimmung zu erfahren. Beispiele für entsprechende Gefährdungen wären regierungsamtliche Wahlmanipulationen, der Entzug des Wahlrechts, ungerechtfertigte Verbote von Parteien oder anderen politischen Vereinigungen, willkürliche Demonstrations- und Versammlungsverbote, die autoritäre Unterdrückung öffentlichen Protests, staatliche Zensurmaßnahmen in Bezug auf Presseerzeugnisse, Rundfunk, Fernsehen oder das Internet, die Gängelung und Unterdrückung wissenschaftlicher Forschung, aber auch unterschiedlichste Formen politischer Verfolgung oder Verbannung sowie eine allzu rigide Asyl- und Migrationspolitik.[191]

Neben dieser politischen Sphäre der kollektiven Entscheidungsfindung existiert darüber hinaus eine öffentliche Sphäre der sozialen Begegnung und des kulturellen Austauschs. Auch diese Teilsphäre der Öffentlichkeit kann dem Individuum bedingt oder sogar nachhaltig verschlossen sein, sodass auch diesbezüglich für gleiche Chancen auf Partizipation gesorgt werden muss. Die betreffenden Ansprüche der sechsten und letzten Untergruppe sollen hier »Rechte auf gesellschaftliche Teilhabe«[192] genannt werden. Sie geben eine

190 Die genuin ethische Frage, ob es notwendig zum menschenwürdigen Leben gehört, diese Chance auch aktiv zu nutzen, soll an dieser Stelle offenbleiben.

191 Unmittelbar aus Sicht Arendts: Klaus Rennert, *Hannah Arendt, das Asylrecht und die Menschenwürde*, Baden-Baden 2017.

192 Zur Erinnerung: Die hier vorgeschlagene Systematik ist nicht deckungsgleich mit der völkerrechtlich geläufigen Einteilung. So wird an dieser Stelle darauf verzichtet, die im *WSK-Pakt* vorfindliche Differenz von »sozialen« und »kulturellen« Rechten abzubilden. Zum einen werden dort zu den sozialen Rechten auch solche gezählt, die oben bereits als Rechte auf materielle Sicherheit und wirtschaftliche Subsistenz aufgeführt wurden. Zum anderen lässt sich zwischen

Antwort auf die Frage, was Menschen benötigen, um jeweils vor Ort und ganz konkret am sozialen und kulturellen Leben der Gemeinschaft partizipieren zu können – und zwar in verkörperter Selbstachtung und damit möglichst frei von Scham, Missachtung, Demütigung und Erniedrigung.[193] Die betreffenden Rechte reagieren auf die Erfahrung, sich sozial oder kulturell »exkludiert«, »abgehängt« oder auch »stigmatisiert« zu fühlen. Man denke hier etwa an psychosoziale Begleiterscheinungen der Armut aufgrund von unzureichender Bekleidung, mangelndem Lebensunterhalt oder fehlender Bildung. Diese Begleiterscheinungen sind eben nicht nur mit Blick auf die materielle oder wirtschaftliche Subsistenz der Betroffenen problematisch, sondern auch »symbolisch«, nämlich mit Blick auf die Chancen der Betroffenen, im Rahmen des gesellschaftlichen Miteinanders hinreichend Selbstachtung auszubilden und verkörpern zu können. Menschen, die unter gravierender Armut leiden, schämen sich bisweilen, das Haus zu verlassen, »unter Leute« zu gehen; es mag ihnen peinlich sein, stets nur solche gastronomischen oder auch kulturellen Angebote nutzen zu können, die ihr Einkommen nicht übersteigen.[194] Auch unterschiedlichste Formen fehlender Barrierefreiheit können zum Problem mangelnder Teilhabe führen: Manche Menschen erleben Ausgrenzung aufgrund von körperlichen oder geistigen Behinderungen oder Erkrankungen, andere aufgrund von Alter, Geschlecht, sexueller Orientierung, Klassenzugehörigkeit, Bildung, Herkunft oder religiösen Merkmalen.

Zu den konkreten Einzelrechten auf gesellschaftliche Teilhabe gehören das Recht auf grundständige Bildung, das Recht auf Teilnahme am kulturellen Leben, Ansprüche auf kulturellen Minderheitenschutz und das Recht auf Teilhabe am wissenschaftlichen Fortschritt, vor allem aber das Recht auf soziale Sicherheit sowie das Recht auf einen angemessenen Lebensstandard.[195] Insbesondere diese beiden zuletzt genannten Rechte bleiben in ihrem Anforderungsprofil oft deshalb ein wenig unscharf, weil mit ihnen regel-

sozialen und kulturellen Ansprüchen (nehmen wir das Recht auf Bildung) oft nur schwer unterscheiden.

193 Vgl. Margalit, *Politik der Würde*, Kap. 11.

194 Anschaulich: Susanne Gerull, *Armut und Ausgrenzung im Kontext Sozialer Arbeit*, Weinheim 2011.

195 Dazu insgesamt Krennerich, *Soziale Menschenrechte*, Kap. 5.

mäßig auch solche Forderungen assoziiert werden, die weiter oben bereits als Einzelansprüche der materiellen und wirtschaftlichen Subsistenzsphäre verhandelt wurden; Ansprüche auf ausreichende Nahrung, Bekleidung, Gesundheitsversorgung und Arbeitslosenhilfe oder auch das Recht auf ein sogenanntes Dach über dem Kopf.[196] Bei genauerem Hinsehen jedoch handelt es sich hierbei nur scheinbar um eine Wiederholung. Denn mit der an dieser Stelle gemeinten Würdedimension einer spezifisch *sozialen* Sicherheit zum einen und einem *angemessenen* Lebensstandard zum anderen wird allererst der oben bereits erwähnte Überschuss »menschenwürdigen« Lebens gegenüber dem »nackten Überleben« konkretisiert. Dieser Unterschied lässt sich etwa auch an der soziologisch geläufigen Differenz von »absoluter« und »relativer« Armut ablesen: Absolute Armut markiert die Grenze, unterhalb derer ein menschenwürdiges Überleben unmöglich wird. Der Begriff relativer Armut hingegen zielt auf die Schwelle, unterhalb derer das *menschenwürdige* Leben unerreichbar scheint.[197] Anders gesagt: Wer relativ arm ist, mag zwar überleben, hat aber folglich nicht das, was er oder sie benötigt, um angesichts der sozial und kulturell konkreten Umstände jeweils vor Ort – und damit »gemessen« an anderen – einen menschenwürdigen Lebensstandard zu genießen. Folglich muss die soziale und kulturelle Grundversorgung sämtlicher Menschen auf einem Niveau gewährleistet sein, das ein menschenwürdiges Leben unter den jeweils vor Ort »üblichen« Umständen ermöglicht.[198]

196 Artikel 25 der *Allgemeinen Erklärung der Menschenrechte* besagt: »Jeder hat das Recht auf einen Lebensstandard, der seine und seiner Familie Gesundheit und Wohl gewährleistet, einschließlich Nahrung, Kleidung, Wohnung, ärztliche Versorgung und notwendige soziale Leistungen, sowie das Recht auf Sicherheit im Falle von Arbeitslosigkeit, Krankheit, Invalidität oder Verwitwung, im Alter sowie bei anderweitigem Verlust seiner Unterhaltsmittel durch unverschuldete Umstände.«

197 Arnd Pollmann, »Armut«, in: ders./Lohmann (Hg.), *Menschenrechte*, S. 433-438.

198 Zu dem bereits in § 4 aufgelösten Paradox, dass damit eine universelle Forderung ergeht, die stets nur auf partikulare Weise eingelöst werden kann, siehe Peter Jones, »Universal Principles and Particular Claims. From Welfare Rights to Welfare States«, in: Allen Ware/Robert Goodin (Hg.), *Needs and Welfare*, London 1990, S. 34-53.

4. Steigende Ansprüche

Es dürfte bereits deutlich geworden sein, dass auch die hier favorisierte Systematik sechs verschiedener Unterklassen von Menschenrechten ein historisch sich wandelndes Anspruchsniveau abbildet: Spätestens seit 1945 ist der Kampf um Menschenrechte zugleich auch ein Prozess der politischen und interkulturellen Aushandlung dessen, was konkret der Mensch zu einem menschenwürdigen Leben benötigt. Dieser umkämpfte Aushandlungsprozess lässt sich nur bedingt am philosophischen Reißbrett vorwegnehmen; er ist genuin politischer Natur, und die betreffenden Ausführungen dazu bleiben stets vorläufig. Manche Rechte sind mit der Zeit hinzugekommen, andere mögen an Bedeutung verloren haben.[199] Und nicht einmal die völkerrechtlich bereits verbindlichen UN-Kataloge sollten als abschließende, unrevidierbare Kodifizierungen verstanden werden.[200] Darüber hinaus gilt es zu berücksichtigen, dass das bislang erreichte Anspruchsniveau nicht bloß vorläufig, sondern insgesamt *gestiegen* ist: Der heutige Stand der inhaltlichen Ausdifferenzierung lässt nicht wenige Rechte erkennen, die im revolutionären 18. Jahrhundert noch völlig utopisch oder sogar völlig unverständlich gewirkt hätten; zum Beispiel das Recht auf freien Zugang zu öffentlichen Ämtern, das Recht auf freie Berufswahl, der Anspruch auf informationelle Selbstbestimmung, Rechte auf Wasser, Bildung oder eben auch auf einen angemessenen Lebensstandard.

Mit dieser Diagnose gewachsener Ansprüche scheint zudem die keineswegs unstrittige Annahme einherzugehen, dass zumindest manche Rechte, etwa das Recht auf Leben oder auch das Folterverbot, im Zweifels- oder Konfliktfall *schwerer* wiegen als andere Einzelansprüche; zum Beispiel das Recht auf Gewerkschaftsgründung, das Recht auf Versammlungsfreiheit, das Fernmeldegeheimnis oder auch das Recht auf grundständige Bildung. Lässt sich diese Intuition in die hier vorgeschlagene Systematik eintragen? Eine etwaige »Stufung« der einzelnen Menschenrechte müsste sich im Rahmen der hier vorgelegten Konzeption aus der jeweils unterschiedlichen

199 So etwa das vermeintliche Menschenrecht auf materielles Eigentum, dass 1948 noch genannt wird, in den UN-Pakten von 1966 dann aber unerwähnt bleibt.

200 Die schwierige Frage, wie sich diese historischen und politischen Kontingenzen zum »Ewigkeitsanspruch« der Menschenrechte verhalten, wird in § 15, Abschnitt 4 behandelt.

Bedeutung ergeben, die diese Einzelrechte für das menschenwürdigen Leben haben. Soziologische oder sozialpsychologische »Bedürfnispyramiden« oder auch Listen etwaiger »natürlicher Interessen« des Menschen helfen an dieser Stelle kaum weiter, denn sie berücksichtigen in der Regel nicht, dass es den Menschenrechten nicht einfach nur um typisch menschliche Bedürfnisse geht.[201] Vielmehr spricht die in diesem Buch favorisierte Konzeption konstitutioneller Menschenrechte dafür, dass sich der Inhalt der betreffenden Einzelrechte aus dem Umstand eines oft konfliktreichen Zusammenlebens unter Bedingungen politischer Herrschaft ergibt. Im Rahmen biologisch oder anthropologisch argumentierender Inhaltsbestimmungen bleibt zudem fast immer unklar, wie sich diese vermeintlich natürlichen Rechte zur Idee des menschenwürdigen Lebens verhalten, da ein solches Leben kaum als »natürlich« zu bezeichnen ist. Daher wäre abschließend zu fragen, ob die jeweils konkreten Menschenrechte – zumindest ihrer Tendenz nach[202] – nicht bloß auf inhaltlich unterschiedliche, sondern auch auf unterschiedlich erhebliche Weise zu einem Leben in Würde beitragen. Sind manche Menschenrechte im Konfliktfall dringlicher als andere?

Während wir diese Frage nach einer möglichen Rangordnung der Menschenrechte, die in Abwägungskonflikten für Orientierung sorgen könnte, ausführlicher erst im nächsten Paragrafen behandeln werden, soll hier vorab ein grundsätzlicher Vorschlag skizziert und in ein Schaubild gefasst werden.[203] Dieser konzeptionelle Vorschlag basiert auf der These, dass die oben differenzierten sechs Untergruppen von Menschenrechten jeweils auf unterschiedliche Dimensionen menschenwürdigen Lebens zielen. Die betreffende Rekonstruktion hatte zunächst zwei Hauptklassen ergeben: Rechte der privaten Autonomie und Rechte der öffentlichen Gleichstellung. Diese Zweiteilung war der Annahme geschuldet, dass menschliche Individuen aus Sicht der Grund- und Menschenrechte stets in zwei basalen Rollen auftreten: als private Subjekte persönlicher Lebensführung sowie als öffentlich sichtbare oder agierende Mitglieder des politisch integrierten Kollektivs. Diese fraglos noch

201 Für eine ähnliche Kritik: Peter Schaber, »Menschenrechte und Grundbedürfnisse«, in: *Jahrbuch für Recht und Ethik* 19 (2011), S. 163-176.

202 Zu etwaigen Ausnahmen siehe § 15, Abschnitt 3.

203 Ein Nachweis der Universalisierbarkeit all dieser strittigen Annahmen muss leider unterbleiben.

sehr grobe Einteilung ließ sich im Folgenden anhand von jeweils drei Untergruppen ausdifferenzieren. Und die entscheidende These soll nun lauten: Den sechs Untergruppen korrespondiert jeweils *eine* ethisch grundlegende Bedingung des menschenwürdigen Lebens. Diese Bedingungen wiederum bauen inhaltlich aufeinander auf und müssen allesamt erfüllt sein, wenn der Mensch ein menschenwürdiges Leben in verkörperter Selbstachtung führen können soll:

- Rechte auf materielle Sicherheit zielen auf die vitale *Selbsterhaltung* der Betroffenen. Sie sichern das bloße Überleben und ein ausreichendes Maß an körperlicher und geistiger Unversehrtheit;
- Rechte auf wirtschaftliche Subsistenz ermöglichen die reproduktive *Selbstversorgung*. Sie sollen das Individuum in die Lage versetzen, sich um den eigenen Lebensunterhalt zu kümmern;
- Rechte auf Schutz der Privatsphäre dienen der persönlichen *Selbstbestimmung*. Sie schaffen Freiräume für ethisch autonome Entscheidungen im Rahmen der individuellen Lebensführung jenseits staatlicher Zugriffe;
- Rechte gegenüber staatlichen Behörden stärken die öffentliche *Selbstbehauptung* gegenüber staatlichen Gewalten und Institutionen. Sie geben den Betroffenen einen Teil jener Gewalt »zurück«, die sie im Rahmen eines imaginären Vertrags an öffentliche Funktionsträgerinnen und -träger delegiert haben;
- Rechte auf politische Partizipation zielen auf die öffentliche *Selbstermächtigung* im Rahmen kollektiver Entscheidungsfindung. Nur wer mit eigener Stimme politisch Einfluss zu nehmen vermag, wird in Selbstachtung bejahen können, dass »alle Macht vom Volke ausgeht«;
- Rechte auf gesellschaftliche Teilhabe schließlich sollen für intersubjektive *Selbstbestätigung* sorgen. Denn nur gleiche Teilhabechancen in Bezug auf das soziale und kulturelle Leben vermitteln die für die verkörperte Selbstachtung zentrale Überzeugung, ein gleichwertiger Mensch zu sein, der »dazu« gehört.

MENSCHENWÜRDE

Menschenrechte ↑	Menschenwürde ↑
Rechte auf gesellschaftliche Teilhabe	Selbstbestätigung
Rechte auf politische Partizipation	Selbstermächtigung
Rechte gegenüber staatlichen Behörden	Selbstbehauptung
Rechte auf Schutz der Privatsphäre	Selbstbestimmung
Rechte auf wirtschaftliche Subsistenz	Selbsversorgung
Rechte auf materielle Sicherheit	Selbsterhaltung

MENSCHENRECHTE

Schaubild 4:
Menschenrechtliche Dimensionen menschenwürdigen Lebens

Mit dieser tentativen Abstufung einzelner Untergruppen von Rechten ist ersichtlich eine problematische Annahme verknüpft: Die betreffenden Stufen mögen zwar allesamt wichtig für das menschenwürdige Leben sein, aber sie scheinen nicht allesamt *gleich* wichtig zu sein. Eher wäre hier von einer Skala auszugehen, die von äußerst elementaren Rechten bis hin zu weniger dringlichen Rechten reicht.[204] Doch derartige Annahmen einer »objektiven« Rangordnung der Menschenrechte sind methodisch sehr umstritten, und zwar in mindestens vier Hinsichten: Erstens müsste gezeigt werden können, dass und wie genau diese sechs Aspekte der Selbstbestätigung, Selbstermächtigung, Selbstbehauptung, Selbstbestimmung, Selbstversorgung und Selbsterhaltung ethisch aufeinander aufbauen.[205] Zweitens wäre das naheliegende Missverständnis auszuräumen, dass eine solche Rangordnung der Menschenrechte deren Abwägung im Konfliktfall sogleich überflüssig machte. Vielmehr ist das Gegenteil der Fall: Die unterschiedliche Dringlichkeit der jeweiligen Rechte hätte sich in diesen Abwägungen stets aufs Neue zu beweisen.[206] Drittens ist zu bedenken, dass sich die an-

204 An diesem Punkt ist häufig folgender Vergleich zu vernehmen: Das Recht, nicht getötet oder gefoltert zu werden, wiegt ersichtlich schwerer als etwa das Recht auf periodisch bezahlten Urlaub.

205 Dazu wäre eine umfassende ethische Theorie menschenwürdigen Lebens erforderlich.

206 Mehr dazu im folgenden Paragrafen.

gedeutete Stufenfolge keineswegs mit »subjektiven« Erfahrungen verletzter Menschenrechte decken muss: Die jeweils betroffenen Menschen mögen ihre eigenen Rechte situativ abweichend priorisieren.[207] Und noch ein vierter Punkt ist wichtig: Mit dieser Rangordnung geht keineswegs die Annahme einher, einzelne Menschenrechte seien nicht nur weniger dringlich, sondern deshalb bereits entbehrlich. Die Menschenrechte sind und bleiben »unteilbar«, auch wenn sie nicht in jedem einzelnen Konfliktfall gleich schwer wiegen mögen.[208] Kurzum: Die Forderung nach einer umfassenden Berücksichtigung sämtlicher Menschenrechte mag selbstverständlich anmuten, doch sollte man nicht schon davon ausgehen, dass das Leben in Würde von der Verwirklichung jedes einzelnen dieser Menschenrechte *gleichermaßen* abhängt.

207 Sie mögen temporär ihre Freiheit höher schätzen als ihre materielle Sicherheit. Sie bestehen auf einem fairen Gerichtsverfahren, auch wenn das ihre wirtschaftliche Existenz kosten kann. Sie nehmen für politische Mitbestimmung die Gefahr willkürlicher Verhaftung, von Folter oder gar den Tod in Kauf. Der Vorschlag hier soll lauten: Dies sind Ausnahmen von der Regel. Das Stufenmodell versammelt Annahmen darüber, welche Ansprüche *normalerweise* anderen gegenüber favorisiert werden.

208 In Analogie zum Strafrecht: Die Tötung eines Menschen wiegt grundsätzlich schwerer als etwa ein Diebstahl. Doch niemand käme deshalb auf die Idee, letzteren Tatbestand aus dem Gesetzbuch zu streichen. Dazu Arnd Pollmann, »Die Menschenrechte: teilbar und ungleichgewichtig!«, in: Lohmann u. a., *Die Menschenrechte: unteilbar und gleichgewichtig?*, S. 29-37, hier S. 37.

§ 15 Grenzen der Abwägung

Angesichts von Kollisionen zwischen Menschenrechten ergibt sich die Notwendigkeit situativer Abwägungen und Eingriffe. Nach dem Standardmodell verfassungsrechtlicher Verhältnismäßigkeitsprüfung müssen die Zwecke des Eingriffs »legitim« und die Mittel »geeignet«, »erforderlich« und »angemessen« sein. Weitere Vorbehalte sind zu ergänzen: Der Eingriff darf nicht die Grenze der Menschenwürde überschreiten. Die Entscheidung sollte den jeweils unterlegenen Rechtsanspruch ebenfalls zur Geltung bringen. Sie muss eine situative Ausnahme bleiben und selbst noch den Betroffenen gegenüber zu rechtfertigen sein. Nicht einmal demokratische Mehrheitsentscheide dürfen sich über diese insgesamt acht Rechtfertigungsbedingungen hinwegsetzen.

Die im letzten Paragrafen vorgeschlagene Sortierung menschenrechtlicher Inhalte hat den Verdacht einer Rangordnung dieser Rechte nahegelegt. Zugleich ist dabei zur Andeutung gekommen, dass die einzelnen Menschenrechte nicht nur durch unmittelbare Verstöße gegen diese Rechte in Frage gestellt werden, sondern auch dadurch, dass es zu einem Konflikt *zwischen* einzelnen Menschenrechten kommt. Um hier nur einige markante Beispiele zu nennen: Im Zuge der Terrorismusbekämpfung mögen Rechte auf materielle Sicherheit mit Freiheitsrechten der Privatsphäre kollidieren. Im Rahmen der medizinischen Forschung am Menschen kann gegebenenfalls die Freiheit der Wissenschaft mit subjektiven Ansprüchen der beteiligten Probandinnen und Probanden auf körperliche Unversehrtheit unvereinbar sein. Bei der sozialstaatlichen Erhebung von Steuern oder auch im Zuge der Regulierung des Wohnungsmarktes konfligieren Rechtsansprüche auf einen angemessenen Lebensstandard mit wirtschaftlichen Eigentumsrechten. Im pandemischen Krisenfall ergeben sich Konflikte zwischen dem Recht auf Gesundheit und elementaren Freiheitsrechten oder auch Rechten der sozialen und kulturellen Teilhabe. Vieldiskutierte andere Beispiele sind: Das Leben eines Entführungsopfers mag im dramatischen Fall allein durch die Folterung oder auch Tötung des Entführers zu retten sein. Die Berufsfreiheit einer muslimischen, Kopftuch tragenden Lehrerin kollidiert mit der Religionsfreiheit ihrer Schülerinnen und Schüler. Die Ausübung der Meinungsfreiheit kann individuelle Persönlichkeitsrechte tangieren, wenn es um die Bekämpfung sogenannter Hasskommentare im Internet geht.

In Konflikten wie diesen erweist es sich bisweilen als unmöglich, die miteinander kollidierenden Rechte gleichzeitig oder gleichermaßen zu realisieren. In mindestens eines der in Frage stehenden Rechte muss »eingegriffen« werden. Soll dabei nicht bloß willkürlich entschieden werden, muss die betreffende Abwägung gut begründet sein. Dies aber setzt voraus, dass Abwägungen zwischen einzelnen Menschenrechten nicht nur notwendig, sondern auch *legitim* sein können, ohne dass die Geltung der einzelnen Rechte dadurch bereits grundsätzlich in Frage gestellt wäre. Im Rahmen der etwaigen Abwägung wird dann lediglich situativ festgestellt, dass das eventuell unterlegene Recht in diesem konkreten Entscheidungsfall *nicht gleich schwer wiegt* und das jeweils andere Recht – ausnahmsweise – Priorität besitzt. Mit der Möglichkeit solcher Abwägungen ist die Einsicht verknüpft, dass die Menschenrechte zwar, wie in § 4 gezeigt, allgemeine, egalitäre, individuelle, generelle, fundamentale, unverlierbare, unveräußerliche und unteilbare Geltung beanspruchen, deshalb aber nicht schon »absolut« in dem Sinn gelten, dass die öffentliche Gewalt *niemals* in sie eingreifen dürfte: Straftäterinnen und Straftäter verbüßen Freiheitsstrafen, weil es immer auch die materielle Sicherheit Dritter zu schützen gilt; das Recht auf Meinungsfreiheit und auch die Kunstfreiheit behalten die Oberhand, auch wenn einmal religiöse Gefühle verletzt sein sollten; eine staatlich verordnete Verkehrspolitik greift zugunsten der Freizügigkeit in individuelle Eigentumsrechte ein, falls Straßen oder Bahntrassen gebaut und deshalb Grundstücke enteignet werden. Auch wenn jede dieser Entscheidungen rechtfertigungsbedürftig ist und sich bisweilen sehr wohl auch als *nicht* gerechtfertigt erweisen kann: Abwägungen sind möglich, solange die daraus resultierenden Eingriffe »verhältnismäßig« bleiben.[209] Doch wann ist dies der Fall und wann nicht?

Zunächst ist eine begriffliche Verwechslung zu vermeiden: Ein der Rechtfertigung bedürftiger »Eingriff« in Menschenrechte muss von einer ungerechtfertigten »Verletzung« jener Rechte einerseits und einem tatsächlich niemals zu rechtfertigenden »Entzug« dieser

209 Dazu der Überblick in: Matthias Jestaedt/Oliver Lepsius (Hg.), *Verhältnismäßigkeit. Zur Tragfähigkeit eines verfassungsrechtlichen Schlüsselkonzepts*, Tübingen 2015.

Rechte andererseits unterschieden werden. Als ein *Eingriff* in Menschenrechte kann zunächst jedes Tun oder Unterlassen seitens der öffentlichen Ordnung verstanden werden, das es den betroffenen Rechtsträgerinnen und -trägern erschwert oder gar verunmöglich, ihr jeweiliges Recht auszuüben oder geltend zu machen. Derartige Eingriffe müssen, wie gleich noch weiter ausgeführt, nachvollziehbar gerechtfertigt werden können. Gelingt diese Rechtfertigung nicht, kann das Menschenrecht deshalb verletzt sein. *Verletzungen*[210] der Menschenrechte sind somit als ungerechtfertigte Eingriffe in Menschenrechte zu definieren. Sie bilden damit eine rechtswidrige Teilmenge der insgesamt größeren Menge an möglichen Eingriffen. Akte eines vollständigen *Entzugs*[211] hingegen sind von anderer Art. In den zuvor genannten Fällen gerechtfertigter und ungerechtfertigter Eingriffe bleibt das Recht als solches – trotz des Eingriffs oder sogar trotz seiner Verletzung – bestehen und damit »im Besitz« der betroffenen Person. Im Konfliktfall wird lediglich behauptet, dass der jeweils konkurrierende Rechtsanspruch situativ schwerer wiegt oder Priorität besitzt. Dies wiederum setzt voraus, dass auch der unterlegene Rechtsanspruch in dieser Abwägung Gewicht hat und dieses Gewicht dann auch behält, sodass er von den Betroffenen weiterhin oder zukünftig erneut geltend gemacht werden kann. Das individuelle Recht bleibt bestehen, und gerade *deshalb* muss der Eingriff gerechtfertigt werden. Dies ändert sich grundlegend erst dann, wenn seitens der öffentlichen Ordnung bestritten wird, dass sich die betroffene Person überhaupt auf das in Frage stehende Recht berufen kann, weil es dieses Recht nicht (mehr) besitzt. In Fällen eines derartigen Entzugs einzelner Rechte wird der betreffende Anspruch somit vollständig aberkannt.

Wie sich unschwer und begriffsnotwendig aus der in diesem Buch vorgeschlagenen Konzeption konstitutioneller Menschenrechte ergibt: Ein völliger Entzug unverlierbarer und unveräußerlicher Rechte ist in keinem einzigen Fall zu rechtfertigen.[212] Daher können wir uns in der nun folgenden Erörterung geeigneter Krite-

210 Ein geläufiges Synonym für die Verletzung ist der »Verstoß« gegen Menschenrechte.

211 Diesbezüglich ist oft auch von der »Aberkennung« konkreter Rechte die Rede.

212 Umgekehrt gilt deshalb: Ist ein Eingriff gut begründet und damit gerechtfertigt, kann folglich nicht länger von einer Verletzung des jeweils unterlegenen Rechts und schon gar nicht von dessen völligem Entzug gesprochen werden.

rien der Verhältnismäßigkeitsprüfung auf die zentralen Unterschiede zwischen gerechtfertigten Eingriffen einerseits und ungerechtfertigten Verletzungen andererseits konzentrieren – und damit auf die konzeptionell dringliche Frage, wie genau sich diese Unterscheidung zur situativen Notwendigkeit von Abwägungen im menschenrechtlichen Kollisionsfall verhält. Im ersten Schritt werden wir der Frage nachgehen, welche Bedingungen gegeben sein müssen, um überhaupt von einem abzuwägenden »Konflikt« zwischen Menschenrechten sprechen zu können (Abschnitt 1). Im zweiten Schritt wird dann zunächst das verfassungsrechtliche Standardmodell einer situativ abwägenden Verhältnismäßigkeitsprüfung vorgestellt und auf die Menschenrechte übertragen (Abschnitt 2). Dieses juristische Standardmodell weist erhebliche Unzulänglichkeiten auf und wird aus Sicht der konstitutionellen Begründung von Menschenrechten um wichtige weitere Prüfkriterien ergänzt werden müssen (Abschnitt 3). Abschließend sollen die demokratietheoretischen »Grenzen« einer jeden Abwägung zwischen Menschenrechten gezogen werden: Diese ergeben sich aus der Frage, ob und inwiefern etwaige Eingriffe in Menschenrechte durch politische Mehrheitsentscheidungen gerechtfertigt werden können (Abschnitt 4).

1. Bedingungen des Konflikts

Mit Blick auf rechtfertigungsbedürftige Eingriffe in einzelne Menschenrechte mag man zunächst der Auffassung sein, dass es diesbezüglich zwei grundlegend verschiedene Fallkonstellationen gibt: den allgemeinen Fall, in dem in ein Menschenrecht eingegriffen werden soll, weil mutmaßlich »höherwertige« Gründe für diesen Eingriff vorliegen, und den besonderen Fall, in dem dieser höherwertige Grund ausdrücklich ein situativ schwerer wiegendes Menschenrecht ist. Das würde bedeuten, dass auch *andere* höherwertige Gründe für derartige Eingriffe denkbar sind; Gründe, die nicht per se schon menschenrechtliche Gründe sind. So spricht die verfassungsrechtliche Dogmatik der Grundrechte gelegentlich von einem erforderlichen Schutz »höherer Rechtsgüter von Verfassungsrang«.[213] Gemeint sind beispielsweise staatliche Pflichten

213 Zur Problematik insgesamt: Bernhard Schlink, *Abwägung im Verfassungsrecht*, Berlin 1976.

zur Aufrechterhaltung der öffentlichen Ordnung oder zum Schutz der Verfassung insgesamt, Pflichten zur Wahrung der Demokratie, zum Erhalt der »Volksgesundheit«, zur Bewahrung des Friedens oder auch zur Einhaltung der sogenannten Staatsraison.[214] Überträgt man diese Idee höherwertiger Rechtsgüter aus der Theorie der Grundrechte auf jene der Menschenrechte, so wäre damit die Behauptung gesetzt, dass auch die einzelnen Menschenrechte im Ausnahmefall oder »Notstand« durch jene höherwertigen Rechtsgüter »übertrumpft« werden können. Allerdings ist in der heutigen Menschenrechtsdebatte geradezu die gegenteilige Auffassung geläufig: Es sind die Menschenrechte, die aufgrund ihres unverlierbaren und unveräußerlichen Charakters als »Trümpfe« fungieren und alle nur erdenklichen anderen Gründe ausstechen.[215]

Es scheint zum Begriff der Menschenrechte zu gehören, dass sie gerade *nicht* durch außer-menschenrechtliche Erwägungen außer Kraft gesetzt werden können. Auch wenn das deutsche Verfassungsrecht mit Blick auf Grundrechte anderer Meinung sein mag:[216] Etwaige Eingriffe in Menschenrechte, die sich ihrerseits nicht selbst wieder auf dezidiert menschenrechtliche Ansprüche zurückführen lassen, stellen per se eine rechtswidrige Verletzung der Menschenrechte dar. Falls überhaupt, so die These, können Menschenrechte *nur* durch konkurrierende Menschenrechte ausgestochen werden. Und im Fall eines Abwägungsbezugs auf mögliche andere hochwertige und somit ebenfalls schützenswerte Rechtsgüter – Frieden, innere Sicherheit, Demokratie, Volksgesundheit usw. – wäre dann jeweils zu zeigen, dass auch diese Rechtsgüter letztlich auf subjektive menschenrechtliche Ansprüche zurückgeführt werden können. Diese Annahmen laufen auf die folgende Überzeugung hinaus: Es darf überhaupt nur bei Kollisionen von Menschenrechten in einzelne dieser Rechte eingegriffen werden. Liegt eine entsprechende Kollision oder Konkurrenz von Einzelrechten nicht vor, käme es

214 Als im Jahr 1977 der damalige Arbeitgeberpräsident Hanns Martin Schleyer, von der RAF entführt worden war, unterblieb dessen mögliche Befreiung mit der Begründung Helmut Schmidts, des damaligen Bundeskanzlers: »Der Staat darf sich nicht erpressen lassen.«

215 Diese Metapher von »Rechten als Trümpfen« geht zurück auf Ronald Dworkin, *Bürgerrechte ernstgenommen*, Frankfurt/M. 1984.

216 Dazu der Überblick bei Matthias Klatt/Moritz Meister, »Verhältnismäßigkeit als universelles Verfassungsprinzip«, in: *Der Staat* 51 (2012), S. 159-188.

per se zu einer rechtswidrigen Verletzung geltender Grundansprüche.

Somit stellt ein potenzieller Eingriff in Menschenrechte, wenn er denn gerechtfertigt sein soll, stets das Resultat einer begründeten Abwägung zwischen mindestens zwei konkurrierenden Menschenrechten dar.[217] Und der gegebenenfalls dann auch erfolgende Eingriff in mindestens[218] eines dieser beiden Rechte impliziert lediglich, dass der jeweils andere Anspruch aus dem betreffenden Abwägungsfall situativ als Sieger hervorgegangen ist. Derartige Abwägungskonflikte sind im juristischen Fall keineswegs selten. Anders als etwa in moralphilosophischen Debatten, in denen Konflikte zwischen grundlegenden Ansprüchen gern unter dramatischen Stichworten wie »Dilemma« oder »tragic choice« diskutiert werden, ist der Konflikt zwischen einzelnen Menschenrechten keineswegs ein beunruhigender Grenzfall. Vielmehr sind derartige Abwägungskonflikte verfassungs- oder auch völkerrechtlicher Alltag. Dabei muss im Rahmen solcher Abwägungen unterstellt werden können, dass die einzelnen Grund- und Menschenrechte insgesamt »kommensurabel« sind. Das bedeutet: Man kann das Gewicht dieser einzelnen Rechte – trotz ihrer teilweise doch sehr unterschiedlichen Inhalte – miteinander vergleichen. Wäre diese Vergleichbarkeit nicht gegeben, fiele entsprechend auch die Möglichkeit einer begründeten *Abwägung* weg.[219]

Dabei sind zunächst zwei Hauptfälle möglicher Rechtskollisionen zu unterscheiden: Im ersten Fall kollidieren exakt die gleichen Rechte. Zum Beispiel: Die Polizei muss das Recht auf körperliche Unversehrtheit eines Gewaltopfers, das akut bedroht wird, gegen das Recht auf körperliche Unversehrtheit des mutmaßlichen Ge-

217 Ich werde im Folgenden – der Einfachheit halber – meist nur zwei menschenrechtliche Grundansprüche kollidieren lassen. Auch komplexere Rechtskollisionen sind denkbar.

218 Im Rahmen dessen, was weiter unten als das Kriterium »praktischer Konkordanz« erläutert werden wird, soll sich zeigen, dass entsprechende Abwägungen nicht selten auch zu kompromissartigen Eingriffen in *beide* Rechte führen können.

219 Später wird deutlich werden, dass Abwägungen tatsächlich nur in Ausnahmefällen *nicht* möglich sind, und zwar dann, wenn die Menschenwürde verletzt wäre. Hier verbietet sich die Abwägung. Daher kann auch kein unentscheidbares Dilemma vorliegen. Der Konflikt ist zugunsten des absolut verstandenen Würdeschutzes konzeptionell *vorentschieden*.

walttäters abwägen. Das Recht auf Religionsfreiheit einer staatsbediensteten Lehrerin, die in der Schule ein Kopftuch tragen will, kollidiert mit dem Recht auf Religionsfreiheit ihrer Schülerinnen und Schüler, sodass die Schulbehörde eine entsprechende Anordnung erlassen muss. Die Demonstrationsfreiheit einer politisch rechten Gruppierung stößt auf die Demonstrationsfreiheit einer linken Gegenbewegung, und ein Gericht hat zu prüfen, ob tatsächlich beide Demonstrationen zugleich stattfinden können. Sollen Konflikte dieser Art begründet entschieden werden, wird dabei vor allem übergeprüft werden müssen, wie tief diese Entscheidung *jeweils* in die gleichrangigen Rechtsansprüche der Betroffenen eingreifen würde.[220] In Fällen des zweiten Typs kollidieren hingegen unterschiedliche Rechte: Das Recht auf die Unversehrtheit der Wohnung eines mutmaßlichen Terroristen kollidiert mit dem Recht auf Sicherheit potenzieller Terroropfer, und ein Gericht muss entscheiden, ob ein »Großer Lauschangriff« zulässig ist. In das Recht auf Eigentum oder auf Gewerbefreiheit eines Hausbesitzers oder einer Vermieterin wird eingegriffen, weil eine »Mietpreisbremse« das Recht auf soziale Sicherheit der Mieterinnen und Mieter gewährleisten soll. Zugunsten der Gesundheit und der körperlichen Unversehrtheit greifen epidemiologische Maßnahmen der Seuchenbekämpfung in elementare Freiheitsrechte ein. In Fällen wie diesen muss nicht nur, wie im ersten Fall, die jeweilige Eingriffstiefe geprüft werden, sondern zumeist auch, ob gegebenenfalls eines der konfligierenden Rechte *grundsätzlich* schwerer wiegt.

2. Das Standardmodell der Abwägung

Muss in ein Menschenrecht eingegriffen und vorab geprüft werden, ob dieser Eingriff gerechtfertigt wäre oder aber eine rechtswidrige Verletzung des betreffenden Rechts darstellen würde, so sind zunächst zwei grundlegende Alternativen zu dem gleich folgenden Standardmodell der Verhältnismäßigkeitsprüfung denkbar: Es wäre möglich, schlichtweg zu bestreiten, dass es in dem betref-

220 Zum Beispiel: Das Recht auf körperliche Unversehrtheit eines Gewalttäters wird vergleichsweise minderschwer beeinträchtigt (etwa durch eine Elektroschockpistole), um einen vergleichsweise schweren Schaden (zum Beispiel durch einen Messerstich) auf Seiten des Opfers zu verhindern.

fenden Konfliktfall auf *beiden* Seiten einen menschenrechtlichen Anspruch zu berücksichtigen gilt. Man könnte zum Beispiel der Auffassung sein, dass ein Karikaturist, der eine bestimmte Religionsgemeinschaft verunglimpft, damit sein Recht auf Kunst- oder Meinungsfreiheit situativ »verwirkt«. Daraus würde folgen, dass in ein Menschenrecht, das nicht mehr vorhanden ist, entsprechend auch nicht (rechtswidrig) eingegriffen werden kann. Doch wie hier verschiedentlich schon angedeutet, widerspräche dies dem Charakter unverlierbarer und unveräußerlicher Menschenrechte. Nicht einmal Schwerverbrecher, menschliche »Scheusale« oder »Feinde« der Rechtsordnung können ihre Menschenrechte verwirken.[221] Die zweite Alternative bestünde darin, den Konflikt zu einem »tragischen Dilemma« zu überhöhen, dessen Tragik gerade darin bestünde, dass der Eingriff zwar unumgänglich, nicht aber – im engeren Sinn – zu rechtfertigen ist.[222] So wäre tatsächlich ein unverlierbares und unveräußerliches Recht *verletzt*; was aber als Ausdruck einer mitunter unvermeidlichen »Gewalt« der Rechtsprechung hingenommen werden müsste.[223] Allerdings klingt auch diese Alternative wenig plausibel, weil so bereits im Prinzip jede Form einer begründeten Abwägung zwischen Menschenrechten unmöglich wäre. Vielmehr würde sich jede staatliche Entscheidung zugunsten eines der konkurrierenden Rechte als notwendig willkürlich erweisen.

Daher erscheint eine dritte Problembeschreibung auf Anhieb vielversprechender: Bei einer Kollision von Menschenrechten entsteht zwangsläufig eine Ausnahmesituation, die eine Entscheidung erzwingt, falls tatsächlich beide der konkurrierenden Ansprüche in der besagten Situation berechtigt sind. Eine Entscheidung ist sehr wohl möglich, muss aber das Resultat einer wohlüberlegten Abwägung und Begründung sein. Und sie wird trotz dieser Abwägung und Begründung einen empfindlichen Eingriff in das jeweils unterlegene Menschenrecht darstellen.[224] *Deshalb* ist die betreffende

221 Vgl. § 4, Abschnitt 3.

222 Weil sich die Menschenrechte weder quantifizieren noch auf einer gemeinsamen »Skala« abbilden und somit vergleichen lassen. Dazu etwa John Finnis, »Natural law and legal reasoning«, in: *Cleveland State Law Review* 38 (1990), S. 1-13.

223 So heißt es bei Karl Marx, *Das Kapital 1* [1867], Marx-Engels-Werke, Bd. 23, Berlin 1962: »Zwischen gleichen Rechten entscheidet die Gewalt« (S. 249).

224 Vgl. Alexy, *Theorie der Grundrechte*, S. 143-154.

Entscheidung rechtfertigungsbedürftig. An welchen Kriterien der Rechtfertigung hätte sich eine solchermaßen begründete Abwägung zu orientieren? Folgt man dem juristischen Standardmodell der Verhältnismäßigkeitsprüfung müssen mindestens vier Bedingungen erfüllt sein, damit von einem gerechtfertigten Eingriff in Grund- und Menschenrechte die Rede sein kann:[225]

- Der mit dem Eingriff bewirkte Zweck muss »legitim« sein. Dies kann aus den oben erwähnten Gründen, die gegen jede außer-menschenrechtliche Zwecksetzung sprechen, im Konfliktfall nur bedeuten: Dieser Konflikt muss so beschaffen sein, dass tatsächlich menschenrechtliche Grundansprüche kollidieren, deren unterschiedliches Gewicht es zu tarieren gilt. Entsprechend können Eingriffe überhaupt nur dann einen legitimen Zweck verfolgen, *wenn* Menschenrechte kollidieren und eines davon gegen das jeweils andere durchgesetzt werden muss. Die betreffenden Eingriffe müssen notwendig den Zweck haben, ein konkurrierendes Menschenrecht anderer zu schützen. Ansonsten würde sich jede Abwägung von vornherein verbieten. Zum Beispiel: Eine angemeldete Demonstration mit Polizeigewalt aufzulösen, wäre dann eindeutig nicht legitim, wenn es dabei lediglich um den Schutz einer öffentlichen Grünanlage ginge. Die Auflösung einer Demonstration hingegen, die in Gewalt gegenüber Unbeteiligten umgeschlagen ist, kann sehr wohl legitim sein.
- Der Eingriff muss nachweislich »geeignet« sein, den betreffenden Zweck auch zu erfüllen. Die eingesetzten Mittel müssen zur Verwirklichung des Ziels, das mit dem Eingriff in das fragliche Menschenrecht verknüpft ist, tauglich und damit zweckdienlich sein. Folglich ist im Vorfeld solcher Eingriffe die Prognose plausibel zu machen, dass die in Frage stehenden Mittel *kausal* zur Verwirklichung jenes Zwecks beizutragen vermögen. Sollte dies hingegen nicht der Fall sein, muss entweder die entsprechende Mittelwahl verworfen werden oder der Eingriff unterbleiben. Auch dazu ein Beispiel: Staatliche Gesundheitsbehörden könn-

225 Ich beziehe mich hier auf einen gängigen Kriterienkatalog, den man geradezu in jedem Lehrbuch zum Staatsrecht findet. Dazu exemplarisch: Bodo Pieroth/Bernhard Schlink, *Grundrechte. Staatsrecht II*, Heidelberg 2007, § 6.

ten erwägen, ganz bestimmte Lebensmittel zu verbieten, deren Verzehr auf Dauer krebserregend ist oder die Gefahr der Fettleibigkeit erhöht. Unter Berufung auf das Recht auf Gesundheit würde so in wirtschaftliche Subsistenzrechte privatwirtschaftlicher Subjekte der Lebensmittelproduktion oder auch des Handels eingegriffen. Sollte sich dann jedoch herausstellen, dass die betreffende Maßnahme gar nicht tauglich ist, eine konkrete Gesundheitsgefahr zu beseitigen, müssten die betreffenden Maßnahme umgehend zurückgenommen werden.

- Der bevorstehende Eingriff hat sich zudem als »erforderlich«, als unausweichlich und damit alternativlos zu erweisen. Solange den Verantwortlichen andere und vor allem mildere Mittel zur Verfügung stehen, um denselben Zweck zu erreichen, sind diese Möglichkeiten vorab auszuschöpfen und schwerer wiegende Eingriffe entsprechend zu unterlassen. Zum Beispiel: Die gezielte Tötung einer Geiselnehmerin ist dann nicht erforderlich, wenn es möglich wäre, die Täterin durch Hinzuziehung eines Polizeipsychologen oder einer Angehörigen zur Aufgabe zu bewegen oder aber durch eine gezielte Körperverletzung außer Gefecht zu setzen. Stellt die Tötung hingegen die Ultima Ratio dar, weil die Geiselnehmerin unmittelbar selbst zur Tötung ansetzt und es keine andere Möglichkeit gibt, sie zu stoppen, kann selbst die gezielte Tötung einer Person menschenrechtlich legitim sein.[226]
- Darüber hinaus muss die geplante Mittelwahl »angemessen« im engeren Sinne sein. Der entscheidende Unterschied zur Geeignetheit einerseits und zur Erforderlichkeit andererseits besteht hier in der Prüfung, ob die Schwere des anvisierten Eingriffs in einem akzeptablen Verhältnis zum verfolgten Zweck steht. Die aus dem Eingriff gegebenenfalls resultierenden Nachteile müssen in einer vertretbaren Relation zu den erwartbaren Vorteilen stehen. Zum Beispiel: Eine Schulbehörde glaubt, dem Recht auf Religionsfreiheit einzelner Schülerinnen und Schüler allein dadurch gerecht werden zu können, dass sie eine muslimische

226 Allerdings stellt die Tötung eines Menschen zugleich auch einen Sonderfall dar: Von einem »Eingriff« in das Recht auf Leben kann hier – genau genommen – nicht länger die Rede sein. Die Person wäre liquidiert. Damit verschwände das Subjekt, das dieses Recht einklagen könnte. In diesen Problembereich fällt auch die schwierige Diskussion um Schwangerschaftsabbrüche.

Lehrerin dazu anhält, das Kopftuch abzulegen. Die gläubige Lehrerin wäre somit vor die Wahl gestellt, entweder aus dem Schuldienst auszuscheiden oder aber ihre religiöse Identität aufzugeben. In Anbetracht einer vergleichsweise eher geringen Belastung auf Seiten der Schülerinnen und Schüler fällt es schwer, diese Zumutung für angemessen zu halten.

Das somit umrissene Standardmodell der Verhältnismäßigkeitsprüfung gilt in den Rechtswissenschaften als relativ unstrittig.[227] Doch die konkrete Anwendung dieses Modells wirft Probleme auf, die nicht zuletzt die operative Ungenauigkeit, die rationale Überprüfbarkeit, die subjektive Willküranfälligkeit und die dezisionistische Beliebigkeit etwaiger Abwägungen betreffen.[228] Im folgenden Abschnitt sollen jedoch vor allem solche Einwände diskutiert werden, die sich unmittelbar aus der in diesem Buch vorgeschlagenen Begründung konstitutioneller Menschenrechte ergeben: Erstens ist fraglich, warum in dem besagten Standardmodell jeder ausdrückliche Bezug auf das für die Grund- und Menschenrechte so zentrale Prinzip der Menschenwürde fehlt. Dies ist irritierend, weil doch mit dem »absolut« verstandenen Würdeschutz eine nicht zu übertretende Grenze, eine »rote Linie« *jeder* möglichen Abwägung gezogen sein dürfte. Zweitens ist unklar, wie genau sich die Idee bloß situativer Abwägungen mit der im letzten Paragrafen angedeuteten »Rangordnung« der einzelnen Menschenrechte verträgt. Wenn doch jedes dieser Rechte für das menschenwürdige Leben bedeutsam ist, wenn auch auf unterschiedliche Weise, muss bereits auf Theorieebene sichergestellt werden, dass keines davon in den betreffenden Abwägungen zu kurz kommt. Drittens ist fraglich, an welchem Punkt diese bloß situativen Eingriffe, die ja stets eine Ausnahme bleiben sollen, die Gefahr einer problematischen *Ausnahmeregelung* mit sich bringen, die den Geltungsanspruch unverlierbarer Rechte dann doch grundlegender in Frage stellen würde. Viertens

227 Auch wenn es nicht schon selbst durch die Verfassung vorgegeben und normiert ist.

228 Alexy, *Theorie der Grundrechte*, S. 143. Dies führt regelmäßig zu der flankierenden Forderung, dass diese grundrechtlichen Abwägungen auch insofern rechtsstaatlichen Ansprüchen zu genügen haben, als sie öffentlich überprüfbar und nachvollziehbar bleiben müssen und nur von eigens dazu autorisierten Instanzen oder per Gesetz vorgenommen werden dürfen.

schließlich resultiert aus der konstitutionellen Begründung der Menschenrechte noch eine besonders provokante Rechtfertigungsanforderung: Der Eingriff hätte mit derart guten Gründen zu erfolgen, dass diese Gründe selbst noch jene Person überzeugen können müssten, deren subjektive Rechtsansprüche im Abwägungsfall unterliegen.

3. Notwendige Zusatzbedingungen

Die erste Zusatzbedingung, die dem verfassungsrechtlichen Standardmodell der Verhältnismäßigkeitsprüfung hinzugefügt werden muss, hat mit der zentralen Sonderstellung der Menschenwürde nach 1945 zu tun. Gemeint ist die politisch folgenreiche, aber keineswegs alternativlose Entscheidung, den jeweils einschlägigen Erklärungen der Grund- und Menschenrechte eine prioritäre und mithin absolut zu verstehende Pflicht zum Schutz der Würde voranzustellen. Diese den historischen Gewalterfahrungen geschuldete Grundsatzentscheidung geht mit dem Ansinnen einher, *eines* der vielen und mitunter eben auch konfligierenden Menschenrechte dann doch als »abwägungsresistent« und »notstandssicher« zu deklarieren und damit demonstrativ hervorzuheben: In das Recht auf Würdeschutz darf *unter gar keinen Umständen* eingegriffen werden. Dieses Verbot betrifft zwei Arten möglicher Rechtskollisionen: Im ersten Fall kollidiert das prioritäre Recht auf Würdeschutz mit einem anderen, weniger schwer wiegenden Menschenrecht. Dazu ein drastisches Beispiel: Die Vernehmung eines inhaftierten Entführers wird bis zu dessen Folter gesteigert, um das Leben seines Opfers zu retten. Oder aber es geht um Fälle, in denen mit dem bevorstehenden Eingriff der sogenannte *Würdekern* des betreffenden Rechts angetastet wäre.[229] Bereits in §12 ist auf den Umstand verwiesen

229 Diese Forderung darf nicht verwechselt werden mit dem in Artikel 19 Absatz 2 des *Grundgesetzes* festgeschriebenen Verbot, den »Wesensgehalt« der Grundrechte anzutasten. Dort geht es darum, dass die Grundrechte nicht per Gesetz, zum Beispiel durch eine Verfassungsänderung, inhaltlich derart »ausgehöhlt« werden dürfen, dass dies ihrer faktischen Abschaffung gleichkäme. Man denke hier etwa an den im Deutschen Bundestag 1992 vereinbarten »Asylkompromiss«, dessen sogenannte Drittstaatenregelung in den Augen vieler Kritikerinnen und Kritiker einer faktischen Abschaffung des Asylrechts gleichkam. Zur Problematik insgesamt: Peter Häberle, *Die Wesensgehaltsgarantie des Art. 19 Abs. 2 GG* [1962], Heidelberg 1983.

worden, dass nicht schon jede Verletzung von Menschenrechten derart tief in das jeweilige Recht vordringt. Dennoch kann fast jede Verletzung eines Menschenrechts zu einer Würdeverletzung *gesteigert* werden, wenn damit die auf fundamentale Weise menschenverachtende Botschaft einhergeht, dass die betroffene Person keinerlei Achtung als ein gleichwertiger Mensch verdient. Auch dazu ein Beispiel: Die Verurteilung einer Straftäterin zu einer auch de facto »lebenslangen« Freiheitsstrafe – ohne jede Aussicht auf Resozialisierung – wäre mit dem erforderlichen Respekt vor deren Menschenwürde unvereinbar.[230] Wie immer schwierig es im empirischen Einzelfall sein mag, genauer zu bestimmen, wann der Würdekern eines Rechts verletzt ist: Ginge mit dem bevorstehenden Eingriff die potenziell erniedrigende Botschaft einher, dass die Betroffenen überhaupt nicht länger als anspruchsberechtigte Menschen zählen, wäre dieser Eingriff unter allen Umständen zu unterlassen.

Das zweite Zusatzkriterium ergibt sich im Rückgriff auf die bereits in § 14 skizzierte Rangordnung der Menschenrechte. Dort wurde behauptet, dass den jeweils einzelnen Menschenrechten in Bezug auf das menschenwürdige Leben ein unterschiedliches Gewicht zukommen kann. Zwar war diese Rangordnung nicht in dem Sinn als strikt »objektiv« zu verstehen, dass man sich im Konfliktfall jede Abwägung ersparen könnte. Dennoch stiftet die Idee dieser Rangordnung eine erste abwägende Orientierung: Die Menschenrechte bewegen sich ersichtlich auf einer Skala, die mit Blick auf das menschenwürdige Leben von äußerst elementaren bis hin zu weniger dringlichen Ansprüchen reicht. Damit sind die Menschenrechte nicht schon allesamt und in jedem Moment strikt gleichrangig, und nur deshalb *können* sie gegeneinander abgewogen werden. Trotzdem haben sie in solchen Abwägungen allesamt ein Gewicht, und ebendies begründet ihre »Unteilbarkeit«. Folgerichtig muss im Rahmen jeder Abwägung sichergestellt sein, dass keines der jeweils kollidierenden Rechte vorschnell zu kurz kommt oder gar unberücksichtigt bleibt. Daher wird im verfassungsrechtlichen Kontext bisweilen auf das Prinzip der »praktischen Konkordanz« gedrungen.[231]

230 Siehe dazu die Entscheidung des Bundesverfassungsgerichts vom 21. Juni 1977 (BVerfGE 45, 18).

231 Dazu Konrad Hesse, *Grundzüge des Verfassungsrechts der Bundesrepublik Deutschland*, Heidelberg 1999, Rn. 72.

Das Prinzip der praktischen Konkordanz besagt, dass bei Kollisionen grundlegender Rechte stets darauf zu achten sei, dass es nicht zu einer allzu einseitigen Priorisierung eines der konfligierenden Rechte und damit zu einer »Alles oder Nichts«-Entscheidung zuungunsten des jeweils anderen Anspruchs kommt. Die erforderliche Verhältnismäßigkeitsprüfung wird vielmehr mit einer Art »Optimierungsaufgabe«[232] betraut: Kompromissartige und um einen Ausgleich bemühte Eingriffe in *beide* der konkurrierenden Rechte sind solchen Eingriffen vorzuziehen, bei denen der jeweils unterlegene Anspruch kaum mehr wiederzuerkennen wäre. Der »Einheit« des Regelwerks ist dann am besten gedient, wenn beide Ansprüche, und zwar so weit wie möglich, »Wirklichkeit« gewinnen.[233] Auch wenn ein derartiger Eingriffsausgleich in manchen Fällen[234] nur schwer realisierbar erscheint: Er sollte dennoch stets als orientierende Leitidee fungieren, falls konkurrierende Rechtsansprüche nicht beide zugleich, und zwar uneingeschränkt, erfüllt werden können. Auch dazu zwei Beispiele: Wenn ein Anspruch auf Meinungsfreiheit mit dem Recht auf Religionsfreiheit kollidiert oder wenn Pflichten der Armutsbeseitigung mit Ansprüchen auf Schutz des Eigentums »verrechnet« werden müssen, können sich die Verantwortlichen sehr wohl um vermittelnde Kompromisse bemühen.

Die dritte Zusatzbedingung betrifft die Frage, ab wann eine gerechtfertigt anmutende Ausnahme in eine ungerechtfertigte Ausnahmeregelung umschlagen würde. Eingriffe in unverlierbare und unveräußerliche Menschenrechte dürfen ersichtlich nicht zur Gewohnheit werden. Sie müssen in jedem konkreten und individuellen Fall zu einer begründeten Abwägung und einer expliziten Rechtfertigung zwingen. Werden beispielsweise im Zuge einer Pandemie empfindliche und teilweise eben auch pauschale Freiheitsbeschränkungen beschlossen, und zwar ohne konkrete Aussicht auf das Ende dieser Eingriffe, kann das Prinzip der Verhältnismäßigkeit verletzt sein.[235] Auch im Zuge des Anti-Terror-Kampfes nach dem 11. September 2001 ist deutlich geworden: Gesetzliche Regelungen zur Ermöglichung von Abschüssen entführter Passagier-Flugzeuge

232 Alexy, *Theorie der Grundrechte*, S. 152 f.

233 Hesse, *Grundzüge des Verfassungsrechts*, Rn. 72.

234 Man denke hier nur an den erwähnten Sonderfall eines tödlichen »Eingriffs« in das Recht auf Leben.

235 Arnd Pollmann, »Ansteckende Freiheit«, in: *taz*, 21. April 2020, S. 12.

oder auch zur Einführung der »Rettungsfolter« würden aufgrund der damit bereits getroffenen Vorentscheidungen auf Ebene solcher Gesetze dem Ansinnen einer stets aufs Neue vorzunehmenden Verhältnismäßigkeitsprüfung widersprechen. Die Verantwortlichen müssen sich den Prozess der Abwägung stets *schwer* machen.

Ähnlich problematisch ist das in grund- und menschenrechtlichen Kontexten übliche Verfahren, etwaige Vorbehalte gegenüber einzelnen Menschenrechten und damit die Möglichkeit von Ausnahmen bereits ausdrücklich als »Schranken« in die entsprechenden Rechtstexte hineinzuschreiben. Man denke hier etwa an das in Artikel 19 des *UN-Pakts über bürgerliche und politische Rechte* kodifizierte Recht auf freie Meinungsäußerung, das dort ausdrücklich »mit besonderen Pflichten und einer besonderen Verantwortung verbunden« ist, die jenes Recht offenbar unter einen gewissen Vorbehalt stellen. In Artikel 2 Absatz 2 des *Grundgesetzes* heißt es: »Jeder hat das Recht auf Leben und körperliche Unversehrtheit. Die Freiheit der Person ist unverletzlich. In diese Rechte darf nur auf Grund eines Gesetzes eingegriffen werden.« Auch hier ergeben sich bereits auf Ebene des Rechtstextes eklatante Widersprüche (»unverletzlich« vs. »darf eingegriffen werden«). Formal ähnlich regelt Artikel 14 des *Grundgesetzes*: »Das Eigentum und das Erbrecht werden gewährleistet«, während es gleich anschließend heißt: »Eigentum verpflichtet. Sein Gebrauch soll zugleich dem Wohle der Allgemeinheit dienen«.[236] Man darf darüber streiten, ob das Recht auf Eigentum überhaupt den Status eines Grund- oder Menschenrechts beanspruchen sollte.[237] *Wenn* aber dieses Recht in

236 Weitere Beispiele: »Jeder hat das Recht auf die freie Entfaltung seiner Persönlichkeit, soweit er nicht die Rechte anderer verletzt und nicht gegen die verfassungsmäßige Ordnung oder das Sittengesetz verstößt« (Artikel 2 Absatz 1 *Grundgesetz*) oder »Vereinigungen, deren Zwecke oder deren Tätigkeit den Strafgesetzen zuwiderlaufen oder die sich gegen die verfassungsmäßige Ordnung oder gegen den Gedanken der Völkerverständigung richten, sind verboten« (Artikel 9 Absatz 2 *Grundgesetz*).

237 Noch immer instruktiv: Günter Dürig, »Das Eigentum als Menschenrecht«, in: *Zeitschrift für die gesamte Staatswissenschaft* 109 (1953), S. 326-350. Seit Marx wendet die Kritik gern ein, hier werde »mit antiquierten Gedankengängen des liberalistischen Naturrechts eine Lanze für den status quo der Habenden gebrochen« (ebd., S. 346). Auf der anderen Seite hält sich jedoch hartnäckig die Überzeugung, das Eigentum sei eine »zentrale Erscheinungsform der Freiheit« (ebd., S. 334). Man sollte hier nicht nur an das »Großkapital« denken. Im Gegen-

einem einschlägigen Katalog von Grund- oder Menschenrechten aufgeführt wird, stellen vorab errichtete und somit prinzipiell zu verstehende »Schranken« den Geltungsanspruch unverlierbarer Rechte bereits auf Ebene des Vertragstextes in Frage. Nur um nicht missverstanden zu werden: In Menschenrechte *darf* in begründeten Fällen eingegriffen werden. Aber eine gesetzlich bereits im Voraus kodifizierte und somit generalisierte Eingriffsbefugnis will den Prozess einer stets situativ zu rechtfertigenden Abwägung vorschnell vereinfachen. Aus pragmatischer Sicht mögen solche Vorkehrungen sinnvoll erscheinen, doch angesichts von Kollisionen zwischen Menschenrechten käme es stets aufs Neue darauf an, den betreffenden Abwägungsprozess gerade nicht als bereits vorentschieden zu betrachten.

Das vierte und letzte Zusatzkriterium der Verhältnismäßigkeitsprüfung ergibt sich geradezu zwangsläufig aus der konstitutionellen Begründung der Menschenrechte, die in diesem Buch vorgeschlagen worden ist. Die gemeinte Rechtfertigungsbedingung dürfte auf den ersten Blick vermutlich irritierend, ja geradezu utopisch anmuten: Jeder Eingriff in Menschenrechte hat, um als gerechtfertigt gelten zu dürfen, insofern mit guten Gründen zu erfolgen, als diese Gründe selbst noch jenen gegenüber einsichtig zu machen sein müssen, deren subjektive Rechte im betreffenden Abwägungsfall unterliegen.[238] Das mag politisch schwer zu vermitteln sein, darf aber legitimerweise erwartet werden, denn die Gründe für Eingriffe in allgemeingültige Prinzipien müssen selbst allgemeingültig begründet sein. Paradoxer formuliert: Partikulare Ausnahmen sind nur dann zulässig, wenn die Gründe dafür universell nachvollziehbar sind. Demnach werden die Verantwortlichen zumindest unterstellen müssen, dass die jeweils Anspruchsberechtigten auch selbst die Gründe nachvollziehen *könnten*, welche dafür plädieren, im zu entscheidenden Konfliktfall entweder teilweise oder sogar ganz auf die Realisierung eigener Ansprüche zu verzichten.

teil: Das Menschenrecht auf Eigentum soll zum Beispiel auch indigene Kleinbauern, etwa in Lateinamerika oder in Indien, schützen, die von mächtigen Wirtschaftsunternehmen von ihrem Land vertrieben werden (»landgrabbing«).

238 Siehe dazu auch Rainer Forst, »Die Rechtfertigung der Menschenrechte und das grundlegende Recht auf Rechtfertigung«, in: ders., *Kritik der Rechtfertigungsverhältnisse. Perspektiven einer kritischen Theorie der Politik*, Frankfurt/M. 2011, S. 53-92.

Nehmen wir die oben bereits erwähnten Beispiele einer enteigneten Wohnungsbesitzerin, eines inhaftierten Straftäters und einer angeschossenen Geiselnehmerin. Diese Personen werden im konkreten Fall wohl *nicht* zustimmen wollen. Dennoch ist die Unterstellung plausibel zu machen, dass womöglich auch sie diesen Eingriffen zustimmen könnten, wenn sie nicht selbst die akut betroffenen Personen wären. Dieser kontrafaktische Gedanke lässt sich im Anschluss an Immanuel Kant und in Analogie zur Rechtsphilosophie der Strafe verständlich machen: Der »intelligible« Mensch (*homo noumenon*) als vernünftiger »Mitgesetzgeber« wird einem Strafgesetz zustimmen können, dass ihn als »empirischen« Menschen (*homo phaenomenon*) und damit »als einen des Verbrechens Fähigen« irgendwann selbst treffen mag.[239] Derart unparteiische Begründungen, auf denen stets auch eine plausible Rechtfertigung von Eingriffen in Grund- und Menschenrechte beruhen muss, werden zwar niemals derart *zwingende* Begründungen sein, dass sie selbst noch die empirisch unterlegenen Personen überzeugen werden. Aber es müssen doch insofern hinreichend gute Gründe sein, als diese auch unbeteiligte dritte Personen überzeugen sollten – und damit am Ende eben auch die betroffenen Personen selbst, falls sie eine derart unparteiische Perspektive einzunehmen gewillt wären.

4. Die Grenzen der Demokratie

Mit diesen insgesamt acht Anforderungen an legitime Abwägungen ist noch immer recht wenig darüber gesagt, wie diese Abwägungen ganz konkret auszusehen haben. Sehr viel mehr lässt sich jedoch auf Ebene der Theoriebildung nicht schon vorwegnehmen. Ein handfester Leitfaden zur Abwägung jedes nur erdenklichen Konflikts kann aus Gründen der erforderlichen Situiertheit derartiger Entscheidungen hier auch gar nicht präsentiert werden. Die betreffenden Verhältnismäßigkeitsprüfungen müssen stets in demokratisch autorisierten, gesetzlich regulierten und gerichtlich überwachten Verfahren vorgenommen werden. In diesem Paragrafen sollte lediglich verdeutlicht werden, *dass* Abwägungen zwischen

239 Kant, *Metaphysik der Sitten*, S. 335.

Menschenrechten, auch wenn sie stets situativ zu erfolgen haben, auf gleichwohl prinzipiellen Gründen beruhen müssen. Und ist eine der oben erläuterten acht Rechtfertigungsbedingungen verletzt, sind diese rechtfertigenden Gründe nicht gegeben. Aus Sicht der in diesem Buch vorgeschlagenen Begründung konstitutionell verstandener Menschenrechte ist dabei allerdings noch eine wichtige weitere Frage offen: Können etwaige Gründe, die *gegen* Eingriffe in Menschenrechte sprechen, am Ende nicht einmal durch demokratische Mehrheiten übertrumpft werden? Wenn doch die Menschenrechte als konstitutionelle Vorbehalte des *dēmos* gegenüber den Herrschenden zu verstehen sind, so scheint die demokratisch geeinte Mehrheit am Ende selbst darüber bestimmen zu dürfen, wo genau die Grenzen legitimer Eingriffe liegen.[240]

Dies läuft am Ende dieses Buches auf die schwierige Frage hinaus, ob die hier vorgeschlagene Theorie konstitutioneller Menschenrechte dem demokratischen Prozess seinerseits das Recht einräumen muss, selbst noch die oben angeführten acht Legitimitätsanforderungen der Verhältnismäßigkeitsprüfung zu übergehen oder schlicht zu überstimmen. Betrachten wir dazu erneut das hier schon verschiedentlich erwähnte Beispiel der Bekämpfung einer Pandemie: Im Rahmen der Corona-Krise wurden ab März 2020 teilweise massive Eingriffe in subjektive Freiheitsrechte beschlossen und im Nachhinein oft mit der Behauptung begründet, der pandemische Notstand werde mit dem Einverständnis großer Teile der Bevölkerung durchgesetzt. Diese Unterstellung ist menschenrechtlich äußerst problematisch, selbst wenn sie bisweilen empirisch zutreffend gewesen sein mag. Schon in der Einleitung zu diesem Buch wurde gezeigt, dass die Menschenrechte als historische Errungenschaften zu interpretieren sind, die der *dēmos* den jeweils Herrschenden erst mühsam abringen musste. Die Menschenrechte sind das Erbe von brutaler Gewalt, massiver Unterdrückung und inhumaner Entwürdigung. Angesichts heutiger und zukünftiger Notstände – zu denken wäre hier etwa auch an die sich möglicherweise eklatant verschärfende Klimakrise oder auch an eine neue Flüchtlingskrise ungeahnten Ausmaßes – trifft dieser historische

240 Im Folgenden reformuliere ich einzelne Passagen aus: Arnd Pollmann, »Erkämpfte Rechte, ewige Rechte. Die Menschenrechte zwischen vorpolitischen Begründungen und realpolitischen Dezisionen«, in: Christian Schmidt/Benno Zabel (Hg.), *Politik im Rechtsstaat*, Baden-Baden 2021, S. 29-41.

Befund immer häufiger auf eine direkt gegenläufige demokratische Stimmungslage: In Anbetracht existenziell anmutender Bedrohungen »diktieren« plötzlich drängende Befindlichkeiten der Mehrheit, was inmitten der betreffenden Krise dann doch akut dringlicher erscheint als die Einhaltung zumindest mancher historisch errungener Menschenrechte.[241]

Damit ist nicht nur in Krisenzeiten und Notsituationen die für die Menschenrechte konzeptionell grundlegende Frage aufgeworfen: Sind diese Rechte auch insofern als »politische« Rechte zu verstehen, als der *dēmos* sie auch wieder suspendieren kann, sobald dies dem demokratisch geeinten Kollektiv angebracht erscheint? Oder sind die Menschenrechte in dem Sinne »ewige« Rechte, dass sie selbst noch der Demokratie sogenannte rote Linien ziehen? Bereits gegen Ende von § 6 ist deutlich geworden: Sind die Menschenrechte erst einmal »erklärt« und zudem verfassungsrechtlich oder völkerrechtlich festgeschrieben, käme die nachträgliche Abschaffung auch nur eines dieser Rechte einem die jeweilige Rechtsordnung unterminierenden Selbstwiderspruch gleich. Es ist diese Überlegung, die hinter der keineswegs unumstrittenen Vorkehrung des *Grundgesetzes* steht, die Grundrechte insgesamt durch Artikel 19 Absatz 2 unter einen ihren »Wesensgehalt« bewahrenden Bestandsschutz zu stellen. Ähnliches gilt auch für die in Artikel 79 Absatz 3 des *Grundgesetzes* enthaltene »Ewigkeitsklausel« in Bezug auf den für die Grundrechte insgesamt basalen Würdeschutz aus Artikel 1 Absatz 1. Spätestens dann also, wenn die Menschenrechte in die Verfassung eingewandert sind, kann die betreffende Verfassung auch in menschenrechtlicher Hinsicht als ein »Grundgesetz« verstanden werden und damit, wie es oben bereits hieß, als ein »Gesetz für den Gesetzgeber«, das fortan nicht nur den Erlass einfacher Gesetze regelt, sondern auch den Spielraum für etwaige Verfassungsänderungen begrenzt.[242]

241 In der Corona-Krise ging es meist um sehr pauschale Abwägungen zugunsten von subjektiven Rechten auf Leben, Unversehrtheit und Gesundheit und zuungunsten von Rechten auf die freie Entfaltung der Persönlichkeit, auf Freizügigkeit, Versammlungsfreiheit, Religionsfreiheit, Bildung, Berufsfreiheit, Gewerbefreiheit usw. Die betreffenden Abwägungen *können* sich im Einzelfall als gerechtfertigt erweisen. Fraglich ist aber, ob derart pauschale Eingriffe in die Rechte selbst nicht-infizierter Menschen dieser Rechtfertigung standhalten. Nicht selten war und ist dies zu verneinen.

242 Horst Dreier, *Gilt das Grundgesetz ewig?*, München 2009, S. 15-17 u. 24.

Gleiches gilt entsprechend auch für mögliche Eingriffe in Grund- und Menschenrechte, falls diese tatsächlich den Wesensgehalt der betroffenen Rechte antasten sollten, und zwar selbst dann, wenn diese Eingriffe auf den ersten Blick durch demokratische Mehrheiten legitimiert sind: Die historisch erkämpften, nunmehr aber »verewigten« Menschenrechte setzen *jeder* politischen Gewaltausübung – ob exekutiv, legislativ oder judikativ – legitimatorische Grenzen. Und an diesen Grenzen hat selbst noch der demokratische Prozess kollektiver Selbstbestimmung haltzumachen.[243] Die Begründung für diese Warnung lautet wie folgt: Die Demokratie würde sich in einen performativen Selbstwiderspruch verwickeln, wenn sie »im Namen des Volkes« auf illegitime Weise derart tief in Menschenrechte eingreifen würde, dass deren Wesensgehalt missachtet wäre. Selbstredend ist das faktisch möglich. Aber aus Sicht einer konstitutionellen Begründung der Menschenrechte bleibt dieser Vorgang konzeptionell widersprüchlich. Um es in Anlehnung an Kant zu sagen: Die »empirische« Demokratie würde die »intellegible« verletzen.

Ein wahrhaft demokratischer Rechtsstaat würde weder legislative noch exekutive noch judikative Hoheitsakte gutheißen, die auf sehr grundsätzliche Weise nicht länger mit den Menschenrechten all jener zu vereinbaren wären, über die der Rechtsstaat herrschen soll. Vielmehr wird vor dem Hintergrund dieser kantianisch gedeuteten Differenz von faktischer und vernünftiger Demokratie noch einmal sehr deutlich, wofür die Menschenrechte benötigt werden: Als verfassungsrechtliche Schutzvorkehrungen sind sie (nur) so lange notwendig, wie ein wahrhaft demokratischer und damit konsensueller Entscheidungsfindungsprozess empirisch unmöglich erscheint und unter Bedingungen moderner Rechtsstaatlichkeit durch Mehrheitsentscheidungen abgekürzt werden muss. Diese Mehrheiten entscheiden nicht selten zuungunsten von Minderheiten, und ebendeshalb müssen *alle* Menschen durch subjektive Rechte selbst noch gegen das mutmaßlich demokratische Mehrheitsprinzip geschützt werden. Eine Regierungspolitik, die für sich beansprucht, den demokratisch geeinten Willen selbst jener Men-

243 Weitere Beispiele wären die oben bereits erwähnte Aushöhlung des Asylrechts, die gesetzliche Einführung einer Obergrenze für Menschen auf der Flucht, ein Minarettverbot trotz gleichzeitiger Erlaubnis christlicher Kirchen oder die mögliche Wiedereinführung der Todesstrafe.

schen zu repräsentieren, deren Rechte sie verletzt, mag das empirische Volk in seiner Mehrheit vertreten, nicht aber den intelligiblen *dēmos*. Deshalb käme es auch und besonders in historischen Krisenzeiten darauf an, den Staat in menschenrechtliche Schranken zu verweisen, damit ein menschenwürdiges Leben für alle – und nicht bloß für manche – möglich bleibt.

Inhaltsübersicht

§ 1 Zum Begriff der Menschenrechte

Die Menschenrechte sind als vorstaatlich begründete und subjektiv qua Menschsein gegebene Ansprüche gegenüber der öffentlichen Gewaltordnung zu verstehen, die auf gleiche Achtung jedes Menschen durch konstitutionell garantierte Grundrechte pochen. Als zunächst »gedachte« Vorbehalte gegenüber der Gefahr politischer Willkür regeln die Menschenrechte das Verhältnis zwischen denen, die politische Gewalt ausüben, und jenen, die dieser Gewalt unterworfen sind. Effektiv verwirklicht sind sie erst dann, wenn sie als verfassungsrechtlich einklagbare und völkerrechtlich überwachte Garantien politisch erkämpft und juristisch durchgesetzt sind. Der Begriff der Menschenrechte weist somit eine überpositive, eine juridische und eine politische Dimension auf.

§ 2 Das Postulat generischer Gleichheit

Die revolutionäre Anziehungskraft der Menschenrechte basiert auf zwei normativen Grundvoraussetzungen: Die »Prämisse generischer Mitgliedschaft« besagt, dass von vornherein jeder Mensch, bloß weil er Mensch ist, zum Rechtsträgerkreis dazugehört. Mit dem »Axiom der Gleichheit« ist zudem vorausgesetzt, dass diese Zugehörigkeit für alle Menschen strikt gleich gelten muss und keine Abstufungen zulässt. Diese beiden Prämissen ergeben zusammen das »Postulat generischer Gleichheit«, das den Charakter einer konzeptionellen Setzung hat: Es ist unhintergehbar mit Blick auf die Menschenrechte, nicht aber grundsätzlich zwingend. Behauptet wird lediglich, dass man nicht zugleich für die Menschenrechte und gegen dieses Postulat sein kann.

§ 3 Der Kreis der Rechtssubjekte

Das Postulat generischer Gleichheit besagt, dass die Menschenrechte allen Menschen gleichermaßen, zugleich aber auch nur Menschen zukommen. Seit jeher ist umstritten, wie inklusiv diese Voraussetzung zu verstehen ist. Manche Skeptikerinnen und Skeptiker behaupten, dass keineswegs alle Menschen, sondern nur »Personen« zum Kreis vollwertiger Rechtssubjekte zählen. Andere fordern, dass keineswegs nur Menschen, sondern auch – zumindest manche – andere Tiere einzubeziehen sind. Beide Auffassungen sind bedingt unvereinbar mit der menschenrechtlichen Grundidee subjektiver öffentlicher Rechte, die ein spezifisch menschliches Miteinander unter Bedingungen politischer Herrschaft ermöglichen sollen.

§ 4 Der Universalitätsanspruch der Menschenrechte

Mit den Menschenrechten geht ein komplexer Anspruch auf Universalität einher, der von relativistischer Seite aus historisch und transkulturell in Frage gestellt wird. Dieser Universalismus fordert die allgemeine und egalitäre Berücksichtigung weltweit aller Menschen als individuell zu achtende Rechtssubjekte. Ihrem konkreten Inhalt nach zielen die Menschenrechte auf generelle und fundamentale Interessen aller Menschen, die derart dringlich sind, dass die damit verbundenen Ansprüche als unverlierbar, unveräußerlich und unteilbar proklamiert werden. Wer diesen komplexen Anspruch auf Universalität gegen relativistische Kritik verteidigen will, muss zugestehen, dass all diese einzelnen Geltungsaspekte für die Menschenrechte konstitutiv sind.

§ 5 Der politische Kampf um Universalisierung

Dass die Menschenrechte mit einem Anspruch auf Universalität einhergehen, bedeutet nicht, dass dieser Anspruch bereits weltweit eingelöst wäre. Vielmehr ist der Kampf um Menschenrechte als ein prinzipiell unabschließbares, globaldemokratisches Projekt fortschreitender »Universalisierung« zu verstehen. Erst sukzessive kommt es dabei zur Ausdehnung menschenrechtlicher Ansprüche auch auf vormals exkludierte oder marginalisierte Gruppen sowie zur Festschreibung neuer Inhalte und zu entsprechend reformierten Rechtssystemen. Diese lokalen und globalen Transformationen sind als institutionelle »Lernprozesse« zu deuten, mit denen politische Herrschaftssysteme auf das temporäre Erodieren der eigenen Legitimationsgrundlagen reagieren.

§ 6 Der konstitutionelle Sinn der Menschenrechte

Im Rahmen modernen Verfassungsdenkens ergeben sich die Menschenrechte aus dem für Legitimation sorgenden Leitbild einer kollektiven Neugründung politischer Herrschaftsverhältnisse. Sie dienen dort als »konstitutionelle« Vorbehalte souveräner Staatsbürgerinnen und Staatsbürger gegenüber den Institutionen und Verantwortlichen der öffentlichen Gewalt, die ihre Machtbefugnisse nicht willkürlich und zuungunsten jener missbrauchen dürfen, die ihnen diese Macht verleihen. Mit diesem ursprünglich konstitutionellen Auftrag vermitteln die Menschenrechte zwischen zwei zentralen Grundprinzipien rechtsstaatlicher Souveränität: der Etablierung eines exekutiven Gewaltmonopols einerseits und dem Prinzip legislativer Volkssouveränität andererseits.

§ 7 Grundrechte, Bürgerrechte, Weltbürgerrechte

Die Menschenrechte erheben den konstitutionellen Anspruch, zu verfassungsrechtlich garantierten, individuell einklagbaren »Grundrechten« zu werden. Dann aber können sich bloß noch jene Menschen auf sie berufen, die bereits im Geltungsbereich der betreffenden nationalstaatlichen Verfassung leben. Manche dieser Grundrechte – genannt »Bürgerrechte« – sind sogar ausdrücklich und damit exklusiv an den Status vollwertiger Staatsbürgerschaft geknüpft. In der Gestalt verfassungsrechtlich transformierter Menschenrechte ergibt sich so zunächst ein Verlust an universeller Geltung. Dieser muss durch ein internationales Schutzregime kompensiert werden, das aus Menschenrechten völkerrechtlich überwachte »Weltbürgerrechte« macht.

§ 8 Der Kreis der Pflichtadressatinnen und -adressaten

Den einzelnen Menschenrechten korrespondieren jeweils Unterlassungs-, Schutz- und Hilfspflichten, die an jene adressiert sind, die vor Ort politische Herrschaft ausüben. Die ihnen übertragenen »hoheitlichen« Aufgaben sind nicht mit individualmoralischen Pflichten zu verwechseln, denn es handelt sich um gemeinsame Amtspflichten der politisch Herrschenden. Wer genau zu dieser Gruppe zählt, mag mit den empirischen Machtverhältnissen variieren. Primär sind Funktionsträgerinnen und -träger des Staates adressiert, bei Staatsversagen jedoch können auch nicht-staatliche Gruppen und überdies die Staatengemeinschaft verpflichtet sein. Nur in einer »idealen« Demokratie wäre die Anzahl der Rechtssubjekte mit jener der Verpflichteten identisch.

§ 9 Die Grenzen nationalstaatlicher Souveränität

Die nationale Durchsetzung von Menschenrechten ist auf rechtsstaatliche und möglichst demokratische Kontexte angewiesen. Doch selbst Demokratien verletzen die Menschenrechte und müssen daher komplementär durch supranationale Institutionen überwacht werden. Dieser globale Menschenrechtsschutz bricht mit traditionellen Vorstellungen des Völkerrechts von einer international zu achtenden Souveränität der Staaten. Dieser Bruch resultiert notwendig aus der konstitutionellen Begründung menschenrechtlicher Vorbehalte gegenüber staatlicher Willkür und somit aus einer alternativen Souveränitätsidee innerstaatlicher Selbstgesetzgebung. Fortan wird der Staat nicht nur nach innen, sondern auch nach außen hin menschenrechtlich eingehegt.

§ 10 Menschenrechtliche Weltinnenpolitik

Der globale Menschenrechtsschutz bedarf einer handlungsfähigen Konföderation kooperationswilliger Nationalstaaten mit subsidiär gestaffelten Verantwortlichkeiten. Die spezifisch menschenrechtlichen Aufgaben dieser Konföderation sind durch völkerrechtliche Maßnahmen der Friedenssicherung und der Demokratieförderung zu flankieren. Dazu wird ein Instrumentarium effektiver und verhältnismäßig gestufter Interventionen benötigt, um Druck auf jene Staaten ausüben zu können, in denen die Menschenrechte massiv missachtet werden. Über diesen von der Staatengemeinschaft gemeinsam zu verantwortenden Schutzauftrag hinaus wäre zudem ein verbindliches System der Sanktionierung bereits erfolgter Menschenrechtsverletzungen zu etablieren.

§ 11 Die prioritäre Pflicht zum Schutz der Menschenwürde

Erst nach 1945 setzt sich in Reaktion auf die beiden Weltkriege und die totalitären Verbrechen die Forderung durch, dass der inhaltliche Bezugspunkt der Menschenrechte das Leben in Menschenwürde sein muss. Die historisch maßlose Unmenschlichkeit bezeugt eine fundamentale Fragilität der Würde, die damit nicht länger als unverlierbar oder angeboren verstanden werden kann. Die Menschenwürde ist gerade nicht das a priori und unumstößlich vorgegebene Begründungsfundament der Menschenrechte, sondern deren stets gefährdetes »Worumwillen«. Die Menschenrechte sind dazu da, allen Menschen ein menschenwürdiges Leben zu ermöglichen. Dieses vorrangige Schutzrecht markiert fortan die prioritäre Grundpflicht aller politischen Gewalt.

§ 12 Verletzungen der Menschenwürde

Verletzungen einzelner Menschenrechte gehen nur dann mit einer Verletzung der Menschenwürde einher, wenn es dabei zur Vermittlung einer zutiefst diskriminierenden und existenziell bedrohlichen Botschaft kommt: Das Opfer wird »entmenschlicht«, indem man ihm zu erkennen gibt, dass es keinerlei Achtung als ein Mensch von gleichem Wert verdient. Derart inhumane Praktiken weisen meist drei destruktive Erfahrungsdimensionen auf: Sie werden als soziale Missachtung, psychische Demütigung und physische Erniedrigung erlebt. Diese Erfahrungen summieren sich zu einer von den Betroffenen als beschämend oder gar lebensbedrohlich empfundenen Schutzlosigkeit und Ohnmacht, die sich zerstörerisch auf ihre Selbstachtung auswirkt.

§ 13 Verkörperte Selbstachtung

Der menschenrechtliche Würdeschutz soll ein Leben in »verkörperter Selbstachtung«, weitgehend frei von Missachtung, Demütigung und Erniedrigung ermöglichen. Diese Selbstachtung verdankt sich der Verinnerlichung egalitärer Achtungsbeziehungen. Sie bleibt vulnerabel und muss bisweilen gegen widrige Umstände oder gar inhumane Anfeindungen verteidigt werden. Daraus ergeben sich Verpflichtungen anderer, aber stets auch ethische Selbstpflichten: Wer sich um die eigene Würde sorgt, wird die dafür konstitutive Selbstachtung glaubhaft nach außen hin verkörpern wollen. Damit geht die philosophisch noch ungewohnte Einsicht einher, dass man der eigenen Würde auch dadurch schaden kann, dass man die Würde anderer verletzt.

§ 14 Der Umfang der Einzelrechte

Die einzelnen Menschenrechte ergeben sich aus unterschiedlichen Gefährdungslagen menschenwürdigen Lebens und lassen sich in zwei Gruppen à drei Klassen einteilen: »Rechte der privaten Autonomie« umfassen Ansprüche auf materielle Sicherheit, wirtschaftliche Subsistenz und den Schutz der Privatsphäre. »Rechte auf öffentliche Gleichstellung« beinhalten Ansprüche gegenüber staatlichen Behörden, auf politische Partizipation und gesellschaftliche Teilhabe. So ergibt sich ein historisch gewachsenes und politisch umkämpftes Anspruchsniveau. Zur Debatte steht dabei jeweils, was es heißt, ein menschenwürdiges Leben zu führen. Mit Blick auf dieses einigende Ziel sind die Menschenrechte zwar allesamt wichtig, nicht aber allesamt gleichgewichtig.

§ 15 Grenzen der Abwägung

Angesichts von Kollisionen zwischen Menschenrechten ergibt sich die Notwendigkeit situativer Abwägungen und Eingriffe. Nach dem Standardmodell verfassungsrechtlicher Verhältnismäßigkeitsprüfung müssen die Zwecke des Eingriffs »legitim« und die Mittel »geeignet«, »erforderlich« und »angemessen« sein. Weitere Vorbehalte sind zu ergänzen: Der Eingriff darf nicht die Grenze der Menschenwürde überschreiten. Die Entscheidung sollte den jeweils unterlegenen Rechtsanspruch ebenfalls zur Geltung bringen. Sie muss eine situative Ausnahme bleiben und selbst noch den Betroffenen gegenüber zu rechtfertigen sein. Nicht einmal demokratische Mehrheitsentscheide dürfen sich über diese insgesamt acht Rechtfertigungsbedingungen hinwegsetzen.

Literatur

Ach, Johann S., »Menschenrechte und Tierrechte«, in: Arnd Pollmann/Georg Lohmann (Hg.), *Menschenrechte. Ein interdisziplinäres Handbuch*, Stuttgart 2012, S. 453-459.

Agamben, Giorgio, *Homo Sacer. Die souveräne Macht und das nackte Leben*, Frankfurt/M. 2002.

Ahlhaus, Svenja »Tiere im Parlament? Für ein neues Verständnis politischer Repräsentation«, in: *Mittelweg 36* 23 (2014), S. 59-73.

Ake, Claude, »The African Context of Human Rights«, in: *Africa Today* 34 (1987), S. 5-12.

Alexy, Robert, *Theorie der Grundrechte*, Frankfurt/M. 1985.

Alexy, Robert, »Grundrechte«, in: Hans Jörg Sandkühler (Hg.), *Enzyklopädie Philosophie*, Bd. 1, Hamburg 2010, S. 949-954.

Allen, Woody, »So war Nagelmann«, in: ders., *Nebenwirkungen*, München 1981, S. 7-14.

American Anthropological Association, »Statement on Human Rights«, in: *American Anthropologist* 49 (1947), S. 539-543.

Améry, Jean, *Jenseits von Schuld und Sühne. Bewältigungsversuche eines Überwältigten*, Stuttgart 1977.

Amin, Samir, *Eurocentrism. Modernity, Religion and Democracy*, New York 2009.

Anderson, George, *Föderalismus*, Opladen 2008.

Anghie, Antony, *Imperialism, Sovereignty, and the Making of International Law*, Cambridge 2007.

Apel, Karl-Otto, »Zurück zur Normalität?«, in: ders., *Diskurs und Verantwortung*, Frankfurt/M. 1990, S. 370-474.

Aquin, Thomas von, *Summe der Theologie* [1265-1273], Heidelberg u. a. 1981.

Archibugi, Daniele (Hg.), *Debating Cosmopolitics*, London/New York 2003.

Arendt, Hannah, *Elemente und Ursprünge totaler Herrschaft* [1951], München 2005

Aristoteles, *Nikomachische Ethik*, Reinbek 2006.

Badioú, Alain, *Ethik*, Wien 2003.

Baer, Susanne, »Politische Rechte«, in: Arnd Pollmann/Georg Lohmann (Hg.), *Menschenrechte. Ein interdisziplinäres Handbuch*, S. 259-264.

Balibar, Étienne, *Gleichfreiheit*, Berlin 2012.

Barantzke, Heike, »Menschenwürde zwischen Pflicht und Recht«, in: *Zeitschrift für Menschenrechte* 4 (2010), S. 10-24.

Barreto, José-Manuel (Hg.), *Human Rights from a Third World Perspective. Critique, History and International Law*, Cambridge 2013.

Bassiouni, Mahmoud, *Menschenrechte zwischen Universalität und islamischer Legitimität*, Berlin 2014.

Bauer, Joanne R./Bell, Daniel A. (Hg.), *The East Asian Challenge for Human Rights*, Cambridge 1999.

Bayertz, Kurt, »Die Idee der Menschenwürde: Probleme und Paradoxien«, in: *Archiv für Rechts- und Sozialphilosophie* 81 (1995), S. 465-481.

Bayertz, Kurt, »Die menschliche Natur und ihr moralischer Status«, in: ders. (Hg.), *Die menschliche Natur*, Paderborn 2004, S. 9-31.

Bayertz, Kurt, *Der aufrechte Gang. Eine Geschichte des anthropologischen Denkens*, München 2012.

Beck, Susanne (Hg.), *Jenseits von Mensch und Maschine. Ethische und rechtliche Fragen zum Umgang mit Robotern, Künstlicher Intelligenz und Cyborgs*, Baden-Baden 2012.

Beitz, Charles, »Human Rights as a Common Concern«, in: *The American Political Science Review* 95 (2001), S. 269-282.

Beitz, Charles, *The Idea of Human Rights*, Oxford 2009.

Bellamy, Alex (Hg.), *The Oxford Handbook of the Responsibility to Protect*, Oxford 2016.

Belling, Detlev W./Herold, Antje/Kneis, Marek, »Die Wirkung der Grundrechte und Grundfreiheiten zwischen Privaten«, in: Attila Badó/Detlev W. Belling (Hg.), *Rechtsentwicklungen aus europäischer Perspektive im 21. Jahrhundert*, Potsdam 2014, S. 53-111.

Benda, Ernst, »Menschenwürde und Persönlichkeitsrecht«, in: ders./Werner Maihofer/Hans-Jochen Vogel, *Handbuch des Verfassungsrechts der Bundesrepublik Deutschland*, Berlin 2012.

Benda, Ernst/Klein, Eckart/Klein, Oliver, *Verfassungsprozessrecht*, Heidelberg u. a. 2012

Benhabib, Seyla, *Die Rechte der Anderen*, Frankfurt/M. 2008.

Benjamin, Jessica, *Die Fesseln der Liebe. Psychoanalyse, Feminismus und das Problem der Macht*, Frankfurt/M. 1993.

Benoist, Alain de, *Kritik der Menschenrechte*, Berlin 2004.

Bentham, Jeremy, »Anarchical Fallacies« [1796], in: ders: *Rights, Representation, and Reform*, Oxford 2002, S. 317-375.

Besson, Samantha, »The Bearers of Human Rights's Duties and Responsibilities for Human Rights«, in: *Social Philosophy and Policy* 32 (2015), S. 244-268.

Bielefeldt, Heiner, *Philosophie der Menschenrechte. Grundlagen eines weltweiten Freiheitsethos*, Darmstadt 1998.

Bielefeldt, Heiner, *Menschenrechte in der Einwanderungsgesellschaft*, Bielefeld 2007.

Bielefeldt, Heiner, *Menschenwürde: der Grund der Menschenrechte*, Berlin 2008.

Bielefeldt, Heiner, »Universalität und Gleichheit«, in: Arnd Pollmann/Georg Lohmann (Hg.), *Menschenrechte. Ein interdisziplinäres Handbuch*, Stuttgart 2012, S. 159-164.

Bielefeldt, Heiner, »›Westliche‹ versus ›islamische‹ Menschenrechte?«, in: Ute Gerhard/Mechthild Jansen/Mechthild Rumpf (Hg.), *Facetten islamischer Welt*, Bielefeld 2015, S. 123-142.

Bieri, Peter, *Eine Art zu leben. Über die Vielfalt menschlicher Würde*, München 2013.

Birnbacher, Dieter, »Haben Tiere Rechte?«, in: Johann S. Ach/Martina Stephany (Hg.), *Die Frage nach dem Tier*, Münster 2009, S. 47-64.

Bloch, Ernst, *Naturrecht und menschliche Würde*, Frankfurt/M. 1961.

Bobbio, Norberto, *Das Zeitalter der Menschenrechte. Ist Toleranz durchsetzbar?*, Berlin 1998.

Böckenförde, Ernst-Wolfgang, *Staat, Gesellschaft, Freiheit*, Frankfurt/M. 1976.

Böckenförde, Ernst-Wolfgang, »Ist Demokratie eine notwendige Forderung der Menschenrechte?«, in: Stefan Gosepath/Georg Lohmann (Hg.), *Philosophie der Menschenrechte*, Frankfurt/M. 1998, S. 233-243.

Bodin, Jean, *Über den Staat* [1579], Stuttgart 1986.

Bohman, James/Lutz-Bachmann, Matthias (Hg.), *Weltstaat oder Staatenwelt?*, Frankfurt/M. 2002.

Brinkmeier, Friederike, *Der Einfluss des Kalten Krieges auf den internationalen Menschenrechtsschutz*, Berlin 2004.

Broch, Hermann, *Menschenrecht und Demokratie*, Frankfurt/M. 1978.

Brugger, Winfried, *Menschenwürde, Menschenrechte, Grundrechte*, Baden-Baden 1997.

Brunkhorst, Hauke, *Solidarität. Von der Bürgerfreundschaft zur globalen Rechtsgenossenschaft*, Frankfurt/M. 2002.

Brunkhorst, Hauke, »Weltöffentlichkeit, Menschenrechte und das Janusgesicht des Rechts«, in: Eckart Klein/Christoph Menke (Hg.), *Universalität – Schutzmechanismen – Diskriminierungsverbote. 15 Jahre Wiener Weltmenschenrechtskonferenz*, Potsdam 2008, S. 115-133.

Buchanan, Alan, *The Heart of Human Rights*, Oxford 2013.

Buchanan, Alan, »Why International Legal Human Rights?«, in: Rowan Cruft/S. Matthew Liao/Massimo Renzo (Hg.), *Philosophical Foundations of Human Rights*, Oxford 2015, S. 244-262.

Bumke, Christian, *Der Grundrechtsvorbehalt. Untersuchungen über die Begrenzung und Ausgestaltung der Grundrechte*, Baden-Baden 1998.

Bundesminister der Justiz (Hg.), *Im Namen des Deutschen Volkes. Justiz und Nationalsozialismus*, Köln 1994.

Burke, Edmund, *Reflections on the Revolution in France* [1790], Select Works, Bd. 2, Indianapolis 1999.

Cassee, Andreas/Goppel, Anna (Hg.), *Migration und Ethik*, Paderborn 2012.
Cavalieri, Paola, *The Animal Question*, Oxford 2001.
Chomsky, Noam, *War Against People. Menschenrechte und Schurkenstaaten*, Hamburg 2001.
Cicero, Marcus Tullius, *De officiis/Vom pflichtgemäßen Handeln* [44 v. Chr.], Stuttgart 2007.
Clapham, Andrew, *Human Rights Obligations of Non-State Actors*, Oxford 2006.
Cohen, Jean L., *Globalization and Sovereignty. Rethinking Legality, Legitimacy, and Constitutionalism*, Cambridge 2012.
Cohen, Joshua, »Is There a Human Right to Democracy?«, in: Christine Sypnowich (Hg.), *The Egalitarian Conscience. Essays in Honour of G. A. Cohen*, Oxford 2006, S. 226-248.
Craven, Matthew C. R., *The International Covenant on Economic, Social and Cultural Rights*, Oxford 1998.
Cruft, Rowan/Liao, S. Matthew/Renzo, Massimo (Hg.), *Philosophical Foundations of Human Rights*, Oxford 2015.

Deutscher Bundestag/Bundesarchiv (Hg.), *Der Parlamentarische Rat 1948-1949. Akten und Protokolle*, Band 5.
Deutscher Bundestag/Wissenschaftliche Dienste, »Privatisierung von staatlichen Sicherheitsaufgaben (öffentliche Sicherheit)«, Berlin 2007, ⟨www.bundestag.de/resource/blob/417886/fc247654d8e32322d48e42a3e8d1dd03/wd-3-118-07-pdf-data.pdf⟩, letzter Zugriff 01. 11. 2021.
Diamond, Cora, *Menschen, Tiere und Begriffe*, Berlin 2012.
Dillon, Robin S., »Self-Respect and Self-Esteem«, in: Hugh LaFollette (Hg.), *International Encyclopedia of Ethics*, Bd. 6, Hoboken 2013, S. 4772-4782.
Donaldson, Sue/Kymlicka, Will, *Zoopolis. Eine politische Theorie der Tierrechte*, Berlin 2013.
Donnelly, Jack, *Universal Human Rights in Theory and Practice*, Ithaca 2003.
Donnelly, Jack, »The Relative Universality of Human Rights«, in: *Human Rights Quarterly* 29 (2007), S. 281-306.
Donnelly, Jack, »Human Dignity and Human Rights«, Genf 2009, ⟨www.legal-tools.org/doc/e80bda/pdf/⟩, letzter Zugriff 01. 11. 2021.
Dreier, Horst, *Gilt das Grundgesetz ewig?*, München 2009.
Dürig, Günter, »Das Eigentum als Menschenrecht«, in: *Zeitschrift für die gesamte Staatswissenschaft* 109 (1953), S. 326-350.
Düwell, Marcus u. a. (Hg.), *The Cambridge Handbook of Human Dignity. Interdisciplinary Perspectives*, Cambridge 2014.
Dworkin, Ronald, *Bürgerrechte ernstgenommen*, Frankfurt/M. 1984.

Dworkin, Ronald, *Die Grenzen des Lebens*, Reinbek 1994.

Eckel, Jan, *Die Ambivalenz des Guten. Menschenrechte in der internationalen Politik seit den 1940ern*, Göttingen 2015.

Ehrmann, Jeanette, »Konstitution der Rassismuskritik. Haiti und die Revolution der Menschenrechte«, in: *Zeitschrift für Menschenrechte* 9 (2015), S. 26-40.

Emcke, Carolin, *Weil es sagbar ist. Über Zeugenschaft und Gerechtigkeit*, Frankfurt/M. 2013.

Enders, Christoph, »Die Menschenwürde als das Recht auf Rechte«, in: Kurt Seelmann (Hg.), *Menschenwürde als Rechtsbegriff*, Wiesbaden 2005, S. 49-61.

Engelhardt, Marc, *Weltgemeinschaft am Abgrund. Warum wir eine starke UNO brauchen*, Berlin 2018.

Erhard, Johann Benjamin, *Über das Recht des Volks zu einer Revolution* [1795], München 1970.

Feinberg, Joel, *Social Philosophy*, Englewood Cliffs 1973.

Feinberg, Joel, *Rights, Justice, and the Bounds of Liberty*, Princeton 1980.

Feldman, Noah, »Cosmopolitan Law?«, in: *Yale Law Journal* 116 (2007), S. 1022-1070.

Fink-Eitel, Hinrich, *Die Philosophie und die Wilden. Über die Bedeutung des Fremden für die europäische Geistesgeschichte*, Hamburg 1994.

Finnis, John, *Natural Law and Natural Rights*, Oxford 1980.

Finnis, John, »Natural law and legal reasoning«, in: *Cleveland State Law Review* 38 (1990), S. 1-13.

Foot, Philippa, *Natural Goodness*, Oxford 2001.

Forst, Rainer, »Das grundlegende Recht auf Rechtfertigung. Zu einer konstruktivistischen Konzeption von Menschenrechten«, in: Hauke Brunkhorst/Wolfgang Köhler/Matthias Lutz-Bachmann (Hg.), *Recht auf Menschenrechte. Menschenrechte, Demokratie und internationale Politik*, Frankfurt/M. 1999, S. 66-105.

Forst, Rainer, »Die Würde des Menschen und das Recht auf Rechtfertigung«, in: *Deutsche Zeitschrift für Philosophie* 53 (2005), S. 589-596.

Forst, Rainer, »Die Rechtfertigung der Menschenrechte und das grundlegende Recht auf Rechtfertigung«, in: ders., *Kritik der Rechtfertigungsverhältnisse. Perspektiven einer kritischen Theorie der Politik*, Frankfurt/M. 2011, S. 53-92.

Fox, Gregory H., »The Right to Political Participation in International Law«, in: *Yale Journal of International Law* 17 (1992), S. 540-607.

Francione, Gary L., *Animals as Persons*, New York 2009.

Freeman, Michael, »Are there Collective Human Rights?«, in: *Political Studies* 43 (1995), S. 25-40.

Frevert, Ute, *Die Politik der Demütigung. Schauplätze von Macht und Ohnmacht*, Frankfurt/M. 2017.

Friedmann, Lawrence M., *The Human Rights Culture. A Study in History and Context*, New Orleans 2011.

Fries, Jakob, *Philosophische Rechtslehre und Kritik aller positiven Gesetzgebung*, Jena 1803.

Fukuyama, Francis, *Origins of Political Order*, New York 2011.

Gädeke, Dorothea, *Politik der Beherrschung. Eine kritische Theorie externer Demokratieförderung*, Berlin 2017.

Gallie, Walter B., »Essentially Contested Concepts«, in: *Proceedings of the Aristotelian Society* 56 (1956), S. 167-198.

Galtung, Johann, *Menschenrechte – anders gesehen*, Frankfurt/M. 1994.

Gareis, Sven Bernhard/Varwick, Johannes, *Die Vereinten Nationen*, Opladen/Toronto 2014.

Gehlen, Arnold, *Der Mensch*, Gesamtausgabe, Bd. 3, Klostermann 1993.

Gerull, Susanne, *Armut und Ausgrenzung im Kontext Sozialer Arbeit*, Weinheim 2011.

Gewirth, Alan, *Human Rights*, Chicago 1982.

Gilabert, Pablo, *Human Dignity and Human Rights*, Oxford 2017.

Gosepath, Stefan, »Zu Begründungen sozialer Menschenrechte«, in: ders./Georg Lohmann (Hg.), *Philosophie der Menschenrechte*, Frankfurt/M. 1998, S. 146-188.

Gosepath, Stefan, *Gleiche Gerechtigkeit*, Frankfurt/M. 2004.

Gosepath, Stefan, »Sinn der Menschenrechte«, in: Gerhard Ernst/Stephan Sellmaier (Hg.), *Universelle Menschenrechte und partikulare Moral*, Stuttgart 2010, S. 17-32.

Gosepath, Stefan, »Das Problem der Menschenrechte bei Kant«, in: Reza Mosayebi (Hg.), *Kant und Menschenrechte*, Berlin 2018, S. 195-216.

Gouges, Olympe de, *Die Rechte der Frau* [1791], Bern 1999.

Graumann, Sigrid, *Assistierte Freiheit. Von einer Behindertenpolitik der Wohltätigkeit zu einer Politik der Menschenrechte*, Frankfurt/M./New York 2011.

Griffin, James, *On Human Rights*, Oxford 2009.

Gröschner, Rolf/Lembcke, Oliver W. (Hg.), *Das Dogma der Unantastbarkeit. Eine Auseinandersetzung mit dem Absolutheitsanspruch der Würde*, Tübingen 2009.

Grotius, Hugo, *Drei Bücher über das Recht des Krieges und Friedens* [1625], Berlin 1869.

Grunert, Frank/Seelmann, Kurt (Hg.), *Die Ordnung der Praxis. Neue Studien zur Spanischen Spätscholastik*, Berlin/New York 2011.

Gutmann, Thomas, »Würde und Autonomie. Überlegungen zur Kantischen Tradition«, in: *Jahrbuch für Wissenschaft und Ethik* 15 (2010), S. 3-34.

Gutmann, Thomas, »Struktur und Funktion der Menschenwürde als Rechtsbegriff«, in: *Angewandte Philosophie* 1 (2014), S. 49-74.

Gutmann, Thomas, »Normenbegründung als Lernprozess? Zur Tradition der Grund- und Menschenrechte«, in: Ludwig Siep u. a. (Hg.), *Von der religiösen zur säkularen Begründung staatlicher Normen*, Tübingen 2012, S. 295-313.

Gutmann, Thomas, »Claiming Respect. Historische Erfahrung und das Einfordern von Rechten«, in: ders. u. a. (Hg.), *Genesis und Geltung. Historische Erfahrung und Normenbegründung in Moral und Recht*, Tübingen 2018, S. 285-304.

Habermas, Jürgen, »Naturrecht und Revolution«, in: ders., *Theorie und Praxis. Sozialphilosophische Studien*, Frankfurt/M. 1971, S. 89-127.

Habermas, Jürgen, *Die nachholende Revolution*, Frankfurt/M. 1990.

Habermas, Jürgen, *Faktizität und Geltung*, Frankfurt/M. 1992.

Habermas, Jürgen, »Zur Legitimation durch Menschenrechte«, in: Hauke Brunkhorst/Peter Niesen (Hg.), *Das Recht der Republik*, Frankfurt/M. 1999, S. 386-403.

Habermas, Jürgen, »Hat die Konstitutionalisierung des Völkerrechts noch eine Chance?«, in: ders., *Der gespaltene Westen*, Frankfurt/M. 2004, S. 113-193.

Habermas, Jürgen, »Das Konzept der Menschenwürde und die realistische Utopie der Menschenrechte«, in: *Deutsche Zeitschrift für Philosophie* 58 (2010), S. 343-357.

Häberle, Peter, *Die Wesensgehaltsgarantie des Art. 19 Abs. 2 GG* [1962], Heidelberg 1998.

Häberle, Peter, »Funktion und Bedeutung der Verfassungsgerichte in vergleichender Perspektive«, in: *Europäische Grundrechte-Zeitschrift* 32 (2005), S. 685-688.

Hahn, Henning, *Moralische Selbstachtung*, Berlin 2008.

Harris, John, »Taking the ›human‹ out of human rights«, in: *Cambridge Quarterly of Healthcare Ethics* 20 (2011), S. 9-20.

Hartmann, Nicolai, *Ethik* [1926], Berlin/New York 1962.

Hartung, Fritz/Commichau, Gerhard/Murphy, Ralf (Hg.), *Die Entwicklung der Menschen- und Bürgerrechte von 1776 bis zur Gegenwart*, Göttingen/Zürich 1985.

Hegel, Georg Wilhelm Friedrich, *Phänomenologie des Geistes*, Werke, Bd. 3, Frankfurt/M. 1986.

Heitmeyer, Wilhelm, »Gewalt«, in: Stefan Gosepath/Wilfried Hinsch/Beate Rössler (Hg.), *Handbuch der Politischen Philosophie und Sozialphilosophie*, Bd. 1, Berlin 2008, S. 421-425.

Held, David, *Kosmopolitanismus. Ideal und Wirklichkeit*, Freiburg im Breisgau 2013.

Herrmann, Steffen K./Krämer, Sybille/Kuch, Hannes (Hg.), *Verletzende Worte. Die Grammatik sprachlicher Missachtung*, Bielefeld 2007.

Hesse, Konrad, *Grundzüge des Verfassungsrechts der Bundesrepublik Deutschland*, Heidelberg 1999.

Heun, Werner, »Gattungszugehörigkeit oder Personsein als Anknüpfungspunkt der Menschenrechte?«, in: Eckart Klein/Christoph Menke (Hg.), *Menschenrechte und Bioethik*, Berlin 2004, S. 24-41.

Hey, Jody, *Genes, Categories, and Species*, Oxford 2001.

Hilgendorf, Eric, »Die mißbrauchte Menschenwürde. Probleme des Menschenwürdetopos am Beispiel der bioethischen Diskussion«, in: *Jahrbuch für Recht und Ethik* 7 (1999), S. 137-158.

Hinsch, Wilfried/Janssen, Dieter, *Menschenrechte militärisch schützen*, München 2006.

Hobbes, Thomas, *Leviathan* [1651], Frankfurt/M. 1984.

Hoerster, Norbert, *Ethik des Embryonenschutzes*, Stuttgart 2002.

Höffe, Otfried, »Subsidiarität als Gesellschafts- und Staatsprinzip«, in: *Swiss Political Science Review* 3 (1997), S. 1-30.

Höffe, Otfried, *Vernunft und Recht*, Frankfurt/M. 1998.

Höffe, Otfried, *Demokratie im Zeitalter der Demokratisierung*, München 1999.

Hoffmann, Stefan-Ludwig, »Das ›lange‹ 19. Jahrhundert und der Erste Weltkrieg«, in: Arnd Pollmann/Georg Lohmann (Hg.), *Menschenrechte. Ein interdisziplinäres Handbuch*, Stuttgart 2012, S. 106-110.

Hoffmann, Thomas, »Human Rights, Human Dignity, and the Human Life Form«, in: Marion Albers/Thomas Hoffmann/Jörn Reinhardt (Hg.), *Human Rights and Human Nature*, Dordrecht u. a. 2014, S. 43-56.

Hoffmann, Thomas, *Das Gute*, Berlin 2014, S. 102-109.

Hofmann, Hasso, »Vier Erfahrungen des Rechts«, in: Heiner Bielefeldt/Winfried Brugger/Klaus Dicke (Hg.), *Würde und Recht des Menschen*, Würzburg 1992, S. 81-92.

Hofmann, Hasso, »Die versprochene Menschenwürde«, in: *Archiv des öffentlichen Rechts* 118 (1993), S. 353-377.

Honneth, Axel, *Kampf um Anerkennung*, Frankfurt/M. 1993.

Honneth, Axel, *Unsichtbarkeit. Stationen einer Theorie der Intersubjektivität*, Frankfurt/M. 2003.

Hopgood, Stephen, *The Endtimes of Human Rights*, Ithaca 2013.

Horn, Christoph, »Die verletzbare und die unverletzbare Würde des Menschen«, in: *Information Philosophie* 3 (2011), S. 30-41.

Housden, Martyn, *The League of Nations and the Organisation of Peace*, London 2011.

Huhle, Rainer, »›Nacht und Nebel‹ – Mythos und Bedeutung«, in: *Zeitschrift für Menschenrechte* 8 (2014), S. 120-135.
Hume, David, *Traktat über die menschliche Natur* [1739], Hamburg 1989.
Hume, David, »Of the Dignity or Meanness of Human Nature« [1741], in: ders., *Selected Essays*, Oxford 1993, S. 43-49.
Hunt, Lynn, *Inventing Human Rights. A History*, New York/London 2007.
Huster, Stefan, *Die ethische Neutralität des Staates. Eine liberale Interpretation der Verfassung*, Tübingen 2002.

Ignatieff, Michael, *Die Politik der Menschenrechte*, Hamburg 2002.
Ingram, James, »What Is a »Right to Have Rights«?, in: *American Political Science Review* 102 (2008), S. 401-416.
Ingram, James, *Radical Cosmopolitics. The Ethics and Politics of Democratic Universalism*, New York 2013.
Isensee, Josef, »Das staatliche Gewaltmonopol als Grundlage und Grenze der Grundrechte«, in: Everhardt Franßen u. a. (Hg.), *Bürger – Richter – Staat*, München 1991.
Iser, Mattias, »Menschenrechtlicher Minimalismus«, in: Arnd Pollmann/Georg Lohmann (Hg.), *Menschenrechte. Ein interdisziplinäres Handbuch*, Stuttgart 2012, S. 205-210.

Jakobs, Günther, »Bürgerstrafrecht und Feindstrafrecht«, in: *Höchstrichterliche Rechtsprechung im Strafrecht* 5 (2004), S. 88-95.
Jellinek, Georg, *System der subjektiven öffentlichen Rechte* [1905], Tübingen 2011.
Jensen, Steven L.B., *The Making of International Human Rights. The 1960s, Decolonization, and the Reconstruction of Global Values*, Cambridge 2016.
Jestaedt, Matthias/Lepsius, Oliver (Hg.), *Verhältnismäßigkeit. Zur Tragfähigkeit eines verfassungsrechtlichen Schlüsselkonzepts*, Tübingen 2015.
Jhering, Rudolph von, *Der Kampf ums Recht* [1872], Frankfurt/M. 2003.
Joas, Hans, *Die Sakralität der Person*, Berlin 2011.
Joas, Hans, »Ist die Menschenwürde noch unser oberster Wert?«, in: *Die Zeit* 25 (2013) (Beilage »Zeit: Philosophie«), S. 10 f.
Joas, Hans, »Zur Rechtfertigung der Sklaverei«, in: *Aus Politik und Zeitgeschichte* 65 (2015), S. 3-6.
Jones, Peter, »Universal Principles and Particular Claims. From Welfare Rights to Welfare States«, in: Allen Ware/Robert Goodin (Hg.), *Needs and Welfare*, London 1990, S. 34-53.

Kadelbach, Stefan, *Zwingendes Völkerrecht*, Berlin 1992.
Kant, Immanuel, *Beantwortung der Frage: Was ist Aufklärung?* [1784], Akademie-Ausgabe, Bd. VIII, Berlin 1900 ff.

Kant, Immanuel, *Idee zu einer allgemeinen Geschichte in weltbürgerlicher Absicht* [1784], Akademie-Ausgabe, Bd. VIII, Berlin 1900 ff.

Kant, Immanuel, *Grundlegung zur Metaphysik der Sitten* [1785], Akademie-Ausgabe, Bd. IV, Berlin 1900 ff.

Kant, Immanuel, *Über den Gemeinspruch* [1793], Akademie-Ausgabe, Bd. VIII, Berlin 1900 ff.

Kant, Immanuel, *Zum ewigen Frieden* [1795], Akademie-Ausgabe, Bd. VIII, Berlin 1900 ff.

Kants, Immanuel, *Verkündigung des nahen Abschlusses eines Tractats zum ewigen Frieden in der Philosophie* [1796], Akademie-Ausgabe, Bd. VIII, Berlin 1900 ff.

Kant, Immanuel, *Die Metaphysik der Sitten* [1797], Akademie-Ausgabe, Bd. VI, Berlin 1900 ff.

Kant, Immanuel, *Anthropologie in pragmatischer Absicht* [1798], Akademie-Ausgabe, Bd. VII, Berlin 1900 ff.

Kant, Immanuel, *Der Streit der Fakultäten* [1798], Akademie-Ausgabe, Bd. VII, Berlin 1900 ff.

Karrenstein, Daniela, *Der Menschenrechtsrat der Vereinten Nationen*, Tübingen 2011.

Katzer, Catarina, *Cybermobbing*, Berlin/Heidelberg 2014.

Kelsen, Hans, »Die philosophischen Grundlagen der Naturrechtslehre und des Rechtspositivismus«, in: Hans R. Klecatsky/René Marcic/Herbert Schambeck (Hg.), *Die Wiener rechtstheoretische Schule*, Wien 1968, Bd. 1, S. 231-287.

Kelsen, Hans, »Subjektives Recht: Berechtigung und Ermächtigung«, in: Markus Stepanians (Hg.), *Individuelle Rechte*, Paderborn 2007, S. 96-112.

Kirste, Stephan, »Die Begründung der Demokratie aus den Menschenrechten«, in: *Zeitschrift für Menschenrechte* 12 (2018), S. 8-27.

Kissling, Claudia, »Menschenrechtlicher Mindeststandard«, in: *Humboldt Forum Recht* 6 (2001), ⟨www.rewi.hu-berlin.de/de/lf/oe/hfr/deutsch/2001-12.pdf⟩, letzter Zugriff 01. 01. 2021.

Klabbers, Jan/Peters, Anne/Ulfstein, Geir, *The Constitutionalization of International Law*, Oxford 2011.

Klatt, Matthias/Meister, Moritz, »Verhältnismäßigkeit als universelles Verfassungsprinzip«, in: *Der Staat* 51 (2012), S. 159-188.

Klein, Eckart, *Menschenrechte. Stille Revolution des Völkerrechts und Auswirkungen auf die innerstaatliche Rechtsanwendung*, Baden-Baden 1996.

Klein, Eckart (Hg.), *The Monitoring System of Human Rights Treaty Obligations*, Berlin 1998.

Klein, Eckart, »Human Dignity in German Law«, in: David Kretzmer/Eckart Klein (Hg.), *The Concept of Human Dignity in Human Rights Discourse*, The Hague/London/New York 2002, S. 145-159.

Klein, Eckart (Hg.), *Gewaltenteilung und Menschenrechte*, Berlin 2006.

Klein, Eckart, »Elf Bemerkungen zur Universalität der Menschenrechte«, in: Günter Nooke/Georg Lohmann/Gerhard Wahlers (Hg.), *Gelten Menschenrechte universal?*, Freiburg im Breisgau 2008, S. 213-217.

Klein, Eckart/Menke, Christoph (Hg.), *Der Mensch als Person und Rechtsperson*, Berlin 2011.

Kokott, Juliane, »Souveräne Gleichheit und Demokratie im Völkerrecht«, in: *Zeitschrift für ausländisches öffentliches Recht und Völkerrecht* 64 (2004), S. 517-533.

Koller, Peter, »Rechte und Pflichten«, in: Arnd Pollmann/Georg Lohmann (Hg.), *Menschenrechte. ein interdisziplinäres Handbuch*, Stuttgart 2012, S. 150-159.

Kondylis, Panajotis, »Würde«, in: Otto Brunner/Werner Conze/Reinhart Koselleck (Hg.), *Geschichtliche Grundbegriffe*, Bd. VII, Stuttgart 1972-1997, S. 645-677.

Kreide, Regina, *Globale Politik und Menschenrechte: Macht und Ohnmacht eines politischen Instruments*, Frankfurt/M. 2008.

Kreide, Regina, »Menschenrechte als Platzhalter. Eine politische Menschenrechtskonzeption zwischen Moral und Recht«, in: *Zeitschrift für Menschenrechte* 7 (2013), S. 80-100.

Kreide, Regina/Niederberger, Andreas (Hg.), *Transnationale Verrechtlichung. Nationale Demokratien im Kontext globaler Politik*, Frankfurt/M. 2008.

Krennerich, Michael, *Soziale Menschenrechte. Zwischen Recht und Politik*, Schwalbach 2013.

Krennerich, Michael, *Freie und faire Wahlen? Standards, Kurioses, Manipulationen*, Schwalbach/Taunus 2020.

Krieger, Heike, »Die Herrschaft der Fremden – Zur demokratietheoretischen Kritik des Völkerrechts«, in: *Archiv des öffentlichen Rechts* 133 (2008), S. 315-345.

Kuch, Hannes, *Herr und Knecht. Anerkennung und symbolische Macht im Anschluss an Hegel*, Frankfurt/M. 2013.

Kühler, Michael, *Sollen ohne Können? Über Sinn und Geltung nicht erfüllbarer Sollensansprüche*, Münster 2013.

Kühnhardt, Ludger, *Die Universalität der Menschenrechte*, München 1987.

Ladwig, Bernd, »Menschenwürde als Grund der Menschenrechte? Eine Kritik an Kant und über Kant hinaus«, in: *Zeitschrift für politische Theorie* 1 (2010), S. 51-69.

Ladwig, Bernd, »Menschenrechte, Institutionen und moralische Arbeitsteilung«, in: *Politische Vierteljahresschrift* 55 (2014), S. 472-492.

Ladwig, Bernd, *Politische Philosophie der Tierrechte*, Berlin 2020.

Lafont, Cristina, »Accountability and Global Governance. Challenging the State-Centric Conception of Human Rights«, in: *Ethics & Global Politics* 3 (2010), S. 193-215.

Lang, Anthony F./Wiener, Antje (Hg.), *Handbook on Global Constitutionalism*, Cheltenham 2017.

Las Casas, Bartolomé de, *Kurzgefasster Bericht von der Verwüstung der Westindischen Länder* [1552], Frankfurt/M./Leipzig 2006.

Laukötter, Sebastian, *Zwischen Einmischung und Nothilfe. Das Problem der »humanitären Intervention« aus ideengeschichtlicher Perspektive*, Berlin 2014.

Leist, Anton, »Menschenwürde als Ausdruck«, in: *Deutsche Zeitschrift für Philosophie* 53 (2005), S. 597-610.

Lepora, Chiara/Goodin, Robert E., *On Complicity and Compromise*, Oxford 2013.

Levi, Primo, *Ist das ein Mensch?*, München 1995.

Liese, Andrea, *Staaten am Pranger. Zur Wirkung internationaler Regime auf innerstaatliche Menschenrechtspolitik*, Wiesbaden 2006.

Locke, John, *Zweite Abhandlung über die Regierung* [1690] [hg. und kommentiert von Ludwig Siep], Frankfurt/M. 2007.

Löhrer, Guido, *Menschliche Würde. Wissenschaftliche Geltung und metaphorische Grenze der praktischen Philosophie Kants*, Freiburg im Breisgau 1995.

Lohmann, Georg, »Menschenrechte zwischen Moral und Recht«, in: Stefan Gosepath/Georg Lohmann (Hg.), *Philosophie der Menschenrechte*, Frankfurt/M. 1998, S. 62-95.

Lohmann, Georg, »Die Menschenrechte: unteilbar und gleichgewichtig? Eine Skizze«, in: ders. u. a., *Die Menschenrechte: unteilbar und gleichgewichtig?*, Potsdam 2005, S. 5-27.

Lohmann, Georg, »Globale Gerechtigkeit, Menschenrechte und korrespondierende Pflichten«, in: Hans-Helmuth Gander (Hg.), *Menschenrechte. Philosophische und juristische Positionen*, Freiburg im Breisgau 2009, S. 35-58.

Lohmann, Georg, »Die rechtsverbürgende Kraft der Menschenrechte«, in: *Zeitschrift für Menschenrechte* 4 (2010), S. 46-63.

Lohmann, Georg, »Zur moralischen, juridischen und politischen Dimension der Menschenrechte«, in: Hans-Jörg Sandkühler (Hg.), *Recht und Moral*, Hamburg 2010, S. 135-150.

Lohmann, Georg, »Menschenrechte zwischen Verfassung und Völkerrecht«, in: Marten Breuer u. a. (Hg.), *Der Staat im Recht. Festschrift für Eckart Klein zum 70. Geburtstag*, Berlin 2013, S. 1175-1188.

Lohmann, Georg u. a., *Die Menschenrechte: unteilbar und gleichgewichtig?*, Potsdam 2005.

Lohmar, Achim, *Falsches moralisches Bewusstsein. Eine Kritik der Idee der Menschenwürde*, Hamburg 2017.

Lübbe, Hermann, »Subsidiarität. Zur europarechtlichen Positivierung eines Begriffs«, in: *Zeitschrift für Politik* 52 (2005), S. 157-168.

Luhmann, Niklas, *Grundrechte als Institution* [1965], Berlin 1999.

Luhmann, Niklas, *Die Politik der Gesellschaft*, Frankfurt/M. 2011.

Lutz-Bachmann, Matthias/Bohman, James (Hg.), *Weltstaat oder Staatenwelt? Für und wider die Idee einer Weltrepublik*, Frankfurt/M. 2002.

Lyons, David, »The Correlativity of Rights and Duties«, in: *Noûs* 4 (1970), S. 45-55.

Macintyre, Alasdair, *Verlust der Tugend. Zur moralischen Krise der Gegenwart*, Frankfurt/M. 1997.

Macklin, Ruth, »Dignity is a Useless Concept«, in: *British Medical Journal* 327 (2003), S. 1419 f.

Mahler, Claudia, »Der Internationale Strafgerichtshof (ICC)«, in: dies./Norman Weiß (Hg.), *Menschenrechtsschutz im Spiegel von Wissenschaft und Praxis*, Berlin 2004, S. 257-291.

Maihofer, Werner, *Rechtsstaat und menschliche Würde*, Frankfurt/M. 1968.

Margalit, Avishai, *Politik der Würde. Über Achtung und Verachtung*, Berlin 1995.

Maritain, Jacques, *Die Menschenrechte und das natürliche Gesetz* [1941], Bonn 1951.

Marshall, Thomas S., *Bürgerrechte und soziale Klassen. Zur Soziologie des Wohlfahrtsstaates*, Frankfurt/M./New York 1992.

Martinsen, Franziska, *Grenzen der Menschenrechte. Staatsbürgerschaft, Zugehörigkeit, Partizipation*, Bielefeld 2019.

Marx, Karl, *Kritik des Hegelschen Staatsrechts* [1843], Marx-Engels-Werke, Bd. 1, Berlin 1977.

Marx, Karl, *Zur Judenfrage* [1844], Marx-Engels-Werke, Bd. 1, Berlin 1977.

Marx, Karl/Engels, Friedrich, *Manifest der Kommunistischen Partei* [1847], Marx-Engels-Werke, Bd. 4, Berlin 1974.

Marx, Karl, *Das Kapital 1* [1867], Marx-Engels-Werke, Bd. 23, Berlin 1962.

Maus, Ingeborg, *Über Volkssouveränität. Elemente einer Demokratietheorie*, Berlin 2011.

McDowell, John, »Two Sorts of Naturalism«, in: Rosalind Hursthouse/Gavin Lawrence/Warren Quinn (Hg.), *Virtues and Reasons*, Oxford 1996, S. 149-179.

Meisterhans, Nadja, *Menschenrechte als weltgesellschaftliche Herrschaftspraxis*, Baden-Baden 2010

Mende, Janne, *Der Universalismus der Menschenrechte*, München 2021.

Menke, Christoph, »Subjektive Rechte: Zur Form der Differenz«, in: *Menschenrechtsmagazin* 13 (2008), S. 197-204.
Menke, Christoph, *Kritik der Rechte*, Berlin 2015.
Menke, Christoph/Pollmann, Arnd, *Philosophie der Menschenrechte zur Einführung*, Hamburg 2007.
Menke, Christoph/Raimondi, Francesca (Hg.), *Die Revolution der Menschenrechte. Grundlegende Texte zu einem neuen Begriff des Politischen*, Berlin 2011.
Mieth, Corinna, *Positive Pflichten? Über das Verhältnis von Hilfe und Gerechtigkeit in Bezug auf das Weltarmutsproblem*, Berlin 2012.
Miller, David, »Wer ist für globale Armut verantwortlich?«, in: Barbara Bleisch/Peter Schaber (Hg.), *Weltarmut und Ethik*, Paderborn 2007, S. 153-170.
Möckel, Benjamin, »Endtimes of Human Rights? Neue Forschungen zur Geschichte der Menschenrechte«, in: *Neue Politische Literatur* 65 (2020), S. 473-501.
Möller, Kolja, *Formwandel der Verfassung: Die postdemokratische Verfasstheit des Transnationalen*, Bielefeld 2015.
Möllers, Christoph, *Die drei Gewalten. Legitimation der Gewaltengliederung in Verfassungsstaat, Europäischer Integration und Internationalisierung*, Weilerswist 2008.
Montesquieu, Charles de, *Vom Geist der Gesetze* [1748], Stuttgart 1986.
Morsink, Johannes, *The Universal Declaration of Human Rights. Origins, Drafting and Intent*, Philadelphia 1999.
Moyn, Samuel, *The Last Utopia. Human Rights in History*, Cambridge 2010.
Moyn, Samuel, *Not Enough. Human Rights in an Unequal World*, Cambridge 2018.
Müller, Jörn, »Menschenwürde als Fundament der Menschenrechte: Eine begründungstheoretische Skizze«, in: Bernward Gesang/Julius Schälike (Hg.), *Die großen Kontroversen der Rechtsphilosophie*, Paderborn 2011, S. 99-122.
Müller, Jörn/Reinhard Lelgemann (Hg.), *Menschliche Fähigkeiten und komplexe Behinderungen. Philosophie und Sonderpädagogik im Gespräch mit Martha Nussbaum*, Darmstadt 2018.
Mutua, Makau, *Human Rights. A Political and Cultural Critique*, Philadelphia 2008.

Neumann-Becker, Birgit u. a. (Hg.), *SED-Verfolgte und das Menschenrecht auf Gesundheit*, Halle 2015.
Nickel, James, »How Human Rights Generate Duties to Protect and Provide«, in: *Human Rights Quarterly* 15 (1993), S. 77-86.
Niederberger, Andreas, *Demokratie unter Bedingungen der Weltgesellschaft?*

Normative Grundlagen legitimer Herrschaft in einer globalen politischen Ordnung, Berlin u. a. 2009.

Nowak, Manfred, »Ein Weltgerichtshof für Menschenrechte«, in: *Vereinte Nationen* 56 (2008), S. 205-211.

Nowak, Manfred, *Menschenwürde und Menschenrechte*, Wien 2018.

Nowrot, Karsten, »Der internationale Schutz der Menschenrechte und das Konzept der menschlichen Sicherheit«, in: *Zeitschrift für Menschenrechte* 11 (2017), S. 66-87.

Nussbaum, Martha, *Die Grenzen der Gerechtigkeit*, Frankfurt/M. 2010.

O'Manique, John, *The Origins of Justice*, Philadelphia 2002.

Oestreich, Gerhard, *Geschichte der Menschenrechte und Grundfreiheiten im Umriß*, Berlin 1978.

Oldenbourg, Andreas, *Wer ist das Volk? Eine republikanische Theorie der Sezession*, Frankfurt/M. 2019.

Palm-Risse, Martina, *Der völkerrechtliche Schutz von Ehe und Familie*, Berlin 1990.

Päpstliche Kommission Justitia et Pax, *Die Kirche und die Menschenrechte*, München 1976.

Patberg, Markus, *Usurpation und Autorisierung. Konstituierende Gewalt im globalen Zeitalter*, Frankfurt/M./New York 2018.

Paulus Kaufmann u. a. (Hg.), *Humiliation, Degradation, Dehumanization. Human Dignity Violated*, Berlin u. a. 2010.

Peter Berger/Brigitte Berger/Hansfried Kellner, *Das Unbehagen in der Modernität*, Frankfurt/M. 1975.

Peters, Anne, *Jenseits der Menschenrechte. Die Rechtsstellung des Individuums im Völkerrecht*, Tübingen 2014.

Pfeifer, Wolfgang u. a. (Hg.), *Etymologisches Wörterbuch des Deutschen* (digitalisierte Fassung), ⟨www.dwds.de/wb/Demut⟩, letzter Zugriff 01. 11. 2021.

Pico della Mirandola, Giovanni, *Über die Würde des Menschen* [1486], Stuttgart 1997.

Pieroth, Bodo/Schlink, Bernhard, *Grundrechte. Staatsrecht II*, Heidelberg 2007.

Pöschl, Viktor, *Der Begriff der Würde im antiken Rom und später*, Heidelberg 1990.

Pogge, Thomas (Hg.), *Freedom from Poverty as a Human Right*, Oxford 2007.

Pollmann, Arnd, »Menschenwürde«, in: Gerhard Göhler/Mattias Iser/Ina Kerner (Hg.), *Politische Theorie. 22 umkämpfte Begriffe zur Einführung*, Wiesbaden 2004, S. 262-279.

Pollmann, Arnd, »Würde nach Maß«, in: *Deutsche Zeitschrift für Philosophie* 53 (2005), S. 611-619.

Pollmann, Arnd, »Die Menschenrechte: teilbar und ungleichgewichtig!«, in: Georg Lohmann u. a., *Die Menschenrechte: unteilbar und gleichgewichtig?*, Potsdam 2005, S. 29-37.

Pollmann, Arnd, »Für einen neuen Universalismus«, in: *Zeitschrift für Politik* 56 (2009), S. 35-50.

Pollmann, Arnd, *Unmoral. Ein philosophisches Handbuch. Von Ausbeutung bis Zwang*, München 2010.

Pollmann, Arnd, »Menschenrechte, Grundrechte, Bürgerrechte«, in: ders./Georg Lohmann (Hg.), *Menschenrechte. Ein interdisziplinäres Handbuch*, Stuttgart 2012, S. 129-136.

Pollmann, Arnd, »Der menschenrechtliche Universalismus und seine relativistischen Gegner«, in: Arnd Pollmann/Georg Lohmann (Hg.), *Menschenrechte*, Stuttgart 2012, S. 331-338.

Pollmann, Arnd, »Drei Dimensionen des Begriffs der Menschenrechte: Recht, Moral und Politik«, in: ders./Georg Lohmann (Hg.), *Menschenrechte. Ein interdisziplinäres Handbuch*, Stuttgart 2012, S. 358-363.

Pollmann, Arnd, »Armut«, in: ders./Georg Lohmann (Hg.), *Menschenrechte. Ein interdisziplinäres Handbuch*, Stuttgart 2012, S. 433-438.

Pollmann, Arnd, »Heimkehr aus der Sklaverei. Der Schriftsteller Hermann Broch als vergessener Vordenker des völkerrechtlichen Zusammenhangs von Menschenrechten und Menschenwürde«, in: Marten Breuer u. a. (Hg.), *Der Staat im Recht*, Berlin 2013, S. 1235-1252.

Pollmann, Arnd, »Human Rights Beyond Naturalism«, in: Marion Albers/Thomas Hoffmann/Jörn Reinhardt (Hg.), *Human Rights and Human Nature*, Dordrecht u. a. 2014, S. 121-136.

Pollmann, Arnd, »Menschenrechte und Grundrechte«, in: Anna Goppel/Corinna Mieth/Christian Neuhäuser (Hg.), *Handbuch Gerechtigkeit*, Stuttgart 2016, S. 287-294.

Pollmann, Arnd, »Lernen aus historischem Unrecht? Zur menschenrechtlichen Bedeutung der Erfahrung von Krieg, Gewalt und Entwürdigung«, in: Thomas Gutmann u. a. (Hg.), *Genesis und Geltung. Historische Erfahrung und Normenbegründung in Moral und Recht*, Tübingen 2018, S. 43-66.

Pollmann, Arnd, »Krieg im Namen der Menschenrechte?«, in: Ulrike Mürbe/Norman Weiß (Hg.), *Philosophie der Menschenrechte in Theorie und Praxis*, Potsdam 2018.

Pollmann, Arnd, »Menschliche Versehrbarkeit und das Recht auf verkörperte Selbstachtung. Eine Kritik der Würdekonzeption Martha Nussbaums im Hinblick auf Menschen mit komplexen Behinderungen«, in: Jörn Müller/Reinhard Lelgemann (Hg.), *Menschliche Fähigkeiten und komplexe Behinderungen*, Darmstadt 2018, S. 83-104.

Pollmann, Arnd, »Ansteckende Freiheit«, in: *taz*, 21. April 2020.
Pollmann, Arnd, »In eigener Sache. Warum man mit der Würde anderer Menschen auch die eigene antastet«, in: Roland Kipke u. a. (Hg.), *ZusammenDenken. Festschrift für Ralf Stoecker*, Wiesbaden 2021, S. 19-33.
Pollmann, Arnd, »Erkämpfte Rechte, ewige Rechte. Die Menschenrechte zwischen vorpolitischen Begründungen und realpolitischen Dezisionen«, in: Christian Schmidt/Benno Zabel (Hg.), *Politik im Rechtsstaat*, Baden-Baden 2021, S. 29-41.
Prasad, Nivedita, *Mit Recht gegen Gewalt. Die UN-Menschenrechte und ihre Bedeutung für die Soziale Arbeit*, Opladen 2011.
Pufendorf, Samuel von, *Über die Pflicht des Menschen und Bürgers nach dem Gesetz der Natur* [1673], Frankfurt/M. 1994.

Quante, Michael, *Personales Leben und menschlicher Tod*, Frankfurt/M. 2002.

Radbruch, Gustav, *Rechtsphilosophie* [1932], Gesamtausgabe, Bd. 2, Heidelberg 1993.
Rawls, John, *Das Recht der Völker*, Berlin u. a. 2002.
Reemtsma, Jan Philipp, »Gewalt. Monopol, Delegation, Partizipation«, in: Wilhelm Heitmeyer/Hans-Georg Soeffner (Hg.), *Gewalt*, Frankfurt/M. 2004, S. 346-361.
Regan, Tom, *The Case for Animal Rights* [2nd. ed.], Berkeley/Los Angeles 2004.
Reinhard, Wolfgang, *Geschichte der Staatsgewalt*, München 1999, Abschnitt II.
Rennert, Klaus, *Hannah Arendt, das Asylrecht und die Menschenwürde*, Baden-Baden 2017.
Risse, Thomas/Jetschke, Anja/Schmitz Hans Peter, *Die Macht der Menschenrechte. Internationale Normen, kommunikatives Handeln und politischer Wandel in den Ländern des Südens*, Baden-Baden 2002.
Risse, Thomas/Ropp, Stephen C./Sikkink, Kathryn (Hg.), *The Power of Human Rights. International Norms and Domestic Change*, Cambridge 1999.
Risse, Thomas/Ropp, Stephen C./Sikkink, Kathryn (Hg.), *The Persistent Power of Human Rights*, Cambridge 2013.

Steinke, Ronen, »Der Internationale Strafgerichtshof«, Berlin 2018, ⟨https://www.bpb.de/internationales/weltweit/innerstaatliche-konflikte/169554/der-internationale-strafgerichtshof⟩, letzter Zugriff 01. 11. 2021.
Rorty, Richard, *Kontingenz, Ironie und Solidarität*, Frankfurt/M. 1989.
Rorty, Richard, »Menschenrechte, Rationalität und Gefühl«, in: Stephen

Shute/Susan Hurley (Hg.), *Die Idee der Menschenrechte*, Frankfurt/M. 1993, S. 144-170.
Rosenau, James N./Czempiel, Ernst-Otto (Hg.), *Governance without Government. Order and Change in World Politics*, Cambridge 1992.
Rössler, Beate, *Der Wert des Privaten*, Frankfurt/M. 2001.
Roth, Klaus/Ladwig, Bernd, *Recht auf Widerstand? Ideengeschichtliche und philosophische Perspektiven*, Studien zu Grund- und Menschenrechten 12, Potsdam 2006.
Roughley, Neil, »Was heißt ›menschliche Natur‹?«, in: Kurt Bayertz (Hg.), *Die menschliche Natur. Welchen und wieviel Wert hat sie?*, Paderborn 2004, S. 133-156.
Rousseaus, Jean-Jacques, *Über den Ursprung der Ungleichheit unter den Menschen* [1755], Hamburg 1995.
Rousseau, Jean-Jaques, *Vom Gesellschaftsvertrag* [1762], Frankfurt/M. 1996.

Schabas, William A., *An Introduction to the International Criminal Court*, Cambridge 2017.
Schaber, Peter, *Instrumentalisierung und Würde*, Paderborn 2010.
Schaber, Peter, »Menschenrechte und Grundbedürfnisse«, in: *Jahrbuch für Recht und Ethik* 19 (2011), S. 163-176.
Schaber, Peter, *Menschenwürde*, Stuttgart 2012.
Scheid, Don E. (Hg.), *The Ethics of Armed Humanitarian Intervention*, Cambridge 2014.
Schiller, Friedrich, *Über Anmut und Würde*, Gesammelte Werke, Bd. IV, Frankfurt/M. 1966.
Schiller, Marvin, »Are There Any Inalienable Rights?«, in: *Ethics* 79 (1969), S. 309-315.
Schirach, Ferdinand von, *Jeder Mensch*, München 2021.
Schischkoff, Georgi (Hg.), *Philosophisches Wörterbuch*, Stuttgart 1991.
Schlink, Bernhard, *Abwägung im Verfassungsrecht*, Berlin 1976.
Schlothfeldt, Stephan, *Individuelle oder gemeinsame Verpflichtung?*, Paderborn 2009.
Schmahl, Stefanie, »Internationales Menschenrechtsregime«, in: Arnd Pollmann/Georg Lohmann (Hg.), *Menschenrechte. Ein interdisziplinäres Handbuch*, S. 390-397.
Schmelzle, Cord, »Militärische Interventionen, ›failed states‹, ›Schurkenstaaten‹«, in: Arnd Pollmann/Georg Lohmann (Hg.), *Menschenrechte. Ein interdisziplinäres Handbuch*, Stuttgart 2012, S. 410-417.
Schmetkamp, Susanne, *Respekt und Anerkennung*, Paderborn 2012.
Schmidt, Helmut (Hg.), *Allgemeine Erklärung der Menschenpflichten*, München 1998.
Schmitt, Carl, *Der Begriff des Politischen* [1932], Berlin 2002.

Schönrich, Gerhard/Kato, Yasushi (Hg.), *Kant in der Diskussion der Moderne*, Frankfurt/M. 1996, S. 489-505.

Schopenhauer, Arthur, *Über die Grundlage der Moral* [1841], Hamburg 2006.

Schramme, Thomas, »Bioethik«, in: Arnd Pollmann/Georg Lohmann (Hg.), *Menschenrechte. Ein interdisziplinäres Handbuch*, S. 448-453.

Sezgin, Hilal, *Artgerecht ist nur die Freiheit*, München 2014.

Shue, Henry, *Basic Rights* [2nd Edition], Princeton 1996.

Siekmann, Jan, »Fundamentalität, Unveräußerlichkeit, Unteilbarkeit«, in: Arnd Pollmann/Georg Lohmann (Hg.), *Menschenrechte. Ein interdisziplinäres Handbuch*, Stuttgart 2012, S. 165-170.

Siep, Ludwig, »Thomas Hobbes und John Locke: Staatssouveränität und unveräußerliche Grundrechte«, in: ders. u. a. (Hg.), *Von der religiösen zur säkularen Normenbegründung*, Tübingen 2012, S. 105-118.

Siep, Ludwig, »Arten normativer Erfahrung und ihre Bedeutung für die Normbegründung«, in: Thomas Gutmann u. a. (Hg.), *Genesis und Geltung. Historische Erfahrung und Normenbegründung in Moral und Recht*, Tübingen 2018, S. 243-263.

Siep, Ludwig, *Technisierung der Natur – Historisierung der Moral*, Paderborn 2020.

Sieyès, Emmanuel Joseph, »*Was ist der Dritte Stand?*« [1789], in: ders., *Politische Schriften 1788-1790*, München/Wien, S. 117-196.

Sikkink, Kathryn, *Evidence for Hope. Making Human Rights Work in the 21st Century*, Princeton 2017.

Simmons, Beth A., *Mobilizing for Human Rights. International Law in Domestic Politics*, Cambridge 2009.

Singer, Peter, *Animal Liberation. Die Befreiung der Tiere*, Rowohlt 1996.

Spaemann, Robert, »Über den Begriff der Menschenwürde«, in: Ernst-Wolfgang Böckenförde/Robert Spaemann (Hg.), *Menschenrechte und Menschenwürde. Historische Voraussetzungen – säkulare Gestalt – christliches Verständnis*, Stuttgart 1987, S. 295-313.

Spinoza, Baruch de, *Politischer Traktat* [1677], Hamburg 1994.

Spivak, Gayatri Chakravorty, »Feminism and Human Rights« (Interview), in: Nermeen Shaikh (Hg.), *The Present as History. Critical Perspectives on Global Power*, New York 2007, S. 172-201.

Staub-Bernasconi, Silvia, *Menschenwürde – Menschenrechte – Soziale Arbeit. Die Menschenrechte vom Kopf auf die Füße stellen*, Opladen 2019.

Stemmer, Peter, »Moralischer Kontraktualismus«, in: *Zeitschrift für philosophische Forschung* 56 (2002), S. 1-21.

Stepanians, Markus (Hg.), *Individuelle Rechte*, Paderborn 2007.

Stöcker, Ralf, *Theorie und Praxis der Menschenwürde*, Münster 2019.

Sturm, Gerd, »Probleme eines Verzichts auf Grundrechte«, in: Gerhard

Leibholz (Hg.), *Menschenwürde und freiheitliche Rechtsordnung*, Tübingen 1974, S. 173-198.

Tasioulas, John, »On the Nature of Human Rights«, in: Gerhard Ernst/Jan-Christoph Heilinger (Hg.). *The Philosophy of Human Rights. Contemporary Controversies*, Berlin 2012, S. 17-59.

Taylor, Charles, »Conditions of an Unforced Consensus on Human Rights«, in: Joanne R. Bauer/Daniel A. Bell (Hg.), *The East Asian Challenge for Human Rights*, Cambridge 1999, S. 124-144.

Thürer, Daniel/Hohloch, Gerhard/Herdegen, Matthias, *Der Wegfall effektiver Staatsgewalt: »The Failed State«*, Heidelberg 1996.

Tiedemann, Paul, *Menschenwürde als Rechtsbegriff*, Berlin 2012.

Todorov, Tzvetan, *Angesichts des Äußersten*, München 1993.

Tomuschat, Christian, *Human Rights. Between Idealism and Realism*, Oxford 2008.

Trapp, Rainer, *Folter oder selbstverschuldete Rettungsbefragung?*, Paderborn 2006.

Trent, John/Schnurr, Laura, *A United Nations Renaissance. What the UN is, and what it could be*, Opladen/Berlin/Toronto 2018.

Trinkaus, Charles Edward, *»In Our Image and Likeness«. Humanity and Divinity in Italian Humanist Thought*, Notre Dame 1995

Troeltsch, Ernst, *Ethik und Geschichtsphilosophie* [1924], Weinheim 1995.

Tugendhat, Ernst, »Asyl: Gnade oder Menschenrecht?«, in: ders., *Ethik und Politik*, Frankfurt/M. 1992.

Tugendhat, Ernst, *Vorlesungen über Ethik*, Frankfurt/M. 1993.

Tugendhat, Ernst, »Wie sollen wir Moral verstehen?«, in: ders., *Aufsätze 1992-2000*, Frankfurt/M. 2001, S. 163-184.

Tull, Denis M./Weber, Annette, *Afrika und der Internationale Strafgerichtshof. Vom Konflikt zur politischen Selbstbehauptung*, Berlin 2016, ⟨https://www.swp-berlin.org/publications/products/studien/2016S02_tll_web.pdf⟩, letzter Zugriff: 1. 11. 2021.

Vasak, Karel, »Le droit international des droits de l'homme«, in: *Revue de Droits de l'Homme* 5 (1972), S. 43-51.

Vinjamuri, Leslie, »Human Rights Backlash«, in: Jack L. Snyder/Leslie Vinjamuri/Stephen Hopgood (Hg.), *Human Rights Futures*, Cambridge 2017, S. 114-134.

Vlastos, Gregory, »Justice and Equality«, in: Richard Brandt (Hg.), *Social Justice*, Englewood Cliffs 1962, S. 31-72.

Vögele, Wolfgang, *Menschenwürde zwischen Recht und Theologie. Begründungen von Menschenrechten in der Perspektive öffentlicher Theologie*, Gütersloh 2000.

Volger, Helmut/Weiß, Norman (Hg.), *Die Vereinten Nationen vor globalen Herausforderungen*, Potsdam 2011.
Vorländer, Hans, »Regiert Karlsruhe mit?«, in: *Aus Politik und Zeitgeschichte* 61 (2011), S. 15-23.

Waldron, Jeremy, *Dignity, Rank, and Rights*, Oxford 2012.
Warren, Samuel D./Brandeis, Louis D., »The Right to Privacy«, in: *Harvard Law Review* 4 (1890), S. 193-220. ⟨www.jstor.org/stable/1321160⟩, letzter Zugriff 01. 11. 2021.
Weber, Hermann, *Vom Völkerbund zu den Vereinten Nationen*, Bonn 1987.
Weber, Max »Politik als Beruf« [1919], Studienausgabe, Bd. 17, Tübingen 1994, S. 35-88.
Weber, Max, *Wirtschaft und Gesellschaft. Grundriss der verstehenden Soziologie* [1922], Tübingen 1980.
Weber-Guskar, Eva, *Würde als Haltung*, Münster 2016.
Weiss, Norman, *Kompetenzlehre internationaler Organisationen*, Heidelberg 2009.
Weiss, Norman/Thouvenin, Jean-Marc (Hg.), *The Influence of Human Rights on International Law*, Heidelberg u.a 2015.
Wellmann, Carl, *The Moral Dimensions of Human Rights*, New York 2011.
Wellmer, Albrecht, »Menschenrechte und Demokratie«, in: Stefan Gosepath/Georg Lohmann (Hg.), *Philosophie der Menschenrechte*, Frankfurt/M. 1998, S. 265-291.
Werner, Emmy E./Smith, Ruth S., *Vulnerable but Invincible. Study of Resilient Children*, New York 1981.
Wetz, Franz Josef, *Illusion Menschenwürde. Aufstieg und Fall eines Grundwerts*, Stuttgart 2005.
Wetz, Franz-Josef (Hg.), *Texte zur Menschenwürde*, Stuttgart 2011.
Wetz, Franz-Josef, *Rebellion der Selbstachtung*, Aschaffenburg 2014.
Williams, Bernard, »Der Gleichheitsgedanke«, in: ders., *Probleme des Selbst. Philosophische Aufsätze 1956-1972*, Stuttgart 1978.
Willoweit, Dietmar, »Die Veräußerung der Freiheit. Über den Unterschied von Rechtsdenken und Menschenrechtsdenken«, in: Heiner Bielefeldt/Winfried Brugger/Klaus Dicke (Hg.), *Würde und Recht des Menschen*, Würzburg 1992, S. 255-268.
Wolf, Ursula (Hg.), *Texte zur Tierethik*, Stuttgart 2008.
Wolff, Christian, *Grundsätze des Natur- und Völckerrechts*, Halle 1754, ⟨www.deutschestextarchiv.de/book/show/wolff_voelckerrecht_1754⟩, letzter Zugriff 01. 11. 2021.

Zimmermann, Rolf, *Philosophie nach Auschwitz. Eine Neubestimmung von Moral in Politik und Gesellschaft*, Reinbek 2005.

Zimmermann, Rolf, *Moral als Macht. Eine Philosophie der historischen Erfahrung*, Reinbek 2008.
Zimmermann, Rolf, »Radikales moralisches Anderssein als historische Erfahrung und begründungstheoretische Herausforderung«, in: Thomas Gutmann u.a. (Hg.), *Genesis und Geltung. Historische Erfahrung und Normenbegründung in Moral und Recht*, Tübingen 2018, S. 155-172.
Zippelius, Reinhold, *Recht und Gerechtigkeit in der offenen Gesellschaft*, Berlin 1996.
Zürn, Michael, *Regieren jenseits des Nationalstaates*, Frankfurt/M. 1998.

Politische Theorie
im Suhrkamp Verlag
Eine Auswahl

Mahmoud Bassiouni. Menschenrechte zwischen Universalität und islamischer Legitimität. stw 2114. 390 Seiten

Pierre Bayle. Toleranz. Ein philosophischer Kommentar. stw 2183. 354 Seiten

Seyla Benhabib. Kosmopolitismus ohne Illusionen. Menschenrechte in unruhigen Zeiten. stw 2165. 281 Seiten

Klaus von Beyme
- Die politische Klasse im Parteienstaat. stw 1064. 224 Seiten
- Theorie der Politik im 20. Jahrhundert. Von der Moderne zur Postmoderne. Erweiterte Ausgabe. stw 969. 450 Seiten

Ernst-Wolfgang Böckenförde
- Recht, Staat, Freiheit. Studien zur Rechtsphilosophie, Staatstheorie und Verfassungsgeschichte. stw 914. 382 Seiten
- Staat, Nation, Europa. Studien zur Staatslehre, Verfassungstheorie und Rechtsphilosophie. stw 1419. 290 Seiten

Armin von Bogdandy/Ingo Venzke. In wessen Namen? Internationale Gerichte in Zeiten globalen Regierens. stw 2088. 383 Seiten

Manfred Brocker. Geschichte des politischen Denkens. Ein Handbuch. stw 1818. 826 Seiten

Manfred Brocker (Hg.). Geschichte des politischen Denkens. Das 20. Jahrhundert. stw 2210. 965 Seiten

NF 112/1/5.19

Hauke Brunkhorst. Solidarität. Von der Bürgerfreundschaft zur globalen Rechtsgenossenschaft. stw 1560. 247 Seiten

Hauke Brunkhorst (Hg.). Demokratischer Experimentalismus. Politik in der komplexen Gesellschaft. stw 1369. 397 Seiten

Hauke Brunkhorst/Wolfgang R. Köhler/Matthias Lutz-Bachmann (Hg.). Recht auf Menschenrechte. Menschenrechte, Demokratie und internationale Politik. stw 1441. 352 Seiten

Hauke Brunkhorst/Peter Niesen (Hg.). Das Recht der Republik. stw 1392. 403 Seiten

Judith Butler
- Antigones Verlangen: Verwandtschaft zwischen Leben und Tod. Übersetzt von Reiner Ansén. es 2187. 160 Seiten
- Gefährdetes Leben. Politische Essays. Übersetzt von Karin Wördemann. es 2393. 179 Seiten
- Haß spricht. Zur politischen Performation. es 2414. 263 Seiten
- Körper von Gewicht. Die diskursiven Grenzen des Geschlechts. Übersetzt von Karin Wördemann. es 1737. 400 Seiten
- Kritik der ethischen Gewalt. Übersetzt von Reiner Ansén. Adorno-Vorlesungen 2002. stw 1792. 180 Seiten
- Psyche der Macht. Das Subjekt der Unterwerfung. Übersetzt von Reiner Ansén. es 1744. 260 Seiten
- Das Unbehagen der Geschlechter. Übersetzt von Kathrina Menke. es 1722. 240 Seiten

Christine Chwaszcza/Wolfgang Kersting (Hg.). Politische Philosophie der internationalen Beziehungen. stw 1365. 604 Seiten

NF 112/2/5.19

Iris Därmann. Figuren des Politischen. stw 1911. 304 Seiten

Nicole Deitelhoff. Überzeugung in der Politik. Grundzüge einer Diskurstheorie internationalen Regierens. stw 1821. 347 Seiten

Jacques Derrida
- Das andere Kap. Die vertagte Demokratie. Zwei Essays zu Europa. Übersetzt von Alexander García Düttmann. es 1769. 97 Seiten
- Schurken. Übersetzt von Horst Brühmann. 224 Seiten. Gebunden. stw 1778. 219 Seiten

Andreas Folkers/Thomas Lemke (Hg.). Biopolitik. Ein Reader. stw 2080. 526 Seiten

Michel Foucault
- Geschichte der Gouvernementalität. Band 1: Sicherheit, Territorium, Bevölkerung. stw 1808. 600 Seiten. Band 2: Die Geburt der Biopolitik. stw 1809. 517 Seiten
- Die Regierung der Lebenden. Vorlesungen am Collège de France 1979-1980. Übersetzt von Andrea Hemminger. 496 Seiten. Gebunden

Dieter Gosewinkel. Schutz und Freiheit? Staatsbürgerschaft in Europa im 20. und 21. Jahrhundert. stw 2167. 772 Seiten

Armin Grunwald. Technik und Politikberatung. Philosophische Perspektiven. stw 1901. 403 Seiten

Marion Heinz/Sidonie Kellerer (Hg.). Martin Heideggers »Schwarze Hefte«. Eine philosophisch-politische Debatte. stw 2178. 445 Seiten

Rahel Jaeggi/Daniel Loick. Nach Marx. Philosophie, Kritik, Praxis. stw 2066. 518 Seiten

NF 112/3/5.19

Hans Joas/Martin Kohli (Hg.). Der Zusammenbruch der DDR. es 1777. 325 Seiten

Matthias Kettner (Hg.). Angewandte Ethik als Politikum. stw 1458. 416 Seiten

Ekkehart Krippendorff
- Kritik der Außenpolitik. es 2139. 240 Seiten
- Staat und Krieg. Die historische Logik politischer Unvernunft. es 1305. 436 Seiten

Thomas Khurana/Dirk Quadflieg/Francesca Raimondi/ Juliane Rebentisch/Dirk Setton (Hg.). Negativität. Kunst, Recht, Politik. stw 2267. 487 Seiten.

Skadi Siiri Krause. Eine neue Politische Wissenschaft für eine neue Welt. Alexis de Tocqueville im Spiegel seiner Zeit. stw 2227. 595 Seiten

Geoffroy de Lagasnerie. Die Kunst der Revolte. Snowden, Assange, Manning. Übersetzt von Jürgen Schröder. Gebunden. 158 Seiten

Ernst-Joachim Lampe (Hg.). Zur Entwicklung von Rechtsbewußtsein. stw 1315. 520 Seiten

Niklas Luhmann. Die Wirtschaft der Gesellschaft. stw 1152. 356 Seiten

Avishai Margalit
- Politik der Würde. Über Achtung und Verachtung. Übersetzt von Gunnar Schmidt und Anne Vonderstein. stw 2041. 277 Seiten
- Über Kompromisse – und faule Kompromisse. Übersetzt von Michael Bischoff. 251 Seiten. Gebunden

NF 112/4/5.19

Ingeborg Maus
- Justiz als gesellschaftliches Über-Ich. Zur Position der Rechtsprechnung in der Demokratie. stw 2229. 266 Seiten
- Menschenrechte, Demokratie und Frieden. Perspektiven globaler Organisation. stw 2113. 238 Seiten

Ulrich Menzel/Dieter Senghaas. Europas Entwicklung und die Dritte Welt. Eine Bestandsaufnahme. es 1393. 295 Seiten

Ulrich Menzel u.a. (Hg.). Die Neue Weltwirtschaft. Entstofflichung und Entgrenzung der Ökonomie. es 1983. 336 Seiten

Gabriele Metzler. Der Staat der Historiker. Staatsvorstellungen deutscher Historiker seit 1945. stw 2269. 371 Seiten

David Miller. Fremde in unserer Mitte. Politische Philosophie der Einwanderung. Übersetzt von Frank Lachmann. stw 2291. 330 Seiten

Jan-Werner Müller. Das demokratische Zeitalter. Eine politische Ideengeschichte Europas im 20. Jahrhundert. Übersetzt von Michael Adrian. stw 2243. 509 Seiten

Thomas Nagel. Eine Abhandlung über Gleichheit und Parteilichkeit. Übersetzt von Michael Gebauer. stw 2166. 243 Seiten

Julian Nida-Rümelin. Demokratie als Kooperation. stw 1430. 224 Seiten

Peter Niesen/Benjamin Herborth (Hg). Anarchie der kommunikativen Freiheit. Jürgen Habermas und die Theorie der internationalen Politik. stw 1820. 464 Seiten

NF 112/5/5.19

Martha C. Nussbaum. Politische Emotionen. Warum Liebe für Gerechtigkeit wichtig ist. Übersetzt von Ilse Utz. stw 2172. 623 Seiten

Claus Offe. Selbstbetrachtung aus der Ferne. Tocqueville, Weber und Adorno in den Vereinigten Staaten. Kartoniert. 144 Seiten

Bernhard Peters. Der Sinn von Öffentlichkeit. Herausgegeben von Hartmut Weßler. Mit einem Vorwort von Jürgen Habermas. stw 1836. 410 Seiten

Karl Polanyi. The Great Transformation. Politische und ökonomische Ursprünge von Gesellschaften und Wirtschaftssystemen. Übersetzt von Heinrich Jelinek. stw 260. 394 Seiten

John Rawls
- Gerechtigkeit als Fairneß. Ein Neuentwurf. stw 1804. 316 Seiten
- Geschichte der politischen Philosophie. Herausgegeben von Samuel Freeman. Übersetzt von Joachim Schulte. stw 2022. 671 Seiten

Hartmut Rosa. Beschleunigung. Die Veränderung der Zeitstrukturen in der Moderne. stw 1760. 537 Seiten

Pierre Rosanvallon. Die Gesellschaft der Gleichen. Übersetzt von Michael Halfbrodt. stw 2239. 384 Seiten

Dieter Senghaas
- Friedensprojekt Europa. es 1717. 226 Seiten
- Konfliktformationen im internationalen System. Weltpolitische Betrachtungen. es 1509. 230 Seiten
- Weltwirtschaftsordnung und Enwicklungspolitik. Plädoyer für Dissoziation. es 856. 358 Seiten

NF 112/6/5.19

Dieter Senghaas (Hg.). Frieden machen. es 2000. 592 Seiten

Quentin Skinner. Freiheit und Pflicht. Thomas Hobbes' politische Theorie. Frankfurter Adorno-Vorlesungen 2005. Institut für Sozialforschung an der Johann Wolfgang Goethe-Universität, Frankfurt am Main. Aus dem Englischen von Karin Wördemann. Broschur. 141 Seiten

Horst Steinmann/Andreas Georg Scherer (Hg.). Zwischen Universalismus und Relativismus. Philosophische Grundlagenprobleme des interkulturellen Managements. stw 1380. 424 Seiten

Wolfgang Streeck. Gekaufte Zeit. Die vertagte Krise des demokratischen Kapitalismus. 271 Seiten. Gebunden

Cass. R. Sunstein. Gesetze der Angst. Jenseits des Vorsorgeprinzips. Aus dem Amerikanischen von Robin Celikates und Eva Engels. Gebunden. 344 Seiten

Dieter Thomä. Puer robustus. Eine Philosophie des Störenfrieds. stw 2275. 783 Seiten

Helmut Willke. Dezentrierte Demokratie. Prolegomena zur Revision politischer Steuerung. stw 2182. 207 Seiten

NF 112/7/5.19

NF 130/1/6.09

- Band XI: Schriften zur Anthropologie, Geschichtsphilosophie, Politik und Pädagogik 1. stw 192. 404 Seiten
- Band XII: Schriften zur Anthropologie, Geschichtsphilosophie, Politik und Pädagogik 2. Register. stw 193. 532 Seiten

Schriften zur Ästhetik und Naturphilosophie. Herausgegeben von Manfred Frank und Véronique Zanetti. Zwei Bände und ein Kommentarband. stw 1517. 1400 Seiten

Theoretische Philosophie. Textausgabe und Kommentar. Herausgegeben von Georg Mohr. Drei Bände und ein Kommentarband. stw 1518. 1500 Seiten

NF 130/2/6.09

Literatur zu Immanuel Kant im Suhrkamp Verlag Eine Auswahl

Gernot Böhme. Kants ›Kritik der Urteilskraft‹ in neuer Sicht. stw 1420. 160 Seiten

Gernot Böhme. Philosophieren mit Kant. Zur Rekonstruktion der Kantischen Erkenntnis- und Wissenschaftstheorie. stw 642. 253 Seiten

Hartmut Böhme/Gernot Böhme. Das Andere der Vernunft. Zur Entwicklung von Rationalitätsstrukturen am Beispiel Kants. stw 542. 516 Seiten

Manfred Frank/Véronique Zanetti (Hg.). Schriften zur Ästhetik und Naturphilosophie. Zwei Bände und ein Kommentarband. stw 1517. 1400 Seiten

Otfried Höffe. »Königliche Völker«. Zu Kants kosmopolitischer Rechts- und Friedensethik. stw 1519. 496 Seiten

Ingeborg Maus. Zur Aufklärung der Demokratietheorie. Rechts- und demokratietheoretische Überlegungen im Anschluß an Kant. stw 1153. 366 Seiten

Reinhard Merkel/Roland Wittmann (Hg.). ›Zum ewigen Frieden‹. Über Grundlagen, Zustand und Aussichten einer Idee von Immanuel Kant. stw 1227. 355 Seiten

Georg Mohr (Hg.). Theoretische Philosophie. Textausgabe und Kommentar. Drei Bände und ein Kommentarband. stw 1518. 1500 Seiten

NF 131/1/12.00

Nelli Motrošilova (Hg.). Zum Freiheitsverständnis des Kantischen und nachkantischen Idealismus. Neuere Arbeiten russischer Autoren. stw 1257. 140 Seiten

Manfred Riedel. Urteilskraft und Vernunft. Kants ursprüngliche Fragestellung. stw 774. 179 Seiten

Gerhard Schönrich. Kategorien und transzendentale Argumentation. Kant und die Idee einer transzendentalen Semiotik. 384 Seiten. Kartoniert

Gerhard Schönrich/Yasushi Kato (Hg.). Kant in der Diskussion der Moderne. stw 1223. 590 Seiten

Albrecht Wellmer. Ethik und Dialog. Elemente des moralischen Urteils bei Kant und in der Diskursethik.
stw 578. 224 Seiten

NF 131/2/12.00